심리학 및
사회과학을 위한

조사와 통계분석

실전응용을 위한
SPSS 100% 활용

:: 양병화 저

학지사

일러두기

- 이 책의 예제 데이터는 학지사 홈페이지 자료실에서 내려받을 수 있습니다.
- 이 책의 프로그램은 SPSS 20.0을 이용하였습니다.
- 이 책의 일부 용어는 현용 맞춤법이 아닌 SPSS 프로그램 표현을 따랐습니다.

머리말

이 책은 조사와 통계를 공부하는 학부 및 대학원(초 · 중급) 수준의 학생을 위한 기본서다. 사회과학에서 조사는 다양한 연구방법을 포함하지만, 이 책은 설문을 통한 서베이 방법과 통계분석에 기초를 두고 있으며, 크게 두 부분으로 나뉘어져 있다. 제1부는 조사연구에 필요한 과학적 개념과 설문작성, 표본추출 등을 다루고, 제2부는 수집된 자료를 분석하는 통계기법을 다룬다. 지금까지 조사나 통계를 개별적으로 다룬 훌륭한 출판물이 많지만, 이 책은 조사와 통계를 연계하여 독자 스스로 학습효과를 높일 수 있도록 학습자 중심으로 설계하였다는 점에서 의의가 있다. 특히 과학적 연구로서 조사와 데이터 분석을 독자가 손쉽게 따라 할 수 있도록 풍부한 예제를 수록함으로써 실전적인 학습에 도움을 주고자 하였다.

먼저 제1장에서 제3장까지는 조사연구의 기초적인 개념을 살펴보고, 제4장에서 제6장까지는 실제 조사의 수행에 필요한 조사설계, 설문작성 및 표본추출에 대해 다룬다. 구체적으로 제1장과 제2장은 조사의 사회과학적 본질과 요소를 설명하며, 특히 제2장은 과학적 연구를 수행하는 전 과정을 단계적으로 설명하여 초보 연구자에게 좋은 지침이 될 것이다. 제3장은 측정의 본질과 신뢰도 및 타당도, 측정의 대상이 되는 변인에 대해 상세히 알아본다. 제4장은 서베이 방법과 조사면접원 관리, 제5장은 설문문항의 작성법, 제6장은 표본추출의 개념과 방법에 대해 각각 살펴본다. 한편 제2부는 설문을 통해 수집한 데이터를 분석하는 통계방법을 다룬다. 제7장은 데이터 분석을 위한 기초적인 통계개념을 설명하고, 제8장은 SPSS를 이용한 데이터의 준비과정을 소개한다. 통계분석에 숙련된 연구자일수록 데이터를 정제하고 준비하는 과정에 많은 공을 들인다. 잘 정제된 데이터는 좋은 분석의 시작인만큼 데이터 준비의 중요성은 아무리 강조해도 지나침이 없다. 제9장은 데이터를 준비하는 마지막 단계인 데이터 클리닝과 빈도의 차이를 분석하는 카이제곱 검증을 설명한다. 제10장은 모수통계의 기초인 t검증, 제11장은 통계분석의 꽃이라 할 수 있는 분산분석, 제12장은 통계분석의 원리이자 활용도가 높은 상관과 회귀분석을 다룬다. 이 책의 모든 통계분석은 함께 제공되는 예제 데이터를 분석하고 결과를 해석하는 방식이므로 아마도 '따라하기'에 익숙한 독자의 경험적 학습에 큰 도움이 될 것으로 생각한다.

조사연구는 심리학이나 사회과학에서 매우 보편적이고 중요한 연구방법이지만 의외로 학생들이 어렵게 생각하는 취약한 분야다. 아마도 통계나 과학적 방법론에 대한 이해를 요구하기 때문이기도 하지만, 조사의 설계에서 분석까지를 독자의 관점에서 체계적으로 다루고 있는 학습서가 부족한 것도 한 이유일 것이다. 이 책도 여러 가지 부족함이 많지만 다양한 독자를 염두에 두고 집필하였다. 어떤 독자는 이제 막 조사나 통계를 공부하기 시작한 경우도 있을 것이고, 어떤 독자는 어느 정도의 수준에 도달한 경우도 있을 것이다. 초보 수준의 독자는 먼저 예제를 중심으로 꼼꼼히 개념을 파악하는 공부를 시작하고 점차 설문의 작성과 데이터의 분석을 반복적으로 학습하는 것이 도움이 될 것이다. 어느 정도의 경험과 지식을 갖춘 독자라면 알고 있는 개념과 실제 분석을 연계하는 훈련과 '심화학습'을 통독함으로써 더욱 단단한 지식의 고리를 만들 수 있을 것이다. 저자는 조사와 통계 공부에서 반복적인 경험만큼 좋은 안내자는 없다고 생각한다. 스스로 설문을 만들고 데이터를 수집하고 분석을 수행하는 과정에서 수많은 시행착오를 경험해 보라. 물론 중요한 것은 그 과정에서 답을 찾으려는 노력이다. 아마도 시행착오의 반복만큼 독자의 수준도 어느덧 전문가 수준에 오를 것이라 믿는다. 이 책이 그러한 독자의 노력을 승화해 가는 작은 열쇠가 되기를 희망한다.

이 책의 집필을 시작하면서 학생들이 어렵게 생각하는 조사와 통계를 흥미롭게 공부할 수 있도록 쉬운 책을 쓰겠다고 다짐했지만, 더 많은 시간을 갖고 풍부한 설명을 담아내지 못한 아쉬움이 크다. 부족함이 많지만 이 책이 완성되기까지 많은 분들의 도움이 있었다. 그분들께 지면을 빌려 감사의 마음을 전하고 싶다. 먼저 책의 집필에 몰두할 수 있도록 배려해 주신 학과 선생님들과 책의 방향에 대해 많은 조언을 주신 이태원 선생님께 감사드린다. 그리고 초고가 나올 수 있도록 교정을 도운 정석, 주연, 균영, 상원에게 특별한 고마움을 전한다. 또한 부족한 원고를 기꺼이 받아 주신 학지사 김진환 사장님과 좋은 책이 되도록 힘써 주신 편집부 선생님들께 진심으로 감사드린다. 이 책이 조사와 통계분석을 공부하는 학생들에게 더욱 알찬 내용이 되도록 앞으로 끊임없는 의견과 조언을 부탁드린다. 끝으로 누구보다도 이 책의 출판을 기뻐할 故 강경원 박사에게 이 책을 바친다.

봄내의 교정에서

2013년 8월

양병화

차 례

제 1 부

조사방법

제1장 사회과학 연구의 본질

Foundation of Social Scientific Research

학습목표

1. 과학의 정의와 과학을 수행하는 이유를 알아본다.
2. 사회과학 연구의 기본목표와 하위 목표를 이해한다.
3. 과학적 접근과 과학철학의 방법론을 이해한다.

"과학은 완벽한 것도 진리도 아니며, 단지 오류를 피하는 방법이다."

1 과학이란 무엇인가

1.1 개요

왜 사람들은 과학을 하는가? 흔히 과학은 과학자의 전유물로 인식되어 왔지만 누구에게나 현상을 이해하고 설명하는 최선의 방법이기 때문이다. 과학은 경험적 사건이나 대상의 행동을 망라하는 일반 법칙을 세우고 관련 지식을 연결하여 체계성을 확립하는 것이며 이를 바탕으로 예언적 기능을 수행한다. 이러한 기능은 과학이 수행되는 과정이며 그 결과물은 인간에게 유용한 가치를 제공한다. 그러나 과학은 **완벽한 것도 진리도 아니며**, 단지 우리가 어떤 현상을 체계적으로 설명하고자 할 때 유용한 **최선의 도구**일 뿐이다. 그렇다면 과학은 무엇이며 어떻게 연구해야 하는가?

과학의 필요성

▢ 현상에 대한 이해와 설명

인간의 역사는 세상을 이해하고 설명하려는 사람들의 욕구로 인해 발전해 왔다고 해도 과언이 아니다. 작게는 개인의 행동에서부터 정치적 사건과 사회경제적 현상을 설명하고 나아가 블랙홀이나 빅뱅과 같은 우주현상을 이해하고자 한다. 이것은 단순히 인간의 지적 욕구를 충족하는 것 이상의 의미가 있다. 즉, 사회현상이나 사건에 대한 이해를 통해 우리는 장차 벌어질 사태를 예측하고 효과적인 통제수단을 얻을 수 있다.

▢ 설명에 대한 합리성과 체계성

과학은 현상을 이해하고 예측하려는 인간의 노력에 **합리성과 체계성을 부여**해 준다. 즉, 모든 현상에 대한 체계적이고 합리적인 설명을 위해 과학이 존재한다. 물리학자는 물질의 성분과 규칙을 체계적으로 이해하기 위해, 경제학자는 경제현상을 합리적으로 설명하기 위해, 그리고 심리학자는 인간행동과 정신과정을 체계적으로 밝히기 위해 과학적 접근을 사용한다. 모든 학문영역을 막론하고 현상에 대한 합리적이고 체계적인 설명은 과학적 방법과 도구에 의존한다(Kerlinger, 1979).

▢ 설득의 요소

현상에 대한 수많은 설명 중 사람들은 어떠한 설명을 믿는가? 당연한 일이지만, 주관적인 개인의 판단보다는 객관적 사실에 근거한 설명을 더 신뢰한다. 이는 과학적 사실이 **객관성**(objectivity)이라는 과학의 전제를 바탕으로 하기 때문이다. 마치 어떤 길이를 눈짐작으로 말할 때보다 '자'라는 과학적 척도를 이용할 때 더 신뢰하는 것과 같은 것이다. 그 이유는 간단하다. '자'라는 척도는 바로 과학이 전제하는 객관성을 내포하고 있으며, 객관성은 사람들이 동의하고 합의하는 **설득의 요소**이기 때문이다.

어떤 연구자가 '아노미'라는 사회현상을 설명하고자 하거나 '거품경제'라는 경제현상 혹은 '우울'이나 '불안장애'와 같은 심리적 문제의 현상을 합리적으로 설명하고자 할 때 무엇에 근거해야 하는지를 묻는다면, 이제 '과학'이라고 답할 것이다. 이처럼 **과학은 일련의 현상을 합리적이고 체계적으로 이해하고 설명하고 예측하고 통제하려는 목적을 지닌 객관성을 전제한 일반화의 과정**이다. 예컨대, 한 심리학자가 '청소년폭력'이라는 현상에 대한 일반화된 이론을 발전시켰다면, 우리는 청소년폭력을 이해하고 설명할 수 있으며 폭력이 발생하는 상황을 예측하고 나아가 효과적인 통제방법을 마련할 수 있게 된다. 또한 많은 연구자는 청소년폭력을 과학적으로 연구하는 과정에서 수많은 변인을 발견하고 새로운 이론을 발전시키고 그로써 기존 이론을 대체하는 **순환적 과정**을 반복할 것이다. 이러한 과정에서 과학은 세상에 대한 더 논리적이고 일반화된 설명을 제공해 간다.

1.2 과학의 정의

과학은 완벽하지 않다. 단지 현상을 이해하기 위한 최선의 도구일 뿐이다. 그래서 과학은 진리인 것이 아니라 어떤 현상에 대한 이해와 설명의 **오류를 피하는 방법**이라 한다. 흔히 과학은 '고귀한 일'이라거나 '진실의 지식체계' 혹은 '경험적 현상에 대한 조사' 등으로 불리기도 한다(Nachmias & Nachmias, 1981). 과학에 대한 정의는 과학의 역사만큼 다양하고 과학을 연구하는 학자마다 가치와 철학에 따라 다르게 정의된다. 여기서는 과학에 대한 내용중심의 정의와 과정중심의 정의를 살펴본다(Kerlinger, 1985).

내용중심의 정의

내용중심의 정의는 흔히 **정적 정의**(static definition)라 하며 과학에서 산출되는 결과를 중시하는 정의에 해당한다(Conant, 1951). 내용중심의 정의는 다음과 같은 특징을 지닌다.

- 과학은 '체계화된 정보를 세상에 제공하는 활동'으로 정의된다.

- 과학은 '통합된 지식의 축적'이다.
- 과학자는 새로운 사실을 발견하고 그것을 기존의 정보에 첨가하는 일을 한다. 즉, 과학은 발견된 새로운 사실들의 집합이다. 따라서 내용중심의 과학은 지식의 현재 상태와 지식의 축적 및 현존하는 일련의 법칙, 이론, 가설과 원리를 강조한다.

과학을 그 내용과 결과에 따라 명확히 구분하여 정의하기란 어려운 일이다. 왜냐하면 수 세기에 걸쳐 인간의 지적 활동은 엄청난 양의 과학적 산물을 내놓았고, 그 질적 수준을 간단하게 요약하는 것은 불가능하기 때문이다. 그래서 오히려 많은 과학자는 과학의 정의를 그 내용에 따라 정의할 때 과학적 분류에 따라 혹은 자신이 관심을 갖는 지적 영역에 따라 기술하고 정의하기도 한다.

연구자들은 과학에 대한 내용중심적 정의에 관심을 두지만, 다음에서 설명하는 과정중심 혹은 발견적 견해에 입각한 정의에 비중을 두는 편이다.

과정중심의 정의

과학자들이 수행하는 활동이나 행위를 중시하는 것을 **동적 정의**(dynamic definition)라 하며 다음과 같은 특징을 지닌다.

- 과학은 '자연(현상)의 주요 변인을 발견하고 변인 간의 관계를 밝히며, 변인의 관계성에 대한 법칙을 설명하는 활동'으로 정의된다.
- 과학은 '과학자가 수행하는 활동'으로 정의된다. 이 정의는 과학의 결과보다 과학의 과정을 강조하는 것이다. 즉, 현존하는 과학적 사실보다 미래의 과학적 사실과 연구의 토대를 과학이 제공한다는 의미를 내포한다. 이를 **발견적 견해**(heuristic view)라 한다.

심화학습 '발견적 견해'의 가치

흔히 과학을 물리학이나 공학 혹은 테크놀로지와 같은 영역에 국한하여 생각하는 것은 과학의 발견적 속성에 근거한 것으로 볼 수 있다. 발견적 견해는 문제해결에 초점을 둔다. 만일 물리학자가 에너지를 저장하는 획기적인 나노물질을 발견한다면 공학자는 이를 배터리 기술에 응용하여 테크놀로지의 혁신에 기여할 것이다. 이처럼 '문제해결'이란 누구나 아는 사실이 아니라 현상에 대한 창의적인 노력을 통한 새로운 사실의 발견과 응용을 말한다. 어떤 면에서 과학에서의 **발견적 견해**는 정보의 실체와 사실에 주안점을 두기보다 문제해결을 강조한다. 이런 점에서 흔히 **과학자**(scientist)와 **기술자**(technician)를 구별하기도 한다. 과학자의 임무는 발견적인 임무, 즉 과정으로서의 과학에 입각해 새로운 사실을 탐구하고 지식을 새롭게 축적하고 통합하는 것이라면, 기술자는 발견된 지식을 응용하고 현실의 문제에 적용하는 것을 임무로 한다. 과학의 관점에서 각자의 임무는 구분되지만 모두 인간의 삶에 중요한 가치를 지니고 '순환적 구조'의 관계에 있다.

토론하기 심리학자와 사회과학자의 임무는 무엇인가?

통합적 견해

과학의 정의에 대한 접근은 보통 내용중심보다는 과정중심적인 경향이 있지만 기존의 사실과 정보의 실체는 더 나은 이론과 발견적 가치를 제공한다는 점에서 어느 한쪽의 정의보다는 양쪽의 정의를 모두 취하는 통합적 견해가 있다.

- 과학은 "실험과 관찰의 결과로써 개발된 개념적 구조이며 개념 간의 상호연결성"으로 정의된다(Conant, 1951).
- 과학은 "수용 가능한 지식을 정의하는 규칙에 기초하여 지식을 발견하는 체계적인 접근"이다(Dane, 1990).
- 과학은 "… 경험적 사건이나 대상의 행동을 망라하는 일반 법칙을 세우는 것이며, 일반 법칙을 통해 개별적으로 알려진 사건에 대한 지식을 연결하거나 아직 밝혀지지 않은 사건에 대한 신뢰할 만한 예언을 가능하게 해 주는 것"이다(Braithwaite, 1955).

어느 견해를 과학의 정의로 수용한다 해도 과학이 일련의 현상을 이해하고, 설명하고, 예측하고, 통제하려는 목적으로 수행되는 활동이라는 공통점을 지닌다.

1.3 사회과학과 조사연구

조사란 넓은 의미에서 연구(research)를 지칭하기도 하지만, 이 책에서 조사는 과학적 연구방법의 하나로 주로 서베이를 통한 연구방법에 초점을 둔다. 조사를 과학적 연구방법의 하나로 보기 때문에 조사에 수반되는 활동은 과학의 요건과 과정을 따라야 한다. 다만, 서베이를 포함한 조사연구는 현상이나 사건에 대한 **사실**이나 **의견** 혹은 **행동**의 특성을 기술하는 것이 주요 목적이기 때문에 다른 과학적 접근, 예컨대 실험연구와 같이 인과성을 목적으로 수행되는 연구와 다르다. **실험연구**는 조작(operation)을 통해 변인의 관계를 인과적으로 설명하지만, **조사연구**는 변인에 대한 사실 그대로를 기술하고 설명한다. 따라서 실험연구는 '변인통제'가 주요 수단이지만 조사연구는 '설문지'와 같은 도구가 측정을 위한 수단이다. 실험연구와 조사연구는 각기 접근법이 다르지만 변인을 설명하는 방식에서 질적 연구 혹은 양적 연구를 모두 수행할 수 있다. 심리학과 사회과학에서 실험뿐만 아니라 설문지를 이용한 조사연구는 그 활용도가 높은 주요 수단이다. 과학적 도구로서 조사가 지니는 과학적 의미는 다음과 같다.

오류 방지

조사는 현상에 대한 사실이나 의견 및 행동을 과학적으로 규명할 목적의 연구방법이다. 따라서 다른 과학적 연구방법과 마찬가지로 다양한 이론을 분류하고 형성하며, 지금까지 알려진 지식의 한계를 넘어 보편적이고 일반화된 이론을 형성하기 위해 수행된다. 조사가 '실험조작'을 하지 않고 설문지를 이용한다고 해서 실험이나 다른 연구법에 비해 덜 엄격하게 수행되는 것은 아니며, 다른 연구법과 마찬가지로 **과학으로서의 접근**에 **충실**해야 한다. 과학으로서의 조사는 현상에 대한 체계적이고 객관적인 **규명**이 가능해야 하며, 이는 비과학적 혹은 상식적 접근을 통한 설명에서 발생하는 **지적 오류**(intellectual error)를 피하는 것이어야 한다. 비과학적 접근은 미신적 신념이나 사회적 통념에 의해 현상을 이해하는 접근으로 과학적 접근과 차이가 있다.

〈표 1-1〉 비과학적 접근과 과학적 접근의 차이

현상: "맑은 하늘에 비가 온다."	
비과학적 접근	과학적 접근
'여우가 시집가는 날'(한국: 호랑이에게 시집가는 여우를 사랑한 구름의 눈물) '악마의 파티'(독일) '쥐가 결혼하는 날'(이슬람 문화권)	대기온도, 습도, 기압 변화에 따른 일시적 대기현상, 즉 천루(天漏)

과학자든 비과학자든 현상을 설명하려고 노력하지만 과학자만이 과학적 방법을 통해 체계적이고 통제된 설명을 하며, 그에 따라 일반화된 이론을 도출하게 된다. 조사는 이러한 과학적 접근의 하나이며 과학적 도구로서 지니는 가치, 즉 '모두가 아는 사실'이 아니라 새로운 사실에 대한 **발견적 가치**를 지녀야 한다.

지식의 생산 활동

수 세기 동안 현상을 다루는 수많은 연구자에게서 물려받은 경험론적인 전통은 과학적 방법이 최상의 지식을 생산해 낸다는 것을 증명해 왔다. 조사는 11세기 영국의 '센서스(Domesday Book)'에서 시작하여 지금까지 사회문제의 해결과 인류의 지식축적에 많은 기여를 해왔다. 조사는 20세기 들어 사회문제에 직접 관여하면서 빠른 속도로 발전하기 시작했는데, 특히 제2차 세계대전을 기점으로 많은 조사회사와 대학의 연구소들이 성장의 기틀을 마련하였다. 오늘날 컴퓨터의 발전과 새로운 통계기법이 개발되면서 조사는 사회문제의 해결을 위한 더욱 강력한 도구로 자리 잡고 있으며, 많은 조사회사와 대학 연구소가 인간행동과 사회현상을 설명하는 지식생산활동의 주요 근거지가 되고 있다.

통계적 의미

조사는 일반적으로 설문지나 이차자료(예, 통계청 자료, 회사의 고객정보 등)를 통해 얻는 데이터를 통계적으로 분석하고 해석하는 과정을 포함한다. 조사에서 통계를 사용하는 것은 조사를 계획하고 수행하는 과정에서뿐만 아니라 결과를 분석하고 해석하는 모든 과정을 객관적으로 접근하여 과학의 요건을 충족하려는 의미를 갖고 있다. 따라서 **조사결과를 통계적으로 접근하는 과정은 곧 과학적 과정의 일부**인 것이다. 나아가 조사를 계획하고 시행하는 과정, 즉 변인의 정의, 설문지 작성, 표본설계와 추출, 측정 등도 과학적 접근으로서 충분한 객관성과 논리를 갖추어야 한다.

위와 같은 맥락에서 **좋은 조사**란 '잘 정의된 변인을 대표성을 지닌 표본에 설문을 실시하고 객관적 측정을 얻는 과정'이며, 조사자는 이렇게 수집된 자료를 있는 그대로의 사실을 타당하게 해석하려고 노력해야 한다. 결국 조사연구는 **설계**, **측정**, **분석**의 세 가지 요소를 객관적으로 수행하는 과학적 과정으로 이해되어야 한다.

심화학습 조사의 과학, '사례수(n)의 의미'

오늘날 기업은 과거와 달리, 과학적 조사를 통해 소비자를 이해하고 기업 활동이나 마케팅에 반영하는 경우가 늘고 있다. 조사는 객관성과 논리라는 과학의 요건을 바탕으로 한다. 그래서 조사전문가들은 조사의 방법에서부터 표본추출, 설문의 작성과 측정 등 모든 과정이 그에 맞도록 꼼꼼한 계획을 수립한다. 막상 과학적으로 잘 계획된 조사일지라도 클라이언트의 주된 관심은 **"우리가 하고자 하는 이번 조사에 몇 명의 표본(n)을 해야 하는가?"** 에 있다고 해도 과언은 아니다. 그 이유는 무엇인가? 실제 표본(사례수: n)의 크기는 표본의 대표성을 의미하고 나아가 오차범위(예, 95% 신뢰수준에서 ±3.0%)를 결정하기 때문에 과학적 의미에서 조사결과가 얼마나 신뢰로운지를 평가하는 중요한 기준이 된다. 클라이언트에게도 표본크기는 중요하지만 대표성이나 오차범위와 같은 과학적 의미보다 조사에 투입되는 '비용'이 최대 관심사다. 클라이언트가 과학적 조사에 관심이 없어서라기보다는 적은 비용으로 효과적인 조사를 수행하기 바라기 때문이다. 그렇다면 조사자가 제시할 수 있는 합리적 대안은 무엇인가? 오차(error)의 문제만을 고려한다면 정답은 '가능한 한 많은 표본수'이지만 유능한 조사자는 과학적 준거로서의 오차범위를 제시하고 그에 따른 표본크기의 선택은 클라이언트가 내리도록 유도한다. 즉, **오차범위를 제시하고 클라이언트가 표본의 크기를 선택하도록 유도하는 것이 조사자와 클라이언트의 합리적인 의사결정**임을 주지하여야 한다. 조사자는 과학적 절차에 따라 어느 정도의 오차범위일 때 얼마의 표본수가 필요한지를 제시하고, 그 비용을 지불할 클라이언트가 합리적으로 의사결정할 수 있도록 돕는 것이다.

2 사회과학의 목표

2.1 기본 목표

사회과학의 기본 목표는 **이론을 설정하고 일반화하는 것**이며, 하위 목표는 현상에 대한 이해, 설명, 예측, 통제를 포함한다. 흔히 **이론**이란 현상을 설명하고 예언할 목적으로 변인 간의 관계를 상세히 진술한 것이다. 즉, '현상에 대한 체계적 견해를 제시하는 일련의 상호 관련된 구성개념의 정의이자 명제'다(Kerlinger, 1985). 예컨대, 한 연구자가 미디어 폭력과 아동발달의 관계를 연구한다면, 미디어 특성만을 조사하는 것이 아니라 아동의 기질적 성향, 가정환경, 부모의 양육태도 등 다양한 변인을 조사함으로써 아동발달에 미치는 미디어 폭력의 일반화된 이론을 제시(설정)하게 된다. 이론의 설정은 현상에 대한 **일련의 규칙이나 법칙을 발견하는 과학적 과정**으로 다음과 같은 특징을 갖는다.

- 이론은 한정되고 상호 관련된 구성개념으로 이루어진 명제다.
- 이론은 여러 변인 간의 상호 관련성을 규정하고 변인을 통해 현상에 대한 체계적인 관점을 제시한다.
- 이론은 현상을 설명한다(즉, 현상에 대한 정의).

이론, 구성개념, 변인의 관계

현상에 대한 체계적 설명을 **이론**(theory)이라 하고, 이론을 구성하는 개념을 **구성개념**(construct)이라 한다. 따라서 구성개념의 집합이 곧 이론이다. 앞의 예에서 미디어폭력, 아동의 기질, 가정환경, 부모의 양육태도 등은 모두 구성개념이며 이를 측정 가능한 상태로 조작화한 것을 **변인**(variable)이라 부른다. 흔히 구성개념은 이론을 구성하는 추상적 개념으로 측정이 불가능하므로 이를 측정 가능하도록 정의한 것을 **조작적 정의**(operational definition)라 한다. 변인은 조작적 정의를 통해 구성개념이 측정 가능한 상태가 된 것을 말한다.

이론을 위한 과학적 절차

이론은 현상에 대한 체계적 설명으로 일련의 과학적 절차를 따른다. 과학적 절차는 제2장에서 자세히 다루고 여기서는 각 단계를 요약한다.

- 1단계: 현상의 존재
- 2단계: 구성개념의 확인
- 3단계: 조작화 → 조작적 정의
- 4단계: 변인의 생성
- 5단계: 가설의 설정 → 변인의 관계성에 대한 진술
- 6단계: 측정
- 7단계: 분석
- 8단계: 해석 → 이론의 설정

2.2 하위 목표

사회과학은 이론을 기본 목표로 하지만 이론을 통해 문제해결을 도모하는 실용적 가치를 전제한다. 이해, 설명, 예측, 통제는 과학의 기본 목표인 이론과 별개라기보다는 이론이 전제하는 하위 목표에 해당한다. 즉, 이론은 현상에 대한 체계적 이해와 설명을 제공하며 동일한 조건에서 현상의 예측 가능성과 통제 가능성을 함축하고 있다.

예 디지털 아노미에 대한 이론(일반화): 이해 ⇨ 설명 ⇨ 예측 ⇨ 통제

사회학자가 사회현상으로서 '디지털 아노미(digital anomie)'에 대한 이론을 정립한다면, 사람들은 디지털 아노미라는 사회현상을 체계적으로 이해하고 설명할 수 있게 된다. 또한 디지털문화의 변동에 따라 향후 아노미가 어떻게 발생할지를 예측하고 나아가 효과적인 방지와 통제방안을 모색할 수 있다.

과학적 절차에 따라 개발된 이론은 현상을 이해하려는 지적 욕구의 충족뿐만 아니라 삶을 풍요롭게 하려는 **사회적 욕구**를 반영한다.

설명, 예측, 통제

설명(explanation)과 예측(prediction)은 일반적 경험규칙으로 이론을 구성하는 요소다. 예를 들어, '모든 물체는 낙하한다'와 같은 경험규칙을 통해 높은 곳에서 떨어지는 물체의 속성을 설명할 수 있으며, 이를 적용하여 '야구공의 낙하현상'이나 '건물의 붕괴현상' 등을 예측할 수 있다. 설명과 예측의 과정은 매우 유사한데, 모두 이론의 한 요소라는 공통성이 있고 가치체계 또한 동일하다. 단, 차이가 있다면 **설명**은 현상이 관찰된 이후에 발생하는 반면, **예측**은 현상이 관찰되기 이전에 이루어진다.

하나의 현상을 설명하기 위해서는 객관적으로 인정된 이론이 존재해야 하며, 이론의 확률적 정확성이 높아야 한다. 그 이유는 설명이 논리적 연역의 형식을 따르기 때문인데, 반드시 '일반법칙'과 '선행조건'이 참이어야 한다는 전제가 필요하다. 따라서 일반법칙과 선행조건 중 어느 하나라도 거짓이면 현상을 설명

벡커와 셀리그먼의 연구

벡커와 셀리그먼(Becker & Seligman, 1978)은 사람들이 실외온도보다 실내온도가 낮은 밤에도 에어컨을 켠다는 사실을 발견하고, 4개의 연구집단을 대상으로 피드백의 효과를 검증하였다. 첫 번째 집단에게는 에너지 소모량을 '차트'에 표시해 주고, 두 번째 집단에게는 실내온도보다 외부온도가 낮을 때 '불빛'이 반짝거리는 신호를 주었다. 세 번째 집단은 '차트와 불빛을 동시'에 제공하고, 마지막 집단에는 아무런 처치도 가하지 않았다. 연구결과, 그들은 '불빛 신호'가 가장 효과적이었으며 약 16%의 전력소모가 감소하는 것을 발견하였다. 이 연구는 불빛신호가 왜 효과적인지에 대한 이론적 설명도 중요하지만 에너지 낭비를 방지하는 대안을 제시하기 위한 목적이 일차적이었다. 따라서 벡커와 셀리그만은 연구결과에 기초해 단순히 온도의 변화를 알리는 전구를 설치함으로써 전기소비량을 감소할 수 있다는 문제해결책을 제시하였다. 결국 이들의 연구는 전기소비를 줄이는 방법을 탐색하고 실제적인 사회문제의 해결을 위한 '통제'에 초점을 둔 연구를 수행한 것이다.

하기 위한 어떠한 노력도 과학적 접근이라 보기 어렵다.

연구자들은 이론을 바탕으로 미래에 발생할 수 있는 사건이나 현상을 예측하는 데 관심을 갖는다. **예측**은 이론의 중요한 요소이기 때문에 종종 이론의 예측력은 이론의 적절성을 판단하는 기준이 되기도 한다. 또한 예측의 성공 확률이 높고 신뢰할 수 있을 때 통제가 가능하므로, **통제란 예측의 정확성과 신뢰성을 전제**한다(이론의 타당성과 신뢰성). **통제**(control)는 연구의 실천적 형태를 의미하는 것으로 과학의 목표로서 중요한 의미를 지닌다. 만약 어떤 현상에 대한 이론을 설정하고 그 예측을 신뢰할 수 있다면 향후 발생할 사건을 통제하기 위해 이론을 사용할 수 있다. 이런 점에서 레빈(Lewin, 1946)과 같은 학자는 연구의 '사회적 목적'을 강조한다. 즉, 이론은 인간과 사회, 경제 등 모든 현상을 망라한 **문제해결을 위한 체계**여야 한다고 본다. 따라서 통제는 이론에 기초한 문제해결이라는 특징을 갖는다.

일반화

통제는 연구결과의 현실 적용이라는 점에서 **일반화**(generalization)라는 과학의 중요한 측면과 관련되어 있다. 완벽한 이론이 존재하지 않듯이 이론을 통한 현실세계의 적용은 단번에 이루어지지 않는다. 수많은 검증절차를 거치고 반복적인 적용을 통해 새로운 이론이 발견되고 다시 검증과 적용을 통해 수정되는 순환과정에서 이론이 발전한다. 이러한 과정을 거쳐 이론은 현상에 대한 명확한 관계성을 규정하고 일반화라는 **현실 적용력**을 인정받게 된다.

일반화란 이론이 반복적인 검증절차를 거쳐 **현실세계의 문제해결을 위해 적용 가능한 범위 혹은 그 한계**를 말한다. 흔히 일반화된 이론은 다양한 상황에서 현상에 대한 체계적이고 객관적인 설명을 제공한다. 경우에 따라 특수한 경우를 설명하고 예측하는 이론은 일반화를 목적으로 하지 않지만, 일반화를 위한 연구들은 일반법칙을 성립시키는 다양한 검증과정을 통해 이론을 완성한다. '물체의 낙하법칙'을 발견한 갈릴레오는 수없이 많은 물체를 높은 곳에서 떨어뜨리고 물체들의 특수한 성질과 낙하 간의 관계를 파악하였을 것이다. 그리고 수없이 많은 반복적인 실험을 통해 '높은 곳에서 떨어지는 모든 물체는 낙하한다'는 일반 법칙을 발견하였다. 이렇게 반복적인 경험으로 현상에 대한 일반법칙을 검증하는 과정을 **일반**

화를 위한 귀납적 추론이라 한다. 흔히 연구는 다양한 상황에 대한 일반화에 관심을 두지만 제약이 따른다. 예컨대, 청소년 비행의 원인을 가정 내 폭력이라고 가정한 연구자는 가정폭력이 청소년 비행을 증가시킨다는 결론에 도달할지라도 일반적인 사회폭력의 원인을 규명한 것은 아니다. 따라서 이론은 모든 상황으로의 적용, 즉 일반화의 제약을 받는다.

3 과학철학과 과학적 접근

3.1 과학철학의 정의와 특성

과학철학(philosophy of science)은 수용 가능한 지식을 정의하는 규칙의 집합이다. 어떤 성과로서 연구결과가 과학으로 인정받기 위해서는 그것이 수용될 수 있는 지식인지를 가늠할 준거가 필요하며, 그것이 과학철학의 근간이 된다. 과학자마다 하나 이상의 수용 가능한 철학을 지니고 있지만 공통으로 **객관성**과 **논리**를 기본적인 과학의 요건으로 전제한다.

객관성과 논리

과학의 본질을 규명하는 데 있어 다양한 형태의 철학적 접근법이 가능하지만 특정 지식체계가 과학적이기 위해서는 객관성을 갖추어야 한다. **객관성**은 주관과 독립된 개체의 고유속성으로 객관성을 지닌 지식체계는 모든 사람이 공동으로 확인하고 합의하는 상태를 말한다. 이러한 지식체계를 과학적 결과라고 부른다.

객관성이 과학에 필요한 첫 번째 요건이라면, **논리**는 객관적 사실이 성립되는 과정이나 절차가 합리적임을 나타내는 두 번째 요건이다. 논리는 객관성만으로 과학이 존재할 수 없음을 보여 준다. 예컨대, '자'는 길이를 측정하는 단위척도를 지닌 객관화된 도구이므로 자로 측정된 길이에 대해 모든 사람이 동의한다. 만일 '저울'을 가지고 길이를 잰다면 어떻게 되는가? 저울 역시 객관화된 척도를 가지고 있지만 무게를 측정하는 도구라는 점에서 '저울로 잰 길이'란 객관적 사실이 성립되는 과정과 그 절차가 잘못됨, 즉, **논리에 부합하지 않으므로** 과학이라 말하지 않는다.

과학적 접근법의 특성

과학철학의 접근법은 논리적 체계성, 경험적 검증, 상호주관성, 수량화, 일반화 가능성, 예측 가능성의 특성을 지니고 있어야 한다.

▢ 논리적 체계성

과학적 방법은 논리적 체계성을 가지며 전통적으로 연역과 귀납이라는 접근방법에 기초한다. **연역적 접근**은 일반적인 전제, 즉 공리(axiom)에서 출발하여 정리(theorem)를 세워 가설의 연결과정을 진술함으로써 개별 현상에 대한 이론적 결론에 도달하는 반면, **귀납적 접근**은 특정 현상에 대한 관찰에서 출발하여 일반화된 결론을 도출해 가는 추론방식을 말한다.

▢ 경험적 검증

과학적 방법은 이론적 논리나 가정이 '경험적'으로 타당하다는 것을 입증해야 한다. 이를 위해 일반적 공리나 가설은 검증과정을 거치며 관찰된 경험적 사실과 일치해야 한다.

▢ 상호주관성

상호주관성(intersubjectivity)이란 연구자마다 주관에 기초한 가치판단을 하지만 동일한 과학적 연구를 수행함에 있어 유사한 결론에 도달할 수 있다는 암묵적인 가정이다. 연구자는 각기 자신의 주관에 기초하여 연구를 수행하기 때문에 완전한 객관성을 얻기 힘들지만, 상호주관성을 견지함으로써 경험적 결과에 대한 객관성을 유지할 수 있다.

□ 수량화

과학적 방법은 본질적으로 수학적 논리에 부합하므로 연구의 결과를 수량화하는 것이 가능해야 한다. 조사연구는 이론을 토대로 현상을 규명하기 위해 측정에서부터 분석에 이르는 모든 과정이 수량화에 기초한다.

□ 일반화 가능성

과학적 접근은 경험세계의 자료를 통해 추상적 이론을 형성하는 과정에서 보편적 공통원리를 발견할 수 있어야 한다. 과학은 이론의 일반화를 목표로 하지만, 특히 사회과학은 연구대상이나 분석단위(예, 인간행동이나 경제현상)가 가변적이고 드러나지 않는 잠재적 관계성을 다루기 때문에 일반화의 제약이 많고 일반이론으로의 발전이 제한적이다.

□ 예측 가능성

과학적 방법은 성립된 과학적 이론이나 법칙을 통해 미래에 대한 예측을 전제한다. 예측은 과학의 목표 중 하나다. 사회과학에서 연구의 분석단위는 주로 인간의 행동이나 사회현상이므로 과학적 연구결과는 인간행동이나 사회현상을 예측하는 데 적용된다. 예컨대, 소비자의 충동구매에 대한 과학적 연구결과는 소비자의 구매 행태나 소비 패턴을 예측하는 논리적 근거를 제공하고, 나아가 소비자의 올바른 소비습관을 유도하는 정책에 도움이 될 때 과학의 기능을 수행한다.

3.2 전통적인 과학적 접근법

과학을 하는 가장 보편적인 방법이 '연역법'과 '귀납법'이다. 연역법과 귀납법은 현상에 대한 경험적 세계와 이론을 연결하는 원리를 제공하는 것으로 모든 과학철학적 접근의 근간을 이룬다.

연역적 접근법

흔히 어떤 획기적인 사건을 경험하거나 그로 인해 변혁이 일어났을 때 코페르니쿠스(Copernicus)적 전환이라는 말을 사용한다. 이는 그리스 철학자 프톨레마이오스(Ptolemaeos)가 주장한 천동설이 천문학의 보편적인 일반법칙이던 당시, 코페르니쿠스는 그 반대로 지구가 다른 별들과 함께 태양 주위를 돈다고 주장하며 천동설에 반론을 제기한 것에서 유래한 말이다. 당시 인류는 천문학에 대한 지식에서 진일보하며 새로운 전환을 맞이하게 되었다. 코페르니쿠스는 '지동설'을 발견할 때 연역적 접근법을 사용했다. 즉, '태양과 별들이 지구를 중심으로 돈다'는 보편적인 일반법칙을 가설화하고 그에 대한 경험적 증거를 수집했다. 그러나 그가 수집한 증거가 기존의 천동설과 대립한 결과로서 새로운 법칙을 발견하게 되었다. 즉, 천동설이라는 일반적인 전제(이론)에서 가설을 진술하고 검증함으로써 이론의 진위를 판단하여 그로써 새로운 이론을 도출한 것이다. 이와 같은 방식은 전형적인 삼단논법의 전개로 경험적 사실과 일치하는 과학적 법칙을 발견하는 과정이다. 즉, **가설 → 조작화 → 관찰 → 검증**의 과정을 거쳐 이루어진다.

일반적인 명제를 삼단논법에 따라 검증하는 과정은 간단하다. 소크라테스의 죽음을 설명하기 위해 A와 B 두 개의 전제(일반법칙과 선행조건)를 통해 C라는 결론을 얻고 이를 사실로 인정하는 방법이 연역법이다. 여기서 '전제'라는 것은 일반법칙이나 이론 혹은 연구자가 설정한 가설이 될 수 있다. 그러므로 이에 대한 경험적 검증을 통해 결과의 진위여부를 판가름하게 된다.

예 명제: 소크라테스의 죽음에 관한 삼단논법

A: 모든 사람은 죽는다. (일반법칙)
B: 소크라테스는 사람이다. (선행조건)
C: 그러므로 소크라테스는 죽는다. (설명될 현상)

이처럼 일반법칙이나 이론은 사실이라는 전제에 의존하여 개별 사실이나 현상을 설명한다. 만일 일반법칙이나 이론이 연구자의 경험적 검증으로 얻은 결론을 위배한다면, 또 하나의 '코페르니쿠스적 전환'을 경험하며 진보된 지식체계를 확립하는 과정으로 진입한다.

☐ 조사연구에서의 연역적 접근

한 연구자가 자동차 배기가스를 대기오염의 원인으로 가정하고, '자동차의 일산화탄소 배출량이 많으면 도시의 대기오염도가 높다'는 가설을 세웠다고 하자. 그리고 경험적 검증을 위해 여러 도시의 자동차 일산화탄소 배출량을 조사하고 대기오염도를 측정(관찰)하였다. 연구결과, 자동차의 일산화탄소 배출량이 많은 도시가 일산화탄소 배출량이 적은 도시보다 대기오염도가 높은 것을 발견하고, '자동차의 배기가스(일산화탄소)가 많으면 대기오염이 증가한다'는 결론에 도달하였다고 하자. 여기서 일반법칙은 '일산화탄소는 대기를 오염시킨다'이며, 선행조건은 '자동차는 일산화탄소를 배출한다'이다. 따라서 '자동차는 대기를 오염시킨다'는 연역적 논리가 성립될 수 있다. 이처럼 연역법은 **사건과 사건 사이의 필연적 관련성을 형식적 추리를 통해 밝히는 방법**이다. 형식논리학의 관점에서 '전체에 대해서 참인 것은 부분에 관하여도 참이다'는 일반논법에 근거하여, 일반법칙이나 이론에서 부분에 대한 지식을 이끌어 낸다. 이러한 연역적 접근은 사회과학의 연구에서 가장 흔히 사용되는 접근법의 하나다.

귀납적 접근법

귀납법은 연역법의 순서를 되짚어 올라가는 방식이다. 위의 '소크라테스의 죽음'을 귀납법으로 설명해 보자. 한 연구자는 소크라테스의 죽음을 관찰하고 그다음 자신이 관찰한 많은 사람도 죽는다는 것을 알게 된다. 그리고 연구자는 '모든 사람이 죽는다'는 잠정적인 결론을 내린다. 이처럼 귀납적 방법은 **특정 현상에 대한 관찰에서 출발하여 일반화된 결론을 도출해 가는 추론방식**이다. 다윈(Darwin)의 진화론은 귀납법의 전형적 예다. 다윈은 전 세계를 여행하면서 화석을 관찰하고 그 지역의 동물을 관찰한 결과 한 가지 통찰을 얻게 되었다. 그리고 다음과 같은 결론에 도달하였다. 즉, "모든 생물은 진화한다."

다윈의 경우처럼, 기존의 여러 사실을 관찰하고 자료를 종합하여 일련의 '공통성'을 발견함으로써 이를 객관적인 수준에서 평가할 때 귀납적 결론에 도달하게 된다. 실제 귀납적 접근법에서 중요한 것은 관찰된 사실을 객관적으로 평가하고 분석하는 절차가 '수량적'이어야 하는 것이다. 그런 이유로 귀납법을 통해 얻은 결론으로 현상을 설명할 때, 이를 **확률적 설명**이라 부른다.

▢ 조사연구에서의 귀납적 접근

어떤 연구자가 청소년 보호관찰소의 청소년 수감자의 가정형편을 조사한다고 하자. 이때 100여 개 보호관찰소에 수감되어 있는 1000여 명의 청소년 중 700명이 결손가정의 청소년이라는 공통 특징을 발견하고, '청소년 비행과 결손가정 간에는 관계성이 있다'는 잠정적인 결론을 내릴 수 있다. 이러한 잠정적인 결론이 귀납적 접근법의 예지만, 결론이 **잠정적**이라는 것에 주의해야 한다. 귀납적 접근은 관찰된 사실의 확률에 기초하기 때문에 위의 예에서 30%의 예외 현상이 있음을 인정한다. 따라서 연구자가 귀납법에 따라 '가정의 결손이 청소년 범죄에 영향을 준다'와 같은 인과적 설명을 한다면 잘못된 과학적 결론을 내리는 것이 되므로 주의해야 한다.

연역법과 귀납법의 관계

연역적 접근법과 귀납적 접근법은 서로 대립 관계가 아니라 **상호보완 관계**에 있다. 즉, 연구자가 관찰을 통해 현상에 대한 정보를 수집하고 통합함으로써 한 가

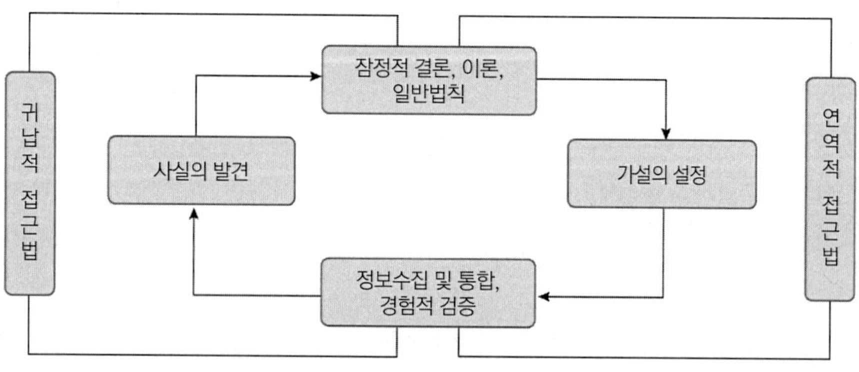

[그림 1-1] 연역적 접근법과 귀납적 접근법

지 잠정적인 결론을 얻었을 때(귀납법), 자신의 잠정적 결론에 대해 다시 경험적 검증을 거쳐 그 결론의 진위여부를 판단할 수 있다(연역법). [그림 1-1]은 이러한 관계를 보여 준다.

3.3 과학철학

과학철학의 역사는 과학적 방법론에 대한 논쟁, 즉 연역주의와 귀납주의에서 시작하여 관찰을 중시하고 객관을 추구하는 절대론적 입장(경험주의, 실증주의, 반증주의)과 지식 구조에 대한 주관의 개입을 전제하는 상대론적 입장(과학적 혁명, 인식론적 혼돈, 인지적 과학사회학)으로 발전하였다.

연역주의와 귀납주의

16세기 **귀납주의**를 대표하는 베이컨(Bacon)은 인식의 원천은 곧 실험과 관찰이기 때문에 현상을 객관적으로 관찰하고 실험하는 것만이 정확한 지식을 얻고 보편적 진리에 도달하는 길이라고 주장하였다. 베이컨은 과학적 사고로서 경험을 중시하는 귀납주의의 토대를 형성하였다. **연역주의**는 일반적 공리와 전제로부터 논리적 추론을 통해 결론을 도출하는 연역적 사고에 근간을 둔다. 연역적 사고는 17세기 프랑스의 철학자이자 수학자였던 데카르트(Descartes)에 의해 발전되었는데, 데카르트는 확고한 진리를 얻기 위해 감각기관을 통하여 도출된 모든 지식에 대해 의심의 태도를 가져야 한다고 주장하고, 이성적 회의를 통해 이론적 지식이 습득되고 과학적 지식체계를 형성한다고 보았다(과학적 이성주의). 데카르트의 사상을 기반으로 하는 연역주의는 이성적 추론을 통한 개별적 지식을 얻는 삼단논법을 사용한다.

절대론적 과학철학

18세기 영국의 철학자 흄(Hume)은 경험 및 실증주의 과학철학을 형성하는 데 가장 큰 기여를 하였다. 흄은 명제로 이루어진 연역적 사고를 통한 지식과 경험적 사실을 귀납적으로 추론하여 얻는 지식을 비교하고 두 가지 추론을 조화롭게 적

융합으로써 합리적인 지식체계가 형성된다고 주장하였다(Harris, 1980). 이러한 융합적 관점은 경험론(예, Bacon, Hume)과 고전적 논리주의(예, Comte, Mill, Spencer)에 기초한 논리적 실증주의를 탄생시켰다. **논리적 실증주의**는 형이상학적 명제를 배제하고 검증 가능한 원리에 적용될 수 있는 명제만을 사용하는데, 이를 '프로토콜' 명제라 한다. 프로토콜 명제는 다른 명제와의 논리적 모순여부를 밝히는 것이고, 언어의 논리적 구문론을 통해 명제의 형성규칙과 변형규칙을 언어규칙으로 설명하고자 하였다. 그러나 논리적 실증주의의 문제, 즉 프로토콜 명제의 검증이 모호하다는 점에서 '논리적 경험주의'가 주장되었다. **논리적 경험주의**는 관찰을 통한 확률적 검증을 과학적 논리로 채택하고 귀납적 통계학을 적용하였으나, 관찰에서 발생하는 측정오차의 문제나 확률적 검증에서의 지나친 일반화의 문제 등으로 경험적 검증을 통한 진리의 확정이 항상 '참'이라고 가정하기 어렵다(즉, 관찰은 이론에서 출발)는 비판을 받았다. 이후 논리적 경험주의 문제점에 대한 대안으로 포퍼(Popper)는 **반증주의**를 주장하게 된다(Lakatos & Musgrave, 1999). 이는 과학의 발전이 기존 이론과 상충하는 현상을 관찰하는 것에서 출발한다고 보고 이론에 대한 엄격한 경험적 검증을 강조한다. 즉, 경험적 검증은 가설에 대한 논박이고 이론이 반박되는 경우 그 이론은 기각되고 반증에 사용된 이론이 채택된다. 따라서 논리적 실증주의는 귀납법에 의존하여 '참'을 증명하지만 반증주의는 연역법에 의존한다. 그러나 역사적으로 과학적 결과가 항상 반증주의와 일치하는 것은 아니다(김영석, 1999). 예컨대, 진화론이나 상대성 이론은 상당한 경험적 반증이 있음에도 계속 존재한다. 반증 과정이 하나의 확정된 이론 자체에서 출발하기 때문에 이론적 논박이 불가능하고 그로써 반증의 결과는 오류를 내포할 수밖에 없다는 주장이다.

상대론적 과학철학

실증주의나 반증주의 모두 관찰과 객관을 중시하는 절대론적 관점을 취한다는 점에서 주관의 개입을 가정한 상대론적 관점과 차이가 있다. '상대론적' 관점의 과학철학은 과학적 혁명과 인식론적 혼돈, 인지적 과학사회학 등이 있다.

과학적 혁명은 쿤(Kuhn)이 패러다임(paradigm)이라는 용어를 사용하여 과학의 진보를 혁명적 관점에서 파악하려는 시도에서 비롯되었다. **패러다임**이란 이론, 개념, 모델, 과정, 기법을 포괄하는 논리적 체계를 말한다(Kuhn, 1962). 패러다임은 고정된 이론체계가 아니라 지속적으로 변화하고 발전하며 새로운 패러다임에 의해 끊임없이 대체된다. 패러다임은 과학적 혁명을 통해 발전하므로 과학적 진보란 '불연속적인' 특성을 지닌다. 뉴턴의 양자역학, 다윈의 진화론, 프로이트의 정신분석학, 마르크스의 과학적 사회주의 등은 모두 패러다임의 한 형태로 볼 수 있다.

새로운 패러다임은 수용 가능한 '사실(fact)'을 재정의하기 때문에 사실은 시간에 따라 변화한다. 이는 패러다임이 과학의 순환체계에서 작동함을 의미하고, 이론의 검증이 거대한 토너먼트의 과정에서 승-패를 기록하며 최종의 승자가 이론으로 불리는 과정을 말한다. 그러나 중요한 것은 승자로 기록된 이론이 전적으로 **참**임을 의미하지 않는다. 즉, 또 다른 그리고 더 나은 이론이 새로운 토너먼트의 과정에 들어올 때까지만 우리가 아는 최선의 이론으로 존재한다. 따라서 과학적 패러다임은 **정상과학의 시대 → 혁명적 과학의 시대 → 정상과학의 시대**를 반복하며 최선의 이론을 만드는 과정이다. 최초 정상과학의 시기에 많은 패러다임의 경쟁에서 승자는 어떤 현상(사실)을 설명하는 최선의 이론으로 존재한다. 쿤은 대부분의 '이론체계'라고 부르는 것을 특정 시기의 정상과학이라고 하였다. 이후 새로운 사실이 발견되고 정상과학의 이론과 새로운 패러다임이 경쟁하는 혁명적 과학의 시기를 맞이한다. 이 시기에 정상과학의 이론은 새로운 패러다임에 의해 위기를 맞고 토너먼트의 과정에서 경쟁하며 최종 토너먼트의 승자가 결정된다. 그러면 승자는 다시 새로운 패러다임이 나타날 때까지 최선의 이론으로 남는 또 하나

과학적 혁명에 의한 순환체계

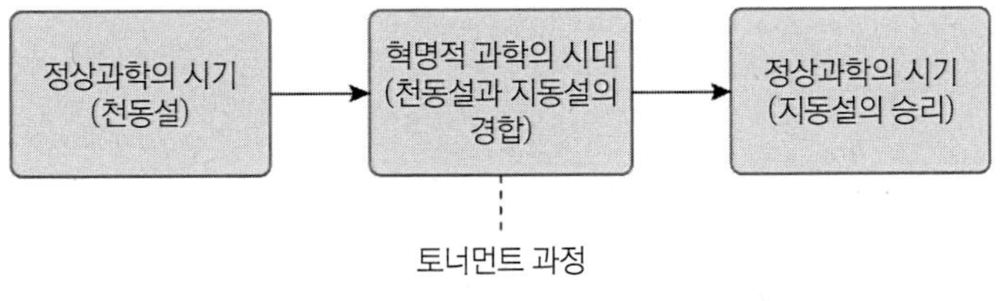

의 새로운 정상과학을 탄생시킨다.

과학적 혁명은 패러다임 간의 비교가 불가능할 수 있다는 비판, 예컨대 심리학자와 경제학자의 인간행동에 대한 관점은 서로 합치될 수 없는 요소가 존재하며 이러한 패러다임은 비교할 수 없다는 비판이 제기된다. 또한 역사적으로 하나의 패러다임이 경쟁과 혁명을 통해 단일한 정상과학으로 존재하지 않을 수 있다. 어떤 사회현상에 대해 여러 형태의 경쟁적 패러다임이 다수 공존할 수 있으며, 그것이 복잡한 현대사회의 특징이기도 하다. 그럼에도 과학적 혁명은 과학 사상에 가장 큰 영향을 준 것으로 평가된다. 특히 경험과학의 형식논리를 거부하고 과학이론의 유동적 본질을 과학철학의 근간으로 발전시켰다는 점에서 높이 평가된다.

한편 **인식론적 혼돈**은 파이어아벤트(Feyerabend)에 의해 주장된 과학철학으로 모든 지식의 불확실성을 전제로 모든 진실과 객관성, 정확성을 부정한다. 이를 '방법론적 무정부주의' 혹은 '반(反)방법론'이라 부르기도 한다. 극단적으로 **아는 것은 곧 모르는 것이다**를 주장한다. 파이어아벤트는 합리성에 바탕을 둔 과학주의가 인간생활의 전반을 규제하고 통제하여 과학의 발전에 실질적인 기여하지 못했다고 주장한다. 오히려 과학적 규범을 타파하는 접근의 필요성을 강조한다. 이러한 접근과 달리, 1970년대와 1980년대에는 인지적 과학사회학, 즉 과학적 신념이 문화, 정치, 사회, 이데올로기 등 사회구성원의 신념체계의 영향을 받는다고 전제하고 모든 과학적 지식을 사회학적 관점으로 해석하려는 인지적 과학사회학이 대두하였다. 블루어(Bloor)와 반스(Barnes)에 의해 주장된 **인지적 과학사회학**은 과학적 지식을 사회구성원의 합의과정으로 보기 때문에 전통적인 기준뿐만 아니라 사회학적 기준으로 과학을 평가한다. 따라서 과학 이론의 발달은 사회적 요소에 의해 인과적으로 설명되어야 하고, 이들 사회요소가 합리적인 과학과 비합리적인 과학을 구분하는 준거라고 주장한다.

3.4 과학적 접근의 적용

과학철학에 대한 이해는 궁극적으로 과학이 일반법칙을 발견하는 데 어떻게 적용되는지를 파악하는 것이다. 과학철학은 과학적 접근의 일반적인 준거를 제공한다. 즉, 어떤 것이 사실이 되고(과학적 사실의 수용), 어떻게 더 나은 이론이 얻어지고(최선의 이론 선택), 알고 있는 사실을 어떻게 현실에 적용하고(적용 가능성), 왜 과학적 방법을 사용해야 하는지에 대한 이해를 제공한다(Dane, 1990).

과학적 사실의 수용

어떤 것이 과학적 사실이 되는가? 흔히 과학은 '합리적 추론'을 사용한다. **합리적 추론**은 사실과 이론이 얼마나 부합하는지, 즉 이론은 사실을 설명하며 또한 사실은 이론을 뒷받침하는지를 밝힌다. 사실과 이론의 부합도를 평가하는 방법이 곧 '과학철학'이며, 과학철학에 따라 사실과 이론의 부합도가 평가된다. 이론의 검증과정에서 **이론과 사실이 부합한다는 것은 그 이론이 '옳다'는 것이 아니라 '부정할 수 없다'는 것을 의미한다**(이중부정의 의미). 이와 같은 이중부정의 논리는 통계학에서 통계적 가설(영가설)을 설정하고 검증할 때 적용되는 논리와 같다.

심화학습 Theory X is not not-true!

보통 통계적 추론은 과학철학의 '이중부정(double negatives)'을 사용하여 문제해결에 접근한다. 예를 들어, Y를 설명하는 많은 이론이 존재하기 때문에 '$X \rightarrow Y$'만이 참은 아니다. 이론 X를 검증하고 X가 사실에 부합할 때, 우리는 이론이 '참'임을 증명하는 것이 아니라, **'이론이 거짓임을 증명하는 데 실패했다'**고 말한다. 즉, '$X \rightarrow Y$'의 관계가 통계적으로 유의미할 때, '$X \rightarrow Y$는 참'이라 말하지 않고 '$X \rightarrow Y$는 거짓이 아니다'라고 말한다. 가설검증은 과학적 원리로 **절대적 진리의 부정**을 사용한다.

토론하기 '스트레스 → 우울'의 관계가 통계적으로 유의미할 때, 이중부정의 의미를 사용하여 진술한다면?

과학철학에서의 과학적 접근이란 새로운 지식을 얻는 '부정을 위한 논리적 추론' 과정이며, **절대적 진리를 부정**하는 과정이다. 결국 어떤 과학적 사실이 참인지를 증명하는 것은 절대적 진리의 부재를 전제로 '거짓이 아님'을 증명하는 것이고, 거짓이 아님이 증명된 사실은 과학적 사실로 인정받는다.

최선의 이론 선택

어떻게 최선의 이론이 선택되는가? 이에 대해서는 앞서 과학적 패러다임에 대한 설명에서 언급하였다. 무수히 많은 설명이 토너먼트의 과정을 거쳐 최종 우승자가 될 때 가장 우수한 패러다임이 되고 다음 대회까지 현상을 설명하는 최선의 이론으로 자리매김한다. 수많은 참가선수 중에 우승자를 선정하는 것과 같이, 수많은 과학적 산물 중에서 최선의 것을 채택하는 규칙을 **성장의 규준**(criteria for growth), 흔히 '토너먼트 규칙'이라고 한다.

심화학습 성장의 규준: 그리스 신화와 천문학

우리는 하늘의 태양이 동쪽에서 서쪽에서 지는 현상을 설명할 때 태양의 신 헬리오스(Helios)가 '불타는 황금마차를 타고 매일 아침마다 동쪽에서 서쪽으로 달린다'는 고대 그리스 신화를 떠올린다. 물론 우리는 신화의 설명보다 현대 천문학의 이론이 훨씬 정확하다는 것을 안다. 하지만 현대인이 '헬리오스의 불타는 마차'를 믿은 고대 그리스인을 어리석다고 하는 것처럼 고대 그리스인 또한 우리의 현대 천문학 이론을 비웃을지도 모른다. 태양의 운동을 설명하기 위해 현대의 천문학이 그리스 신화보다 낫다는 결론을 내리기 위해 필요한 것이 바로 '성장의 규준'이다.

토론하기 현대과학도 접근하지 못하는 수많은 현상이 존재한다. 어떤 것이 있는지 생각하고 성장의 규준을 논의해 본다.

□ 토너먼트 과정

수많은 연구결과가 토너먼트에 참가할 자격을 얻고 경쟁 과정을 통해 새로운 패러다임을 형성한다. 이러한 과정에서 절대적 진리의 부정이란 곧 '한계'를 의미하는 것이 아니라 '최선의 이론'을 선택하는 과정, 즉 **토너먼트**를 말한다. 토너먼트의 규칙은 **패러다임과 사실의 관계를 규정**한다. 토너먼트 대회에서 우승한 연구결과는 한 시대를 지배하는 이론으로 정상과학의 시기를 맞이하지만, 끊임없이 개최되는 대회를 통해 새로운 사실에 의해 대체될 수 있다. 이처럼 패러다임은 '사실'에 의해 변화되면서 토너먼트 과정을 거친다. 과학은 토너먼트 과정을 거치면서 새로운 사실을 발견하지만 반드시 **객관성**을 지녀야 한다. 물론 객관성이란 모든 사람의 합의를 전제한다. 그렇다면 헬리오스가 불타는 황금마차를 타고 달리는 신화와 지구의 공전과 자전의 주기를 주장하는 현대천문학 중 어떤 패러다임이 사실에 부합하고 객관적 합의에 도달할 것인가? 현대의 과학적 신념은 이미 답을 갖고 있는가 아니면 또 다른 패러다임을 기다리는가?

적용 가능성

과학적 사실을 어떻게 현실에 적용하는가? 만일 연구자가 연구결과를 현실에 적용할 수 있는 기준이 없다면, 사실로 고려할 수는 있을지라도 사실로 '확정'할 수는 없다. 따라서 연구자들은 항상 **실용주의적 실천**의 문제에 봉착한다. 과학적 접근법을 채택한 연구자는 결국 어떻게 과학적 접근법의 결과를 현실에 적용할 것인지를 결정해야 한다. 적용 가능성의 문제를 해결하는 가장 보편적인 접근법은 사실에 대한 합의를 도출하는 것이다. 미국의 법률이론가들은 이미 12명의 배심원이 내리는 판결이 1명의 배심원이 내리는 판결보다 낫다고 가정하는 것처럼, 1명의 연구자가 얻은 증거보다는 많은 연구자가 일치를 보인 결과를 더욱 객관적인 사실로 수용할 것이다. 그럼에도 종종 예기치 못한 변인에 의해 합의가 실패할 수 있다. 예컨대, 같은 현상을 연구하지만 다른 방법을 사용하거나 연구의 목적에 따라 전혀 다른 결과를 얻는 경우는 흔하다. 다음의 '성차에 대한 연구사례'를 생각해 보라. 아마도 우리는 현실세계에서 절대적 진리는 아닐지라도 우리가 아는 최선의 이론을 택하고 그것이 '참'일 것이라는 신념으로 무장하는지도 모른다.

[연구사례] 성차 연구에서의 '공적 신념'의 영향

성차(性差)를 연구하기 위해 남녀 두 집단을 선택하고 각각 수학문제 해결능력을 비교하였다고 가정하자. 만약 두 집단의 수행이 다르면, 연구결과는 남녀 간의 성차를 반영한다고 결론지을 것이다. 그러나 일련의 연구(Deaux & Major, 1987)는 이러한 주장을 현실에 적용하는 데 문제가 있음을 주장한다. 그들은 연구에 참여한 사람들이 자기표상전략(self-presentation strategy)을 사용해 자신의 신념에 입각한 수행을 보일 수 있음을 입증하였다. 즉, 연구자를 포함한 참여자 모두 남자와 여자는 기본적인 차이가 있다는 '공적 신념'을 내적으로 표상하고, 수학문제를 푸는 데 차이가 없음에도 자신의 신념을 지지하는 방향으로 차이를 발견하려는 연구노력의 산물일 수 있음을 주지해야 한다.

과학적 방법의 사용

왜 과학적 접근에 동일한 방법을 사용해야 하는가? 모든 사람이 번지점프를 하니 같은 방식으로 번지점프를 해야 하는가? 어떤 접근법을 사용해야 하는가의 문제를 '지적 성실(intellectual honesty)'의 문제라 한다. **지적 성실**은 과학 자체의 사용을 정당화하는 연구자의 능력을 말한다. 이는 어떠한 이론도 완벽하게 증명할 수 없고 패러다임도 일시적인 것이며 특정 사실 역시 시간에 따라 변화하지만 과학적 도구를 사용하는 것이 가장 합리적이라는 **연구자의 신념**이다. '창조론'이냐 '진화론'이냐에 대한 접근은 어떠한가? 인간의 본질을 어떤 관점에 입각하여 볼 것인지는 연구자 개인의 신념에 기초한다는 것을 이해하여야 한다. 너무 거창하지 않아도 만일 한 연구자가 학생의 수업태도를 연구하기 위해 '서베이'를 생각했다면, 수업태도를 측정하기 위한 '최선의 방법'이 서베이라는 과학적 신념을 지녀야 하는 것과 같다. 이것이 연구자가 자신의 연구를 수행함에 있어 염두에 두어야 하는 **지적 성실의 문제**다. 연구자는 과학적 접근이 '완벽하지 않지만 우리가 지닌 최선의 도구'이고, 그로써 얻은 결과가 가장 우수한 결론에 도달한다는 믿음을 가지고 있다. 그럼에도 과학적 접근법을 사용하는 연구자는 그 한계를 겸허하게 받아들이고 과학적 결과는 언제나 '참'이라는 맹목적 과학주의 또한 경계해야 한다.

키워드

객관성	과학	과학적 접근과 비과학적 접근
과학적 혁명	귀납법	논리
논리적 경험주의	논리적 실증주의	반증주의
발견적 견해	성장의 규준	연역법
이론	이중부정의 논리	인식론적 혼돈
인지적 과학사회학	일반화	패러다임

연습문제

1 사람들은 왜 과학을 하는가? 그리고 과학은 무엇을 전제하는가?

2 과학의 기본 목표와 하위 목표의 차이는 무엇인가?

3 과학의 연역적 접근과 귀납적 접근의 차이는 무엇인가?

4 과학적 혁명과 패러다임은 고전적인 과학주의와 어떻게 다른가?

5 정신분석학에서 꿈은 무의식의 발로라 한다. 이 명제를 수용할 수 있는 토너먼트 규칙은 있는가?

제2장 사회과학 연구의 요소

Components of Social Scientific Research

학습목표

1. 과학이 수행되는 절차를 파악한다.
2. 과학적 연구를 위한 주제선정의 방법을 알아본다.
3. 구성개념, 조작적 정의, 변인의 정의와 관계에 대해 이해한다.
4. 연구에서 수집된 데이터를 정리하고 분석하는 방법을 파악한다.
5. 연구목적과 통계분석의 관계를 이해한다.
6. 학술보고서와 조사보고서를 작성하는 원칙을 살펴본다.

"빛이 2억 9979만 2458분의 1초 동안 진공상태에서
이동한 거리를 1m라 정의한다."

1 과학적 연구의 시작

1.1 개요

과학적 연구는 현상을 관찰하는 일련의 과정을 표준단계에 따라 수행한다. 이러한 단계가 필요한 이유는 과학이 여전히 최상의 방법이긴 하지만 그 한계가 있기 때문에 표준화된 절차를 따름으로써 오류를 피하기 위한 것이다. [그림 2-1]은 과학적 연구의 기본 단계를 도식으로 표현한 것이다.

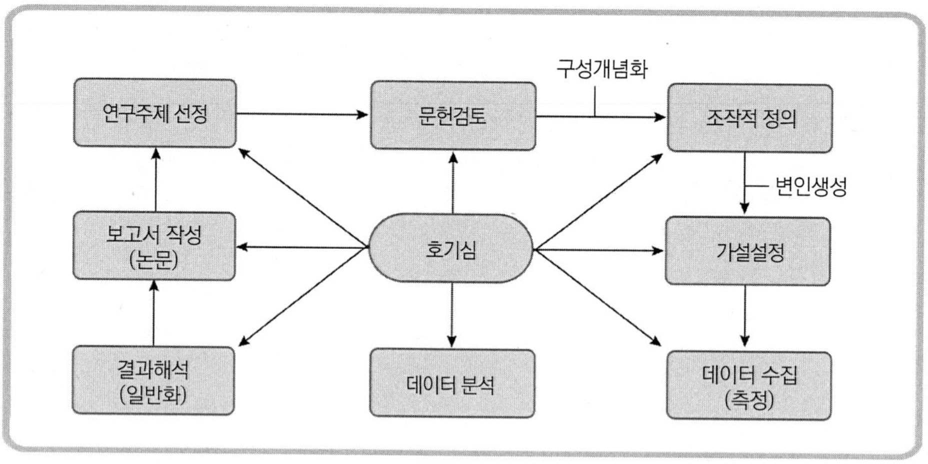

[그림 2-1] 과학적 연구의 기본 단계(Dane, 1990에서 재구성)

1.2 연구주제의 선정

세상에 대한 관심과 호기심은 과학적 연구의 출발점이다. 인간의 지적인 호기심이 과학 발전의 모태였듯이, 연구자가 품은 호기심을 과학적으로 검증하기 위해서는 과학철학을 바탕으로 합리적이고 경험적인 결과로 증명할 수 있어야 한다. 연구자가 호기심을 가지고 연구를 시작하는 첫 단계는 '연구주제'를 선정하는 작업이다. 연구주제를 선정하기 위해 고려해야 하는 것은 경험적 검증을 통해 해결할 수 있는 문제인지 혹은 누구나 아는 사실이 아니라 '발견적 가치'를 지니고 있는지 등을 검토해야 한다. 결국 좋은 연구주제란 많은 이론체계가 있음에도 지금까지 발견되지 않은 사실에 대한 객관적 검증이 가능한 것이어야 한다(**독창성과 객관성**).

주제선정의 방법

연구주제를 어떻게 선정하는가? 주제의 선정은 연구자의 궁금증이나 호기심에서 출발하지만, 주관을 배제하고 독창적인 아이디어를 얻기 위한 일반적인 방법이어야 한다. 반드시 모든 연구가 이 틀 안에서 이루어지는 것은 아니지만 연구의 시작을 객관화하는 데 도움이 되는 접근이다.

▢ 주제선정의 출처

먼저 연구자의 관심이 어떤 분야에서 다루어지고 있는지를 파악하기 위해 (a) **개론 수준의 교과서**를 살펴보는 것이 도움이 된다. 개론서에는 해당 분야의 다양한 이론과 접근법이 소개되어 있으므로 다루고자 하는 주제의 연구위치를 파악할 수 있다. 특히 개론서의 참고문헌은 연구자의 흥미를 확대 재생산하는 기회다. 이와 함께 다양한 정보를 제공하는 신문이나 전문기관에서 발간하는 보고서 등을 참고할 수도 있다. 그리고 연구자가 자신의 연구주제에 대해 어느 정도 큰 틀을 가지고 있다면 (b) **전문학술지**를 통해 더욱 심도 있고 깊이 있는 주제로 체계화하는 것이 좋다. 전문학술지는 대체로 특정 주제의 연구 가치와 과학적 접근법을 소개하고 있으므로 연구자는 자신의 궁금증을 어떻게 과학적으로 풀어 갈 것인지에 대한 통찰과 세부 정보를 얻을 수 있다.

이러한 과정을 통해 연구자가 자신의 연구주제를 구체화하고 나면, 본격적으로 해당 주제에 대한 다양한 (c) **선행연구**를 비교 · 검토하고 기존 연구에서 발견되지 않는 독창적인 아이디어를 개발해야 한다. 독창적 아이디어는 연구의 방법이나 절차일 수도 있고 이론적 관점의 개발이 될 수도 있다. 즉, 현장연구에서 수행된 연구결과를 조사법이나 실험법으로 연구를 수행하거나 동일 현상을 다른 이론적 관점에서 설명하고 검증할 수도 있다. 예컨대, 어떤 연구자가 'TV폭력물과 아동의 공격성'에 대해 관심이 있다고 하자. 연구자는 다양한 선행연구를 개관하고 이전 연구에서 다루지 않은 새로운 변인을 추가하여 연구주제를 선정하거나 실험적 방법에 따라 이전 연구에서 통제하지 못한 변인의 효과를 검증할 수 있다. 혹은 기존 연구가 전통적인 학습이론으로 TV폭력의 효과를 다루었다면 새로운 이론적 접근(예, 정서이론이나 태도이론)으로 연구 모형을 개발할 수도 있다.

▢ 우연한 관찰과 문제인식

연구주제의 선정은 종종 연구자의 **우연한 관찰**이나 연구자의 **문제인식**에서 출발한다. 모든 사물의 법칙과 인간행동에 개연성이 있듯이, 우연한 관찰과 탐구로부터 과학적으로 중요한 발견이 이루어져 왔다. 증기기관의 발명은 물이 끓고 있는 주전자를 우연히 관찰하면서 시작되었고, 뉴턴은 산책 중에 사과가 떨어지는 것을 보고 만유인력의 법칙을 발견하였다. 현대 사회의 복잡한 현상도 개연성을 믿는 연구자에게 훨씬 더 많은 통찰의 기회를 제공할 것이다. 그러나 우연한 관찰이란 연구자의 **끊임없는 관심과 몰입의 과정에서 통찰을 제공**한다. 누군가에게 떨어지는 사과는 '낙과(落果)'에 불과한 것이지만 누군가에게는 과학의 혁명을 가져올 이론의 '배아(胚芽)'가 되기 때문이다. 항상 열정을 가지고 모든 현상을 세밀하게 관찰하고 문제의식을 가질 때 좋은 연구주제를 선정할 수 있다. 우연한 관찰을 통한 위대한 발견의 이면에는 연구자의 위대한 문제인식이 내포되어 있음을 기억하여야 한다.

□ 학문적 가치와 사회적 가치

연구주제를 선정할 때 중요하게 고려해야 할 것은 연구주제가 지닌 '발견적 가치'다. 연구결과는 학문적으로 새로운 패러다임을 형성할 수 있어야 하며, 궁극적으로 사회문제를 해결하고 발전에 기여해야 한다. 흔히 연구의 발견적 가치란 학문적 성과를 통한 사회적 기여를 목적으로 한다. 과학의 기본 목표가 '이론의 일반화'에 있음을 기억할 것이다. **이론의 개발은 '학문적 가치'이지만 그것을 일반화하는 것은 '사회적 가치'를 실현**하는 것이다. 어떤 연구자는 단순히 이론의 개발을 연구목적으로 한다고 말할 수 있지만, 그것이 합리적이고 과학적 절차를 통해 이루어졌다면 다른 연구자에 의해 얼마든지 사회적 가치로 환원될 수 있다. 그만큼 연구의 시작단계에서 고려하는 '가치'는 연구결과와 그에 따른 적용에 중요한 의미가 된다.

□ 연구주제의 해결 가능성

아무리 좋은 연구 아이디어가 있어도 경험적으로 검증 가능한 것이 아니면 무용지물이다. 또한 어떤 질문이 매우 흥미롭고 사회적 가치가 높다고 하여도 검증할 수 없다면 과학적으로 무용하다. 어떤 호기심이나 질문은 매우 철학적이고 논리적일 수 있다. 그러한 질문은 철학자에게 중요한 과제이지만 과학적 활동을 하는 연구자에게는 적합한 연구주제가 될 수 없다. 예컨대, '인간은 생각하는 갈대'와 같은 명제는 철학적으로 중요한 가치가 있지만 과학적으로 증명할 수 있는 성질의 것이 아니다. 즉, 과학적 의미에서 연구주제는 **경험적 검증으로 해결이 가능한** 주제여야 한다. 또한 경험적으로 검증이 가능하기 때문에 **진위여부**를 판단할 수 있어야 한다. 이는 연구자가 문제를 해결하기 위한 잠정적인 해답(흔히 말하는 '가설')을 가지고 있을 때, 잠정적 해답의 진위여부는 '참' 혹은 '거짓'임을 증명하는 확률적 속성을 지닌다. 언제나 '참'이거나 언제나 '거짓'인 명제는 과학적 연구로서 가치를 상실한다. 따라서 연구의 주제는 **잠정적 해답의 진위를 판별하는 확률적 속성에 기초해 참일 수도 있고 거짓일 수도 있는 대상**이어야 한다. 어떤 연구자가 '인간은 언젠가 죽을 것인가?'를 연구주제로 삼는다면 결코 좋은 주제가 될 수 없다. 짐작하듯이, 이러한 명제는 언제나 '참'으로 잠정적 해답의 진위여부를 판단하는 것이 무용하기 때문에 과학적 연구의 주제가 아니다.

경험적으로 검증 가능하고 진위여부를 판별할 수 있는 명제는 추상적이거나 관념적인 용어로 정의되지 않는다. '인간은 생각하는 갈대다'와 같은 명제는 과학적으로 증명할 수 없는 철학적 명제이며, 그 자체의 용어에 대한 과학적 정의가 불가능하므로 과학적 연구의 대상이 아닌 것이다. 그러나 심리학이나 사회과학에서처럼 인간행동이나 내재적 속성을 다룰 때 모호한 경험적 검증 가능성의 경계에 놓일 때가 많다. 어떤 심리학자가 '사랑하면 아름다워지고 행복해질 수 있다'를 연구한다면 과학적 접근이 가능한 것인가? 아마도 그 대답은 '그렇다'와 '아니다'가 공존할 것이다. 만일 '사랑' '아름다움' '행복'이라는 명제를 검증 가능한 구조로 만들 수 있다면, 그것은 과학적 연구의 중요한 대상이 될 것이다. 여기서 '검증 가능한 구조'란 **개념의 측정 가능성**을 말한다. 즉, 각각의 명제가 측정 가능한 개념으로 구성되어 있다면 경험적으로 진위여부를 판단하고 입증할 수 있으므로 과학적 명제가 된다. 다만 개념의 측정 가능성에 대한 사회적 합의는 상대적일 수 있으며, 그러한 사회적 합의가 높다면 훨씬 과학적 연구로서의 가치는 높을 것이다. 과학자는 개념의 측정문제를 해결하기 위해 '조작적 정의(operational definition)'를 사용하며, 조작적 정의를 통해 개념과 명제는 측정 가능한 실체로 변환한다.

마지막으로 생각해 볼 문제는 개념적으로 분명하고 검증 가능한 측정구조로 되어 있지만, **자료수집이 불가능한 문제**와 그에 따른 **윤리적 문제**다. 심리학의 학습이론을 대표하는 '고전적 조건화'를 응용한 한 실험의 예를 들어 보자. 고전적 조건화는 중립자극(벨소리)이 무조건자극(음식)과 연합되면 새로운 자극(벨소리)과 반응(타액분비) 간의 학습이 성립된다는 주장이다. 그에 따라 연구자가 아무런 성적

심화학습 사랑을 하면 아름다워지고 행복해진다?

디커만(Dickerman)은 사랑은 "천국과 지옥을 왕복하는 열차의 계절 승차권"이라 하고, 유고(Jugo)는 사랑은 "야수를 인간으로 만들고 인간을 야수로 만들기도 한다"고 표현하였다. '사랑'의 실체는 볼 수도 없고 만질 수도 없으므로 그 어떤 표현을 한다 해도 그것을 받아들이는 사람의 주관에 따라 해석될 수밖에 없다. 그렇다면 **사랑은 과학의 주제가 아닌 것인가?** 사회심리학자인 스턴버그(Sternberg, 1986)는 '친밀감' '열정' '헌신'의 세 가지 요소로 사랑을 정의하고 측정 가능함을 주장한다. 이른바 '사랑의 삼각형 이론'이 그것이다. 스턴버그의 기여는 3요소를 기초로 사랑의 유형을 정의하고 검증 가능한 구조를 제시한 것이다. 같은 맥락에서 사랑의 실체를 객관적으로 측정할 수 있다면 '사랑을 하면 아름다워진다' 혹은 '사랑을 하면 행복해진다'와 같은 명제는 과학적 주제가 될 것이다. 그러나 문제는 사랑의 척도가 **모든 사람이 동의하는 객관성**을 지니고 있는지를 평가해야 한다. 1장에서 살펴보았듯이, 아마도 최선의 이론이 선택되기 위한 계속적인 토너먼트 과정과 반증 연구의 순환이 반복될 것이다.

토론하기 다음 진술이 '과학적 명제'이기 위한 조건을 생각해 본다.

- 그녀의 마음은 어떻게 된 것인가?
- 기계는 생각할 수 있는가?
- 동양인과 서양인은 사랑의 표현방식에 차이가 있을 것이다.
- 우리나라 사람의 평균지능은 100이다.
- 경제가 좋아지면 여성의 치마길이가 짧아진다.
- 민물은 바닷물보다 짜다.
- 쥐도 궁지에 몰리면 고양이를 문다.
- 휴대전화를 잘 알수록 고장이 나면 불평을 많이 한다.
- 桐千年 老恒藏曲, 梅一生 寒不賣香.

각성을 일으키지 않던 '부츠사진(중립자극)'을 '누드사진(무조건자극)'과 지속적으로 연합시켜서 '부츠'와 '성적각성'의 학습관계가 형성되는지를 밝힌다면, 성적각성에 대한 학습이론의 적용이라는 점에서 중요한 경험적 증거가 될 것이다. 그러나 문제는 '성적각성'을 측정하기 위해 실험에 참여한 피험자의 발기상태를 일일이 확인해야 한다면 자료수집이 불가능한 일이다. 또한 실험에 참여한 피험자들의 학습결과(부츠-성적각성)를 어떻게 되돌릴 것인가? 과학자들은 문제인식으로부터 사회적 및 학문적 가치를 추구하는 검증 가능한 명제를 다루려고 노력하지만 종종 윤리적 문제의 딜레마에 빠진다.

▢ 윤리적 문제

연구의 윤리적 문제는 연구대상이 사람일 때 특히 중요하다. 따라서 연구가 개인의 인권을 침해하거나 신체적 혹은 심리적 상해를 입힐 가능성을 면밀히 검토해야 한다. 연구자는 지적 자유를 추구할 의무가 있지만 모든 사람을 공정하게 다루며 해를 입히지 말아야 한다는 원칙, 즉 **윤리적 균형**을 중시해야 한다. 연구의 윤리적 균형은 보통 연구를 수행하는 과정에서 중시되지만, 연구주제를 선정하는 단계에서 미리 검토함으로써 발생할 수 있는 문제를 예방하는 연구를 계획할 수 있다. 〈표 2-1〉에 제시된 미국심리학회(American Psychology Association: APA)의 인간 피험자에 관한 윤리규정을 참고해 보라.

〈표 2-1〉 인간피험자에 대한 APA의 윤리규정

- 연구를 계획할 때 연구자(심리학자)는 연구의 윤리적 적합성을 세밀하게 평가받을 책임이 있다.
- 계획된 연구에서 연구자가 고려해야 할 중요한 사항은 참여자가 위험에 빠질 수 있거나 혹은 최소한의 위험에 노출되는 것을 알리거나 방지해야 한다.
- 연구자는 항상 연구가 윤리적으로 진행되는 것을 보장해야 할 의무가 있다.
- 참여자가 최소한의 위험에 처할 수 있는 연구를 제외하고, 연구자는 연구에 앞서 참여자에게 권리와 의무를 분명하고 합당한 절차상에서 동의를 구해야 한다.
- 연구의 방법론적 요건으로 필요한 은폐와 속임수를 사용할 수 있다. 이러한 연구의 수행에서 연구는 다음 세 가지의 특별한 책임감을 지녀야 한다. 첫째, 사용된 방법의 정당성 확보. 둘째, 대안적 절차에 대한 세밀한 검토. 셋째, 참여자에게 충분한 설명 제공.
- 연구자는 어느 단계에서든 참여자가 연구에 참여하거나 포기할 개인의 자유를 존중해야 한다.
- 연구자는 연구과정에서 발생할 수 있는 신체적·정신적 불편감, 상처, 위협으로부터 참여자를 보호해야 한다.
- 자료가 수집되기 이전에 연구자는 연구의 본질에 대한 정보를 참여자에게 제공해야 하고 발생할 수 있는 어떠한 오해라도 해소하려는 노력을 기울여야 한다.
- 장기적인 영향을 포함하여 개인 참여자에게 바람직하지 않은 결과가 발생할 수 있는 연구의 모든 단계에서 연구자는 그 효과를 감지 및 제거하고 교정해야 할 책임이 있다.
- 연구자는 연구 과정에서 참여자에게서 얻은 정보에 대해 미리 동의를 구하지 않았다면 반드시 비밀을 유지해야 한다.

1.3 문헌검토

문헌의 검토는 왜 필요한가? 관심 있는 주제에 대한 문헌검토는 연구를 수행하는 데 필요한 **개념적이고 절차적인 문제**에 대한 해결 단서를 제공하고 불필요한 **연구의 중복**을 피해 과학적 관점을 유지하는 데 도움을 준다. 가능한 한 많은 문헌을 검토하여 다양한 관점을 놓치지 않는 것이 바람직하지만 지나치게 범위가 넓으면 연구의 주제에 혼동을 초래할 가능성도 있다. 따라서 연구의 범위를 한정하고 적절한 수준에서 문헌검토를 수행하려는 연구자의 판단이 중요하다.

문헌검토는 이전 연구가 직면했던 문제를 피하는 방법과 조작적으로 잘 정의된 개념적 틀을 제공하기 때문에 '실수'를 줄이고 연구를 **객관화**하는 데 기여한다. 종종 문헌검토를 통해 연구자는 자신이 생각하는 연구주제가 다른 연구자에 의해 이미 증명된 사실임을 확인하기도 한다. 이때 연구자는 새로운 발견적 가치를 찾기 위해 다른 이론이나 연구방법을 채택할 수 있으며, 경우에 따라 한 연구에 대한 반복연구를 계획할 수도 있다. 이전 연구의 결과를 일반화하고 새로운 과학적 결론에 도출하려는 반복연구(replication study)는 중복연구와 다르다. 중복연구(duplication study)는 이전 연구와 똑같은 방식으로 같은 결론에 도달하지만, **반복연구**는 기존 연구를 반복하여 연구결과의 신뢰성을 검증하고 다른 표본이나 다른 연구장면으로 일반화하는 것을 목적으로 한다. 따라서 반복연구는 '연구결과의 일반화'라는 중요한 과학적 의미와 더불어 새로운 과학적 결론에 도달하게 된다.

▢ 문헌검토의 유용성

문헌검토는 연구에 필요한 다양한 정보의 원천을 제공한다. 연구주제의 선정에 따라 이루어지는 본격적인 문헌검토는 **이론적 배경**과 **방법적 논리**를 확보하는 중요한 원천이므로 연구의 필수불가결한 요소다. 대부분의 연구가 이론에서 출발하기 때문에 문헌검토는 연구를 착수하는 데 필요한 기초 이론을 제공한다. 그러나 연구자는 단순히 이론을 반복하는 것이 아니라 새로운 사실의 발견에 초점을 두게 된다. 이러한 과정에서 개인의 주관적 관심(혹은 비공식적인 관점)은 이론을 통해 공식적이고 합리적인 관점으로 자리 잡는다.

예

'브레인스토밍은 의사결정을 질을 높인다'는 이론적 맥락에서 연구자는 브레인스토밍과 수행에 관심을 두기보다는 참여자의 집단역학이 브레인스토밍의 효과에 어떻게 작용하는지를 알고자 할 수 있다. 이 연구는 브레인스토밍 이론에 기초하여 '집단역학이론'을 확장하는 연구를 수행한 것이다.

문헌검토의 또 다른 유용성은 연구에 사용될 **방법론의 객관성을 확보**함으로써 연구의 수행과정에서 발생할 수 있는 절차상의 오류를 방지하는 것이다. 문헌검토를 통해 연구방법에 대한 정보를 얻는 것은 신뢰로운 연구결과를 얻고 타당한 해석을 하는 데 도움이 된다. 그러나 선행연구라고 해서 모두 정확하고 신뢰로운 절차를 사용한 것은 아니므로 종종 연구과정에서 절차상의 새로운 기법의 개발을 촉진하기도 한다.

예

심리학에서 무드상태를 조작하기 위해 자연 상황에서 유쾌하거나 불쾌한 자극을 제시하는 방법이 오랫동안 사용되었으나 그 효과는 매우 미미한 것으로 알려져 왔다. 따라서 새로운 연구들은 자연 상황보다 통제된 상황, 예컨대 컴퓨터 게임의 점수를 미리 조작하여 이를 실시한 피험자가 자신의 노력에 상관없이 실험조건(유쾌, 불쾌)에 할당되도록 함으로써 효과적인 무드조작을 이루게 되었다. 이처럼 문헌검토는 기존 연구절차의 검토과정에서 새로운 연구방법을 개발하는 계기가 되기도 한다.

과거와 달리 오늘날 대부분 대학과 도서관의 정보시스템은 잘 구축되어 있어 언제든 원하는 문헌과 자료를 쉽게 찾아볼 수 있다. 효과적으로 문헌검토를 수행하기 위해서는 접근 가능한 데이터베이스의 사용법을 익히고 원하는 정보를 체계적으로 찾는 방법 또한 터득해야 한다. 특히 아직 연구에 익숙하지 않은 연구자가 체계적으로 정보를 찾고 충실하게 문헌검토를 수행하는 것은 좋은 연구자가 되기 위한 첫걸음이다.

2 조작적 정의와 가설

2.1 조작적 정의

간단히 말해, '조작적 정의(operational definition)'란 이론을 구성하는 개념, 즉 구성개념을 측정 가능한 상태로 정의하는 것이다. 문헌검토를 통해 이론을 확보하였다면 이론 내의 개념을 경험적으로 검증 가능한 상태가 되도록 정의하여야 한다. 자신의 연구를 '과학적'으로 접근하는 가장 중요한 요소 가운데 하나가 구성개념에 대한 **조작화**다. 흔히 구성개념에 대한 정의를 '구성적 정의'라 부르고, 이를 관찰 가능하고 측정 가능한 상태로 정의하는 것을 **조작적 정의**라 부른다.

> **구성적 정의와 조작적 정의**
>
> 지능이란 무엇인가? 간단히 '인간의 총괄적인 지적 역량 혹은 능력'이라고 말한다면, 이는 측정 가능한 상태가 아닌 구성적 정의에 해당한다. 이를 조작적으로 정의한다면, 지능이란 '언어능력, 수리능력, 공간능력을 포함하는 IQ 검사점수의 해석 가능한 점수체계'로 정의할 수 있다. 흔히 IQ 점수가 모든 지적 역량을 포함하지 않지만 측정이 가능하고 관찰이 가능한 영역으로 한정하여 지능을 조작화한 것이다. 따라서 '구성적 정의'란 포괄적이고 일반화된 개념에 대한 이론적 정의인 반면, **조작적 정의**는 이론을 구성하는 개념을 '조작적'으로 진술함으로써 측정한 상태, 즉 '변인'을 만드는 정의다.

조작적 정의가 중요한 이유는 이론적 개념을 검증 가능한 수준으로 만들어 주기 때문이다. [그림 2-1]에서 보듯이, **조작적 정의를 통해 구성개념이 변인으로 전환되고, 이들 변인의 관계를 진술한 것이 바로 '가설'이다.** 엄밀한 의미에서 가설이란 구성개념 자체에 의해 진술될 수 없다. 그 이유는 반복하지만, 측정 가능한 상태가 아니기 때문이며 측정이 불가능하다는 것은 곧 검증할 수 없고 과학적 접근이 불가하다는 의미다. 과학적 접근에서 조작적 정의와 가설은 가장 중요한 연구의 요소이므로 반드시 기억하여야 한다.

구성개념

구성개념(construct)은 이론적 도식을 만드는 데 사용하는 용어다. 흔히 **개념**(concept)이란 구체적인 현상을 나타내는 추상적 용어로 이들 개념이 이론을 구성할 때 이론적 구성개념이 된다. 즉, '지적 능력'이라는 현상을 설명하는 개념을 이론적으로 도식화하기 위해 '지능'이라는 **구성개념**을 사용한다.

개념과 구성개념의 차이

'갈등'의 이론적 개념은 가족 간의 논쟁이나 국가의 혁명과 같은 것은 아니다. 분쟁이나 혁명은 갈등의 구체적 현상일 뿐이며 갈등에 대한 정의가 될 수 없다. 심리학에서 갈등은 '개인이 가진 특정 정서나 동기가 다른 정서나 동기와 모순되어 그 표현이 저지되는 현상'으로 정의된다. 이러한 정의는 **구성적 정의**가 된다. 이렇게 정의될 때 갈등은 구성개념이고 분쟁이나 혁명은 갈등의 구체적 현상, 즉 **개념**이라 한다.

현상, 개념, 구성개념의 관계는 일련의 과학적 추론을 통해 형성되고 발전한다. 구체적 현상에 대한 일반화 과정에서 개념이 형성되고 하나의 이론이 정립되면 구성개념이 탄생한다. 그러나 다시 이론이 연역적 추론을 통해 검증되는 과정에서 새로운 개념과 구성개념과 경쟁하고 새로운 이론을 탄생시키는 과학적 순환이 반복된다.

이론적 구성개념은 하위의 구성개념을 지닐 수 있으며 다른 구성개념과의 관계를 설명하는 데 사용된다. 예컨대, 지능은 '일반지능'과 '특수지능'이라는 하위의 구성개념으로 나뉘고, 학업성취라는 구성개념은 지능이나 동기와 같은 구성개념과의 함수관계로 설명될 수 있다. **구성개념 간의 함수관계는 곧 변인 간의 관계로 설명되며 가설로 진술된다.** 따라서 구성개념은 가설을 설정하기 위한 이론적 개념이며 조작적 정의를 통해 측정 가능한 구조로 전환된다. 앞의 예에서, '지능'이라는 구성개념은 조작적 정의를 통해 'IQ점수'라는 변인으로 전환되고, '학업성취'는 조작적 정의를 통해 '수능점수'라는 변인으로 전환될 수 있다. 그로써 가설은 'IQ점수는 수능점수와 관계가 있다'로 진술된다. 이처럼 과학적 연구의 단위는 이론을 구성하는 **개념**이지만 이를 측정하고 검증하는 실체는 **변인**이다.

구성개념, 변인, 가설의 관계

변인(variable)이란 하나 이상의 수준이나 값을 가진 측정 가능한 실체로 정의된다. 변인은 여러 다른 값을 나타내는 속성, 즉 변화하는 속성을 갖는다. '온도'는 하나의 변인이며 온도의 변화에 따라 온도계의 수치도 변화한다. '소득'이란 하나의 변인이며 소득수준은 사람에 따라 변한다. 또한 변인은 **가설을 진술하는 구체적인 대상**이다. 구성개념, 변인, 가설의 관계는 [그림 2-2]와 같이 설명할 수 있다.

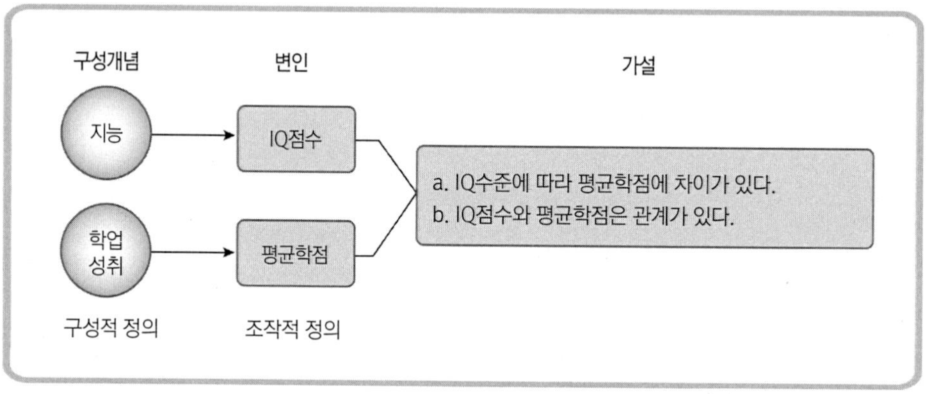

[그림 2-2] 구성개념, 변인, 가설의 관계

조작적 정의의 예

▢ 공격성에 대한 정의

타인에게 손해를 입힐 의도를 가진 경우와 그렇지 않은 경우를 어떻게 구분할 수 있는가? 만일 연구자가 '공격성이란 의도와 관계없이 타인에게 신체적 및 심리적 상해를 입히는 것'으로 정의한다면, 의도를 가졌지만 해가 되지 않는 경우는 공격적 행위로 측정하지 않음을 명시하는 것이다. 반면 의도를 지니지 않았지만 해를 입혔다면 이 연구에서는 공격성의 정의에 해당한다. 따라서 공격성은 의도와 상해의 관계를 명시함으로써 관찰 가능하고 측정 가능한 상태로 정의된다. 이렇게 조작적 정의가 내려지고 나면 공격성은 **변인**이라 부른다. 물론 연구자는 더 엄밀한 조작적 정의를 위해 상해의 정도를 구체적으로 진술할 수 있다(예, 의사의 진단으로 상해기준 혹은 피험자가 고통을 호소하는 정도 등).

□ 소득에 대한 정의

소득은 유형 혹은 무형의 자산적 가치가 있는 수입을 의미하는 구성개념이고, 이를 '한 개인이 월별 노동의 대가로 지불받는 금전적 형태의 근로소득'으로 정의한다면 불로소득(예, 로또, 이자, 배당금, 임대수입, 비금전적 수입 등)은 측정에서 제외된다. 조사연구에서 소득은 자주 사용되는 변인이지만 일치된 조작적 정의를 사용하는 것은 아니다. 어떤 조사자는 소득에 근로소득과 저축, 이자, 임대수입 등을 포함하기도 하고, 다른 조사자는 위와 같이 노동의 대가로 받는 근로소득만으로 조작적 정의를 하기도 한다. 그러나 **모든 개념에 대해 조작적 정의를 하는 것은 아니고**, '연령'이나 '성별'과 같이 모든 사람이 동의하는 개념은 조작적 정의를 생략하는 것이 일반적이다.

□ 길이에 대한 조작적 정의

누구나 알고 있는 '1미터'란 무엇이고 어떻게 정의하는가? 아마도 '자'라는 척도로 재어 알 수 있는 길이 정도로 생각할 것이며, 실제 '자'와 같은 단위척도를 가진 표준화 도구로 측정하는 개념(길이)은 조작적으로 정의하지 않는다. 그러나 '1미터'에 대한 조작적 정의도 과학의 발전에 따라 새롭게 정의되어 왔음을 이해하여야 한다. 최근 1미터의 정의는 '빛이 2억 9979만 2458분의 1초 동안 진공상태에서 이동한 거리'로 정의된다.

심화학습 1m에 대한 정의

1962년 1월 1일 이전에는 1m의 정의로서 프랑스 셰르부르의 지하창고에 정온 상태로 보존된 백금막대기의 길이가 사용되었다. 이후에는 '크립톤86의 원자가 진공에서 방사될 때 일정한 형태의 주황색 방사파 165만 6763.83개가 갖는 길이'를 1m의 정의로 사용했다. 그리고 여러 번 변경된 후 가장 최근의 정의에서는 '빛이 2억 9979만 2458분의 1초 동안 이동한 거리'를 1m로 정의하고 있다.

토론하기 유사하게 1그램(g)에 대한 조작적 정의를 생각해 보라.

□ 리더십에 대한 정의

리더십은 조직의 성패를 좌우할 만큼 중요한 개념이지만 이론적 관점과 그에 따른 조작적 정의가 다양하다. 과거 강한 카리스마의 조직리더가 기업을 이끌어 가는 것과 달리 오늘날 조직구성원과 함께 비전을 공유하고 조직 가치를 발전시키는 변혁적 리더십이 주목받고 있다. 그러나 변혁적 리더십은 개념적으로 '카리스마' '구성원에 대한 배려' '지적 자극의 추구'와 같은 하위 차원을 포함하고 있어 카리스마 리더십의 개념과 독립적이지는 않다. 한 연구자가 변혁적 리더십을 조작적으로 이들 세 요소로 정의한다면, 연구자는 다른 개념과의 **변별성**과 하위 개념의 **수렴성**을 확인해야 한다. 또한 다른 연구자는 변혁적 리더십에 '조직 내 의사소통'이나 '가치공유'와 같은 개념을 추가하는 조작적 정의를 사용할 수도 있다. 이러한 연구는 구성개념의 측정에 관한 것으로 흔히 요인분석 모형으로 접근한다.

실험을 위한 조작적 정의

흔히 조작적 정의는 과학적 연구에서 측정을 위해 사용되는 것이 보통이다. 앞의 예들은 실제 조사연구에 적용되는 측정을 위한 조작적 정의를 논의한 것이다. 그러나 실험연구에서 조작적 정의는 측정뿐만 아니라 실험적 '처치'의 관점에서 상세하게 기술된다. 조사연구와 달리, 실험연구는 **인과적 추론**을 목적으로 하므로 변인통제가 중요하다. 따라서 실험결과에 영향을 줄 수 있는 변인을 통제하기 위해서는 훨씬 엄격한 조작적 정의가 필요하다.

예

심리학의 학습이론은 강화(reinforcement)라는 개념을 학습의 기제로 설명한다. 한 연구자가 강화를 '특정행동에 보상 결과로 행동빈도의 증가를 가져오는 사건'이라고 정의한다면, 행동의 증가를 가져오지 않는 보상은 연구자의 조작적 정의의 관점에서 강화물로 규정되지 않는다. 그러나 실험적으로 처치가 가능하기 위해서는 강화의 형태(예, 칭찬 혹은 금전적 보상)나 강화의 시기(예, 연속적 혹은 간헐적) 등을 구체적으로 제한하는 정의가 필요하다. 따라서 연구자는 일차적인 조작적 정의와 더불어, '보상의 형태는 선생님의 칭찬으로 제한하고 바람직한 행동을 다섯 번 할 때 한 번의 보상을 제공한다'와 같은 상세한 조작적 정의를 추가해야 한다. 실험을 위한 조작적 정의는 측정과 더불어 처치에 관한 **변인통제의 의미**를 함께 지닌다.

2.2 가설

가설(hypothesis)은 '변인 간의 잠정적인 관계에 대한 검증 가능한 진술'로 정의된다. 즉, 둘 혹은 그 이상의 변인 간의 관계에 대한 잠정적인 해답을 제시하는 진술문을 말한다. 여기서 **잠정적**이란 연구를 통해 검증됨으로써 그 관계가 확정된다는 의미를 내포하고 진술된 관계의 진위여부를 판단할 수 있음을 말한다. 가설은 사실이나 법칙으로 증명된 것이 아니라 검증해 볼 만한 가치가 있는 논리적 추리이므로 **이론과 사실을 연결하는 교량**역할을 한다. 특히 가설은 연구의 주제와 방향, 변인 간의 관계적 특수성, 연구방법, 연구결과에 대한 함축적 정보를 포괄한다. 그러므로 어떤 연구의 전반적 흐름을 이해하고자 할 때 가설을 살펴보는 것만으로도 연구를 이해하는 데 큰 도움을 얻는다.

가설의 특징

본질적으로 가설은 연구자가 알고자 하는 현상을 과학적으로 검증하는 구체적 대상으로 다음과 같은 특징을 지닌다. 첫째, **가설은 문제해결을 전제한다.** 연구에서 설정된 가설이 '참'이라면 문제해결의 시작점이 된다. 한 연구자가 '조명의 밝기가 작업생산성을 향상시킨다'는 가설을 검증한 결과가 '참'이라면 조직은 작업생산성을 높이기 위해 조명밝기를 조절하는 환경개선을 시도할 것이다. 물론 가설이 '거짓'임이 증명되더라도 새로운 해결책을 탐색하는 기회를 제공할 수 있다. 조명의 밝기와 생산성이 아무런 관계가 없다면 생산성에 기여하는 다른 물리적 혹은 조직 환경을 탐색하는 연구가 촉발될 수 있기 때문이다. 경우에 따라 가설은 변인 간의 관계성, 즉 'X와 Y는 관계가 있다'는 식의 진술보다 ***X*가 높을수록 *Y*가 높다**와 같은 진술이 좋을 수 있다. 그러므로 '조명의 밝기와 작업생산성은 관계가 있다'는 진술보다 '조명의 밝기가 밝으면 작업생산성은 정적으로 증가한다'와 같은 진술이 문제해결을 위해 도움이 되는 진술방법이다. 흔히 후자의 진술을 통계적으로 '일방검증' 가설이라고 한다. 일방검증은 변인 간의 구체적 방향성을 진술하지만 양방검증은 구체적 방향성을 제시하지 않는다. 위의 진술에서는 '정적으로'라는 의미가 정적 관계이므로 '일방검증'의 진술이지만 '조명의 밝기는 작업생산성에 영향을 준다'와 같이 진술한다면 양방검증이 된다.

둘째, **가설은 검증 가능한 확률적 속성을 지닌다.** 이는 앞서 강조한 것처럼, 가설은 경험적으로 검증할 수 있어야 하고 진위여부를 판단할 수 있어야 함을 말한다. 추상적인 구성개념은 가설로 진술되지 않으며 항상 '참'이거나 '거짓'인 명제는 과학적 연구의 대상이 아니다. '확률적'이란 의미는 진위여부의 판단이 확률적으로 0과 1만이 존재하는 것이 아니라 0과 1 사이에 수많은 결과가 존재한다는 의미를 갖는다(Freedman, Pisani, & Purves, 1978).

셋째, **가설은 구체성을 지녀야 한다.** '구체성'이란 조작적 정의를 내리는 과정에서 이미 추상적 개념이 구체적으로 측정 가능한 대상이 되었음을 전제한다. 구체적으로 정의되지 않거나 모호한 가설은 조작적 정의가 불완전하여 측정의 객관성을 확보할 수 없게 된다. 따라서 연구자는 측정에 앞서 자신이 설정한 가설이 검증 가능한 확률적 속성을 지니고 있는지 그리고 조작적 정의에 일치하는 구체성을 지니는지를 판단해야 한다. 그 결과로써 측정과 분석과정에서 '측정의 오류'에 의한 잘못된 해석을 줄일 수 있다.

> "가설은 문제해결을 전제해야 하고 검증 가능한 확률적 속성을 지녀야 하며, 변인 간의 관계에 대한 구체적 진술이어야 한다."

가설의 종류

□ 연구가설

보통 가설이라고 할 때 연구에 사용된 변인에 대한 일반적 진술, 즉 **연구가설**(research hypothesis)을 말한다. 연구가설은 진술문의 형태로 흔히 '실험가설' 혹은 '과학적 가설'이라고도 한다.

예 연구가설의 설정

가설 1: 교육수준이 높을수록 사회정책에 대한 비판적 태도가 높을 것이다.
가설 2: 가정 내 폭력경험이 많은 청소년은 그렇지 않은 청소년에 비해 학교폭력의 가해 성향이 높을 것이다.
가설 3: 소비자는 높은 가격에 분노하는 것이 아니라 가격의 교환가치에 분노한다.

□ 통계적 가설

연구가설이 통계적으로 검증되기 위해서는 확률적 의미를 나타내는 **통계적 가설**로 진술되어야 한다. 통계적 가설은 '영가설(null hypothesis)'과 '대립가설(alternative hypothesis)'로 나뉘며 일방검증 혹은 양방검증과 같이 방향성 가설을 설정할 수 있다. 영(零, null)가설은 말 그대로 0을 의미하는 가설로 흔히 기각하기 위한 가설이라고 한다. 즉, 연구란 새로운 사실에 대한 발견을 위해 0이 아님(혹은 '차이가 있음')을 증명하는 것이므로 영가설은 통계적으로 검증되기 전까지 잠정적인 사실로 유지된다. 따라서 통계적 검증에서 연구자는 **영가설(H_0)을 기각하고 대립가설(H_1)을 받아들임으로써 자신의 연구가설이 '참'임을 증명**하고자 한다.

연구가설, 영가설 및 대립가설의 설정

1. 연구가설: 토의식 학습과 강의식 학습은 학업성적에 차이가 있을 것이다.

$H_0 : \mu_1 - \mu_2 = 0$
$H_1 : \mu_1 - \mu_2 \neq 0$

2. 연구가설: 토의식은 강의식보다 학습효과(성적)가 높을 것이다.

$H_0 : \mu_1 - \mu_2 \leq 0$
$H_1 : \mu_1 - \mu_2 > 0$

3. 연구문제: 체인점인 '피자하우스'는 다른 피자가게보다 5분 빠른 배달을 주장한다. 이러한 주장은 사실인가? (단, 체인점의 평균배달시간은 31분임)

$H_0 : \mu = 31$
$H_1 : \mu \neq 31$

흔히 가설검증의 결과는 과학철학의 논리를 따른다. 연구자는 영가설을 기각하고 대립가설을 채택하기 위해 가설검증을 한다. 이 과정에 이중부정의 논리가 적용되는데, 만일 영가설이 '참'이라면 영가설을 **기각할 수 없다**(fail to reject)고 말하고 '거짓'이면 영가설을 '기각한다'고 말한다. '기각할 수 없다'란 경험적 결과로서 영가설을 기각할 충분한 증거가 없음을 의미한다. 영가설을 기각할 수 없을 때('참'일 때) 영가설을 채택하는 것이 아니라 **영가설을 부정(기각)할 수 없다**고 하는 것이 과학적 접근법의 진술이다.

심화학습 $H_0 : \mu \neq 26$, $H_1 : \mu = 26$!?

앞의 예에서 '피자하우스'의 주장을 검증하기 위해 영가설은 $H_0 : \mu \neq 26$로 하고 대립가설을 $H_1 : \mu = 26$라고 한다면 어찌되는가? 결론은 **부적합한 가설설정**이다. 즉, 이 가설은 몇 가지 가정을 위배한다. 먼저 영가설은 '기각하기 위해 설정하는 가설'로 구체적 사실에 근거해야 한다. 영가설 '26이 아니다'는 수많은 값의 존재를 의미하므로 구체적 사실이 아니며 **정의되지 않은 값**이다. 정의되지 않은 값을 가정하는 것은 과학적 논리에 맞지 않으며 검증의 대상이 될 수 없다. 흔히 영가설의 논리는 '무죄추정의 원칙' 과 같다. 법정에서 죄가 밝혀지기 전까지 무죄는 잠정적 '사실'이다. 피자하우스의 주장대로 '배달시간 26분'은 잠정적 사실이며, 검증결과 '참'이 아님을 증명하거나 잠정적 사실을 부정할 수 없게 되는 것이다.

토론하기 그렇다면 $H_1 : \mu = 26$을 조건으로 하는 영가설의 설정은 무엇인가?

☐ 가설과 연구문제

연구자는 같은 연구주제이지만 경험적 검증을 위한 다른 방식의 접근을 사용하기도 한다. 이를 위해 가설의 진술도 그 접근법에 따라 달라지는데, 흔히 '가설'의 진술과 '연구문제'의 진술이 그것이다.

- TV폭력물의 시청시간이 많으면 아동의 공격성은 증가할 것이다.
- TV폭력물의 시청시간은 아동의 공격성과 관련이 있는가?

가설의 진술은 보통 잘 확립된 이론적 근거가 있을 때 사용하며, **연구문제**는 그러한 이론적 근거(선행연구)의 경험적 결과가 부족할 때 사용한다. 왜 그러한가? 만일 연구자가 확신할 만큼 충분한 이론 및 논리적 근거가 없다면 어떻게 해야 하는가? 간단히 말해, 가설설정의 이론과 근거가 부족한 현상을 과학적으로 접근하고자 한다면, **귀납적 접근**에 의존해야 하고 이를 위한 진술은 연구문제 방식을 택한다. 반면 이론적 근거가 충분한 경우 이론에 대한 가설을 검증하는 과정, 즉 **연역적 접근**에 의존하고 그에 따라 가설 방식으로 진술한다. 두 진술문은 '의문형'과 '단정형'을 사용한다는 점에서 차이가 있고 '관계적 진술'과 '인과적 진술'이라는 점에서 차이가 있다.

3 데이터의 수집과 분석

3.1 데이터 수집

데이터의 수집과 분석은 연구자가 설정한 가설을 통계적으로 검증하기 위해 데이터를 수집, 코딩, 분석하는 일련의 과정을 말한다. 연구수행에 있어 **측정**과 **분석**의 과정이다. 조사연구에서 자료 수집은 보통 '설문지'를 이용하여 표본의 응답을 얻는 과정으로 이루어진다. 여기서는 조사연구에 필요한 기본적인 데이터 특성을 살펴보자.

데이터의 구조

가설검증을 목적으로 혹은 사회조사를 목적으로 설문지를 이용한다면, 수집된 데이터를 코딩하여 컴퓨터에 입력하여 통계분석을 준비해야 한다. 이를 **데이터의 준비**라고 하며, 오류 없는 **데이터 세트**를 완성하는 것이 목적이다. 아무리 좋은 설문지를 만들고 좋은 표본을 사용했다고 하더라도 데이터를 입력하는 과정에서 오류가 발생하면 결코 좋은 분석을 할 수 없다. 따라서 분석의 전 단계에서 온전한 데이터 세트를 만드는 **데이터 정제**(data cleansing)의 과정을 반드시 거쳐야 한다. **데**

이터 정제는 잘못 입력된 오류데이터를 확인하고 분석에 필요한 적절한 분포의 확인 과정을 포함한다. 논리적으로 변인 간의 관계를 확신한다면 좋은 분석결과를 기대할 수 있고, 이를 위해 가장 많은 시간을 투자해야 하는 것이 바로 데이터 정제의 과정이다.

데이터 준비의 일반적 절차

설문지를 통한 데이터 수집 ⇨ 데이터 코딩 ⇨ 데이터 정제 ⇨ 데이터 세트 ⇨ 통계분석

데이터 준비에 사용되는 용어

이들 용어는 컴퓨터에 데이터를 입력하고 데이터를 정의하는 데 사용되는 용어다.

▢ 데이터 코드

데이터 코드(data code)는 '조작적 정의'에 따라 특정한 값을 나타내는데 사용되는 기호나 수치를 말한다. 예컨대, **성별**에서 '남자=1' '여자=0' 혹은 '남자=M' '여자=F'와 같은 방식으로 코드를 부여할 수 있다. 설문에 사용된 모든 질문은 컴퓨터에 입력될 때 코드값을 지닌다. 흔히 0이나 1과 같은 표현은 수치코드라 하고 M과 F 등과 같은 표현은 문자코드라 한다. 이때 성별은 **변인**이고 각 코드는 **변인의 수준**이라고 부른다. 만일 연령이라는 변수가 입력된다면 그 코드값은 '20' '21' '22' '…' 등으로 해당하는 연령 값이 그대로 입력된다.

결측값(missing data)의 코딩

조사 설문지에서 응답이 누락된 값이 있다면 '0'보다는 '9' 혹은 '99'나 '999'와 같은 값으로 입력(혹은 '빈칸'으로 처리)하는 것이 좋다. 그 이유는 0의 값은 경우에 따라 의미를 지닌 값인 경우가 많은데, 예컨대 주당 술을 마시는 횟수에 대한 응답에서 '0'과 '무응답'은 같은 응답이 될 수 없기 때문이다.

측정의 관점에서 성별은 **범주형 데이터**(혹은 비메트릭 데이터)이고 연령은 **연속형 데이터**(혹은 메트릭 데이터)라 한다. 이런 분류는 실제 분석에 적용되는 통계방법이 달라지기 때문에 중요하다. 흔히 범주형 데이터는 비모수통계(nonparametric statistics)가 적용되고, 연속형 데이터는 모수통계(parametric statistics)가 적용된다.

▢ 데이터 필드와 데이터 레코드

데이터 필드(data field)는 특정 코드값이 차지하는 데이터의 영역을 말하며, **데이터 레코드**(data record)는 데이터 필드의 집합으로 보통 한 줄에 포함된 데이터 필드로 정의한다. 예컨대, 이름, 성별, 연령, 주거지역에 데이터 코드를 부여하여 입력한다면 'kim' 'm' '20' 'seoul' (혹은 '001' '1' '20' '3'과 같이 코드 부여) 각각으로 데이터 필드를 만들 수 있고 이들의 집합, 즉 'kim m 20 seoul'이 하나의 데이터 레코드가 된다.

데이터의 구조상 필드와 레코드를 구분하지만, SPSS와 같은 통계프로그램에서 데이터를 입력한다면 데이터 필드는 자동으로 할당된다. 과거 컴퓨터가 발달하기 이전에는 문서편집기로 데이터를 입력(예, 텍스트 파일)하거나 사용자마다 익숙한 데이터시트(예, 마이크로소프트 엑셀)를 이용하여 데이터를 입력하고, 이를 통계프로그램에서 데이터로 전환하여 사용하기도 하였지만, 지금은 SPSS를 이용한 직접적인 데이터 입력이 보다 오류를 줄이고 손쉬운 방법이다.

▢ 데이터 사례와 데이터 파일

데이터 사례(data case)는 한 응답자가 응답한 모든 데이터 값을 말한다. 따라서 설문이 총 100개의 문항으로 구성되어 있다면 각 응답자의 데이터 사례는 총 100개가 된다. 흔히 각각의 응답자를 '사례'라 부른다. 모든 응답자의 데이터 코드가 기록된 파일을 **데이터 파일**(data file)이라고 하며, SPSS에서 데이터 파일은 확장자가 '*.sav'의 형태로 저장된다.

> 만일 조사의 표본이 200명이고 설문문항이 100개이면, 데이터 사례는 200이고 총 데이터 코드는 2만 개가 생성된다.

▢ 코드북

코드북(codebook)은 데이터 파일에 저장된 데이터의 정보를 일목요연하게 볼 수 있도록 요약한 자료를 말한다. 흔히 설문지를 이용한 조사에서 분석에 사용된 변인과 측정수준을 쉽게 파악할 수 있게 한 **변인 정의서**(variable description)와 같다. [그림 2-3]은 조사연구에 사용된 변인 정의서의 예를 나타낸 것으로 설문의 문항번호, 변인명, 변인에 대한 설명(어트리뷰트명), 그리고 변인의 내용(코드와 코드에 대한 설명)을 포함한다. 코드북 혹은 변인 정의서는 **데이터를 입력하기 전에 설문지를 바탕으로 작성하는 것이 좋다.** 이렇게 작성된 변인 정의서는 데이터 정제의 과정에서 데이터 오류를 확인할 때 변인의 데이터 코드를 한눈에 볼 수 있기 때문에 유용하고 SPSS와 같은 프로그램을 이용해 본격적인 분석을 수행할 때도 유용하게 사용된다.

...젝트명	KBS 방송광고 정책	변 수 정 의 서	작업단계	데이터 이해
작업그룹			작성일자	2005. 4. 18. (월)
주제영역	변수 정의서		작성자	김민경

순번	문항번호	변수레이블	어트리뷰트명	내용
1	ID	ID	설문지번호	ID
2	SQ1	SQ1	성별	1'남자' 2'여자'
3	SQ2	SQ2	연령	1'20~29세' 2'30~39세' 3'40~49세' 4'50대이상'
4	SQ3	SQ3	회사명	문자열
5	SQ4	SQ4	업종	1'광고주' 2'광고회사' 3'방송사및광고관련기관'
6	1	a1	KBS의 공영방송 역할수행의 적절성	1'매우적절' 2'적절' 3'보통' 4'부적절' 5'매우부적절'
7	1-1	a2	KBS의 공영방송 역할수행이 부적절하다고 생각하는 이유1	1'공익성결여(상업성/오락성높음,비차별적)' 2'광고의존도높음' 3'컨텐츠의질이떨어짐' 4'정치적성격(객관성,중립성부족)' 5'법과제도/사회적합의미미' 6'시청률경쟁주도' 7'시청률저조'
8	1-1	a3	KBS의 공영방송 역할수행이 부적절하다고 생각하는 이유2	상동
9	1-1	a4	KBS의 공영방송 역할수행이 부적절하다고 생각하는 이유3	상동
10	1-2	a5	상업매체의 등장에 다른 KBS의 공익적 역할변화	1'현재보다강화된공영방송' 2'현재수준의공영방송이적절' 3'공영성축소/상업방송강화' 4'상업방송으로전환' 5'KBS1과KBS2의명확한색깔구분필요' 6'시청자와청취자의 관심을끌수있어야함'
11	2	a6	KBS 공영방송의 역할을 위해 필요한 사항 1순위	1'재원의확충' 2'권력으로부터의독립' 3'방송규제의완화' 4'경영혁신' 5'마케팅능력의제고' 6'민영화' 7'디지털시대의다채널확보' 8'사업다각화' 9'컨텐츠의공익성강화' 10'규제강화' 11'난시청해소'
12	2	a7	KBS 공영방송의 역할을 위해 필요한 사항 2순위	상동
13	2-1	a8	KBS의 공익적 역할 수행을 위한 재원의 확충의 필요성	1'전혀불필요' 2'불필요' 3'보통' 4'필요' 5'매우필요'
14	2-1	a9	KBS의 공익적 역할 수행을 위한 권력으로부터의 독립의 필요성	1'전혀불필요' 2'불필요' 3'보통' 4'필요' 5'매우필요'

[그림 2-3] 변인 정의서의 예

데이터의 코드를 생성하고 변인을 정의하고 이를 요약한 **변인(변수) 정의서**를 만들어 데이터를 입력하는 과정이 끝나면, 데이터 오류를 확인하는 '데이터 정제'를 수행하고 분석을 위한 최종의 데이터 세트를 만들게 된다. 이러한 과정이 완료되면 가설이나 문제 해결을 하기 위한 통계분석의 준비를 마치게 된다.

3.2 데이터의 분석

데이터 분석의 목적은 연구 가설이나 연구문제를 경험적으로 분석하여 해답을 얻기 위함이다. 여기서는 과학적 연구의 목적을 분류하고 연구목적에 따라 통계분석이 어떻게 달라지는지를 살펴본다. 과학적 연구의 주제는 광범위하고 다양하지만 대체로 **탐색연구, 기술연구, 예측연구, 설명연구**와 같은 목적으로 구분된다.

탐색연구

탐색연구(exploration)는 **어떤 현상의 존재여부**를 파악하거나 연구대상으로서의 가치 판단을 목적으로 수행하는 연구다. 오래전부터 과학자들은 특정 현상의 존재여부를 탐색해 왔으며, 어떤 것은 이론으로 정립되고 어떤 것은 아직 이론화되지 못한 것도 있다. 초기 사회학자들은 아노미와 같은 사회현상의 존재를 확인하기 위한 탐색연구를 수행하였지만, 하나의 이론으로 정립된 후 연구자들은 다른 변인과의 관계를 다루는 목적(예, 예측 혹은 설명연구)으로 연구하기 시작하였다. 이처럼 탐색연구는 **이론이 형성되기 이전의 특정 현상의 존재를 파악하는 초보적 단계 혹은 연구문제를 선정하기 위한 접근으로 주로 사용**된다.

탐색연구는 통계분석을 거의 사용하지 않으며 다양한 정보원천(관찰, 인터뷰, 신문자료 등)을 면밀히 검토하고 내용을 요약하여 공통성을 확인하는 **내용분석**과 같은 접근법을 이용한다.

기술연구

기술연구(description)는 **현상에 대한 특성을 서술하거나 구분**하기 위한 목적으로 수행되며, 종종 조사연구에서 **표본의 대표성을 평가**하는 방법으로도 사용된다. 조사연구는 본질적으로 어떤 현상에 대한 사실, 의견, 행동을 수집하고 특성을 기술하는 것이 목표이므로 기술연구에 가장 적합한 방법이다. **인구센서스**와 같은 인구 총조사는 전체 모집단(전체 인구)을 대상으로 인구통계적 특성을 기술하고 분류하는 전형적인 기술연구에 해당한다.

기술연구에 사용되는 통계는 빈도분석, 교차분석, 혹은 그래프분석 등 주로 특성을 서술할 목적의 방법이 적용된다.

예측연구

예측연구(prediction)는 **변인 간의 관계성 분석을 목적**으로 한다. 흔히 예측이란 '*X*와 *Y*는 서로 관계가 있다'와 같이 진술된다. 사물이나 사건 혹은 인간행동이나 사회현상은 모두 변인 간의 관계에서 발생하기 때문에 **예측은 과학적 연구의 본질**이라고 할 수 있다. "물체에 힘이 작용할 때 생기는 가속도의 방향은 힘의 방향과 같고 그 크기는 힘의 크기에 비례하고 질량에 반비례한다"는 운동의 제2법칙(가속도의 법칙)을 말한다. 즉, 가속도=힘/질량($a = F/m$). 마찬가지로 조사연구도 예측연구를 수행한다. 만일 '직장인의 알코올 섭취량'과 '직무 스트레스'의 정도를 조사한다면 알코올과 직무 스트레스의 관계성을 밝힐 수 있고 나아가 예측의 문제('알코올섭취 → 스트레스' 혹은 '스트레스 → 알코올섭취')를 해결할 수 있다. 여기서 이들 변인은 인과적 관계에 있지 않음을 주목하라. 즉, 어떤 하나의 현상이 원인이고 다른 하나의 현상이 결과임을 말하지 않는다.

예측연구는 변인의 관계성과 예측을 목적으로 하며 **인과성을 목적으로 하지 않는다.** 예측연구에 적용되는 통계방법은 상관분석과 회귀분석 등이 있다.

설명연구

설명연구(explanation)는 예측연구와 달리 인과관계, 즉 어떤 현상의 **원인과 그 결과의 필연적 관계를 밝히려는 목적**을 지닌다. 많은 과학자가 자연현상이나 인간행동에 대한 인과관계를 설명하기 위한 노력을 기울여 왔으며, 그러한 노력이 과학 발전의 토대가 되었다. 인과관계는 '$X \rightarrow Y$'의 관계에서 ***X*는 *Y*보다 항상 시간적으로 앞서야 하고 충분조건이어야** 한다. '시간상으로 앞선다'는 *X*가 항상 *Y*보다 선행되는 사건임을 말하고(temporal priority), 충분조건은 '사건 *X*의 발생이 사건 *Y*의 원인이 되는 조건'을 말한다. 일반적으로 설명연구는 실험적 방법에 따라 변인 통제를 기반으로 원인이 되는 변인(독립변인)과 결과가 되는 변인(종속변인) 간의 인과성을 밝힌다. 이때 종속변인에 영향을 주는 독립변인 외의 다른 변인, 즉 외생변인의 효과를 통제한다. 설명연구에 적용되는 통계방법은 실험적 접근에 의한 분산분석이 대표적인 방법이며, 인과적 설명을 목적으로 하는 구조방정식모델링과 같은 고급통계방법을 사용할 수도 있다. 다만, 설명연구에 어떤 통계기법을 사용해야 하는지는 실험연구의 요건을 잘 갖추고 있는지에 의존한다.

심화학습 인과적 충분조건

필요조건은 어떤 명제가 '참'이기 위해 반드시 충족되어야 하는 조건이고, **충분조건**은 그것이 만족하였을 때 진술이 '참'이 되는 조건을 말한다. 'X이면 Y다'의 명제가 '참(즉, X가 참이면 Y는 항상 참)'일 때, Y는 X의 필요조건, X는 Y의 충분조건이다(논리적 충분조건). 예컨대, '**자연수(X)는 실수(Y)다**'의 명제에서 X=충분조건(자연수는 실수이기 위한 충분조건), Y=필요조건(실수는 자연수이기 위한 필요조건). 역의 관계는 '참' 이 아니므로 필요조건은 충분조건을 포함하는 관계다. 여기서 X이면 Y이고 Y이면 X인 조건, 즉 '$X \Leftrightarrow Y$'일 때 X는 Y이기 위한 **필요충분조건**(同値), 어떤 명제의 '참'인 조건과 그 결과는 논리적 충분조건이라 하고, 어떤 사건의 발생과 그 원인의 관계는 **인과적 충분조건**이라 한다. 즉, '1기압에서 물의 온도가 100℃가 되는 것은 물이 끓기 위한 인과적 충분조건'이다.

토론하기 '우울과 자살' '범죄와 사회혼란'은 어떤 조건으로 설명할 수 있는가?

지금까지 설명한 연구목적과 그에 따른 통계분석의 적용은 실제 연구문제를 해결하기 위한 설계와 방법론에 중요한 요소이므로 잘 기억해 두기 바란다. 〈표 2-2〉는 연구목적에 따른 예와 적용되는 통계기법을 요약한 것이다.

〈표 2-2〉 연구목적별 통계분석의 적용

연구목적	키워드	예	통계분석
탐색연구	• 현상의 존재여부	• '호모컨버전스'란? • '정(情)' 'ourism'	거의 사용되지 않음
기술연구	• 특성 서술/구분 • 표본의 대표성	• 학급의 성별비율은? • 표본이 모집단을 대표하는가?	빈도분석, 교차분석, 그래프분석
예측연구	• 상관 • 예측	• 알코올 중독과 스트레스의 관계 • 불안과 공격성의 관계	상관분석, 회귀분석

설명연구	• 인과관계 • 실험과 처치 • 변인통제	• 게임중독은 부정적 대인관계를 유발하는가? • 외향적 특질은 사회적 대인관계를 촉진하는가?	분산분석, 구조방정식모델링

4 결과해석과 보고서 작성

4.1 연구결과의 해석

데이터 분석이 끝나면 연구문제나 가설에 대한 해결, 즉 통계적 의사결정에 따른 대립가설의 채택여부를 판단하고 결과를 심층적으로 해석하게 된다. 이러한 결과의 해석은 연구의 '일반화'를 목적으로 한다. 약간의 차이는 있지만 가설검증 연구든 일반조사 연구든 연구자가 수행한 결과는 일반적 상황이나 현실의 문제를 해결하는 데 적용할 수 있는지를 판단해야 하는데, 이를 **연구의 일반화**라 한다. 보통 일반화는 연구의 내적 및 외적 타당도와 관련된다. 실험연구는 계획적인 변인통제를 통해 독립변인과 종속변인 간의 효과검증을 목적으로 하므로 **내적 타당도**(internal validity)에 초점을 두는 반면, 사회조사와 같은 일반 조사는 모집단에 대한 표본의 대표성이 중요하므로 **외적 타당도**(external validity)가 중요하다. 실험연구든 조사연구든 연구의 일반화를 판단하는 준거가 필요하다. 이를 위해 (a) 적용 가능성, (b) 예측 가능성, (c) 현실개선 가능성, (d) 새로운 이론의 가능성 등이 준거로 사용된다.

적용 가능성

적용 가능성은 어떤 연구결과를 보편적인 '현실에 적용할 수 있는지'를 말하는 것으로 일반화를 평가하는 중심요소다. 실험연구에서 적용 가능성은 독립변인의 처치가 다른 보편적 상황에서도 적용될 수 있는지를 말하며, 조사연구에서는 보통 특정표본의 특성이 모집단을 대표할 수 있는지를 말한다. 또한 적용 가능성은 연구결과가 다른 연구자에 의해 반복될 때 동일한 결과를 산출할 가능성을 말하기도 한다.

예측 가능성

예측 가능성은 연구결과를 통해 새로운 변인의 관계나 집단의 특성을 얼마나 잘 예측하는지를 말하는 것으로 연구의 일반화를 평가하는 또 다른 중요한 준거다. 실험연구는 독립변인이 종속변인을 통계적으로 유의미하게 예측하는지에 관심을 두며, 조사연구에서는 표본의 응답결과가 모집단의 응답을 얼마나 잘 예측하는지에 관심을 둔다. 실험연구든 조사연구든 예측 가능성이 높을수록 연구의 일반화 가능성이 높아진다.

예

미국의 조지갤럽(George Gallup) 연구소는 선거철마다 1500명을 대상으로 투표율을 조사해 왔다. 조사의 관심은 1500명 표본의 응답이 아니라 투표권을 가진 전체 미국인(모집단)의 투표율에 있기 때문에 표본조사의 결과가 모집단을 예측하는 문제는 매우 중요하다. 만일 표본조사가 신뢰롭고 오차범위가 적다면 표본의 응답결과는 '모집단에 대한 예측 가능성이 높다'고 말한다. 흔히 조사에서 사용된 오차범위라는 용어는 **표본의 오차**(sampling error)를 말하는 것으로 표본 크기에 의존하지만 '표본추출방법'에 따라서도 영향을 받는다. 한편 통계적 추정에서 말하는 **예언의 오차**(error of prediction)는 표본오차와 측정에서 발생하는 오차를 반영하며, 특히 측정오차는 조사에 사용된 질문형식에 의존한다.

현실개선 가능성

일반화의 또 다른 준거는 연구결과가 현실적인 문제의 해결 가능성, 즉 '당면한 사회문제를 해결하고 개선하는 정도'로 평가된다. 연구결과가 현실의 문제를 개선하고 사회적 가치를 제공할 수 없다면 과학적 연구로서의 가치는 그만큼 낮아질 수밖에 없다. 제1장에서 설명한 벡커와 셀리그먼의 연구는 전형적으로 현실개선을 목적으로 한 연구임을 상기하라.

새로운 이론의 가능성

연구가 전적으로 사회문제를 해결하는 데 기여할 수는 없지만 '학술적 가치'의 추구는 모든 연구의 공통적 요소다. 연구를 통해 얻어진 결과는 새로운 이론을 형성하고 발전시키는 데 도움이 될 수 있어야 한다. 구분하자면, **가설검증 연구**는 학술적 가치의 기능을 강조한다면, **일반 조사연구**는 사회적 가치에 비중을 두는 편이다.

4.2 보고서의 작성

실험연구든 조사연구든 연구보고서의 작성은 과학적 연구의 최종단계다. 연구보고서는 연구에 참여하지 않은 사람도 어떤 과정으로 연구가 수행되고 어떤 결과가 도출되었는지, 연구결과는 무엇이며 어떻게 일반화할 수 있는지 등을 쉽게 파악할 수 있도록 상세하고 명확하게 기술되어야 한다. 보통 '논문'과 같은 연구보고서는 연구문제나 가설에 관한 **검증결과를 통계적으로 진술하고 결과를 해석**하지만, 일반 조사보고서의 경우에는 가설검증보다는 표본의 다양한 응답을 파악하기 위해 **모든 설문문항을 사실적으로 기술하고 종합하여 결론을 도출**한다. 여기서 논문과 같은 학술보고서의 작성요령과 사회조사를 포함한 일반 조사보고서의 작성요령을 간단히 살펴보자.

학술연구 보고서의 작성

여기서 제시하는 학술보고서는 연구논문의 작성요령을 정리한 미국심리학회(APA)의 논문작성 지침을 바탕으로 한다.

☐ 서론

연구의 목적과 필요성 등을 기술하고 연구의 핵심개념, 독특성, 기여점 등을 간략하게 제시한다. 서론 부분의 마지막에는 전반적인 논문의 틀을 제시한다(APA 지침에는 '서론'의 제목을 사용하지 않음).

□ 이론적 배경

연구주제에 대한 이론, 구체적으로 연구에 사용된 변인의 관계성을 설명하는 이론과 경험적 연구결과를 개관하고 각각의 가설을 제시한다. 가설검증 연구일 때 가설도출을 위한 '논리적 근거'를 제시해야 하고, 충분한 경험적 증거가 부족하면 연구문제의 형태로 진술해야 한다.

□ 방법 및 절차

연구방법으로서의 '피험자(조사대상)' '연구설계' '측정도구' '측정변인' '연구절차' '분석방법' 등 연구의 진행과정에 대해 상세히 기술한다. 이때 측정변인에 대한 출처를 밝히고 신뢰도와 타당도를 함께 제시한다.

□ 결과

가설검증 혹은 연구문제의 분석결과를 기술하되, 통계용어를 사용하고 표나 그림을 함께 제시한다. 만일 측정변인이 상위의 이론변인으로 이루어져 있다면 측정문항의 구성개념을 제시한다. 구성개념은 방법 및 절차에서 설명할 수 있으나, 보통 요인분석의 결과나 수렴 및 변별타당도를 묶어 '결과' 절에서 제시한다. 실험연구의 경우, 실험조작이 타당하게 이루어졌음을 확인하는 **조작체크**(operational check)를 기술한다. 따라서 결과 부분에서는 측정문항의 구성개념이나 조작체크, 가설검증의 결과를 차례로 제시한다.

□ 논의

논의에서는 먼저 연구결과를 요약하고 각각의 결과와 관련한 이론적 해석 및 선행연구와의 관련성을 상세히 기술한다. 선행연구나 이론과 상충하는 결과에 대해서는 그와 같은 결과의 개연성을 논리적으로 제시해야 하며 설명할 수 있는 다른 관점의 이론을 추가하여 논의하는 것이 좋다. 이론적 논의에 이어 연구결과가 제공하는 실무적 시사점이나 현장응용 방법을 논의하고 마지막으로 연구의 한계점과 추후연구의 방향을 제시한다. 따라서 '논의'부분은 연구결과의 요약, 연구결과의 이론적 논의와 실무적 시사점, 그리고 연구의 한계점과 추후연구의 방향 등의 순으로 기술한다.

조사보고서의 작성

보통 사회조사나 소비자조사를 목적으로 하는 경우 학술연구와는 다른 형태의 보고서를 작성한다. 논문과 달리, 조사보고서는 조사목적에 부합하는 사회현상 혹은 표적 소비자의 의견이나 행동 등을 정확하게 기술하는 데 관심을 둔다. 특히 현재 당면한 문제의 해결을 중시하므로 이론적 근거보다는 조사대상의 응답에 대한 사실적 서술과 그에 따른 방향(전략)에 초점을 둔다. 일반적인 조사보고서에 포함되는 내용은 다음과 같다.

▢ 개요

사회조사나 소비자조사를 수행하게 된 배경과 필요성, 목적 등을 기술한다. 대체로 조사는 특정 표적집단을 대상으로 현안의 해결을 목적으로 하므로 실무적 관점의 조사배경과 목적이 기술된다. 예를 들어, 'A기업의 1/4분기 소비자 만족도 조사'는 매년 주기적으로 실시하는 조사로 만족도 조사결과를 실무적인 고객관리나 마케팅 전략에 활용하기 위한 목적으로 수행된다.

▢ 요약

조사보고서는 실무적 적용이 중시되므로 앞부분에 목적에 따른 조사결과를 한눈에 파악할 수 있도록 제시한다. 종종 마케팅조사 혹은 광고조사는 '요약' 대신 '전략(안)'이나 결론으로 제시하기도 한다. 경우에 따라 보고서의 후반부에 제시하기도 한다.

▢ 목차

보고서에 수록된 순서를 차례대로 기술하되, '조사내용' '부록' '그림'이나 '표'의 목차를 분리하여 제시한다.

▢ 용어의 해설

사회조사나 마케팅조사는 실무 용어를 사용하는 경우가 많다. 따라서 비전문가를 위한 '용어 해설'을 포함하는 것이 좋다. 용어 해설은 조사에 사용된 전문용어에 대한 해설로 조사기관에서 클라이언트의 이해를 돕기 위한 배려다.

▢ 조사방법

조사의 절차와 방법에 대해 상세히 기술한다. 여기에는 '조사대상(모집단과 표본)' '표본추출방법' '오차범위' '조사과정' '실사기간' '분석방법' '조사기관' 등 조사설계의 전반적 내용을 포함한다.

▢ 조사결과

조사결과는 자료분석 방법에 따라 달라지지만, 대체로 '설문'에 포함된 모든 내용의 분석결과를 제시하고, 필요에 따라 **이차자료**(예, 회사 DB를 이용한 거래데이터나 통계청 데이터)를 활용한 추가분석의 결과를 제시한다. 특히 사회조사나 소비자조사의 경우, 기본적으로 모든 문항의 빈도분석과 **테이블분석**(주요 인구통계적 특성에 따른 문항분석) 및 그래프분석(응답결과를 쉽게 볼 수 있는 그래프)의 결과를 제시한다. 이때 결과해석은 클라이언트나 마케터가 실무적으로 활용할 수 있도록 전략적 방향에서 기술하며 '차이검증'을 포함할지는 클라이언트의 요구에 따른다. 차이검증은 보통 기본비용에 포함되지만, 고급정보를 위한 분석(예, 다차원척도법, 컨조인트분석, 상응분석 등)은 추가비용이 발생한다. 최근 소비자조사는 데이터마이닝의 기법과 결합하여 더욱 다양한 분석적 시도가 가능하므로 조사 분야에서 관심도가 높다.

심화학습 소비자 조사와 데이터마이닝

소비자 조사는 전통적으로 소비자의 특성과 욕구를 이해하고, 이를 마케팅에 활용하는 필수 수단으로 간주되어 왔다. 국내기업도 1990년대 이후 소비자에 대한 과학적 접근의 필요성을 인식하고 담당인력의 확충과 새로운 기법의 도입에 관심을 가져 왔다. 과거보다 훨씬 복잡하고 고급정보를 얻는 분석기법에 대한 요구가 높아졌으며, 장기적인 관점에서 고객정보를 회사의 데이터 베이스에 저장하고 활용하는 방법을 모색해 왔다. 국내에서는 1990년대 말부터 관심이 높아진 고객관계관리(customer relationship management: CRM)가 그 예라 할 수 있다. 컴퓨터의 발전과 더불어, 엄청난 양의 고객정보를 데이터베이스화 하는 것이 가능해지고 그에 따라 고객 데이터베이스의 정보를 효율적으로 분석하는 기법으로서 **데이터마이닝**(data mining)에 대한 관심도 높아지고 있다. 의사결정트리나 인공신경망 분석과 같은 마이닝 기법은 고객정보를 기반으로 '우수고객'이나 '이탈고객'을 분류하고 효과적인 관리전략을 수립하는 데 도움이 되고 있다. 이와 함께 최근 기업들은 현안에 대한 고객 니즈와 태도를 고객정보와 연결하기 위해 데이터마이닝과 고객조사를 통합적으로 접근하고 있다. 아마도 지속적인 고객 니즈를 파악하고 이러한 니즈가 어떻게 고객 DB의 정보와 연동되는지를 파악하려는 노력은 거래고객을 충성고객으로 만들고 장기적인 고객관계를 발전시키는 데 기여할 것으로 본다.

▢ 기타사항

조사결과에 대한 해석상의 '주의사항'이나 '논의사항' 등을 기술한다. 종종 결과해석은 표본크기에 따라 제한적으로 해석할 수밖에 없는 경우가 발생하므로 해석상 주의사항을 명시하거나 분석과정에서 발견한 새로운 사실이나 추가적인 조사의 필요성을 기술한다.

▢ 부록

소비자조사나 마케팅조사는 대체로 많은 양의 분석 자료를 포함하므로 이를 '세부결과표'로 첨부한다. 세부결과표는 조사에 포함되었지만 '조사결과'에서 미처 기술하지 못한 다양한 분석항목을 포함한다. 쉽게 말해, 세부결과표는 인구통계적 특성을 기준으로 모든 항목에 대한 테이블분석을 포함하지만 그중 핵심적인 사항을 중심으로 '결과'를 기술한다. 종종 마케터들은 세부조사결과표를 통해 새로운 사실을 발견하거나 중요한 마케팅 전략을 구상하기도 한다.

5 정리: 과학적 연구의 요소

지금까지 과학적 연구의 과정을 단계별로 설명하였다. 흔히 과학적 연구는 세 가지의 기본요소로 구분된다. 제1요소는 연구가 성립하기 위한 '연구주제'이고 제2요소는 변인 간의 (인과)관계를 설정하는 '가설과 연구문제'다. 제3요소는 연구의 결과가 어떻게 적용되는지에 관한 '일반화 가능성'을 말한다. 물론 학술연구와 조사연구의 목표와 세부적인 절차는 다소 차이가 있을지라도 공통적으로 어떤 현상을 설명하고 예측하고 통제하려는 과학의 목표에 부합한다. [그림 2-4]는 이 장에서 설명한 과학적 연구요소를 요약하고 각각의 관련성을 도식화한 것이다.

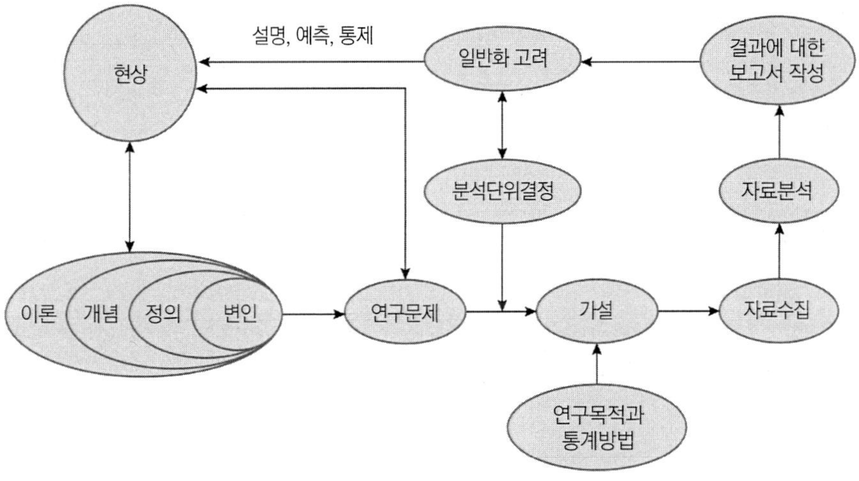

[그림 2-4] 과학적 연구의 요소

키워드

가설과 가설검증
구성개념
대립가설
데이터 사례
데이터 파일
문헌검토
연구가설
연구주제의 선정
윤리규정
일반화
중복연구와 반복연구
통계가설
결측값
구성적 정의
데이터 레코드
데이터 수집
데이터 필드
변인
연구문제
영가설
인과관계
조작적 정의
코드북 혹은 변인 정의서
개념
기술연구
데이터 분석
데이터 코드
데이터마이닝
설명연구
연구보고서
예측연구
인과적 충분조건
조작화
탐색연구

연습문제

1 과학적 연구의 기본 단계를 요약하라.

2 구성개념과 변인의 차이는 무엇인가? 그리고 구성적 정의와 조작적 정의의 차이는 무엇인가?

3 구성개념, 변인, 가설의 관계를 설명하라.

4 가설의 특징은 무엇이고 연구문제와 어떻게 다른가? 또한 연구가설과 통계적 가설은 어떻게 다른가?

5 통계적 가설검증에 사용되는 '이중부정'의 논리는 무엇인가?

6 다음의 연구결과를 이중부정을 사용하여 재진술하라.

> "본 연구는 성격특질로서 외향성이 판매 수행에 긍정적 효과가 있음을 발견하였다. 즉, 외향성은 판매 직무에서 수행과 관련된다. 그러므로 본 연구는 성격과 수행의 관계가 사실임을 증명하였다."

7 탐색연구의 특징은 무엇이고, 그에 적용되는 통계기법은 무엇인가?

8 기술연구의 특징은 무엇이고, 그에 적용되는 통계기법은 무엇인가?

9 예측연구의 특징은 무엇이고, 그에 적용되는 통계기법은 무엇인가?

10 설명연구의 특징은 무엇이고, 그에 적용되는 통계기법은 무엇인가?

11 학술 연구보고서와 소비자 조사보고서를 작성한다면 어떻게 다른가?

12 다음의 각 용어를 정의하라: 개념, 구성개념, 사실, 변인.

제3장 측정과 변인

Measurement and Variable

학습목표

1. 측정의 정의와 측정수준의 특징에 대해 이해한다.
2. 신뢰도와 타당도의 정의, 특징, 유형에 대해 살펴본다.
3. 신뢰도와 타당도의 변량적 해석을 이해한다.
4. 독립변인과 종속변수의 정의와 특징을 살펴본다.
5. 능동변인과 속성변인의 정의와 특징을 살펴본다.
6. 연속변인과 불연속변인의 정의와 특징을 살펴본다.
7. 매개변인과 조절변인의 정의와 특징을 살펴본다.
8. 외생변인과 통제변인의 정의와 특징을 살펴본다.
9. 관찰변인과 잠재변인의 정의와 특징을 살펴본다.
10. 변인통제의 의미와 방법을 이해한다.

"센티미터(cm), 그램(g) 그리고 마음(mind). 잴 수 있는 모든 것을 잰다!"

1 측정의 개념

1.1 측정이란

측정(measurement)이란 '정해진 규칙에 따라 사물이나 사상에 수치를 할당하는 과정'을 말한다. 측정은 특정 대상에 숫자를 할당하는 과정으로 양적 의미를 나타내고 정해진 규칙에 근거하므로 이론적으로 해석할 수 있다. 측정에 대한 정의는 많은 이론가에 의해 제시되었지만, 대체로 어떤 대상에 대한 **정량적 의미**를 부여하는 과정이라는 것에 동의한다.

- 측정이란 '어떤 대상의 유형과 강도가 결정되는 과정'이다(Anastasi, 1982).
- 측정이란 '사물의 속성을 나타내기 위해 사물의 속성을 지배하는 법칙에 따라 숫자를 배분하는 것'이다(Campbell & Jeffreys, 1938).
- 측정은 '어떤 종류의 크기와 특정 숫자에 독특하고 반복적인 관련성을 일반화하는 방법'이다(Russell, 1937).

우리는 2장에서 하나의 이론적 개념이 '측정 가능한' 상태가 되도록 조작적으로 정의되면 **변인**이 생성된다는 것을 배웠다. 즉, 과학적 연구과정에서 측정은 추상적 이론의 구성개념을 관찰하고 **양적으로 해석 가능한 상태의 변인**으로 전환한다는 의미다. '길이'나 '무게'를 재는 것, 성격이나 동기와 같은 '심리적 현상'을 재는 것 모두가 측정이다. '무게'라는 구성개념은 저울의 눈금으로 측정하고 '성격'은 성격검사를 통해 측정한다. 그러나 심리학이나 사회과학에서의 측정은 추상적 개념을 다룬다는 점에서 물리적 현상의 측정보다 많은 '오차'를 반영하기 쉽다. 측정에서 발생하는 오차를 **측정오차**(measurement error)라 하는데, 흔히 과학을 수량화의 의미로 해석할 때 **오차를 줄이는 방법**이라 해도 과언이 아니다.

길이를 재는 것에서부터 인간의 마음을 재는 것에 이르기까지 그 본질을 더욱 신뢰롭고 정확하게 측정하려는 노력이 곧 과학의 본질이다. '자'와 같은 도구로 측정하는 길이나 '성격검사'와 같은 도구로 측정한 인간의 심리특성은 모두 측정오차를 줄임으로써 현상에 대한 설명력을 개선하고자 한다. 그렇다면 측정도구가 얼마만큼의 오차를 반영하는가? 이에 대한 정보를 제공하는 것이 **신뢰도**(reliability)와 **타당도**(validity)의 개념이다. 이 장에서는 측정의 기초개념과 신뢰도 및 타당도, 변인에 대해 살펴볼 것이다.

측정의 특징

측정은 이론을 경험적으로 검증 가능하도록 하는 역할을 한다. **이론은 추상적 세계이고 경험은 추상적 세계를 수량화함으로써 구체화된다.** 그러나 추상적 이론을 측정하는 것에는 한계가 있으며, 연구자가 무엇인가를 측정할 때는 항상 그 '일부'만을 측정하게 된다. 이렇게 이론적 개념의 일부(특정 차원)만을 측정하게 될 때, 이를 측정의 **차원성**(dimensionality)이라 한다. 특히 사회과학에서의 개념은 대체로 하나 이상의 차원을 포함하므로, 어떤 것의 정의에 있어 하나 이상의 질적 요소가 필요하다.

예

'사회적 지위'의 개념은 직업적 명성, 대중성, 교육수준, 재정상태 등의 차원을 포함한다. 연구자는 '사회적 지위'의 개념을 정의할 때 특정 차원에 국한하여 조작적으로 정의하고 그 측정에서 발생하는 **오차를 최소화**하려는 노력에 만족할 수밖에 없다. 예컨대, 연구목적에 부합하는 핵심 차원을 중심으로 하거나 최소한 둘 이상의 차원을 조합하여 개념의 '차원성'을 확대한 방법을 사용한다. 궁극적으로 **측정은 항상 불완전**하다. 과학이 완전하지 않고 오류를 줄이는 수단인 것처럼 말이다.

측정은 항상 불완전하기 때문에 심지어 동일한 현상을 측정할지라도 오차가 발생한다. '길이'를 측정할 때 오차를 줄이는 최선의 방법은 표준화된 '단위척도'를 사용하는 것이다. '동기'와 같은 심리적 현상을 측정할 때도 마찬가지이지만 연구자마다 '동기'를 정의하는 방식과 차원이 다르기 때문에 오차의 크기를 줄이는 것이 결코 쉬운 일은 아니다. 무엇을 측정하든 측정의 결과는 척도에 의존하지 않고서는 해석되지 않는다(**척도의존성**). 예컨대, 척도에 의존하지 않고 어떤 길이가 '15'라는 사실만 알고 있다면 해석이 불가능하다. 단지 '15인 길이'는 사실일지라도 그것이 긴 것인지 짧은 것인지를 판단할 수 없으며 다른 측정 결과와도 비교할 수 없다. 만일 측정이 '자'라는 척도를 이용하고 그 척도단위가 밀리미터(mm)라는 사실을 알았을 때, 비로소 '15'라는 수치의 의미 해석과 비교가 가능해진다. 마찬가지로 사회과학에서 현상을 측정하는 다양한 척도(예, 권위주의척도, 사회성척도, 동기척도 등)가 존재하며 이들 척도의 속성을 분류하고 해석하기 위해서는 측정에 존재하는 척도의 성질을 이해해야 한다.

측정수준

측정수준(level of measurement)은 '측정대상의 속성을 측정하는 방식'을 말하며,

대상에 부여된 수치의 의미를 해석하는 데 사용된다. 측정수준은 명목척도, 서열척도, 등간척도, 비율척도의 네 가지로 구분되며, **측정대상의 성질(속성)에 의존하는 것이 아니라 측정하는 방법**에 의존하는 특징을 갖는다. 예컨대, '연령'의 속성은 등간척도이지만, 만일 조사에서 10대, 20대, 30대와 같이 측정하였다면 이때의 측정수준은 명목척도가 된다. 유사하게 학업성취도를 '성적'으로 측정한다면 등간척도이지만 '석차'로 측정한다면 서열척도로 분류된다. 이처럼 측정수준은 동일한 대상을 어떻게 측정하는지에 따라 다른 측정수준을 갖게 된다.

측정수준이 중요한 또 다른 이유는 **측정수준에 따라 적용되는 통계분석이 다르다**는 점이다. 통계분석은 크게 비모수통계와 모수통계로 구분되고 측정수준에 따라 다른 통계가 적용된다. 즉, 명목척도와 서열척도로 측정된 변인은 **비모수통계**가 적용되고, 등간척도와 비율척도로 측정된 변인은 **모수통계**가 적용된다.

측정수준과 통계방법의 적용

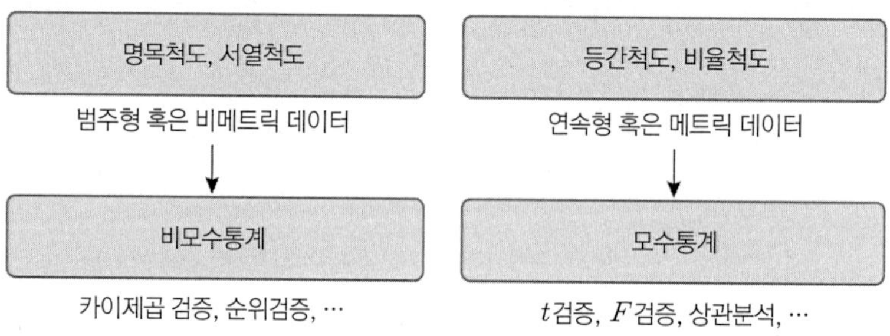

같은 의미로 명목척도와 서열척도는 범주형(categorical) 혹은 비메트릭(nonmetric) 데이터라 하고 등간척도와 비율척도는 연속형(continuous) 혹은 메트릭(metric data) 데이터라 부른다. 앞서 제2장에서 통계분석이 '연구목적'에 따라 달라진다고 설명한 바 있다. 연구의 목적과 더불어 **측정수준**은 통계방법을 선택하는 두 번째의 규칙이다.

측정수준의 중요성

- 측정대상의 성질에 의존하지 않고 측정하는 방법에 의존한다.
- 통계적 목적으로 모수통계를 적용할지 비모수통계를 적용할지를 결정하는 기준은 연속형 데이터와 범주형 데이터의 구분만으로 가능하다.

[예] 지능과 학업성취의 관계를 알아보기 위한 연구에서 지능은 IQ검사로 측정하고 학업성취는 '성적'으로 측정하였다면 모수통계로서 피어슨(Pearson)의 적률상관을 적용하지만, 학업성취를 '석차'로 측정하였다면 IQ검사의 순위와 석차의 관계는 비모수통계인 스피어만(Spearman)의 순위상관을 적용한다.

명목척도와 서열척도

명목척도와 서열척도는 범주형 척도로 비모수통계방법이 적용된다.

☐ 명목척도

명목척도(nominal scale)는 특성의 존재여부나 분류를 목적으로 수치를 할당하는 측정방법이다. 명목척도로 측정된 변인의 범주는 배타적 속성을 가지며, '분류' '명명'이 이 척도의 키워드다. 전형적으로 '성별' 변인을 측정할 때 남자=1, 여자=2와 같이 숫자를 할당한다. 1과 2는 상호배타적이며 값의 '크기'를 의미하지 않는다. 이처럼 1과 2는 성별의 특성을 **분류하고 명명**하기 위한 측정이라는 점에서 일부 측정이론가는 명목척도를 측정수준에 포함하지 않는 경우도 있다. 명목척도는 분류의 목적이기 때문에 **연산**(가감승제)을 할 수 없다. 즉, 2(여자)는 1(남자)보다 '크거나 혹은 작다'고 말할 수 없다. 따라서 명목척도는 최소한의 정보만을 지닌 측정수준에 해당한다.

명목척도로 측정되었을 때 산출할 수 있는 통계치는 중심경향치로서 **최빈치**이고 평균이나 중위수는 유용하지 않다. 만일 지역이 1(서울), 2(경기), 3(기타)으로 측정되었고 1에 5명, 2에 15명, 3에 10명이 분포한다면 '최빈치는 2'가 된다. 평균((1*5)+(2*15)=(3*10))/30='2.17'이나 중위수(30명의 표본에서 정확히 50%가 되는 위치의 값, 즉 15번째와 16번째 사이의 값)[1]인 '2.17'은 명목척도에서 의미 없는 값이다.

명목척도의 예

- 주민번호
- 우편번호
- 직업분류
- 판결유형: 1=유죄, 2=무죄
- 학번
- 운동선수 등번호
- 지역구분: 1=서울, 2=경기, 3=기타
- 곤충의 종

명목척도로 측정된 변인은 전형적으로 **카이제곱분석**(chi-square test)이 적용된다. 카이제곱분석은 '빈도의 차이를 검증하는 방법'으로 앞서 3개 지역의 빈도(5명, 15명, 10명)에 차이가 있는지를 통계적으로 검증하고자 할 때 사용된다.

▢ 서열척도

서열척도(ordinal scale)는 측정대상의 분류뿐만 아니라 측정대상의 크기에 따라 순서적으로 배열할 수 있는 측정방법이다. 측정대상의 크기(강도)를 말할 수 있으며 이 척도의 키워드는 **순위**다. 서열척도는 '크다' 혹은 '작다'를 말할 수 있지만, 크기가 '얼마인지'를 말할 수 없다. 예컨대, 달리기 경주에서 1등은 2등보다 잘했고 2등은 3등보다 잘했지만, 1등이 2등보다 '얼마나'를 잘했는지를 측정하지는 않는다. 따라서 가감승제가 가능하지 않다는 점에서 명목척도와 같지만, '크기나 강도'를 말할 수 있다는 점에서 명목척도보다 우수하다.

서열척도로 측정되었을 때 산출할 수 있는 중심경향 통계치는 **중위수**다. 달리기 경주에서 1, 2, 3, 4, 5 등의 순위가 정해지면 분포의 50%에 해당하는 '3'이 중위수임을 알 수 있다. 통계분석은 카이제곱분석, 순위상관분석, 그리고 순위의 차이를 검증하는 연의검증(run test) 등을 사용할 수 있다.

---

1. 중위수의 계산: 중위수가 포함되는 급간의 정확하한계+[급간의 크기×((사례수/2−정확하한계까지의 누가빈도)/중위수를 포함하는 급간의 빈도)]=1.5+[1×((30/2−5)/15)]=2.17. 쉽게 이해하자면, 중위수는 점수의 50%가 되는 지점의 값이다. 간단한 예로 1, 2, 3, 4, 5의 점수분포가 있다면 중위수는 점수의 50%가 되는 지점의 값, 즉 3이다.

서열척도의 예

- 학업석차
- 호텔의 등급평가
- 사회계층: 상류층, 중류층, 하류층
- 결승점에 도달한 경주마의 순위
- 경진대회 순위: 금, 은, 동상 등

등간척도와 비율척도

등간척도와 비율척도는 연속형 척도로 모수통계방법이 적용된다.

▢ 등간척도

등간척도(interval scale)는 명목척도와 서열척도의 특성을 모두 갖고 있으면서 '얼마나 크다' 혹은 '얼마나 작다'와 같이 **크기의 정도**를 말할 수 있다. 등간척도는 가감의 연산이 가능하고 차이의 **등간**이 키워드다. 예컨대, "온도 20℃와 40℃의 차이는 40℃와 60℃ 차이와 같다."고 말한다. 그러나 '40℃는 20℃의 2배'라고 말할 수 없다. 배수의 의미, 즉 '승제' 연산이 가능하기 위해서는 '0'이 절대적 의미를 가져야 하기 때문이다. 이를 **절대영점**이라 하며 등간척도는 절대영점을 갖지 않는 임의척도다. 즉, 기온이 0℃라고 해서 '온도가 없는 상태'를 의미하지 않는다. 절대영점은 상위의 척도인 비율척도만이 지니고 있다. 등간척도는 '대칭성'과 '이행성'이라는 논리에 의해 설명된다. **대칭성**이란 X와 Y가 대응되는 조건, 즉 '섭씨 0도가 화씨 32도와 같다면($X = Y$), 화씨 32도는 섭씨 0도와 같다($Y = X$)'를 말하며, **이행성**이란 'X의 몸무게가 70kg이고 Y의 몸무게가 70kg이라면 $X = Y$이고, Z의 몸무게가 70kg이라면 $X = Z$다'가 되는 논리다. 즉, 대칭성과 이행성은 측정단위가 동일한 간격임을 전제한다.

등간척도의 예

- 섭씨온도와 화씨온도
- 물가지수
- 5점 척도나 7점 척도
- IQ점수
- 주가지수
- 서기년도
- 불안척도

등간척도로 측정되었을 때 산출할 수 있는 중심경향 통계치는 평균, 중위수, 최빈치를 모두 포함하며, 표준편차를 포함한 대부분의 통계치가 유용하다. 통계분석은 t검증, F검증, 상관분석 등 모든 모수통계가 적용된다.

▢ 비율척도

비율척도(ratio scale)는 포괄적인 정보를 포함한 가장 상위수준의 측정수준이다. 비율척도는 0을 포함한 값들의 연속성을 가정하며 **절대영점**이 키워드다. 절대영점은 '0'의 값이 절대적 의미를 갖는 것을 말한다. '켈빈온도'는 섭씨나 화씨온도와 달리, 0도(0K)는 '분자의 움직임 없는 상태', 즉 열이 없는 상태를 말한다. 절대영점을 갖기 때문에 가감승제의 모든 연산이 가능하다. 켈빈온도에서 '40K는 20K의 2배'라고 말할 수 있다. '길이'나 '무게' 등은 전형적인 비율척도이므로 0cm는 '길이가 없는 상태'를 말하며 '10g은 5g의 2배'라고 말한다.

등간척도와 비율척도의 차이를 말하자면, 한 번은 '일정한 길이의 끈'으로 책상의 길이를 재고, 또 한 번은 '2m의 줄자'를 이용하여 책상길이를 재는 것과 같다. 비율척도는 최상위 수준의 척도이지만, 심리학과 사회과학에서는 상대적으로 사용빈도가 낮다. 또한 등간척도든 비율척도든 모수통계가 적용되기 때문에 통계분석을 목적으로 할 때 굳이 구분하지 않아도 된다. 단, 등간척도 이상의 측정수준이면 모수통계가 적용된다고 이해하면 된다.

비율척도의 예

- 켈빈온도
- 월 소득
- 100분의 1초단위의 시간
- 휘발유 1리터당 주행거리
- 심박률
- 길이나 무게
- 연령
- TV시청률
- 개인의 GSR(galvanic skin response) 점수

비율척도는 등간척도와 마찬가지로 평균, 중위수, 최빈치를 포함한 모든 통계치를 사용할 수 있으며 모수통계가 적용된다.

심화학습 등간척도에 대한 쟁점

등간척도는 심리학과 사회과학에서 가장 자주 사용하는 척도이지만 간격이 갖는 '임의성' 은 여전히 논쟁의 대상이다(Anastasi, 1982). IQ점수는 보통 등간척도가 적용된다. 따라서 IQ 100과 110의 차이는 120과 130의 차이와 같다. 그러나 10의 단위가 갖는 의미는 임의적, 즉 어느 정도의 지적능력의 차이가 '10의 단위'인지는 설명할 수 없다. 이러한 이유로 종종 IQ점수와 같은 변인을 서열척도로 규정하기도 한다. 같은 맥락에서 리커트(Likert)형 척도(예, 1=전혀 그렇지 않다, 2=그렇지 않다, 3=보통이다, 4=그렇다, 5=매우 그렇다)를 '서열척도'로 보는 견해가 있다. 역시 척도의 임의성이 등간조건을 만족하지 못한다고 보는 것이다.

이러한 주장은 타당하지만 심리학과 사회과학에서 IQ점수나 리커트척도는 일반적으로 등간척도로 취급되고 척도값의 합산점수를 모수통계에 적용한다. 그 이유는 무엇인가? 첫째, 섭씨온도(0~100도)와 화씨온도(32~212도)의 경우, 결빙점과 비등점의 온도가 '임의적 단위'로 설정되는 것과 같이, IQ점수의 임의적인 값 100은 사람의 연령에 일치하는 지적능력의 값으로 **임의적 단위**를 설정할 수 있다. 둘째, 등간척도로 측정된 몇 개의 측정값이 실제 **선형관계**에 있다면 등간을 가정할 수 있다(Torgerson, 1958). 선형관계는 응답자의 반응이 측정단위에서 동일한 간격에 대응될 때 가능하다. 경험적 연구들은 리커트 척도가 선형관계에 있음을 증명해 왔고, 특히 중간점(3=보통 혹은 잘 모르겠다)은 자연발생적인 것으로 간주되고 양극단으로 점수분포가 정상성 가정을 위배하지 않는다고 알려져 있다. 한편 사회조사에서 서열척도와 등간척도의 모호성을 피하기 위해 '준등간척도(quasi-interval scale)'라는 파생적 개념이 제안되기도 하였다(Lutz, 1983). 즉, 리커트형 척도를 준등간척도로 간주하는 것이다.

이러한 논쟁이 중요한 이유는 '리커트형' 척도가 어떤 척도로 규정하는지에 따라 그에 적용될 **통계분석**이 달라지기 때문이다. 서열척도로 보고 비모수통계를 적용하는 것이 측정이론에 부합될지라도 등간척도로 보고 모수통계를 적용하는 것보다 정보의 손실이 많은 것은 분명하다.

토론하기 양극척도(bipolar scale)는 어떤 측정수준으로 판단할 것인가?

2 신뢰도

2.1 신뢰도의 개념

신뢰도(reliability)란 '측정도구에 존재하는 **측정오차의 상대적 부재**'로 정의된다(Kerlinger, 1985). 즉, 어떤 IQ검사에 포함된 측정오차가 상대적으로 적다면 신뢰로운 검사라고 한다. 구체적으로 신뢰도는 일관성, 신빙성, 안정성, 예측 가능성 등의 용어로 사용된다. 따라서 IQ검사를 반복적으로 실시한 결과가 일관되거나 안정적인 결과를 보일 때 '이 검사는 신뢰롭다'고 말한다. 흔히 신뢰도는 **신뢰도 계수**로 추정하고 변량적 관점에서 해석한다. 신뢰도 계수는 보통 동형검사모형(parallel test model)에 근거하여 동일한 검사의 오차변량을 통해 신뢰도를 추정하고, 그 계수를 제곱한 **결정계수**로 해석한다. 만일 어떤 검사의 신뢰도 계수가 .90이라는 것은 **81%가 검사변량에 의해 해석되고 19%는 오차변량에 의해 설명된다**는 의미다.

신뢰도의 변량적 해석

흔히 변량(variance)은 체계적 변량과 오차변량으로 구성되며, 체계적 변량(V_{sys})은 오차변량(V_e)을 뺀 부분으로 '진점수'의 변량을 말한다. **진점수**는 관찰점수의 기대치이며, 이 점수는 '무수히 많은 독립적인 반복측정으로 얻을 수 있는 개별 평균점수'를 말한다(Lord & Novick, 1968). 따라서 '진(眞, true)'은 **이론적 기대치**를 의미하고 전체변량에서 오차변량을 뺀 나머지, 즉 체계적 변량을 포함한 실제 검사를 통해 파악할 수 있는 변량부분이다. 이를 **진변량**(true variance: V_∞)이라 하며 공식으로 나타내면 다음과 같다.

$$V_t = V_\infty + V_e \qquad \text{공식 3-1}$$

여기서 V_t는 전체변량, V_∞는 진변량, V_e는 오차변량이다. [공식 3-1]에 따르면, 한 검사를 동일한 집단에 무수히 실시하고 그에 따른 개인의 검사점수의 평균을 구하면, 거의 **진점수에 근접한 측정값**을 얻을 수 있고 이때 오차는 존재하지 않으므로 $V_t = V_\infty$가 된다. 그러나 모든 측정에는 항상 오차가 존재하므로 실제 진변량은 '추정될 뿐'이다.

▢ 신뢰도의 추정

신뢰도는 측정오차의 상대적 부재로 정의되기 때문에 전체변량에서 오차변량이 작을수록 신뢰로운 측정이 되며, 오차변량의 크기에 따라 진변량을 추정하게 된다. 역으로 말해, 전체변량(V_t)에서 진변량(V_∞)이 차지하는 비율이 높을수록 신뢰도가 높아지며 이는 오차변량의 크기에 의존한다. [그림 3-1]은 진변량과 오차변량의 분할에 따른 신뢰도 추정의 개념을 나타낸다.

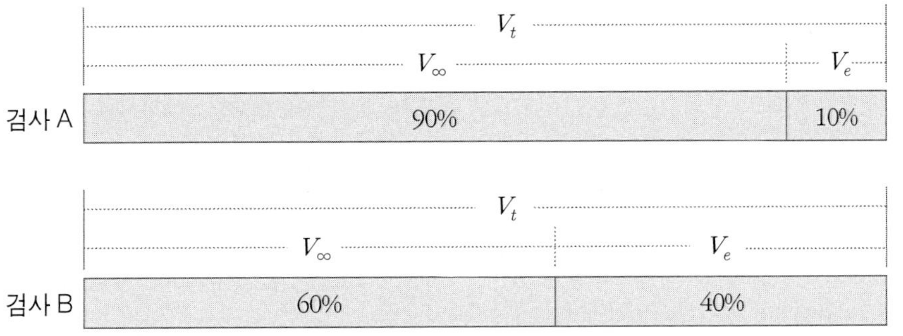

[그림 3-1] 변량추정에 의한 신뢰도의 해석

[그림 3-1]에서 검사 A는 검사 B보다 '측정오차'가 상대적으로 적고 '진변량'이 전체변량에서 차지하는 비율이 높기 때문에 더 신뢰로운 검사다. 결국 신뢰도는 전체변량(V_t)에서 진변량(V_∞)이 차지하는 비율로 계산된다.

$$r_{tt} = \frac{V_\infty}{V_t}$$ 공식 3-2

$$r_{tt} = 1 - \frac{V_e}{V_t}$$ 공식 3-3

여기서 r_{tt}는 신뢰도를 나타내고 V_t는 전체변량, V_∞는 진변량, V_e는 오차변량을 각각 나타낸다.

2.2 신뢰도의 유형

신뢰도를 추정하는 데 방법은 평가자간 신뢰도, 검사-재검사 신뢰도, 동형검사 신뢰도, 반분신뢰도, 내적일치도 등이 있다.

평가자간 신뢰도

평가자간 신뢰도(interrater reliability)는 판단과정에서 평가자 혹은 관찰자 간 **평정의 일치성**을 추정하는 방식이다. 일반적으로 여러 사람이 주관적 판단이나 평정을 수행하는 경우 평가자간 신뢰도를 구한다. 각 평가자의 평정점수의 상관이 높으면 '측정이 신뢰롭다'고 해석한다. 예컨대, 5명의 평가자가 20명을 대상으로 신체 매력도를 1점에서 10점으로 평정하였다면, 평가자 5명의 일치성을 판단하기 위해 평정자간 신뢰도를 추정한다.

평가자간 신뢰도는 여러 명의 평가자가 **독립적인 평정**을 수행할 수 있을 때 사용한다. 평가자간의 어떠한 논의나 아이디어의 공유는 일치성을 높이지만 인위적이며 명백한 과잉추정의 결과를 낳을 수 있다. 또한 이 방법은 질문지를 이용한 조사보다는 **관찰결과에 따른 측정의 신뢰도를 추정할 때** 자주 사용된다(예, 주관식 시험에 대한 평가의 일치성).

검사-재검사 신뢰도

검사-재검사 신뢰도(test-retest reliability)는 동일한 검사(측정)를 '일정 시간을 두고 반복하였을 때 일관된 결과'를 나타내는 정도로 추정한다. 동일한 측정이 반복된다는 점에서 검사결과의 차이는 측정오차를 반영한다. 이때 두 검사 간의 상관계수를 구하여 검사-재검사 신뢰도를 추정하는데, 이를 **안정성계수**라 부른다.

검사-재검사 신뢰도는 동일한 검사를 일정한 시간 간격을 두고 반복하여 실시할 때 추정치를 구한다. 이때 (a) 측정이 시간에 따라 변하지 않음을 가정하고, (b) 시간 길이가 충분해야 하며, (c) 검사에 따른 연습효과가 없음을 가정해야 한다. 검사의 시간 간격이 짧으면 기억효과로 신뢰도 계수가 과잉 추정될 수 있으며, 시간간격이 길면 **성숙 효과**에 의해 오염될 수 있다. 검사에 대한 실시경험 또한 영향을 준다. 예컨대, 태도검사나 불안검사의 검사-재검사 신뢰도는 검사실시에 따른 **연습 효과**나 **민감성 효과**에 영향을 받을 수 있다.

동형검사 신뢰도

동형검사 신뢰도(alternate forms reliability)는 '동일한 2개의 다른 버전 검사를 개발하고 이들 검사점수의 상관계수'를 통해 신뢰도를 추정한다. 2개 검사가 동일한 것을 측정한다면 점수 간의 차이는 측정오차에 기인한 것으로 가정한다. 동형검사 신뢰도는 시간에 따른 측정값 속성의 변화, **기억효과**나 **연습효과**에 의해 검사-재검사 방법이 영향을 받을 때 **대안적으로 유용한 방법**이다. 전형적으로 동형검사는 두 가지의 절차에 준하여 사용된다.

▢ 절차 1

동일한 집단에 2개의 다른 버전의 검사(동형검사)를 일정한 시간 간격을 두고 실시한다. 이는 검사-재검사 신뢰도의 절차와 유사하지만, 다른 검사를 사용한다는 것과 오랜 시간간격을 두지 않는다는 점에서 다르다. 두 검사 점수의 상관을 해석하여 신뢰도를 추정한다. 동형검사의 상관이 높으면 검사의 신뢰도가 높다고 해석한다. 이때의 상관계수를 **동등계수**라 부른다.

▢ 절차 2

대안적으로 동일한 검사를 2개의 다른 집단에 실시한다. 이때 하나의 집단을 무작위로 2개의 하위집단으로 나누어 실시할 수 있으며, 검사점수의 집단 간 차이분석(예, 카이제곱 검증, ANOVA)을 통해 검사의 신뢰도를 해석한다. 즉, **무선할당을 가정할 때 집단 간 차이가 없으면** 신뢰도가 높다고 해석한다.

동형검사는 제작에 시간과 비용의 투자가 많고, 이론적으로 두 버전의 검사가 동질적이라는 가정을 만족하는 것이 쉽지 않을 수 있다.

반분신뢰도

반분신뢰도(split-half reliability)는 '한 검사의 전체 문항을 절반으로 나누어 2개의 검사세트를 만들고 두 검사점수의 상관'을 구하여 신뢰도를 추정한다. 여기서 각각의 반분점수는 완전한 버전의 검사점수로 가정하며, 반분점수는 동형검사처럼 사용된다. 따라서 반분점수의 상관계수는 동형검사의 신뢰도와 같이 **동등계수**라 하고, 동등계수가 높을 때(즉 반분점수의 상관이 높을 때) 검사의 신뢰도가 높다고 해석한다. 이 방법은 동일 집단에게 반복적으로 검사를 수행할 수 없거나 통계분석을 할 만큼 **충분한 하위집단의 사례수가 확보되지 못할 때** 유용하다.

반분신뢰도에 있어 중요한 것은 전체 문항을 어떻게 반분하는가의 문제다. 가장 일반적인 절차는 **홀수문항과 짝수문항으로 반분**하는 것이지만, 가능한 조합을 이용하여 반분하고 산출된 상관의 평균으로 신뢰도를 구하면 더욱 정확한 신뢰도 추정이 가능하다. 그러나 문항의 수가 증가하면 너무 많은 반분조합이 구성되므로(예, 10개 문항에 252개의 반분세트), 가능한 조합을 모두 고려하는 것은 분명 복잡한 일이다(모든 가능한 조합을 이용한 반분계수의 산출은 Rulon[1932]나 Allen & Yen[1979]를 참고). 모든 조합을 고려하지 않을지라도 종종 SPSS가 제공하는 붓스트래핑(bootstrapping)을 이용하면 유사한 효과를 얻을 수 있다.

어떤 방식으로 반분을 수행하든지 간에 모든 문항의 구성이 **균형적**(equivalent)이어야 한다. 그렇지 않으면 추정된 신뢰도 계수는 달라질 수밖에 없다. 검사의 신뢰도는 문항이 많아질수록 상승하지만 반분법은 전체문항을 반으로 나누기 때문에 신뢰도를 과소 추정할 수 있다. 또한 문항을 전반부와 후반부로 나눈다면 실제 검사 후반부는 **피로효과**의 영향을 받으므로 신뢰도 계수의 추정이 편향될 수 있다.

내적일치도

내적일치도(internal consistency)는 개별 문항을 각각의 검사점수로 하여 상관을 구하고 이들의 '평균상호상관'을 신뢰도 추정치로 삼는 방법이다. **평균상호상관**은 모든 가능한 반분법을 사용하여 구한 신뢰도 계수의 평균을 의미한다. 이 상관계수가 높으면 측정문항이 일관성 있게 측정되고 있음, 즉 높은 신뢰도를 의미한다. 흔히 내적일치도의 가장 대표적인 방법은 **크론바흐의 알파계수**(Cronbach's α coefficient)이며, 학술연구나 조사연구에서 측정문항의 신뢰도를 추정할 때 가장 대중적으로 사용된다.

크론바흐 알파계수(Cronbach's α coefficient)의 수용준거

대체로 α(alpha)계수가 .90 이상이면 '신뢰롭다'고 하며, .80 이상이면 '보통 수준', .70 이상이면 '수용할 만한 수준'이고 .60 이상이면 '낮은 수준'이라 한다. 또한 .50 이하면 '신뢰할 수 없는 수준'이라고 한다. 보통 α값은 문항의 수가 많을수록, 측정차원의 수가 적을수록 높아진다.

알파(α)계수는 문항 간의 상관을 의미하므로 **검사-재검사의 '안정성'이나 동형검사의 '동등성'과 같은 정보를 제공하지 않는다.** 또한 공변량(covariance)에 의해 영향을 받기 때문에 α계수가 높을지라도 측정문항이 '하나의 차원을 측정하고 있음'을 의미하지 않는다. 공변량이 크다는 것은 문항 간 공통변량을 의미하므로 오히려 여러 차원의 가능성을 시사한다. 차원의 문제, 즉 '측정문항이 어떠한 차원을 측정하고 있는지'는 신뢰도의 문제가 아니라 **타당도의 문제**에 해당한다.

내적일치도를 추정하는 대안적 방법으로 쿠더-리처드슨(Kuder-Richardson)의 'KR20 공식(공식을 20번 만에 성공하여 붙은 이름)'이 있다(Kuder & Richardson, 1937). KR20은 보통 '문항-전체 신뢰도(item-reliability)'를 구하는 일반적 방법이지만, 리커트(Likert)형 척도보다는 **이분점수**('예/아니요' 혹은 '정답/오답')에 대한 내적일치도의 추정에 사용된다. α계수와 달리, 전체 계수의 평균추정치로서 단일 추정치만을 산출하고 보통 .80 이상이면 측정도구가 신뢰롭다고 평가한다. KR21은 KR20을 변형한 것으로 모든 문항의 난이도가 동일할 때 변량을 구하지 않고 내적일치도 계수를 산출하는 것으로 알려져 있다.

3 타당도

3.1 타당도의 개념

타당도(validity)란 측정대상을 얼마나 정확하게 측정하는가의 문제로 **측정도구**

의 정확성으로 정의된다. 어떤 척도나 검사가 그 사용목적에 따라 측정하고자 하는 구성개념을 정확하게 측정하는 정도를 말한다. 신뢰도가 어떤 측정의 '일관성'이나 '안정성'으로 해석된다면, 타당도는 측정의 **정확성과 본질**이라는 용어로 해석된다. 예컨대, '갈등이 무엇인가(what)'에 관심을 갖는다면 타당도의 문제이지만, 이 척도가 얼마나 일관된 속성을 측정하는가에 관심을 갖는다면 신뢰도의 문제가 된다. 신뢰도는 측정의 질적인 면에서 '필요조건'이지만 타당도는 '필요충분조건'을 따른다.

심리학과 사회과학에서 타당도 개념이 **중요한 이유**는 '길이'나 '무게'와 같은 측정의 객관성은 대체로 수용되지만, '갈등'이나 '권위주의'와 같은 개념은 조작적 정의만이 유효할 뿐 개념의 본질적 속성에 대한 일치가 없기 때문이다. 이런 점에서 타당도를 해석할 때 다음과 같은 사항을 고려해야 한다(Gronlund & Linn, 1990). 첫째, 타당도는 측정하고자 하는 대상의 본질을 의미하지만 모든 개념의 본질을 정확히 규명하는 것은 불가능하다. 따라서 타당도는 '검사도구에 의해 얻어진 **결과에 대한 해석의 적합성**'으로 이해된다. 검사도구의 측정이 정확하다면 그 해석은 타당한 것이라고 가정한다. 둘째, 타당도는 측정의 정확성의 문제이므로 **정도**의 문제로 인식된다. 즉, '검사가 어느 정도 타당한가'의 문제로 이해되어야 한다. 셋째, 타당도는 한 검사가 특정 개념을 측정할 때 설명되는 것이므로 **일반화의 제약**이 따른다. 모든 목적에 부합하는 검사는 존재하지 않으므로 타당도는 구체적 측정대상(예, 갈등 혹은 권위주위)에서만 유효하게 해석해야 한다.

타당도의 변량적 해석

변량적 관점에서 신뢰도는 전체변량에서 진변량이 차지한 부분이지만, 타당도는 전체변량(V_t)에서 공통변량(V_{co})이 차지하는 비율을 말한다.

$$Val = \frac{V_{co}}{V_t} \quad \text{공식 3-4}$$

여기서 Val은 타당도, V_t는 전체변량, V_{co}는 공통변량을 말한다. **공통변량**

(common variance: V_{co})이란 한 '측정값이 다른 측정값과 공통으로 지닌 변량'이다. 검사 A와 B가 있을 때 이들 검사가 공유하는 변량이다. 공통변량은 개별검사의 **고유변량**(specific variance: V_{sp})의 존재를 가정하며, 곧 전체변량은 공통변량과 고유변량, 그리고 오차변량의 합으로 분할된다.

$$V_t = V_{co} + V_{sp} + V_e$$ 공식 3-5

만일 두 검사(A, B)의 고유변량이 존재하지 않으면 '공통변량만이 존재'하는 검사, 즉 **동일한 검사**(A=B)임을 의미한다. [그림 3-2]는 두 검사가 갖는 고유변량, 공통변량, 오차변량에 대한 도식적 설명이다.

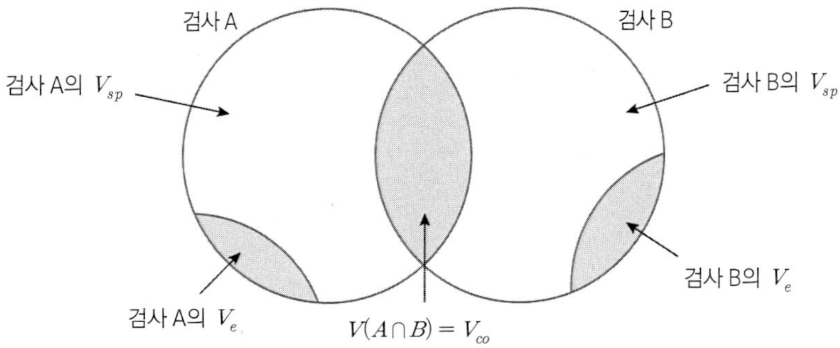

[그림 3-2] 타당도의 변량분할에 대한 벤다이어그램

타당도와 신뢰도의 관계

앞서 신뢰도는 전체변량(V_t)에서 진변량(V_∞)이 차지하는 비율이라고 설명하였다. [공식 3-5]의 타당도 공식을 간단히 유도하면 신뢰도를 추정할 수 있다. [공식 3-5]의 공통변량(V_{co})을 이항하면 [공식 3-6]을 얻을 수 있다.

$$V_{co} = V_t - V_{sp} - V_e$$ 공식 3-6

[공식 3-3]의 신뢰도 공식은 $r_{tt} = 1 - \frac{V_e}{V_t}$ 이므로 이를 변형하면 다음과 같다.

$$r_{tt} = 1 - \frac{V_e}{V_t} \Rightarrow r_{tt} = V_t - V_e$$ 공식 3-7

$$r_{tt} = V_t - V_e = V_\infty$$ 공식 3-8

신뢰도는 진변량(V_∞)의 비율이고, 곧 고유변량(V_{sp})과 공통변량(V_{co})으로 구성되므로 다음과 같이 표현된다.

$$V_\infty = V_{sp} + V_{co}$$ 공식 3-9

따라서

$$Val = \frac{V_{co}}{V_t} = \frac{V_\infty}{V_t} - \frac{V_{sp}}{V_t}$$ 공식 3-10

[공식 3-10]은 전체변량(V_t)에서 공통변량(V_{co})이 차지하는 비율, 즉 타당도(Val)는 **전체변량 중 진변량(V_∞)이 차지하는 비율(신뢰도)에서 고유변량(V_{sp})이 차지하는 비율을 뺀 것과 같다.** 따라서 이론적으로 타당도의 크기는 신뢰도의 크기보다 커질 수 없다. 그 이유는, 전체변량에서 타당도가 차지하는 비율은 신뢰도가 차지하는 비율에서 고유변량(V_{sp})만큼이 항상 제외되기 때문이다.

위의 공식을 쉽게 이해하도록 예를 들어 보자. 먼저 한 검사가 두 가지 요인(예, 수학능력과 과학능력)을 측정한다고 가정하자. '수학능력'은 요인 A이고 '과학능력'은 요인 B라고 할 때, 공통변량(V_{co})은 $V_A + V_B$이므로 다음과 같다.

$$\frac{V_{co}}{V_t}(val) = \frac{V_A}{V_t} + \frac{V_B}{V_t}$$ 공식 3-11

$$\frac{V_t}{V_t} = \underbrace{\underbrace{\frac{V_A}{V_t} + \frac{V_B}{V_t}}_{h^2} + \frac{V_{sp}}{V_t}}_{r_{tt}} + \frac{V_e}{V_t}$$

공식 3-12

여기서 h^2은 **커뮤낼리티**(communality)라 하며 보통 검사의 공통(요인)변량을 나타내는 기호이자 측정의 타당한 요소를 의미한다(통계적으로 요인분석과 같은 방법에서 얻어지는 각 측정값의 커뮤낼리티). [공식 3-12]를 도식적으로 표현하면 [그림 3-3]과 같다.

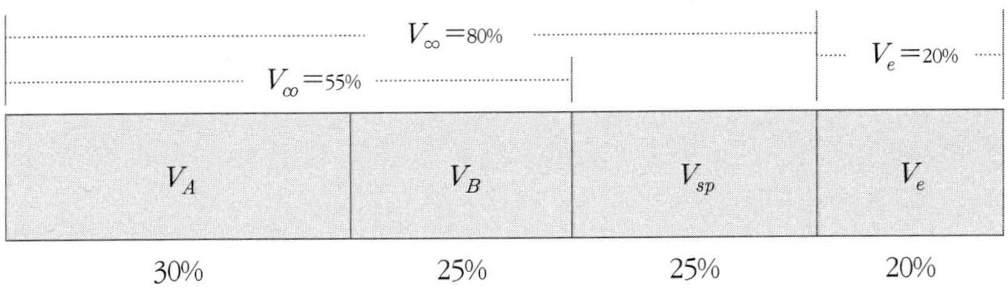

[그림 3-3] 두 요인(A, B)에 의한 변량의 분할

[그림 3-3]에서 전체변량을 100%로 보았을 때, **이 검사가 A와 B의 두 요인에 의해 공통으로 측정되는 비율, 즉 타당도는 55%이고 검사의 신뢰도는 80%, 검사의 고유변량은 25%다.** 진변량(V_{∞})이 80%로 높아 '검사가 신뢰롭다'고 할 수 있다. 그러나 **신뢰도가 높다고 해서 반드시 타당도가 높은 것은 아니다.** 이 경우 타당도가 높은 편은 아닌 것으로 해석되는데, 개별요인의 타당도는 각각 30%와 25%로 분할되어 있고 공통변량(V_{co})에서 제외된 고유변량(V_{sp})도 25%로 높은 편이다.

3.2 타당도의 유형

타당도는 크게 세 가지 유형으로 구분된다. 즉, 안면타당도, 준거관련 타당도, 구성타당도다. 흔히 사용되는 '내용타당도'는 안면타당도와 유사한 개념이며, '동시타당도'와 '예언타당도'는 준거관견 타당도에 속한다. 또한 '수렴타당도'와 '변별타당도'는 구성타당도의 개념에 포함된다.

안면타당도

안면타당도(face validity)는 '하나의 측정값이 특정 개념을 대표하는지에 대한 동의 정도'를 말한다(Dane, 2011). 보통 안면타당도는 전문가에 의해 수행되기 때문에 **전문가 타당도** 혹은 **합의에 의한 타당화**라고 부른다. 안면타당도가 하나의 문항이 개념의 다양한 측면에 대한 대표적 표본인지를 평가할 때 내용타당도(content validity)의 문제가 된다. 따라서 내용타당도는 '측정문항의 표본이 내용영역을 대표하는 정도'로 정의된다(Crocker & Algina, 1986). 안면타당도와 내용타당도는 크게 구분하지 않지만, 한 측정값의 '중심개념을 평가'하는 것과 표본문항의 '내용을 평가'하는 것의 차이로 이해할 수 있다.

대체로 안면타당도나 내용타당도가 전문가 혹은 일반적 합의에 의해 평가될 때, 모든 내용을 망라한 문항이나 검사도구를 **내용표본**으로 추출하는 것은 불가능하다. 따라서 '평가자'의 유능성이나 명확성에 의존할 수밖에 없는 한계가 있다. 예컨대, 심리학 전공시험의 내용타당도를 평가하는 방법은 전공교수에 의존하지만 세부전공의 내용을 망라하는 것은 결코 쉬운 일이 아니다. 안면타당도는 전문가의 '권위'에 의한 접근으로 과학적 접근의 충분조건은 아니지만, 연구를 시작하는 단계이거나 측정의 타당성을 확보하기 위한 단계에서 유용할 수 있다. 일반적으로 초기 연구단계에서 **문항개발에 사용되는 내용타당화의 과정**은 다음과 같다.

- 1단계. 내용영역에 대한 정의: 내용영역은 '측정하고자 하는 내용이 망라된 범주'로 측정범위의 내용을 개념에 따라 정의하는 것이다. **언어능력검사**는 어휘력, 언어추리력, 문장이해력 등 모든 언어영역을 포괄하므로 내용영역이 광범위하지만, **사칙연산**이라 하면 그 내용영역을 비교적 명확하게 정의할 수 있으며 타당화가 용이하다.
- 2단계. 문항분류 및 개발: 내용타당화를 위한 두 번째 단계는 내용영역에 따라 **문항을 분류하고 개발하는 과정**이다. 문항개발을 위해 전문가가 내용의 적절성을 평가하고 이를 기초로 내용영역의 문항을 구성한다.

• 3단계. 내용타당도의 평가: 문항이 개발되고 나면 의도하는 **개념과 내용영역의 일치성을 비교**하고 평가한다. 개발된 측정문항이 정의된 내용영역에 포함되면 '내용타당도가 높다'고 하지만 일부만 반영된다면 내용타당도가 낮음, 즉 측정문항이 내용영역을 충분히 대표하지 못한다고 한다.

준거관련 타당도

준거관련 타당도(criterion-related validity)는 측정도구가 '일정한 준거(예, 기존검사나 예측력)'에 비추어 타당도를 확인하는 방법이다. 이 방법은 측정하고자 하는 내용이 아니라 **예측의 문제**에 관심을 둔다. 예컨대, 학업적성검사가 개인의 성공과 실패를 잘 예측한다면 '준거관련 타당도가 높다'고 한다. 준거관련 타당도는 준거의 시점, 즉 현재인가 혹은 미래인가에 따라 공인타당도와 예언타당도로 나뉜다. 각 **준거와 측정도구의 상관**이 타당도계수가 된다.

▢ 공인타당도

공인타당도(concurrent validity)는 '기존의 타당한 측정값과 새로운 측정값을 비교'하여 준거관련 타당도를 평가하는 방법이다. 공인타당도는 '전문가의 합의' 대신 **기존의 타당한 측정값과 비교**한다는 점에서 안면타당도를 개선한 방법에 불과하다. 기존 측정값과 새로운 측정값 간의 상관계수가 공인타당도의 계수다. 예컨대, 새로운 지능검사를 개발하고 이를 웩슬러지능검사와 상관을 구하면 이 계수가 **공인타당도의 계수**이고, 그 값이 클 때 '공인타당도가 높은 것'으로 해석한다.

공인타당도 계수는 기존검사와의 상관이므로 항상 기존검사보다 높은 타당도를 보일 수 없다. 즉, 상관계수의 범위는 ±1.0을 초과할 수 없고 기존검사를 기준으로 공인타당도의 계수는 항상 1.0보다 작다. 특히 기존검사가 안면타당도 수준에서 타당화가 이루어진 경우라면 공인타당도는 새로운 검사의 타당도를 평가하는 데 적합하지 않다. 결국 공인타당도의 검증은 기존검사가 어떤 절차를 걸쳐 타당화되었는지에 의존할 수밖에 없다.

□ 예언타당도

예언타당도(predictive validity)는 공인타당도와 달리 기존 측정값과 비교하는 것이 아니라, 매우 **타당하다고 인정되는 미래에 발생할 측정값과 비교**하는 방법이다. 예컨대, '수능점수'와 '대학성적'을 비교하기 위해서는 수능을 치르고 1년 후에 두 측정값을 비교해야 한다. 두 측정값의 상관계수는 예언타당도 계수로 그 값이 크면 '예언타당도가 높다'고 말한다. 여기서 대학성적은 잘 확립된 타당한 준거라는 전제가 있어야 하는데, 만일 '대학성적'이 수능의 예측 준거로 충분하다면 공인타당도에 비해 준거관련성이 높다는 의미가 된다. 예측타당도 계수는 미래의 예측 사건이 준거이므로 공인타당도에 비해 **계수의 해석적 제약이 덜하지만**, 공인타당도와 마찬가지로 준거관련성을 목적으로 할 뿐 '측정대상의 본질'을 파악하는 접근은 아니다.

구성타당도

구성타당도(construct validity)는 측정도구가 측정하고자 하는 **대상의 속성**(본질)**을 얼마나 정확히 측정하고 있는지**를 파악하는 방법으로 타당도 개념의 핵심이다. 구성타당도는 구성개념을 확인하는 과정이므로 완벽한 의미의 구성타당도는 존재하지 않는다. 예컨대, '동기'나 '성격' '갈등'과 같은 개념은 일련의 추상적 개념으로 그 **실체를 정확하게 파악하는 것은 불가능**하다. 따라서 경험적 과학의 접근으로 측정의 오차를 최소화하려는 노력만이 높은 구성타당도를 제공할 뿐이다. 구성타당도는 개념의 '이론적 타당성'과 '가설설정의 논리적 근거'를 제공하므로 과학적 연구의 핵심요소다.

□ 수렴타당도

수렴타당도(convergent validity)는 측정값이 하나의 개념으로 수렴하는 정도를 말하며, **동일한 개념을 측정하는 기존 측정값과의 상관정도**를 의미한다. 공인타당도와 유사하지만 하나 이상의 측정값을 비교한다는 점에서 차이가 있다. 예컨대, 학업성취에 대한 새로운 측정값은 '평균학점'뿐만 아니라 '졸업 후의 취업' '성공에 대한 지각' 등 여러 측정값과 비교할 수 있다. 새로운 측정값이 동일 개념을 측정하는 여러 측정값과 상관이 높을 때 '수렴타당도가 높다'고 하며, 이미 알려진 이론적 구성개념을 '정확'하게 측정하는 것으로 판단한다.

▢ 변별타당도

변별타당도(discriminant validity)는 한 측정값이 개념상에서 구분되는 정도를 말하며, **다른 개념을 측정하는 측정값과 상관되지 않는 정도**를 의미한다. 예컨대, 새로운 검사가 '지능'이라는 개념을 측정하고 있다면 '성격'검사와는 상관이 낮고 기존 지능검사와는 상관이 높게 나타날 것이다. 이때 새로운 검사의 '변별타당도'가 높다고 한다. 수렴타당도와 마찬가지로 새로운 검사와 비교되는 기존의 검사는 높은 신뢰도와 타당도를 전제해야 한다.

변별타당도가 높다는 사실만으로 구성타당도가 있다고 할 수 없기 때문에 항상 수렴타당도를 함께 제시한다. 기존 검사와의 상관에 기초하는 방법과 더불어 한 검사의 측정문항이 갖는 잠재적 요인구조를 통해 수렴성과 변별성을 파악한다. 이를 위한 접근이 **요인분석**이다. 요인분석은 측정문항의 요인구조를 파악하는 가장 잘 알려진 통계방법의 하나로 측정문항이 가지고 있는 이론적 잠재구조를 파악함으로써 측정하고자 하는 이론적 구성개념을 확인하는 방법이다. 요인분석은 수렴성과 변별성에 대한 중요한 근거를 제공하지만, 최근 **구성신뢰도**(construct reliability)나 **평균추출변량**(average variance extracted: AVE)과 같은 실용적 지수를 요인분석의 결과와 함께 제시하는 추세다.

3.3 신뢰도와 타당도의 관계

앞서 '타당도의 변량적 해석'을 설명하며 신뢰도와 타당도의 관계를 언급한 바 있다. 신뢰도는 측정의 '일관성'이나 '안정성'을 의미하지만 타당도는 측정의 '본질(속성)'과 '정확성'을 말하기 때문에 서로 별개의 문제를 다룬다. 가장 좋은 측정이란 **신뢰롭고 타당한 측정**, 즉 측정값이 측정하고자 하는 본질을 정확히 측정하면서 동시에 일관된 측정을 이루는 경우를 말하지만, 경험적 데이터가 두 가지 모두를 만족하기란 쉽지 않은 경우도 있다. 아마도 연구자가 중시하는 것은 자신이 설정한 가설을 검증하는 것이겠지만, 신뢰롭고 타당한 측정을 이루지 않고서는 결코 좋은 결과를 얻을 수 없다. [그림 3-4]는 타당도와 신뢰도의 관계를 도식적으로 나타낸 것이다.

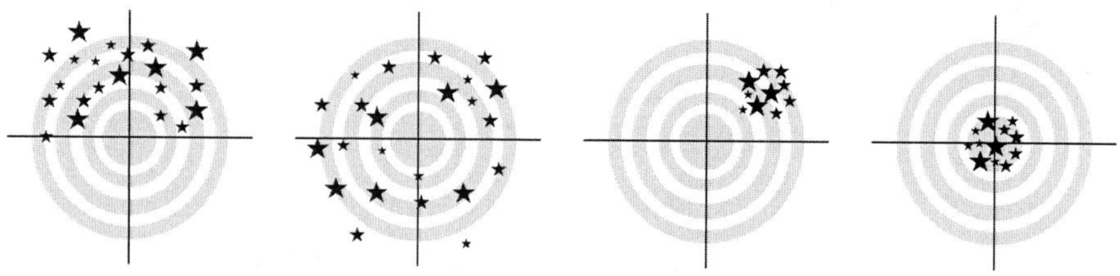

[그림 3-4] 타당도와 신뢰도의 관계

4 변인유형과 통제

4.1 개요

변인[2]이란 '이론적 구성개념이 조작적 정의를 통해 측정 가능한 상태가 된 것'을 말하며, **하나 이상의 수준이나 값을 가진 측정 가능한 실체**로 정의된다. 변인의 수준 혹은 범주를 '속성'이라고 한다. 예컨대, '성별'은 두 수준을 가진 **변인**이고 '남자'와 '여자'는 성별변인의 **속성**이다. 변인은 변하는 특성을 갖는다. 즉, 조작적 정의는 질적인 상태 혹은 강도나 수량이 개념적으로 변화되는 것이며, 곧 '측정 가능한 상태로의 변화'를 의미한다. 흔히 가설이란 연구자가 연구하고자 하는 현상에 대한 진술로 구체적인 변인의 관계를 진술한 것이다.

---

2. 이 책에서는 '변인'과 '변수'라는 용어를 함께 사용한다. 보통 심리학이나 사회과학에서 현상에 대한 설명을 목적으로 할 때 '변인'이라는 용어에 친숙하지만, 통계에서 수치적 의미를 말할 때 '변수'라는 용어가 일반적이다. 따라서 이 책의 제1부에서는 '변인'이라는 용어를 주로 사용하고, 제2부 통계분석에서는 '변수'라는 용어를 사용한다.

예 변인과 속성

- 종교형태는 변인이고, '기독교' '불교' '천주교'는 속성이다.
- 지역은 변인이고, '서울' '경기' '강원' 등은 속성이다.
- 판결유무는 변인이고, '유죄'와 '무죄'는 속성이다.
- 직업군은 변인이고, '회사원' '자영업' '공무원' '무직' 등은 속성이다.

예 연구자의 조작적 범주에 따른 변인 속성의 변화

- 지능은 변인이고, '높음'과 '낮음'은 속성이다.
- 연령은 변인이고, '10대' '20대' '30대' 등은 속성이다.
- 사회계층은 변인이고, '상' '중' '하'는 속성이다.
- 불안수준은 변인이고, '높음'과 '낮음'은 속성이다.
- 치료유형은 변인이고, '정신분석치료' '행동치료' '약물치료' 등은 속성이다.
- 성격특질은 변인이고, '신경증' '외향성' '개방성' '호감성' '성실성'은 속성이다.

4.2 독립변인과 종속변인

독립변인과 종속변인은 실험연구에서 **인과관계를 설명하는 용어**로 사용된다. 인과성을 목적으로 하는 연구에서 독립변인(independent variable: IV)은 **원인변인** 혹은 선행변인이고, 종속변인(dependent variable: DV)은 **결과변인**이다. 가설검증에서 **독립변인**은 영향을 주는 변인이고 **종속변인**은 영향을 받는 변인이다(예, "독립변인이 ~이(하)면, 종속변인이 ~이(한)다."의 진술). 독립변인은 예측변인이고 종속변인은 예측의 결과변인이다. 독립변인은 현상의 **원인**(cause)이고 종속변인은 **결과**(effect)다. 종속변인은 독립변인에 의해서만 영향을 받으며, 독립변인의 변화에 따라 그 효과가 추정된다.

- 불안수준(고/저)에 따라 공격성에 차이가 있는가?
  ⇨ IV: 불안수준, 속성: 고/저, DV: 공격성

- 교수법(강의식/토의식)에 따라 학업성취도에 차이가 있는가?
  ⇨ IV: 교수법, 속성: 강의식/토의식, DV: 성취도
- 기분상태(긍정/부정)에 따라 정보처리의 기억효과가 다를 것이다.
  ⇨ IV: 기분상태, 속성: 긍정/부정, DV: 기억
- 치료유형(인지치료/행동치료/약물치료)에 따라 우울증의 개선에 차이가 있다.
  ⇨ IV: 치료유형, 속성: 인지치료, 행동치료, 약물치료, DV: 우울증 개선정도

▢ 실험연구와 조사연구의 독립변인

독립변인과 종속변인이란 용어는 **필연적 관계에 의한 인과성**을 전제하지만, 관행적으로 이들 용어는 조사연구와 실험연구에서 다소 다르게 사용된다.

- 실험연구에서의 독립변인: 실험연구에서 독립변인은 엄격한 의미로 사용되며 '연구자의 능동적 개입과 처치'를 의미한다. 즉, 실험에서 독립변인은 **조작적으로 처치된 변인**이다. 조작적 처치(operational treatment)란 원래의 본질을 왜곡한다는 의미가 아니라 연구자가 종속변인에 대한 효과를 극대화하기 위해 능동적으로 개입함을 말한다. 예컨대, '9 · 11테러사건'을 전후하여 미국인의 테러공포증을 연구한다면 '9 · 11사건'은 엄밀한 의미에서 '독립변인'이 아니다. '9 · 11테러'는 능동적으로 조작될 수 없을 뿐만 아니라 처치를 가할 수 있는 변인이 아니기 때문이다. 독립변인의 모든 수준(예, 강의식/토의식 학습법)에서 피험자(실험대상)는 모든 조건에 **독립적인 무선할당이 가능할 때** 독립변인이라 부른다. 따라서 실험연구에서는 능동적으로 조작이 가능한 변인만을 독립변인으로 사용하고, '성별' '지역' '사회계층'과 같은 '속성변인'은 독립변인으로 정의하지 않는다. 이러한 변인은 전형적으로 조사연구에서 사용된다.
- 조사연구에서의 독립변인: 조사연구의 독립변인은 '연구자의 능동적 개입'이 아닌 **논리적인 선행조건**으로 정의된다. 사회조사나 설문지를 이용하는 조사연구는 조작 가능한 변인의 사용이 제한되므로 '성별' '지역' '사회계층'과 같은 변인을 정치적 선호도나 사회적 태도 등의 결과에 선행하는 개념으로 간주하고

이를 독립변인으로 사용하는 것이 일반적이다. 따라서 '성별' '지역' '사회계층'과 같은 속성변인이 조사에서는 독립변인처럼 사용된다. 그러나 종종 설문지를 이용한 연구에서 능동적으로 조작된 변인을 사용하기도 한다. 이 경우 실험연구와 같이 통제된 상황에서 연구를 수행하지는 않지만 능동적으로 독립변인의 조작에 개입하게 된다.

예

한 연구자가 '사회적 태도에 따른 교통질서 의식'에 대한 연구를 한다고 가정하자. 연구자는 사회적 태도를 측정하여 '긍정'과 '부정'으로 구분하고 그에 따른 교통의식 수준을 조사하였다면, '사회적 태도'는 연구자의 능동적 개입에 따라 엄밀한 의미의 '독립변인'으로 정의될 수 있다.

일반적으로 실험연구는 **능동변인**만을 독립변인으로 사용하고 비실험연구(예, 조사나 관찰연구 등)는 **속성변인**을 독립변인으로 간주하기도 한다.

□ 독립변인과 종속변인의 관계

독립변인과 종속변인은 흔히 **필연적 관계**로 규정된다. 이는 그 관계가 인과성을 전제하며 **공변하는 관계**, 즉 독립변인은 X라 하고 종속변인은 Y라 할 때 'X의 변화에 따른 Y의 변화'가 일정한 관계에 있음을 말한다. 예컨대, X를 '키'라 하고 Y를 '몸무게'라 하면 '**키(X)의 변화에 따라 몸무게(Y)의 변화는 공변관계**'에 있다고 한다. 공변관계는 선형적이거나 비선형적 관계일 수 있다. '키'의 변화에 따른 '몸무게' 변화가 일정한 변화간격으로 발생하면 '선형관계에 있다'고 하고, 일정한 간격을 유지하지 않으면 '비선형관계에 있다'고 말한다.

흔히 통계방법론에서 독립변인과 종속변인의 **선형관계**는 모수통계의 기본가정에 해당한다. 이처럼 사회과학 연구에서 선형관계를 가정함으로써 현상에 대한 설명과 예측이 용이해진다. [그림 3-5]의 (a)는 정적 선형성이고 (b)는 부적 선형성을 나타낸다. 그러나 (c)는 실제 많은 현상이 완벽한 직선적 관계에 있지 않음을 나타낸다. 예컨대, 심리학의 학습이론은 '학습(Y)은 초기에 급격히 형성되고 시간(X)의 경과에 따라 점차 완만해지는 경향'으로 알려져 있다. 그림 (c)는 흔히 **학습곡선**이라 한다. 유사하게 사회조사에서 시간 경과에 따라 사회적 이슈에 대한 공중의 태도가 점차 둔감해지는 경우도 이에 해당한다. 한편 그림 (d)와 같이 '역U자'형의 관계도 자주 관찰된다. 전통적으로 **각성이론**은 '수행과 각성의 관계'가 역U자 형태의 이차함수관계에 있다고 가정한다. 각성이 적정수준일 때 수행이 최대이고 각성이 너무 높거나 너무 낮을 때 수행은 낮아진다.

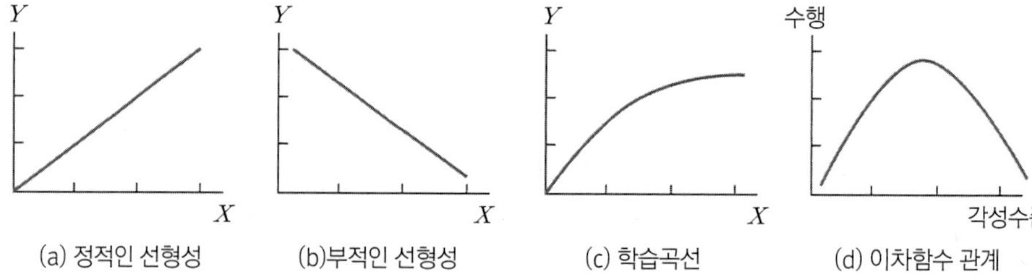

[그림 3-5] 독립변인(X)과 종속변인(Y)의 함수관계

- 독립변인과 종속변인의 다중관계: 한편 독립변인과 종속변인의 관계는 **항상 1:1의 관계로 대응되는 것은 아니다.** 다수의 독립변인과 하나의 종속변인 혹은 다수의 독립변인과 다수의 종속변인의 복잡한 관계도 존재한다. [그림 3-6]은 종업원의 '직무만족'에 영향을 주는 변인으로 '임금' '승진' '업무' '동료관계' '상사관계'를 가정한다(Smith, Kendall, & Hulin, 1969; Job Descriptive Index: JDI). 연구들은 JDI를 기초로 다양한 응용연구를 수행하였는데, '임금'을 제외한 모형을 다루거나 '직무만족'과 '직무수행'의 관계를 추가 혹은 '직무수행' 대한 JDI요인의 개별효과를 밝히는 등 확장연구를 시도해 왔다. 보통 직무만족에 대한 'JDI요인'의 효과를 분석한다면 중다회귀분석이 적용되지만, '직무수행'을 최종의 준거변인으로 추가한다면 경로분석이나 구조방정식모델링의 방법이 된다. [그림 3-6]은 설명목적으로 도식화한 것이지만, 만일 모든 가능한 경로를 검증한다면 통계적으로 **모형의 절약성**을 위배하므로 '간명한 모델'을 설정하는 것이 과학적 원리에 부합하는 접근법이다.

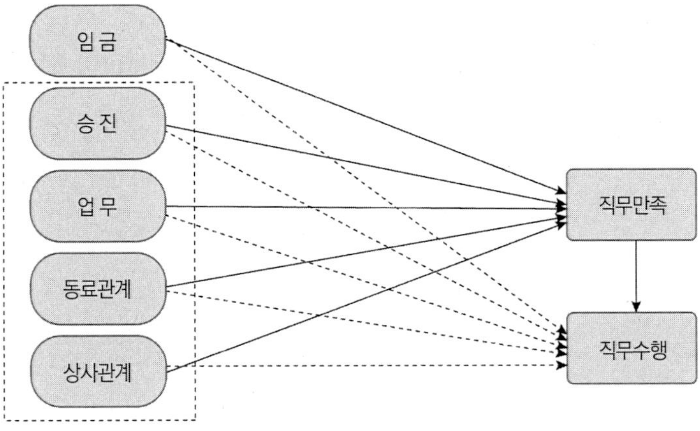

[그림 3-6] 다중변인의 관계

• 독립변인과 종속변인의 순환관계: 종종 독립변인과 종속변인은 **순환관계**에 있는 경우가 있다. 한 연구자는 '프로테스탄티즘'과 '경제발전' 간의 관계를 연구하면서 '경제발전'을 종속변인으로 사용한 반면, 어떤 연구자는 종속변인으로서 '정치발전'을 예측하기 위해 '경제발전'을 독립변인으로 가정할 수도 있다([그림 3-7] 참조). 이 예에서 독립변인과 종속변인의 관계는 변인의 종류가 아니라 '변인의 역할'에 따라 규정됨을 주목하라.

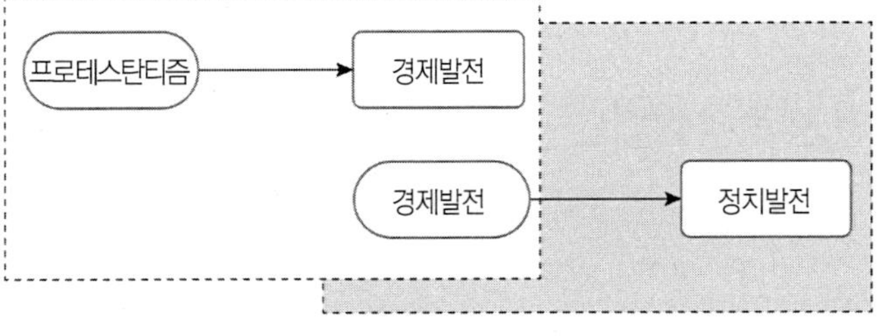

[그림 3-7] 독립변인과 종속변인의 순환관계(Kerlinger, 1985)

그러나 주의할 점이 있다. 즉, **한 연구의 범위 내에서 하나의 종속변인이 다시 독립변인으로 사용되는 것은 바람직하지 않다.** 특히 실험연구와 같은 과학적 연구는 인과성을 전제하므로 한 연구의 범위 내에서 원인과 결과변수가 혼용되는 것은 오차효과를 통제할 수 없다는 점에서 위험한 접근이 될 수 있다. 한편 경로분석이나 구조방정식모델링은 다수의 독립변인과 다수의 종속변인의 관계를 검증할 목적으로 사용되므로 변인 간의 상호관련성을 밝힐 수 있으며, 변인 간의 **상호인과성**(reciprocal relationship)의 문제를 해결하는 방법이 된다. [그림 3-8]은 두 변인(모바일 수용성과 광고태도)의 상호인과성을 가정하는 모형의 예다.

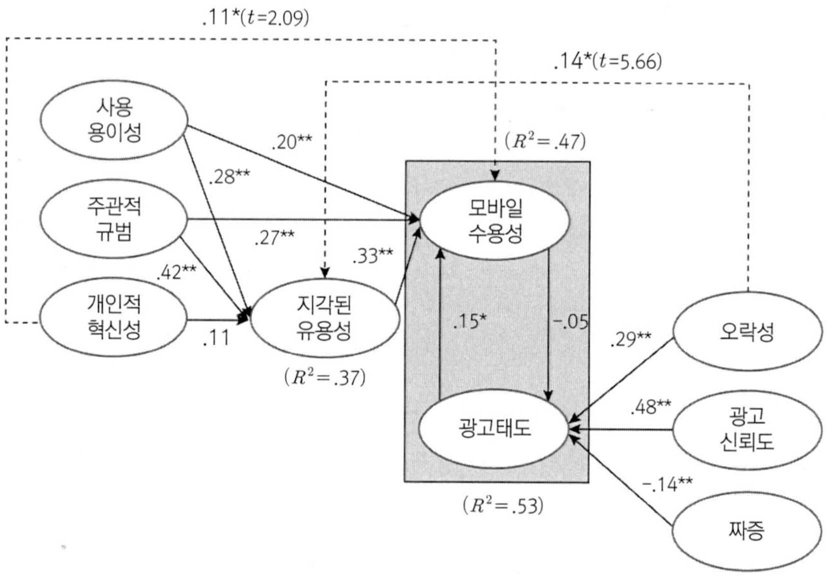

[그림 3-8] 상호인과성 모형(양병화, 김영찬, 2008)

4.3 능동변인과 속성변인

변인의 '속성이 조작될 수 있는지'의 여부에 따라 능동변인과 속성변인으로 구분된다. **능동변인**은 그 속성이 '조작될 수 있는 변인'이고, **속성변인**은 그 '속성이 조작될 수 없는 변인'이다. **조작**이란 연구자가 능동적으로 개입하여 각기 다른 집단의 연구대상(피험자)에게 다른 처치를 가할 수 있는 조건, 즉 **무선적인 처치**를 의미한다.

- 교수법의 두 가지, '강의식'과 '토의식'을 각 집단(피험자)에게 무선적으로 처치할 수 있다면, '교수법'은 능동적으로 조작된 능동변인이다.

- 한 집단에게는 '칭찬'을 하고 다른 집단에게는 '비난'을 하여 '긍정적 기분'과 '부정적 기분'으로 기분상태를 조작하였다면, '기분상태'는 능동변인으로서 독립변인이다.
- 지능, 성별, 사회계층, 교육수준, 직업분류 등 흔히 조사에서 사용되는 변인은 그 속성의 조작이 불가능한 '속성변인'에 해당한다. 조직, 제도, 집단, 가정, 인종, 지역 등도 이에 속한다.
- '불안'은 개인의 속성을 나타내는 전형적인 속성변인이다. 흔히 개인속성으로서의 불안을 '특질불안'이라고 한다. '특질불안'은 그 속성을 조작할 수 없으므로 속성변인으로 분류된다.

▢ 실험에서 속성변인에 대한 조작

흔히 속성변인의 대부분은 항상 성질(속성)이 변하지 않는 특성을 갖지만, 능동적으로 조작될 수 있는 성질의 변인도 있다. '성별'이나 '성격특질'과 같은 변인은 개인이 갖는 고유한 성질로 항상 조작이 불가능하지만, '불안'은 경우에 따라 조작이 가능한 변인이다.

'불안'은 개인의 특질이지만 종종 심리학 실험에서는 인위적으로 불안을 유발하는 상황을 유도하는 실험적 조작을 수행한다. 예를 들어, '공포'나 '위험상황' '시간적 압력'을 가함으로써 피험자가 긴장을 느끼고 심박의 증가, 불안에 대한 자기보고에서 높은 수준을 유지하도록 처치하고 처치를 가하지 않은 통제집단과의 차이를 분석할 수 있다. 결국 속성변인과 능동변인의 구분은 변인의 **속성**보다는 **조작**의 관점에서 구분된다.

심화학습 성별을 '능동변인'으로 정의하는 것이 가능한가?

사회심리학자인 벰(Bem, 1974)은 개인의 성별은 본질적으로 '남자'와 '여자'로 구분되지만 모두 상반된 성(性)의 특성을 소유한다고 가정한다. 즉, 남자의 특성과 여자의 특성을 모두 가지는 '양성성'이 존재하고 어떤 성으로도 분류되지 않는 '미분화'된 상태의 성의식을 가진 경우도 있다고 주장한다. 이를 벰의 **양성성이론**(theory of androgyne)이라 한다. 그에 따라 일반적인 성별은 '남성성' '여성성' '양성성' '미분화'로 분류된다. 한 연구자가 양성성 이론에 기초해, 네 가지 유형의 성을 측정하고 '남성성'으로 분류된 집단과 '여성성'으로 분류된 집단을 대상으로 어떤 연구를 수행한다면, 이때 '성별'은 능동변인이며 독립변인으로 조작된 것이다. 정확히 말해, 여기서 '성별'은 생리적 특징으로서의 성이 아니라 개인 '성향'으로의 성이라는 점에서 조작화된다.

〈표 3-1〉은 성별에 대한 다른 방식의 측정으로 **속성변인으로서의 성별**과 **능동변인으로서의 성별**을 측정하는 문항을 예시하였다.

〈표 3-1〉 성별의 측정에 따른 속성변인과 능동변인의 구분

속성변인으로서의 성별
1. 당신의 성별은 무엇입니까? ① 남 ② 여
능동변인으로서의 성별
아래에 제시되어 있는 진술문을 읽고 당신의 느낌을 가장 잘 나타내는 보기의 번호를 골라 괄호 안에 기입해 주세요. 〈보기〉 ① 전혀 그렇지 않다 ② 그렇지 않다 ③ 보통이다 ④ 그렇다 ⑤ 매우 그렇다 1. 나는 공격적이다. ( ) 2. 나는 변덕스럽다. ( ) 3. 나는 이해심이 많다. ( ) 4. 나는 자신의 신념을 고수한다. ( ) 5. 나는 독립심이 강하다. ( )

4.4 연속변인과 불연속변인

연속변인(continuous variable)은 '분포의 정상성을 가정하는 변인'으로 **등간척도와 비율척도로 측정된 변인**이다. 불연속변인(discrete variable)은 빈도분포를 가정하는 변인으로 '분류'를 의미하는 **명목척도와 서열척도로 측정된 변인**이다. 불연속변인은 **범주형 변인**이라고도 한다. 연속변인은 **메트릭 데이터**라 하고 불연속변인은 **비메트릭 데이터**라 하며, 각각 적용되는 통계방법이 다르다. 예컨대, '지능'이나 '온도' '연령' 등은 연속변인이고 '성별'이나 '지역' 등은 범주형 변인이다. 연속형 데이터 혹은 범주형 데이터는 측정수준에 따라 구분되며 통계적 목적으로 사용되는 명칭이다.

특징

연속변인은 '등간척도 이상'으로 측정된 데이터이므로 점수의 크기를 비교하는 것이 가능하다. 도시의 공기오염 정도를 ppm단위로 측정하였다면 0.04ppm은 0.02ppm의 '두 배나 더 오염되었다'고 말한다. 연속변인은 한 값과 이웃하는 값 사이에 **무한히 많은 값이 존재**함을 가정한다. 비록 한 연구자가 0.06ppm과 0.02ppm의 값만을 얻었을지라도 실제 그 값 사이에는 0.05, 0.04, 0.03 및 그 사이의 값(더 세밀한 측정으로 얻을 수 있는 값)을 포함하는 수많은 값의 존재를 가정한다. 그로써 분포의 정상성을 가정하고 모수통계를 적용한다. 반면 불연속변인은 이웃하는 값 사이에 **다른 어떤 값도 존재하지 않으며**, 점수의 크기가 서로 비교될 수 있는 성질도 아니다. 예컨대, 성별을 '남자(1)'와 '여자(2)'로 측정하였다면 1과 2의 값 사이에는 어떠한 수의 존재도 가정하지 않으며, 1과 2의 수치적 비교도 무의미하다. 단지 1과 2는 분류의 의미만을 갖는다. 흔히 명목척도나 서열척도로 측정된 데이터는 불연속 분포를 가정하고 비모수통계를 적용한다.

연속변인과 불연속변인의 구분

연속변인과 불연속변인은 구분은 부여된 수치의 성질이 **유한한지** 혹은 **무한한지**에 의존한다. 예컨대, 학생들이 10개 문항으로 구성된 수학시험을 치르고 각 문항에 10점의 점수를 부여한다고 가정하자. 그러면 점수의 분포는 0점과 100점 사이에 있고 각 점수는 10의 배수가 된다. 학생들의 수학점수의 분포는 연속변인인가? 아니면 불연속변인인가? 이 경우 발생할 수 있는 값의 분포는 11개만이 존재하므로 학생들의 성적은 엄밀한 의미에서 **불연속변인**이다. 그렇다면 각 학생이 시험을 마치는 데 걸리는 '시간'을 측정하였다면, '시간'은 어떠한가? 10개의 수학문제를 푸는 데 1시간 이상 소요되지 않을 것이라고 가정하면 시간이 제한적인 것처럼 보이지만, 이를 '분' 단위나 '초' 단위 혹은 그 이하의 단위(1/100, 1/1000)로 세분화한다면 '시간' 변인은 **무수히 많은 값이 존재하는 성질**이 있음을 알 수 있다. 즉, 시험을 치르는 시간은 **연속변인**이다.

4.5 매개변인과 조절변인

매개변인(mediating variable)과 조절변인(moderating variable)은 독립변인과 종속변인의 관계에서 직접적인 인과관계가 아니라 제3의 변인을 포함한 **간접효과**가 있을 때, 이 제3의 변인을 일컫는 용어다. 독립변인이 제3의 변인을 거쳐 종속변인에 영향을 줄 때 '매개효과가 있다'고 하며, 독립변인이 제3의 변인과 의존적 관계에서 종속변인에 영향을 줄 때 '조절효과가 있다'고 한다. 매개효과는 **부분매개효과**와 **완전매개효과**로 구분된다. [그림 3-9]의 (가)는 '무드상태(긍정/부정)'가 '인상 평가'에 영향을 주는데 '각성'에 의해 매개되는 효과, 구체적으로 **부분매개효과**를 나타낸다. 그림 (가)의 경로 'a'가 없다면 **완전매개효과**가 된다.

한편 (나)는 조절효과를 나타내며 독립변인과 조절변인이 상호의존적인 관계에서 종속변인에 영향을 준다고 가정한다. 이를 **상호작용효과**라고 부른다.

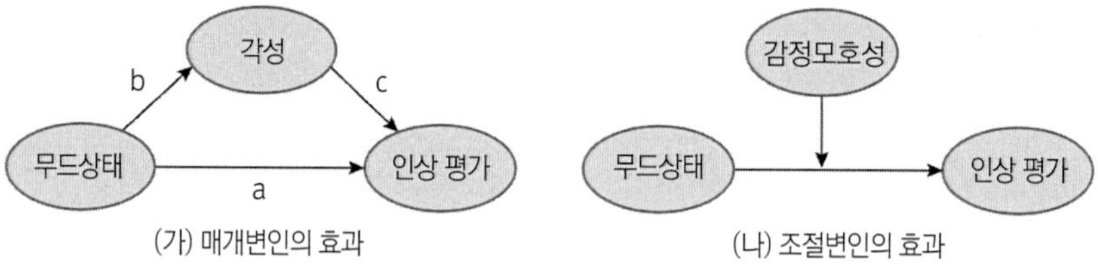

[그림 3-9] 매개효과와 조절효과

차이점

매개변인은 이론적으로 관찰된 변인 간의 관계에 영향을 미치지만 '잠재적인 형태이며 조작할 수 없는 변인'이다. 매개변인의 효과는 **독립변인의 영향을 전제로 추론**된다. 즉, 매개변인은 독립변인이 없으면 존재하지 않는다. 또한 독립변인과 종속변인 사이에서 매개변인이 개입되어 있는 경우, 이를 고려하지 않으면 둘 간의 관계를 명확히 밝힐 수 없고 왜곡된 해석을 하게 된다. 반면 **조절변인**은 특정 맥락에서 체계적으로 종속변인에 영향을 주므로 **제2의 독립변인**이라 부른다(예, 조직맥락에서 '경력'과 '업무수행'의 관계에 대한 '성취동기'의 조절효과). 즉, 조절변인은 독립변인 없이도 존재한다.

예

조직행동 연구들은 업무수행이 경력과 관련되지만, 성취동기에 의해 조절될 수 있음을 제안하였다. 즉, '경력'은 '업무수행'과 밀접하게 관련되지만 '성취동기'가 낮으면 '경력-수행' 관계성의 강도가 약하며, '성취동기'가 높을 때 그 관계성의 강도는 강해진다(경력과 성취동기의 상호작용). 이때 '성취동기'는 '경력'과 독립적으로도 '업무수행'에 영향을 줄 수 있는 변인으로 또 다른 연구자는 '성취동기'와 '업무수행'의 직접적 관련성을 다룰 수 있다. 이처럼 어떤 변인이 '조절변인'이 될지 '독립변인'이 될지는 연구자의 관심과 가설의 설정방향에 따라 달라진다.

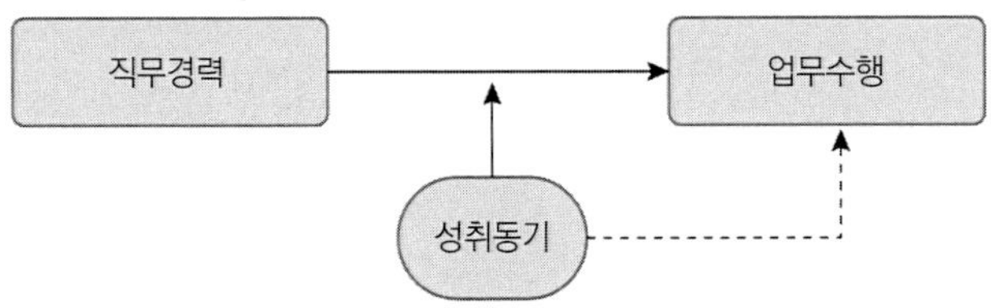

통계적으로 매개효과는 변량분석이나 회귀분석과 같은 방법을 사용하며, 구조방정식모델링과 같은 고급통계를 이용하기도 한다. **조절효과**는 변량분석에서 '상호작용효과'를 분석함으로써 해석하거나 구조방정식모델링에서 분석할 수 있다(구조방정식모델링은 이 책의 범위를 넘어서므로 다루지 않는다). 최근 SPSS와 같은 통계프로그램은 **붓스트랩**의 방법을 제공하고 있어 회귀분석에서의 매개효과 검증을 더욱 강력하게 사용할 수 있다.

4.6 기타 변인의 유형

외생변인과 통제변인

외생변인(extraneous variable)이란 실험처치 변인인 **독립변인 이외에 종속변인 영향을 주는 모든 변인**을 통칭한다. 예컨대, 한 연구자가 '학습방법(강의식/토의식)에 따른 학업성취의 차이'를 연구한다고 하자. 이때 '학습방법' 이외에 '학업성취'에 영향을 주는 변인에는 어떤 것이 있는가? 아마도 쉽게 '지능'과 같은 변인을 떠올릴 수 있다. 지능이 높은 사람이라면 학습방법에 관계없이 높은 학업성취를 보일 수 있다. 이러한 변인을 통제하지 않으면 '학업성취를 개선하는 데 어떤 학습방법이 효과적이다'라는 식의 결론을 내리기 어렵다.

물론 더 많은 외생변인이 존재하므로 이들 변인을 효과적으로 통제하는 것이 독립변인의 효과를 설명하는 데 중요하다. 이렇듯 독립변인의 효과를 확신하기 위해 발생 가능한 외생변인을 통제하는 것이 바로 **실험설계** 혹은 연구설계다. 종속변인에 영향을 주는 외생변인이 연구(실험)에서 통제되었을 때, 이를 **통제변인**이라고 부른다. 예컨대, 앞의 예에서 '지능'의 영향을 알고 연구자가 미리 지능검사를 실시하여 '강의식' 집단과 '토의식' 집단에 지능평균이 동일하도록 피험자를 할당한다면, 이때 지능은 **통제변인**이 된다.

심화학습 변인의 통제와 실험 타당도

'불안수준(고/저)'을 독립변인으로 하고 '공격성'을 종속변인으로 할 때, 공격성은 독립변인 이외의 '개인의 민감성' '성격특질' '충동성' 등에 영향을 받을 수 있다. 이들 중 연구자가 '충동성'을 실험설계상에서 통제하였다면, '충동성' 은 외생변인에서 통제변인이 되지만 여전히 '개인의 민감성'과 '성격특질'은 외생변인으로 남는다. 외생변인의 통제는 실험연구에서 독립변인의 효과를 확신하는 문제이므로 매우 중요하다. 결국 연구자가 어떻게 외생변인을 통제하고 순수한 독립변인의 처치효과를 밝히는가의 문제는 곧 연구결과를 타당하고 신뢰롭게 만드는 요인이다. 이는 '측정의 문제'가 아니기 때문에 **실험 타당도**(experimental validity)라고 부른다. 흔히 실험연구에서 외생변인을 비롯한 변인통제가 잘 수행되었을 때 연구의 '내적 타당도' 가 높다고 말한다. 한편 실험의 '외적 타당도'는 연구의 결과에 대한 일반화 가능성을 말한다.

관찰변인과 잠재변인

관찰변인(observed variable)은 조작적 정의에 따라 '관찰 가능하고 측정 가능한 실체가 있는 변인'을 말하며, **잠재변인**(latent variable)은 가설적 구조를 지닌 변인으로 추정만 가능할 뿐 '직접 관찰하거나 측정되지 않은 변인'을 말한다. 관찰변인은 **측정변인**이라고 하며 잠재변인은 **이론변인**이라고도 한다. 예컨대, '지능'은 이론변인이자 잠재변인이고 'IQ점수'는 관찰변인이자 측정변인이다. 흔히 통계적으로 이론변인의 구성개념을 파악하는 목적으로 요인분석이 활용되며, 이론변인 간의 구조적 관계를 밝히기 위해 구조방정식모델링과 같은 방법이 사용된다.

4.7 변인통제

변인통제는 잠재적으로 종속변인에 영향을 줄 수 있는 '외생변인을 통제함으로써 독립변인의 효과를 확신하는 과정'으로 연구설계의 핵심이다. 변인통제의 과정은 실험타당도, 특히 내적 타당도와 관련된다.

실험연구의 전제요건

실험연구는 조사연구보다 엄격한 가설검증을 목적으로 하기 때문에 독립변인과 종속변인의 인과적 관계를 밝히기 위해서는 다음 세 가지 전제요건을 충족하여야 한다.

- 시간적 우선성: 독립변인은 항상 시간상으로 종속변인에 우선한다.
- 변인통제: 독립변인을 조작하고 외생변인을 통제한다.
- 무선할당: 모든 피험자는 모든 독립변인의 처치를 받을 확률이 동등하다.

실제 설문지를 이용한 조사연구는 실험연구보다 덜 엄격한 변인통제를 사용하지만, 연구의 타당도를 높이기 위해 (a) **표본추출**을 포함한 조사설계와 (b) **통계분석**을 통해 '변인통제'를 수행한다. 일차적으로 조사연구의 변인통제는 '표본추출'에 의존한다. 표본추출은 확률표본추출과 비확률표본추출법으로 나누어지는데, **확률표본추출**(예, 무선표집, 계통표집 등)은 무선화를 가정하기 때문에 이론적으로 측정변인의 분포가 '정상성'을 가진다고 전제한다. 흔히 조사연구에서 **무선화**(randomization)는 표본추출과정에서 '모집단의 모든 원소(조사대상)가 표본으로 추출될 확률이 같은 조건'을 말하며, **무선표본**은 이를 기초로 추출된 표본이다. 실험연구에서 **무선화**는 무선할당, 즉 '모든 피험자가 각 독립처치 집단에 속할 가능성이 같음'을 의미한다. 일반적으로 **무선표본은 외적 타당도를 높이고, 무선할당은 실험의 내적 타당도를 높인다.** 따라서 조사연구는 외적 타당도를 높여 조사결과를 일반화하는 것이 중요한 반면, 실험연구는 외생변인의 통제를 통한 내적 타당도를 높이고 독립변인의 효과를 확신하는 것이 중요하다.

무선화의 가정

무선화의 두 가지 방법, 즉 무선표본과 무선할당은 '확률이론'과 '중심극한정리'에 근거한다. 이론적으로 표본의 크기가 증가하면 표본의 **무선선택**(random selection)을 가정할 수 있다. 중심극한정리에 따라 조사연구는 대단위 표본을 통한 '무선선택'이 중요하지만, 실험연구는 무선선택보다 외생변인의 통제를 통한 '처치효과(즉 내적 타당도)'가 중요하다. 실험연구에서는 집단 간 분포가 유사하다는 전제, 즉 **동변량성 가정**이 필요하다. 이는 '집단의 분포가 동질적이면 무선성을 가정하고 외생변인에 의한 오차(편향)가 감소한다'는 것을 말하며(Christensen, 2007), 분포가 비슷해지면 개인차 요인이나 무선변량이 서로 '상쇄'됨을 가정한다.

변인을 통제하는 것이 실험(연구)설계의 목적이지만 설계상에서 적절하게 통제되지 않는 경우 대안적으로 '통계적 방법'에 의존하기도 한다. 예컨대, '무드상태(긍정/부정)에 따른 광고의 기억효과'를 실험연구를 설계할 때 만일 기존의 광고를 실험재료로 사용한다면, '이전 광고에 노출된 정도'는 무드의 조작보다 기억효과에 영향을 주는 외생변인일 수 있다. 물론 새롭게 광고를 제작하여 실험재료로 사용한다면 내적 타당도를 높이지만 상대적으로 외적 타당도는 낮아질 수 있다. 연구자가 외적 타당도를 고려해 '기존광고'를 실험재료로 선택한다면 설계상에서 이를 통제할 방법이 없기 때문에 대안적으로 **공변량분석**과 같은 통계기법을 사용하게 된다. 단, 통계적 방법에 의한 통제는 **대안적 방법**임을 주의해야 한다. 만일 '학습방법(강의식/토의식)'에 따른 학습효과를 연구할 때 '지능'과 같은 변인은 통계적으로 통제하면 곤란하다. 왜냐하면 엄밀한 의미에서 '지능'은 실험설계에서 통제할 수 없는 변인이 아니라 '통제하지 않은 변인'이다. 즉, 연구자가 미리 '지능'이 외생변인임을 확인하였다면, 지능검사를 실시하고 각 집단에 할당(예, 매칭 설계: matching design)하여 실험설계에 의한 통제를 달성하는 것이 우선이기 때문이다. **통계적 방법으로 외생변인을 통제하는 것은 실험설계에서 통제를 수행할 수 없는 변인인 경우에만 유효하다.**

요약

변인통제는 한마디로 연구의 타당도를 높이려는 목적을 갖는다. 변인통제는 실험연구에서 중요한 의미를 지니지만, 연구설계에서 기초가 되므로 간략히 설명한다. [그림 3-10]은 연구설계에서 사용되는 변인통제의 일반적인 방법을 요약한 것이다.

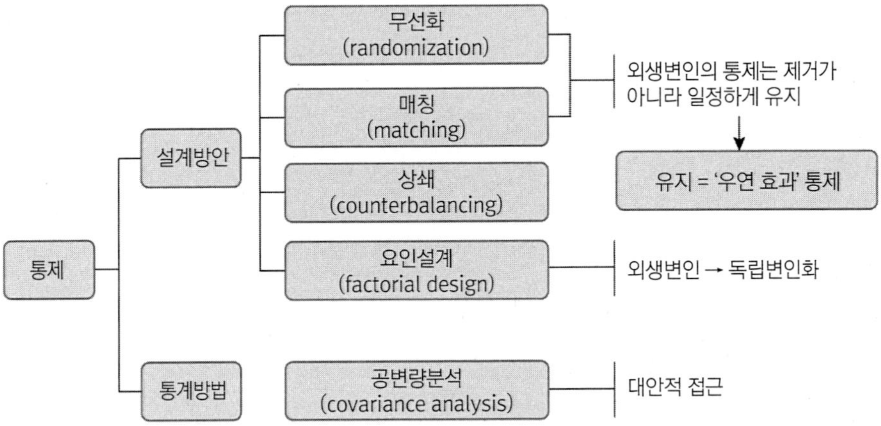

[그림 3-10] 변인의 통제기법

키워드

등간척도	검사-재검사 신뢰도	고유변량
공통변량	관찰변인	구성신뢰도
구성타당도	내용타당도	내적 타당도
내적일치도 계수	능동변인	대칭성과 이행성
독립변인	동등계수	동시타당도
동형검사 신뢰도	매개변인	메트릭 데이터
명목척도	모수통계와 비모수통계	무선할당
무선화	반분신뢰도	변별타당도
부분매개효과	불연속변인	비메트릭 데이터
비율척도	상호인과성	상호작용효과
서열척도	속성변인	수렴타당도
신뢰도	실험타당도	안면타당도
안정성계수	연속변인	예언타당도
오차변량	완전매개효과	외생변인
외적 타당도	이론변인	임의척도
잠재변인	절대영점	조절변인
종속변인	준거관련 타당도	진변량
척도의존성	측정	측정변인
측정수준	측정오차	측정의 차원성
타당도	통제변인	평가자간 신뢰도
평균추출변량(AVE)		

연습문제

1 측정수준의 유형은 어떻게 분류되며, 각 특징은 무엇인가? 그리고 각각의 예를 들어 보라.

2 측정의 차원성은 무엇이며, 심리학이나 사회과학 연구에서 차원성이 중요한 이유는 무엇인가?

3 등간척도에 적용되는 적합한 통계분석은 무엇인가? 등간척도에 대한 이론적 쟁점에 대해 생각해 보라.

4 신뢰도와 타당도를 각각 정의하고, 차이점을 파악하라. 특히 변량적 관점의 해석에서 신뢰도와 타당도는 어떤 관계가 있는가?

5 신뢰도의 유형에는 어떤 것이 있는가?

6 타당도의 유형에는 어떤 것이 있는가?

7 독립변인과 종속변인은 무엇이며, 이들 변인은 어떤 관계에 있는가?

8 능동변인과 속성변인은 무엇이며, 어떤 차이가 있는가?

9 연속변인과 불연속변인을 구분하는 준거는 무엇인가?

10 매개변인과 조절변인은 무엇이며, 어떻게 구분하는가?

11 외생변인과 통제변인은 무엇이며, 어떤 차이가 있는가?

12 관찰변인과 잠재변인의 차이는 무엇인가?

13 변인통제가 조사연구와 실험연구에서 갖는 의미는 무엇인가? 그리고 연구에서 왜 변인통제가 중요한가?

제4장 서베이 연구법

Survey Research

학습목표

1. 서베이 연구의 정의와 특징에 대해 이해한다.
2. 서베이 연구의 단계를 파악한다.
3. 면접조사의 특징과 장단점을 파악한다.
4. 전화조사의 특징과 장단점을 파악한다.
5. 우편조사의 특징과 장단점을 파악한다.
6. 집단설문조사의 특징과 장단점을 파악한다.
7. 서베이의 응답률을 높이는 방법에 대해 살펴본다.
8. 서베이 면접원의 선발과 훈련과정에 대해 알아본다.

"인터뷰, 전화, 우편"

1 서베이 연구의 특징

1.1 서베이란

서베이 연구(survey research)는 모집단에서 추출한 표본을 대상으로 계획한 주제와 관련한 질문의 응답을 얻어 내고, 이를 통계 절차에 따라 가공·분석하는 조사방법을 말한다. 실제 실생활과 관련한 많은 주제가 서베이의 대상이며 주제에 대한 **사실**, **의견(태도)**, **행동**이 서베이를 통해 수집되는 단위다. 서베이는 면접이나 설문을 통하여 연구하고자 하는 변인에 대한 정보를 **직접적인** 방법으로 획득하고 변인에 대한 통제나 독립변인의 처치를 자주 사용하지 않는다. 따라서 서베이는 변인 간 인과성을 밝히려는 목적보다는 **현상에 대한 기술과 예측**을 목적으로 한다.

서베이를 통한 기술연구

전형적으로 미국의 조사기관인 조지갤럽(George Gallup), 해리스(Harris), 로퍼(Roper), 매지드(Magid), 얀켈로비치(Yankelovich)와 같은 회사는 대표적인 여론조사기관으로 서베이를 통해 다양한 사회의식조사, 선거조사, 소비자조사 등을 실시하고 있다. '여론조사'의 기본 목적은 사회적 이슈에 대한 공중의 태도를 이해하고 현상을 기술하는 것을 목적으로 한다.

서베이를 통한 예측연구

힐 등(Hill, Rubin, & Peplau, 1976)은 연인관계의 지속을 예측하는 특성을 알아보기 위해 전통적인 서베이 방법을 사용하였다. 연인관계의 경험자를 대상으로 '연령' '교육수준' '성역할' '지각된 신체적 매력' '신앙심' '사랑' '성행위' '동거경험' '친밀성' 등 다양한 문항을 설문조사하고 연령, 교육, 신체적 매력 등의 '유사성'이 관계의 지속을 예측하는 가장 중요한 요인임을 발견하였다. 이 연구는 '유사성'과 '연인관계의 지속'에 대한 인과성은 설명하지 않았다. 즉, 연구는 횡단적으로 조사되었고(변인 간 시간적 우선성이 존재하지 않음), 독립변인에 대한 처치를 가하지 않았다. 다만, 다양한 설문문항 중에서 '두 사람이 사귄 기간'과 '상호 유사한 특성을 지닌 정도'를 질문하고 두 변인의 상관분석을 통해 예측적 관계성을 밝힌 것이다.

종종 서베이 연구에서 변인 간의 논리적 관계에 근거하여 인과성을 추론하는 경우도 있다. 머튼과 라자스펠드(Merton & Lazarsfeld, 1950)는 '부모의 부(富)가 자녀의 부(富)로 대물림될 수 있다'는 가정을 성립시키는 많은 조건(예, 교육, 취업, 부모의 경제적 지원 등)을 조사하고, 이들의 관계를 논리적으로 추론한다면 **인과성** 설명이 가능하다고 주장하였다. 예컨대, '부모의 경제적 지원'과 '교육'이 자녀의 경제력을 일관되게 예측하는 변인이라면 부모의 경제력과 자녀의 경제력이 '부모의 지원'이나 '교육'에 의해 인과적으로 설명될 수 있다고 보았다. 그러나 서베이 연구에서 인과적 설명은 매우 제한적이기 때문에 논리적 추론은 **사후검증연구**(ex post factor explanation)를 통해 충분한 증거가 제공되어야 한다.

심화학습 소득수준이 높으면 충동구매가 증가한다?

만일 어떤 연구자가 '소득수준과 충동구매'를 연구하기 위해 '소득수준이 높으면 충동구매가 일어나는가?'를 질문한다면 어떠한가? 결론을 말하자면, 이러한 질문은 매우 좋지 않은 질문방법이다. 서베이 연구는 인과관계가 아닌 예측적 관계성을 목적으로 하기 때문에 질문의 구성도 그에 따라야 한다. 즉, '귀하의 소득수준은?'을 묻고, 한편으로 '충동구매의 경험이 있는가?'를 독립적으로 질문한 후, 두 변인의 **상관분석을 통해 관계성을 규명**하는 것이 서베이의 올바른 방법이다.

토론하기 '데이트 횟수가 많아지면 친해진다'를 연구하기 위한 올바른 서베이의 질문방법은?

1.2 서베이의 특징

서베이의 목적은 표본조사를 통해 얻는 정보에 기초하여 '모집단의 특성을 추론'하는 것이다. 표본을 통해 모집단(전집)을 추론하기 때문에 **표본이 모집단을 대표할 수 있어야** 하며, 모집단 추론에서 발생하는 **표본오차를 고려**해야 한다. 표본조사는 항상 모집단의 추론과정에서 오차가 발생하기 때문에 모집단을 대상으로 조사하는 '센서스(census)'와 다르다. 센서스는 표본을 대상으로 하지 않으므로 표본오차가 적용되지 않지만, 상대적으로 비표본오차가 발생한다. 흔히 **표본오차**는 표본추출에서 발생하는 오차를 말하고, **비표본오차**는 조사의 계획, 실행, 결과해석 등에 발생하는 오차를 통칭한다(이에 대해서는 제6장에서 자세히 다룬다). 보통 서베이에서 '오차'라는 용어를 사용할 때는 표본오차를 말한다.

제3장에서 언급하였듯이, 서베이와 같은 조사연구는 외적 타당도를 높여 '조사결과를 일반화하는 것'이 중요한 과제다. 이를 위해 확률표본추출을 사용하고 무선화 가정을 통해 개인차 요인이 상쇄, 즉 **무선적임을 가정**한다. 흔히 '중심극한정리'에 따라 표본크기가 커지면 오차가 감소하기 때문에 서베이의 결과를 신뢰할 수 있고 모집단에 일반화하는 것이 용이해진다. 그러나 실제 실무적인 조사(예, 소비자조사나 여론조사)에서 표본크기(n)는 곧 **비용**을 의미하기 때문에 적절한 오차범위(예, 95% 신뢰수준에서 ±3.0%와 같은 표본오차)에서 표본수 n를 정하고 오차범위를 고려하여 조사결과를 해석하는 것이 일반적이다. 표본조사를 통해 모집단의 특성을 추론하는 과정에서 오차범위가 크면 결과의 신뢰성이 낮아지고, '오차범위가 작으면 결과를 신뢰'할 수 있게 된다.

다른 연구법과 달리 서베이는 체계적인 설문문항이나 면접을 통해 **직접적인 방식**으로 정보를 획득한다. 응답자의 직접적인 반응을 얻기 때문에 문자 그대로의 **사실적 정보**를 수집할 수 있지만, 그러한 반응에는 사회적 바람직성(social desirability)이 반영될 수 있다. **사회적 바람직성**이란 응답자가 '사회에서 수용하는 방향 혹은 자신을 남에게 긍정적으로 보이려는 심리적 경향'을 말하는 것으로 서베이의 질문문항이 개인의 사회적 특성이나 위협적인 내용을 포함할 때 자주 나타난다. 서베이에서 사회적 바람직성은 일반적이기 때문에 종종 이러한 경향을 걸러 내기 위해 '탐색질문(screening question)'이나 '거짓말척도' 등을 사용하기도 한다. 만일 이들 질문에서 높은 점수를 보인다면, 분석에서 제외하는 것이 신뢰로운 조사결과의 해석에 도움이 된다. 물론 응답의 오류는 질문방식에서만 오는 것은 아니며, 이 장에서 다루는 서베이 유형(면접, 전화, 우편 등)에 따라서도 영향을 받는다.

> 서베이는 '어떤 크기의 표본을 어떻게 추출할 것이며(표본크기와 표본추출), 어떻게 설문지를 설계하고(설문지 작성), 어떤 방식으로 조사를 진행할 것인가(서베이 유형)를 종합적으로 고려하는 연구방법'이다.

이와 더불어 서베이는 응답자에게 질문이나 면접을 통해 반응을 얻어 내는 것이기 때문에 **조사자와 응답자의 '상호작용' 과정**이다. 조사자의 질문방식이나 태도는 응답자의 반응에 '암시적으로' 영향을 주고, 그로써 편향된 응답('반응편향', response bias)의 또 다른 원천이 된다. 응답자는 사회적으로 혹은 조사자가 원하는 방향으로 반응하려는 경향을 보일 수 있다. 또한 '무응답'도 응답편향의 일종으로 간주된다. 실제 분석과정에서 '무응답'은 분석에서 제외하지만 종종 **일정한 패턴을 가진 무응답**이 발견된다면(예, 성생활이나 약물, 파산과 같은 민감한 질문), 조사의 결과에 중요한 영향을 줄 수 있다. 이러한 문제는 면접원을 체계적으로 훈련하고 관리함으로써 부분적으로 극복할 수 있지만, 측정과 관련한 모든 반응편향의 원천은 본 설문조사의 시행에 앞서 **사전검사**(pretest)를 통해 확인하는 것이 좋다.

서베이의 측정요소

서베이 연구는 연구하고자 하는 이슈나 주제에 대한 **사실**, **의견**, **행동**에 관한 정보를 수집하는 방법으로 이 세 가지를 서베이의 측정요소라 한다.

☐ 사실

서베이에서 **사실**은 '독립적'으로 증명될 수 있는 모든 것을 말하며, 관찰 가능하고 조작적으로 정의가 일치하는 현상이다. 대표적으로 인구통계적 특성(성별, 인종, 연령, 수입, 교육정도 등)은 '사실'로 분류된다. 서베이 연구에서 '사실'은 응답자의 자기보고에 의존하기 때문에 '사실'과 '의견'은 종종 혼동을 주는 경우도 발생한다.

☐ 의견

의견은 응답자의 선호나 느낌, 신념, 행동적 의도 등을 포함하는 것으로 **태도**의 측정과 유사하다. 의견은 '객관적'으로 **측정**될 수 있지만 '독립적'으로 **증명**될 수 있는 것은 아니다. 성별이나 연령은 독립적으로 쉽게 증명되지만, 환경보호에 대한 '신념'이나 '의도'는 증명되기 어려운 성질을 갖는다. 서베이에서 측정하는 **개인특성**(예, 노조가입여부)이나 **개인성향**(예, 권위주의, 진보 혹은 보수성향), **기대**(예, 정부정책의 변화 가능성), **지식**(예, 근의 공식, 피타고라스정리) 등은 대체로 의견의 범주로 분류된다.

☐ 행동

행동은 응답자가 수행한 '행위의 결과'를 말한다. 행위의 결과 역시 관찰 가능하지만 서베이 연구에서 주로 의견이나 신념의 결과로서 나타내는 행위적 결과를 의미한다. 예컨대, 어떤 제품의 '구매경험'이 제품에 대한 태도나 신념의 결과로서 나타난 행위일 때 행동으로 분류한다.

▢ 사실, 의견, 행동의 구분

서베이에서 '사실'과 '의견'의 구분은 **조작적 정의에 대한 일치여부**에 의존한다. 연령을 '생년월일을 기준으로 한 연수'라고 한다면 대체로 일치된 조작적 정의를 얻을 수 있지만, 브랜드에 대한 태도는 연구자에 따라 '호감도' '만족도' '긍정적 신념' '구매의도' 등 다양하게 정의될 수 있다. 앞서 힐 등(Hill et al., 1976)의 연구는 **사실**로서 '연령'과 '교육수준'을 측정하고 **의견**으로서 '지각된 신체매력'과 '지각된 유사성' 등을 정의하고 측정하였다.

그러나 종종 사실, 의견, 행동의 구분이 모호한 경우가 많다. **지식**은 일반적으로 의견으로 분류하지만 '정의'에 따라 다르게 분류할 수 있다. 예컨대, '수능점수'와 같은 객관적 **사실**을 지식의 한 요소로 간주할 수 있고, '기억된 정보의 실행'이라고 정의한다면 **행동**으로 분류할 수 있다. 또한 '특정 분야에 대한 학문적 신념'이라고 한다면 **의견**(태도)으로 분류할 수도 있다. 중요한 것은 현상에 대한 기술 혹은 예측을 목적으로 서베이 연구를 수행할 때 **'조작적 정의'의 여부에 따라 의견과 사실을 구분하고, '신념과 태도의 결과'로서 행동을 구분한다면** 혼동을 피할 수 있다. 또한 **분석 목적**에 따라 구분하는 것도 한 방법이다. 예컨대, **수능점수**를 성취동기의 결과변인으로 본다면 '행동'으로 분류할 수 있고, **수능점수**를 미래의 직업적 성공에 대한 예측변인으로 본다면 '사실'이 될 수 있다. 힐 등(Hill et al., 1976)의 연구는 실제 '성행위빈도'와 '동거 횟수'를 **행동**변인으로 구분하였는데, 이들 변인을 '연령' '교육수준' '지각된 신체매력' '유사성' 등의 결과로 발생하는 행위로 보았기 때문이다.

심화학습 서베이의 역사

서베이는 고대의 센서스에 근원을 두고 있다. 센서스(census)는 전체 모집단의 특성을 모아 놓은 자료집으로 1086년에 William the Conqueror에 의해 제작된 둠즈데이북(Domesday Book)이라는 영국의 센서스 자료가 최초다. 초기의 센서스는 과세지표나 징집을 위한 목적으로 실시되었으나, 민주주의의 발전에 따라 지역구 모집단에 비례하는 의원 수를 할당하기 위해 사용되었다. 19세기 말 미국과 영국에서는 산업화에 따른 도시빈민층의 자료를 문서화하는 데 이용되기도 하였다. 초기 서베이는 사회개혁운동과 사회과학의 형성, 사회서비스의 전문화에 영향을 받아 성장하였으나 제2차 세계대전을 기점으로 현대적 의미로 발전하였다. 1935년 심리학 전공자인 갤럽(G. Gallup)이 '조지갤럽연구소'를 창설하면서 표본추출의 과학적 접근에 기여하였다. 2차 대전

동안 사회연구자들은 군인의 사기, 군수물품의 수급, 적군의 선전과 선동, 폭격 등의 효과를 서베이로 연구하면서 측정과 척도를 개발하고 과학적 표본추출방법을 고안하는 등의 공헌을 하였다. 전쟁 후, 서베이 연구자들이 대학으로 복귀하면서 1940년대에서 1970년대까지 서베이를 이용한 연구방법이 사회학 저널을 비롯한 학문영역으로 확산되었다. 1970년대 이후, 서베이는 가장 대중적인 연구방법으로 자리 잡기 시작하였고, 특히 전문성을 지닌 사회조사기관의 출현(미국의 경우 대부분 1960년대 이후 설립)과 더불어 양적 연구방법에 대한 관심이 증가하였다. 또한 컴퓨터 및 데이터베이스의 발전은 방대한 서베이 데이터의 처리를 가능하게 함으로써 새로운 통계기법의 발전을 계기로 질적인 성장과 대중화에 기여하였다. 1980년대 서베이는 미국의 주요 산업으로 자리 잡았고 정부를 비롯한 대학, 비영리기관, 민간조사기관 등에서 유수의 기관이 명성을 얻게 되었다.

- 유명 대학연구소: Institute for Survey Research(템플대학교), National Opinion Research Center(시카고대학교), Social Research Center(미시건대학교)-융합학문(예, 심리학, 사회학, 경제학, 커뮤니케이션 등)의 발전에 기여
- 여론조사기관: Gallup, Harris, Roper, Yankelovich & Associates
- 마케팅조사회사: Nielsen, Market Facts, Market Research Corporation
- 비영리 조사기관: Mathematica Policy Research, Rand Corporation

국내 기업도 고객에 대한 이해를 높이기 위해 각종 서베이를 주기적으로 실시하고 있다. 만족도 조사, 소비자 조사, 광고조사, TV시청률 조사 등을 비롯하여 서베이 연구가 대중화되고 전문화되어 가는 추세다.

2 서베이의 과정

2.1 개요

과학적 접근으로서 서베이는 연역적 혹은 귀납적 방법으로 연구문제를 해결하는 과정에서 경험적 관찰(측정)과 해석을 위해 설문지의 이용이 보편화되었다. 흔히 연구자가 알고자 하는 현상에 대한 이론적 검토와 가설을 설정하고 측정을 위해 설문지를 고려한다면, 연역적 접근으로서 서베이를 이용하는 것이 된다. 일단 연구자가 자신의 연구문제를 해결하는 적절한 방법으로 서베이를 선택하였다면 [그림 4-1]과 같은 단계를 거쳐 진행한다.

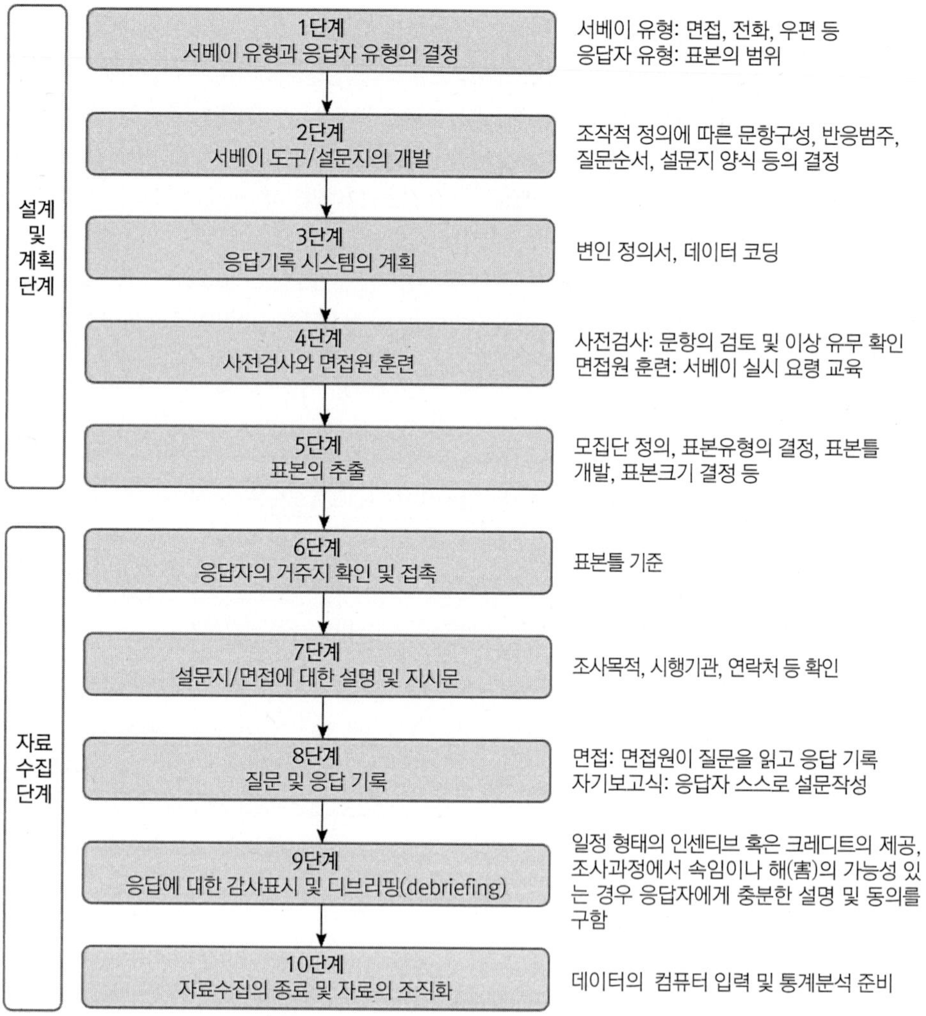

[그림 4-1] 서베이 연구의 일반적 단계

서베이 연구의 장단점

▢ 장점

서베이는 대규모 모집단을 대상으로 표본을 추출하고 표본을 통해 모집단을 추론하기 위한 방법으로 유용하다. 서베이는 실험자 통제 없이 응답자 스스로의 자기관리 방식으로 설문조사가 이루어지기 때문에 많은 표본을 사용할 수 있다. 따라서 다른 연구법에 비해 **대규모 모집단의 연구**에 적합하다. 실험의 경우 처치조건에 따라 많아야 수십 명 정도의 피험자를 사용하는 반면, 서베이를 이용한 사회조사나 여론조사는 1000명에서 2000명까지 표본으로 사용하는 경우가 일반적이다. 소비자조사의 경우 평균 300명 정도의 표본(예, 제품이나 광고조사 등)을 가장 많이 사용하는데, 고객만족도 조사의 경우에는 좀 더 많은 500명에서 1000명 혹은 그 이상을 사용하는 경우도 있다.

서베이는 변인통제를 가하지 않기 때문에 **무선표본의 가정이 중요**하다. 무선표본의 가정은 '확률추출'과 '표본크기'에 따라 결정되므로 많은 표본을 사용할수록 모집단 추론의 '오차'를 줄일 수 있다. 확률표본추출과 대규모의 표본을 사용하기 때문에 비교적 서베이 결과를 **일반화**하는 데 장점이 있다. 실험연구와 비교해 독립변인을 조작하지 않아 인위적인 결과가 아니라 사실적 정보를 수집하는 데 도움이 된다. 또한 설문지를 이용하는 서베이는 많은 항목을 포함하므로 측정변인에 대한 **다양한 분석과 설명**이 가능하고 '이차자료(secondary data)', 예컨대 정부문서, 통계자료, 기업의 데이터베이스 등을 활용하여 추가분석을 수행하는 장점이 있다.

▢ 단점

종종 설문지를 이용한 서베이는 표준화된 형태를 사용하므로 최소한의 공통분모만을 측정할 뿐, 응답의 배경이나 맥락 등 '다양한 특성을 파악하는 데 한계'가 있다. 즉, 설문을 이용한 서베이는 **피상적 수준의 정보**만을 수집함으로써 깊이 있는 응답자의 정보를 알아내는 데 한계가 있다. '면접법'과 같은 방법은 이러한 문제를 해결하는 데 도움이 되지만, 반대로 정형화되지 않는 응답을 수집하므로 양적인 분석이 어려운 것이 단점이다. 이런 문제를 해결하기 위해 종종 일반 문항은 설문지법을 이용하고, 추가정보는 면접법으로 수집하는 방법을 병행하기도 한다.

한편 응답의 **사회적 맥락이나 배경**은 서베이를 통해 탐지하기 어려운 요소다. 설문지의 정형화된 방식은 응답의 범위를 제한하기 때문에 사회적 맥락을 파악하기 어려울 뿐만 아니라 **새로운 변인을 탐색**하는 데에도 한계가 있다. 그 대안으로 '현장연구'는 현장에서의 직접적 관찰을 통해 연구의 시작단계에서 고려하지 못한 새로운 변인을 탐색할 기회가 많지만 시간과 비용 그리고 관찰의 주관성 등

그 나름의 단점이 있다.

마지막으로 서베이는 종종 과거 행동에 대한 회상이나 가설적 행동에 대한 측정을 반영하기 때문에 **측정의 인위성**을 배제할 수 없다. 태도의 측정은 '사실'보다는 '의견'을 반영하므로 응답의 사실여부를 확인할 방법이 없다. 예컨대, 어떤 응답자가 '나는 지역적 편견을 가지지 않았다'고 응답한다면 그것의 사실여부를 확인하는 것이 불가능하므로 '의견'으로 분류한다. 특히 응답자가 어떤 대상에 대한 특정한 태도를 지니고 있지 않을 때 '인위성'은 더욱 높아진다.

측정의 인위성: '나는 환경보호가 중요하다'고 생각한다?

사회심리학자인 벰(Bem, 1972)은 사람들이 '어떤 태도대상에 특정한 견해를 가지고 있지 않을 때, 행위를 통해 자신의 태도를 추론한다'고 보았다. 이를 **자기지각이론**(self-perception theory)이라 한다. 자기지각이론에 따르면, 환경보호에 대해 특별한 견해를 가지지 않았던 사람이 환경보호 캠페인에 참여한 후 자신의 행동을 통해 태도, 즉 환경보호에 대한 긍정적 태도를 갖게 된다. '환경보호'에 대해 어떠한 태도도 가지고 있지 않았지만, 자신이 환경보호캠페인에 참여하고 있는 행동을 통해 스스로 환경보호에 '긍정적 태도'를 지녔다고 추론하는 과정이다.

유사하게 어떤 서베이 참여자가 서베이 문항을 읽고 그것을 통해 자신의 태도를 결정한다면, 그러한 응답의 인위성은 드러나지 않지만 서베이 결과의 신뢰성을 크게 위협하는 요인이 된다.

3 서베이의 유형

전형적인 서베이 방법은 면접조사, 전화조사, 우편조사, 집단설문조사를 포함하며 여기서 각 유형의 특징과 장단점을 알아본다.

3.1 면접조사

면접이란 특정 목적을 가진 '구조화된 대화'로 정의되며(Bringham & Moore, 1924), 서베이에서 **대면면접**은 '응답자에 대한 자료 수집을 목적으로 수행하는 구조화된 일대일의 대화'를 말한다. 면접조사는 대면상황에서 언어적 대화를 사용하기 때문에 응답자 스스로 설문에 반응하는 '자기보고' 혹은 '자기관리' 방식의 서베이와 다르며, 고도의 훈련된 면접원의 면접기술이 요구된다.

면접조사는 질문의 조직화 정도에 따라 구조화 면접, 비구조화 면접, 준구조화 면접으로 구분된다(Nachmias & Nachmias, 1981). 또한 면접법은 **질적 자료를 수집**하기 위해 사용될 수 있는데, 이러한 방법에는 심리학에서 자주 사용되는 심층면접과 투사기법면접, 그리고 표적집단면접 등이 있다. 흔히 면접조사는 '준비' '실시' '기록'의 3단계로 구성되고, 보통 면접은 개인당 30분에서 1시간 정도 소요된다.

구조화에 따른 면접유형

▢ 구조화 면접

구조화 면접(full structured interview)은 질문과 질문에 사용된 용어 및 질문의 순서 등이 고정되어 있어 '모든 피면접자에게 동일하게 적용되는 **정형화된 형식**을 갖춘 면접'이다. 면접이 일정한 형식에 준하여 수행될 수 있도록 면접표(interview schedule)를 활용한다. **면접표**는 면접진행에 필요한 총괄적 시트로 라포의 형성, 지시의 사용, 질문의 내용과 사용 언어의 구성, 질문의 순서, 응답의 기록, 예기치 못한 응답에 대한 대처 등을 자세히 기록해 놓은 것이다. 간단히 말해, 면접표는 표준화된 질문지를 구두(口頭)로 사용할 수 있도록 구조화한 것이다. 면접표는 특히 면접자가 응답자의 반응에 따라 융통성을 발휘할 수 있도록 구성하여야 한다.

▢ 비구조화 면접

비구조화 면접(unstructured interview)은 질문의 내용이나 순서, 언어구성 등이 구조화 면접과는 달리 정형화되어 있지 않다. 따라서 세부적인 면접진행을 담은 '면접표'를 사용하지 않고 전반적인 면접의 요점만 적은 **면접지침서**(interview guideline)에 따라 면접을 진행한다. 비구조화 면접에서는 면접상황이나 피면접자의 응답에 따라 자유롭고 적절하게 질문을 추가하거나 제한할 수 있으며, 피면접자가 자유롭게 깊은 사고를 할 수 있도록 유도한다. 구조화 면접이 표준절차에 준함으로써 면접의 '반응 분석이 용이'한 반면, 비구조화 면접은 **자유롭고 심도 있는 반응**을 얻어 내는 데 효과적이다.

▢ 준구조화 면접

준구조화 면접(semi structured interview)은 구조화 면접과 비구조화 면접의 중간 형태를 취한다. 즉, 면접의 목적과 내용에 비추어 중요한 요소는 **면접표**에 준하여 피면접자의 표준화된 반응을 기록하고, 그 밖의 사항에 대해서는 **면접지침**에 따라 융통성 있게 응답을 유도한다. 준구조화 면접은 구조화 면접과 비구조화 면접의 장점만을 취한 형태로 볼 수 있으나 두 방법의 취약점도 동시에 갖는다.

면접조사는 연구의 초기단계에서 주제에 대한 **연구방향을 설정**하거나 소규모 표본을 대상으로 한 **심층적 분석**이 필요한 경우에 주로 사용된다. '연구의 목적이 명시'되어 있는 경우 **구조화 면접이 용이**하며, '새로운 개념의 탐색'을 시도하는 경우에는 **비구조화 면접이 유용**하다. 어느 수준의 구조화를 사용하든지 간에 면접조사에서 좋은 결과를 얻기 위해서는 면접표와 면접지침서를 꼼꼼히 작성하는 것이 중요하고 면접자의 '경험'과 연구주제에 대한 '지식'이 필요하다.

질적 자료의 수집을 위한 방법

흔히 면접조사는 응답자의 동기나 욕구, 잠재된 심리적 특성과 같은 질적인 자료를 얻기 위한 효과적인 방법이다. 심리학적 연구에서는 **심층면접**과 **투사기법**을 활용한 면접이 자주 사용되며, **표적집단면접**은 소비자조사나 광고조사에서 소비자의 동기나 욕구를 분석하기 위해 주로 사용된다.

▢ 심층면접법

심층면접(in depth interview)은 일대일 대면장면에서 '직접적 질문을 통해 밝힐 수 없는 개인의 태도나 동기를 파악하는 데' 사용된다. 주로 비구조화 면접방식으로 진행되며 쉽게 응답할 수 있는 가벼운 질문에서부터 점차 핵심적인 이야기에 접근하는 **점진적 질문방식**을 취한다. 흔히 서베이에서 **민감한 이슈**나 **위협적 사안**에 대한 응답의 편향을 고려하여 심층면접을 진행하는 경우가 많다. 예컨대, '동성애' '환각제 복용과 효과' '범죄 및 반사회적 행동' 등에 대한 서베이는 솔직한 응답과 감춰진 동기를 찾아내기 어렵기 때문에 심층면접법의 활용이 유용하다. 심층면접은 응답자의 내재된 동기나 태도를 밝히고 새로운 통찰을 얻는 데 효과적이지만, 면접이 구조화되어 있지 않기 때문에 면접자의 '주관'이 개입될 가능성이 높고 '시간'과 '비용'이 높은 편이다.

▢ 투사기법면접

투사기법(projective technique)은 심리검사의 일종으로 1920년대 로르샤흐(Rorscach)가 개발한 정신의학적 검사인 잉크반점검사를 시작으로 다양한 분야에 활용되기 시작하였다. 흔히 투사기법은 '모호한 자극에 대한 응답자의 해석을 통해 내적인 동기와 태도를 분석하는 방법'으로, 피면접자가 자신의 반응이 어떤 의미인지를 파악하지 못하기 때문에 직접적인 질문에서 밝히기 꺼리는 내용을 **반응편향 없이 찾아내는 데 효과적**이다. 투사기법은 심리학 연구에서 많이 사용하는 기법으로 응답자가 자신의 내면에 있는 신념, 동기, 성격 등을 **특정 자극대상에 투사(投射)**할 것이라고 가정한다.

사회적 욕구나 문화적 차이를 밝히기 위한 사회연구에서도 유용하며, 마케팅 전략의 개발에도 종종 사용된다. 예컨대, 레비(Levy, 1985)는 **브랜드 이미지**를 분석하기 위해 투사기법을 적용하고 브랜드에 따라 사람들의 '욕구가 다르게 반영'된다는 것을 발견하였다.

심화학습 '브랜드이미지'를 밝히는 투사기법 연구

레비(Levy, 1985)는 브랜드의 이미지를 분석하기 위해 투사기법을 적용하였다. 간단하게 두 가지 브랜드를 제시하고 "브랜드 A, B가 자동차라면 어떤 자동차입니까?" "브랜드 A, B가 동물이라면 어떤 동물입니까?" 와 같이 질문하였다. 그리고 난 후 10개의 다양한 남녀 인물사진과 브

랜드 A, B를 짝짓도록 하였다. 레비는 제시된 그림자극에 짝짓는 비율이 브랜드별로 매우 차이가 크고 뚜렷하게 구분됨을 발견하고, 이러한 결과는 소비자의 브랜드 욕구가 서로 다른 이미지로 투영된 것이라고 결론지었다. 〈표 4-1〉은 레비의 연구에 사용된 자극과 응답자의 반응결과를 나타낸 것이다.

〈표 4-1〉 인물사진에 대한 브랜드별 이미지의 차이(중복응답)

인물사진 유형		브랜드 A	브랜드 B
그림 1	보통남자	18	6
그림 2	코밑수염을 기른 남자	48	41
그림 3	젊은 여자	1	24
그림 4	젊은 사업가	8	18
그림 5	취업 여성	2	11
그림 6	나이 든 사업가	26	10
그림 7	안전모를 쓴 사람	72	39
그림 8	웨이트리스	6	12
그림 9	남자 대학생	14	32
그림 10	가정주부	2	2
계		197	195

주: 브랜드별로 N=120
출처: Levy(1985).

〈표 4-1〉을 보면, 브랜드 A는 상대적으로 '성인 남자 및 근로자'의 이미지가 강하고 브랜드 B는 '젊은 층으로 대학생이나 사업가, 여성'의 이미지가 강한 것으로 나타난다. 즉, 브랜드 A와 B는 '표적 시장'이 서로 다름을 시사한다. 이러한 접근은 마케팅에서 **시장세분화**(market segmentation)와 **제품 콘셉트의 도출**에 유용하게 사용된다.

토론하기 '휴대전화 브랜드'에 대해 Levy(1985)의 연구를 적용해 보라.

- 연합기법: 연합기법의 대표적 방법은 **잉크반점검사**(ink-blot test)로 모호한 자극의 해석을 기초로 진단하는 정신의학적 검사다. 또 다른 연합기법으로 **단어연상법**(word association technique)이 있다. 응답자에게 일련의 자극을 제시하고 각 자극에 대해 마음속에 떠오르는 단어를 연상하여 적게 한다. 흔히 연상된 어휘와 제품의 속성을 연결하거나 금기시되는 주제에 대한 이미지, 판촉 슬로건 개발에 활용된다.
- 구성기법: 구성기법은 흔히 주제통각검사(thematic apperception test: TAT)라

불리는 기법과 그림검사(picture story test)가 있다. **주제통각검사**(TAT)는 잉크 반점 검사보다 명확한 상황이 설정된 그림자극을 사용한다. 그림에 담긴 상황에 대한 해석은 사람마다 다르고 개인의 욕구와 동기를 반영한다고 가정한다. 예컨대, **어떤 사람이 침대에 기대어 울고 있다면**, 이에 대한 해석은 사람마다 매우 다를 것이다. 종종 마케팅이나 조직연구에서 '제품' 혹은 '업무상황'과 관련한 그림자극을 제시하고 그에 대한 해석을 통해 현재 개인의 욕구를 분석하는 수단으로 활용된다. **그림검사**는 일련의 그림자극을 사용하여 이야기를 구성하게 하거나 미완성된 그림을 완성하도록 함으로써 현재의 상태와 관련한 경험 및 심리적 사건을 탐색하는 기법이다. 그림검사도 종종 마케팅이나 소비자연구에서 활용된다. 예컨대, '어떤 제품(면도크림)에 소비자가 손을 얹고 말하는 장면'을 제시하고 '무슨 말을 했는지'를 스토리로 구성하게 하거나 그림을 구성하게 한다.

- 문장완성기법: 완성기법은 문장(혹은 스토리)을 제시하고 응답자가 완성하게 하는 방법이다. 예컨대, 다음과 같은 방법을 사용할 수 있다. 문장의 표현은 소비자가 제품이나 브랜드에 대한 욕구가 투영된 것으로 해석한다.

> ※ 다음 문장을 완성하시오.
> "내가 가장 싫어하는 면도크림의 특징은 ________ (이)다."
> "면도크림을 사용하지 않고 젤을 사용하는 사람들은 항상 ________(하)다."
> "면도할 때 쓰는 젤은 항상 __________(하)다."

▢ 표적집단면접

표적집단면접(focused group interview: FGI)은 일정한 형식의 구조화된 진행절차에 따라 특정 주제에 대한 피면접자의 의견을 이끌어 내는 **집단면접 방식**이다. 주로 소비자조사나 마케팅조사에서 일반화된 면접이다. FGI는 **진행자**(facilitator)가 주제에 대해 다수의 피면접자의 토의를 이끌어 가고 일방경으로 진행을 관찰하는 **관찰자**(observer)가 반응을 기록한다. '진행자'는 심층면접에서와 같이 'FGI 가이드라인'에 의해 진행하지만 특히 잘 드러나지 않는 태도나 동기를 도출하는 데 초점을 둔다. '관찰자'는 주제에 관한 핵심 사항을 중심으로 기록하고 특이사항을 별도로 메모한다. 보통 FGI는 **6~8명의 동질 집단**으로 피면접자를 구성하고 전체 면접과정을 비디오로 녹화하거나 녹음한다.

미국의 경우 약 95% 이상의 기업이 FGI를 통해 소비자를 분석하고 이 결과를 바탕으로 제품을 개발하거나 제품콘셉트 및 광고아이디어를 얻고 있다. FGI는 표적대상의 **심층 정보를 집단적**으로 얻고 주제에 대한 토의과정에서 **새로운 사실**을 발견하는 데 유용하다. 동질적인 집단을 대상으로 하기 때문에 주제에 대한 **집중적인 토론**이 가능하고 **비교적 명확한 결론**을 도출할 수 있다. 그러나 FGI를 통해 좋은 결론을 도출하는 것은 '진행자'의 역할에 의존하며, 도출된 결과의 해석은 종종 **주관성**에 의존한다. [그림 4-2]는 FGI의 일반적 절차와 적용 사례를 예시한 것이다.

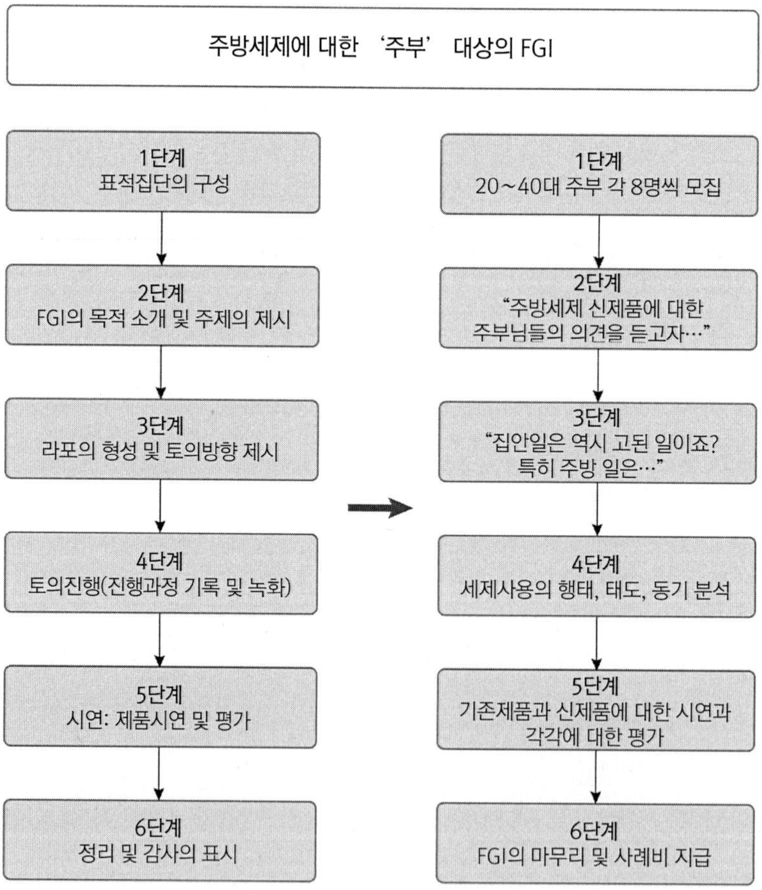

[그림 4-2] FGI의 일반 절차와 적용 예

FGI의 주의사항

1. 진행자는 참여자가 자발적으로 의견을 개진하고 자율적으로 토론할 수 있도록 '진행자'의 역할을 하며, 주제에서 벗어나거나 원활한 토의가 이루어지지 않을 때 이를 조절하는 역할을 해야 한다.
2. 진행자는 해당 분야의 전문적 지식과 자질을 갖추고 **충분한 훈련**을 받은 사람이어야 한다.
3. 모든 과정은 비디오로 '녹화'하거나 '음성녹음'을 해 두는 것이 좋다. 추후 녹화물이나 녹취록을 통해 FGI에서 놓친 사항을 체크하고 점검하는 데 도움이 된다.
4. 효율적인 FGI를 진행하는 데 적절한 인원은 '6에서 8명 이내'다. 한 집단의 인원이 너무 많으면 일부 사람에 의해 집단 전체 의견이 끌려갈 수 있으며, 너무 적으면 다양한 의견과 아이디어를 수집하는 것이 제한된다. 동질적인 집단구성을 위해 여러 계층으로 나누어 3~4회 정도 실시하는 것이 좋다.

면접조사의 단계

□ 준비단계

면접조사의 준비는 면접을 위한 전반적인 '절차를 구조화하고 계획을 수립'하는 단계다. 면접서베이의 목적 명세화, 면접대상의 선정, 면접표와 면접지침의 작성, 면접자(FGI의 경우 '진행자')의 선발 및 훈련이 이 단계에서 수행된다. 특히 면접조사는 전문적인 훈련을 받고 경험이 많은 '면접자'를 고용하고 훈련하는 과정이 필요하다. 면접자를 선발할 때 고려해야 할 사항은 (a) 면접자의 성격이나 개성(사회친화력이 있는 밝은 성격), (b) 면접자의 경험이나 직무능력, (c) 논리적으로 사고하고 주도력을 발휘하는 리더십 등이며, 경험이 있는 면접자라 할지라도 '조사의 주제'와 관련한 교육과 훈련이 필요하다.

면접자 교육 및 훈련에 포함해야 할 사항(Bailey, 1982)

- 조사목적, 후원자, 표본추출 등에 대한 개요
- 피면접자에게 협조를 구하는 방법과 접근 예절, 탐침을 포함한 면접기술과 규칙
- '면접표'나 '면접지침서'에 대한 숙지, 지시사항의 정확한 표현, 응답기록에 관한 사항
- 면접의 실전상황에 대한 리허설과 면접표 및 면접지침에 따른 실습
- 면접수행에 필요한 기법과 예기치 않은 상황에 대한 대처법
- 면접자로서 언행이나 용모에 대한 교육

▢ 실시단계

면접조사는 종종 현장에서 표본에 부합하는 피면접자를 구하고 즉각적인 면접을 요청하는 경우가 있을 수 있다. 이때 피면접자에게 접근하여 장시간의 면접을 허락받는 것은 쉽지 않은 일이다. **피면접자에게 접근하는 방법**으로는 '대중매체'를 이용하는 방법이 있는데, 이는 주로 '대규모 면접조사'의 경우이고 예산이 충분할 때 가능한 방법이다. 반면 사전에 '편지'나 '전화'를 이용해 피면접자에게 접근할 수 있다. 이는 모집단 명부를 확보할 수 있는 규모가 작은 경우에 유용하다. 피면접자에게 접근할 때는 반드시 자신의 신분을 확인해 줄 수 있는 신분증과 조사기관의 확인서를 지참하고 늦은 시간대는 피하는 것이 좋다.

면접대상에게 접근하는 데 성공하면 면접이 시작된다. 면접은 **사회교환**의 과정이고 **상호작용**의 과정이다. 면접자는 원하는 정보를 얻고 피면접자는 어떤 형태의 보상을 전제로 면접이 시작된다. 면접의 진행은 상호작용의 과정으로 면접자의 '언어적 및 비언어적 단서'가 피면접자의 응답에 영향을 주게 된다. 면접자는 모든 피면접자에게 동일한 방식으로 정해진 '면접지침' 혹은 '면접표'에 따라 면접을 진행해야 하며, 필요한 경우 사전에 양해를 구하고 면접과정을 '녹음'하는 것이 좋다.

면접의 실시요령(Singleton, Straits, Straits, & McAllister, 1988)

- 면접자는 신분을 밝히고 면접의 목적, 실사(實査)기관, 후원기관 등을 설명한다.
- 피면접자가 편안하게 느낄 수 있도록 '라포'를 형성한다.
- 질문은 정확하고 간결하게 하고 가능한 한 응답자가 많은 이야기를 하도록 유도한다.
- 면접 동안의 집중력을 높이기 위해 면접자와 피면접자만의 공간을 확보한다.
- 면접자는 편견이 없는 중립적인 자세를 유지한다.
- '면접표'를 포함한 면접도구를 완전히 숙지하고 자연스럽게 질문한다.
- 가급적 면접표의 순서를 준수한다.
- 피면접자가 질문의 요지를 파악할 수 있도록 천천히 그리고 분명한 말투를 사용한다.
- 피면접자가 질문에 답하지 않을 때, 부언이나 정확한 반복을 통해 응답을 유도한다.
- 필요한 경우에 탐침한다.
- 면접을 종료하기 전, 누락된 응답이 없는지 확인한다.

□ 기록단계

기록단계는 면접조사의 최종단계이며 자료의 해석과 관련된다. 이 단계에서 면접원은 수집한 자료를 쉽게 볼 수 있도록 정리하고 필요한 경우 녹음자료를 청취하면서 보완한다. 면접사항에 대한 기록은 자료의 해석과 관련되므로 면접자의 **주관적 판단은 배제**하고 응답의 객관성에 기초한다. 일반적으로 면접은 개방형 질문을 사용하지만 종종 **폐쇄형** 질문도 사용한다. 이 경우 면접원은 문항과 척도를 말해 주고 응답자가 선택한 척도값과 그에 대한 반응을 기록한다.

면접에서 폐쇄형 질문에 대한 응답의 기록(Goode & Hatt, 1957)

면접자: '극형'이나 '사형'에 대해 어떻게 생각하십니까? 1점에서 7점 척도에서 평가해 주세요. 1점은 매우 찬성하는 것이고, 7점은 매우 반대하는 경우입니다.
(찬성) 1-2-3-4-5-6-7 (반대)

응답자: '4' 정도요. 살인이나 성폭력 등의 강력범은 사형에 처해야 하지만, 절도와 같은 범죄에 대한 사형은 곤란하지요.

면접조사의 장단점

□ 장점

면접조사는 다른 조사에 비해 **응답률과 응답의 신뢰성**이 높은 편이다. 피면접자는 면대면 상황에서 이해되지 않는 질문에 대해 반문할 수 있어 비교적 정확한 응답의 확보가 가능하다. 면접자는 준비된 '면접표'나 '면접지침'에 준하여 면접을 진행하지만 응답자와 그 주변상황을 직접 관찰할 수 있어 **추가적인 정보의 탐색**이 용이하고, 중요한 정보에 대해 추가적인 질문(탐침질문, probe question)으로 **새로운 정보**를 얻을 수 있다. 또한 면접조사는 **문맹이나 복잡한 이슈**에 대한 조사가 가능하다.

□ 단점

비용과 시간이 많이 소요된다는 것이 가장 큰 단점이다. 면접에 필요한 교육훈련, 출장, 감독 및 관리 비용이 상대적으로 높다. 면접의 상호작용 과정으로 인해 **면접자의 특성**과 **피면접자의 특성**이 영향을 준다. 즉, 면접자의 '태도' '특성' '말투' '말하는 속도' '사투리' 등 언어적 및 비언어적 단서에 따라 응답자의 반응이 달라질 수 있고, 피면접자의 '외모'나 '거주지역', 특정 질문에 대한 응답의 결과(예, '경제력' '가정환경' 등)에 따라 면접자의 기대가 달라진다. 다수의 면접자가 참여하는 조사의 경우 면접자 특성에 따른 오류가 더욱 크게 나타난다. 연구자가 모든 면접자를 일일이 모니터링할 수 없기 때문에 **면접관리 및 감독이 어렵고** 복수의 지역을 대상으로 하는 경우 **면접자 특성과 지역 특성이 복합적으로 응답에 영향**을 줄 수 있다. 특히 면접조사는 대면상황에서 '익명성'이 보장되지 않기 때문에 **응답오류의 주요 원천**이 되기도 한다.

심화학습 면접조사에서 발생하는 면접자의 영향

면접조사에서 면접자의 특성은 응답자의 반응에 다양한 방식으로 영향을 준다. 〈표 4-2〉는 면접자의 특성에 따라 응답자의 반응이 어떻게 달라지는지를 보여 준다(Hyman, 1975).

〈표 4-2〉 면접자 특성에 따른 응답의 차이

1) 면접자의 기대효과	
여성면접자의 질문: "대부분 남자가 가구를 구매합니까?"	여성응답자의 응답
예	89%
아니요	15%

2) 민족이나 인종적 외모의 효과		
면접자 특성	"정부 일을 하는 유대인이 너무 많다고 생각합니까?"	"유대인이 너무 많은 권력을 갖고 있다고 생각합니까?"
유대인 이름+외모	11.7	5.8
유대인 외모	15.4	15.6
비유대인 이름+외모	19.5	21.4
비유대인 외모	21.2	24.3

〈표 4-2〉를 보면, '여성 면접자'가 질문했을 때 '여성 응답자'의 89%가 '남자가 가구를 구매한다'고 응답하였으며, 인종에 관한 질문에서는 면접자가 어떤 '인종특성'을 갖는지에 따라 응답이 달라지는 것을 알 수 있다. 대체로 면접자의 특성이 면접문항에 따라 일련의 '동조'를 유발하거나 '사회적 압력'으로 작용할 수 있음을 보여 준다.

토론하기 우리 문화권에서 응답에 영향을 주는 면접자의 특성은 어떤 것이 있는가?

3.2 전화조사

전화조사는 서베이 표본에게 전화를 걸어 질문을 읽어 주고 응답자의 전화상의 응답을 기록하여 자료를 수집하는 방법이다. 오늘날 전화조사는 서베이 방법 가운데 사회조사, 특히 선거조사와 소비자 및 마케팅조사에서 **가장 대중적인 방법**의 하나다. 과거 유선전화 시대에는 전화 보급률이 낮아 표본의 편파 가능성이 높았지만, 현재는 이동전화 보급률이 유선전화를 초과하고 있어 이동전화를 이용한 서베이와 유선전화를 이용한 서베이가 혼용되고 있다.

전화조사의 특징

일반적으로 유선전화를 이용한 전화조사는 '전화번호부'를 사용하여 표본 응답자를 선택하고 전화를 걸어 서베이에 참여의사를 밝힌 경우에 한하여 계획한 설문을 실시한다. 전화조사의 표본추출은 보통 **할당표본**(quota sample)을 많이 사용하는데, 전화번호부에 등재된 사람을 대상으로 무작위로 할당된 표본만큼을 추출하고 추출된 표본에 전화를 거는 방식으로 진행된다. 예컨대, '성별' '연령별' '지역별'로 표본수를 할당하고 할당표본의 수만큼의 응답을 확보할 때까지 조사를 수행한다. 흔히 전화조사는 경험 있는 전화조사원에 의해 수행되지만 본격적인 설문에 앞서 간략히 조사자의 신분과 조사기간, 조사목적 등을 알리는 표준화된 **스크립트**로 시작한다. [그림 4-3]은 소비자조사에서 사용되는 표준 스크립트의 예시다.

> 전화조사의 스크립트
>
> "안녕하세요? 저는 ○○리서치 회사에서 근무하는 ○○○(이)라고 합니다. 귀하의 TV 시청습관에 대한 몇 가지 질문을 위해 전화를 드렸습니다. 조사에 소요되는 시간은 약 5분 정도입니다. 귀하께서 말씀하신 내용은 개인정보호법에 의해 비밀이 유지되며, 응답 후에 소정의 상품권을 드리고 있습니다. 지금 시간이 괜찮으시면 저희의 간단한 질문에 응답해 주실 수 있으십니까?
>
> 감사합니다. 지금부터 제가 질문 드리는 사항에 대해 그렇다고 생각하시면 '그렇다', 아니라고 생각하시면 '아니다'라고 간단히 말씀해 주시면 됩니다. 그럼 시작하겠습니다. …"

[그림 4-3] 전화조사에 사용되는 표준 스크립트의 예

그러나 전화번호부를 이용할 때 몇 가지 **문제점**이 있다. 첫째, 과거보다 전화보급률은 높지만 여전히 편중될 가능성이 있고 전화번호부에 등재되지 않는 경우 표본에서 누락된다. 둘째, 유선전화의 경우 특정 시간대(예, 낮 시간대)에 원하는 표적층이 집에 머무르지 않을 수 있으므로 모집단의 특성을 대표하는 데 제한적이다.

전형적으로 **무선다이얼링**(random digit dialing: RDD)은 번호가 등재되어 있지 않은 가구를 포함한 모든 전화보유 가구를 대상으로 확률표본을 추출하는 방법이다. 전화번호의 일정한 자릿수(미국의 경우 10자리, 국내의 경우 8자리)에 근거하여 컴퓨터를 통해 무선적으로 번호를 선정하여 전화를 거는 방식이다. RDD는 '확률표본'의 장점이 있지만, 가정용 전화번호와 기타 목적(예, 상업, 사업체, 공공기관 등)의 번호를 구분하지 않기 때문에 **응답률이 낮다**. 또한 원하는 표본을 계층적으로 사용할 수 없어 **할당표본계획에 제한적**이다. 이처럼 자동화된 호출시스템이 무선표본의 가능성을 높이지만 '표적조사'에 한계가 따른다. 한편 최근에는 RDD를 **컴퓨터 기반으로 수행**하는데(Computer-Assisted Telephone Interview: CATI), 초기 조사자가 컴퓨터 단말기에 앉아 컴퓨터 스크린에 나타난 질문을 읽고 응답을 키보드로 입력하는 방식에서 점차 대용량의 서버를 이용하여 표본추출과 질문, 응답기록을 모두 컴퓨터의 자동화시스템을 통해 수행하는 방식으로 대체되고 있다.

CATI는 컴퓨터가 모든 전화조사의 과정을 수행하기 때문에 빠른 응답과 조사결과를 얻을 수 있고 데이터 오류가 적다는 **장점**이 있지만, 상대적으로 장비의 설치와 이용료가 비싸다는 것이 **단점**이다. CATI의 보급은 컴퓨터의 발전에 따라 전문화된 조사프로그램(예, Survey Pro®, Survey Analyst®)으로 확장되고 있다. 이와 관련하여 최근 인터넷의 보급은 전문적인 '인터넷조사'의 성장에 기여하는 바가 크다. 특히 **인터넷조사**는 다양한 첨단기법과 **패널**을 이용한 서베이가 가능해 여러 방법의 장점을 통합하는 새로운 조사 패러다임으로 각광받고 있다.

전화조사의 장단점

▢ 장점

전화조사의 가장 큰 장점은 **시간과 비용의 효율성**이 높다는 점이다. 특정 사안에 대해 **신속한 조사가 가능**하다는 점도 주요 장점의 하나다. 특히 서베이 지역이 넓을수록 비용 면에서 더욱 큰 장점을 갖는다. 전화조사는 '면접조사'보다 응답률이 낮지만, '우편조사'보다는 상대적으로 **응답률이 높은 편**이다. 특히 대면상황이 아니기 때문에 '민감한 문제'에 대해 비교적 솔직한 응답을 얻을 수 있고, 조사에 대한 **감독과 통제가 용이**하다. 여러 명의 전화조사원이 한 공간에서 서베이를 진행하므로 문제에 대해 즉각적인 대처와 해결이 가능하다.

▢ 단점

전화조사는 질문이 짧고 단순해야 하며 질문의 수도 제한되어 있다. 따라서 **질문의 내용과 시간의 제약**이 크다. 또한 특정 사안에 대한 표적조사가 필요한 경우 전화조사는 좋은 대안이 아닐 수 있다(표적조사의 어려움). 예컨대, 특정 기업의 '고객만족도 조사'는 기업의 고객명부를 확보하지 않으면 전화조사로 원하는 표적고객을 서베이하기 어렵다. 전화번호부를 이용한 조사는 **표본의 대표성을 확보하기 어렵고** 시간대에 따라 사용 가능한 조사표본이 가변적이다. 전화상으로 질문과 대답을 주고받는 도중에 전화가 끊기거나 응답을 포기하는 경우 자료수집을 완료할 수 없다.

심화학습 전화조사의 응답률

전화조사의 응답률에 대한 흥미로운 연구결과가 있다. 케빈과 피터슨(Kevin & Peterson, 1983)은 평일 오전 8시부터 오후 9시 사이에 25만 번의 전화를 걸어 다음과 같은 결과를 얻었다.

〈표 4-3〉 전화조사의 응답결과

응답 특성	기준	비율
전화를 받지 않음	전체표본	34.0%
통화 중	전체표본	2.0%
결번	전체표본	20.0%
아이들만 집에 있음	전체표본	29.0%
원하는 표적집단과 통화함	전체표본	10.0%
통화한 표적집단 가운데 응답 거부	표적집단	15.0%
최종 설문지의 완료	전체표본	8.0%

〈표 4-3〉에서 보듯이, '원하는 표적집단과의 통화'는 10.0%이고, 최종 '설문을 완료'한 비율은 8.0%에 불과하다. 국내 전화조사의 사례를 경험적으로 비교한다면, 어떤 소비자조사에서 15%의 응답률을 얻었다면 상당히 높은 수준이라고 볼 것이다. 최근 다양한 사회적 이유로 전화조사의 응답률은 더욱 낮아지고 있는 것이 현실이다.

토론하기 서베이 방법의 '응답률'을 높이기 위한 방법은 무엇인가?

3.3 우편조사

우편조사는 연구자의 개입 없이 전적으로 응답자 스스로 질문지를 읽고 응답하는 **자기관리방식**(self-administered method)의 서베이 방법이다. 우편조사는 연구자가 조사설계를 통해 추출한 표본을 대상으로 표준화된 설문지를 발송하고 응답결과는 동봉한 '반송봉투'를 통해 회수하는 방식으로 수행된다. 우편으로 배포한 설문지의 회수는 반송봉투를 이용하는 것이 일반적이지만, 종종 회수율을 높이기 위해 직접 방문하는 경우도 있다. 우편조사는 조사의 목적과 시행기관, 응답요령, 협조문 등을 함께 발송하고, 설문지 회수나 독촉을 위한 추가 서신 및 응답에 대한 감사의 편지를 별도로 보낸다.

우편조사의 특징

우편조사는 모집단의 명부가 있어야 하고 '발송명부'를 작성할 수 있는 경우에만 유효하다. 모집단 명부가 없을 경우 **표본의 대표성을 상실**할 가능성이 높으므로 다른 서베이 방법을 이용하는 것이 바람직하다. 우편을 이용하기 때문에 규정된 크기와 무게를 고려해야 하고, 설문지의 분량이 '6쪽 분량'을 넘으면 응답률이 낮아진다고 알려져 있다. 인터넷의 발달은 **이메일 서베이**의 보편화를 가져왔지만, 급증하는 이메일 광고와 개인정보의 보호책의 미비로 스팸화되고 있다. 이메일을 이용한 우편조사가 용이하고 시간 효용성이 높음에도 응답률이 낮고 표본이 편중될 수 있어 그 실효성이 낮은 편이다.

종종 우편조사는 다른 서베이 방법, 특히 **면접법과 조합하거나 보완적 방법으로 사용**된다. 예컨대, '일반적인 문항'과 '민감한 사생활 문제'에 관한 문항은 **우편조사**를 통해 실시하고, '복잡하고 심층적인 반응'을 요하는 문항이나 '지루해지기 쉬운 문항'은 직접 **면접조사** 방식으로 진행할 수 있다. 그러나 일반적으로 여러 방법을 혼용하여 사용하는 것은 조사의 '타당도'를 저하하기 때문에 주의해야 한다.

▢ 통합설계법

우편조사는 간편하고 비용효용성이 높지만 '회수율'이 낮다는 점에서 보완적 방법이 고안되었다. 딜만 등(Dillman, Carpenter, Christenson, & Brooks, 1974)은 우편조사의 응답률을 높이는 방법으로 **통합설계법**(total design method: TDM)을 제안하였다. TDM은 사회적 교환원리를 우편조사의 응답률을 높이는 중요한 원천으로 보고 응답자에게 주는 적절한 '보상'을 조사 설계에 포함하였다. TDM은 보상체계와 더불어 우편조사의 **설문지**를 체계적으로 설계하는 통합적 방법을 제공한다. 실제 TDM은 오늘날 우편조사뿐만 아니라 일반적인 **설문지법을 사용하는 서베이에 공통적으로 적용**된다.

TDM의 설문지 설계법(Dillman et al., 1974)

- 설문지는 책자 형식으로 만들고 문항은 10쪽 분량을 넘지 않도록 한다.
- 전면에는 '제목' '연구단체' 및 '지원단체' '지시문 개요', 예시를 포함한 '도표'를 제시한다. 제목은 응답자의 충분한 흥미를 끌 수 있어야 하고, 연구단체와 지원단체의 '연락처'를 명시한다. 지시문의 조사의 목적과 개요를 담는다.
- 설문항목 중 첫 번째 문항은 가장 쉽고 편안하게 답할 수 있는 질문을 사용하고, 가급적 '개방형 질문'의 사용을 자제한다. 이후 문항은 주제와의 관련성을 고려하여 '순차적'으로 배열한다. 특히 답하기 곤란하거나 민감한 문제는 각 주제의 마지막에 배열한다.
- 응답자의 특성(연령, 인종, 학력, 수입 등)에 관한 질문은 마지막에 배열한다.
- 설문응답에 대한 보상은 응답자의 노력과 투자한 시간에 비례하여 제공한다.

우편조사의 장단점

▢ 장점

우편조사의 가장 큰 장점은 **최소의 경비와 노력**으로 광범위한 지역의 표본을 대상으로 서베이할 수 있다는 점이다. 다만 모집단 명부를 확보할 수 있을 때 표본의 대표성을 확보할 수 있다. 조사대상이 다양한 계층을 포함할 수 있어 전문직이나 특수계층의 표본을 대상으로 하는 서베이에 유용하며 **표적조사**에 적합하다. 또한 응답자에게 **응답에 필요한 충분한 시간**적 여유를 제공함으로써 생각이 필요하거나 참고자료가 필요한 경우 다른 방법(예, 면접조사)보다 효과적이다. 연구자나 조사원의 개입이 없으므로 **면접자 편향에서 자유롭고** 익명성이 보장되어 개인의 사생활을 보호할 수 있다.

☐ 단점

연구자나 조사원의 개입이 없는 만큼 **불완전한 응답**이나 **응답오류의 가능성**도 높고 응답을 누가 했는지 확인할 방법이 없다. 사회지도층을 대상으로 하는 우편조사는 본인이 직접 작성했는지 아니면 비서나 다른 부하직원이 작성했는지를 확인하기 곤란하다. 종종 응답의 '필체'로 추정하거나 전화로 응답자를 확인하기도 하지만 충분한 방법은 아니다. 우편조사의 큰 단점은 다른 방법에 비해 **낮은 응답률**인데, 낮은 응답률과 회수율은 표본의 대표성에 영향을 주고 결과적으로 조사의 신뢰성에 부정적 영향을 준다. 경험적으로 '교육수준'이 낮고 이동이 심한 직종에 종사하는 표본의 회수율이 낮은 것으로 알려져 있다(Babbie, 1983).

3.4 집단설문조사

집단설문조사는 우편조사에서 사용하는 자기관리방식을 개인이 아닌 '집단적으로' 실시하는 방법이다. 흔히 특정 목적을 가지고 모임에 참석한 사람을 대상으로 하거나 **동질적인 특성**을 가진 사람을 대상으로 서베이할 때 사용된다. 예컨대, 특정 종교행사에 참석한 사람을 표본으로 행사에 대한 의식과 태도를 서베이하거나 제품시연회에 참석한 사람의 태도나 특성을 알아보고자 할 수 있다. 이 밖에도 학교나 기업체 등 '단체'를 대상으로 한다.

집단설문조사의 특징

집단설문조사는 집단구성원을 대상으로 조사자가 조사의 목적과 취지를 설명하고 동의를 얻은 후, 미리 준비한 표준화된 설문지를 배포하고 응답을 마치면 일괄적으로 수거하는 방식으로 이루어진다. 일정한 공간에서 서베이가 실시되므로 응답자는 조사과정에서 이해되지 않는 문항에 대해 자유롭게 질문할 수 있다. 종종 집단설문조사는 면접조사나 실험조사를 위한 **예비단계**로 활용되기도 한다. 예컨대, 면접대상을 선별하거나 실험의 피험자 요건을 확인하기 위해 집단 설문조사를 수행하고 추후 개별적인 연락을 통해 '실험'이나 '면접'에 참여의사를 묻는다. 이 경우 조사자는 집단설문을 실시하기 전에 추후실험의 피험자로 선발될 수 있음을 알리고 연락처를 기록하도록 요청한다.

▢ 장점

집단설문조사의 가장 큰 장점은 한꺼번에 많은 응답자의 반응을 얻을 수 있다는 점이다. 따라서 다른 방법에 비해 **시간적 효율성이 높다.** 일정한 공간에서 조사자와 응답자가 모호한 문항에 대해 의사소통할 수 있기 때문에 질문을 이해하지 못하여 발생하는 **응답오류**가 적다. 특히 집단의 동질성을 확보할 수 있어 **통계분석의 신뢰도**가 높다.

▢ 단점

집단적 실시로 인한 의견교환이 가능하여 타인의 의견이 반영되거나 **남을 의식하는 응답 가능성**이 종종 문제시된다. 남을 의식하는 응답은 대체로 **반응범주의 중간 정도에 응답하는 경향**으로 나타난다. 예컨대, '5점 척도'의 문항에 '3점(보통이다 혹은 잘 모르겠다)'에 주로 반응하는 경향이다. 집단으로 실시하기 때문에 완료하는 시점이 달라 '시간적 압력'을 느끼고 **빨리 응답을 끝내려고 서두르는 경우**가 발생할 수 있다. 이는 특히 '설문지의 후반부'에서 자주 나타난다. 많은 인원을 대상으로 하므로 응답자에 대한 통제가 어려울 수 있다.

3.5 서베이 유형의 응답률

서베이의 응답률(response rate)은 중요하다. 낮은 응답률은 응답자가 '답하기 꺼리는 질문'이 많이 포함되어 있거나 '불성실한 응답'의 결과로 조사의 신뢰도와 일반화의 제약을 가져오게 된다. 종종 응답한 사람과 응답하지 않은 사람 간의 **특성적 차이**가 응답률에 반영되기도 한다. 예컨대, 응답을 회피한 사람의 경제적 수준이나 교육수준이 응답한 사람에 비해 유의미하게 낮았다면, 응답편향은 결과의 해석에 결정적으로 영향을 주게 된다.

응답률

▢ 무응답의 특성

응답자가 서베이에 응하기는 했지만 질문지를 작성할 수 없는 경우가 있다. 예컨대, '사용언어'가 다르거나 응답에 필요한 절대적 '시간'이 부족한 경우, 질문의 '의미'를 이해하지 못하거나 특정 문항에 **의도적으로** 응답을 회피(응답거부)하는 경우 등이다.

일반적으로 무응답에 영향을 미치는 요인은 '응답자의 특성'과 '서베이 기법'의 문제로 구분된다. 응답자 특성으로 중소도시나 농촌지역의 거주자에 비해 **대도시 거주자**가 서베이 연구에 대한 참여도가 낮은 것으로 알려져 있다. 뉴먼(Neuman, 1994)은 미국 대도시 거주자의 38%가 서베이 참여를 꺼린다고 보고한 바 있다. 서드먼과 브래드번(Sudman & Bradburn, 1982)은 서베이에 참여를 거부하는 사람의 특성을 보고하였는데, 서베이에 대한 **부정적 태도**와 **사생활 보호**에 대한 염려, **사회적 공포와 고립감**의 경험이 서베이 참여가 낮은 사람의 특성이라고 주장하였다. 한편 서베이 기법상의 문제, 즉 질문이나 문항구성의 오류, 불충분한 설명 등이 무응답에 영향을 미치는 요인이다.

무응답으로 인한 반응편향

암스트롱과 오버튼(Armstrong & Overton, 1977)은 우편조사에서 '무응답'으로 인한 편향을 확인하는 방법을 제안한다. 전체 표본을 대상으로 **모든 문항에 응답을 완료한 표본(분석표본)과 결측값을 포함한 설문지의 응답표본(전체표본)을 비교**하는 방법이다. 만일 응답자가 모든 문항에 유사한 응답을 하였을 것으로 가정한다면, 두 표본의 문항별 평균 차이는 작거나 수용 가능한 수준일 것이다. 따라서 분석표본과 전체표본의 응답문항의 차이를 비교하고 그 차이가 작을 때 '무응답으로 인한 반응편향이 없음'을 확인한다.

▢ 응답률의 산출

서베이에서 '적절한' 응답률에 대한 일반적 기준은 없으나, 보통 50% 미만이면 **낮은 수준**이고, 75% 정도이면 **보통 수준**, 90%가 넘어야 **높은 수준**이라고 판단한다.

응답률의 산출

- 전체 문항의 응답률: 전체 문항을 완료한 응답자의 수를 전체 표본의 수로 나누어 구한다. 예컨대, 1500명의 표본 가운데 1200명이 빠짐없이 모든 문항을 완료하였다면, $(1,200/1,500) \times 100 = 80\%$가 된다.
- 개별문항의 응답률: 개별문항에 응답한 응답자의 수를 전체 표본의 수로 나누어 구한다. 예컨대, 1500명의 표본 가운데 3번 문항에 900명이 응답하였다면, $(900/1,500) \times 100 = 60\%$다. 그러나 '유관질문'을 포함하는 경우 계산이 복잡하고 가중치를 부여하기도 하지만 일관된 산출법은 아직 발견되지 않고 있다. '전화조사'나 '우편조사'의 응답률은 표본의 수가 아니라 **실제 조사에 참여한 사람의 수**를 근거하여 산출한다.

응답률의 개선

일반적으로 응답률은 '면접조사'에서 가장 높고, 그다음 '전화조사' '우편조사'의 순이다. 경험적으로 우편조사의 응답률이 가장 낮기 때문에 응답률을 개선하려는 노력과 연구는 우편조사에 집중되어 있다.

☐ 야마리노 등의 연구

야마리노 등(Yammarino, Skiner, & Chiders, 1991)은 1940년부터 1988년까지 25개 학술지에 발표된 우편조사를 사용한 115개의 논문을 메타분석(meta analysis)하였는데, 그 결과 (a) **겉표지의 사용**, (b) **4쪽 이하**, (c) **우표가 붙은 회수용 봉투의 사용**, (d) **보상을 제공한 조사**가 회수율이 높은 것으로 나타났다. 회수율이 높은 조사는 대부분 TDM에 따라 설문지를 구성하였고, 질문이 응답자에게 '흥미'를 불러일으키고 쉽게 구성된 질문의 경우라고 밝혔다.

☐ 포틱과 러먼의 연구

포틱과 러먼(Pottick & Lerman, 1991)은 우편조사의 응답률을 높이기 위해 서베이를 소개하는 편지를 '뉴스기사' 형식으로 쓰고, 응답자에게 응답약속을 상기시키는 전화를 하였다. 이들은 '학문적 문체'로 편지를 쓰는 일반적 방법과 전문적인 '뉴스기사' 형식의 편지, 그리고 개별적으로 전화를 했을 때의 응답률을 비교하였다. 연구결과, 학문적 문체의 편지보다는 **뉴스기사 형식의 편지**와 **개별적 전화**를 하였을 때 응답률이 높고 더 회신이 빠른 것을 발견하였다. '학문적 문체'의 편지를 사용하였을 때 35%의 참여자만이 응답하였고, '뉴스기사' 형식의 편지와 '개별적인 전화'를 사용하였을 때 65%의 응답의 얻었다. 이러한 접근은 응답자가 '사회복지기관'이나 '정부기관'으로부터 **소외당하고 있다고 느끼는 경우**, 일반인보다 **비관적 경향의 응답자**에게 효과가 있었다.

☐ 우편조사의 응답률을 높이는 방법(Dillman et al., 1974)

- 설문지를 상류계층이나 조사결과를 높일 것으로 기대되는 특정인에게 보내서는 안 된다. 설문지 설계에 포함된 표본대상을 지켜야 한다.
- 가급적 동질적 표본을 설계하는 것이 회수율과 결과분석에 도움이 된다.
- 잘 작성된 겉표지를 포함한다. 겉표지에는 응답의 비밀보장, 조사목적, 조사기관 및 지원단체의 성격, 연락처 등을 기입해야 한다.
- 우표 혹은 수취인(연구자 혹은 조사기관) 부담의 회신용 봉투를 동봉한다.
- 설문지는 깔끔하고 보기에 좋게 작성하여야 하고, 너무 길지 않은 적당한 분

량을 유지한다.

- 설문지는 읽기 쉽게 선명하게 인쇄하여야 하고 각 '파트'별로 응답을 위한 지시문을 포함하여야 한다.
- 회신이 없는 응답자에게 응답회신을 위해 2회 정도 편지(혹은 엽서)를 보내는 것이 좋다. 첫 번째 편지는 설문지를 보낸 후 일주일 안에 도착하도록 하고 두 번째 편지는 일주일 후에 보낸다. 이때 협조를 부드럽게 요청하고 필요한 경우 설문지를 함께 보낸다.
- 질문지는 연휴가 있는 주나 휴가기간에는 보내지 않는다.
- 가급적 뒷면은 사용하지 않는다. 뒷면은 여백으로 남겨 두거나 '질문이 남아 있습니다' 혹은 '질문이 끝났습니다'와 같은 지시문을 사용하는 것이 좋다.
- 정부기관, 대학/연구소, 지역기관/비영리단체, 대기업 등의 후원을 밝히는 것도 도움이 된다.
- 작은 선물이나 작은 금액의 소액환을 동봉하여 응답자의 동기를 부여한다.

3.6 서베이 유형의 비교 연구

면접조사, 전화조사, 우편조사는 각각 장단점을 지니고 있지만 연구주제에 따라 신중하게 선택해야 한다. 여기서는 서베이 유형별 일반적 특징을 비교하고 서베이에 따른 응답의 차이를 알아보는 경험적 연구를 소개한다. 먼저 〈표 4-4〉는 서베이 유형별 특징을 경험적으로 비교한 결과를 나타낸다.

〈표 4-4〉 서베이 유형별 특징 비교

유형별	특징	문항수	응답률(평균)	비고
면접조사	심층적인 질적 정보, 고비용	100문항 이상	50% 수준	시각 자료
전화조사	빠른 응답, 비용 효율성이 높음	10~20문항	15~18% 수준	
우편조사	표적조사, 저렴한 비용	100문항 이내	15% 이내	

주: 응답률은 대략적 평균임(조사설계와 사후조치에 따른 편차).

☐ 데인의 서베이 유형별 비교

데인(Dane, 2011)은 다섯 가지 차원의 여러 요소를 평가하여 '면접조사' '전화조사' '우편조사'의 장단점을 비교하였다. 구체적으로 **표본추출**(표본틀의 완성도 및 불완전성, 응답자 선별성, 지역적 선별성), **반응률**(표본의 동질성과 이질성, 지원자 편향의 방지), **조사도구**(설문길이, 복잡성, 개방형 질문의 응답 가능성, 스크리닝 문항의 응답 가능성, 통제/유관 질문의 사용, 지루한 문항의 응답 가능성, 무응답의 제거, 양식의 융통성), **타당도**(인상관리에 의한 편향 방지, 면접자 편향의 방지, 비응답자의 간섭 방지, 잘못 이해된 문항의 방지), **효율성**(적은 인력사용, 응답자당 비용, 실사시간, 지리적 범위에 따른 저비용)의 차원을 분석하였다. 〈표 4-5〉는 데인의 연구에서 제시된 것을 재구성하여 '점수'로 표시하고 합계를 계산해 비교한 것이다.

〈표 4-5〉 서베이 유형별 비교

유형별	표본추출	반응률	조사도구	타당도	효율성	계
면접조사	+3	+3	+8	−2	−4	+8
전화조사	+3	+2	+2	+0	+2	+9
우편조사	+2	+0	−4	+2	+2	+2

주: 각 요소별 양호=1, 보통=0, 불량=−1.
출처: Dane(2011).

〈표 4-5〉를 살펴보면, 면접조사는 '조사도구'의 측면에서 가장 우수하게 평가된 반면 '효율성'이 낮았고, 전화조사는 대체로 평균적으로 평가되었으며, 우편조사는 '조사도구'에서 가장 부정적으로 평가되었다. 각 차원을 종합적으로 볼 때 **전화조사**가 가장 우수한 것으로 나타났으며, 큰 차이 없이 **면접조사**가 그다음이었고, **우편조사**는 상대적으로 단점이 많은 방법으로 평가되었다.

브래드번과 서드먼(Bradburn & Sudman, 1980)은 설문지의 질문에 '위협적 내용'이 포함될 때 '면접조사' '전화조사' '우편조사'에서 응답자의 반응에 차이가 있음을 주장했다. 〈표 4-6〉은 서베이별 위협적 질문에 대한 응답의 차이를 보여 준다.

▢ '위협적' 질문내용에 따른 차이

〈표 4-6〉에서 보는 것처럼, 응답자는 '낮은 위협'이나 보통의 질문내용에 대해서는 다소 **과대보고의 경향**을 보이는 반면, 자신에게 '위협적'이라고 생각하는 질문에 대해서는 훨씬 적게 보고하는 **축소보고의 경향**을 보인다. 서베이 방법별로 큰

〈표 4-6〉 서베이 유형별 위협적 질문에 대한 응답의 차이

내용		면접조사	전화조사	우편조사
낮은 위협/보통 내용	선거투표 등록	+15	+17	+12
	투표 행동	+39	+31	+36
	도서관 카드 소지	+19	+21	+18
높은 위협	파산경험	-32	-29	-32
	음주운전	-47	-46	-54

출처: Bradburn & Sudman(1980).

〈표 4-7〉 민감하고 위협적으로 분류되는 주제와 불쾌감의 강도

주제	불쾌감의 강도
자위행위	56
성관계	42
대마초 흡연	42
흥분제와 진정제의 사용	31
알코올 중독	29
애무와 키스	20
수입/소득	12
친구들과의 도박	10
맥주, 와인 등의 가벼운 음주	10
행복과 복지	4
교육	3
직업	3
사회 활동	2
여가 활동	2
스포츠 활동	1

출처: Bradburn & Sudman(1980).

차이는 보이지 않았다. 사람들은 '위협적' 질문에 대해 자신을 긍정적으로 보이려는 심리적 특성이 작용하고 사회적 바람직성이 나타난다. 위협적 내용은 '장애나 질병'에 관한 질문, '불법적 및 일탈행위(예, 탈세, 약물, 알코올 남용, 변태적 성행위, 도박 등)' '재정문제(예, 수입, 저축, 채무관계 등)' 등을 포함한다. 브래드번과 서드먼(1980)은 일반적으로 사람들이 민감하고 위협적이라고 생각하는 주제와 그에 대한 불쾌감의 강도를 제시하였고, 〈표 4-7〉과 같다.

▢ 조사대상에 따른 차이

미시건 대학의 크리산 등(Krysan, Schumna, Scott, & Beatty, 1984)은 1992년 디트로이트 지역연구에서 '우편조사'와 '면접조사'에 나타난 백인과 흑인 응답자의 차이를 분석하였다. 〈표 4-8〉은 백인응답자의 응답결과를 요약한 것이다.

〈표 4-8〉 서베이 방법에 따른 응답의 차이: 백인 응답자의 경우

문 항	우편조사	면접조사	확률치(p)
흑인에 대한 고용차별금지법 1=강력히 반대, 2=반대, 3=중립, 4=찬성, 5=강력히 찬성	3.18	3.60	<.001
역차별 1=아주 많다, 2=많다, 3=어느 쪽도 아니다, 4=적다, 5=아주 적다	2.34	2.54	<.001
'주택매매차별금지법'에 대한 지지율	48%	64%	<.05

출처: Krysan et al. (1984).

〈표 4-8〉을 살펴보면, 대체로 '면접조사'의 응답이 '우편조사'의 경우보다 질문에 대해 더 관대하게 평가된 것을 알 수 있다. 즉, 면접조사에서 '차별금지법'에 찬성하는 응답이 많았고, 백인이 역으로 차별받고 있다는 것에 덜 동의하는 응답이 높았다. 크리산 등(1984)은 '차별'과 같은 민감한 질문에 대해 **백인 응답자**의 반응은 면대면의 상황에서 면접원에게 긍정적으로 보이려는 편향, 즉 **사회적으로 바람직한 사람**이라는 인상을 주는 반응 경향을 보인다고 결론지었다.

4 서베이 면접원의 관리

4.1 서베이 면접원의 역할

서베이를 수행하는 조사면접원의 기본적인 역할은 (a) 응답자와의 접촉을 통해 서베이에 응하도록 협력을 얻어 내고, (b) 응답자의 정확하고 적극적인 응답을 고무하며, (c) 객관적이고 중립적인 서베이 수행을 위한 표준절차를 따르는 것이다.

▢ 응답자와의 접촉과 협력 얻기

서베이 면접원의 첫 번째 역할은 가장 어려운 것 중의 하나인 '최초 응답자와 접촉하여 협력을 얻어 내는 것'이다. 이 과정에서 면접원 개인의 특성과 피면접자의 성향 혹은 주변 상황 등 다양한 요인이 작용한다. 그러나 성공적인 접촉을 통해 협력을 얻어 내는 면접원의 공통적 특징은 '경험'이 풍부하다는 것이다. 대체로 **경험이 풍부한 면접원**은 서베이를 진행하는 절차에 익숙하기 때문에 전문적으로 보이고, '신뢰감'을 줄 뿐만 아니라 응답자를 편안한 상태에서 자연스럽게 응답할 수 있도록 유도한다. 또한 응답자가 서베이에 몰입할 수 있도록 배려하고 적극적인 상호작용을 통해 흥미를 유발한다.

▢ 정확하고 적극적인 응답 고무하기

두 번째 서베이 면접원의 역할은 '응답자에게 정확하고 적극적인 응답을 고무하는 것'이다. 대부분의 면접원은 스스로 의식하지 못하는 사이에 암시적이고 묵시적인 방법으로 응답자를 고무한다. 예컨대, 면접자가 직접적인 언어적 형태를 사용하지 않더라도 빠르게 질문을 읽거나 초조한 눈빛으로 바라보는 행동은 응답자로 하여금 서두르게 하는 단서가 된다. 만일 질문을 천천히 읽거나 주의 깊은 비언어적 단서를 사용한다면 그에 대한 상호작용으로 응답자의 '신중한 반응'을 유도할 수 있다. 그러나 면접원의 신중한 태도를 답답하게 생각하는 응답자는 오히려 응답을 서두르는 경우도 있다. 따라서 경험이 풍부한 면접원은 **서베이의 상호작용성**을 이해하고 설문에 앞서 라포 형성을 통해 응답자의 특성을 파악하고 적절한 속도를 조절한다. 응답자는 면접원의 암묵적이고 비언어적인 단서를 면접원의 '기대'와 '요구'로 해석하기 때문에 면접자가 기대하고 요구하는 방향으로 응답을 편향하는 경향이 있다.

▢ 표준적인 절차 수행

서베이 면접원은 '표준 절차'를 따라야 한다. 이는 면접원의 특성이나 응답자의 특성이 설문결과에 반영되는 것을 방지하고 **객관적이고 중립적인 반응을 유도하기 위한 것**이다. 특히 대면 면접조사의 경우 면접원의 특성이 많은 영향을 주므로 계획된 훈련이 필요하다. 보통 면접조사는 표준적인 '면접표'나 '면접지침'에 의해 진행되지만, 이를 활용하는 방법에 대한 면접원 훈련은 필수적이다. 훈련의 내용은 표준적인 절차에 관한 것으로 '서베이 소개방법' '질문의 제시방법' '질문을 이해하지 못한 대답에 대한 대처' '응답의 기록' '면접을 다루는 대인관계' 등을 포함한다.

연구목적에 대한 이해는 응답의 방식에 영향을 주기 때문에 면접원은 서베이의 개요와 목적을 완전히 숙지하도록 훈련받아야 한다. 표준적인 질문 순서에 따라 면접을 진행하되, 종종 질문을 이해하지 못하거나 다른 방향으로 이야기를 전개할 때 주제에 집중할 수 있도록 유도해야 하며, 심층적인 응답이 필요한 경우에는 **탐침질문**(주어진 질문에 추가하여 "그것이 무슨 뜻인가요?")을 사용할 수도 있다. 응답의 기록은 '주관'을 배제하고 응답자의 말이나 행동에 초점을 두고 기록하여야 하며, 제3자가 면접원의 기록을 해석할지라도 동일한 범주의 말과 행동으로 이해할 수 있어야 한다. 응답자의 말과 행동에 대한 객관적 기록은 쉽지 않기 때문에 충분히 숙달할 때까지 반복적인 훈련이 필요하다.

특히 면접에 포함된 대인관계의 상호작용은 가장 통제하기 어려운 요소로 응답에 미치는 영향이 크다. 보통의 면접조사는 성별, 연령, 교육수준과 문화 등 다양한 배경을 가진 사람과의 상호작용이다. 면접원은 면접과정에서 주제에 대한 개인적 견해나 태도의 표현을 삼가도록 훈련받고, 개인 특성이 통제된 표준화된 '면접원-응답자의 관계', 즉 **전문적인 상호작용**의 과정이 되도록 해야 한다.

▢ 면접원 훈련

면접조사의 표준화 절차를 수행하는 데 필요한 훈련은 전문조사기관에서 프로젝트의 사안별로 수행하지만 국내에서 정기적인 프로그램의 운영은 없는 실정이다. 미국 미시건 대학교의 **서베이연구센터**(Survey Research Center: SRC)는 조사기관의 면접원을 훈련하는 교육프로그램을 개발 · 운영하고 있다. 일반적으로 면접의 '표준절차'를 수행하는 데 필요한 내용은 앞서 언급한 바와 크게 다르지 않지만, SRC의 프로그램은 면접원을 조사전문가로서 경력을 개발할 목적으로 '표본추출법' '데이터 코딩' '결과해석'과 '보고서의 작성요령' 등을 포괄적으로 교육한다. 대체로 **교육방법**은 교재를 활용하지만 현장전문가의 강연과 체험을 위한 시연 프로그램, 역할연기를 통한 '상호작용성'의 이해, 그리고 현장학습과 녹화된 연습면접을 관찰하고 모니터링하면서 실전 감각을 익힌다. 대체로 **훈련기간**은 2일에서 5일 정도이며 이 기간을 면접원 훈련의 규준으로 삼는다. 훈련기간은 면접원의 수나 조사프로젝트의 복잡성에 따라 다르지만 철저하게 관리된 훈련의 양이 면접조사의 질을 높이는 데 기여한다(Billet & Loosveldt, 1998).

4.2 면접원의 모집과 선발

서베이를 위한 면접원의 업무요건은 조사연구의 수행과 기록, 데이터를 다루는 기초적 능력을 포함한다. 실제 조사업무의 프로세스는 '서베이 설계' '표본추출' '문항구성' '실사' '데이터 입력과 분석' '보고서 작성' 등으로 진행되며 업무의 난이도에 따라 담당인력이 구분된다. 예컨대, 서베이의 설계, 표본추출, 문항구성은 상당한 방법론적 지식이 요구되므로 조사프로젝트의 '책임급 인력'이 담당하고, 데이터의 입력과 분석은 통계와 분석프로그램을 다루는 능력이 필요하므로 전공지식을 갖춘 '연구원급 전문인력'이 주로 담당한다. 보고서의 작성은 난이도에 따라 책임자급 인력이 담당하는 경우가 많다. 실사(實査)는 보통 조사원 인력풀을 관리하는 **슈퍼바이저**에 의해 진행된다. 흔히 '면접원'은 슈퍼바이저가 관리하는 조사원의 인력풀을 말하기도 한다. 면접원은 슈퍼바이저의 관리하에 **계획된 표본을 접촉하고 응답을 기록함으로써 서베이를 수행하는 업무**를 담당하며, 슈퍼바이저는 면접원이 완료한 설문의 과정(즉, 표본 및 응답)을 확인하기 위해 전체표본의 일정 비율에 대한 **설문검증**(대략 10~20% 범위에서 직접 전화를 걸어 응답여부를 확인하여 검증)을 실시한다.

면접원의 주된 업무는 **실사를 담당**하는 것이기 때문에 적당한 수준의 읽기와 쓰기능력이 요구되며, 원칙적으로 학력을 제한하지 않지만 고등학교 졸업 이상의 학력을 선호한다. 서베이를 위해 일주일에 40시간씩 일을 하는 것은 거의 불가능하기 때문에 면접원 업무는 보통 비상근 혹은 계약직인 경우가 많다.

면접원 모집과 선발 기준

면접원은 비상근 근무가 대부분이므로 대학생이나 몇몇 경험 있는 면접원을 프로젝트에 따라 모집하는 경우가 많다. 종종 체계적인 인력관리를 위해 조사프로젝트의 전문 슈퍼바이저가 인력풀을 모집하고 운영한다. 일반적으로 '서베이 수행에 대한 경험' '해당 분야의 지식' '성별' '연령' '문화적 배경' '대인관계의 친화력' 등의 요인이 주요 면접원 선발의 기준이다. 좋은 면접원을 선발하기 위해 어떠한 '준거'가 필요한지에 대해서는 연구가 부족하지만, 파울러와 맨지오니(Fowler & Mangione, 1990)는 성공적 면접원의 특성과 기준을 제시한 바 있다.

성공적인 면접원의 특성과 선발(Fowler & Mangione, 1990)

- 숙련되고 경험이 많은 면접원은 응답자의 협력을 얻는 데 효과적이지만 '질적으로' 우수한 자료를 얻는다는 증거는 제한적이다.
- 일반적으로 조사의 주제에 대해 기본적인 지식을 갖춘 면접원이 조사를 원활하게 수행하지만 종종 '응답편향'을 가져오기도 한다. 예컨대, 응답자의 대답이 명확하지 않을 때 면접원은 자신의 지식을 활용해 답을 '유도'하거나 암묵적인 '단서'를 제공하는 경우가 있다.
- 면접원의 성별, 연령, 교육정도와 같은 인구통계적 특성은 면접조사에서 얻은 자료의 '질적 수준'과 상관이 낮은 것으로 알려져 있다. 그러나 조사의 주제에 따라 인구통계적 특성의 영향은 다양하다(예, 〈표 4-2〉, 〈표 4-5〉). 따라서 면접원과 응답자의 인구통계적 특성 간의 상호작용이 예상되는 경우 모집과 선발에 세심한 주의가 요구된다.
- 훈련을 받은 면접원은 훈련을 받지 않은 면접원에 비해 높은 '응답률'을 보이고 결과의 신뢰도가 높다. 훈련받은 면접원의 중도탈락률 또한 그렇지 않은 면접원에 비해 월등히 낮은 것으로 알려져 있다.

• 성공적인 면접의 수행을 위해 객관적 준거를 만족하는 면접원의 선발은 중요하지만 제한된 인력 내에서 우수한 인력을 확보하는 것은 현실적으로 쉽지 않다. 따라서 선발된 사람들이 좋은 면접원이 되도록 훈련하고 인력풀을 체계적이고 지속적으로 관리하는 것이 가장 훌륭한 대안일 수 있다.

4.3 감독

좋은 면접원을 선발하고 체계적인 훈련과정을 이수할지라도 조사프로젝트는 주제의 범위가 다양하고 복잡성의 정도에서 차이가 크기 때문에 질 높은 결과를 위해 서베이에 대한 '감독'이 필요하다. 일반적으로 면접에 대한 감독은 **실사의 결과를 관리하는 것**을 말하며, '비용' '반응률' '완료된 자료의 검토' 등을 포함한다.

비용

면접원을 관리하는 **비용**은 '소요시간' '생산성(소요시간 대비 완료된 면접/설문의 비율)', 차량을 이용하는 경우의 '이동비용' 등에 대한 정보를 기초로 산출한다. 전화조사의 경우, 일하는 시간에 비해 생산성이 낮거나 높은 '거절률'을 기록하는 면접원 혹은 시간당 상대적으로 적은 전화조사를 수행한 면접원(예, 면접내용이 아닌 '연필 깎기'와 같은 부수적 활동으로 인한 시간소모)이 **높은 비용의 면접원으로 분류**된다. 개별적인 가구면접의 경우, 표본 주소지에서 먼 곳에 살거나 부적당한 시간에 방문 혹은 촉박하게 면접장소로 이동하는 면접원이 높은 비용으로 구분된다. 불필요한 비용의 지출은 조사프로젝트의 효율성뿐만 아니라 서베이의 질적 수준에 영향을 주므로 감독의 주요 대상이다.

반응률

서베이에서 '반응률(혹은 응답거절의 비율)'을 검토하는 것은 **면접원 개인의 수행능력을 평가하는 중요한 준거**다. 그러나 면접원은 다른 요인으로 면접의 실패를 귀인할 수 있고, 다른 사람보다 응답을 얻어 내기 더 어려운 표본을 접할 수도 있다.

더욱이 서베이의 유형과 주제에 따라 반응률은 상당한 차이를 보이기 때문에 모든 것을 고려한 반응률을 산출하기란 쉽지 않다. 따라서 표준화된 절차와 훈련과정으로 어느 정도 반응률을 개선하는 데 도움이 되지만, 감독자의 지속적인 모니터링과 피드백을 통해 부적절한 면접자를 제외하고 관리하는 것이 면접원의 영향을 통제하는 방법이다.

완료된 자료의 검토

면접원이 수집한 **자료의 질적 수준을 평가하기 위해서는** 완료된 자료(예, 설문, 면접기록)를 검토해야 한다. 모든 설문을 검토하는 것은 불가능할지라도 대표적인 혹은 의심되는 표본에 대한 '검증'은 필수적이다. 완료된 설문이나 면접기록의 객관성, 판독 가능성, 코딩여부 등을 검토하고 면접원에 의해 자료가 변형되거나 의역되지 않았는지를 확인한다. 경우에 따라 면접조사가 진행된 과정에 대한 '녹화물'이나 '녹취록'을 통해 실제 면접의 과정을 추적하고 질문과 응답의 '적절성'을 검토할 수도 있다. 서베이 과정에 대한 모든 감독 과정은 면접원 개인에 대한 평가가 아니라 서베이 조사의 질을 평가하고 높이는 것이다.

키워드

CATI
그림검사
면접조사
무선다이얼링(RDD)
비구조화 면접
서베이
심층면접
인터넷 조사
전화조사
준구조화 면접
측정의 인위성
표적집단면접 혹은 FGI
구성기법
단어연상법
면접지침서
무응답
사회적 바람직성
서베이 측정요소
우편조사
잉크반점검사
전화조사 스크립트
진행자
통합설계법(TDM)
구조화 면접
면접원
면접표
문장완성기법
사후검증연구
슈퍼바이저
응답률
자기관리방식 서베이
주제통각검사 혹은 TAT
집단설문조사
투사기법

연습문제

1 서베이 연구의 특징은 무엇이고, 서베이의 측정요소 세 가지는 무엇인가?

2 서베이 연구의 일반적인 단계와 절차는 무엇인가?

3 면접조사의 특징과 장단점은 무엇인가? 그리고 질적 자료를 수집하는 방법에는 어떤 것이 있는가?

4 전화조사의 특징과 장단점은 무엇인가?

5 우편조사의 특징과 장단점은 무엇인가?

6 서베이의 응답률을 높이기 위해 사용할 수 있는 방법은 무엇인가?

7 통합설계법(TDM)은 무엇이고, 이것이 서베이의 설계에서 중요한 이유는 무엇인가?

8 서베이에서 무응답은 종종 일련의 '반응'으로 감지될 수 있다. 무응답이 반응으로 감지되는 경우는 어떤 상황이며, 무응답으로 인한 반응편향을 확인하는 방법은 무엇인가?

9 면접원을 선발하는 기준과 효율적인 관리법은 무엇인가?

제5장 설문작성의 원리

Principle of Questionnaires

학습목표

1. 설문작성의 일반적 단계에 대해 살펴본다.
2. 문항작성의 규칙에 대해 알아본다.
3. 개방형 질문의 특징과 유형을 파악한다.
4. 폐쇄형 질문의 특징과 유형을 파악한다.
5. 설문작성의 다양한 고려사항을 이해한다.

"질문은 묻는 것이 아니라 알아내는 것이다."

1 설문작성의 단계

1.1 개요

설문지(questionnaire)란 '조사의 목적에 맞는 신뢰롭고 타당한 문항을 개발하여 구조화한 **질문의 세트**'다. 설문지는 응답자가 질문을 이해하고 '분명하게' 반응할 수 있어야 하며 분석에 맞도록 적절히 설계되어야 한다. 분명 설문은 과학적 연구를 위해 도구이지만, 그에 응답하는 사람은 과학과 거리가 먼 사람일 수 있다. 따라서 설문은 과학을 하는 사람이든 그렇지 않은 사람이든 누구나 쉽고 정확하게 반응할 수 있도록 만들어져야 한다. 역설적으로 **설문은 '과학적'으로 설계되고, '예술적'으로 제작되어야 한다**(Payne, 1951). 일련의 체계적인 과정을 통해 연구자와 응답자가 모두 만족하는 설문을 만들어야 하는데, 그 과정은 설문작성의 단계와 원리에 따른다. [그림 5-1]은 설문작성의 일반적 단계를 나타낸다.

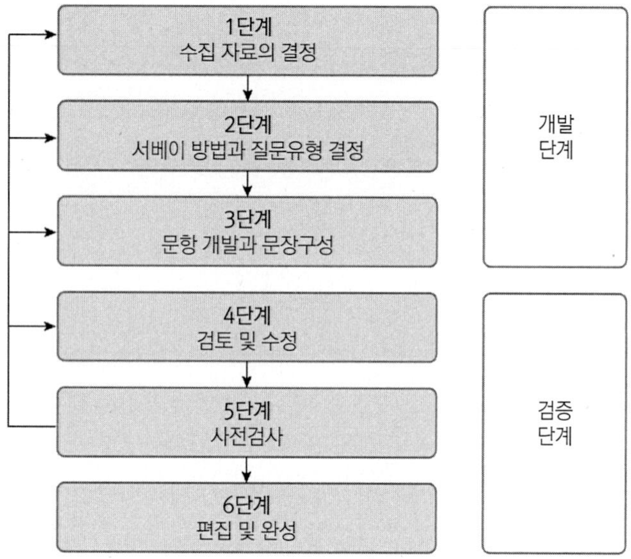

[그림 5-1] 설문작성의 일반적 단계

1.2 개발 단계

설문의 초안은 총 3단계를 거쳐 작성한다. 먼저 (a) 수집할 자료를 결정하고, (b) 조사방법과 그에 따른 질문유형을 정한 후, (c) 반응양식에 따른 문항을 개발하여 설문지 초안을 마련한다.

1단계: 수집 자료의 결정

설문을 작성하는 첫 번째 단계는 어떤 정보를 수집할 것인지를 결정하는 것이다. 연구자는 자신이 설정한 '연구문제'와 '가설'을 고려하여 수집할 정보를 결정한다. 가설에서 진술한 변인의 이론적 개념으로부터 조작적 정의를 통해 측정방법에 대한 중요한 정보를 얻는다. 흔히 **구성개념**(예, 사회갈등, 불안, 만족)은 다중항목으로 측정되므로 구성개념의 수에 따라 대략적인 문항구성을 결정할 수 있다. 이때 선행연구의 측정방법은 좋은 참고가 된다(2장의 [그림 2-1] 참조).

설문을 작성하는 첫 단계에서 연구자는 자신의 연구문제에 대한 '분석방법'과 '예상되는 결과'를 미리 확인하는 것이 필요하다. 이러한 준비는 설문의 방법과 질문유형의 결정에 영향을 주며, 전반적인 연구의 흐름을 일관성 있게 유지해 준다. 예컨대, 한 연구자가 '도시빈민층의 경제적 상실감이 정신건강에 어떠한 영향을 주는가'를 알고자 설문을 계획한다면, '우편조사'나 '전화조사'는 유용한 접근법이 아닐 수 있으며, 문항의 형식과 양식도 전문가를 대상으로 한 경우와 다를 수밖에 없다. 또한 '경제적 상실감'과 '정신건강'의 관계를 **상관분석**으로 접근하고자 한다면 질문의 유형은 '연속변인'으로 측정하여야 하며, 그 관계성이 예상대로 나오지 않을 수 있음을 가정한다면 종종 **대안적 설명**을 위한 추가문항도 고려하여야 한다.

2단계: 서베이 방법과 질문유형의 결정

연구주제에 따라 수집할 자료가 결정되면 어떤 '방법'으로 자료를 수집할 것인지를 결정해야 한다. **면접조사**는 응답자의 심층적 정보를 탐색하는 데 유용하지만 '양적인 분석'을 하는 데 한계가 있으며, **전화조사**는 간편하고 신속하게 응답을 얻을 수 있지만 문항수와 시간의 제약이 크다. **우편조사**는 표적조사에 유리하고 비용이 저렴한 편이지만, 자기보고방식을 사용하기 때문에 표본이 제한되고 응답률이 상대적으로 낮다. 어떤 조사방법을 선택할 것인지는 연구주제와 연구문제에 따라 결정하고 **그에 따라 문항의 수나 양식도 달라진다.**

> 만일 '면접조사'를 선택하면 면접의 표준절차를 위한 면접표나 면접지침서를 준비해야 하고, '우편조사'는 통합설계법(TMD)에 의한 설문지설계가 필요하다. 전화조사는 시간과 문항의 수의 제약이 크기 때문에 많은 변인을 측정하는 '학술연구'에 적합하지 않을 수 있다.

같은 맥락에서 학술연구를 목적으로 '모수통계'의 적용을 고려한다면 **질문유형**은 '연속형(간격척도 이상)' 척도로 만들어야 한다. '범주형' 척도를 만든다면 비모수통계를 적용할 것이다. 흔히 소비자조사나 마케팅조사는 '가설검증'보다는 소비자 의견이나 현황 및 실태를 파악하기 위한 목적을 갖기 때문에 '범주형' 척도를 많이 사용하는 편이다. **어떤 질문유형을 사용할 것인가의 문제**는 연구주제와 서베이 방법에 따라 결정된다.

3단계: 문항개발 및 문장구성

서베이 방법이 결정되고 질문유형을 선택하고 나면 설문초안을 만들기 위한 '문항개발'에 착수한다. 문항개발은 선행연구에서 사용된 문항을 활용하거나 새로운 개발이 필요할 수도 있다. 경우에 따라 일부 문항은 선행연구의 것을 사용하고 일부 문항만을 개발하는 경우도 있다.

학술연구를 목적으로 할 때 기존 연구가 사용한 측정문항이 신뢰롭고 자신의 연구목적에 부합한다면, 굳이 새로운 설문지를 개발할 필요는 없다. 소비자조사나 마케팅조사와 같은 일반 조사의 경우에는 특정 사안에 대한 설문을 개발하여 사용하지만 조사목적(예, 만족도, 제품개발, 광고효과 등)에 따라 사용해 온 정해진 양식을 이용하는 경우도 많다. 사용할 문항이 개발되면 어떤 방식으로 문장을 기술할 것인지를 결정하는 문장구성(wording)을 해야 한다. 문장구성은 문항의 진술방식으로 '질문유형(예, 척도형, 개방형, 체크리스트, 양분형 질문 등)'에 따라 다르며 응답자가 쉽게 이해하고 응답할 수 있도록 구성되어야 한다. 모든 문항에 대한 문장구성이 완성되면, 질문지의 **양식**을 정하고 질문의 순서를 배열한다. 질문의 순서는 **도입질문**(opening), **본 질문**(body), **종결질문**(ending)의 순서로 배열하고 주제와의 관련성을 고려하여 응답이 쉬운 문항은 앞에 배열하고 민감하거나 위협적인 질문은 뒤에 배열한다. 이렇게 문항의 개발과 문장구성까지 완료한 후 설문의 목적, 조사기관 및 후원기관, 연락처 등이 포함된 '표지'와 각 문항의 '응답요령'을 설명하는 지시문을 삽입하면 설문지의 초안이 완성된다. 이때 **설문의 분량**은 서베이 유형에 따라 조정하여야 한다.

1.3 검증단계

설문지의 완성은 초안에 대한 검토와 사전검사를 통해 최종 완성된다. 이러한 검증단계는 전적으로 새로운 설문을 개발하였는지 혹은 기존연구의 측정문항을 활용하는지에 따라 달라진다. 즉, 새롭게 개발된 설문지는 초안을 검토하고 사전검사하고 '문항반응'의 적절성을 검증하는 과정이 반드시 필요하지만, 기존의 측정문항을 사용한다면 이들 과정을 생략할 수 있다.

4단계: 검토 및 수정

초안이 작성된 설문지는 검토와 수정하는 단계를 거친다. 초안 설문지의 검토는 해당 분야의 '전문가'나 '표적집단면접(FGI)'을 통해 수정하고 보완할 수 있는데, 이때 검토할 사항은 설문의 구성과 양식, 질문의 의미, 구성개념, 질문형식, 문장구성 등이다. 종종 '사회적 이슈'에 대한 설문은 문항을 검토하고 그 '적절성'을 판단하는 과정이 쉽지 않기 때문에 **분할-질문지법**과 같은 방법이 종종 사용된다.

분할-질문지법(split-question technique)

흔히 논쟁이 되는 주제에 대한 설문지의 작성은 응답의 '편향 가능성'이 높기 때문에 이를 제거하기 위한 세심한 주의가 필요하다. **분할-질문지법**은 대립되는 양쪽의 대표자로 하여금 질문을 검토하게 하고 '어느 문항에 양측이 동의하지 않을 때 해당 질문의 문장구성(wording)을 여러 개 만들어 가장 합리적인 문항을 선택'하는 방법이다. 예컨대, '노사문제'를 다루는 설문은 어느 한쪽으로 치우칠 가능성이 높기 때문에 반응의 편향이 자주 발생하며, 설문 실시에 대한 반대나 결과에 대한 불신으로 이어지는 경우가 많다. 이런 경우 '분할-질문지법'을 이용하면 노사 양측이 합리적으로 수용할 만한 문항을 개발하는 데 도움이 된다.

5단계: 사전검사

문항 검토를 통해 수정이 완료되면 최종 설문지로 확정하기 이전에 실제 조사대상의 일부를 표본으로 하여 '사전검사'를 실시한다. **사전검사**(pretest)는 개발된 문항의 이상 유무를 확인하는 절차로 보통 50명 이하의 소집단을 대상으로 하며, 전체 문항보다는 새롭게 '개발된 문항'이나 그 일부 혹은 지시문이나 표지에 국한하여 검사를 실시한다. 종종 일부 사람에게는 모든 문항에 응답하게 하고, 일부 사람에게는 부분적인 문항에만 응답하게 하기도 한다. 연구자는 사전검사를 진행하면서 발견된 문제점을 확인하고 체크한다. 사전검사에서 체크할 사항은 다음과 같다.

- 응답자가 잘못 이해하거나 혼동하는 문항은 없는지

- 반응을 번복하는 문항은 없는지
- 설문의 표지나 지시문의 의미가 잘 전달되는지
- 지시문이 응답에 도움이 되는지
- 일정하게 누락되거나 '무응답'되는 문항은 없는지
- 체크(V) 표시를 정확하게 해야 할 곳에 하고 비워 두어야 할 곳을 비워 두는지
- 문항의 난이도는 적절한지 등

위와 같은 사항을 확인하기 위해, 사전검사에 참여한 응답자에게 직접 질문을 하거나 별도의 기록지를 주고 적도록 한다.

심화학습 사전검사와 예비검사

사전검사(pretest)는 종종 **예비검사**(pilot test)와 혼동되어 사용된다. 그러나 사전검사와 예비검사는 목적과 검사절차에서 차이를 갖는다. 예비검사는 본 조사의 '축소판'으로 본 조사에 앞서 최종점검 혹은 본 조사결과와의 비교를 목적으로 하지만, 사전검사는 개발된 문항을 수정하고 보완하는 '검증절차'다. 절차상 **예비검사는 실제 전체 문항을 사용하는 본 조사와 '동일한 절차'를 소규모 집단에 실시하는 반면, 사전검사는 본 조사와 동일한 절차를 사용하지 않고 일부 문항(지시문 포함)만을 사용한다.**

토론하기 학술논문에서 예비검사와 사전검사가 혼동된 사례를 찾아본다.

6단계: 편집 및 완성

사전검사에서 문제가 발견되었다면 '어느 단계'에서 수정해야 하는 문제인지를 확인하고 해당하는 단계로 돌아가 수정한다. 예컨대, 응답자가 한 문항에 대한 반응을 자주 번복하는 것은 '구성개념'의 문제일 수도 있고 '문장구성'의 문제일 수도 있다. 만일 구성개념의 문제라면 [그림 5-1]의 **1단계**로 돌아가 개념에 대한 정확한 조작적 정의를 확인해야 하고, 문장구성의 문제라면 **3단계**로 가서 문항형식을 검토하고 '문장구성'을 재진술해야 한다. 또한 문항 간의 간격이 좁아 혼동으로 인해 '무응답'을 하는 경향이 있다면, 역시 3단계로 돌아가 설문의 양식을 조정한 모든 단계가 마무리되면 본 조사에 사용할 최종의 설문을 완성하고 확정한다.

2 문항작성의 규칙

2.1 개요

설문이란 단순히 **무엇을 묻는 것이 아니라 무엇을 알아내기 위한 것**이다. 설문의 문항은 이런 원칙에 기초해 작성하여야 하고 정확하고 객관적으로 응답자의 반응을 얻어 낼 수 있어야 한다. 그러기 위해서는 문항을 작성하는 일련의 규칙이 필요하다. 설문의 문항은 전문가가 작성하지만 그에 응답하는 사람들은 그만큼의 전문성을 갖고 있지 않다고 가정해야 한다. 어떤 측면에서 누구나 쉽고 정확하게 응답할 수 있도록 작성하는 것이 '전문적'인 설문이다.

2.2 작성 규칙

설문 문항을 작성하는 일반적인 규칙이 있다. 설문 문항을 작성할 때는 '용어의 사용(모호함, 혼동, 막연함, 전문용어나 속어 등)'에 주의해야 하고 '권위'나 '정서적 어휘'를 사용하지 않아야 하며, '이중의미'를 포함한 질문 혹은 '유도하는 질문'을 피해야 한다. '이중부정'이나 '전제' 혹은 '미래의도'에 대한 질문, '응답자의 능력'을 벗어나거나 '중복'의 응답범주의 사용도 삼가야 한다. 이들 규칙은 객관적이고 분명하게 의미를 전달함으로써 문항에 따른 응답자의 반응편향을 제거하는 데 목적이 있다.

모호한 용어, 막연한 용어, 혼동을 주는 용어

흔히 설문에서 '모호'하거나 '막연한' 용어, 그리고 '혼동'을 주는 용어의 사용은 연구에 사용된 구성개념에 대한 **조작적 정의의 문제**에서 비롯된다. 조사자가 대체로 익숙하다고 생각하는 개념일지라도 설문에 사용하기 위해서는 명확한 '조작적 정의'를 해야 한다. 모호하거나 막연하여 명확한 의미를 전달하지 못하는 문항은 응답자를 혼동시키고 조사결과의 신뢰성을 저해한다.

질문: "귀하의 수입은 얼마입니까?"

매우 단순한 질문처럼 보이지만, 사람들이 막상 이 질문에 응답하려다 보면 모호하고 막연하다는 생각이 든다. 어떤 사람은 '월수입'을 생각할 것이고 어떤 사람은 '연봉'을 생각할 수 있다. 심지어 주단위로 수입을 받는 사람들은 '주당수입'을 생각할 수 있기 때문에 **단순하지만 응답하기에 복잡한 질문**이다. 이와 더불어 '개인'의 수입인지 '가계'의 수입인지도 불분명하고 기타 소득(예, 이자, 배당금, 임대수입 등)을 포함한 것인지 아닌지도 명시되어 있지 않다. 따라서 유능한 연구자는 '수입'의 문항을 만들기 전에 명확한 조작적 정의를 할 것이다. 예를 들어, '한 개인이 월별 노동의 대가로 받는 금전 형태의 근로소득'으로 수입을 정의한다면 이자나 배당금, 임대수입과 같은 불로소득은 측정에서 제외될 것이다. 따라서 다음과 같이 질문한다.

"귀하의 월평균 수입(이자, 배당금, 임대수입 등의 기타소득 제외)은 얼마입니까?

〈표 5-1〉은 모호한 질문을 수정하는 방법과 수정 전과 후의 응답 차이를 보여준다. 실제 "당신은 규칙적으로 운동을 하십니까?"의 질문에 '예' '아니요'로 답할

〈표 5-1〉 모호한 질문과 수정에 따른 응답의 차이

<table>
<tr><th>실제질문</th><th colspan="2">문제점</th><th colspan="2">수정질문</th></tr>
<tr><td>"귀하는 규칙적으로 운동을 하십니까?"</td><td colspan="2">'규칙적'의 의미는?
운동에는 어떤 것이 포함되는가?</td><td colspan="2">"귀하는 빨리 걷기, 뛰기, 체조, 구기운동, 보디빌딩 등 건강을 위해 어떤 신체운동이라도 하고 계십니까?"</td></tr>
<tr><td>"달걀을 드실 때 보통 몇 개나 드십니까?"</td><td colspan="2">'보통'의 의미는?
달걀로 요리된 모든 음식?</td><td colspan="2">"달걀 프라이를 드실 때, 몇 개의 달걀을 드십니까?"</td></tr>
<tr><td rowspan="2"></td><td colspan="2">응답률의 차이</td><td colspan="2">문항의 모호함에 따른
응답자의 반문</td></tr>
<tr><td>실제질문</td><td>수정질문</td><td>실제질문</td><td>수정질문</td></tr>
<tr><td>운동에 관한 질문
('예' 응답률)</td><td>48%</td><td>60%</td><td>5%</td><td>0%</td></tr>
<tr><td>계란에 관한 질문
('하나' 응답률)</td><td>80%</td><td>33%</td><td>33%</td><td>0%</td></tr>
</table>

출처: Fowler(1992).

때, '**규칙적**'이란 의미는 단순하지만 역시 혼동을 초래하는 용어다. 어떤 사람은 '매일'을 규칙적으로 생각하기도 하고 '일주일에 한 번'도 규칙적인 것으로 생각할 수 있다. 질문의 수정하기 전과 후의 '예' 응답의 차이는 약 12%로 상당한 해석적 혼동이 있음을 보여 준다. 문항이 '모호하다'고 생각하여 반문하는 응답자의 비율은 수정문항에서 0%임을 주목하라.

전문용어, 속어, 축약어의 사용

설문의 문항에는 전문용어나 축약어를 사용하지 않아야 하며, 필요한 경우 일반인이 쉽게 이해할 수 있도록 풀어서 설명해야 한다. 예컨대, '일사부재리의 원칙' '방송광고총량제' '오이디푸스 콤플렉스' '스톡홀름 증후군' 등 일반인이 쉽게 이해할 수 없는 용어는 '주'를 달아서 설명하거나 해설을 명시해야 한다. 연구자가 '방송광고총량제'와 같은 전문분야의 조사를 수행한다면 [그림 5-2]와 같이 설문의 중간에 '해설'을 추가할 수 있다.

[49~50] 다음은 '방송광고 총량규제'에 대한 일반적인 질문입니다. 잘 읽고 귀하의 생각과 일치하는 것을 문항의 지시에 따라 해당 번호를 기입하여 주십시오.

49. 귀하께서는 '방송광고 총량규제 제도'라는 말을 들어 본 적이 있습니까? (　　)
① 있다　　② 없다

잠깐!

방송광고 총량규제 제도란?
방송광고의 허용시간에 대해서 그 총량만 법으로 규제하는 방식으로 일정 기간 동안 총 방송광고 허용량 범위 내에서 각 방송사가 광고 유형, 시간, 횟수, 길이 등을 자율적으로 정하는 방식을 말합니다.

50. 귀하께서는 '방송광고 총량규제 제도'에 대해 어떻게 생각하십니까? (　)
① 매우 반대한다　　② 반대한다
③ 잘 모르겠다　　④ 찬성한다
⑤ 매우 찬성한다

[그림 5-2] 전문용어를 사용하는 문항의 '해설' 예

속어나 은어는 하위문화권의 전문용어라 할 수 있다. '넘사벽' '멘붕' '금사빠' 등은 젊은 층이 흔히 사용하는 용어이며, 그들이 조사의 표적집단일지라도 설문에 사용하기에는 부적절한 용어다. 또한 축약어의 사용도 제한된다. NATO는 보통 북대서양조약기구(North Atlantic Treaty Organization)의 약자이지만 응답자에 따라 그 의미를 다르게 해석할 수 있다. 예컨대, NATO는 미국의 '전국자동차 여행기구(National Auto Tourist Organization)' 혹은 '알래스카 원주민 무역경로'(Native Alaskan Trade Orbit), '북아프리카산 차(茶) 사무국(North African Tea Office)' 등을 의미하기도 한다. 비록 전문가 집단을 표본으로 사용하는 경우에도 가급적 전문용어나 축약어의 사용은 피해야 하며, 최저 학력을 지닌 사람도 충분히 이해할 수 있는 표현을 사용하는 것이 좋다. **신문**이나 TV와 같은 일반매체에서 사용되는 수준이 적절하다.

이중의미를 내포한 질문

하나의 문항에 두 가지 이상의 의미를 담고 있거나 두 가지의 질문을 결합하는 것은 응답자의 혼동을 초래하므로 유의해야 한다.

> "단순하지만 질문 작성의 원칙 중 자주 무시되는 것은 하나의 개념, 이슈 혹은 의미만이 하나의 질문에 포함되어야 한다는 것이다."(Labaw, 1980)

만일 연구자가 두 가지 사건의 관련성을 파악하고자 한다면, 각각 독립적인 문항을 만들고 그 관계성을 '분석'으로 밝히는 것이 바람직하다. 예컨대, "**연인 사이에 자주 만나면 친해진다고 생각합니까?**"와 같은 질문은 '자주 만나다'와 '친해지다'의 이중적 의미를 동시에 질문하는 경우이므로, 이를 다시 묻는다면 "현재 연인과 얼마나 자주 만납니까?"와 "얼마나 친하다고 생각합니까?"를 독립적으로 묻고, 이를 **상관분석**을 통해 두 사건(변인)의 관계성을 설명하는 것이다. 다음의 질문을 생각해 보고 어떻게 문항을 수정하는 것이 바람직한지를 생각해 보자.

[그림 5-3]은 전형적으로 이중의미를 내포하고 있는 질문의 예다. 문 1의 '대북정책'과 '중국과의 교류'는 독립적으로 명확하게 이중적 의미를 질문한다. 문 2는

※ 다음 문항을 읽고, 동의하는 정도를 보기와 같이 답해 주세요.

〈보기〉 아니다 = 1, 그렇다 = 2, 모르겠다 = 3

문 1. 정부의 대북정책은 수정되어야 하고 중국과의 경제교류는 유지되어야 한다. ( )

문 2. 주택공급은 감소하고 있으며 하우스푸어(house poor)도 증가하고 있다. ( )

문 3. 선생님이 농담을 많이 해서 수업이 흥미롭다. ( )

문 4. 사회가 안정되면 경제가 좋아진다. ( )

[그림 5-3] 이중의미의 문항 예

※ 다음 문항을 읽고, 동의하는 정도를 보기와 같이 답해 주세요.

〈보기〉 아니다 = 1, 그렇다 = 2, 모르겠다 = 3

문 1. 정부의 대북정책은 수정되어야 한다. ( )

문 2. 중국과의 경제교류는 유지되어야 한다. ( )

문 3. 주택공급은 감소하고 있다. ( )

문 4. 하우스푸어(house poor)가 증가하고 있다. ( )
(※ '하우스푸어'란 집을 가진 … (이)한다)

문 5. 심리학 선생님은 농담을 많이 한다. ( )

문 6. 심리학 수업은 흥미롭다. ( )

문 7. 현재 사회는 전반적으로 안정적이라고 생각한다. ( )

문 8. 현재 국내 경제상황은 좋은 편이라고 생각한다. ( )

[그림 5-4] 이중의미 문항의 수정

이중의미와 더불어 '하우스푸어'라는 전문용어가 사용되었다. **문 3**은 선생님의 '농담'과 수업의 '흥미'가 관련 있는 것처럼 보이지만 서로 독립적인 사건이다. 특히 **학생들의 신념 혹은 태도를 측정**하는 것이지 두 변인(선생님의 농담과 수업 흥미)의 관계성을 측정하는 것이 아니다. 이처럼 조사연구의 문항은 **그럴듯한 인과성을 전제하는 것처럼 보이지만 인과적 관계를 설명할 수 없다.** 같은 맥락에서 **문 4**는 반대의 경우, 즉 '경제가 좋아지면 사회가 안정된다'도 성립되므로, 이처럼 '일방적' 관계를 묻는 질문은 응답편향의 요인이자 이중의미로 해석된다. [그림 5-3]의 문항을 수정하면 [그림 5-4]와 같다.

유도하는 질문

설문의 문항은 응답자가 자신의 견해를 자유롭게 표현할 수 있다는 확신을 제공해야 한다. 만일 응답자가 응답에 제한을 느끼게 되면 응답을 '거부'하거나 아무렇게나 응답하는 경향이 나타날 수 있다. 어떤 일정한 방향으로 응답을 유도하는 질문은 응답자의 자유로운 반응을 방해하고 조사의 편향(bias)으로 이어진다.

[그림 5-5]의 **문 1**과 **문 2**는 긍정적 반응을 유도하는 질문이고, **문 3**은 부정적 반응을 유도하는 질문이다. 예컨대, **문 3**을 **"시장은 우리 시(市)에서 위험한 거리를 정리하도록 조치해야 합니까?"**라고 질문할 때보다 부정적인 응답을 유도한다.

※ 다음 문항을 읽고, 동의하는 정도를 보기와 같이 답해 주세요.

〈보기〉 예 = 1, 아니요 = 2

문 1. 당신은 흡연을 하지 않습니다. 그렇습니까? ( )

문 2. 소외된 사람들이 점점 늘고 있는 시점에서 당신은 '기부'문화에 참여할 생각입니까? ( )

문 3. 거리정비를 위해 시장은 더 많은 세금을 써야 한다고 생각합니까? ( )

[그림 5-5] 유도하는 질문의 예

전제하는 질문

일반적으로 동의되지 않는 어떤 사건에 대한 전제는 응답자를 혼란하게 만들고 명확한 의사표현을 방해한다. 흔히 어떤 사실에 대한 가정은 응답의 신뢰성을 낮추지만 **응답자가 사전지식을 가지고 있지 않을 때**, 전제하는 질문은 반응을 촉진하는 역할을 한다. [그림 5-6]은 전제하는 문항의 예를 보여 준다.

※ 다음 문항을 읽고, 동의하는 정도를 해당 번호에 V표를 해 주세요.

문. 우체국은 장시간 업무를 합니다. 당신은 우체국이 2시간 늦게 열기를 원하십니까? 혹은 2시간 일찍 열기를 원하십니까?
① 2시간 늦게　　② 2시간 일찍　　③ 잘 모르겠다

[그림 5-6] 전제하는 질문의 예

[그림 5-6]의 전제하는 질문을 수정한다면, "우체국의 근무시간을 단축해야 한다고 가정할 때, 당신은 우체국이 2시간 일찍 여는 것이 낫다고 생각하십니까? 아니면 2시간 늦게 여는 것이 낫다고 생각하십니까?"로 바꿀 수 있다. 분명 좋은 질문이란 응답자가 '사실'로 받아들이는 전제여야 하고 그에 대한 '선호'를 측정하는 문항이다.

정서적 어휘와 권위의 사용

어휘는 명백한 지시적 의미와 더불어 표현하고자 하는 의미를 명확하게 전달해야 한다. 설문에 포함된 단어나 어휘가 '정서적'이거나 '권위'를 상징한다면 응답편향이 발생한다. 회사나 조직의 직함이나 사회적 권위는 **질문의 이슈보다 권위에 동조하게** 할 뿐만 아니라 '정서적 반응'을 유도하기 때문에 응답자의 솔직한 반응을 기대하기 어렵다. 이러한 편향은 서베이의 결과를 왜곡하기 때문에 설문의 작성에서 정서적 어휘의 사용은 배제하여야 하며, 가능한 한 정서적으로 '중립적'인 단어를 선택해야 한다.

※ 다음 문항을 읽고, 동의하는 정도를 보기와 같이 답해 주세요.

[보기]

전혀 동의하지 않는다	동의하지 않는다	보통이다	동의한다	매우 동의한다
①	②	③	④	⑤

문 1. 21세기 금융제도와 관련한 대통령의 정책을 지지하십니까? ( )

문 2. 의사는 흡연자 옆에 있어도 호흡기장애가 발생한다고 합니다. 동의하십니까? ( )

문 3. 사람들이 소중히 여기는 평화와 자유를 위협하는 살인적인 테러리스트를 처벌하는 정책에 대해 어떻게 생각하십니까? ( )

[그림 5-7] 정서적 어휘의 사용 예

[그림 5-7]에 제시된 것처럼, **문 1**에서 '21세기 금융제도'에 대해 알지 못하는 사람이나 무관심한 사람은 대통령의 권위적 관점에 동조할 가능성이 높고, **문 2**는 전문가로서 의사의 권위에 정서적으로 의존하는 동조가 발생한다. 또한 **문 3**은 대단히 많은 정서적 어휘가 포함되어 있어 읽기 자체가 부담스럽다. '소중히' '평화' '자유' '위협' '살인적' '처벌' 등 거의 모든 단어가 정서적 의미를 담고 있어 질문이 요구하는 이슈와 상관없이 동의하는 반응편향의 가능성이 높은 경우다.

응답자의 능력을 벗어나는 질문

설문 문항의 구성은 응답자의 '지식수준'이나 '능력범위'를 고려해야 한다. 만일 응답자가 질문내용이 자신의 능력범위 밖에 있다고 생각하면, 좌절하고 응답을 포기하거나 아무렇게나 응답할 가능성이 높아진다. 종종 연구자가 자신의 권위나 조사의 중요성을 강조하기 위해 어려운 문항을 '의도적으로' 사용하는 경우가 있으나 올바른 조사결과를 위해 결코 바람직한 것은 아니다. 더욱이 응답자는 단순한 사실에 대한 기억조차 혼동하는 경우가 많기 때문에 복잡한 추론을 요하는 질문에 대한 응답은 대체로 왜곡되거나 편향되기 쉽다. 실제 브래드번

(Bradburn, 1983)은 저축과 관련된 질문에 대해 "응답자의 약 31%만이 정확하게 자신의 저축액을 기억했고, 47%는 자신이 기록한 메모를 참고했다."고 보고한 바 있다. 따라서 '과거의 사실'은 개인의 경험적 범주에 있지만 종종 응답자의 능력을 벗어난 질문인 경우가 많다. [그림 5-8]은 응답자의 능력을 벗어나는 질문의 예다.

※ 다음 문항을 읽고, 귀하의 생각을 답해 주세요.

문 1. 6세 때 세상에 대해 어떤 느낌을 가졌습니까?

문 2. 당신의 현재 저축 총액은 얼마입니까?

문 3. 당신은 지난해 몇 갤런의 가솔린/경유를 자동차 연료로 사용하였습니까?

문 4. 방송사가 KOBACO에 지급하는 수탁수수료의 적정비율은 어느 정도라고 생각합니까?

[그림 5-8] 응답자의 능력을 벗어나는 질문의 예

[그림 5-8]에서와 같이, 대체로 과거의 행동이나 태도를 질문하는 문항을 사용하는 경우에는 응답의 '편차'를 고려해야 하고, 필요한 경우 '수개월 이내'로 범위를 제한하는 것이 좋다. 단위에 대한 질문은 표준계량법으로 사용하는 것이 좋으며(1갤런=3.78리터), 질문이 응답자의 지식적 범위를 넘어설 때는 용어에 대한 '해설'을 제시하는 것이 바람직하다.

미래의도에 대한 질문

과거의 행동이나 태도에 대한 질문과 마찬가지로 미래의 '의도'를 묻는 문항도 신뢰성이 낮다는 것을 염두에 두어야 한다. 일반적으로 현재의 태도와 향후 발생할 행동의 '예측적' 관계성에는 상당한 오차가 있을 수 있기 때문이다. 예컨대, 신제품 개발을 위한 소비자조사에서 "향후 출시되면 구입해 보겠습니까?"를 물을 때 '그렇다'의 응답이 '아니다'라는 응답보다 유의미하게 높게 나타나는 것은 흔하다. 여기에는 **면접자편향**이 작용하기도 하지만 미래행동에 대한 현재 태도의 **낮은 예측력**에 기인한다. [그림 5-9]는 미래의 의도를 묻은 문항의 예를 나타낸다.

※ 다음 문항을 읽고, 동의하는 정도를 보기와 같이 답해 주세요.

〈보기〉 아니다 = 1, 그렇다 = 2, 모르겠다 = 3

문. 길 아래쪽에 새로운 편의점이 생긴다면, 당신은 그 편의점에서 물건을 사시겠습니까?
(　　)

[그림 5-9] 미래의 의도를 묻는 문항의 예

[그림 5-9]의 질문은 막연한 미래의 행동의도를 묻는 것으로 현재 혹은 최근의 '행동'이나 '의견'을 질문하는 것이 바람직하다. 예컨대, "길 아래쪽에 있는 전통 상가를 이용해 보셨습니까?" "이용하셨다면 얼마나 자주 이용하셨습니까?" "현재 길 아래쪽에 편의점이 없어 불편하십니까?" "길 아래쪽에 편의점이 얼마나 필요하다고 생각하십니까?" 등으로 질문을 전개해 나가는 것이 좋다. 이러한 질문의 '전개'는 응답자가 상황을 유추할 수 있도록 필요한 질문을 추가하는 방식으로 세부정보를 얻는 **탐침질문**의 한 형태다.

이중부정을 사용하는 질문

흔히 문법적으로 강조를 위해 '이중부정'의 문구를 사용하지만 설문 문항으로는 적합하지 않다. 이중부정을 사용한 문장은 응답자에게 부정확한 의미를 전달하고 혼동을 초래한다. 이중부정의 문장은 의미를 파악하는 데 오랜 시간이 필요할 뿐만 아니라 응답자로 하여금 질문에 **동의하고 싶은 욕구**를 부추긴다. [그림 5-10]은 이중부정의 문장을 포함한 질문의 예다.

[그림 5-10]의 예는 지극히 당연한 것으로 보인다. 그러나 **문** 4는 다소 복잡한 형태의 이중부정으로 미묘한 혼동을 초래할 수 있다. 즉, '졸업시험에 응시할 필요가 없다'에 **반대하는 응답자**('1'에 응답한 사람)는 논리적으로 '시험을 볼 필요가 없

다'에 동의하지 않는 것, 즉 '시험은 보아야 한다'는 것이므로 해석과정에서 이중부정의 의미를 갖게 된다. 이런 경우 응답자는 자신의 응답이 시험에 대한 동의인지 반대인지를 혼동할 수 있다.

※ 다음 문항을 읽고 답해 주세요.

〈보기〉 아니다 = 1, 그렇다 = 2, 모르겠다 = 3

문 1. 나는 아무런 직업도 없지 않다. ( )

문 2. 나는 이 제품을 사고 싶지 않다고 말하고 싶지 않다. ( )

문 3. 나는 대북정책의 변화가 불가피하다는 것을 인정하고 싶지 않은 것은 아니다. ( )

문 4. 학생들은 졸업을 위한 시험에 응시할 필요가 없다. ( )

[그림 5-10] 이중부정을 사용한 문항의 예

중복 혹은 불균형 응답 범주의 사용

질문 문항에 포함된 응답범주는 **상호 배타적이고 균형적 범주로 구성**되어야 한다. '상호 배타적'이란 응답범주가 중복되지 않아야 한다는 것을 말하며, '균형적 범주'란 선택할 수 있는 응답의 항목이 가용한 범주에서 고르게 분포되어야 함을 의미한다.

[그림 5-11]의 **문 1**은 응답범주가 '중복'된 경우로 이를 수정한다면, "① 19세 이하, ② 20~29세, ③ 30~39세, ④ 40~49세, ⑤ 50세 이상"으로 바꿀 수 있다. **문 2**는 응답의 범주가 '불균형'된 경우로 그 외의 많은 선택 가능한 범주가 존재하기 때문에 반응범주가 제한된다. **문 3**은 '리커트형' 척도에서 나타나는 불균형 응답범주의 예로, 당연히 결과는 '불만족'이 없는 것으로 해석될 것이다. 이러한 예는 극단적일 수 있지만, 실제 **설문에서 미묘한 응답범주의 차이가 조사결과에서 큰 차이**를 가져온다는 것을 유의하라.

※ 다음 문항을 읽고 답해 주세요.

문 1. 귀하의 연령은?
① 20세 이하 ② 20~30세 ③ 30~40세 ④ 40~50세 ⑤ 50세 이상

문 2. 다음 중 역대 가장 훌륭한 미국 대통령은 누구라고 생각하십니까?
① 루스벨트 ② 링컨 ③ 케네디 ④ 트루먼

문 3. 당신은 전반적으로 현재 기숙사 생활을 어떻게 생각합니까?
① 매우 만족 ② 약간 만족 ③ 만족

[그림 5-11] 중복 혹은 불균형 응답범주의 예

2.3 문항유형과 설계

설문 문항의 유형은 '응답자가 질문에 반응하는 양식'을 말한다. 연구자가 '질문'을 한다는 것은 그에 대한 응답자의 '반응'을 염두에 두는 것이므로 **질문양식**과 **반응양식**이 종종 같은 의미로 사용되기도 한다. 따라서 응답자가 질문에 반응하는 방식을 **문항유형** 혹은 **반응유형**이라고 하고, 응답자가 선택할 수 있는 항목을 **반응항목**이라는 용어로 사용한다. 문항유형 혹은 반응유형은 크게 두 가지로 구분된다. 첫 번째 유형은 일정한 반응유형을 제공하지 않고 응답자가 반응을 자유롭게 기록할 수 있도록 하는 방식의 **개방형 질문**이고, 두 번째 유형은 선택 가능한 일정한 반응항목을 제시하고 그 가운데에서 응답자가 고르는 **폐쇄형 질문**이다. 어느 유형을 사용할 것인지는 연구의 '목적'과 '비용'을 포함한 환경요인에 의존한다. 개방형은 면접조사와 같은 심층연구에 적합하고, 폐쇄형은 전화조사나 우편조사를 이용한 서베이에 적합하다. 연구의 초기단계에서 **탐색적 연구**를 수행한다면 개방형이 유용하고, **대규모 서베이**에는 폐쇄형이 유리하다. 질적인 연구를 수행하기 위해서는 개방형 문항을 사용하고, 양적인 연구를 위해서는 폐쇄형 문항을 사용한다.

개방형 질문

개방형 질문은 **비구조화 질문**이라고도 하며, 심층적인 면접 서베이나 문항개발을 위한 절차에서 주로 사용된다. 개방형 질문에는 '자유응답 질문' '탐침질문' '투사기법' 등이 있다.

▢ 자유응답 질문

자유응답 질문(free-response question)은 개방형 질문의 일반적 형태로 응답자가 질문에 **자유롭게 반응을 기록**하게 하는 방법이다. [그림 5-12]는 자유응답 질문의 예다.

문 1. 당신이 가장 좋아하는 TV 프로그램은 무엇입니까?

문 2. 당신은 TV 프로그램이 공익성을 갖추기 위해 무엇이 필요하다고 생각하십니까?

문 3. ○○ 백화점에서 물건을 살 때 어떤 점에 만족하셨습니까? 혹은 어떤 점이 만족스럽지 않으셨습니까?

문 4. ○○백화점에서 가장 최근 이용한 매장은 어디입니까? 그 매장에서 근무 영업사원의 서비스는 어떻다고 생각하셨나요?

[그림 5-12] 자유응답 질문의 예

자유응답 질문은 가급적 많은 정보를 얻는 것이 목적이므로 응답을 구체적이고 자유롭게 할 수 있도록 질문을 구성한다. [그림 5-12]의 **문 3**에서, 단순히 "물건을 살 때 만족하셨습니까?"를 질문하면 '예' '아니요'와 같이 단답형의 응답이 나오기 쉽다. 만일 '예'와 '아니요'와 같은 단순한 응답이 요구될 때에는 자유응답형 질문보다 폐쇄형 질문을 사용하는 것이 좋다.

▢ 탐침질문

탐침질문(probing question)은 응답자가 하나 혹은 몇 개의 질문을 한 후, 응답에 따라 **추가적인 정보를 얻기 위해 비공식적으로 진행하는 질문**을 말한다. [그림 5-13]의 탐침질문의 전형적인 예다.

Q: ○○백화점에서 물건을 샀을 때를 생각해 보세요. ○○백화점의 어떤 점에 만족하셨습니까, 아니면 만족하지 않으셨습니까?

A: ○○백화점의 가격은 다른 백화점보다 항상 싼 편이에요.

Q: 다른 점은 어떠셨습니까? (탐침)

A: ○○백화점의 제품 질이 지금처럼만 좋다면 앞으로도 ○○백화점에서 쇼핑을 할 겁니다.

Q: 또 다른 점은 없나요? (혹은) ○○백화점에 대해 마음에 들지 않는 점은 없으십니까? (탐침)

[그림 5-13] 탐침질문의 예

면접조사의 경우, 면접원이 어느 정도의 재량권을 가지고 있다면 '탐침'은 매우 유용한 수단이다. 면접법은 피면접자와의 일대일 대면상황에서 진행되기 때문에 심층적이고 정확한 응답을 얻을 수 있다는 장점이 있다. 이런 장점은 면접자가 상황에 따라 적절한 융통성을 발휘할 때 얻게 되는데, 면접자의 '융통성'이란 면접상황에 따라 면접자가 의도적인 혹은 보다 정확한 응답을 요구하기 위해 다양한 형태의 질문을 시도할 수 있음을 말한다. 이러한 융통성은 탐침질문으로 시작한다.

심화학습 면접의 진행에서 발휘되는 탐침

흔히 면접조사에서 **탐침**(probing)은 다음과 같은 상황에서 사용된다.

- 피면접자가 질문을 정확히 이해하고 그에 대한 답을 가지고 있으면서도 의도적으로 명확한 답을 회피하는 경우
- 피면접자가 응답을 두려워하거나 응답을 즉각적으로 하지 못하는 경우 혹은 질문 자체를 이해하지 못하는 것으로 보이는 경우
- 피면접자가 솔직한 대답을 하고 있지 않는 것으로 보여 피면접자에게 감정적인 자극을 줄 필요가 있는 경우

이러한 상황에서의 탐침질문은 면접상황에서 즉흥적으로 만드는 것보다 **미리 예상되는 상황을 설정하고 질문을 구성**해 두는 것이 바람직하다.

(탐침의 사용 예)
면접자: 귀하의 직업은 무엇입니까?

응답자: 저는 제너럴 모터스에서 일해요.
탐침: 제너럴 모터스에서 무슨 일을 하시죠? 거기서 어떤 일을 하세요?

면접자: 얼마나 오랫동안 실직하셨나요?
응답자: 아주 오래요.
탐침: 실직기간이 얼마나 되시는지 구체적으로 말씀해 주시겠습니까?

면접자: 전반적으로 내년에 경제가 나아질 것이라고 생각하십니까? 아니면 나빠지리라고 생각하십니까? 아니면 또 다른 생각이 있습니까?
응답자: 아마도 좋아지거나 나빠지겠지요. 그걸 누가 알겠어요?
탐침: 혹시 어떤 일이 일어나리라고 예상하십니까?

출처: Goode & Hatt(1957).

▢ 개방형 질문의 장점

- 응답자가 제공하는 다양한 정보를 제한 없이 수집할 수 있다.
- 응답자의 자세하고 질적인 응답을 얻을 수 있으며, 기대하지 않은 새로운 정보를 발견할 수 있다.
- 복잡한 이슈에 대한 조사가 가능하다.
- 창의적이고 개성이 있는 응답을 얻을 수 있다.
- 응답의 배경이 되는 사고와 논리적 과정을 파악할 수 있다.

▢ 개방형 질문의 단점

- 응답자에 따라 응답내용의 체계성이 다르다.
- 응답자의 반응이 질문과 무관하거나 지나치게 자세한 경우 분석이 어렵다.
- 응답에 대한 통계분석이 제한적이다.
- 어휘수준이 높거나 표현능력이 좋은 응답자에게 유리하다.
- 시간과 비용이 많이 들고 조사원에 대한 훈련비용도 높다.

폐쇄형 질문

폐쇄형 질문은 **구조화 질문** 혹은 **고정반응 질문**이라고도 하며, 서베이 방법에서 가장 흔히 사용된다. 폐쇄형 질문은 '양분형' '순위형' '체크리스트' '다지선다형' '척도형' '여과형' 등이 있다.

☐ 양분형 질문

양분형 질문(dichotomous question)은 두 가지 형태로 구분된다. 첫 번째는 **둘 중 하나를 선택**하는 문항유형인 '예-아니요' 방식으로 가장 일반적인 형태다. 두 번째는 흔히 **검색질문**(screening question)이라고 하며 한 질문에 대한 응답에 따라 다음 질문을 결정하는 형태다. [그림 5-14]는 '예-아니요' 방식의 양분형 질문이고, [그림 5-15]는 '검색질문'에 활용되는 양분형 질문의 예다.

문. 귀하가 주문한 제품이 정해진 날짜에 도착했습니까?
① 예 ② 아니요

[그림 5-14] 양분형 질문의 예

문 1. 귀하께서는 프로야구를 좋아하십니까?
① 예 (⇨ '문 2'로 가세요) ② 아니요 (⇨ '문 1-1'에 답해 주세요)

문 1-1. 귀하께서 좋아하는 다른 프로스포츠가 있다면 무엇입니까?

문 2. 귀하께서 응원하는 프로야구팀은 어디입니까?
① 삼성 ② SK ③ 두산 ④ 롯데 ⑤ 기아 ⑥ 넥센 ⑦ LG ⑧ NC ⑨ 한화

[그림 5-15] 검색질문의 예

흔히 '예-아니요'의 문항유형은 양분척도로 정보가 제한적이기 때문에 '검색질문'의 형태로 많이 사용된다. 구체적으로 [그림 5-15]의 **문 1**은 **검색질문**으로 이 질

문에 해당 사항이 있으면('아니오' 응답) **문 1-1**의 질문으로 넘어가는데, 이때 **문 1-1**을 **유관질문**(contingency question)이라고 한다. 만일 해당사항이 없으면('예' 응답) **문 2**로 넘어가고, 이때 **문 1-1**은 **통과질문**(skip question)이 된다. 즉, **문 1-1**은 **문 1**에서 ②번을 선택할 때 '유관질문'이 되고 ①번을 선택할 때 '통과질문'이 된다. 검색질문은 질문에 대한 응답여부에 따라 다음 질문이 나누어지기 때문에 **갈래질문**(branch question)이라고도 한다.

심화학습 '검색질문'에 대한 응답오류의 교정

실제 설문지에 '검색질문' 을 사용하다 보면 응답자가 **유관질문에 답을 하지 않고 넘어가거나 통과질문에 답을 하는 경우**가 자주 발생한다. 정확한 분석을 위해서는 '갈래질문'을 기준으로 유관질문에 응답한 사례수와 통과질문에 해당하는 사례수는 일치해야 한다. 예컨대, [그림 5-15]에서 문 1의 ②에 응답한 사례수는 문 1-1의 응답 사례수와 일치해야 하고 문 1의 ①의 응답 사례수는 문 1-1의 결측값과 일치해야 한다. 설문의 응답이 정확한지 확인하기 위해 SPSS의 빈도분석이나 타당성 검사를 하면 오류를 확인하고 수정할 수 있다. 만일 응답 사례수가 일치하지 않는다면 개별 설문지를 확인하여 수정하거나 SPSS의 '자료변환명령'을 이용하여 수정한다.

토론하기 "가장 선호하는 TV 장르는 무엇입니까?" 의 질문으로 검색질문을 만들어 보라.

☐ 순위질문

문 1. 다음에 제시된 항목 중에서 귀하가 향후 가장 배우고 싶은 순서대로 순위를 매겨 주세요.

[ ] 무술 [ ] 악기연주 [ ] 영어회화 [ ] 영화제작
[ ] 인터넷 [ ] 무용 [ ] 컴퓨터 [ ] 댄스

문 2. 귀하가 가장 즐겨 보는 케이블 TV 채널을 보기에서 세 가지만 골라 순서대로 순위를 매겨 주세요.

[보기]
① OCN ② 투니버스 ③ 내셔널지오그래픽 ④ KBSN스포츠
⑤ MBC드라마넷 ⑥ TvN ⑦ 롯데홈쇼핑 ⑧ 기타( )

1순위 ( ) 2순위 ( ) 3순위 ( )

[그림 5-16] 순위질문의 예

순위질문(ranking question)은 일련의 항목을 제시하고 **항목을 비교하여 순위**를 매기는 방법이다. 이 방법은 동시에 여러 개의 반응항목을 선택하는 것이므로 **다중선택**의 일종이다. 다만 다중선택을 하면서도 선택에서 '선호'나 '중요도'에 따라 순위를 정한다는 점이 다르다. [그림 5-16]은 순위질문의 예다.

▢ 체크리스트

체크리스트(checklist)는 제시된 반응항목 중 여러 항목을 선택하게 하는 전형적인 **다중선택**의 방법이다. 순위질문과 달리 '선호'나 '중요도'에 따른 순위를 매기지 않는다. [그림 5-17]은 체크리스트의 예시다.

문. 다음 항목 중 좋아하는 구기운동의 종목에 모두 V표 해 주세요.
야구 (　) 농구 (　) 축구 (　) 배구 (　) 탁구 (　) 기타 (　)

[그림 5-17] 체크리스트의 예

▢ 다지선다형 질문

다지선다형 질문(multiple choice question)은 가장 익숙한 방법의 하나로 폐쇄형 질문의 대표적 방법이다. 흔히 4지선다형 질문이 가장 많이 사용되지만, 요구되는 응답이 많으면 반응범주를 추가한다. 응답자는 자신의 생각과 일치하는 정도에 표시를 하지만 '다중선택형'과 달리 **하나의 범주에만 응답**한다. 주로 개인만이 가지고 있는 독특한 특성이나 성향을 측정하는 데 유용하며, 다양한 반응유형이 제시되므로 **카페식 질문**(cafeteria question)이라고도 한다. [그림 5-18]은 다지선다형 질문의 예다.

문. 귀하께서는 뷔페에 가셨을 때 어느 정도의 식사를 하십니까? 귀하를 가장 잘 나타내는 문장에 ✔표 해 주세요.
① 본전 생각이 나지 않도록 숨 쉬기 힘들 정도로 먹는다. (　)
② 평소 먹던 양보다 조금 더 먹는 편이다. (　)
③ 대화를 주로 하기 때문에 많이 먹지 않는다. (　)
④ 뷔페에 가 본 적이 없다. (　)

[그림 5-18] 다지선다형 질문의 예

▢ 척도형 질문

척도형 질문(scaled question)은 크게 두 가지로 구분한다. 첫 번째는 '동의 정도'를 나타내는 **리커트형**(Likert type)의 질문이고, 두 번째는 '좋다–싫다'와 같이 양극단에 형용사형을 배열하는 **양극형**(bipolar type)의 질문이다. 응답자는 자신의 생각이나 견해와 일치하는 '정도'나 '강도'를 척도상에 응답하기 때문에 **연속변인을 측정하는 대표적인 방법**이다. 흔히 **모수통계**의 적용을 목적으로 사용하며 가설검증 연구에 적합하다. [그림 5-19]는 척도형 질문의 예다. **문 1**은 리커트형 척도를 나타내고, **문 2**는 양극형 척도의 예다.

문 1. 다음 질문에 대해 귀하께서 동의하시는 정도를 아래의 보기에서 골라 해당 번호를 써 주세요.

[보기]

전혀 동의하지 않는다	동의하지 않는다	보통이다	동의한다	매우 동의한다
①	②	③	④	⑤

21. 공중파 방송프로그램은 생활에 유용한 정보를 제공한다. (   )
22. 공중파 방송프로그램은 가족 모두 함께 시청할 수 있다. (   )
23. 공중파 방송프로그램은 교육적이다. (   )
24. 공중파 방송프로그램은 공감 가는 내용이 많다. (   )
25. 공중파 방송프로그램은 믿을 만하다. (   )
26. 공중파 방송프로그램은 감동적이다. (   )
27. 공중파 방송프로그램은 내용의 완성도가 높다. (   )

문 2. 당신은 '공중파 방송프로그램'을 접할 때 어떤 느낌이 드십니까? 해당하는 번호에 ○표를 해 주세요.

	←			중간			→	
불쾌한	−3	−2	−1	0	1	2	3	유쾌한
우울한	−3	−2	−1	0	1	2	3	활기찬
불행을 느끼는	−3	−2	−1	0	1	2	3	행복감이 드는
졸리는	−3	−2	−1	0	1	2	3	각성되는
불편한	−3	−2	−1	0	1	2	3	편안한
늘어지는	−3	−2	−1	0	1	2	3	긴장감 있는
짜증 나는	−3	−2	−1	0	1	2	3	즐거운
기분 나쁜	−3	−2	−1	0	1	2	3	기분 좋은
복잡한	−3	−2	−1	0	1	2	3	단순한

[그림 5-19] 척도형 질문의 예

▢ 여과형 질문

보통 문항의 반응유형에서 '동의' 여부만을 측정하는 경우 응답자는 실제 특정한 견해를 가지지 않았음에도 응답한다. 이런 문제점을 방지하기 위해 **여과형 질문**(filtering question)을 사용한다. 여과형 질문은 '완전여과형'과 '준여과형' 질문으로 구분된다. [그림 5-20]은 여과형 질문의 예시다.

표준형 질문

> 다음 진술문은 외국에 관한 것입니다.
> **"중국의 지도자는 한국과 우호관계를 유지하기 위해 노력하고 있다."**
> 귀하께서는 이 진술문에 대해 동의하십니까, 아니면 동의하지 않으십니까?

준여과형 질문

> 다음 진술문은 외국에 관한 것입니다.
> **"중국의 지도자는 한국과 우호관계를 유지하기 위해 노력하고 있다."**
> 귀하께서는 이 진술문에 대해 동의하십니까, 아니면 동의하지 않으십니까? 또는 아무런 견해도 갖고 계시지 않습니까?

완전여과형 질문

> 다음 진술문은 외국에 관한 것입니다. 모든 사람이 이에 대한 견해를 갖고 있지는 않습니다. 만약 귀하께서 어떤 견해도 갖고 계시지 않다면 '의견 없음'으로 응답해 주시기 바랍니다.
> **"중국의 지도자는 한국과 우호관계를 유지하기 위해 노력하고 있다."**
> 귀하께서는 이 진술문에 대한 견해를 가지고 계십니까? 만약 그렇다면 이 진술에 대해 동의하시는지 혹은 동의하지 않는지를 응답해 주시기 바랍니다.

[그림 5-20] 여과형 질문의 예

슈만과 프레서(Schuman & Presser, 1981)는 여과형 질문의 유형에 따라 응답자의 '동의' 정도가 다르다고 주장한다. 같은 문항에 대해 **표준형** 질문을 사용하면 대체로 '동의한다'는 응답이 많은 반면, **완전여과형** 질문에서 '의견 없음' 응답이 상대적으로 높게 나타난다고 보고한 바 있다. 〈표 5-2〉는 슈만과 프레서가 제시한 여과형 질문의 비교결과다.

〈표 5-2〉 여과형 질문에 따른 응답자의 '동의' 정도의 비교

	표준형(%)	준여과형(%)	완전여과형(%)
동의함	48.2	27.7	22.9
동의하지 않음	38.2	29.5	20.9
의견 없음	13.6	42.8	56.3

출처: Schuman & Presser(1981).

▢ 폐쇄형 질문의 장점

- 응답이 쉽고 빠르다.
- 응답자의 반응을 양적으로 비교할 수 있고 통계분석이 용이하다.
- 응답의 의미를 비교적 명확하고 객관적으로 파악할 수 있다.
- 구조화된 반응유형(응답범주)을 사용하기 때문에 민감한 문제에도 쉽게 반응할 수 있다.
- 교육수준이나 어휘력 수준에 관계없이 응답할 수 있다.
- 반복연구에 유용하다.

▢ 폐쇄형 질문의 단점

- 반응유형이 고정되어 있어 응답자의 실제 견해와 다를 수 있다.
- 응답자가 원하는 응답이 없을 때 잘못된 반응(실제와 다른 의견, 무응답)을 하기 쉽다.
- 문항이 많아지면 혼란과 지루함을 유발할 수 있다.
- 응답자가 모든 문항에 성실한 응답을 하였는지 확인하기 어렵다.
- 응답자 간의 미묘한 차이나 응답의 배경을 밝힐 수 없다.
- 응답자가 복잡한 이슈에 대해 단순화된 응답을 해야 할 때 좌절할 수 있다.

문항에 사용된 '용어'의 효과 연구

▢ 스미스의 연구

스미스(Smith, 1987)는 서베이의 반응유형에 사용된 '용어'에 따라 사람들의 정

서반응에 차이가 있음을 발견하였다. '가난한 사람을 돕기 위해 예산을 써야 한다'와 '사회복지를 위해 예산을 써야 한다'의 두 문장에서 용어의 차이가 응답자의 반응에 차이를 가져왔다. 연구결과, '복지'에 대한 응답자의 반응은 '쓸모없는 값비싼 프로그램'이라는 부정적 반응으로 나타났고, 그러한 반응은 '**가난한 사람을 돕기 위한 예산의 집행**'에 **훨씬 긍정적인 반응**으로 연결되었다.

□ 피터슨의 연구

피터슨(Peterson, 1984)은 **연령**과 같은 객관적 합의가 있는 변인도 문항의 '반응유형'에 따라 응답자의 반응이 달라질 것으로 가정하고, 다음 네 가지 유형으로 바꾸어 질문하고 반응을 비교하였다.

- 귀하의 연령은?
- 귀하는 올해 몇 세입니까?
- 귀하의 태어난 연도는?
- 귀하는 어떤 연령에 속합니까?
  ① 10대 미만 ② 10대 ③ 20대 ④ 30대 ⑤ 40대 ⑥ 50대 이상

이 연구에서 각 유형에 대한 응답자의 반응과 실제 출생기록을 비교한 결과, 95.1%에서 98.7%의 응답자가 각 유형에 대해 다른 반응을 보인 것으로 나타났다.

3 설문작성의 고려사항

3.1 설문의 길이와 순서

설문지의 길이(분량)는 기본적으로 연구주제와 서베이 방법에 의존한다. '연구주제'가 가설검증을 목적으로 할 때 여러 변인을 다루고 구성개념이 다중문항으로 구성되므로 많은 양의 문항이 필요하지만, 선거조사나 일시적 사회조사의 경

우에는 간단한 문항으로 구성되어 설문의 길이가 비교적 짧다. 일반적으로 '면접조사'나 '우편조사'는 긴 분량의 설문을 사용하고, '전화조사'는 적은 분량의 설문을 사용한다.

설문의 문항은 쉽고 흥미로운 질문으로 시작하여 순차적으로 중요한 핵심질문의 순서로 배열한다. 일반적으로 도입질문, 본 질문, 종결질문으로 구성하되, **도입질문**에서는 분류를 목적으로 하는 질문(예, 성별, 연령, 설문의 표적층을 판단하는 질문 등)을 한다(TDM에서는 모든 인구통계적 특성을 마지막 종결질문에 포함할 것을 권장한다).

본 질문은 조사의 목적과 관련한 **주제(혹은 구성개념별)를 순차적으로 배열**하는데, 이때 주제의 구성은 넓고 일반적 범주에서 구체적이고 중요한 범주로 범위를 좁혀 가며 구성한다. 예컨대, 한 연구자가 '휴대전화 이용 실태와 모바일 광고에 대한 연구'를 하고자 한다면, 일반적인 '휴대전화 이용 실태(이용회사, 사용요금제, 이용목적)'를 먼저 질문하고 서비스 태도(선호도, 호감도, 만족도), 구매의도(이용 가능성, 향후 구매 정도) 등으로 주제의 범위를 좁혀 가면서 깊이 있게 구성하는 것이 좋다. 이런 방식의 주제배열을 **깔대기형 질문구성**이라고 한다. 종종 주제의 구성을 '사건의 시간순서'에 따라 배열하는 경우도 있는데, 이는 시간적 흐름에 따른 변화를 추적하는 데 도움을 주기도 한다. 각 주제를 구분하기 위해 '무엇을 묻는 것인지'를 설명하는 **지시문**을 사용하는 것이 바람직하다. 예컨대, "다음 문항은 현재 이용하고 계신 이동통신서비스에 대한 질문입니다."와 같이 소개를 하면 주제에 대한 응답자의 집중을 유도할 수 있다.

본 질문의 주제구성에서 처음부터 너무 어렵거나 민감한 주제가 나오면 응답자가 응답을 포기하거나 무성의하게 응답할 가능성이 높다(채서일, 2001). 일반적으로 사람들은 자신의 응답을 **초기의 반응과 일치하게 하려는 경향**이 있기 때문에, 하나의 주제에 대한 질문의 연속은 다른 주제의 문항에 대한 반응에 영향을 주게 된다. 따라서 본 질문에 제시되는 첫 번째 주제 혹은 그 주제 안에서 제시되는 첫 번째 문항의 연속을 어떻게 구성하느냐에 따라 응답자 반응의 질과 전체적인 설문의 신뢰도에 영향을 줄 수 있다.

본 질문이 끝나면 설문을 마무리하는 **종결질문**을 하는데, 여기에는 도입질문에서 하기 어렵고 민감한 인구통계적 특성(예, 수입, 교육수준, 결혼여부, 주거형태 등)

에 대한 질문과 추가적으로 조사에서 요구되는 분류정보를 질문한다.

▢ 문항배열의 순서효과

문항의 배열에 따라 응답이 달라지는 것을 '순서효과'라 한다. 순서효과는 교육수준이 낮거나 응답자가 **특정 주제에 대한 견해가 불분명할 때** 자주 발생한다. 〈표 5-3〉은 문항배열에 따른 순서효과를 설명한다.

〈표 5-3〉 문항배열의 순서효과

질문 1) 미국이 러시아와 같은 사회주의 국가의 신문기자를 초청하여 기자회견을 하고 기자들이 쓴 기사를 그대로 러시아 신문사로 보내게 하리라 생각합니까?

질문 2) 러시아와 같은 사회주의 국가가 미국의 신문기자를 초청하여 기자회견을 하고 기자들이 쓴 기사를 그대로 미국 신문사로 보내게 하리라 생각합니까?

	'그렇다'의 응답비율	
질문의 배열순서	질문 1	질문 2
질문 1 ⇨ 질문 2	54%	75%
질문 2 ⇨ 질문 1	64%	82%

출처: Neuman(1994).

〈표 5-3〉은 상반된 문항의 배열 순서에 따라 '그렇다'의 응답 비율이 달라짐을 보여 준다. 미국인은 '질문 1(미국)'을 먼저 제시할 때보다 '질문 2(러시아)'를 먼저 제시할 때 훨씬 '그렇다'는 응답의 비율이 높았고, 그에 따라 '질문 1'에 대한 비율도 영향(54%에서 64%로 증가)을 받는 것으로 나타났다.

문항의 순서효과가 예상되는 경우, 연구자는 대안적 순서를 사용할 수 있다. **응답자를 반으로 나누어** 각 질문의 순서를 바꾸어 시행(응답자의 절반에게는 '질문 1 → 질문 2'의 순서, 나머지 반에게는 '질문 2 → 질문 1'의 순서)하고, 전체응답은 '평균으로 계산'하는 방법이다. 이러한 방법은 순서효과에 의한 편향된 해석을 개선하는 역할을 하지만 어떤 순서가 좋은지를 말해 주는 것은 아니다. 만일 문항을 개발하는 단계에서 '순서효과'가 의심된다면, **사전조사**를 통해 확인하고 최소화할 수 있는 방법(예, 문장구성, 문항제거 등)을 찾는 것이 바람직하다.

문항배열 순서효과의 다른 형태로 '맥락효과'가 있다. **맥락효과**는 서로 관련성이 높은 문항에 대해 응답자가 **자신의 태도나 의견과 관계없이 동일하게 반응하려는 경향**을 말한다. 서베이에서는 유관된 질문을 많이 사용하기 때문에 전후 맥락에 의한 효과가 응답편향을 유발할 수 있다. [그림 5-21]은 유관된 질문에 의한 맥락효과의 예다.

[집단 A의 질문순서]
질문 1) 귀하께서는 최근 시행되는 '음주운전방지법안'에 대해 어떻게 생각하십니까?
질문 2) 귀하께서는 최근 발생하는 '범죄의 심각성'에 대해 어떻게 생각하십니까?

[집단 B의 질문순서]
질문 1) 귀하께서는 최근 발생하는 '범죄의 심각성'에 대해 어떻게 생각하십니까?
질문 2) 귀하께서는 최근 시행되는 '음주운전방지법안'에 대해 어떻게 생각하십니까?

[그림 5-21] 문항의 맥락에 따른 순서효과(Neuman, 1994)

[그림 5-21]의 두 질문순서는 문항 맥락에 따라 응답이 어떻게 달라지는지를 알아보기 위한 것으로 전화조사를 통해 '음주운전방지법'과 '범죄의 심각성'을 서로 다른 순서로 질문한 예다. 연구의 결과는 '집단 A'가 집단 B보다 **범죄의 심각성을 훨씬 낮게 평가**한 것으로 나타났고, 반대로 '집단 B'는 집단 A보다 **'음주음전방지법안'을 덜 지지하는 것으로 나타났다.** 즉, '음주운전방지법'의 질문을 먼저 받은 응답자는 범죄의 심각성이 상대적으로 낮다고 평가하고, '범죄의 심각성'을 먼저 질문받은 응답자는 반대로 '음주운전방지법'에 대한 지지가 낮았다. **질문의 맥락에 따라 두 번째 질문의 중요성이 감소할 수 있음**을 단적으로 보여 준다.

3.2 설문의 레이아웃

설문지의 지면 레이아웃은 응답자의 반응과 이해도를 높이기 때문에 **응답의 정확성과 신뢰성을 확보하는 데** 중요한 요소다. 또한 좋은 레이아웃의 설문지는 추후 분석을 위한 코딩과정에서 실수를 줄이고 **데이터의 명확성을 개선**한다. 특히 우편조사와 같은 '자기관리방식' 조사는 응답자 스스로 문항을 읽고 반응해야 하므로 레이아웃이 더욱 중요하다(Oppenheim, 1966).

설문지의 레이아웃은 일반적으로 깨끗하고 깔끔해야 하며 쉽게 읽어 내려갈 수 있도록 하고, 문항에는 번호를 매겨 혼동을 방지하여야 한다. 또한 설문의 작성을 누가(예, 응답자 스스로 혹은 조사원) 하는지를 미리 고려하여야 한다. 질문지는 선명하게 인쇄하고 글자체와 크기는 읽기 쉽고 편안한 느낌이 들도록 한다. 그 밖의 설문지 레이아웃에 포함되는 지시문과 겉표지 등은 일반적으로 'TDM' 방식을 따른다.

문항유형에 따른 레이아웃

응답자가 문항의 반응항목에 동그라미(◯)를 해야 하는지 체크(✔)를 해야 하는지를 분명하게 명시하는 것이 좋다. 특히 강조할 '단어'나 '지시'에는 밑줄이나 굵은 문자를 사용해 눈에 잘 띄도록 해 준다. 응답자가 항목에 직접 표시를 해야 할 경우 표시할 수 있는 공간을 확보해 주거나 '괄호'나 '빈상자'에 표시할 수 있도록 한다. 종종 응답자는 리커트형 척도에 반응할 때 숫자와 숫자 사이를 명확하게 표시하지 않는 경우가 있다. 숫자 간의 간격이 너무 좁으면 어느 쪽에 표시했는지를 혼동하므로 데이터의 코딩과정에서 오류가 발생할 수 있다. 따라서 응답자가 정확하게 표시할 수 있도록 충분한 '공간'과 '간격'을 제공해야 한다. [그림 5-22]는 혼동하거나 잘못 반응할 가능성과 이를 개선하는 방법의 예시다.

〈보기 1〉
귀하께서 가장 좋아하시는 음료수 한 가지를 골라 ✔표 해 주세요.
[ ] 생수
[ ] 콜라
✔
[ ] 사이다

〈보기 2〉
귀하께서 가장 좋아하시는 음료수 한 가지를 골라 ✔표 해 주세요.
[ ] 생수 [ ] 콜라 [ ] 사이다

[그림 5-22] 반응항목 레이아웃의 개선 예

[그림 5-22]의 〈보기 1〉은 '행(row)' 배열로 여백이 충분하지 않아 애매한 위치에 응답될 수 있으므로 〈보기 2〉와 같이 '열(column)'로 배열하면 애매한 표시의 혼동을 방지할 수 있다. 종종 **시각적 자료를 활용하는 것**도 응답에 도움이 된다. 예컨대, 감정을 표현하는 반응의 경우 '차다' 혹은 '따뜻하다'와 같은 느낌을 **온도계**를 사용하여 제시하거나 기분을 측정할 때 사람의 '얼굴표정'이 그려진 그림이나 만화를 사용하면 효과적이다. [그림 5-23]은 얼굴표정을 이용한 반응항목의 예다.

귀하의 현재 기분을 나타내는 얼굴 그림을 골라 ✔표 해 주세요.

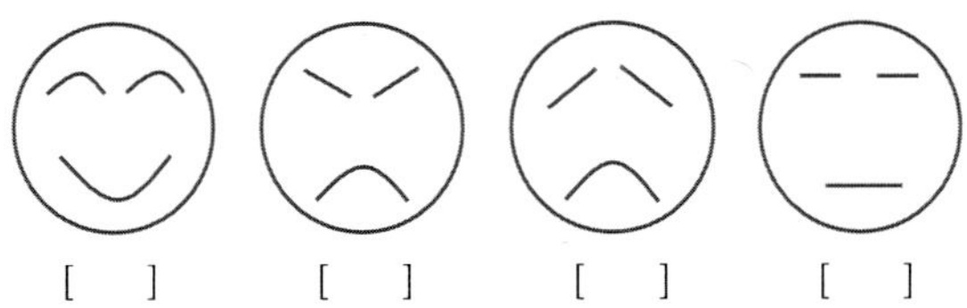

[그림 5-23] 그림을 활용한 반응항목 예

행렬방식으로 질문을 구성할 때 동일한 응답범주를 일관성 있게 제시하면 지면을 효율적으로 활용하고 응답의 신뢰성을 확보하는 데 도움이 된다. [그림 5-24]는 행렬식 질문의 예를 나타낸 것이다.

다음은 현재 이용 중인 **이동통신서비스**에 대한 질문입니다. 귀하의 생각과 일치하는 곳에 ✔표 해 주세요.

문 항	매우 그렇다	그렇다	잘 모르겠다	그렇지 않다	전혀 그렇지 않다
1. 나는 이 서비스를 계속 이용할 것이다.					
2. 이 서비스를 친구와 주변 사람에게 추천할 것이다.					
3. 서비스를 변경하는 것은 귀찮고 번거로운 일이다.					
4. 언젠가 다른 서비스로 바꿀 것이다.					
5. 나는 서비스에 대한 불평을 자주 하는 편이다.					

[그림 5-24] 행렬식 질문의 예

3.3 설문지 사례

설문지 사례는 지금까지 설명의 이해를 돕기 위한 예시다. 먼저 '설문의 구성과 문항배열의 방법'에 관한 예를 제시하고, 두 번째는 실제 설문지의 예시로 '학술연구를 위한 사례'와 '소비자조사를 위한 현장사례'를 소개한다.

사례 1: 설문의 구성과 문항배열

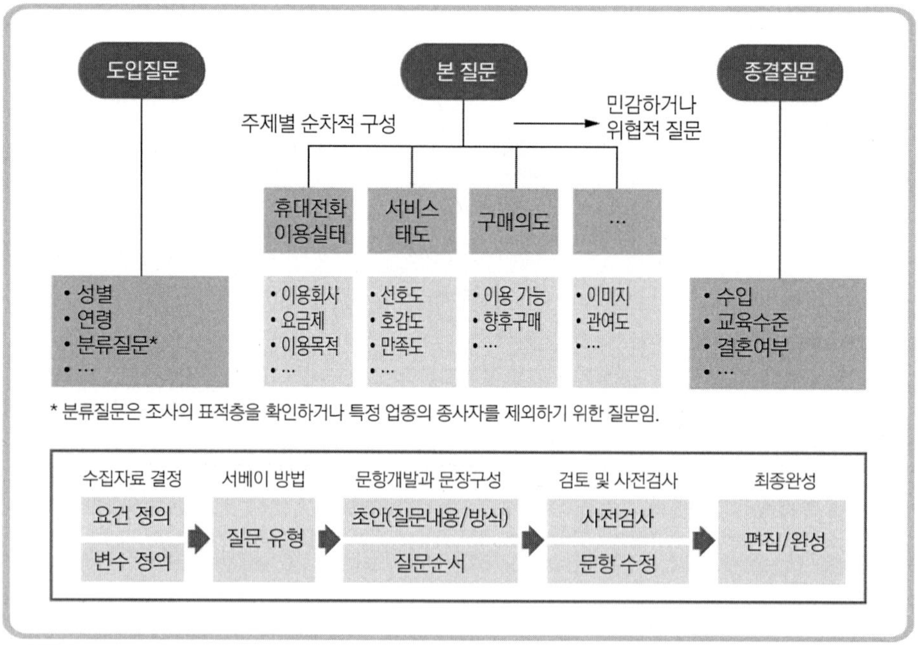

사례 2: 학술연구용 설문지 예시

ID				GRP		

휴대전화 이용과 모바일 광고에 대한 조사설문지

[Screening Questions]

SQ1. 성별	① 남자 ② 여자	SQ2. 연령	만( )세
SQ3. 휴대전화	① 스마트폰 ② LTE폰 ③ 일반 휴대전화(피처폰)		
SQ4. 모바일광고(문자, 배너, 검색, 비디오, 앱광고)를 받아 본 경험			① 있다 ② 없다

☞ SQ3의 '③'과 SQ4의 '②' 응답은 설문중단

안 내 문

안녕하십니까?

본 조사는 일반 소비자의 휴대전화 이용 실태와 모바일광고에 대한 인식을 알아보기 위한 것입니다. 귀하의 소중한 의견은 휴대전화 이용과 서비스의 개선을 위해 많은 도움이 될 것입니다.

바쁘시더라도 잠시만 시간을 내어 주시면 감사하겠습니다. **귀하의 응답은 통계처리의 목적으로만 사용되며, 조사목적 이외에는 어떠한 용도로도 사용되지 않을 것입니다.** 솔직한 의견과 성실한 답변을 부탁드립니다. 감사합니다.

2013. 6.

연구책임자: ○○○
조사문의: ○○연구팀(T: ○○○－○○○○)

○○조사연구소

※ 면접원 기록사항

• 응답자 성명:	• 면접일자:
• 연락처:	• 면접장소:
• 거주지역:	• 소요시간:
	• 면접원:

A. 휴대전화 이용실태: 문항을 읽고 해당하는 번호에 V표 해 주세요.

1. 귀하께서 현재 사용 중인 휴대전화 기기의 **제조회사**는?
① 삼성전자 ② 애플 ③ LG ④ 스카이 ⑤ 모토로라 ⑥ 기타 (　　)

2. 귀하께서 현재 이용하고 계신 휴대전화 **이동통신사**는?
① SKT ② LG U+ ③ KT

3. 현재 이용 중인 이동통신사의 서비스에 대해 **전반적으로** 어떻게 생각하십니까?
① 매우 불만족 ② 불만족 ③ 보통 ④ 만족 ⑤ 매우 만족

4. 귀하께서는 휴대전화 이동통신사를 바꾼 경험이 있습니까?
① 있다 ② 없다
└ 4-1. (4번 ①번 응답만) 현재 이동통신사로 바꾸기 전에 이용하던 이동통신사는 어느 회사입니까?
① SKT ② LG U+ ③ KT
4-2. (4번 ①번 응답만) 이동통신사를 바꾼 주된 이유는 무엇입니까? (한 가지만 선택)
① 기기 변경 ② 요금이 비싸서 ③ 혜택(예, 결합상품) ④ 서비스 불만족
⑤ 기타 (　　　)

5. 귀하께서는 휴대전화를 **평균 어느 정도나 사용**하고 계십니까? 다음의 항목별로 사용량을 답해 주세요.

통화량(1일평균)		부가기능(1일평균)						이용요금제 (월평균)
통화건수	사용시간	문자	SNS	기타 앱	인터넷	게임	음악	
____건	____분	____건	___시간	____분	____분	____분	____분	______원

* SNS=페이스북, 카카오톡 등의 소셜미디어, 기타 앱=SNS를 제외한 다양한 애플리케이션.

6-1. 위의 부가기능 이외에 자주 사용하는 기능이 있습니까?
(기능: __________, 사용량: __________분/건)

7. 귀하께서는 휴대전화 기기를 **평균 얼마 만에 교체**하는 편입니까? 개월 수로 답해 주세요.
평균 ______개월

8. 귀하께서 휴대전화 기기를 교체/구매할 때 **가장 중요하게 고려**하는 것은 무엇입니까? (한 가지만 선택)
① 신모델 ② (주변 사람의) 추천 ③ 가격 ④ 기능 ⑤ A/S ⑥ 기타 (　　　　)

9. 휴대전화에서 제공되는 다양한 서비스(예, 애플리케이션, 게임 등)의 품질은 어느 정도라고 생각하십니까?
① 매우 낮다 ② 낮은 편이다 ③ 보통 ④ 높은 편이다 ⑤ 매우 높다

10. 최근 휴대전화를 이용한 **무선인터넷**이 중요해지고 있습니다. 귀하께서는 **현재 사용 중인 휴대전화의 무선인터넷서비스**에 대해 전반적으로 어떻게 생각하십니까?
① 매우 불만족 ② 불만족 ③ 보통 ④ 만족 ⑤ 매우 만족

B. 휴대전화를 이용한 모바일 광고

모바일 광고란?
휴대전화를 통해 음성, 문자, 배너, 동영상 등 다양한 형태로 제품/서비스에 대한 광고메시지를 전달하여 소비자에게 노출 혹은 반응을 일으키려는 목적의 광고를 말합니다.

11–15. 다음 중 귀하께서 **접해 본 경험 있는 모바일 광고**에 대해 그 정도를 해당 번호에 ∨표 해 주세요.

유 형	전혀 없음	거의 없음	보통	가끔	매우 자주
11. 배너광고(예, 이미지/플래시/쿠폰 형식의 디스플레이 광고)	①	②	③	④	⑤
12. 검색광고(예, 포털 검색창에 키워드 입력 시 나타나는 광고)	①	②	③	④	⑤
13. 비디오광고(예, TV나 유튜브 시청 전후의 동영상 광고)	①	②	③	④	⑤
14. 문자(메시지)광고(예, SNS와 같은 문자를 이용한 광고)	①	②	③	④	⑤
15. 앱(APP)광고(예, 스마트폰 애플리케이션에 삽입된 광고)	①	②	③	④	⑤

16. 귀하께서는 모바일 광고를 접할 때 어떤 느낌인지를 해당 번호에 ∨표 해 주세요.

	◀			중간			▶	
불쾌한	−3	−2	−1	0	1	2	3	유쾌한
우울한	−3	−2	−1	0	1	2	3	활기찬
불행을 느끼는	−3	−2	−1	0	1	2	3	행복감이 드는
졸리는	−3	−2	−1	0	1	2	3	각성되는
불편한	−3	−2	−1	0	1	2	3	편안한
늘어지는	−3	−2	−1	0	1	2	3	긴장감 있는
짜증 나는	−3	−2	−1	0	1	2	3	즐거운
기분 나쁜	−3	−2	−1	0	1	2	3	기분 좋은
복잡한	−3	−2	−1	0	1	2	3	단순한

17–43. 다음은 모바일 광고에 대한 **일반적인 생각**을 묻는 질문입니다. 광고유형에 따라 다를 수 있으나 **전반적인 관점에서 평가**해 주십시오.

	전혀 그렇지 않다	그렇지 않다	보통 이다	그렇다	매우 그렇다
17. 모바일 광고는 제품/서비스에 대한 유익한 정보를 준다.	①	②	③	④	⑤
18. 모바일 광고는 제품/서비스 정보를 얻는 데 편리하다.	①	②	③	④	⑤
19. 모바일 광고는 제품/서비스 정보에 바로 접근할 수 있다.	①	②	③	④	⑤
20. 모바일 광고는 이용하기 불편하다.	①	②	③	④	⑤
21. 모바일 광고는 생활에 편의를 제공한다.	①	②	③	④	⑤
22. 모바일 광고는 유용하다.	①	②	③	④	⑤

사례 3: 소비자 조사를 위한 현장 설문지 예시(가상)

식품 소비실태에 관한 조사(식품류－라면)

안녕하십니까? 저는 소비자 전문 조사회사인 ○○○의 면접원 ______입니다.
이번에 저희 회사는 식품에 대한 소비실태 조사를 하게 되었습니다. 제가 여쭙게 되는 질문에는 맞고 틀리는 답이 없으며, 좀 더 나은 품질의 제품을 개발 생산하기 위한 기초자료를 마련하고자 하며 어떤 의견을 가진 분이 몇 %인가 하는 식으로 통계를 내는 데만 사용됩니다. 잠시만 시간을 내어 협조해 주시면 저희 연구에 큰 도움이 되겠습니다. 감사합니다.

서울시 ○○구 ○○동 ○○○ 전화: ○○○－○○○ 2○○○년 ○○월 ○○리서치 담당연구원: ○○○

응답자 연령 (만 나이)	1. 25~29세 2. 30~34세 3. 35~39세 4. 40대 5. 50대	응답자 성명	
		전화번호	
지역	1. 강남 동 2. 강남 서 3. 강북 동 4. 강북 서 5. 기타 수도권 6. 부산	면접원 성명	
		에디팅원 성명	
가족 구성원 수	1. 2인 2. 3인 3. 4인 4. 5인 5. 6인 이상	에디팅 결과	1. OK 2. 다시
		검증원 성명	
응답자 특성	1. 전업주부 2. 취업주부	검증 결과	1. OK 2. 다시

선문 1	주부님이나 가족 중에 시장조사회사나 식품제조회사에 다니시는 분이 있습니까?	1. 예 ⇨ 면접중단 2. 아니요
선문 2	주부님은 인스턴트용 생면 라면을 구입해 보신 경험이 있으십니까?	1. 예 2. 아니요 ⇨ 면접중단
선문 3	주부님께서는 지난 3개월 동안 ○○○에서 나오는 생면 라면을 구입해 보신 경험이 있으십니까?	1. 예 2. 아니요 ⇨ 면접중단

이제부터는 라면에 대해 몇 가지 여쭈어 보겠습니다.

문 1	주부님께서는 "○○○" 하면 가장 먼저 어떤 생각이나 느낌이 떠오르십니까? 그다음으로 떠오르는 것은요? ○○○에 대해 떠오르는 생각이나 느낌을 자유롭게 말씀해 주십시오.	가장 먼저	두 번째

문 2	주부님께서는 ○○○ 생면 라면(냉장인스턴트)을 얼마나 자주 드시는 편입니까?	1. 1주일에 1회 이상 2. 2주일에 1회 정도 3. 1개월에 1회 정도 4. 2개월에 1회 정도 5. 3개월에 1회 정도 6. 기타 ( )
문 3	주부님께서는 ○○○ 생면 라면 외에 다른 회사 제품의 라면을 구매해 보신 적이 있으십니까?	1. 있다(구체적으로 ________) 2. 없다 ⇨ 문 5으로

문 4	○○○ 생면 라면과 다른 회사 제품 생면 라면을 구입하시는 비율은 각각 어떻게 되십니까? 두 제품 구입비율의 합이 10이 되도록 말씀해 주십시오.	○○○ 라면	+	다른 회사 제품 라면	합
					10

문 5	주부님께서 구입해 보신 적이 있는 생면 라면 제품은 어떤 것이었습니까? 모두 말씀해 주시기 바랍니다.			
	1. ○○○ 미트소스 생라면 2. ○○○ 화이트소스 생라면 3. 기타 ( )			

문 6	그중에서 가장 자주 구입하시는 제품은 어떤 것입니까? 그다음으로 자주 구입하시는 제품은요? (보기에서 번호 기입)	가장 자주 구입하는 제품	다음으로 자주 구입하는 제품

문 7	주부님이 가장 좋아하는 라면의 수프는 무엇입니까?	1. 순한 맛 2. 약간 매콤한 맛 3. 매운 맛 4. 아주 매운 맛

문 8	(그럼 '문 5'에서 답한) 주부님께서 구입해 보신 적이 있는 ○○○ 생면 라면 제품 중에 가장 최근에 구입하신 제품은 어떤 것입니까? (한 가지만)–번호로 기입	

문 9	가장 최근에 구입하신 ○○○ 생라면은 언제 구입하신 것입니까?	1. 오늘 2. 1일 전 3. 1주일 전 4. 2주일 전 5. 1개월 전 6. 2개월 전 7. 3개월 전 8. 기타 ( )

문 10	(보기 2 제시) 주부님께서 ○○○ 생라면을 구입하실 때 가장 고려한 사항은 무엇입니까? 가장 중요하게 고려한 항목부터 순서대로 세 가지만 말씀해 주십시오.	1순위	2순위	3순위

(보기 2)	1. 가격	2. 제조회사의 신뢰성	3. 맛	4. 구성성분(제품성분)
	5. 신선도(유효기간)	6. 식품의 안전성(무방부제)	7. 용량	8. 포장 형태 및 디자인
	9. 조리 편리성	10. 구입의 편리성	11. 주변의 권유	12. 사용/보관의 편리성
	13. 고려하지 않는다	14. 기타(구체적으로:)		

이제부터 주부님께서 ○○○ 생라면을 구매하실 당시에 다음 제가 읽어 드리는 사항에 대해 ○○○ 생라면이 어느 정도 그럴 것이라고 기대하셨는지 구입을 결정할 당시의 상황을 기억해서 말씀해 주시기 바랍니다.

문 11	가장 최근에 구입하신 ○○○ 생라면의 구입을 결정할 당시에 ○○○ 생라면의 품질수준이 전반적으로 어느 정도일 것이라고 기대하셨습니까?	그저 그럴 것이다 / 평균수준은 될 것이다 / 매우 훌륭할 것이다 0—1—2—3—4—5—6—7—8—9—10
문 12	가장 최근에 구입하신 ○○○ 생라면의 구입을 결정할 당시에 ○○○ 생라면의 고객관리나 고객에 대한 서비스 수준은 전반적으로 어느 정도일 것이라고 기대하셨습니까?	그저 그럴 것이다 / 평균수준은 될 것이다 / 매우 훌륭할 것이다 0—1—2—3—4—5—6—7—8—9—10
문 13	가장 최근에 ○○○ 생라면의 구입을 결정할 당시에 주부님께서 원하시는 사항을 ○○○ 생라면이 잘 충족해 줄 것이라는 점에서는 어느 정도 기대하셨습니까?	그저 그럴 것이다 / 평균수준은 될 것이다 / 매우 훌륭할 것이다 0—1—2—3—4—5—6—7—8—9—10
문 14	주부님께서는 ○○○ 생라면의 품질이 항상 동일한 수준으로 일관성 있게 만들어졌을 것이라는 점에서는 어느 정도 기대하셨습니까?	그저 그럴 것이다 / 평균수준은 될 것이다 / 매우 훌륭할 것이다 0—1—2—3—4—5—6—7—8—9—10
문 15	주부님께서는 ○○○ 생라면의 고객관리나 고객에 대한 서비스 수준이 항상 동일한 수준으로 일관성 있게 제공될 것이라는 점에서는 어느 정도 기대하셨습니까?	그저 그럴 것이다 / 평균수준은 될 것이다 / 매우 훌륭할 것이다 0—1—2—3—4—5—6—7—8—9—10

⋮

중략

⋮

자료분류를 위한 질문입니다.

1) 가구주 직업

1. 직장인	1. 자율/전문직 3. 사무/기술직 5. 생산/기능직 7. 교원 2. 경영/관리직 4. 판매/서비스직 6. 공무원 8. 군인/경찰
2. 자영업	
3. 무직	
4. 기타	구체적으로 ____________________

2) 주택 유형

1. 단독주택 2. 아파트 3. 빌라 4. 다세대주택 5. 원룸형 주택 6. 기타 (　　)	※ 방수(거실/주방을 제외한 방의 수) _____개

3) 가계 총 월 수입(월급+1달 평균 보너스+부수입 등)

1. 100만 원 이하	3. 151~200만 원	5. 301~400만 원	7. 501만 원 이상
2. 101~150만 원 이하	4. 201~300만 원	6. 401~500만 원	

4) 월 평균 식료품 구입비

1. 10만 원 이하	3. 21~30만 원	5. 51~70만 원	7. 101만 원 이상
2. 11~20만 원 이하	4. 31~50만 원	6. 71~100만 원	

키워드

개방형 질문	검색질문 혹은 갈래질문	구조화질문 혹은 고정반응 질문
깔대기형 질문구성	다지선다형 질문	도입질문
레이아웃	문장구성	문항유형 혹은 반응유형
반응항목	본 질문	분할-질문지법
사전검사	설문작성 규칙	순위질문
양분형 질문	여과형 질문	완전여과형 질문
유관질문	예비검사	자유응답 질문
종결질문	준여과형 질문	척도형 질문
체크리스트	카페식 질문	탐침질문
통과질문	투사기법	폐쇄형 질문

연습문제

1 설문의 작성은 흔히 개발단계와 검증단계로 구분된다. 각 단계의 특징과 핵심 과제는 무엇인가?

2 문항작성의 일반적인 규칙에는 어떤 것이 있는가? 3.3절의 [설문지 사례]는 문항작성 규칙을 얼마나 잘 준수하고 있는가?

3 모호하거나 막연한 용어, 혼동을 주는 용어의 사용은 일반 설문작성의 가장 흔한 오류 가운데 하나다. 이 장의 예시 이외에 다른 어떤 예가 있는가?

4 개방형 질문과 폐쇄성 질문은 각각 어떤 상황에서 유용한가? 서베이 방법에 따라 각기 효과적인 방법은 무엇인가?

5 설문을 작성할 때의 고려사항으로 설문의 길이, 순서, 레이아웃 등은 서베이 유형에 따라 어떻게 다른가?

6 설문 문항의 배열효과란 무엇인가? 이러한 문제를 줄이기 위한 방법은 무엇인가?

제6장 표본추출법

Sampling Method

학습목표

1. 전수조사와 표본조사의 특성과 차이를 파악한다.
2. 표본추출에 사용되는 용어를 정리한다.
3. 표본오차와 비표본오차의 특징과 차이를 파악한다.
4. 표본크기를 산출하는 방법을 이해한다.
5. 확률표본추출의 특징과 유형을 파악한다.
6. 비확률표본추출의 특징과 유형을 파악한다.
7. 확률표본추출과 비확률표본추출의 장단점을 이해한다.

"주머니에서 파란구슬 하나와 노란구슬을 하나 꺼내다."

1 표본추출의 개념

1.1 개요

표본(sample)이란 '모집단을 대표하는 특성을 지닌 원소의 집합'을 말한다. 따라서 표본은 모집단의 부분집합으로 모든 원소가 표본으로 추출될 확률이 동등하면 **확률표본**, 그렇지 않으면 **비확률표본**이라 부른다. 표본을 대상으로 하는 조사, 즉 표본조사의 목적은 표본의 특성을 통해 **모집단을 추론**하기 위한 것이다. 확률표본은 **무선표본**이라고도 하며 무선표본은 '중심극한정리'에 의해 표본의 크기가 커지면 모집단의 분포를 따른다. 무선표본의 크기(n)가 커지면 '무선선택'을 가정하고 **표본오차**는 작아진다. 표본의 오차가 작으면 모집단을 대표하게 되고 일반화 가능성, 즉 **표본조사의 외적 타당도가 높아진다.** 이것이 표본조사의 기본 논리이며 신뢰로운 표본을 추출해야 하는 이유이기도 하다. 따라서 이 장은 먼저 표본조사와 전수조사의 특징을 설명하고 조사연구에서 필요한 표본의 크기를 결정하는 방법, 그리고 다양한 확률 및 비확률 표본추출법에 대해 알아본다.

1.2 전수조사와 표본조사

전수(population)는 '모집단'과 같은 용어이고, 간단히 말해 전수조사란 모집단을 구성하는 모든 사람을 대상으로 하는 조사다. 가장 대표적인 형태의 전수조사는 **인구센서스**로 전 국민을 모집단으로 하여 모든 구성원의 인구통계적 자료를 수집하는 것이다.

전수조사의 특징

모집단 전체를 대상으로 조사하므로 모집단에 존재하는 다양하고 구체적인 특성을 파악할 수 있다. 예컨대, 우리나라 인구를 전수조사하면 '가장 고령인 사람이 누구이고 어디에 사는지' '올해 결혼한 사람의 비율은 어떠한지' 등 **자세하고 희귀한 사건에 대한 정보**를 알 수 있다. 전수조사는 모집단의 지역별 인구분포나 연령별, 세대별 분포 등 목적에 따른 **다양한 분류표를 작성**할 수 있고, 표본조사의 결과와 비교하여 표본조사의 신뢰성과 정확성을 평가할 수도 있다.

이러한 장점이 있음에도 전수조사는 매우 많은 **비용과 시간 및 노력의 투입**이 필요하며, 전수조사가 반드시 **표본조사보다 더 정확한 것은 아니다**. 많은 기간이 소요되는 전수조사에서는 시간 흐름에 따른 변화, 즉 초기에 수집된 자료와 후기에 수집된 자료 간에 차이가 발생한다. 이런 경우에는 전수조사보다 표본조사가 더 정확할 수 있다.

표본조사의 특징

표본조사는 모집단 전체를 대상으로 하지 않고 대표성을 갖는 일부를 대상으로 하기 때문에 전수조사에 따른 **비표본오차의 발생을 최소화**할 수 있으며, 조사에 필요한 비용, 시간, 인력이 적게 소요되므로 경제적인 방법이다. 특히 어느 시점에서 **신속하게 자료를 얻는 것이 중요한 상황**, 예컨대 '선거조사' 및 '여론조사', 신제품

개발에 따른 즉각적인 '소비자 의견조사' '만족도 조사' 등은 표본조사의 대표적인 예다. 표본조사가 적용되는 상황은 대부분 전수조사가 불가능한 상황이다. 예컨대, **한강의 수질 오염도**를 조사해야 한다면 전수조사는 불가능하다. 공장에서 **제품의 불량률**을 조사한다면 표본조사가 효율적인 방법이다. 모든 제품을 검수하는 비용은 생산비용보다 많이 들 수 있으며 대량생산 시스템에서는 불가능하다.

한편 **모집단을 규정하기 어려운 경우**, 예컨대 전국의 미혼남녀를 대상으로 하는 조사나 약물중독으로 일상생활에 지장을 받고 있는 사람을 대상으로 하는 조사와 같이 모집단을 정의하기 모호한 경우에는 표본조사가 효과적이다. 또한 반복적인 측정이 필요한 조사에서 '연습효과'나 '피로효과'가 응답에 영향을 주므로 표본조사가 유리하다. 예컨대, 한 대학에서 학생 생활만족도를 알아보기 위해 두 번에 걸친 전수조사를 한다면, 첫 번째 조사의 결과가 두 번째 조사결과를 오염할 가능성이 높다. 이때 표본조사를 활용하면 여러 차례의 조사를 시행하더라도 다른 표본을 사용할 수 있기 때문에 이러한 **오염효과를 통제**할 수 있다.

그러나 표본조사는 모집단의 일부만을 대상으로 하기 때문에 항상 '오차', 즉 **표본오차**가 반영된다. 표본오차는 모집단에 대한 대표성의 문제이므로 표본오차가 크면 모집단에 대한 **일반화에 제약**을 받는다. 표본조사에서 표본오차는 불가피하지만, '확률표본추출'이나 '표본크기'를 적절하게 유지함으로써 **오차의 영향을 통제**할 수 있다. 통계적으로 **확률표본**은 모집단의 모든 구성원이 표본으로 선택될 가능성이 동일함을 전제로 표본에서 발생하는 오차요인을 상쇄한다. 또한 표본의 크기가 증가하면 모집단의 분포를 따르기 때문에 '표본크기'는 조사에서 가장 중요한 요인의 하나다.

조사실무에서 확률표본과 표본크기

확률표본은 표본조사의 원칙이지만, 실제 서베이에서는 확률적으로 표본을 추출하기 어려운 경우가 많다. 확률표본을 추출하기 위해서는 정확한 모집단에 대한 정의와 명부를 확보하고 있어야 하지만 그렇지 않은 경우가 대부분이기 때문이다. 현실적으로 확률표본이 어려운 경우, 이론적으로 '중심극한정리'는 표본오차의 문제를 해결하는 중요한 열쇠가 된다. 즉, 표본크기가 커지면 표본오차를 줄일 수 있기 때문에 확률적으로 표본을 추출하지 않았더라도 이론적으로 무선표본을 가정하게 된다(중심극한정리). 그러나 항상 **비용의 문제**가 걸림돌이다. 대체로 클라이언트는 정확한 조사결과를 원하지만 많은 비용을 투입하려 하지 않는다. 실무적으로 조사에서 '정확성'과 '비용'의 문제를 해결하는 현명한 방법은 제1장에서 다룬 심화학습(조사의 과학, 사례수(n)의 의미")에서 언급한 바 있다.

전수조사와 표본조사의 관계

전수조사는 모집단 자체에 관한 조사이고 그에서 얻은 정보의 값을 '모수치(parameter)'라 한다. 표본조사는 모집단의 일부를 샘플링하여 정보를 얻는 것이고 그에서 얻은 값을 '통계치(statistics)'라 한다. 결국 표본조사의 결과를 통해 모집단의 특성을 추론하는 것은 **통계치를 통해 모수치를 추정하는 과정**이다. 모수치를 추정하는 다양한 방법이 있는데, 이것이 곧 '통계방법'이다. [그림 6-1]은 전수조사와 표본조사의 관계에 대한 도식이다.

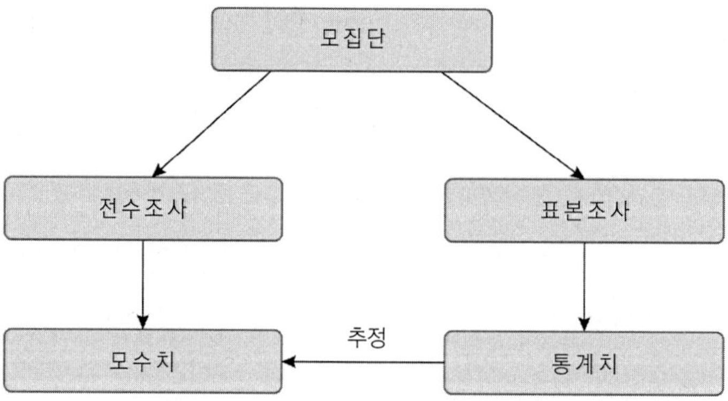

[그림 6-1] 전수조사와 표본조사의 관계

1.3 표본추출의 용어

표본추출(sampling)은 모집단에서 표본을 추출하는 과정을 말하며, 흔히 **표집**이라는 용어와 같이 쓰인다. 표본추출을 이해하기 위해서는 정의에 사용되는 용어를 알아야 한다. 여기에는 '모집단과 모수치' '분석원소' '관찰단위' '표집단위'

'표집틀' '표집간격' '표집률' 등의 용어가 있다.

모집단과 모수치

모집단은 **전집**이라고도 하며, '추론하고자 하는 표본의 모집합'이다. 간단히 말해 규명하고자 하는 **집합의 총체**를 모집단으로 정의한다. 모집단은 관념적 수준의 집합이므로 표본을 추출하기 위해서는 모집단에 대한 정의가 선행되어야 한다. 즉, 모집단에 대한 '기술적 명세서'가 필요하다. 예컨대, '서울에 거주하는 성인을 대상으로'와 같은 모호한 진술보다 '2013년 1월 1월을 기준으로 서울 시내에 거주하는 20세 이상의 성인남녀'와 같이 구체적인 명세가 필요하다. 일반적으로 모집단은 **표적모집단**과 **조사모집단**으로 구분된다.

- 표적모집단(target population): 조사의 대상이 되는 모든 구성원을 모집단으로 삼을 때 이를 표적모집단이라고 한다. 예를 들어, 한 회사의 특정 제품을 이용하는 전국의 모든 고객을 대상으로 조사를 한다면, 이때의 모집단은 '표적모집단'이 된다.
- 조사모집단(study population): 편의상 제품사용 경험이 있는 서울에 거주하는 소비자를 모집단으로 할 수 있으며, 이때 규정하는 제한된 모집단을 '조사모집단'이라고 한다.

모집단의 특성을 양적으로 표현한 값을 **모수치**라 하는데, 모수치는 **상수**로 표현되며 대체로 알려져 있지 않다. 전수조사를 통해 자료를 수집하였다고 할지라도 조사과정에서 발생하는 오차로 인해 그 값이 반드시 정확하다고 단언할 수 없다. 대부분 표본조사에서 얻은 값, 즉 **통계치**를 통해 모수치를 추정하는데 이때 '표본오차'가 발생한다. 통계적 용어로 모수치의 평균은 뮤(μ)라 하고 표준편차는 시그마(σ), 모집단의 사례수는 N으로 표시하며, 통계치의 평균은 $\overline{X}$, 표준편차는 s (standard deviation: SD), 사례수는 n으로 표시한다.

분석단위

분석단위는 표본의 정보를 분석하는 **기본 단위**이며, **원소**라고도 한다. 서베이 연구에서 가장 일반적인 분석의 단위는 '개인'이지만 '가족' '사회집단' '기업' 등 다양한 단위가 사용될 수 있다. 예컨대, 일반인의 정치적 태도를 조사한다면 분석단위(원소)는 '개인'이며, 쥐의 생태적 특성을 연구한다면 분석단위는 '동물'이 된다.

보통 사회과학의 분석단위는 크게 네 가지로 구분된다(Babbie, 1983). 첫째, **개인**은 가장 일반적인 분석단위로 개인의 인구통계적 특성이나 심리사회적 특성을 대상으로 연구한다. 둘째, **집단**은 가족, 지역사회, 동창회 등의 친목모임을 들 수 있으며, '가족'이 가장 자주 사용되는 분석단위다. 가족은 가족을 구성하는 다양한 특성(예, 가족 형태, 수입 정도, 가족 수, 주거 형태 등)이나 집단역학(예, 가족관계, 갈등, 가계구조 등) 등을 연구하고자 할 때 자주 사용되는 단위다. 셋째, **조직**은 기업, 교회, 대학, 군부대 등 사회적 목적의 단위이며, 기업을 연구하는 경우 종업원 수, 매출, 총자산, 부채비율, 인사 및 조직행동과 같은 기업 활동과 관련한 산출물을 조직단위로 분석한다. 넷째, **사회적 가공물**은 책, 시, 전시품, 예술품, 건물, 노래 등의 사회적 가치의 생산적 단위를 말한다. 이러한 구분은 조사를 수행하는 일차적 단위를 정의하는 것이지만 종종 분석단위를 결합한 형태가 사용된다. 예컨대, 기업에서 종업원 업무수행과 관련한 조직환경을 연구한다면, '개인'과 '조직'을 분석단위로 하거나 조직의 하위단위(예, 부서)를 동시에 사용하는 경우가 있을 수 있다.

심화학습 분석단위의 '생태적 오류'

분석단위의 **생태적 오류**(ecological fallacy)란 '단위의 변화과정에서 발생하는 오류 가능성'을 말한다. 분석의 단위를 집단에서 개인으로 혹은 조직에서 개인으로 변환하는 경우, 집단이나 조직에서 관찰된 정보를 기초로 '개인'에 대한 결론을 내릴 때 생태적 오류를 범하게 된다. 흔히 분석단위에 대한 혼동에서 발생하는 오류다. 뒤르켐(Durkheim)은 그의 '자살론'에서 프로테스탄트 기독교가 자살과 깊은 관련성이 있음을 주장하였다. 그는 개인이 아니 '지역'을 분석단위로 하여 개신교도의 비율과 평균자살 건수의 관계를 살펴보고, 그 결과 **'자살건수가 개신교도의 수에 비례하는 반면 가톨릭 신자의 수에 반비례한다'** 고 결론지었다. 〈표 6-1〉은 연구결과의 일부다.

〈표 6-1〉 가톨릭 및 개신교도의 비율과 평균자살 건수

바바리아(1867~1875)		프러시아(1883~1890)	
지역 내 가톨릭교도의 비율	인구 백만 명당 평균자살건수	지역 내 개신교도의 비율	인구 백만 명당 평균자살 건수
50% 미만	192	28~32%	95.6
50~90%	135	40~50%	163.6
90% 이상	75	68~89%	220.0
-	-	90% 이상	264.6

출처: Durkheim(1951).

〈표 6-1〉을 보면, 바바리아 지역에서는 '가톨릭교도'의 비율증가에 따라 '평균자살 건수'가 낮아지는 반면, 프러시아 지역은 '개신교도'의 비율이 증가하면서 '평균자살 건수'가 증가하는 것을 알 수 있다. 뒤르켐이 주장하는 **'자살과 개신교의 상관'을 입증하는 것처럼 보인다.** 그러나 이 결과를 통해 '개신교신도'가 '가톨릭신도' 보다 더 자살률이 높다고 확신할 수 없다. 어쩌면 개신교지역에 사는 '가톨릭신도'가 더 많은 자살을 했을 수도 있다. 분석의 단위가 '지역'이기 때문에 단지 가톨릭신도가 많이 사는 지역보다 **개신교신도가 많이 사는 '지역'**에서 자살률이 높다는 것을 의미한다. 즉, '개인'을 단위로 한 분석이 아니므로 개신교신도 **개개인**이 가톨릭신도보다 더 많은 자살을 했다는 주장은 설득력이 약하다. 이처럼 분석단위의 적용과 해석에서 발생하는 생태적 오류는 결과 해석에 치명적일 수 있으므로 주의해야 한다.

토론하기 뒤르켐 연구의 또 다른 의미(시사점)를 생각해 본다.

관찰단위

관찰단위는 자료를 '관찰하고 수집하는 원천이 되는 단위'를 말하며, **자료수집의 단위**라고도 한다. 관찰단위는 분석단위와 같을 수도 있지만 다를 수도 있다. 예컨대, 주부의 제품사용 태도를 조사한다면 이때의 분석단위와 관찰단위는 모두 '주부'이지만, 기업의 종업원 수행을 감독자가 평가하는 경우 **분석단위는 '종업원'이고 관찰단위는 '감독자'**가 된다. 분석단위와 관찰단위가 다른 경우에도 결과의 해석과정에서 분석단위를 변환할 때와 같이 '생태적 오류'가 발생할 수 있다. 오랫동안 조직연구에서는 종업원의 조직수행을 객관적인 자료에만 의존하지 않고 다양한 관찰단위를 포함한 평가를 수행해 왔다. 특히 '감독자의 관찰과 평가'는 종업원 수행에 대한 직접적 평가가 아니라는 점에서 생태적 오류를 포함하지만 많은 경험적 연구를 통해 합리적인 단위로 수용되고 있다.

표집단위와 표집틀

▢ 표집단위

표집단위는 **표본추출의 대상**이며, '표본으로 선택이 고려되는 단위 혹은 단위의 집합'을 말한다. 예컨대, 정당선호를 알아보기 위해 서울 시내 직장인을 대상으로 표본을 추출한다면, 이때 표집단위는 '서울 시내 거주 직장인'을 표집단위로 한다. 단일한 단계로 이루어지는 표본추출, 즉 '단순표집'에서 **표집단위는 분석단위와 같지만**, 여러 단계를 거치는 추출법(예, 층화표집)에서 표집단위는 여러 개가 된다.

- 흔히 인구조사의 경우, 먼저 도시를 기준으로 **센서스블록**을 표본으로 추출하고 블록 내에서 '가구'를 선택한 후, 선택된 가구 내에서 '성인'을 다시 표본으로 추출하게 된다. 이때 표집단위는 센서스블록, 가구, 성인의 세 가지다. '센서스블록'은 1차 표집단위, '가구'는 2차 표집단위, '성인'은 3차 표집단위라 한다.
- 서울 시민을 대상으로 층화표집을 하면, 행정구역을 중심으로 표집단위의 단계를 구분할 수 있다. 1단계에서 '구'를 선정하여 일정 표본을 추출하고, 2단계에서 '동' 단위, 3단계에서 '가구', 마지막 4단계에서 '개인'을 표집단위로 정할 수 있다. 이 경우에는 4개의 표집단위가 형성된다.

▢ 표집틀

표집틀은 조사대상이 되는 **모집단의 원소를 망라한 목록**이며, 간단히 '표집단위의 명부'를 말한다. 예컨대, 한 대학의 학생들을 대상으로 생활만족도에 대한 조사를 한다면, 모집단은 그 대학에 재학 중인 학생이며 표집틀은 학생들의 이름과 학번이 적힌 **학적부**가 된다. 또한 서울에 거주하는 성인 남녀가 모집단이라면, 서울에 거주지를 확인할 수 있는 **주민등록표**가 표집틀(혹은 표본명부)이다.

흔히 표집틀은 조사에서 **표본의 대표성과 조사결과의 신뢰성에 영향을 주는 중요한 요소**로 간주된다. 표집틀을 선정할 때에는 '포괄성' '추출확률' '효율성'의 세 가지 요소를 고려해야 한다(Fowler, 2009). 즉, 표집틀이 조사하고자 하는 모집단 전체를 얼마나 많이 포함하는지(포괄성), 모집단에서 개별요소가 추출될 확률이 얼마나 동등한지(추출확률), 그리고 조사의 표적이 되는 대상과 그렇지 않은 대상이 얼마나 잘 구분되는지(효율성)를 고려하여 표집틀을 선정해야 한다.

심화학습 표집틀의 잘못된 선정으로 인한 선거의 예측오류

표집틀의 잘못된 선정이 돌이킬 수 없는 예측의 오류를 가져온 사건이 있다. 1936년 당시 민주당의 루스벨트(F. D. Roosevelt) 대통령은 1차 임기를 마치고 재선을 위해 공화당 대통령후보인 캔자스 주 출신의 랜던(A. Landon)과 대결하고 있었다. 『리터러리 다이제스트(*Literary Digest*)』지는 지난 10여 년간 미국 대선을 정확히 예측한 것으로 유명하였고, 기존 방식대로 대통령선거 예측을 위해 유권자 230만 명의 응답결과를 발표하였다. 조사결과는 응답자의 57%가 '랜던'을, 43%가 '루스벨트'를 지지하는 것으로 나타났고, 다이제스트는 랜던의 승리를 예측하였다. 그러나 투표결과는 예측과 다르게 '루스벨트'가 62.5%, '랜던'이 37.5%의 지지율을 확보함으로써 '루스벨트'가 재선되는 결과를 낳았다. 『다이제스트』는 그동안의 명성에 치명상을 입었다. 대규모 표본에도 불구하고 이런 결과가 나온 이유는 무엇인가? 그 이유는 '표집틀'을 잘못 선정한 데 있다. 다이제스트는 표집틀을 선정하기 위해 '전화번호부'와 '클럽회원권 소지자'를 대상으로 표집틀을 작성하였던 것이다. 전화나 클럽회원권은 당시 미국의 상류층의 사람만이 보유한 것으로 전통적인 공화당의 지지 기반이었다. 결국 표집틀이 전체 유권자를 대표하지 못하고 편파(biased)된 것이었고, 그 결과는 예측의 실패와 『다이제스트』의 신뢰도 추락으로 이어졌다.

(출처: Fowler, 2009)

토론하기 이 조사는 우편조사로 이루어졌다. 1000만 명에게 설문을 보냈으나 응답한 표본을 분석해 보면, 상류계층의 사람이 중·하류계층의 사람보다 훨씬 높은 응답률을 보였다. 과연 예측력을 높이기 위한 방법은 무엇이었을까?

표집간격과 표집률

▢ 표집간격

표집간격은 모집단에서 표본을 추출할 때, 추출되는 **단위와 단위 간의 간격**을 말한다. 표집간격은 주로 **계통표집**을 할 때 사용한다.

예

1,000명의 모집단을 대상으로 100명의 표본을 추출하기 위해 10명 단위로 한 사람씩 추출하였다면, 표집간격은 10이 된다.

▢ 표집률

표집률은 모집단에서 **개별 단위가 선택될 비율**을 말한다.

예

100,000명 중에서 1,000명의 표본을 추출한다면, 이때의 표집률은 1,000/100,000 = 1%가 된다.

조사에서 표집률은 종종 오류의 근원이 되기도 한다. 예컨대, 인구 100,000명인 'A'라는 도시에 사는 주민에게 지역의 'K사' 신상품에 대한 태도를 조사하려 한다고 하자. 〈표 6-2〉의 (a)와 같이 각기 인구규모가 다른 4개 구로 구분된 도시에서 '가' '나' '다' '라'의 4개 구에서 일률적으로 10,000명씩을 선정하는 표본추출을 한다면, 표집률은 각각 2.5%, 3%, 5%, 10%가 된다. 구마다 모집단 분포가 다르기 때문에 모집단이 큰 '가'구는 상대적으로 적은 표본이 추출되고, '라'구는 **과잉 표본**이 되어 도시 A의 전체를 볼 때 조사결과가 편향될 가능성이 높다. 모집단 규모에 관계없이 동등한 수의 표본을 추출할 때 발생하는 문제를 해결하기 위해 인구에 비례하는 방법으로 표본을 추출할 수 있다. 〈표 6-2〉의 (b)는 모집단 규모에 비례하여 표본을 추출한 결과이며 이때 표집률이 4.0%로 동일하다.

〈표 6-2〉 표본추출방법에 따른 표집률의 산출

(a) 동등표본추출의 표집률

구	모집단(명)	표본(명)	표집률
가	40,000	1,000	2.5%
나	30,000	1,000	3.0%
다	20,000	1,000	5.0%
라	10,000	1,000	10.0%
계	100,000	4,000	4.0%

➡

(b) 비율표본추출에 의한 표집률 수정

구	모집단(명)	표본(명)	표집률
가	40,000	1,600	4.0%
나	30,000	1,200	4.0%
다	20,000	800	4.0%
라	10,000	400	4.0%
계	100,000	4,000	4.0%

2 표본크기의 결정

2.1 표본오차와 비표본오차

표본조사는 표본을 통해 모집단 특성의 추론하므로 표본에서 발생하는 '오차'를 통제하는 데 관심을 갖는다. 흔히 추론과정에서 발생하는 오차의 근원은 **표본오차**와 **비표본오차**에 있다.

> 오차(error) = 표본오차(sampling error) + 비표본오차(nonsampling error)

흔히 **표본오차**는 '표본추출과정에서 발생하는 오차'이고, **비표본오차**는 '조사의 계획과 실행, 결과 해석 등 표본추출 이외에서 발생하는 오차'다(오인환, 1992). 따라서 **표본오차는 추정이 가능하지만 비표본오차는 추정이 불가능**하다.

비표본오차의 근원

- 서베이 방법(면접조사, 우편조사, 전화조사)에 따라 발생하는 응답의 차이
- 서베이 문항의 용어, 문항의 문장구성, 뉘앙스, 무응답 등
- 면접자와 응답자의 특성. 예컨대, 면접에서의 성별, 억양, 조사기관의 명성 등
- 조사기간, 절차, 조사시점의 각종 사건, 환경, 자연증가분 등

표본오차와 표집방법

일반적으로 표본오차는 표본의 크기가 클수록, 표본의 변량이 작을수록 감소하고 **표집방법에 따라 차이**가 있다. 예컨대, 층화표본은 단순무선표본에 비해 표본오차가 작다. 그 이유는 층화표본이 비교적 동질적인 층(stratum)을 나누고 그 안에서 표본을 추출하기 때문이다. 층화표본과 같은 확률표집은 확률이론에 근거해 표본오차를 구하지만, 편의표본과 같은 비확률표집의 경우에는 확률이론에 기초하지 않아 표본오차를 구할 수 없다.

비표본오차의 추정이 불가능한 다양한 근원이 있지만, **표본크기**와는 일정한 관계가 있다. 즉, **표본의 크기가 감소하면 표본오차는 증가하고 비표본오차는 감소한다. 반면에 표본의 크기가 증가하면 표본오차는 감소하고 비표본오차는 증가**한다. [그림 6-2]는 표본크기에 따른 표본오차와 비표본오차의 관계를 보여 준다.

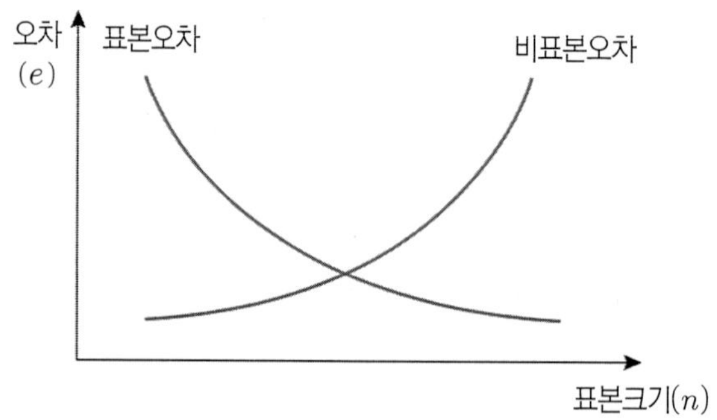

[그림 6-2] 표본크기(n)에 따른 표본오차와 비표본오차의 관계

2.2 표본크기의 계산

표본크기를 계산하는 방법을 이해하기 위해서는 몇 가지 통계적 개념, 즉 표집분포, 중심극한정리, 표준오차, 신뢰수준과 신뢰구간 등에 대한 이해가 필요하다. 여기서는 표본크기를 계산하는 데 필요한 개념 부분만 설명한다.

표준오차와 신뢰구간

표집분포는 표본의 분포이고, '이항분포(두 가지 사건의 발생을 규정하는 이산형 확률분포)'의 사례수 n이 무한히 커지면 **정상분포**에 접근한다. **표준오차**(standard error: $\sigma_{\bar{x}}$)는 표본평균의 표준편차를 표본크기로 나눈 값으로 정확히 말해, **평균의 표준오차**(standard error of mean: SE)라 한다. 따라서 평균의 표준오차는 간단히 다음과 같이 정의된다.

$$\sigma_{\bar{x}} = \frac{\sigma}{\sqrt{n}}, \text{(단 } n \leq 120\text{일 때, } s_{\bar{x}} = \frac{s}{\sqrt{n-1}}\text{임)}$$ 공식 6-1

여기서 n은 사례수이고, s는 표본의 표준편차다. 모집단이 무한모집단일 때 모집단의 표준편차를 알 수 없으므로 표준오차의 계산을 위해 표본의 표준편차 s를 사용하여 평균의 표준오차 $\sigma_{\bar{x}}$를 추정한다.

만일 모집단에서 추출된 표본이 평균이 아니라, '발생확률'을 가질 때 **비율의 표준오차**(standard error of proportion: $\sigma_{\bar{p}}$)를 구하며, 다음과 같이 정의된다.

$$\sigma_{\bar{p}} = \sqrt{\frac{pq}{n}} = \sqrt{\frac{p(1-p)}{n}}$$ 공식 6-2

여기서 p는 표본에서 '사건의 발생확률'이고 q는 $(1-p)$, 즉 사건이 발생하지 않을 확률이다. 예컨대, 표본 100명의 응답자 중 42명이 TV프로그램 ○○을 시청한다고 응답했다면, $p = .42$, $q = .58$이므로 표집분포의 표준오차는 $\sigma_{\bar{x}} = \sqrt{\frac{.42(1-.42)}{100}}$ $= .049$가 된다.

한편 **신뢰수준**(confidence level)은 하나의 통계치로 모수치를 추정할 때 믿을 수 있는 '확률적 수준'을 의미하며(보통 95% 혹은 99%의 신뢰수준이라고 함), **신뢰구간**(confidence interval)은 표본통계치가 실제 모수치의 '어떤 범위에 포함되는지'의 구간을 나타낸다. 신뢰구간을 나타내는 공식은 다음과 같다.

신뢰수준 95%의 구간 : $\overline{X} \pm 1.96\frac{\sigma}{\sqrt{n}}$ 공식 6-3

신뢰수준 99%의 구간 : $\overline{X} \pm 2.58\frac{\sigma}{\sqrt{n}}$ 공식 6-4

여기서 $\overline{X}$는 표본의 평균이고 n은 사례수다. 마찬가지로 '비율'에 의한 신뢰구간은 다음과 같이 정의된다.

신뢰수준 95%의 구간(비율) : $p \pm 1.96\sqrt{\frac{pq}{n}}$ 공식 6-5

$$\text{신뢰수준 99\%의 구간(비율)}: p \pm 2.58\sqrt{\frac{pq}{n}}$$ 공식 6-6

여기서 p는 표본에서 '사건의 발생확률'이고 q는 $(1-p)$, 즉 사건이 발생하지 않을 확률이다. 1.96은 95% 신뢰수준에서 표준점수(z score)이고 2.58은 99% 신뢰수준에서 z점수다. $\sqrt{\frac{pq}{n}}$는 비율에 의한 표준오차($\sigma_{\bar{p}}$)이므로, $p \pm 1.96\sqrt{\frac{pq}{n}} = p \pm (1.96 \times \sigma_{\bar{p}})$와 같다.

비율에 의한 신뢰구간의 예

어떤 도시의 ○○지역에 도로확충공사의 시행에 대한 주민태도를 묻는 여론조사를 실시하여 500명의 표본 중에 60%가 찬성하였다고 하자. 이때 $p = .60, q = .40$이므로 비율에 의한 표준오차는 $\sqrt{\frac{(.6)(.4)}{500}} = .022$다. 여론조사의 찬성 60%가 신뢰수준 95%를 가정하면 어떤 범위를 갖는가? 이를 위해 먼저 95% 신뢰수준에서 하한계와 상한계를 구한다.

95%신뢰수준의 하한계 : $.6 - (1.96 \times .022) = .557$
95%신뢰수준의 상한계 : $.6 + (1.96 \times .022) = .643$

실제 표본으로부터 추정된 모집단의 확률($\mu_{\bar{p}}$)은 하한계와 상한계의 사이에 있으므로, 추정된 신뢰구간은 $.557 < \mu_{\bar{p}} < .643$이다. 즉, **모집단의 95%가 찬성이라고 응답할 비율은 55.7%와 64.3%의 사이로 추정되고 나머지 5%는 다른 응답을 할 것으로** 추정된다.

표본크기의 산출

표본크기는 조사결과의 **신뢰도**와 **비용문제**에 직접 관련되므로 조사의 주요 관심사다. **표본크기가 크면 표본의 추정오차는 감소하지만, 비용은 그만큼 증가**한다. 어떤 의미에서 과학적인 관점과 실무적인 관점이 합의를 이루는 접점이 표본크기의 결정이라 할 것이다.

표본크기의 산출은 무한모집단과 유한모집단의 경우에 따라 다르다. **무한모집단**(infinite population)은 모집단의 한계를 명확하게 정의할 수 없는 경우로 '쥐가

미로를 달리는 시간' 혹은 '사람의 키'와 같은 경우가 해당한다. **유한모집단**(finite population)은 모집단의 한계가 명확한 경우로 'K대학에 다니는 학생'으로 모집단의 정의하면 학생명부에 기록된 학생의 수로 제한되므로 정확히 모집단의 수를 파악할 수 있는 유한모집단의 경우다.

▢ 무한모집단의 경우(모집단 크기 N을 모를 때): '비율'에 의한 계산

앞서 언급한 표준오차의 공식을 유도하면 원하는 오차범위에서 필요한 사례수(n)를 결정할 수 있다. 먼저 조사에서 가장 일반적으로 사용하는 '비율에 의한 신뢰구간과 표본크기를 산출'하는 공식은 다음과 같다. 비율에 의한 95% 신뢰구간은 $p \pm 1.96\sqrt{\frac{pq}{n}}$ 이므로 모집단 비율을 μp라 하면,

$$\mu p = p \pm 1.96\sqrt{\frac{pq}{n}} \quad \text{공식 6-7}$$

$$(\mu p - p)^2 = (\pm 1.96)^2 \cdot \frac{pq}{n} \quad \text{공식 6-8}$$

$$n = \frac{(1.96)^2 \cdot pq}{(\mu p - p)^2} \quad \text{공식 6-9}$$

여기서 $(\mu p - p)$는 '모집단비율'과 '표본비율'의 차이, 즉 비율에 의한 표본오차를 말한다. 간단히 e라 하고 $(1.96)^2$을 근사값 4로 보면 다음의 **간편 공식**을 만들 수 있다.

$$n = \frac{(1.96)^2 \cdot pq}{e^2} \quad \text{혹은} \quad n = \frac{4pq}{e^2} \quad \text{공식 6-10}$$

$$e = 1.96 \cdot \sqrt{\frac{pq}{n}} \quad \text{공식 6-11}$$

[공식 6-10]과 [공식 6-11]에 따라, e(오차)를 알면 n(표본크기)를 구할 수 있고 역으로 n을 알면 e를 구할 수 있다. 단, 1.96은 95% 신뢰수준에서 z점수이고 2.58은 99% 신뢰수준에서 z점수이므로 **99%의 신뢰수준**에서 계산하고자 하면

1.96 대신 2.58을 사용하면 된다.

예제

한 조사에서 서울시민을 대상으로 '법안 A'에 대한 찬성이 60%임을 알고 있을 때, 95%의 신뢰수준에서 ±3.0%의 오차를 감안하면 몇 명의 표본을 추출해야 하는가?

풀이: $n = \dfrac{(1.96)^2 \cdot (.6 \times .4)}{(.03)^2} \fallingdotseq 1024$명

해석: 95% 신뢰수준에서 ±3.0%의 오차를 고려해 조사결과를 신뢰롭게 해석하기 위해서는 최소한 1,024명의 표본을 추출해야 한다.

이때 하한계는 $.6-(1.96 \times .03) = .541$이고 상한계는 $.6+(1.96 \times .03) = .659$이므로 모집단의 '찬성'비율은 $.541 < \mu_{\bar{p}} < .659$의 범위에 있다. 따라서 서울시민 1,000명을 대상으로 표본조사를 실시하고 ±3.0%의 오차를 고려한다면 다음과 같이 예측된다.

서울 시민 95%가 '찬성' 이라고 응답할 비율을 최소 54.1%와 최대 65.9%의 범위에 있고, 나머지 5%의 서울 시민은 다른 응답을 할 것이다.

흔히 서베이에서 특정 사건의 '발생확률'을 사전에 알지 못할 때 이항분포의 확률을 적용해 p와 q를 각각 50%로 취한다. 따라서 $pq = .25$로 가정하면,

$$n = \frac{4pq}{e^2} = \frac{4 \times .25}{e^2} = \frac{1}{e^2}$$ 공식 6-12

예제

대학생의 라이프스타일에 관한 조사를 하고자 한다. 95%의 신뢰수준에서 ±2.5%의 오차를 감안한다면 몇 명의 표본을 조사해야 하는가?

풀이: $n = \dfrac{(1.96)^2 \cdot (.5 \times .5)}{(.025)^2} = 1536.64$ 혹은 $n = \dfrac{1}{(.025)^2} = 1600$

해석: 95% 신뢰수준에서 ±2.5%의 오차를 고려해 추출할 표본수 n은 약 1,600명이다.

▢ 무한모집단의 경우(모집단 크기 N을 모를 때): '평균'에 의한 계산

평균에 의한 95% 신뢰구간은 $\overline{X} \pm 1.96\frac{\sigma}{\sqrt{n}}$ 이므로 모집단평균을 μ, 평균의 표준편차를 s라 하면,

$$e = \frac{1.96s}{\sqrt{n}} \quad \text{공식 6-13}$$

$$n = \frac{(1.96)^2 \cdot s^2}{e^2} \quad \text{혹은} \quad n = \frac{4s^2}{e^2} \quad \text{공식 6-14}$$

따라서 e(오차)를 알면 n(표본크기)를 구할 수 있고, 역으로 n을 알면 e를 구할 수 있다.

예제

평균의 표본편차가 1.24일 때, 95%의 신뢰수준에서 ±3.0의 오차를 감안하면 추출해야 할 표본수 n은?

풀이: $n = \frac{(1.96)^2 \cdot (1.24)^2}{(.03)^2} \fallingdotseq 6570$

해석: 95% 신뢰수준에서 ±3.0%의 오차를 고려해 추출할 n은 약 6,570개다.

▢ 유한모집단의 경우(모집단 크기 N을 알 때): '비율'에 의한 계산

모집단의 크기를 알고 있을 때는 산출의 공식이 다소 복잡해진다. 먼저 '비율'에 의한 계산공식은 다음과 같다(Tull & Albaum, 1973).

$$n_{adj} = \frac{(1.96)^2 pqN}{e^2 N + (1.96)^2 pq} \quad \text{혹은} \quad n_{adj} = \frac{4pqN}{e^2 N + 4pq} \quad \text{공식 6-15}$$

여기서 n_{adj}는 표본크기 **근사치**(추정치)이고, e는 오차범위, N은 모집단 크기다. 예컨대, 모집단의 크기가 800,000인 회사에서 작년 만족도가 70%라고 한다면,

95% 신뢰수준에서 ±4.1%의 오차범위를 가정할 때 몇 명의 표본을 추출해야 하는가? [공식 6-15]의 공식에 대입하면,

$$n_{adj} = \frac{(1.96)^2(.7 \times .3)800000}{(.041)^2 800000 + (1.96)^2(.7 \times .3)} = 479.6 \text{명이다.}$$

따라서 이와 같은 조건에서는 모집단의 약 0.06%가 표본으로 추출된다. 또한 [공식 6-15]를 유도하면, N을 알고 e를 구하게 된다.

$$e = (1.96) \cdot \sqrt{(1 - \frac{n}{N})\frac{pq}{n}}$$ 공식 6-16

☐ 유한모집단의 경우(모집단 크기 N을 알 때): '평균'에 의한 계산

모집단의 크기를 알고 있을 때 평균에 의한 추정 공식은 다음과 같다.

$$n_{adj} = \frac{(1.96)^2 s^2 N}{e^2 N + (1.96)^2 s^2} \quad \text{혹은} \quad n_{adj} = \frac{4s^2 N}{e^2 N + 4s^2}$$ 공식 6-17

여기서 n_{adj}은 표본크기의 근사치이고 s는 평균의 표준편차다. 만일 **층화표본**을 사용하면 약간의 변형공식을 사용한다. 즉, 층화표본은 각 층마다 가중치를 주어 표본을 할당하기 때문에 다음의 공식을 사용한다.

$$n = \frac{4}{(\overline{x} - \mu)^2} \Sigma w_j s_i^2$$ 공식 6-18

$$n = \frac{4}{(\overline{x} - \mu)^2} (\Sigma w_j s_i)^2$$ 공식 6-19

여기서 w_j는 i번째 층의 가중치(N_i/N), s_i^2는 i번째 층의 변량, $(\overline{x} - \mu)$는 편차다. [공식 6-18]은 '비례층화표본'에 적용되는 공식이고, [공식 6-19]는 '불비례층화표본'에 적용되는 공식으로 알려져 있다.

보통 유한모집단의 경우, 대략 표본의 크기가 전집의 5% 미만이면 무한모집단으로 가정한다. 따라서 **서베이에서 모집단의 수가 적고 표본이 모집단의 5% 이하일 때는 무한모집단의 공식에 의해 표본크기를 산출해도 무방**하다(Tull & Albaum, 1973).

심화학습 어느 정도의 표본이면 충분한가?

표본수 n에 대한 최선의 의사결정은 '비용'과 '정확성'이 합리적으로 교차하는 지점에서 이루어져야 한다. 그 교차점을 판단하는 기준이 **표본오차**이지만 경험적으로 수용되는 기준이 있다. 보통 **사회조사**의 경우 무한모집단을 가정하여 n=1,000에서 n=2,000 정도가 가장 많이 사용되고 **소비자조사**의 경우는 n=300 정도가 일반적이다. 한편 실제 표본의 n이 10,000 이상이면 거의 오차의 영향을 받지 않는 것으로 알려져 있다(Lin, 1976). 조사기관은 실무적으로 많은 경험을 축적하면서 엄격한 준거로 표본수를 산출하지만, 종종 통상적인 조사를 위한 대략적인 준거를 갖고 있다. <표 6-3>은 오차범위를 기준으로 수용되는 기준의 표본수를 나타낸 것으로 참고할 만하다.

<표 6-3> 오차범위별 표본수 n의 기준

오차범위	표본수
±9.8%	100
±6.9%	200
±4.4%	500
±3.1%	1,000
±2.5%	2,000

3 표본추출방법

3.1 개요

표본추출방법은 크게 '확률표집'과 '비확률표집'으로 구분된다. **확률표집**은 무선선택을 가정하고 확률이론에 근거하여 모수치와 오차를 추정하는 방법이다. 확률표집이 완벽하게 모집단에 대한 대표성을 가지지 않더라도 '무선화'에 따라 오차

요인이 상쇄된다고 가정하므로 비확률표집에 비해 조사결과의 **일반화 가능성**이 높다. 그러나 시간과 비용이 많이 소요되고 수행과정이 복잡하다. 또한 표본에서 발생하는 오차변량을 줄일 수 있지만 전반적인 조사결과에서 자료의 정확성이 비확률표집보다 우수하다고 말할 수 없다.

비확률표집은 무선선택이 아니라 '목적적' 혹은 '임의적' 방법으로 표본을 선택한다. 비확률표집은 주로 확률표집이 불가능하거나 모집단을 정확하게 규정할 수 없는 상황, 모집단이 적거나 **특이한 사건**을 연구하는 경우에 유용한 방법이다. 예컨대, 모집단이 100명 이하인 경우 확률표집은 의미가 없으며, 모집단 전체를 연구하거나 전문가 판단에 의한 비확률표집이 더 장점을 갖는다. 또한 과거 특정 사건(예, 역사적 사실)에 대한 조사나 표본이 '비협조적' 특성을 지니고 있을 경우에도 무선표집은 큰 의미를 갖지 않으며 조사결과를 신뢰할 수 없다. 비확률적 방법으로 표본을 선택하면, 모집단에 대한 '대표성'을 가정할 수 없고 표집단위를 선정하는 데 조사자의 **임의적 편견**이 작용할 수 있다. 비확률표집에 의해 수집된 자료는 확률이론에 근거하지 않으므로 '원칙적으로' 통계적 검증이 불가능하다. [그림 6-3]은 표본추출의 일반적 유형을 확률표집과 비확률표집으로 구분하여 제시한 것이다.

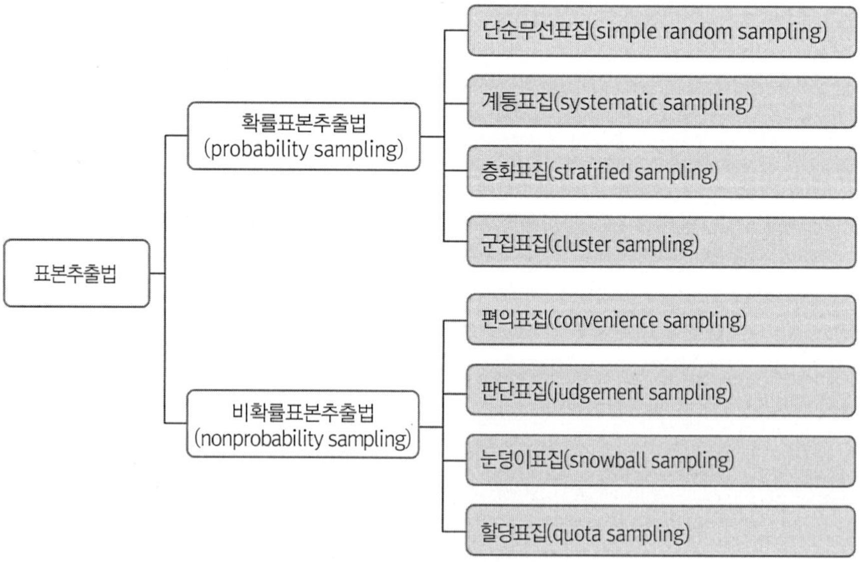

[그림 6-3] 표본추출의 유형

표본설계의 단계

표본추출은 조사목적에 따른 설문지 설계와 작성이 완료된 후, 본격적인 '실사'를 위한 준비단계다. 일반적으로 어떤 표본추출방법을 택할 것인지는 **모집단의 정의**와 **표본크기의 결정**에 의존한다. 구체적인 표집방법이 정해지면 **표본틀**(목록)**을 정하고** 각 방법의 절차에 따라 조사할 표본을 확정한다. 표본이 확정되면 조사원을 모집하고 실사를 진행하게 된다. [그림 6-4]는 표본설계의 단계를 요약하고 실제 조사보고서의 작성에 포함되는 단계별 설명을 예시한 것이다.

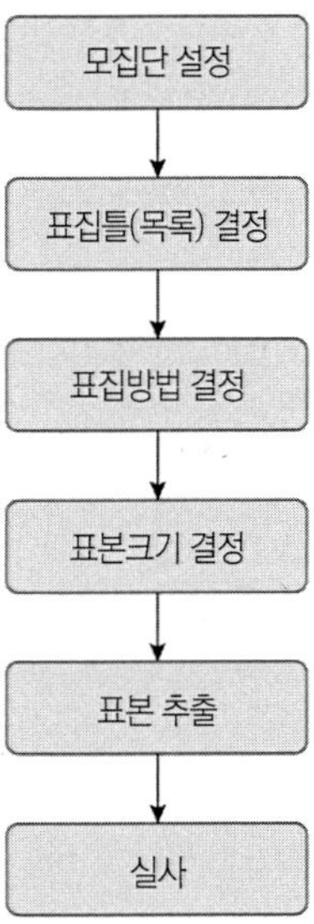

모 집 단: 국내 광고주, 광고회사, 방송사, 관련 기관과 단체 총 2만 753개 조직단위

표 본 틀: 2○○○ 애드디렉토리(AD Directory)를 기준

표본추출: 애드디렉토리 기준 광고주, 광고회사, 방송사, 관련 기관과 단체를 층화하고 모집단 비율에 맞춘 비율층화표집법(proportional stratified sampling)을 사용

표 본 수: 총 ○○○ 개의 기업 및 조직 단위

조사방법: 일대일 개별 면접 설문조사

조사과정: 조사에 필요한 구성개념을 확인하고 설문지 설계를 위해 2○○○년 ○월 ○일 모집단의 실무자 ○명을 대상으로 FGI를 실시함. FGI를 통해 …(중략)… 확인하고 설문제작을 위해 실무자와 학계전문가를 대상으로 사전검사를 실시함. FGI의 결과 …(중략)… 선정함. 실사를 위해 표본틀에 기초하여 층별 비율에 맞도록 조사표본수를 결정. 결정된 표본에게 공문과 유선을 통해 협조를 요청하고 개별면접 설문조사를 실시함. 총 ○주 동안의 실사를 통해 총 ○○○부의 설문 중 ○○○부를 회수하고 이 중 ○○○부를 타당한 자료로 분석.

조사기간: 2○○○년 ○월 ○일 ~ ○월 ○일 (총 ○○ 일간)

조사결과의 허용오차: 95% 신뢰수준에서 ±5.79% (2○○○년 모집단 2만 753개 기준)

자료분석: 실사에 대한 검증이 완료된 설문을 데이터 코딩하고 정제하고 분석함. 기본적인 인구통계특성별 테이블표를 작성하고 주요변인별 차이검증(t-test, F-test, χ^2 검증)을 실시.

[그림 6-4] 표본설계 단계의 조사보고서 예

3.2 확률표본추출법

확률표집은 확률분포에 기초한 방법으로 단순무선표집, 계통표집, 층화표집, 군집표집 등이 있다.

단순무선표집

□ 개념

단순무선표집이란 집단의 모든 구성요소에 대해 동등한 확률을 부여하고 표본을 추출하는 방법이다. '크기 N인 모집단에서 크기 n인 표본을 추출하고자 할 때 조사자의 주관적 판단을 배제하고 무선으로 표본을 추출하는 방법'으로 정의된다(한국통계학회, 1986).

단순무선추출법은 확률표집의 가장 **기본 형태**로 모집단에 대한 정의가 명확해야 하며 모집단에 대한 '완전한 목록'을 가지고 있어야 한다. 'K대학 학생들'을 모집단으로 정의하면 재학 중인 학생들의 명부(목록)를 확보할 수 있어야 하고, '서울에 거주하는 20세 이상의 성인 남녀'로 모집단을 정의하면 현재 서울에 거주하고 있는 20세 이상 남녀의 명부를 확보해야 단순무선 표본추출을 할 수 있다.

> 단순무선표집은 확률이론에 근거한 단순명료한 **논리**를 갖는다. 이는 카드게임을 하는 사람들에게 잘 섞은 패를 돌리는 것과 같다. 만약 카드를 잘 섞고 돌리는 절차를 수없이 반복한다면, 모든 카드가 특정 사람에게 돌아갈 확률은 같다. 즉, 특정 카드가 돌아갈 확률이 모든 사람에게 동일한 것과 같이 모든 사람이 표본으로 추출될 확률이 동일해야 한다.

□ 절차

먼저 조사목적에 따른 모집단을 정의하고 표본틀에 수록된 모집단 N에 1부터 시작하는 **일련번호를 부여**한다. 이때 모집단의 크기에 따라 일련번호가 부여되는 숫자의 **자릿수는 가능한 최소**가 되도록 하는 것이 좋다. 그래야 표본을 추출하기도 쉽고 경제적이다. 예컨대, 모집단의 크기가 1000이라 할 때 1000이 4자릿수라 하여 번호를 4자릿수로 부여하지 않고 3자릿수로 부여한다. 4자릿수로 구성하면 실제 사용되는 숫자는 1000개이므로 나머지 8999개가 불필요하게 남게 되기 때문이다. 실제 난수표 등을 이용할 때 모집단을 구성하는 1000개의 표본(n)을 000에서부터 999자리로 구성하면 불필요한 숫자 없이 필요한 만큼만 사용하여 추출하기 용이하다. 표본의 크기를 정하고 일련번호를 부여할 숫자를 정해 **난수표나 카드**를 이용하여 지정된 수만큼 n을 추출한다.

- 난수표를 이용한 절차: 난수표는 컴퓨터를 통해 개발된 것으로 각 자리마다 배열된 **숫자의 선택 확률을 동등하게 부여**하여 만든 표다. 〈표 6-4〉의 예를 통해 사용법을 알아보자. 〈표 6-4〉의 난수표는 5개의 행과 5개의 열로 구성된 25개의 숫자가 들어 있다. 어떤 숫자가 뽑히는 데 특별한 규칙이나 패턴이 없도록 배열한 것이다. 난수를 선택하기 위해, 먼저 표본틀에서 **표본크기를 정해야** 하고 가장 큰 숫자를 확인해야 한다. 만일 K학급에 35명의 학생이 있다면 최대값은 35다. 〈표 6-4〉의 각 난수는 5자리이고 필요한 자릿수는 **2자리**다. 이 예의 '열'에서 5자리 중 2자리를 선택할 것인데, 자릿수의 왼쪽 혹은 오른쪽, 어느 쌍을 택해도 무방하지만 일관성 있게 진행해야 한다. 즉, 일련의 숫자를 선택하는 규칙을 정하는 것이다(예, 열의 아래쪽, 열의 위쪽, 행을 건너는 방식 등). 예에서는 오른쪽 '2자리'를 택하여 '열의 아래'로 이동하여 총 5명의 표본을 추출해 보자. 열의 아래쪽으로 이르면 다음 행의 상단으로 이동한다. 이제 시작점을 정해 보자. 어떤 시작이 되어도 좋지만 **편향**되지 않아야 한다. 눈을 감고 표에 손가락으로 얹어 걸리는 숫자를 사용해도 좋다. 눈을 감고 시도해 보자. 5번을 시도하여 숫자가 적힌 위치에 손가락이 놓이면 시작점을 정한다. 만일 3번째 열과 2번째 행에 손가락이 놓였다면 처음 선택할 숫자는 '89'다. 이제 순서대로 정해진 규칙대로 열의 아래로 이동하고, 끝나면 다음 행으로 이동하면서 5자리 가운데 오른쪽 2자리를 선택한다. 그러면 89, **03**, 73, 03, 52, 72, **11**, 60, 69, 60, 70, 65, 68, **05**, **08**, 93, **09**, 51, 35, ⋯. 규칙에 따라 이동하면서 굵은 문자로 표시된 총 5개의 숫자를 선택하였다(03, 11, 05, 08, 09). 규칙에 따른 진행에서 선택된 숫자가 표본틀의 최대수인 35보다 크거나 중복인 경우에 다음의 숫자가 선택된다. 이제 일련번호가 부

여된 학생 중에 난수표에서 선택된 번호의 5명을 표본으로 추출한다.

〈표 6-4〉 난수표의 예

82308	73580	84282	89252	64760
32893	42779	02789	48072	95170
59909	22076	65703	21811	50465
05551	64931	35873	68960	44968
50035	54365	62603	99069	93005

출처: Dane(1990).

• 추첨을 이용한 절차: 추첨법은 난수표를 이용하는 것보다 간단하다. 표본틀의 숫자를 모두 적어 '최대 수'만큼의 쪽지를 만들고 정해진 n을 뽑는 것이다. 흔히 복권이나 경품추천, 로또의 숫자를 추첨하는 방식을 생각하면 된다. 단, 이 방법은 표본틀이 크면 사용이 곤란하고 번거롭다.

☐ 예: "서울 거주 남녀의 가족생활실태 조사(n=1,500)"

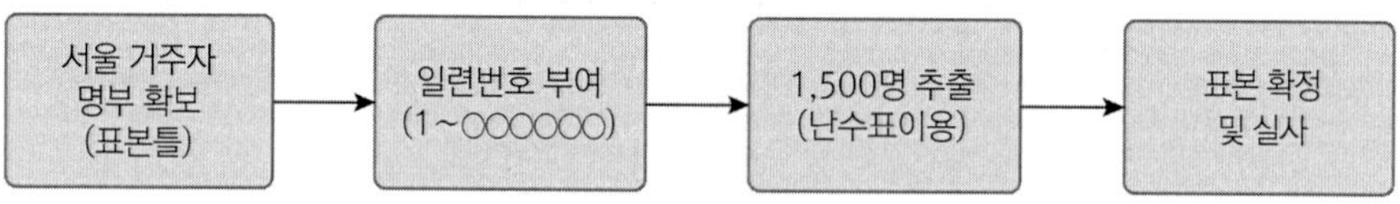

[그림 6-5] 단순무선표집의 예

☐ 장단점

단순무선표집은 확률분포에 근거하므로 **외적 타당도에 대한 추론**이 가능하고 다른 확률추출법에 비해 **상대적으로 용이**하다. 모집단에 대한 **사전지식이 필요하지 않으며** 컴퓨터를 이용하여 쉽게 표본추출을 할 수 있다.

그러나 모집단에 대한 명부를 확보해야 하고 모집단의 **구성비율이 다른 경우**에 사용하기 곤란하다. 예컨대, 모집단이 남자 70%, 여자 30%로 구성되어 있다 해도 단순무선표집은 남녀의 성비를 고려하지 않고 추출한다. 또한 단순무선표집은 다른 확률추출법에 비해 통계적 효율성(statistical efficiency)이 낮다. **통계적 효율성**이란 '표본크기에 따른 오차변량의 크기를 말하며, 표본의 오차변량이 작을 때 통계적 효율성이 크다'고 한다. 예컨대, 층화표본은 단순무선표본보다 통계적 효율성이 높다. 층화표집에서는 층별로 표본을 추출하기 때문에 표본변량이 그만큼 작아진다. '변량'이 작다는 것은 같은 표본크기를 가정할 때 표본오차가 그만큼 작다는 것을 의미한다.

단순무선표집은 확률이론에 가장 근접한 방법이지만, 실제로 시행하기에는 복잡성과 효율성이 낮아 자주 사용되지 않는다. 그러나 모집단의 크기가 적당하고 모집단 명부의 확보가 가능하거나 명부 외에 다른 모집단 정보를 활용할 수 없을 때 대안이 된다.

계통표집

☐ 개념

계통표집은 '추출단위에 일련번호를 부여하고 이를 동일 간격으로 나눈 후, 첫 구간에서 하나의 번호를 무작위로 선정한 다음 동일 간격으로 떨어져 있는 번호를 계속해서 추출해 가는 방법'을 말한다(한국통계학회, 1987). 즉 계통추출법이란 표본틀에서 처음 k개로부터 어떤 하나를 무선 추출한 다음 매 k번째마다 표본(n)을 추출하는 방법이다. 이 표본을 '1-in-k'라 한다(Scheaffer et al., 1990).

계통추출법은 공장의 생산라인에서 품질검사를 할 때 유용하다. 예컨대, 맥주공장에서 일일생산량 혹은 월생산량을 모집단으로 하여 검사할 표본수를 정한 후 1-in-k, 즉 **100개(k)당 1개의 표본으로 검사**하는 방식이다. 미국의 조지갤럽연구소는 선거조사에 계통추출법을 활용해 '1-in-5(5명당 1명의 표본추출)'로 출구조사를 수행하기도 한다.

☐ 절차

계통추출법도 확률적 방법에 의존하므로 모집단 명부를 가지고 있어야 한다. 표본틀을 작성하고 표본크기를 정한 후, 난수를 이용하여 **표집간격**(sampling interval)의 특정한 값(k)을 선택하여 매 k번째마다의 표본을 추출한다. 예컨대, 1만 명의 모집단에서 1000명을 표본으로 선택한다면, 먼저 1에서 10사이의 특정 값을 난수를 이용해 선택한다. 만일 '7'이 선택되었다면 이제 표본틀의 7번째를 기준으로 7의 간격으로 표본을 추출한다. 여기서 '7'을 **표집간격**($k=7$)이라 한다.

흔히 계통추출법의 표집간격은 '**표집간격 ≤ 모집단크기 / 표집크기**'를 원칙으로 한다. 즉, 모집단이 1만 명이고 그중에서 100명을 표본으로 추출한다면 표집간격은 **100보다 작거나 같아야** 한다. 그러나 종종 모집단의 정확한 크기를 모르는 무한모집단에 계통추출법을 적용할 때는 표집간격을 추론해야 한다. 이때 표집간격이 모집단 크기에 비해 너무 작거나 크면 편향된 표본이 될 가능성이 높으므로 모집단에 대해 더 많은 정보가 필요하다.

☐ 예: "K사 신용카드 고객의 서비스 불평에 대한 조사(n=1,000)"

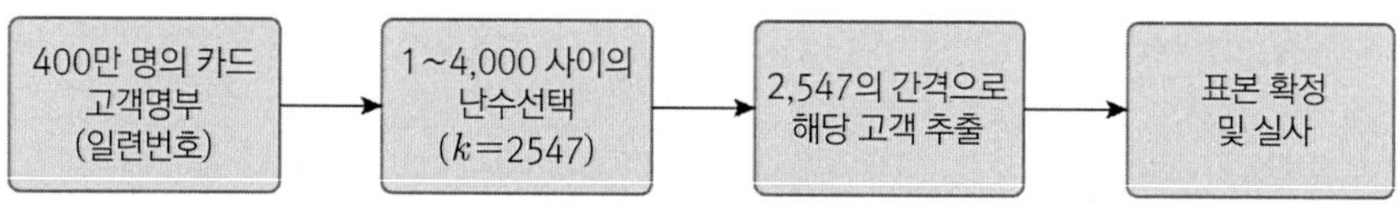

[그림 6-6] 계통표집의 예

☐ 장단점

계통추출법은 단순무선표집보다 표본의 **정보를 체계적으로 수집**하는 데 도움이 된다. 실제 조사에서 백화점 쇼핑고객 100명을 조사한다고 할 때, 대략적인 유동인구를 기준으로 표본크기 k를 정할 수 있다면 무선표집보다 효과적으로 표본을 추출하고 체계적인 정보를 얻을 수 있다. 계통추출법은 일정한 표집간격을 유지하면서 표본을 추출하기 때문에 조사에 대한 **경험이 부족한 사람도 쉽게 사용**할 수 있다.

계통추출법의 단점은 모집단의 크기를 정확하게 모를 경우에도 사용되므로 표본자료의 **오차를 평가할 수 없는 경우**가 종종 발생한다. 특히 표본틀이 어떤 특정한 방식으로 배열되어 있을 때 계통추출법은 치명적인 약점을 갖게 된다. 즉, 매 **k번째에 해당하는 표본이 일정한 특징을 지니고 있을 때** 표본추출이 편향된다. 또한 계통추출법은 **표본 간의 주기성**에 영향을 받는다. 만일 소매점의 판매량 조사를 표집간격 $k=7$로 한다면 주별 판매량이 서로 다른 소매점에서 판매량이 과대 혹은 과소평가될 수 있다.

k번째 호수(號數)의 특별한 이유: "귀하의 아파트 주거환경은 어떻습니까?"

연구자가 아파트를 대상으로 계통추출법을 사용한다면, 표집간격 k번째의 선택이 편향될 가능성이 높다. 즉, $k=9$인 경우, 특정 호수(109호, 209호, 309호, …)의 선택이 응답의 편향을 가져올 수 있다. 만일 $k=9$에 해당하는 호수가 모두 도로변에 위치하고 있다면 안쪽에 위치한 호수의 주민에 비해 주거환경에 대한 불만이 높을 수 있다.

층화표집

▢ 개념

층화표집이란 '모집단이 특성에 따라 층화된 곳에서 **각 층마다 표본을 무선으로 추출하는 방법**'이며, 그에 따라 얻어진 표본을 **층화무선표본**이라 한다(한국통계학회, 1987). 무선표집을 가정하는 경우 층화표집은 모집단을 몇 개의 층 혹은 집단으로 구분하고, 각 층에서 표본을 무선추출방식에 의해 선정하게 된다. 만일 모집단의 크기를 정확하게 알지 못할 경우 각 층에서 임의로 추출하는 방법을 사용하는데, 이때 추출된 표본을 **층화임의표본**이라고 한다(Levy & Lemeshow, 1991). 확률표본의 의미로 사용할 때 층화표본은 '층화무선표본'을 말한다.

층화표본은 각 층을 동질적 하위 집단으로 구분하기 때문에 다른 표본추출법보다 **표본오차가 작다.** 즉, 층화가 이루어진 **집단 내의 변량은 동질적**임을 가정하고 그에 따라 표본오차를 줄이고 표본의 대표성을 확보할 수 있다. 층화표집은 모집단이 계층적 집단으로 구성되어 있을 때 **계층 간의 정보를 수집하고 비교**하기에 용이하다. 예컨대, 대·중·소의 점포규모를 가진 매장의 매출에 관해 조사한다면, 각 점포규모에 따라 층을 만들고 각 층에서 일정한 표본을 추출할 수 있다. 이러한 절차에 따라 각 점포규모별로 각 층마다의 동질성을 확보한다. 다른 예로, 10만 개의 식품점 체인의 점포당 월별 매출을 추정하려 한다고 하자. 이 업체의 특성상 상위 10%의 점포가 전체 매출의 90%를 차지한다고 하면, 단순무선표집은 상당한 편차를 갖는 표본평균을 얻기 때문에 적절한 방법이 아닐 수 있다. 만일 매출을 기준으로 '상·중·하'의 층으로 나누어 n을 추출한다면, 각 층의 일정비율이 추출되기 때문에 **집단 간의 비교**뿐만 아니라 **집단 내의 오차변량이 감소하는 효과**도 얻을 수 있다.

☐ 절차

층화표집을 위한 첫 번째 단계는 i개의 **층**으로 모집단 N을 나누는 것이다. '몇 개의 층으로 나누는 것이 좋은지'는 조사의 목적과 경험적 준거에 따라 서로 중복되지 않는 2개 이상의 층으로 나눈다. 층을 나누는 기준으로서 **층 내의 표본은 서로 동질적이고, 층 간에는 서로 이질적이 되도록 나누는 것이 좋다**(Thompson, 1992).

층 내의 동질성과 층 간의 이질성

층화표집이 많이 사용되는 이유는 층을 구분할 때 무선추출뿐만 아니라 임의추출로도 어느 정도 안정적인 추정치를 얻는다는 점이다. 현실적으로 무선추출이 가능하지 않은 상황(모집단의 정확한 정보가 없을 때)에서 신뢰로운 응답을 얻기 위해서는 **가급적 동질적인 집단으로 층을 구성하고 각 층은 차별적인 특성으로 만드는 것**이 필요하다. 즉, 층 내의 동질성과 층 간의 이질성을 확보하는 것이다. 예컨대, 인터넷 쇼핑몰 가입자 10만 명을 대상으로 웹사이트에 대한 조사를 한다고 할 때, 1000명을 층화표집하기 위해 어떤 준거로 층을 나눌 것인가? 현재 가입자의 특성을 파악하고 있다면 가장 효과적으로 층을 구성할 수 있을 것이다. 연령, 구매패턴, 충성도, 구매주기 등 다양한 특성을 이해하는 것이 층화표본을 추출하기 위한 선결과제다. 만일 '10대' '20대' '30대' '40대 이상'과 같이 **연령**을 나누고, 연령 내 '동질성'과 연령 간 '이질성'이 가정된다면 층화표집의 목적은 달성될 수 있다.

전체 모집단 N을 i개의 층으로 나눈 다음, 각 층을 하나의 **하위모집단**으로 간주하고 각 층을 구성하는 표본틀을 작성한다. 이렇게 작성된 표본틀에 기초하여 층별 표본 크기를 정하고 각 n개의 표본을 층별로 배분한다. 배분된 n개씩의 표본은 무선추출의 방법에 따라 난수를 이용하여 추출한다.

☐ 예: "K인터넷 쇼핑몰에 대한 태도조사($n=1,000$)"

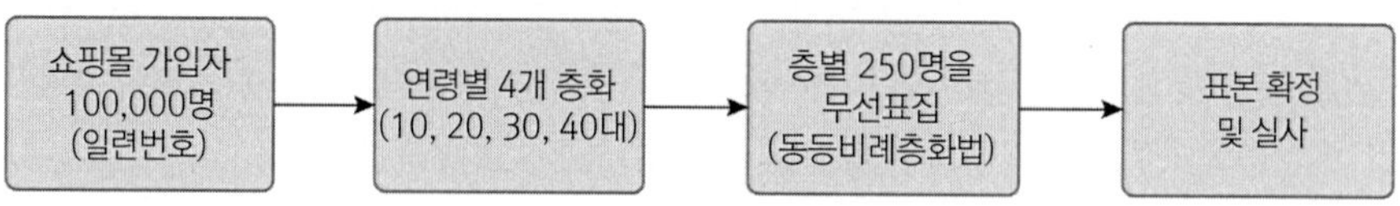

[그림 6-7] 층화표집의 예

▢ 유형

- **동등층화법**(equal stratified sample): [그림 6-7]은 각 층마다 동일한 비율로 표본(n)을 추출하는 '동등층화법'을 예시한 것이다. **동등층화법**은 모집단의 층별 규모(구성비율)가 비슷할 때 유용하다. 그렇지 않을 경우에는 편향될 가능성이 높다. 〈표 6-5〉는 동등층화법을 예시한 것으로 모집단 구성비율을 모를 때 사용하는 방식으로 각 표본은 층마다 동일비율로 배분하였다.

〈표 6-5〉 동등층화법

구분 \ 층화	10대	20대	30대	40대	합 계
모집단(비율)	–	–	–	–	1,000명(100%)
표 본(비율)	25명(25%)	25명(25%)	25명(25%)	25명(25%)	100명(100%)

주: 모집단구성을 모를 때 사용함.

- **비례층화법**(proportional stratified sampling): 모집단의 구성과 층별 규모가 다르다는 것을 안다면, 층마다 모집단 비율에 따라 n을 배분하여 모집단에 비례하는 추출법이 좋은 대안이 된다. 이를 **비례층화법**이라 한다. 〈표 6-6〉는 비례층화법을 예시한 것이고 각 층의 표본(n)은 모집단 구성비율을 기준으로 배분되었다.

〈표 6-6〉 비례층화법

구분 \ 층화	10대	20대	30대	40대	합 계
모집단(비율)	200명(20%)	300명(30%)	300명(30%)	200명(20%)	1,000명(100%)
표 본(비율)	20명(20%)	30명(30%)	30명(30%)	20명(20%)	100명(100%)

주: 모집단구성을 알고 있을 때 사용함.

- **불비례층화법**(disproportionate stratified sampling): 특히 모집단의 특성을 잘 알고 **특정 층에 대한 집중적인 조사가 필요할 때**, 알고자 하는 층에 '가중치'를 부여하고 n을 추출하는 방법을 '불비례층화법'이라고 한다. **불비례층화법**은 특정 층에 가중치를 두고 더 많은 n을 배분하는 것이 일반적이지만, 종종 특정 층의 조사가 불필요한 경우에 n을 축소하는 배분을 하기도 한다.

〈표 6-7〉 불비례층화법

구분 \ 층화	10대	20대	30대	40대	합 계
모집단(비율)	200명(20%)	300명(30%)	300명(30%)	200명(20%)	1,000명(100%)
표 본(비율)	15명(15%)	35명(35%)	35명(35%)	15명(15%)	100명(100%)

주: 특정 연령층에 대한 집중조사가 필요할 때(20대와 30대) 사용함.

▢ 장단점

층화표집은 모집단의 계층적 구조를 이루고 있을 때 **계층 간을 비교하는 데 유리**한 방법이다. 또한 층 내에서는 집단의 특성이 동질적이기 때문에 오차변량의 감소로 인하여 다른 표본추출법에 비해 **향상된 모집단 추정치**를 얻을 수 있다. 특히 표적집단의 각 층을 비교목적으로 하는 소비자조사나 마케팅조사에 유용한 방법이다. 또한 층화표집은 **비용효율성이 높은 편**이다. 도시의 계층구조가 명확한 경우 단순무선표집보다 층화표집이 표본을 선택하는 비용, 면접비용, 교통비, 인건비 등 조사관련 비용을 절감할 수 있다.

그러나 모집단의 구성을 모를 경우 각 층의 비율이 다를 수 있으므로 '동등층화표집'은 응답의 편향을 가져올 수 있다. 불비례층화법은 특정계층에 대한 관심이 높을 때 자주 사용되지만, 사례수(n)의 불균형으로 통계분석에 제한이 따르는 단점이 있다.

군집표집

▢ 개념

군집표집은 '모집단을 구성하는 단위를 m개의 군집으로 나누어 표본추출단위로 하고 이 군집으로부터 단순무선추출을 하는 방법'으로, 이를 단순군집추출이라고 한다(Hansen, Hurwitz & Madow, 1953). 표집추출단위를 **군집**(cluster)이라 한다. 군집은 다시 m'개의 군집으로 나눌 수 있고 각각 1차와 2차 표집단위가 된다.

군집표집은 층화표집과 달리, **군집 내에서는 서로 이질적이고 군집 간에는 동질적이 되도록 구성**한다. 군집표집은 가능한 모든 군집을 선택하지 않고 일부만 선택하기 때문에 '군집 내가 동질적이라면 치우친 표본을 택하게 될 가능성'이 높다(Blalock, 1979).

예

한 학교에서 가정환경에 대한 표본조사를 한다면, 각 학급을 m개의 군집으로 만들 수 있다. 학급을 구성하는 학생들의 특성은 서로 **이질적**이지만 학급(군집) 간에는 **동질적**임을 가정할 수 있다(대체로 가정환경은 모든 학급에서 정상분포를 가정). 따라서 각 군집에서 m개의 분단을 다시 2차 군집으로 나누고 그 안에서 무선표집을 수행한다.

군집은 매우 다양한 유형을 분류되지만 크게 자연적 군집(natural cluster)과 인위적 군집(artificial cluster)으로 나눌 수 있다. **자연적 군집**은 (a) 가구, 시, 군, 읍, 면, 동, 반 등의 행정단위, (b) 도로명이나 블록(block) 등의 지리적 단위, (c) 학교, 단체, 기업 등 조직단위를 포함하고, **인위적 군집**은 조사목적으로 설정한 임의적인 구획이나 세그먼트를 포함한다. 국내 통계청에서는 주기적으로 **블록통계**(block statistics)를 발표한다. 블록통계는 도시블록의 통계로 1만 명 이상의 인구가 밀집된 지역을 대상으로 작성한다. 각 블록의 자료는 총인구, 남녀비율, 주택 수, 소득, 건물의 실소유자, 주택 배관시설 등의 다양하고 자세한 내용을 포함한다. 이러한 통계청의 블록통계가 **군집표집의 표본틀로 자주 사용**되는데, 시장조사나 상권분석 등에 유용하게 활용된다.

흔히 군집표집은 여러 단계를 거치거나 다른 표집방법과 병행하여 사용되는 경우가 많다. 예컨대, 먼저 모집단의 크기에 따라 층화표집을 하고 층 내부에서 m개의 군집을 만든 뒤, 군집에서 무선적으로 표본을 추출한다. 이러한 방식은 **모집단의 크기가 크거나 표본단위가 많아 표본틀 작성이 어려울 때** 유용하다.

예

도시의 가구당 소비실태를 알고자 하는 경우에 '단순무선표집'을 사용하면 도시의 모든 가구에 대한 표집틀을 만들어야 하고, '층화표집'을 사용할 경우 각 층에 대한 모집단의 표집틀이 동질적이기 어렵다. 이때 도시를 지역별로 m개의 군집을 만들고 각 군집에서 다시 m'개의 2차 군집을 만들면 대단위의 표본을 사용하지 않고도 모든 구역을 포괄하는 표본을 만들 수 있다. 만일 표본추출된 각 군집 내 가구들의 수가 많다면 그중에서 필요한 표본을 단순무선표집으로 추출할 수도 있다.

▢ 절차

먼저 모집단 N을 정의하고 표본단위들이 군집 내에서 '이질적'이고 군집 간에 '동질적'이 되도록 m개의 군집으로 구분한다. 몇 개의 군집이 좋은지에 대한 준거는 없으며 모집단크기와 표본크기, 잠재적인 군집의 수 등을 고려하는 것이 좋다. 첫 번째로 나누어진 m개의 군집을 **기본추출단위**(primary sampling unit: PSU)라 하고, 이 m개의 PSU를 대상으로 표본틀을 작성하고 다시 m'개의 2차 군집을 추출한다. m'개의 군집을 **이차추출단위**(secondary sampling unit: SSU)라 한다. m'개의 SSU를 대상으로 표본틀을 정하여 필요한 만큼의 군집을 추출을 할 수 있으며, 더 이상의 군집이 요구되지 않으면 **SSU(m')의 군집 내에서 단순무선표집을 수행**한다. 마지막으로 추출된 표본 n개를 **최종추출단위**(ultimate sampling unit: USU)라 한다.

▢ 예: "지역별 정당선호도에 대한 조사(n=2,000)"

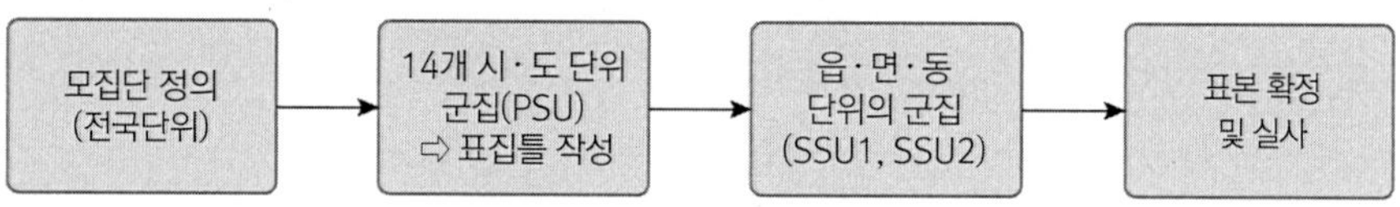

[그림 6-8] 군집표집의 예

▢ 장단점

군집표집은 모집단이 크고 **광범위한 지역을 대상으로 표본조사를 수행할 때** 효과적이다. 또한 광범위한 지역을 군집으로 나누어 표본을 추출하기 때문에 **비용효용성**이 높다. 특히 군집표집은 다른 방법에 비해 '순효율성'이 높은 방법으로 알려져 있다. **순효율성**(net efficiency)이란 '동일한 비용이 투자되어 얻어지는 정보의 가치가 상대적으로 높은 것'을 말한다.

군집표집에서 각 군집 내 표본이 동질적일 때 군집은 편향된 표본추출의 가능성이 높고 집단 내 이질성을 가정할 뿐 검증할 방법이 없다. 비록 군집 내의 표본 특성이 동질적일 때 통계적 효율성은 떨어지지만, **군집분석은 순효율성이 높다는 점에서 실무적으로 자주 사용되는 방법**이다.

기타의 확률표집

☐ 규모비례확률모형

규모비례확률모형(sampling with probabilities proportionate to size: PPS)은 '표집단위의 추출확률이 다를 경우 추출확률에 비례하는 n개의 표본을 추출하는 방법'이다. 주로 군집의 크기가 달라 군집단위(예, 구나 읍 · 면)에 따라 **동일한 표집률을 확보해야 할 때** 사용된다. 즉, 각 군집의 크기에 비례하는 표본수 n을 추출함으로써 표집률을 조정하기 위해 사용된다.

심화학습 규모비례확률모형(PPS)을 이용한 표본의 추출

PPS의 절차는 먼저 각 표본단위(집락)에 번호를 부여하고 각 군집의 표집률을 계산한다. 이때 각 **군집의 크기에 비례하여** 표집률을 정한다. 예컨대, 모집단의 N=10,000이고 A지역(군집)의 거주자가 600명이라면 이 군집의 표집률은 '600/10,000=6%'가 된다. 표집률이 계산되면 군집의 번호에 따라 그 크기를 누적한 다음 누적 범위를 적는다. 누적범위는 누적빈도분포표에서 누적빈도의 범위다. 그런 후 난수표를 이용하여 해당 난수가 속해 있는 군집에서 표본을 추출한다. 이러한 방법을 이용하면 서로 크기가 다른 군집에서 크기에 비례하는 표본을 추출하게 된다. 예컨대, 〈표 6-8〉과 같이 각 지역(A, B, C)의 인구가 다를 때 누적빈도와 표집률을 계산하고, 누적빈도의 범위를 각 군집의 표집률에 따라 표시하고 난수를 이용하여 번호에 해당하는 표본을 각 지역에서 뽑는다. 만일 247이라는 난수가 나왔다면 이 범위에 해당하는 'B지역에서 표본을 추출'하고, 난수가 468이 나왔다면 'C지역에서 표본을 추출'하는 방식이다.

〈표 6-8〉 규모비례확률모형(PPS)의 예

지역(군집)	인구	누적빈도	누적범위	추출확률
A지역	100명	100	1-100	100/600=17%
B지역	200명	300	101-300	200/600=33%
C지역	300명	600	301-600	300/600=50%

토론하기 규모비례확률모형(PPS)이 적용되는 사례를 생각해 본다.

☐ 2단계표집

2단계표집은 **이중표집**(double sampling)이라고도 한다. 말 그대로 '2단계에 걸쳐

표본을 추출하는 방법'이며, 조사하는 변인이 특수하여 표집이 어려울 때 사용된다. 예컨대, 특정 지역의 가구당 인원수를 조사하기 위한 표집은 어렵지 않으나 각 가구의 '평균수입'이나 '소비'를 조사하는 것은 쉽지 않다. 이때 먼저 가구당 인원수를 파악하는 표본조사를 실시하고, 그 표본 가운데 일부를 2단계로 표집하여 '평균수입'이나 '소비'를 조사한다. 2단계표집은 1단계에서 조사한 변인과 2단계에서 조사하는 변인이 **서로 상관이 높을 때 더욱 유용**하다. 2단계표집의 논리가 3단계, 4단계로 확장되면 **다단계표집**이 된다(모집단 $N \rightarrow$ 1단계 표본 $n \rightarrow$ 2단계 표본 n').

▢ 네트워크표집

네트워크표집(network sampling)은 모집단 N에서 표본 n을 추출한 후 '추출된 표본을 중심으로 연관된 주변의 표본을 추출하는 방법'이다. 주로 **희귀한 사건**(예, 전염병)에 대한 전체 N이나 비율을 조사하는 방법에 유용하다. 네트워크표집의 **절차**는 먼저 모집단 N에서 표본 n개를 단순무선표집한다. 단, 표본추출이 반드시 단순무선표집에 의존하는 것은 아니며, 경우에 따라 병원의 환자기록에 의해 특정표본을 선택할 수도 있다. 초기 추출된 표본 n을 중심으로 혈연, 지연 등 관련된 네트워크를 확산하여 표집한다.

▢ 부가표집

부가표집(additive sampling)은 '미리 계획된 표본조사의 진행에 따라 새로운 표본추출이 필요할 때' 사용하는 방법이다. 예컨대, 한 지역의 '원유탐사'가 성공하면 인접지역까지 확장하여 표본조사를 추가할 것인지를 결정하고, 만일 원유 매장의 가능성이 없으면 더 이상의 부가표본을 얻지 않을 수 있다. 부가표집의 **절차**는 모집단 N으로 표본틀을 만든다. 부가표집은 지역을 대상으로 모집단을 추정하거나 표집단위당 평균을 추정하는 것을 목적으로 하므로 표본단위를 구성할 때 대부분 조사대상지역을 분류하여 그 단위구역 모두를 모집단 N으로 정한다(이해용, 1998). N개의 군집에서 단순무선표집으로 n개의 표본조사단위를 추출하고 인접한 조사단위를 추가할 것인지를 결정한다. 표본조사단위는 n개이지만 어떤 조건의 만족(예, 원유시추의 잠재적 성공)에 따라 추가조사가 가능하므로 실제 조사단위는 n개보다 많다.

3.3 비확률표본추출법

비확률표집은 확률분포에 근거하지 않는 임의의 방법으로 편의표집, 판단표집, 눈덩이표집, 할당표집 등이 있다.

편의표집

□ 개념

편의표집은 조사자가 '손쉽게 **이용 가능한 대상만을 선택**하여 표본으로 추출하는 방법'이다. 흔히 **우연표집**(accidental sampling)이라고도 한다. 편의표집은 복잡한 절차가 요구되지 않으므로 누구나 쉽게 사용할 수 있어 현장에서 자주 사용된다. 예컨대, K대학의 학생을 대상으로 이성교제에 대한 조사를 수행한다고 할 때, 학생들이 자주 모이는 장소, 교내의 편리한 지점 등에서 접촉할 수 있는 학생들을 표본 n으로 추출한다. 이때 표본 n의 선정은 모집단 N을 기준으로 표본틀을 만들지 않고 임의적으로 혹은 편의적으로 선택한다. 유사하게, TV 프로그램의 선호도를 조사하기 위해 20세 이상의 성인 남녀를 대상으로 '길거리에서 우연히 만나는 사람'을 표본 n으로 선정하였다면 편의표집에 해당한다.

편의표집은 다른 방법에 비해 절차와 과정이 쉽고 시간과 비용 면에서 경제적이다. 여러 제약으로 확률적 표본추출이 어려운 경우 표본에 대한 기초 정보를 얻는 데 도움이 된다. 그러나 비확률표집이므로 모집단에 대한 **표본의 대표성을 추정할 수 없고 외적 타당도를 유지하기 어렵다.**

□ 예: "K대학 학생들의 이성교제에 대한 의견조사(n=200)"

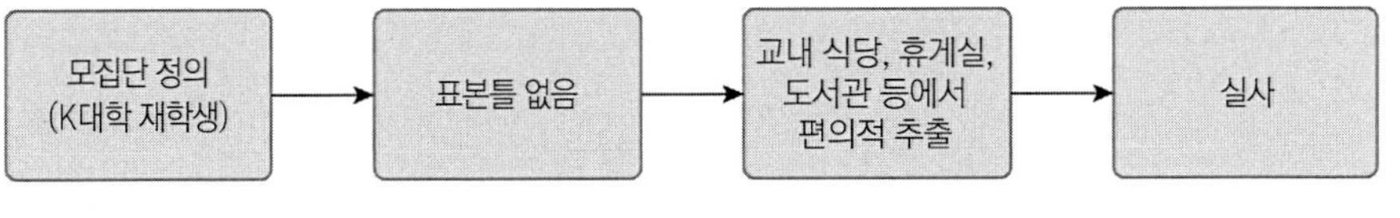

[그림 6-9] 편의표집의 예

판단표집

▢ 개념

판단표집은 '전문가의 지식이나 판단에 의존하여 표본을 선정하는 방법'으로 **유의표집**(purposive sampling)이라고도 한다. 예컨대, 부동산 컨설턴트와 같은 전문가 집단이 부동산 투기를 조사하기에 적합하다고 판단한 지역을 대상으로 표본을 추출한다. 선거조사를 위한 표본선정에서 전문가의 판단에 따라 정치적 성향이 잘 반영되는 지역의 유권자를 표본으로 선정할 수 있다.

판단표집 역시 '무선선택'을 하지 않으므로 저렴한 비용으로 간편한 조사를 할 수 있으며, 연구자는 자신의 이론적 및 실용적 관심을 고려할 수 있도록 **융통성**을 갖는다. 전체 표본의 **n이 작을 때 유용**하고 연구의 초기단계에 적용되며, 양적 접근보다 질적인 접근에 유용하다. 그러나 비확률표집방법으로 표본의 대표성을 확신할 수 없고 다른 방법에 비해 **모집단에 대한 광범위한 지식이 요구**된다. 과거의 경험적 결과에 의존한 표본추출이므로 오차의 크기가 상대적으로 크다.

▢ 예: A지역 총선예측을 위한 조사(n=500)

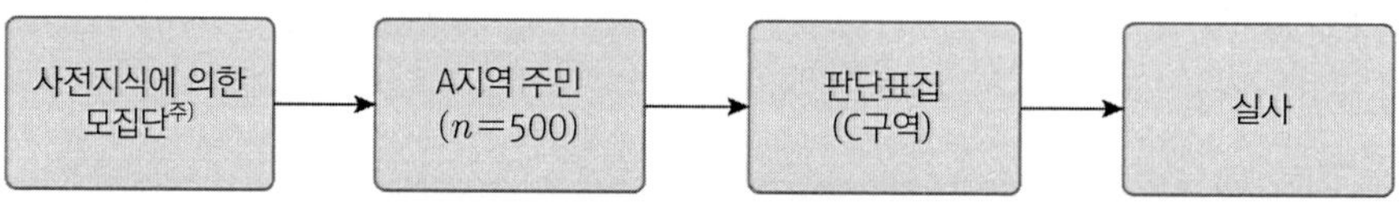

주: 여러 선거에서 A지역의 C구역에서 지지율이 높은 후보가 당선되는 사례가 많음. ⇨ 전체 지역의 유권자 성향을 대표한다고 가정함.

[그림 6-10] 판단표집의 예

눈덩이표집

▢ 개념

눈덩이표집은 작은 눈을 굴려 점점 큰 눈덩이를 만든다는 의미에서 나온 용어다. 최초 표집단계에서 대상이 되는 '소수의 응답자를 찾아내어 면접하고 다음 단계에서 그 응답자를 정보원으로 활용해 유사한 표본을 소개받는 방법'의 표집이다. 주로 희귀한 사건이나 현상에 대한 조사에 적합하고 모집단이 잘 드러나지 않거나 필요한 표본 n을 확보하기 어려울 때 사용된다. 예컨대, 마약복용자에 대한 조사나 희귀 질환자, 동성애 등에 대한 조사에서 표본을 구하기 위해 사용된다.

눈덩이표집은 모집단의 규모가 작거나 정보가 없을 때, 일상적 절차로 표본추출이 불가능할 때 유용하다. 그러나 비확률표집으로는 통계적 추론이 불가능하고 표본의 대표성이 제약된다. 표본의 크기가 커지면 다른 유형의 비확률표집방법이 더 유용하다.

할당표집

□ 개념

할당표집은 모집단 특성의 비율에 맞추어 표본을 추출하는 방법으로 '적절한 변인(예, 성별이나 연령)에 표본 n을 할당하여 추출하는 방법'이다. 할당표집은 모집단의 특성에 관심을 두고 조사대상의 **표적층이 분명한 상황**(예, 마케팅이나 소비자 조사)**에서 자주 사용**된다.

□ 절차

할당표집을 위해 먼저 모집단의 특성에 따라 매트릭스를 구성한다. 자주 사용되는 특성은 '성별'과 '연령' '소득' 등이다. 예컨대, **연령×성별집단**을 이용해 복합적인 매트릭스를 만들고 각 변인의 비율을 산출한다. 〈표 6-9〉에서처럼 '성별'과 '연령'구성에 따른 비율을 산출하고 각 셀(cell)의 비율에 따라 필요한 만큼의 표본 n을 추출한다(Babbie, 1983).

〈표 6-9〉 할당표집의 예

(a) 연령×성별집단에 따른 분포(표본계획)

성별 / 연령	남자	여자	계
30대 미만	40%	60%	100%
30대 이상	60%	40%	100%
계	100%	100%	–

(b) 연령×성별집단에 따른 분포(표본할당)

성별 / 연령	남자	여자	계
30대 미만	20명	30명	50명
30대 이상	30명	20명	50명
계	50명	50명	100명

☐ 장단점

할당표집은 확률표집과 비확률표집의 다른 방법보다 **경제적**이고 간편하고 신속하게 조사목적을 충족할 수 있다는 것이 큰 장점이다. 조사자의 주된 관심이 되는 표적집단을 표본으로 포함할 수 있어 소비자조사에서 유용하다. 그러나 **모집단 특성의 구성비를 명확히 알지 못하면** 모집단에 비례하는 표본할당을 할 수 없다. 또한 확률표집이 아니기 때문에 모집단의 구성비에 맞도록 매트릭스를 만들고 '구성비'에 맞는 표본 n을 추출했을지라도 셀의 표본이 대표성을 갖기는 어렵다. 할당표본의 접촉은 주로 **용이한 대상을 선별적으로 포함하는 경우**가 많기 때문이며, 그로써 조사결과의 일반화에 제약이 따른다.

기타 비확률표집

☐ 쇼핑몰차단표집

쇼핑몰차단표집(shopping mall intercept sampling)은 '쇼핑몰 내의 특정 위치에서 할당한 표본 n만큼 **개별면접을 통해 응답자를 모집**하는 방법'이다. 흔히 표본의 다양한 사회경제적 수준을 반영하기 위해 여러 지역의 쇼핑몰을 활용하여 표본을 추출한다. 쇼핑몰차단표집은 모집단 추정을 위한 목적보다는 '실험적 성격', 예컨대 TV광고에 대한 반응을 비교하거나 제품비교를 위한 평가실험(예, pepsi challenge)의 수행을 주목적으로 한다. 보통 표본 $n=100$에서 $n=200$ 사이의 중간 규모로 모집한다. 쇼핑몰차단표집은 확률표집에 의한 **대인면접과 비교해** 조사기간이 짧고 비용이 저렴한 편이지만, 표본선정의 임의성은 실험적 성격의 조사결과를 편향할 가능성이 높고 변인에 대한 통제가 불가능하다.

☐ 통제패널표집

통제패널표집(controlled panel sampling)은 '표본의 수락을 받고 우편 및 전화면접에 응한 가구나 개인에 대해 인적사항을 토대로 방대한 데이터베이스를 구축하여 조사를 수행하는 방법'이다. **통제패널표집**은 주로 제품사용이나 특정 주제에 대해 '장기적으로 정보를 제공하거나 변화를 기록'하여 제출하기도 한다. 패널표본은 먼저 선정을 위한 대규모 모집을 하고 적합성을 판단하는 설문(screening questionnaire)에 통과하면 지속적인 조사에 참여하여 패널로 활동하게 된다. 통제패널표집은 **전국적인 표본을 비교적 낮은 비용으로** 활용할 수 있고, 지속적으로 조사주제에 대해 관심을 갖고 참여하기 때문에 응답의 신뢰성을 확보할 수 있다. 그러나 패널기간이 길어지면 표본의 탈락이 발생하고 통제하기 곤란한 표본이 발생하기도 한다.

키워드

계통표집
규모비례확률모형 혹은 PPS
눈덩이표집
모수치
무선표본
분석원소
비율의 표준오차
비확률표본추출
쇼핑몰차단표집
신뢰수준
이중표집 혹은 2단계표집
조사모집단
층화임의표본
통계치
편의표집 혹은 우연표집
표본오차
표본크기
표집간격
표집틀
확률표본추출
관찰단위
기본추출단위 혹은 PSU
단순무선표집
모집단 혹은 전집
무한모집단
불비례층화법
비표본오차
생태적 오류
순효율성
이차추출단위 혹은 SSU
인구센서스
최종추출단위 혹은 USU
층화표집
통제패널표집
평균의 표준오차
표본조사
표적모집단
표집단위
할당표집
군집표집
난수표
동등층화법
무선선택
부가표집
비례층화법
비확률표본
센서스블록
신뢰구간
유한모집단
전수조사
층화무선표본
통계적 효율성
판단표집 혹은 유의표집
표본
표본추출
표준오차
표집률
확률표본

연습문제

1 전수조사와 표본조사가 각각 유용한 상황은 어떻게 다른가?

2 표본오차와 비표본오차의 차이는 무엇이고, 표본크기와 어떤 관계가 있는가?

3 무한모집단을 가정하는 경우, 비율에 의한 표본크기의 추정과 평균에 의한 표본크기의 추정은 어떤 차이가 있는가?

4 4~5명씩 팀을 만들어, 확률표본추출의 대표적인 방법을 하나씩 선정하여 [그림 6-4]와 같은 표본설계를 구상하라.

5 4번과 같은 방법으로 비확률표본추출에 대한 표본설계를 구상하라.

제 2 부

통계분석: SPSS 100% 활용

제7장 통계분석의 기초

Foundations of Statistical Analysis

학습목표

1. 모수통계의 기본 가정을 파악한다.
2. 통계분석방법을 선택하는 전략을 이해한다.
3. 이항분포와 정상분포의 특징과 차이를 이해한다.
4. 표준오차의 개념을 이해한다.
5. 점추정법과 구간추정법의 차이를 파악한다.
6. 통계적 가설로서 영가설과 대립가설을 이해한다.
7. 1종오류와 2종오류에 대해 이해한다.
8. 통계적 검증의 영향요인을 파악한다.

$$“Y= \frac{N}{\sigma\sqrt{2\pi}} e^{-(x-\mu)^2/2\sigma^2}”$$

1 통계분석의 개념

1.1 개요

통계학은 '정보를 조직화하고 요약하고 해석하는 방법이자 규칙의 집합'이라고 정의된다. 넓은 의미에서 통계 방법은 어떤 현상을 연구하기 위해 현상 사이의 가정된 관계성을 수용하거나 기각하는 의사결정을 수행하며, 경험적 관찰로부터 신뢰로운 추론을 할 수 있도록 도와주는 양적인 접근법이자 이론체계다.

통계분석은 현상에 대한 질적 정보를 양적으로 해석할 수 있는 과학적 절차를 제공하는 것으로 표본의 통계치(statistics)를 통해 모집단의 특성, 즉 **모수치**(parameter)**를 추론하고 기술하려는 일차적인 목적**을 갖는다. 서베이와 같은 조사기법을 통해 수집한 표본의 정보를 과학적으로 해석하고, 이를 모집단으로 일반화하기 위한 접근이 통계분석이다. 표본 통계치가 모집단의 특성을 대표한다면, 표본은 모집단의 '부분집합'으로 간주된다. 따라서 표본의 특성을 요약한 통계치(예, 평균, 중위수, 분산, 표준편차, 백분위 등)는 모수치의 부분집합이다. 결국 통계적 추론은 통계치로 모집단의 **정보를 요약하고 축약**하는 과정이며, 모집단 추정에서 발생하는 **'오차'를 정확하게 추정하는** 것이 목표다.

달리 말하면, 통계는 '오차를 정확하게 추정하고 감소하는 과학적 도구'라 할 수 있는데, 이를 위한 접근이 **변산**(variation)**을 연구**하는 것이다. 다윈(Darwin)에서부터 시작된 종(種)의 다양성에 대한 연구가 변산의 정도를 정의하는 정상분포나 피어슨(Pearson)의 상관연구에 영향을 주었다. 나아가 피셔(R. Fisher)의 분산분석은 '변산'을 통계적 추론의 핵심으로 발전시켰다. 통계는 '변산의 정도'를 추정하는 방법이고, 추정의 오차는 통계적 절차를 따라 체계적으로 감소된다. 이것이 통계를 **오차의 체계적 감소기법**이라고 하는 이유다. 정교한 통계기법으로 모집단 추론의 정확성을 개선한다는 것은 실용적으로 '문제에 대한 의사결정을 돕는 것'이다. 연구자에게는 가설검증의 도구로 활용되며 증권 애널리스트에게는 주가변동을 정확하게 예측하는 도구가 된다.

그럼에도 '오차'는 사실과 이론 간에 항상 존재하기 때문에 통계적 의사결정은 확률에 근거한다. 예컨대, 한 개의 동전을 100번 던지면 앞면과 뒷면이 나올 확률은 어떠한가? 쉽게 각각 50%임을 알 수 있지만, 2개, 3개, 그 이상의 주사위를 던져 가능한 범위의 숫자가 나올 확률은 그만큼 작아지고 그 가운데 특정한 숫자를 예측하기란 결코 쉽지 않은 일이다. 통계모형은 '주사위를 몇 번 던지면 어떤 수가 나온다'고 말하는 대신 **발생 가능한 수를 확률적으로 진술**함으로써 의사결정의 질을 높이는 추정 방식을 택한다.

1.2 통계유형과 분석기법

통계의 목적은 표본을 통한 모집단의 추론에 있고 확률이론과 수학적 모델에 기초하여 추론의 오차를 줄임으로써 연구자의 정확하고 신뢰로운 의사결정을 돕는다. 흔히 통계 결과를 신뢰할 수 있다는 것은 연구의 '설계'와 '측정'이 올바르게 이루어졌음을 전제한다. 예컨대, **표본오차**나 **측정오차**는 조사표본의 크기, 표본추출방법, 설문의 질문형식 등에 의해 발생하지만, 그에서 수집된 분석과정에서 추정의 정확성과 신뢰성에 영향을 주게 된다. 결국 통계분석은 '어떤 분석기법을 적용할 것인가'의 문제이지만, 데이터의 수집과정이 잘 계획되고 올바른 측정이 이루어졌을 때 정확한 추론이 가능하다. 따라서 통계분석은 연구의 설계와 측정을 포함한 '통계적 방법론'의 관점에서 이해하는 것이 중요하다. 이 책은 제1부에서 과학적 연구로서의 조사방법을 다루고, 제2부에서 통계분석을 다룸으로써 연구방법과 통계분석을 통합적 관점에서 이해할 수 있도록 하였다.

모수통계와 비모수통계

통계방법은 목적에 따라 기술통계와 추론통계로 구분된다. **기술통계**는 현상을 기술할 목적으로 사용되며, **추론통계**는 모수치를 추정하기 위한 가설검증 목적으로 사용된다. 기술통계는 '중심경향(예, 평균, 최빈치, 중위수)'과 '변산도(예, 사분편차, 평균편차, 표준편차 등)'의 지표를 포함하며, 추론통계는 흔히 가설검증을 목적으로 하는 z검증, t검증, F검증, 상관분석 등을 포함하며 점추정과 구간추정으로 나뉜다.

추론통계에서 연구자가 가설을 검증하는 방식에 따라 모수통계와 비모수통계로 구분된다. **모수통계**(parametric statistics)는 모집단이 정상분포이고 표본의 분포는 모집단 분포를 따른다고 가정하지만, **비모수통계**(nonparametric statistics)는 모집단 분포에 대한 어떠한 가정도 포함하지 않는다. 모수통계가 적용되기 위해서 데이터는 '등간척도'나 '비율척도'로 측정된 **연속변수**여야 하고, 비모수통계는 '명목척도'나 '서열척도'로 측정된 **불연속변수**가 적용된다. 비모수통계는 모수통계에 비해 여러 가지 '가정'이 필요하지 않기 때문에 간편하고 이해하기 쉽지만, 그럼에도 추론통계로서 모수통계가 주로 사용되는 것은 추정에서 훨씬 강력한 통계적 검증력을 제공하기 때문이다. 추정의 정확성을 기할 수 있는 만큼 모수통계가 적용되기 위해서는 엄격한 가정을 충족해야 한다.

□ 모수통계의 기본가정

첫째, 모집단은 **정상분포**를 가정해야 한다. 모집단의 점수는 종모양의 분포를 형성하며, 보통 연속변수로 측정된 데이터는 표본의 크기 n이 '충분히 클 때' 이론적으로 모집단의 정상분포를 따른다고 가정한다.

둘째, **선형성**을 가정해야 한다(linearity). 모수통계가 적용되는 변수는 선형적 혹은 직선적 관계에 있어야 한다. 선형성은 변수 X의 변화는 변수 Y의 변화 크기와 같음, 즉 비례하는 관계에 있다. 만일 두 변수의 변화 크기가 동일하지 않으면 모수통계를 적용할 수 없다. [그림 7-1]은 수학점수(X)와 과학점수(Y)의 관계이며, (a)는 X와 Y의 선형적 관계이고, (b)는 X와 Y의 곡선적 관계를 나타낸다.

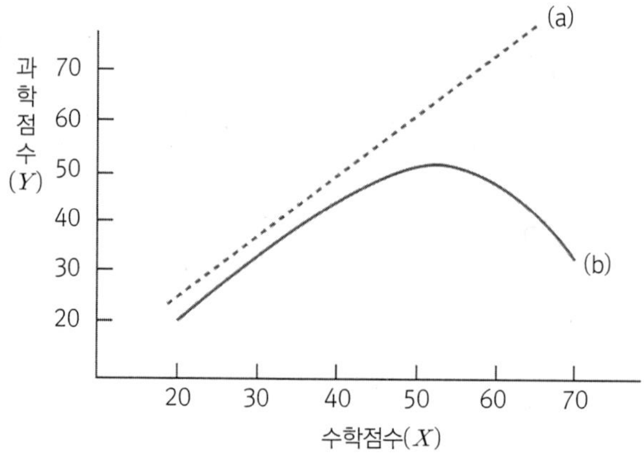

[그림 7-1] 수학점수(X)와 과학점수(Y)의 관계

[그림 7-1]의 (a)는 모수통계인 피어슨의 적률상관계수를 이용해 X와 Y의 예측적 관계를 설명할 수 있지만, (b)의 경우는 선형적 관계성을 가정한 피어슨의 상관계수를 적용하면 **X에 대응되는 Y값이 과대평가**된다. (b)와 같은 비선형적 관계는 상관비(correlation ratio: η^2)와 같은 특수한 상관계수로 추정한다.

셋째, **동변량성**을 가정해야 한다(homoscedasticity). 동변량성은 간단히 '분포의 동질성'을 의미한다. 두 변수 X와 Y의 분포가 동질적이라는 것은 한 변수에 대한 다른 변수의 조건적 분포들이 같은 분산(변량)을 갖는 상태를 말한다. 분포란 변산성을 의미하므로 점수들의 편차로 파악할 수 있고, 이를 변량(variance:

σ^2, 혹은 분산, 간단히 표준편차의 제곱)으로 표시한다. 따라서 [그림 7-1]의 수학점수(X)와 과학점수(Y)의 관계를 파악하는 피어슨의 상관계수를 타당하게 해석하기 위해서는 'X점수의 분포와 Y점수 분포가 유사하다'는 조건, 즉 동변량성이 필요하다. 만일 X분포는 점수들의 편차가 크고 Y분포는 점수들의 편차가 작다면 어떠한가? 이는 동변량성을 충족하지 못하므로 모수통계를 적용하기 곤란한 경우다.

넷째, 측정되는 자료는 **등간척도**나 **비율척도**로 측정되어야 한다. 등간척도 이상으로 측정된 데이터는 연속형 분포를 가정하고 표본의 크기가 충분히 클 때 모집단의 정상분포를 따른다. 만일 측정된 데이터가 범주형 분포를 따를 때 카이제곱 검증과 같은 비모수통계를 적용한다.

단변량통계와 다변량통계

대부분 가설검증에 사용되는 통계는 변량의 개념을 적용하기 때문에 변량의 수에 따라 '단변량통계'와 '다변량통계'로 구분된다. 간단히 말해, **종속변수를 기준**으로 변량이 하나일 때 **단변량통계**(univariate statistics)라 하고, 2개 이상의 변량일 때 **다변량통계**(multivariate statistics)라 부른다. 흔히 기초통계로 분류되는 t검증, F검증(ANOVA), 상관분석, 단순 회귀분석, χ^2분석 등은 '단변량통계'에 해당하며, 고급통계로 분류되는 다중 회귀분석, 다중 분산분석, 요인분석, 구조방정식모델링과 같은 방법이 '다변량통계'에 해당한다.

예컨대, **분산분석**(analysis of variance: ANOVA)은 집단 간 단일 변량의 차이를 분석하는 방법이지만, **다중분산분석**(multivariate analysis of variance: MANOVA)은 종속변수의 수에 따라 여러 변량이 존재하기 때문에 '평균벡터(mean vector, centroid)'라 불리는 평균의 선형조합에 대한 집단 간 차이를 검증한다. 이 책은 기초통계를 범위로 다루지만, 통계분석에 대한 전반적인 이해를 위해 다음에서 통계분석을 선택하는 전략으로 단변량 및 다변량 분석모형을 함께 제시한다.

□ 통계방법의 선택전략

통계방법은 매우 다양한 유형이 있지만, 몇 가지 원칙을 이해하면 필요에 따라 원하는 방법을 선택할 수 있다. 수학과 통계학에서 통계는 그 원리와 수리적 모형이 목적이지만, 심리학과 사회과학에서는 연구자의 연구문제를 과학적으로 해결하는 수단이지 그 자체의 목적은 아닐 수 있다. 연구자는 **어떤 상황에서 어떤 통계기법을 적용하고, 통계기법을 적용할 때 고려해야 하는 것과 분석된 결과를 타당하게 해석하는 능력을 배양하는 것이 무엇보다 중요**하다. 여기서 자신의 연구에 적합한 분석방법을 선택하는 전략을 제시한다. 〈표 7-1〉은 변수의 특성과 연구의 조건에 따라 분석방법을 선택하는 전략이다.

〈표 7-1〉 통계적 분석방법의 선택 전략

<table>
<tr><th colspan="2">고려사항</th><th>분석의 적용</th></tr>
<tr><td colspan="2">① 변량의 수</td><td>• 변량이 1개이면 단변량통계, 2개 이상이면 다변량통계
• 단변량분석에서는 DV가 1개일 때 단일변량이 된다. 다변량분석에서는 'IV와 DV가 구분되는가'에 따라 DV의 수가 1개일 수도 있고 2개 이상일 수도 있음.</td></tr>
<tr><td colspan="2">② 측정의 수준</td><td>• 메트릭 자료이면 모수통계
• 비메트릭 자료이면 비모수통계</td></tr>
<tr><td rowspan="4">단변량통계</td><td>③ 표본의 특성</td><td>• 독립표본이면 독립집단검증: 독립 t검증, 독립 F검증
• 종속표본이면 상관집단 혹은 반복측정검증: 상관(paired) t검증, 반복측정 F검증</td></tr>
<tr><td>④ IV의 집단 수</td><td>• 독립변수의 집단수가 2개이면 t검증
• 3개 이상이면 F검증</td></tr>
<tr><td>⑤ 표본의 크기</td><td>• 표본의 크기 $n < 30$이면 t검증
$n \geq 30$이면 z검증</td></tr>
<tr><td>⑥ IV와 DV의 구분</td><td>• 구분이 없을 때 상관관계분석
• 구분이 있을 때 t검증, F검증</td></tr>
</table>

주: IV는 독립변수, DV는 종속변수임. F검증은 ANOVA임.

▢ 단변량 통계방법의 선택모형

[그림 7-2]는 〈표 7-1〉을 기준으로 선택 가능한 단변량통계의 기법을 도식으로 나타낸 것이다.

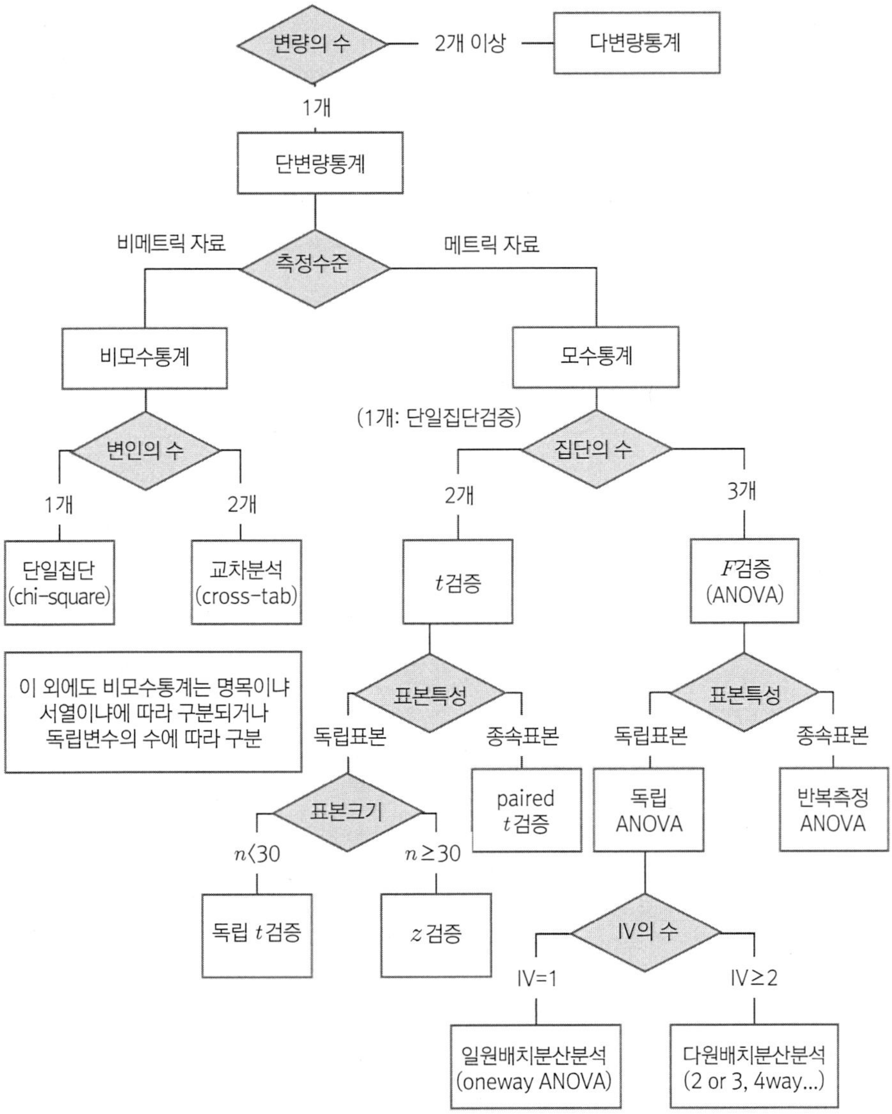

[그림 7-2] 단변량 통계방법의 선택모형(양병화, 2006)

□ 다변량 통계방법의 선택모형

[그림 7-3]은 〈표 7-1〉을 기준으로 선택 가능한 다변량통계의 기법을 도식으로 나타낸 것이다.

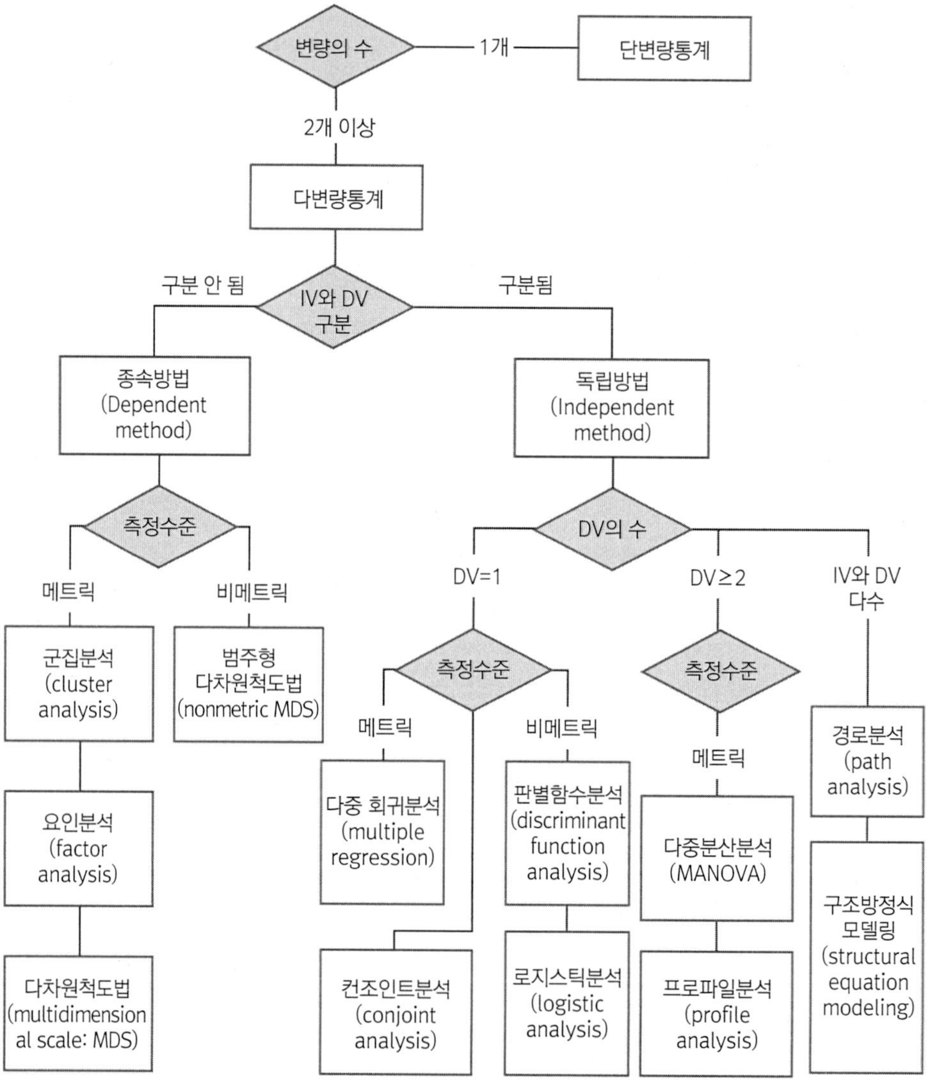

[그림 7-3] 다변량 통계방법의 선택모형(양병화, 2006)

2 통계적 분포

2.1 이항분포

이항분포(binomial distribution)는 가장 대표적인 '이산형 확률분포'의 하나다. **이산형 확률분포**란 '변수 X가 x라는 값을 취할 때의 확률'을 의미한다. 즉, 이산형 확률분포함수를 $f(x)$라고 할 때, 이산형 확률분포 $f(x)=p(X=x)$로 정의된다. 이산형 확률분포에서 X가 취할 수 있는 값은 '빈도'로 구성되고, 빈도로 구성된 분포는 불연속변수로 막대그래프로 표현된다. 따라서 이산형 확률분포는 **불연속 변수**(예, 0과 1)에 대한 확률분포이고 함수의 값은 음수(−)를 취할 수 없으며 그 합은 항상 1.0이 된다. 다음과 같은 두 조건을 만족한다: 모든 x에 대해 $f(x) \geq 0$이고, $\sum f(x)=1$이다.

반대로 '연속형 확률분포'는 어떤 변수가 취하는 값이 '빈도'가 아니라 **연속변수**(예, 무게, 길이), 즉 어떤 구간 내에 모든 값을 취할 수 있는 분포다. 따라서 연속형 확률분포는 변수 X가 상수 a와 b 사이의 값을 취한다고 할 때, $p(a \leq X \leq b) = \int_a^b f(x)dx$로 정의된다. 변수 X가 상수 a와 b 사이의 값을 취할 확률은 확률분포함수 $f(x)$의 **a에서 b까지의 면적**이 된다. 연속형 확률분포는 면적을 의미하므로 함수 $f(x)$의 값이 항상 0보다 커야 하며 총 면적이 1.0을 넘을 수 없다. 다음 조건을 만족해야 한다: 모든 x에 대해 $f(x) \geq 0$이고, $\int_{-\infty}^{\infty} f(x)dx = 1$이다. [그림 7-4]는 이산형 확률분포와 연속형 확률분포의 일반적 형태다.

흔히 어떤 실험의 결과가 두 가지만 존재할 때, 이를 **베르누이 시행**(Beroulli trial)이라고 한다. 시험에 '합격'과 '불합격', 정책에 대한 '찬성'과 '반대'의 경우 가능한 두 가지 사건에서 관심의 결과는 '성공'이고 나머지 결과는 '실패'로 정의된다. 동일한 성공의 확률을 가진 베르누이 시행을 독립적으로 반복할 때 '성공' 횟수를 이항확률변수라고 하고, **성공 횟수의 분포를 '이항분포'**라 한다. 이항 분포는 몇 가지의 특성을 갖는다. 첫째, n번의 베르누이 시행이 독립적으로 시행된다. 즉, 실험의 결과는 다른 실험의 결과에 영향을 미치지 않아야 한다. 둘째, 각 베르누이

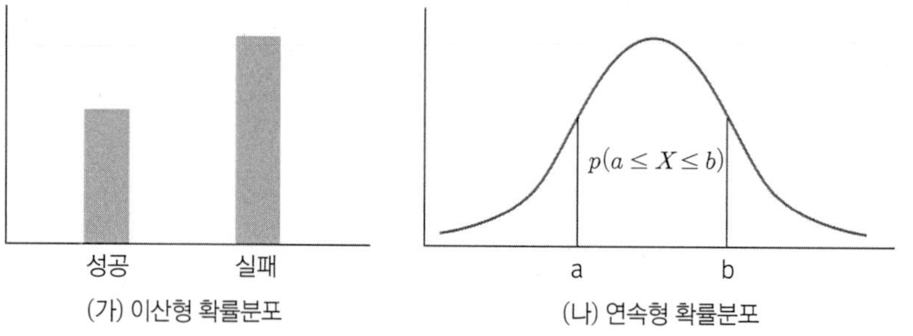

[그림 7-4] 이산형 확률분포와 연속형 확률분포

시행에서 성공 확률은 동일한 값 p다. 셋째, 이항확률변수는 베르누이 시행의 반복에서 성공 횟수다. 여기서 성공 횟수가 x인 경우, 모든 x번의 실험이 성공하고 나머지 $(n-x)$번의 실험이 실패할 확률은 $p^x(1-p)^{n-x}$이다. 따라서 x의 성공 확률이 p인 베르누이 시행에서 x번의 성공과 $(n-x)$번의 실패가 나올 확률, 즉 이항분포는 다음과 같이 정의된다.

$$p(X=r) = \binom{n}{x} p^x q^{n-x} \text{(단, } 0 \leq X \leq n\text{)}$$ 공식 7-1

이항분포는 n이 커질수록 정상분포에 접근하기 때문에 일반적으로 표본의 크기 n과 확률 p에 의해 정의된다. p=.50일 때 n=10이면 정상분포에 접근하는 반면, p가 .50에서 멀어질 때 n은 커져야만 정상분포에 접근한다. 따라서 어떤 이항분포가 정상분포에 접근할 가능성은 np나 nq가 .5이상일 때다(p는 사건의 발생확률, q는 1−p). 그러므로 p=.50일 때 n=10보다 커야 하지만, p=.20(혹은 q=.80)일 때 n=25보다 커야 한다. 이러한 속성에 의해 이항분포를 따르는 평균 μ, 분산 σ^2, 편도 γ_1, 첨도 γ_2는 다음과 같이 정의된다.

$$\mu = np$$
$$\sigma^2 = npq$$
$$\gamma_1 = \frac{q-p}{\sqrt{npq}}$$ 공식 7-2
$$\gamma_2 = \frac{1-6pq}{npq}$$

[공식 7-2]는 이항분포를 정상분포에 적용하여 산출 가능한 분포의 통계치다. 그러므로 이항분포의 n이 커져 정상분포에 접근하면 z점수의 산출이 가능해진다.

포아송분포

포아송분포(Poisson distribution)는 '단위시간이나 단위 공간에서 어떤 사상이 발생할 확률'을 구할 때 사용된다. 예컨대, 단위시간 내에 매장을 방문하는 고객 수, 단위시간당 불량품의 수, 어떤 지역의 일일 교통사고 횟수 등에 관한 확률을 구할 때 포아송분포가 적용된다. 일반적으로 포아송분포는 몇 가지의 조건을 만족해야 한다. 첫째, 어떤 사상이 단위시간이나 단위공간에서 발생할 확률은 동일하다. 둘째, 단위시간이나 단위공간에서 둘 이상의 사상이 발생할 확률은 극히 낮다. 셋째, 어떤 단위시간이나 단위공간 내에서 사상의 발생은 다른 단위시간이나 단위공간 내에서의 사상의 발생과 서로 독립적이다. 이러한 조건을 만족하는 포아송분포의 확률분포함수는 다음과 같이 정의된다.

$$f(x) = e^{-\lambda}\frac{\lambda^x}{x!}$$ 공식 7-3

여기서 $e = 2.71828$이고 λ=사상의 평균발생횟수다. 포아송분포는 **희귀한 사건과 같이 일어날 확률이 아주 작은 경우에 적합한 분포**다. 예컨대, 어떤 콜센터에 1분당 평균 2회의 전화가 걸려 온다고 할 때, 상담원이 잠시 자리를 비운 1분 동안 4통의 전화가 걸려 올 확률을 계산할 수 있다. 즉, $f(x) = 2.71828^{(-2)}\frac{2^4}{4!} = .0902$, 약 9%. 이처럼 포아송분포에서 사건의 발생횟수에 대한 평균과 분산은 λ(람다)이고, 시행횟수 n과 확률 p가 작은 이항분포 $np = \lambda$인 포아송분포와 거의 유사하다. 보통 $np < 5$인 이항분포는 $\lambda = np$인 포아송분포와 거의 차이가 없다.

사건의 발생횟수가 적은 경우의 이항분포와 포아송분포

불량률이 2%인 공장에서 100개의 표본을 임의로 추출할 경우 불량품이 하나도 없을 확률을 이항분포와 포아송분포를 이용해 계산하면 다음과 같다.

- 이항분포의 계산

$$f(0) = \binom{100}{0}(.02)^0(.98)^{100} = .1326$$

- 포아송분포의 계산

$$f(0) = \frac{e^{-2}2^0}{0} = .1353$$

2.2 정상분포

이항분포의 크기 n이 증가할 때 연속적인 빈도분포곡선에 접근한다. 이러한 분포를 **정상분포곡선**(normal distribution curve)이라고 한다. 자연에 존재하는 대부분의 사건을 분포로 나타내면, 대략적인 정상분포에 접근하며 측정오차와 표본으로부터의 추정오차는 정상분포를 가정한다. 사회과학이든 자연과학이든 대부분 사건의 발생빈도는 경험적으로 정상분포를 따르기 때문에 **연속변수를 다룰 때 항상 정상분포를 이용**한다.

n개의 동전을 던질 때의 앞면과 뒷면이 나올 빈도분포는 n이 증가할 때 정상분포에 접근한다. 따라서 정상분포는 대칭분포의 일종으로 연속변수에 해당하는 분포다. 이러한 정상분포를 공식으로 나타내면 다음과 같다.

$$Y = \frac{N}{\sigma\sqrt{2\pi}} e^{-(x-\mu)^2/2\sigma^2}$$ 공식 7-4

여기서 Y는 특정 값 X에 대한 곡선의 높이이고 π는 상수=3.1416, e는 자연대수의 기초(base)=2.171813, N은 사례수(곡선하의 전체면적), μ와 σ는 각각 분포에서의 평균과 표준편차다. [공식 7-4]에서 μ와 σ는 모집단의 이론적 모형을 나타낸 것이고, 만일 X와 μ, σ를 알면 임의 값 X에 대한 Y를 구할 수 있다. X

와 Y의 좌표에서 X와 Y에 대응하는 점들을 연결하면 평균이 μ이고 표준편차가 σ, 면적 N인 정상분포가 된다. 정상분포곡선은 표준점수의 형태로 표현할 수 있는데, 표준점수는 평균이 0이고 표준편차가 1, 즉 $\mu=0$이고 $\sigma=1$이므로 곡선의 면적은 단위가 된다. 즉, $N=1$. 이를 대체하여 공식으로 표현하면 다음과 같다.

$$Y=\frac{1}{\sqrt{2\pi}}e^{-z^2/2}$$ 공식 7-5

여기서 z는 X에 대한 표준점수이고 $(X-\mu)/\sigma$와 같다. $\sqrt{2\pi}$는 약 2.5066이므로 1/2.50662=.3989다. e의 −지수를 변환하면, $Y=\frac{.3989}{e^{z^2/2}}$다. 이러한 정상분포곡선은 중요한 성질을 갖게 된다.

정상분포곡선(normal distribution curve)의 성질

- 원점수 X를 표준점수 z로 바꾸고 사례수 N을 비율로 나타낸 정상분포를 **단위정상분포**라 한다. 단위정상분포의 평균점에서 **Y축의 높이는** .3989다. 즉, 평균에서 $z=0$이므로 e^0이 되는 값은 단위면적인 1이 된다.
- 곡선의 최고 높이는 평균점, 즉 **$z=0$이 되는 점**이다. 따라서 z의 값이 0이 아닌 $\pm z$의 어떤 값을 가질 때 $e^{z^2/2}$는 증가되므로 Y축의 높이는 감소한다.
- 정상분포곡선은 **좌우대칭**이다. z^2이므로 −와 +의 같은 z값에 대해 Y는 동일한 값을 갖는다.
- 곡선의 최고점이 평균이므로 '최빈치'와 일치하고 좌우대칭이므로 '중위수'와 일치한다. 즉, 정상분포곡선은 평균과 최빈치, 중위수가 일치하는 분포곡선이다.
- z값이 증가함에 따라 Y는 0에 접근한다. 그러나 **z가 증가할 때 Y는 무한히 0에 접근할 뿐 0이 되지는 않는다**([공식 7-5]). 한편 중심으로부터 $\pm 3.0\sigma$, 즉 z점수로 −3.00 미만과 +3.00 이상의 밖에 있는 면적비율이 극히 작다.

정상분포의 성질에 근거해 일반적인 형태로 나타내면 [그림 7-5]와 같이 나타낼 수 있다. Y는 0에 무한히 접근하지만 0이 되지 않기 때문에 분포의 양극단은 X축과 만나지 않는다. 즉, $-\infty$와 $+\infty$ 사이에 존재한다.

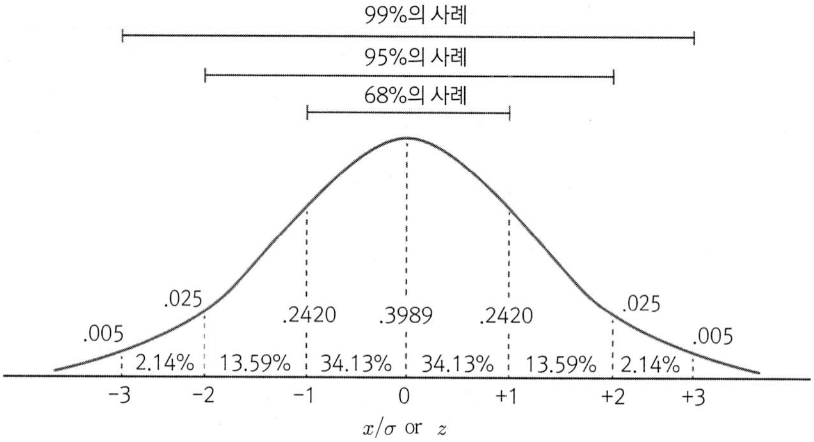

[그림 7-5] 정상분포곡선하에서의 축의 높이와 면적비율

정상분포하의 면적과 표준점수

정상분포는 평균 μ와 표준편차 σ에 의해 규정되는 분포이므로 이 분포상에서 어떤 X를 알 때, 이 X에 의해서 분할되는 면적의 비율을 구할 수 있다.

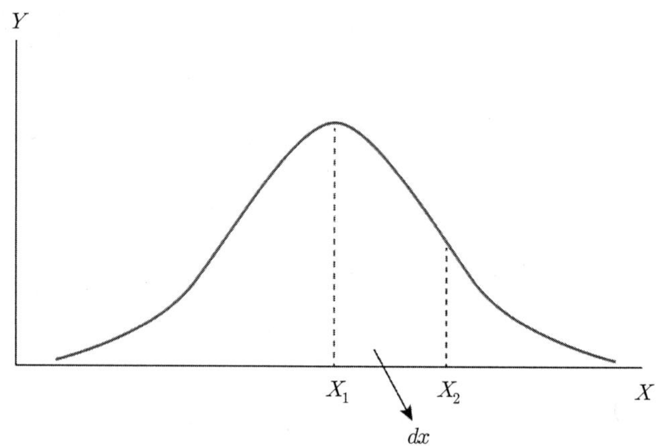

[그림 7-6] 정상분포에서 두 점 X_1과 X_2사이의 면적

예컨대, [그림 7-6]은 두 점 X_1과 X_2사이에 존재하는 모든 X값에 대한 분포상의 높이 Y를 알 수 있으며, X_1과 X_2사이의 면적은 그 사이에 존재하는 직사각형을

이루는 면적의 합과 같다.

두 점 X_1과 X_2사이의 면적을 다음과 같은 적분에 의해 구할 수 있다.

$$f(x) = \int_{x_1}^{x_2} \frac{1}{\sigma\sqrt{2\pi}} e^{-(x-\mu)^2/2\sigma^2} dx$$ 공식 7-6

실제 정상분포곡선하에서 어떤 두 점 간의 혹은 그 점의 이상이나 이하에 포함되는 면적비율은 계산된 수표를 이용하면 쉽게 알 수 있다. 〈부록 1〉은 '단위정상분포'하에서의 면적비율을 나타낸다. 모든 정상분포는 각각의 μ와 σ에의 의해 규정되므로 μ와 σ가 다른 모든 표를 제시할 수는 없다. 단, $\mu = 0$이고 $\sigma = 1$인 z분포, 즉 **단위정상분포**의 면적비율을 표시한다. 따라서 **어떤 분포가 정상분포를 이룬다고 가정할 때에는 평균과 표준편차를 알면, 그에 대응하는 z점수를 간단히 구할 수 있다.**

□ z점수를 알고 면적을 구하는 방법

〈부록 1〉은 z분포하에서의 면적관계를 나타낸 것으로 첫 번째 줄은 z분포의 중심인 z=0으로부터 z=3.00까지의 z값을 나타내고, 두 번째 줄은 z분포하에서 평균(z=0)으로부터 $+z$점수까지의 면적비율을 나타낸다. 이때 $-z$값의 면적도 동일하다. 세 번째 줄은 z점수 안쪽에 해당하는 큰 부분의 면적비율이고, 네 번째 줄은 z점수 바깥쪽에 해당하는 작은 부분의 면적비율이다.

> 변수 X의 분포가 정상분포를 이루고 이 분포의 평균=100, 표준편차=20이라고 할 때, 전체사례(N)의 몇 %가 120점 이상이 되는가?

먼저 원점수 120에 해당하는 z점수를 구해야 한다. $z = (120 - 100)/20 = +1.0$. 〈부록 1〉에서 z=+1.0에 해당하는 **z점수 밖의 면적** .1587을 확인할 수 있다. 즉, **원점수 120점 이상의 사례 N의 비율은 15.87%**가 된다. 만일 '80점 이하'에 해당하는 사례의 비율을 찾는다면 $z = (80 - 100)/20 = -1.0$이며, z분표는 좌우대칭이므로 z=+1.0에 해당하는 'z점수' 밖의 면적과 동일하다. 즉, **15.87%가 80점 이하의**

점수를 보일 것이다. [그림 7-7]은 z분포하에서의 '80점 이하'와 '120점 이상'의 면적비율을 나타낸다.

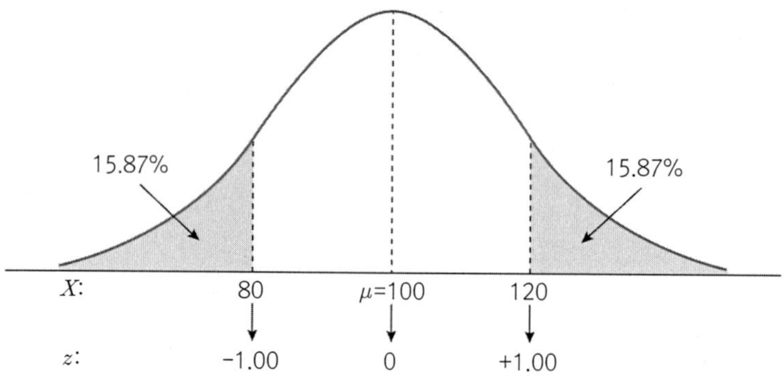

[그림 7-7] z분포하에서 80점 이하와 120점 이상의 면적비율

그렇다면 다음의 문제는 어떠한지를 생각해 보자.

Q [그림 7-8]의 분포에서 90점과 120점 사이에 전체의 몇 % 사례가 포함되는가?

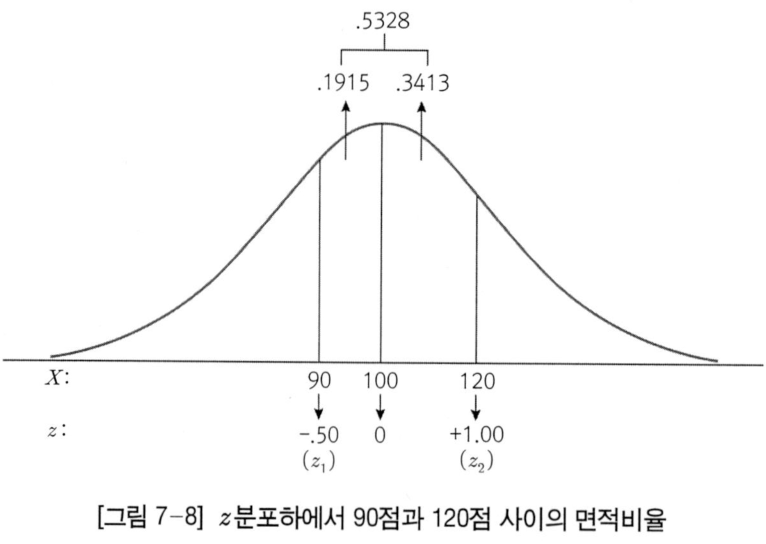

[그림 7-8] z분포하에서 90점과 120점 사이의 면적비율

먼저 각각에 해당하는 z점수를 구해야 한다. 원점수 90점에 해당하는 z점수를 z_1, 120점에 해당하는 z점수를 z_2라 하면, $z_1 = -.50$, $z_2 = +1.0$이 된다. 평균($z=0$)에서 z_1까지의 면적을 찾고 다음 평균에서 z_2까지의 면적을 찾아 합하면 원점수 90점에서 120점까지의 면적비율이 된다. 각각 z_1까지의 면적비율은 .1915, z_2까지의 면적비율은 .3413으로 이를 합한 .5328, 즉 **53.28%가 원점수 90점에서 120점 사이에 분포**한다. [그림 7-8]은 이를 도식적으로 나타낸 것이다.

Q [그림 7-9]의 분포에서 110점과 120점 사이에 전체의 몇 % 사례가 포함되는가?

같은 방법으로 110점에 해당하는 z점수를 z_1, 120점에 해당하는 z점수를 z_2라 하면, $z_1 = +.50$, $z_2 = +1.0$이 된다. 평균($z=0$)에서 z_1까지의 면적비율은 $-.1915$, z_2까지의 면적비율은 .3413이므로 이 경우 $z_2 - z_1 = .1498$, 즉 14.98%가 된다. [그림 7-9]는 원점수 110과 120점 사이의 면적비율을 나타낸다.

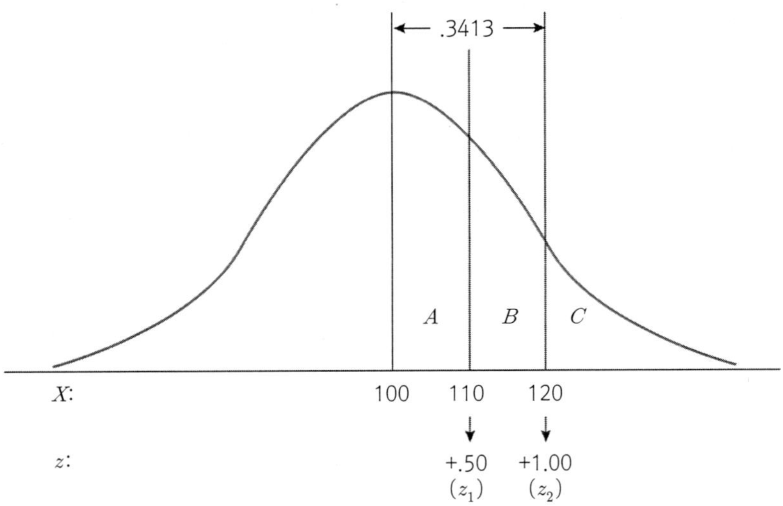

[그림 7-9] z분포하에서 110점과 120점 사이의 면적비율

[그림 7-9]는 다른 방식으로 풀 수도 있다. 즉, 전체면적의 반인 $z=.50$에서 A와 C의 면적을 빼면 B의 구하고자 하는 면적과 같다. $B = .50 - A - C = .1498$ 혹은

$B = .3413 - .1915 = .1498$이 된다. 지금까지의 문제에서 해당되는 '면적의 비율 대신 사례수'를 안다면, **사례수를 면적비율에 곱하면** 점수에 해당하는 사례수 n을 구할 수 있다. 예컨대, [그림 7-9]에서 n=2000임을 알면 원점수 110점과 120점 사이에 전체 사례수 가운데 $n = .1498 \times 2000$, 즉 299.6명이 있음을 알 수 있다.

▢ 면적비율을 알고 z점수를 구하는 방법

z분포하에서 면적을 알고 z점수나 원점수를 구하는 문제는 자주 발생한다. 예컨대, 인구 가운데 상위 10%에 해당하는 IQ점수는 얼마인가? 혹은 수능점수의 하위 5%에 해당하는 점수는 얼마인가? z분포를 가정할 때, 상위 20%와 하위 80%를 나누는 z점수를 구해 보자. 앞선 경우와 반대로, 먼저 z점수의 **바깥쪽 면적비율**에서 .20에 가까운 값을 찾아 이에 해당하는 z점수를 얻는다. 〈부록 1〉에서 .20으로 근사치로 .2005에 해당하는 z=.84이고, .80은 하위 80%이므로 z=−.84가 된다.

> **Q** 만일 z분포가 아니라, 평균=100이고 표준편차=20인 정상분포라면 상위 20%와 하위 80%에 해당하는 원점수는 얼마인가?

평균=100이고 표준편차=20인 정상분포인 경우 $z = \pm.84$에 해당하는 원점수 분포에서 척도값을 구할 수 있다. $z = (X - \overline{X})/s$에서 X를 알고 z를 구하는 경

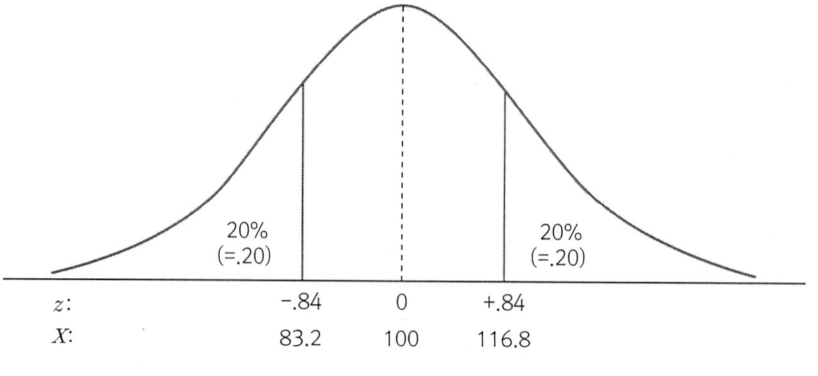

[그림 7-10] $\overline{X} = 100$이고 $s = 20$인 정상분포하에서 상위 20%와 하위 80%의 원점수

우와 반대로 z를 알고 X를 구하는 경우다. 따라서 X에 대해 식을 전환하면 $X = zs + \overline{X}$, 즉 각각 $X = .84 \times 20 + 100 = 116.8$, $X = -.84 \times 20 + 100 = 83.2$이다. [그림 7-10]은 이러한 결과를 나타낸다.

Q 앞의 예에서 중앙의 50% 사례가 포함되는 점수의 범위를 구하라.

정상분포는 좌우대칭의 분포이므로 중앙의 50%는 [그림 7-11]과 평균을 중심으로 같이 좌우 25%씩 나누어진다.

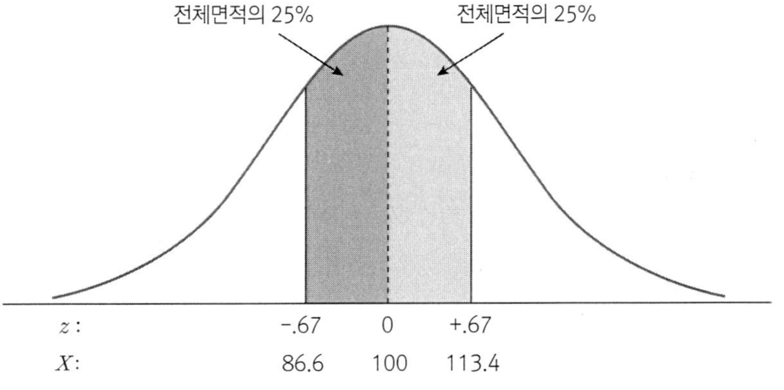

[그림 7-11] $\overline{X} = 100$이고 $s = 20$인 정상분포하에서 중앙 50%의 사례가 포함하는 원점수의 범위

〈부록 1〉에서 z점수의 '바깥쪽 면적비율'에서 .25에 해당하는 근사치는 .2514로 해당하는 $z = .67$이다. 따라서 z분포에서 중앙 50%를 포함하는 z점수의 범위는 $-.67$과 $+.67$이고, 이를 $\overline{X} = 100$이고 $s = 20$인 정상분포에서 해당하는 점수를 구하면 $X = .67 \times 20 + 100 = 113.4$, $X = -.67 \times 20 + 100 = 86.6$이다. 따라서 $\overline{X} = 100$이고 $s = 20$인 정상분포하에서 중앙 50%의 사례가 포함하는 원점수의 범위는 86.6에서 113.4가 된다.

2.3 표집분포

표본의 통계치는 모집단의 모수치를 추정하는 데 사용된다. 표본 통계치 $\overline{X}$ 와 s에 대응하는 모수치 μ와 σ는 항상 차이가 있으며, 이러한 차이는 표본오차에 기인한다. **표본오차**는 '표본 통계치와 모수치 간의 차이'다. 표본평균을 $\overline{X}$, 모집단 평균을 μ라 할 때 표본오차 e는 $e = \mu - \overline{X}$ 로 정의된다. 따라서 **표본오차 e를 추정할 수 있다면 모집단 평균 μ를 추정**할 수 있다.

표집분포는 표본의 분포를 말한다. 이항분포의 사례수 N이 무한히 커질 때 정상분포에 접근하듯이, 표본크기가 증가하면 모집단 분포에 접근하기 때문에 표본오차는 그만큼 작아진다.

평균의 표집분포

평균의 표집분포(sampling distribution of the mean)란 '일정한 크기의 사례를 한 모집단에서 연속적으로 표집하여 얻은 표본의 평균치들의 분포'를 말한다. 예컨대, 어떤 모집단이 2, 4, 6의 3개의 숫자로 구성되어 있고, 여기서 2개의 숫자를 연속으로 무선표집하여 각 평균을 계산하여 평균치들의 분포를 만든다고 생각해 보자. 그러면 **복원추출**을 하였을 때 가능한 표본(숫자)과 그 표본이 추출될 확률 및 평균을 구할 수 있다. 〈표 7-2〉는 3개의 숫자 중 추출될 표본과 표본의 평균을 나타낸다.

〈표 7-2〉 추출될 표본과 표본평균

추출될 표본	추출될 확률	표본평균($\overline{X}$)
2, 2	1/9	2.0
2, 4	1/9	3.0
2, 6	1/9	4.0
4, 2	1/9	3.0
4, 4	1/9	4.0
4, 6	1/9	5.0
6, 2	1/9	4.0
6, 4	1/9	5.0
6, 6	1/9	6.0

모든 표본은 3개 중에서 2개씩을 연속으로 뽑은 것이므로 3×3=9개의 경우 수가 되며, 모든 표본의 추출될 확률은 1/9로 동일하다. 따라서 이 표집방법은 동일한 표집 가능성(1/4)을 가지므로 **무선표집**에 해당한다. 각 표본이 추출될 확률이 같은 것에 비해, '표본의 평균 $\overline{X}$는 산출될 가능성이 서로 다름'에 주목해야 한다. 즉, 평균 2.0과 6.0은 한 번밖에 없지만, 3.0은 두 번, 4.0은 세 번, 5.0은 두 번이 각각 산출된다. 따라서 이러한 평균의 빈도분포를 나타내면 다음과 같다.

〈표 7-3〉 평균의 표집분포

표본평균($\overline{X}$)	확률(p)
2.0	1/9
3.0	2/9
4.0	3/9
5.0	2/9
6.0	1/9

여기서 '평균의 표집분포'란 **표본의 평균이 그 확률값에 구성되는 빈도분포**를 말한다. 즉, 위의 평균의 표집분포의 빈도분포를 그림으로 표시하면 다음과 같은 평균의 표집분포가 만들어진다.

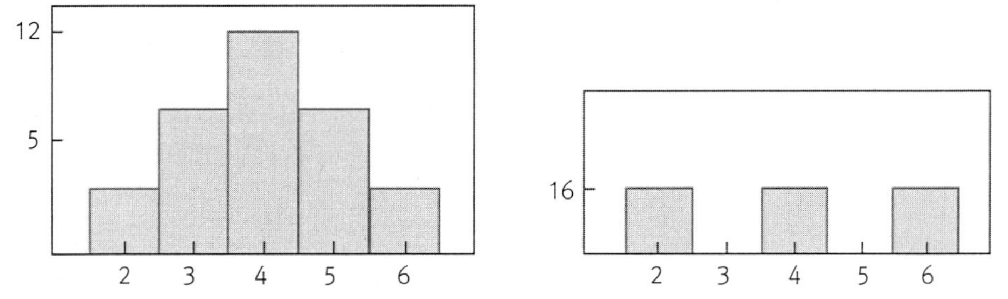

[그림 7-12] 평균의 표집분포와 모집단 원점수 분포

[그림 7-12]에서 평균의 표집분포 평균=4.0이고 표준편차=1.22가 된다. 반면, 모집단의 평균=4.0이고 표준편차=2.67이다. 따라서 다음과 같은 중요한 사실을 알게 된다. 첫째, 평균들의 표집분포의 평균은 모집단의 평균과 같다. 둘째, 평균

의 표집분포의 산포도(변량)는 모집단의 산포도(변량)보다 작아진다. 즉, '표집분포의 표준편차 < 모집단의 표준편차'다. 셋째, 모집단의 분포는 직사각형 분포인 반면, '평균들의 표집분포는 정상분포에 접근'한다.

이러한 사실은 표집의 크기가 커질수록 평균의 표집분포는 정상분포에 접근하며, 표집분포의 변산이 작아진다는 것을 말한다.

복원추출과 비복원추출

복원추출은 표본공간에서 한 번 추출한 표본을 두 번째 추출에서 다시 표본공간에 넣어 복원 후 두 번째 표본을 추출하는 방법이고, **비복원추출**은 첫 번째 추출한 표본을 다시 표본공간에 넣지 않고 두 번째 추출을 진행하는 방법이다. 예컨대, 한 벌의 카드($n=52$)에서 3장의 카드를 뽑는다고 할 때, '복원추출'을 하면 뽑힌 카드를 다시 넣기 때문에 첫 번째 카드가 뽑힐 확률은 1/52이고 두 번째 카드 역시 1/52, 세 번째 카드 1/52로 **추출될 확률이 동등하다**. 하지만 '비복원추출'을 하면 뽑힌 카드를 다시 넣지 않기 때문에 첫 번째 카드는 1/52이고 두 번째 카드는 1/51, 세 번째 카드는 1/50이 된다. 따라서 **복원추출에서는 동일한 표본이 1회 이상 추출될 가능성이 있지만, 비복원추출에서는 동일한 표본이 1회 이상 추출될 가능성이 없다.**

표준오차

평균의 표준오차(standard error of the mean: SE)란 **표본평균의 표준편차를 표본크기로 나누어 준 것**이다. 모집단의 크기가 작을 경우에는 앞서 살펴본 바와 같이 '표본의 평균분포'를 나타낼 수 있으나, 표본이 커지면 거의 불가능하다. 예컨대, 카드 10장으로 구성된 모집단에서 5개를 복원추출하여 무선표집하는 방법의 수만 100,000이나 된다. 따라서 **표준오차의 개념이 필요**하다.

일정한 사례 n을 평균이 μ인 모집단에서 연속 표본추출하여 분포를 만들고, $\overline{X_1}$, $\overline{X_2}$, $\cdots$, $\overline{X_k}$의 평균을 계산하고 μ와 평균 간의 차이를 e라 할 때, 각각의 e는 다음과 같다.

$$\overline{X_1} - \mu = e_1,$$

$$\overline{X_2} - \mu = e_2,$$

$$\vdots$$

$$\overline{X_k} - \mu = e_k$$

이때 모집단 평균의 표준편차 $\sigma_{\bar{x}}$와 e분포의 표준편차 σ_e는 같다. 즉, $\sigma_{\bar{x}} = \sigma_e$. 그 이유는 표준편차의 특성인 '표준편차에 일정한 상수를 더하거나 빼도 그 값은 변하지 않기' 때문이다. 이처럼 평균들의 표준편차는 오차의 표준편차와 같으므로 평균들의 표집분포의 표준편차를 **평균의 표준오차**라고 한다.

표본평균의 표집분포의 평균은 모집단의 평균과 같고 **평균의 표집분포의 표준편차**는 모집단의 표준편차 σ를 표본크기 n의 제곱근으로 나눈 것과 같다. 표본평균의 표준편차에서 평균은 μ이고, 표준오차의 평균은 0이다. 왜냐하면 '모집단의 평균과 표본의 평균이 일치하면 오차는 항상 0이 되기 때문'이다. 평균의 표준오차를 계산하는 공식은 다음과 같다.

$$\sigma_{\bar{x}} = \frac{\sigma}{\sqrt{n}}$$ 공식 7-7

여기서 $\sigma_{\bar{x}}$는 표준오차 즉, 평균의 표집분포의 표준편차이고 σ은 모집단의 표준편차, n은 표본크기다. **모집단이 무한전집일 때**, 모집단의 표준편차를 알 수 없으므로 표준오차를 계산하기 위해 표본의 표준편차 s를 사용하여 평균의 표준오차 $\sigma_{\bar{x}}$를 추정한다.

$$s_{\bar{x}} = \frac{s}{\sqrt{n}}$$ 공식 7-8

$$\left(\text{단, } n \leq 120\text{일 때, } s_{\bar{x}} = \frac{s}{\sqrt{n-1}}\text{임}\right)$$

만일 모집단에서 추출된 표본이 평균이 아니라 '발생확률'을 가질 경우, 다음과 같은 **비율의 표준오차**(standard error of proportion)를 구한다.

$$\sigma_{\bar{p}} = \sqrt{\frac{pq}{n}} = \sqrt{\frac{p(1-p)}{n}}$$ 공식 7-9

중심극한정리

정상분포를 이루는 모집단에서 복원추출로 표집할 때, 표본의 평균들은 표본 n의 크기에 관계없이 정상분포를 이룬다. 그러나 **모집단이 편포를 이룰 때** 복원추출한 표본의 평균들은 정상분포를 이루지 않는다. 모집단이 편포를 이루고 표본 n이 작을수록 표집 평균치들은 전집의 분포와 '비슷하게 편포'하게 된다. 반면 표본 n이 커지면 **비록 전집이 편포를 이룬다 할지라도** 표본평균은 대략적인 정상분포에 접근한다. 이와 같이 한 모집단의 분포가 어떤 모양을 가지든 상관없이 표본 n이 커질수록 표본평균들의 분포가 정상분포에 접근하는 현상을 **중심극한정리**(central limit theorem)라고 한다. 통계적 공리로서 중심극한정리는 다음과 같이 정의된다.

> "한 모집단이 일정한 평균 μ와 분산 σ^2을 가졌을 때, 이 모집단에서 사례수 n의 독립적인 무선표집들에서 얻은 평균치의 표집분포는 표본의 사례수 n이 증가함에 따라 평균이 μ이고 분산이 σ^2/n인 정상분포에 접근한다. 따라서 n이 충분히 클 때에는 $\overline{X}$의 표집분포는 거의 정상분포를 이루게 된다."

이 공리에서 보는 바와 같이, 모집단의 분포에 관해서는 언급하고 있지 않지만 모집단이 정상분포를 이룰 때에는 평균의 표집분포는 정상분포를 이루고, 또한 모집단이 어떠한 분포를 이루든지 간에 **표본사례수 n이 충분히 크면 평균의 표집분포는 정상분포로 간주**할 수 있다. 모집단 분포의 형태에 관계없이 표집분포가 정상분포를 이룬다고 가정하기 위해서는 표본의 사례수 n은 얼마나 커야 하는가? $n=10$인 경우에 표집분포는 정상분포에 접근하지만, 사회과학분야에서는 보통 $n=30$ 혹은 그 이상인 경우 평균들의 표집분포를 정상분포로 간주하고 확률적 추정을 한다.

3 가설검증

3.1 점추정과 구간추정

어떤 한 표본에서 얻은 통계치를 가지고 이에 대응하는 모집단의 모수치를 추론하는 과정을 '통계적 추론'이라고 한다. 통계적 추론은 체계적으로 오차를 추론하는 과정이다. 앞서 표본의 통계치를 통해 전집의 모수치를 추정하는 과정에서 오차가 발생하며, 이러한 오차는 $e=\overline{X}-\mu$로 정의하였다. 따라서 오차 e를 추정하면 모집단의 평균 μ를 추정할 수 있다. 정확한 오차 값은 알 수 없을지라도 **체계적인 방법으로 오차를 추정**한다면, 특정 한계범위 내에서 표본의 통계치가 모수치를 어느 정도 반영하는지를 파악할 수 있다. **통계적 추론**은 표본 통계치가 전집의 모수치를 추정함에 있어 발생하는 '오차를 확률적으로 진술하는 과정'이다. 즉, **표본 통계치가 우연에 의해 발생할 가능성을 확률로 진술하는 과정**이다. 이러한 추론은 점추정과 구간추정으로 구분된다.

점추정법

점추정법(point estimation)은 표본에서 직접 계산으로 얻은 통계치를 모집단 추정에 사용하는 방법이다. 예컨대, 표본의 지능점수가 $\overline{X}=100$이라는 값을 얻었다면, 알려지지 않은 모집단의 평균 μ에 대한 직접적인 **점추정치**가 된다. 마찬가지로 표본의 $s^2=12.45$를 얻었다면, 이 또한 모집단 분산 σ에 대한 점추정치다. 점추정치는 모집단 모수치에 대응할 때 '오차의 범위'에 대한 정보를 제공하지 않는다. 그럼에도 점추정은 대부분의 통계추론에서 가장 자주 사용되며, **가설검증**에 흔히 사용된다.

예

모집단의 평균 $\mu = 100$이라는 통계적 가설을 설정하고 표본에서 얻은 평균 $\overline{X}$가 100일 때, $\overline{X} = 100$이 모집단 평균 μ를 추정하는 데 있어 '우연에 의해 발생할 가능성'을 확률로 말하게 된다. 만일 $z = 2.10$이라는 표본 통계치를 얻었다면, 이 값은 단위면적하의 95%에 해당하는 $z = \pm 1.96$보다 크므로 통계적으로 5%수준에서 유의미한 결과다. 5%의 의미는 우연에 의해 발생할 확률이다. 즉, '100번의 같은 시행에서 5번 정도만이 다른 결과를 나타낸다'를 말하며, $p < .05$로 표시한다(혹은 $\alpha = .05$ 수준에서 유의미).

☐ 점추정법의 오차추정

모수치 추정에서 발생하는 오차의 크기를 파악하기 위해 점추정에서는 **표준오차**(standard error)를 사용한다. 앞서 표준오차를 '표본평균의 표집분포의 표준편차'로 정의하고, 표본평균의 표집분포의 평균은 **모집단의 평균 μ와 같고 평균의 표집분포의 표준편차는 모집단의 표준편차 σ를 표본크기 N의 제곱근으로 나눈 것과 같다**고 하였다. 이는 곧 표준오차가 모수치 추정에 있어 '오차의 크기'를 의미하는 통계치임을 의미한다. 따라서 점추정에서 표준오차를 구하면 모집단 추정에서의 오차를 정확하게 추정하게 된다. 예컨대 $\overline{X} = 100$이고 표본의 사례수가 $n = 400$, 표준편차는 $s = 1.53$이라 하면, $s_{\bar{x}} = \dfrac{s}{\sqrt{(n-1)}}$ =1.53/19.97=.077이다. 따라서 표본평균을 통해 모집단 평균 $\mu = 100$이라고 추정할 때 약 **.077의 오차**를 갖는다. 이를 분산으로 해석하면 분산 $s^2 = .077^2 = .0059$가 된다. 만일 표본의 N이 무한히 증가하면 표준오차는 그만큼 작아지고 표본의 통계치가 전집의 모수치를 추정하는데 작은 오차를 갖게 된다. 그렇다면 어떤 추정치가 좋은 추정치인가?

☐ 좋은 추정치의 조건

간단히 말해, 좋은 추정치란 **표본의 추정치가 모집단의 모수를 정확하게 예측하는 추정치**다. 이러한 추정치는 일반적으로 네 가지의 조건을 갖추어야 한다.

- 불편성: 불편성(不偏性)이란 '추정치의 기대치가 모수의 값과 일치하는 특성'

이다. 표준오차가 작아져 표본의 추정치가 전집의 모수치와 일치할 때, 표본 추정치를 **불편추정치**(unbiased estimator)라 한다. 정확한 의미에서 불편추정치는 특정 표본 통계치가 모수치와 일치하는 것이 아니라 '표본추정치 분포의 중심이 모수치와 일치하는 것'을 의미한다. 역으로 표본추정치 분포의 중심이 모수치와 일치하지 않는 추정치를 **편의추정치**(biased estimator)라 한다. [그림 7-13]은 불편추정치과 편의추정치를 나타낸 것이다.

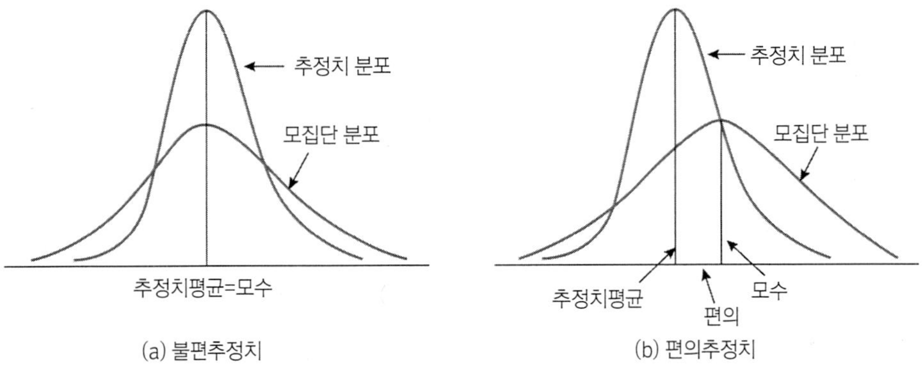

[그림 7-13] 불편추정치와 편의추정치

• 효율성: 두 번째 요소는 높은 효율성으로 불편성과 관련되어 있다. 효율성(efficacy)이란 '추정치 중 최소의 분산을 가지는 추정치'를 말한다. 즉, 일정한 표본 크기 n에 대해 상대적으로 더 적은 표집오차를 가진 추정치가 효율성이 높은 추정치다. 한 모수치 θ를 추정하는 표본에서 얻은 2개의 다른 통계치 K와 L이 있을 때, 각각의 표본오차를 σ_K^2, σ_L^2이라 하면 L에 대한 K의 상대적 효율성은 σ_L^2 / σ_K^2로 나타낸다. 잘 알고 있는 표본평균과 중위수를 비교해 보자. 표본평균 $\overline{X}$는 표본의 중위수 Mdn보다 전집의 μ를 추정하는데 비교적 효율적인 추정치다. 즉, $\sigma_{Mdn}^2 / \sigma_{\bar{x}}^2 > 1.0$으로 표본평균이 중위수보다 효율적임을 나타낸다. 이것이 추리통계에서 중위수보다 **평균이 더 많이 사용되는 이유의 하나**다. 보통 불편성과 효율성을 모두 지닌 추정치를 '불편최소분산추정치(minimum-variance unbiased estimator)'라 한다. 따라서 불편최소분산추정치는 표본추정치의 분포의 중심이 모수치와 일치할 뿐만 아니라 어떤 다른

추정치보다 분산이 작은 추정치가 된다. 불편최소분산추정치는 [그림 7-13]의 (a)의 특성과 더불어 **분포가 중심으로 더 집중되는 경향**을 보인다.

- 일관성: 일관성(consistency) 있는 추정치는 '표본크기 n이 커지면 커질수록 표본통계치가 모수치에 보다 접근하는 추정치'를 말한다. 예컨대, $\overline{X}$, s^2, 비율 p 등은 대체로 일관성 있는 추정치다.
- 충분성: 한 추정치의 충분성(sufficiency)은 한 '표본에서 얻은 통계치가 이 표본에서 얻을 수 있는 모수치에 관한 많은 정보를 가지고 있을 때' 모수치를 추정에 '충분한 추정치'라고 말한다. 한 **통계치 K가 표본의 어떤 다른 정보를 추가하여도 전집을 추정하는 데 더 이상 개선되지 않을 때,** 이 K는 모수치 θ를 추정하는 데 충분한 추정치가 된다. 예컨대, 표본에서 얻은 비율 p는 모수치 P에 대한 충분한 추정치다. 왜냐하면 표본에서 어떤 다른 정보를 p에 추가하여도 모수치 P에 대한 더 좋은 추정치를 만들 수 없을 만큼 p는 충분한 정보를 가지고 있기 때문이다. 마찬가지로 표본의 $\overline{X}$는 모수치 μ에 대한 충분한 추정치다. $\overline{X}$에서 얻을 수 있는 '편차제곱의 합'은 어떤 다른 기준으로 얻는 편차제곱의 합보다 최소가 되기 때문에 가장 좋은 '충분성'을 가진다.

구간추정법

통계적 추론에서는 보통 하나의 추정값으로 모수를 추정한다. 그러나 표본에서 얻은 추정값이 반드시 모수와 일치되는 것이 아니기 때문에 모수를 포함하는 적절한 구간을 이용하여 추정하는 것이 더 바람직할 수 있다(Aczel, 1989; Ferguson & Takane, 1989). 표본에서 얻은 추정치에서 유도하여 모수를 포함하는 적절한 구간을 '신뢰구간'이라 하며, 이러한 신뢰구간으로 모수를 추정하는 방법을 **구간추정**(interval estimation)이라 한다. 신뢰구간추정은 일정한 신뢰수준(주로 95%나 99%를 사용)에서 표본추정치의 구간에 모수가 포함될 가능성을 '오차한계 범위 내에서 추정하는 방법'이다. 구간추정에서 표본추정치 구간의 상한계와 하한계 사이에 **실제 모수가 포함되어 있다고 확신하는 수준**을 '신뢰수준'이라고 하며, [그림 7-14]와 같이 나타낼 수 있다.

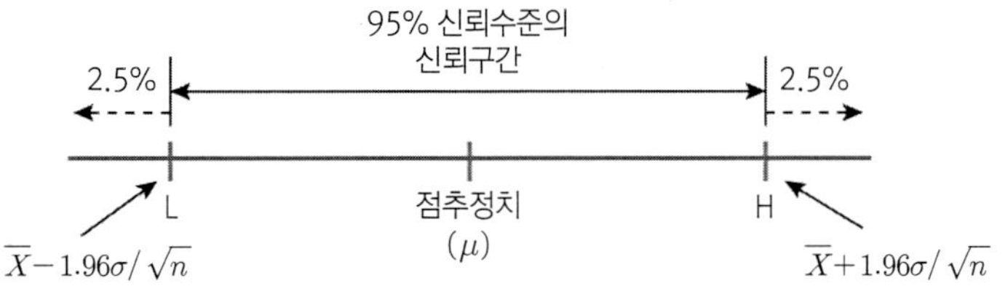

[그림 7-14] 95% 신뢰수준과 신뢰구간

> 신뢰수준(confidence level)은 신뢰구간에 모수가 포함될 확률로, 만일 95% 신뢰수준이라고 하면 동일 표본을 100번 반복 추출할 때, 95번은 모수가 신뢰구간에 포함되고 5번은 신뢰구간에 포함되지 않음을 말한다(5번은 상한계 2.5번와 하한계 2.5번). 이를 '오차확률(probability of error)'이라 하며, 통계적 의사결정에서 유의수준을 말한다. 점추정과 같이 $p < .05$로 표시하거나 $\alpha = .05$에서 통계적 유의성을 판단한다.

▢ 신뢰구간을 이용한 추정

신뢰구간에 대한 추정은 모집단의 분산을 알고 있을 때와 그렇지 않을 때로 나누어 추정한다.

- 모집단 분산 σ^2을 알고 있을 때: 모집단 평균 μ와 모집단 분산 σ^2인 정상분포를 따르는 변수 X를 가정하면, X의 분포는 μ와 σ^2에 의해 결정되는 분포다. 두 모수 중 μ를 추정하고자 할 때, σ^2를 알고 있다면 단위정상분포의 95% 신뢰수준에서 ± 1.96의 범위 내에 있게 된다. 이를 공식으로 표현하면 다음과 같다.

$$-1.96 \le \frac{(\overline{X}-\mu)}{\sigma_{\bar{x}}} \le +1.96$$ 공식 7-10

여기서 -1.96은 하한계이고 $+1.96$은 상한계다. [공식 7-10]을 모집단 평균을 포함하는 구간으로 식을 유도하면,

$$\overline{X} - 1.96\sigma_{\bar{x}} \le \mu \le \overline{X} + 1.96\sigma_{\bar{x}}$$ 공식 7-11

또한 $\sigma_{\bar{x}} = \sigma / \sqrt{n}$ 이므로

$$\overline{X} - 1.96\frac{\sigma}{\sqrt{n}} \le \mu \le \overline{X} + 1.96\frac{\sigma}{\sqrt{n}}$$ 공식 7-12

[공식 7-12]가 모집단 평균 μ에 대한 95% 신뢰구간이고 **±1.96은 단위정상분포에서 95%의 면적비율에 해당하는 z값**이다. 따라서 신뢰구간의 범위는 신뢰수준에 대한 z값에 의해 설정되고 μ를 포함하는 신뢰구간의 중심은 항상 표본평균 $\overline{X}$가 된다. 또한 표본자료에서 구한 $\overline{X}$와 표본평균 분포의 표준오차 $\sigma / \sqrt{n}$가 이용된다. [그림 7-15]는 95% 신뢰수준에서 모집단 평균 μ가 포함될 신뢰구간을 나타낸다.

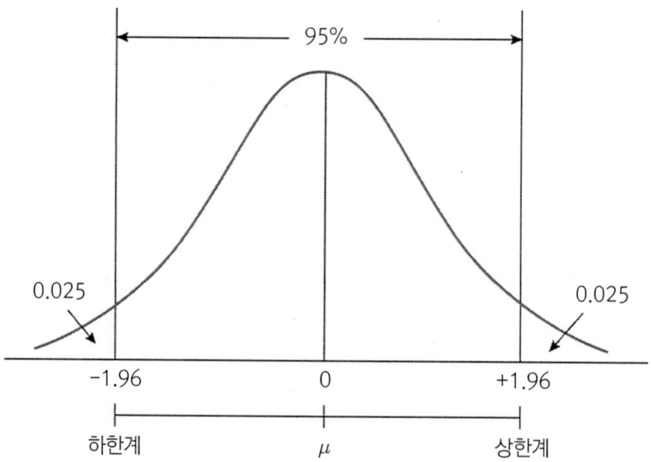

[그림 7-15] 95% 신뢰수준에서 모집단 평균 μ가 포함될 신뢰구간

따라서 모집단 평균 μ에 대한 95% 신뢰구간의 하한계와 상한계는 다음과 같이 표현된다.

$$(\overline{X} - 1.96\frac{\sigma}{\sqrt{n}}\ ,\ \overline{X} + 1.96\frac{\sigma}{\sqrt{n}})$$ 공식 7-13

만일 신뢰구간을 99%로 설정한다면 하한계와 상한계는 다음과 같다.

$$(\overline{X} - 2.58\frac{\sigma}{\sqrt{n}}\ ,\ \overline{X} + 2.58\frac{\sigma}{\sqrt{n}})$$ 공식 7-14

99% 신뢰구간은 95% 신뢰구간에 비해 면적비율이 넓어지므로 모평균이 구간 내에 포함될 가능성이 높아진다. 즉, 95% 신뢰수준은 표본평균에서의 추정이 약 5%의 오차를 갖지만, 99% 신뢰수준은 1%의 오차를 가정하므로 그만큼 엄격한 추정이 된다.

- 모집단 분산 σ^2을 모를 때: 실제 통계적 추정에 있어 모집단 분산은 대체로 알려져 있지 않다. 모집단 분산 σ^2을 모를 때 모집단 분산에 대한 **불편추정치**인 표본의 분산 s^2을 이용한다. 표본분산만 이용할 경우, $(\overline{X} - \mu)/(s/\sqrt{n})$이 **$n-1$의 자유도를 갖는 t분포**를 나타낸다. 따라서 모집단 분산을 모르는 경우에는 다음과 같은 t통계치를 이용하여 모집단 평균에 대한 신뢰구간을 추정한다.

$$t = \frac{\overline{X} - \mu}{s/\sqrt{n-1}}$$ 공식 7-15

[공식 7-15]의 t통계치는 $n-1$의 자유도를 가진 t분포를 따른다. 여기서 자유도는 σ^2을 추정하는 s^2의 분모에 해당하는 값으로 나타낸다. **t분포는 자유도에 의해 규정되는 분포로 t분포의 모수치는 자유도**가 된다(t분포는 'Student 분포'라고도 불린다). 따라서 자유도의 크기에 따라 다양한 t분포의 모양이 결정된다.

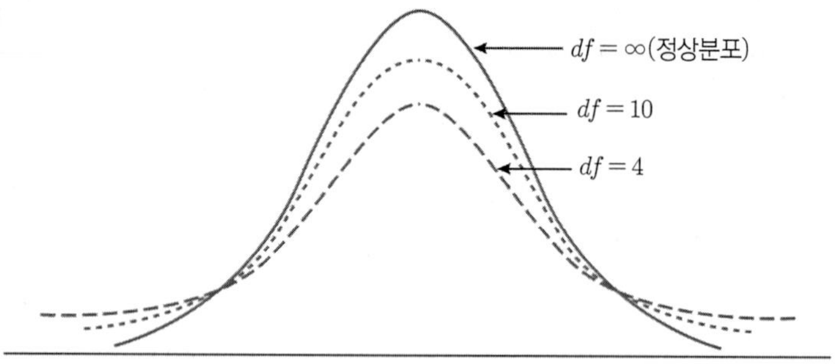

[그림 7-16] t분포와 정상분포의 관계

일반적으로 t분포는 단위정상분포와 같이 평균이 0이고, 분포의 형태는 단위정상분포에 비해 조금 더 넓은 형태를 취한다. 그러므로 t분포는 단위정상분포와 중심은 일치하지만 **꼬리부분이 조금 더 길고 넓게 분포하는 모양**을 갖는다. 그러나 **t분포의 자유도가 증가할수록 정상분포에 접근**한다. 이는 표본 크기가 커지면 s^2과 σ^2의 차이가 작아져 정상분포와 비슷해지기 때문이다.

t−통계치를 이용한 신뢰구간추정은 앞에서 설명한 z통계치를 이용한 신뢰구간추정과 유사하다. 신뢰구간의 상·하한계 밖의 면적을 $\alpha/2$로 하는 t값을 각각 $-t_{a/2}$, $+t_{a/2}$라 할 때, 신뢰구간은 $-t_{a/2} \le \mu \le t_{a/2}$이다. 이를 [공식 7-15]에 대입하여 다음과 같은 신뢰구간을 구할 수 있다.

$$\overline{X} - t_{a/2}\frac{s}{\sqrt{n-1}} \le \mu \le \overline{X} + t_{a/2}\frac{s}{\sqrt{n-1}}$$ 공식 7-16

자유도

자유도(degree of freedom: df)는 '자유롭게 변할 수 있는 변수값의 수'를 말하며, 표본분산이 평균으로부터의 편차제곱의 합으로 규정될 때 자유도의 수로 나누어 준다. 예컨대, 5개의 측정값 5, 5, 6, 10, 14가 있고, $\overline{X}=8$일 때 각 편차(d)는 −3, −3, −2, +2, +6이다. 이들 편차의 합은 '0'이다. 결국 4개의 편차를 안다면 나머지 하나는 자동적으로 결정된다. 그래서 자유도 df의 수는 4가 된다. 표준편차 $s=\sqrt{\frac{\Sigma(X-\overline{X})^2}{n}}$와 분산은 편차제곱의 합을 필요로 하기 때문에 '제곱합(sum of square)'은 독립적으로 변하는 수, 즉 $n-1$에 의존한다. 제곱합을 자유도로 나눌 때, 관찰된 n에서 독립적으로 모집단 분산 σ^2을 추정하는 데 불편추정치를 얻을 수 있다.

자유도가 결정되는 원리는 어떤 점들의 연속에서 각 점들을 하나의 직선으로 만들 때, 자유롭게 변할 수 있는 수를 찾으면 된다. 예컨대, 2개의 점이 있다면 자유롭게 변할 수 있는 수가 없기 때문에 이때의 자유도는 0이고 직선에 대한 편차제곱의 합은 0이다. 만일 3개의 점이 있다면, 임의의 3개의 점을 찍고 이를 직선으로 연결할 때 한 개의 점만이 자유롭게 움직일 수 있기 때문에 자유도 $df=1$이 된다. '편차제곱의 합'은 $n-1$의 자유도에 의존하지만, 만일 2개의 독립표본 n_1, n_2가 있고 각 표본평균을 안다고 할 때 $df=n_1+n_2-2$다. 자유도는 독립표본일 때 **가산적**이므로 각각의 자유도, 즉 n_1-1과 n_2-1의 가산에 의존하다. 따라서 $df=n_1+n_2-2=(n_1-1)+(n_2-1)$이다(Aczel, 1989). 자유도는 모든 추론통계에 공통적으로 적용되는 개념으로 t검증, F검증, χ^2검증 등에서 모두 사용된다.

3.2 가설검증

가설검증(hypothesis testing)은 '일정한 절차에 따라 합리적으로 모수를 추정하는 과정'을 말한다. 어떤 이론적 근거하에 모수치가 특정 값을 갖는다고 가정하고, 그 값이 '우연에 의해 얻어지는 값인지' 아니면 '실제 모집단의 특성을 반영한 것'이거나 '특정 실험적 처치에 의한 효과인지'를 체계적으로 설명하는 과학적 절차다. 이때 가정되는 모수치를 **통계적 가설**로 표현한다.

통계적 가설은 두 가지 형태를 취한다. 즉, **영가설**(H_0)과 **대립가설**(H_1)이다. 만일 주어진 가설하에서 표본통계치가 우연한 오차로 기대할 수 있는 정도의 범위를 넘어선다면, 영가설 H_0을 기각하고 대립가설 H_1을 받아들이게 된다. 영가설을 받아들이거나 기각하는 기준은 앞서 언급한 '신뢰수준'이다. 따라서 95% 신뢰수준, 혹은 α수준에 의해 영가설의 기각여부가 결정된다.

영가설

연구란 새로운 사실에 대한 발견을 위해 0이 아님(혹은 '차이가 있음')을 증명하는 것이므로 영가설(零假設, null hypothesis)은 통계적으로 검증되기 전까지 잠정적인 사실(true)로 유지된다. 따라서 통계적 검증에서 연구자는 **영가설(H_0)을 기각하고 대립가설(H_1)을 받아들임으로써 연구가설이 '참'임을 증명**한다. 일반적으로 영가설은 단일표본 평균 $\overline{X}$와 모집단 평균 μ가 주어졌을 때 다음과 같이 진술한다.

$$H_0 : \mu - \overline{X} = 0$$

위의 영가설은 모집단 모수와 표본평균에는 **차이가 없음**을 나타낸다. 영가설은 연구문제의 성격에 따라 혹은 독립집단의 수에 따라 달라진다. 예컨대, '전 인구의 평균지능은 100인가'를 알기 위한 영가설은 $H_0 : \mu = 100$으로 진술한다. 만일 두 개의 독립표본이 있고 각각의 표본평균 $\overline{X}_1$과 $\overline{X}_2$를 알 때, 모집단 평균 μ_1과 μ_2의 차이를 추론한다면 $H_0 : \mu_1 - \mu_2 = 0$이 된다. 전자의 경우는 **단일평균**에 관한 추론이고, 후자는 **두 집단 평균**에 관한 추론이라 한다. 영가설은 평균뿐만 아니라 다른 표본통계치를 검증하기 위해서도 진술된다. 만일 모집단 분산 σ_1^2과 σ_2^2의 차이를 진술한다면 $H_0 : \sigma_1^2 - \sigma_2^2 = 0$와 같이 진술한다. 만일 영가설이 '참'이 아니면 그에 대한 대립가설 H_1을 받아들이게 되며, 이때 대립가설은 $H_1 : \mu \neq 100$, $H_1 : \mu_1 - \mu_2 \neq 0$, $H_1 : \sigma_1^2 - \sigma_2^2 \neq 0$ 등으로 진술된다.

영가설의 '기각여부'는 신뢰수준(95% 혹은 99%), 즉 유의수준(α)에 따르며 '영가설'을 기각하고 대립가설을 받아들임으로써 어떤 실험적 처치나 실제 모집단의 평균 간 차이가 통계적으로 '유의미'함을 확인한다. 영가설을 기각할 수 없다면 실험처치의 효과나 모집단 평균의 차이는 **우연에 의한 효과**로 해석한다.

기각하기 위한 가설: 영가설

흔히 연구는 어떤 사실이 '0'임을 증명하는 것이 아니기 때문에 영가설(null hypothesis)을 '기각하기 위해 세우는 가설'이라 한다. 과학적 의미에서 영가설이 '참'일 때 영가설을 **'기각(부정)할 수 없다'**고 말하고, 영가설이 '거짓'일 때 영가설을 '기각한다'고 말한다. '기각할 수 없다'란 연구의 경험적 결과로서 영가설을 기각할 충분한 증거가 없음을 의미한다.

가설검증의 오류

가설검증을 통해 영가설이 사실이거나 혹은 사실이 아닐 가능성, 즉 H_0가 '사실'일 때 이를 '기각'하고 H_1을 채택하거나, H_1이 '사실'일 때 이를 '기각'하고 H_0를 부정할 수 없는 상황이 존재한다. 이를 **가설검증의 오류**라고 하고 보통 전자를 **1종오류**(type I error), 후자를 **2종오류**(type II error)라 한다. 1종오류를 범할 확률은 α, 2종오류를 범할 확률은 β로 표시한다. 〈표 7-4〉는 1종오류와 2종오류의 발생 가능한 상황을 나타낸다.

〈표 7-4〉 1종오류와 2종오류의 상황 매트릭스

의사결정	실제상태	
	H_0 = 참	H_0 = 거짓
H_0기각 (H_1채택)	제1종 오류 $p=\alpha$	바른 결정 $p=1-\beta$
H_0를 기각할 수 없음	바른 결정 $p=1-\alpha$	제2종 오류 $p=\beta$

1종오류와 2종오류는 확률로 표현할 때 각각 α와 β로 표현되는데, 이는 표집분포의 면적비율을 의미하며 [그림 7-17]과 같다.

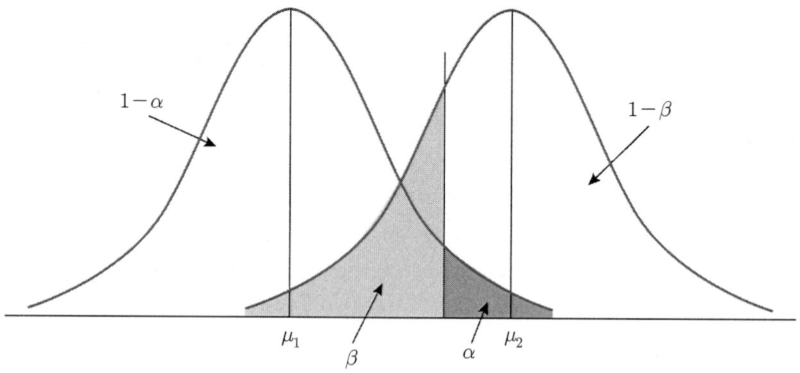

[그림 7-17] 표집분포하에서 1종오류와 2종오류

[그림 7-17]에서 1종오류와 2종오류는 다음과 같이 설명된다.

H_0 : $\mu = \mu_1$이고 H_1 : $\mu = \mu_2$임. 따라서 왼쪽에 있는 분포는 H_0에 해당하는 $\mu = \mu_1$의 분포이고 오른쪽의 분포는 H_1에 해당하는 $\mu = \mu_2$의 분포다.

- 1종오류: $\mu = \mu_1$이 '참'일 때, 이를 기각하고 $\mu = \mu_2$를 받아들일 확률 α의 영역
- 2종오류: $\mu = \mu_2$가 '참'일 때, 이를 기각하고 $\mu = \mu_1$을 받아들일 확률 β의 영역

여기서 $1-\beta$는 $\mu = \mu_2$가 사실일 때, 이를 채택함으로써 정확한 의사결정을 할 확률로 **통계적 검증력**(statistical power)이라 한다.

통계적 검증력에 해당하는 $1-\beta$는 대립가설 H_1가 '참'이고 어떤 일정한 값을 갖는 경우 구해지지만 보통의 경우 대략적으로 추정된다. 흔히 **실험연구에서 처치효과는 1종오류의 영향을 많이 받는다.** 특히 엄격한 변수통제가 이루어지지 않는 경우 외생변수가 실험결과에 영향을 주게 된다. 이때 연구자는 부정할 수 없는 영가설을 부정하고 대립가설을 채택함으로써 '우연'의 효과를 처치의 효과로 판단하는 의사결정의 **1종오류**를 범하게 된다. 또한 1종오류는 '극단점수'를 표본으로부터 추출했을 때에도 발생한다. 종종 극단점수는 실제 집단 간 차이가 없음에도 집단 간 차이를 유의미하게 만드는 경향이 있다.

다중비교(multiple comparison)에서의 1종오류

1종오류는 여러 집단을 동시에 비교할 때 일반적인 현상이다. 실험연구에서 '다중처치의 결과를 집단 간 쌍(pair)으로 차이를 비교'할 때 1종오류가 증가한다. 쌍의 비교 수가 증가할 때마다 1종오류도 증가하는데, 증가하는 방식은 다음과 같다(Keppel & Wickens, 2004).

$\Pr(no\ familywise\ error) = (1-\alpha)(1-\alpha)\cdots(1-\alpha) = (1-\alpha)^c$이고

$\alpha_{FW}(familywise\ error\ rate) = 1-(1-\alpha)^c$

여기서 c는 처치의 수이고 α는 유의확률이다. 만일 3개의 독립처치가 있다면($c=3$), $\alpha_{FW} = 1-(1-\alpha)^c = 1-(1-.05)^3 = .143$, 약 14.3%의 1종오류의 가능성이 증가한다. 흔히 설험설계에 의한 분산분석모형에서 다중비교를 하지 않고 용이한 접근으로써 집단 간 쌍을 t검증으로 접근하는 경우 발생하는 1종오류의 양을 이 방식으로 산출한다.

1종오류와 2종오류는 긴밀한 관계에 있다. 특히 1종오류가 증가하면 2종오류는 감소하고, 2종오류가 증가하면 1종오류는 감소한다. 결국 2종오류(β)를 감소시킴으로써 통계적 검증력($1-\beta$)을 높이고 의사결정의 질을 높일 수 있다. 2종오류의 영향요인은 매우 다양하지만 다음과 같은 특성을 갖는다(임인재, 1981).

☐ 2종 오류의 영향요인

- 영가설에 설정된 평균과 대립가설에 설정된 **평균의 차이**(μ_1과 μ_2의 거리)가 클수록 2종오류는 작아진다.
- **α수준이 커질수록** 2종오류는 감소한다. 예컨대, $\alpha = .05$인 경우 $|z| \geq 1.96$이고 $\alpha = .01$이면 $|z| \geq 2.58$이므로 α가 커질수록 2종오류에 해당하는 β의 절대적 면적비율은 감소하고, α수준이 작아질수록 β의 면적비율은 증가한다. α는 '명확한' 통계적 의사결정을 내리기 위한 준거이므로 보다 엄격한 준거를 사용할 때 2종오류는 증가한다.
- **표본의 크기가 커질수록** 평균의 표준오차는 작아지므로 두 표본분포는 중복되는 면적비율이 작아지고 그에 따라 2종오류의 가능성 또한 작아진다.
- **검증의 방향성**(일방검증과 양방검증)에 따라 영향을 받는다. 2종오류의 크기는

일방검증이냐 양방검증이냐에 따라 달라진다. 일방검증의 경우 부호의 어떤 한 방향만을 검증하므로 $H_0 : \mu \leq \mu_1$이고 $H_1 : \mu > \mu_1$라 할 때, $\alpha = .05$에서 $z = \pm 1.645$이면 H_0를 기각할 수 있다. 반면 같은 조건에서 양방검증은 $z = \pm 1.96$이다. 따라서 일방검증은 양방검증보다 2종오류를 범할 가능성이 작아진다. β는 통계적 검증력과 상반된 관계이므로 일방검증이 양방검증보다 올바르게 H_0를 기각할 가능성이 높아진다.

통계적 검증력

통계적 검증력(statistical power)이란 'H_0가 사실일 때 통계적 검증이 H_0를 정확하게 기각할 확률'을 말한다. 높은 검증력은 올바른 통계검증의 주요 요건이다. 만일 H_0가 실제로 '참'이 아니고 기각되어야 한다면, 사용하고 있는 통계적 검증이 그러한 결론에 도달하는지를 평가해야 한다. 통계적 검증력은 2종오류, 즉 H_0가 '참'이 아닌데 H_0를 기각하지 않는 오류와 밀접하게 관련되며, 흔히 통계적 검증력을 $1-\beta$로 표현한다. 예로써, 한 실험의 처치효과를 확인하는 데 실패할 확률이 15%라고 한다면, 그것을 성공적으로 확인할 확률은 75%여야 한다. 여기서 통계적 검증력은 $p('거짓'|H_0의 기각) = 1-\beta$다. 결국 **실험연구의 경우 처치효과가 크면 통계적 검증력은 '증가'하고 2종오류는 감소하는 반면, 처치효과가 작으면 통계적 검증력은 '감소'하고 2종오류는 커진다.**

☐ 통계적 검증력의 영향요인

- **유의수준을 낮추면 통계적 검증력은 감소**한다. 예컨대, $\alpha = .05$에서 $\alpha = .01$이면 그 임계영역이 $z = \pm 1.96$에서 $z = \pm 2.58$로 변하기 때문에 그만큼 영가설을 기각하기 어려워진다. 따라서 α수준이 낮을수록 1종오류와 통계적 검증력은 낮아진다. 환언하면, 유의수준을 엄격하게 설정할수록 '실험에서는 처치의 효과가 커져야 함'을 의미한다.
- **일방검증**은 양방검증보다 영가설을 더 쉽게 기각한다. 예컨대, $\alpha = .05$이면 일방검증의 임계치는 $z = \pm 1.65$이고 양방검증의 임계치 $z = \pm 1.96$이다. 일방검증이 양방검증보다 z분포하에서 기각영역이 넓으므로 H_0를 기각할 확

률이 크고 그에 따라 '검증력'이 증가한다.

- **표본 n이 클수록 검증력도 증가**한다. 표본크기 n이 증가하면 모집단에 근접하므로 모집단에 처치효과가 있다면, 작은 표본보다는 큰 표본에서 더 쉽게 발견된다. 예컨대, 영가설을 모집단 평균 $\mu = 200$이고 표준편차 $\sigma = 40$이라 하고 실험의 처치효과가 20, 즉 $\mu = 180$이라 하자. [그림 7-18]의 (a)는 $n = 25$일 때 표준오차 $\sigma_{\overline{x}} = 8$인 표본의 검증력을 나타낸 것이고, (b)는 $n = 100$일 때 표준오차 $\sigma_{\overline{x}} = 4$인 표본의 검증력을 나타낸 것이다. 그림 (b)는 (a)에 비해 통계적 검증력 $1 - \beta$가 넓음을 알 수 있다. 즉, 표본크기 n이 증가할수록 통계적 검증력이 증가한다.

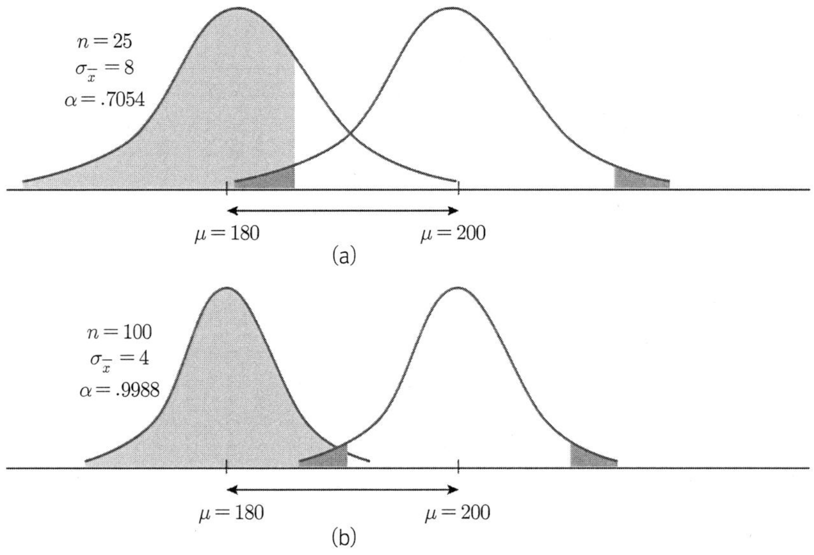

[그림 7-18] 표본크기 $n = 25$와 $n = 100$의 검증력

- 통계적 방법에 따라 검증력이 다른 경우가 있다. 흔히 통계적 가정을 포함하는 방법은 그렇지 않은 방법보다 검증력이 높다. 예컨대, 모수통계 방법은 종속변수가 정상분포를 이루고 집단의 분산이 동질적이어야 하며 자료의 측정이 등간척도 이상이어야 한다. 대부분의 **모수통계**는 다른 방법에 비해 검증력이 높지만, 모수통계의 가정이 충족되지 않을 때 혹은 비모수통계를 적용할 때 상대적으로 통계적 검증력은 약해진다.

▢ 검증력과 표본크기의 예

검증력에 대한 표본크기의 영향은 표준오차와 직접 관련된다. 예를 들어 보자. 학생들의 지난 학기 A과목의 평균은 80점이고 평균분포의 표준오차는 10인 정상분포를 갖는다고 할 때, '사전학습'이 평균점수 8점 정도의 향상을 가져올 것으로 예측하고 유의수준 .05에서 양방검증을 하고자 한다. 그러면 이 연구의 성공률이 80%가 되려면 얼마나 많은 표본이 필요할 것인가? 즉 가설검증의 결과가 .80보다 큰 검증력을 가지려면 사례수 n은 얼마나 필요한가?

먼저 2개의 분포를 대략 그려서 임계영역을 정한다. 만일 영가설이 '참'이면, 표본평균분포의 중심은 $\mu = 80$이고 기각영역은 z값이 $+1.96$보다 크거나 -1.96보다 작을 것이다. 만일 처치(사전학습)가 평균을 8점 이상 향상시킨다면 표본평균분포의 중심은 $\mu = 88$이 된다. 이들 분포의 관계를 나타낸 것이 [그림 7-19]다.

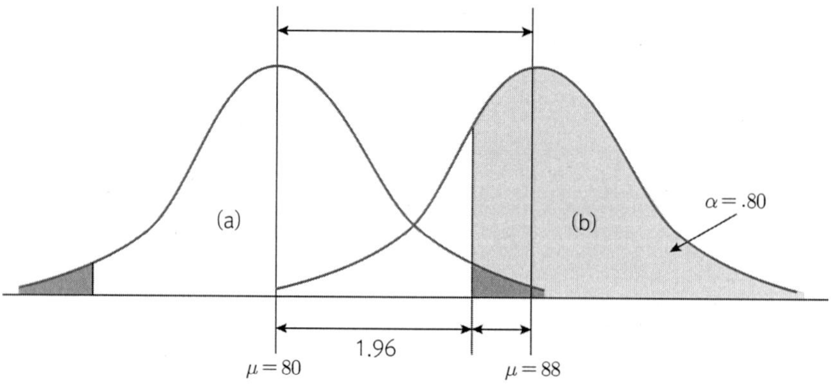

[그림 7-19] 검증력 80%이상에 대한 분포의 예

[그림 7-19]의 왼쪽에 있는 분포 (a)는 H_0가 '참'인 경우의 분포이고, 오른쪽에 있는 분포 (b)는 처치(사전학습)로 인해 평균점수가 8점 향상되었을 경우를 가정한 분포, 즉 **대립분포**(alternative distribution)다. 이 연구에서 검증력을 80% 이상으로 정했기 때문에 이 수준에 이르려면 대립분포의 80%는 임계영역, 즉 분포 (b)의 빗금친 부분이자 H_0가 참인 분포 (a)의 α가 된다. 대립분포의 임계영역의 경계는 분포 (b)의 중심에서 $z = -.84$다(부록 1참조). 두 모집단 평균의 간격은 8점이고 표준편차의 2.80과 같다. 즉, 임계치의 경계는 $\mu = 80(z = +1.96)$보다 표준

오차 1.96이 높고 $\mu = 88(z = -.84)$보다 표준오차 .84가 낮음을 알 수 있다. 그러므로 평균 간의 총 간격은 $1.96\sigma_{\overline{x}} + .84\sigma_{\overline{x}} = 2.80\sigma_{\overline{x}}$다. 두 간격이 동일하기 때문에 이를 방정식에 대입할 수 있다. 즉, $2.80\sigma_{\overline{x}} = 8$점. 따라서 $\sigma_{\overline{x}} = 2.86$이 된다. 이를 표준오차 공식에 대입하면,

$$\sigma_{\overline{x}} = \frac{\sigma}{\sqrt{n}},\ 2.86 = \frac{10}{\sqrt{n}},\ \therefore n = 12.22$$

따라서 검증력이 최소한 80%가 되게 하려면 사례수 $n = 12.22$, 즉 $n \geq 13$이어야 한다.

표본평균에 대한 가설검증

흔히 가설검증은 4단계를 거쳐 이루어진다. 먼저 (a) 가설과 유의수준을 설정하고, (b) 기각역을 정한 후, (c) 표본 데이터를 분석하고, (d) H_0의 기각여부를 판단하여 통계적 의사결정을 내리는 것이다. 예컨대, 체인점인 '피자하우스' 주문에서 배달까지 걸리는 시간이 다른 체인점보다 5분이 빠르다고 주장하고, 이를 확인하기 위한 가설검증을 하고자 한다. 피자체인점의 모집단은 $\mu = 31$분이고 $\sigma = 4$로 정상분포를 이룬다. 가설검증을 위해 유의수준은 $\alpha = .05$로 정하고 다음과 같은 가설을 세웠다.

$$H_0 : \mu = 31$$
$$H_1 : \mu \neq 31$$

표본 $n = 25$개의 점포를 대상으로 조사한 평균시간 $\overline{X} = 28$이었다고 하자. H_0가 '참'일 때 기대치는 $\mu = 31$이고, 평균분포의 표준오차는 $\sigma_{\overline{x}} = \sigma / \sqrt{n} = 4 / \sqrt{25} = .8$이다. [그림 7-20]은 H_0가 '참'인 경우 얻은 수 있는 표본의 평균분포를 나타낸다. [그림 7-20]에서 $\alpha = .05$로 정하였기 때문에 '임계영역'은 표본평균의 양극단 5%다. 이 분포는 정상분포이므로 양극단 5%의 z값은 $z = \pm 1.96$의 범위에 해당한다.

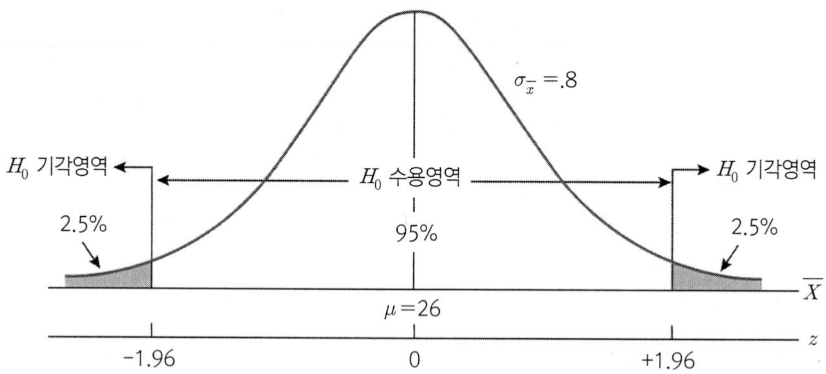

[그림 7-20] H_0가 '참'일 경우 $n=25$의 표본평균분포

기각역이 결정되면 표본자료를 수집하고 분석하는 단계로 넘어간다. 앞서 수집된 표본평균은 $\overline{X}=28$로, 검증통계치 $z=\dfrac{\overline{X}-\mu}{\sigma_{\bar{x}}}=\dfrac{28-31}{.8}=-3.75$이므로 이를 정상분포곡선(부록 1)하에서의 면적비율을 통해 표본평균의 위치를 파악할 수 있다. 이제 H_0에 대한 '기각여부'를 판단해야 하는데, 표본평균은 $\overline{X}=28$이고 $z=5.0$이다. 산출된 z점수는 [그림 7-20]의 **'하한계' 임계영역 내에 포함**, 즉 H_0의 '기각영역'에 있음을 알므로 H_0를 기각할 수 있다. H_0가 '참'일 때 관찰표본의 평균은 거의 발생되지 않는 사건이다. 따라서 '피자하우스의 배달은 다른 업체보다 빠르다'고 결론을 내릴 수 있다. 물론 이러한 결정을 내릴 때 1종오류를 범할 가능성은 5%($p<.05$)다.

위의 경우는 단일표본 평균에 대한 가설검증을 예시한 것이지만, 만일 연구자가 '피자하우스'의 표본평균 $\overline{X_1}$과 '다른업체'의 표본평균 $\overline{X_2}$을 비교하고자 한다면 **두 표본평균에 대한 가설검증**이 된다. 각 모집단 평균을 μ_1과 μ_2라 할 때, 영가설은 $H_0: \mu_1-\mu_2=0$이고 대립가설은 $H_1: \mu_1-\mu_2\neq 0$이 된다. 조사의 표본사례수가 $n=25$라 하면 두 표본평균에 대한 t분포를 통해 기각역을 설정하고 결정을 내리게 된다.

☐ p값을 통한 가설검증

p값(p-value)이란 영가설이 '참'이라고 가정된 모집단에서 관찰표본의 결과보

다 큰 값을 가진 표본으로 구성될 가능성에 대한 확률값을 말한다. 즉, 표본결과로부터 H_0를 입증해 주는 크기를 나타낸 값이다. 사례수 $n=15$인 표본에서, 만일 영가설 $H_0: \mu=100$이 '참'이라고 할 때, 표본평균 $\overline{X}=119.2$, $s=20$보다 큰 표본이 나타날 확률을 구하면 $df=14$인 t분포를 따르므로 다음과 같이 계산된다.

$$p[\overline{X} > 119.2 \mid H_0: \mu = 100] = p[\frac{\overline{X}-\mu}{s/\sqrt{n}} > \frac{119.2-100}{20/\sqrt{15}}$$

$$= p[t(14) > 3.71] = .0012$$

따라서 영가설이 '참'이라고 가정된 분표에서 표본을 추출할 때, $\overline{X}$가 **119.2보다 크게 나타날 확률은 .12%**다. 환언하면, $\mu=100$이고 σ^2이 알려져 있지 않은 정상분포를 따르는 모집단에서 $n=15$인 표본을 임의추출할 때, 표본평균이 $\overline{X}>119.2$인 표본은 .12%임을 말한다. 결국 $\overline{X}>119.2$인 표본은 $\mu=100$인 정규모집단에서 추출될 가능성이 희박하므로 H_0를 기각하게 된다.

p값에 의한 가설검증

실제 p값을 이용하여 가설검증에서 영가설을 기각하는 준거로 사용할 수 있다. 영가설이 '참'일 때 이를 기각하게 되는 1종오류의 유의수준 α와 p값을 비교하고 유의수준보다 p값이 작으면 영가설을 기각하고 대립가설을 채택하게 된다.

또한 p값을 알고 있다면 연구자는 p값을 고려하여 유의수준을 임의로 설정하여 영가설의 기각여부를 결정할 수 있다. 따라서 p값을 이용한 영가설의 기각여부는 대립가설의 형태나 방향에 관계없이 항상 일정한 기준을 제공하고 가설검증의 유의수준을 연구자가 설정할 수 있게 함으로써 임계치(critical value)를 이용한 방법보다 유용한 장점이 있다.

키워드

z분포	t분포	1종오류
2종오류	스튜던트 분포	가설검증
구간추정법	기각역	기술통계
다변량통계	단변량통계	단위정상분포
대립가설	동변량성	모수치
모수통계	베르누이 시행	변량 혹은 분산
변산 혹은 산포	복원추출	불편성
비모수통계	비복원추출	선형성
신뢰수준	영가설	유의수준
이산형 확률분포	이항분포	이항확률변수
임계영역	자유도	점추정법
정상분포	정상분포곡선	중심극한정리
추론통계	통계적 검증력	통계치
포아송분포	표본오차	표준오차
표준점수 혹은 z점수	확률	

연습문제

1 통계분석을 선택하는 모형을 도식적으로 표현하라. 이때 변량의 수, 측정수준, 표본특성(독립표본, 종속표본), 독립변수의 수, 표본크기 등을 고려하여 비모수통계와 모수통계의 기법을 요약하라.

2 정상분포곡선하에서의 면적과 표준점수는 어떤 관계가 있는가? z점수를 알고 면적비율을 구하는 방법과 면적비율을 알고 z점수를 구하는 방법은 무엇인가?

3 통계에서 표준오차가 지니는 중요성은 무엇인가? 그리고 표본크기와 표본분포는 어떤 관계에 있는가?

4 가설검증의 논리는 무엇인가? 특히 영가설은 어떤 의미를 지니고 있는가?

5 1종오류와 2종오류의 차이점은 무엇인가? 또한 통계적 검증력에 영향을 미치는 요인은 무엇이며, 2종오류에 영향을 미치는 영향을 무엇인가?

제8장 SPSS 입문과 데이터 준비

Using SPSS and Data Preparation

학습목표

1. SPSS의 기본 구성요소에 대해 알아본다.
2. SPSS 메뉴구성을 파악한다.
3. SPSS의 통계 프로시저를 살펴본다.
4. 코드북 혹은 변수 정의서의 작성과 용도에 대해 파악한다.
5. SPSS의 데이터 입력 방법을 파악한다.
6. SPSS 데이터 메뉴의 사용법을 익힌다.
7. SPSS 데이터 변환을 위한 변수 계산, 코딩전환 등을 익힌다.

"Clean in, clean out!"

1 SPSS의 시작과 메뉴구성

1.1 개요

심리학이나 사회과학에서 통계를 배우는 목적은 통계 자체의 목적도 있지만, 자신의 전공영역에서 필요한 가설을 세우고 과학적 방법으로 검증하려는 목적이 크다. 이 책의 제8장에서 제12장까지는 수집된 데이터를 정의하고 정제를 거쳐 각종 통계기법(예, t검증, F검증, 상관분석, 회귀분석, χ^2분석)을 적용하여 분석하고 해석하는 실전 과정을 다룬다. 앞서 제7장은 이를 위한 통계적 개념이고, 제8장부터는 SPSS 통계프로그램의 사용과 출력물의 해석을 중심으로 다룬다.

이 책의 후반부는 실제 SPSS를 통해 데이터를 입력하고, 정의하고, 정제하여 데이터 세트를 만드는 과정에서부터 각 분석의 결과물을 출력하고 통계량과 결과물을 해석하는 것에 초점을 둔다. 각 분석은 '따라하기' 형식으로 구성되어 있어, 이 책이 함께 제공하는 '예제파일'을 이용하여 쉽게 분석과정을 따라 할 수 있도록 하였다. 하나의 통계프로그램을 익힌다는 것도 통계의 개념을 이해하는 것만큼 결코 쉬운 과정은 아니지만, 부단한 반복과 연습을 통해 자신의 것으로 소화해 나가기 바란다.

1.2 SPSS의 구성과 메뉴

여기서는 SPSS 프로그램의 실행과 메뉴의 구성을 살펴본다. 메뉴는 메인메뉴와 그 하위메뉴로 구성되어 있다.

SPSS의 기본구성

SPSS프로그램이 자신의 컴퓨터에 설치되어 있다면, SPSS 단축아이콘을 바탕화면에 생성하고 실행하면 다음과 같은 화면이 나타난다. SPSS를 시작하면 [그림 8-1]의 '데이터 창'이 나타난다. SPSS는 기본적인 3개의 작업 창(window)인 ① 데이터편집기(Data Editor), ② 명령문편집기(Syntax Editor), ③ 뷰어 창(Viewer)을 사용한다.

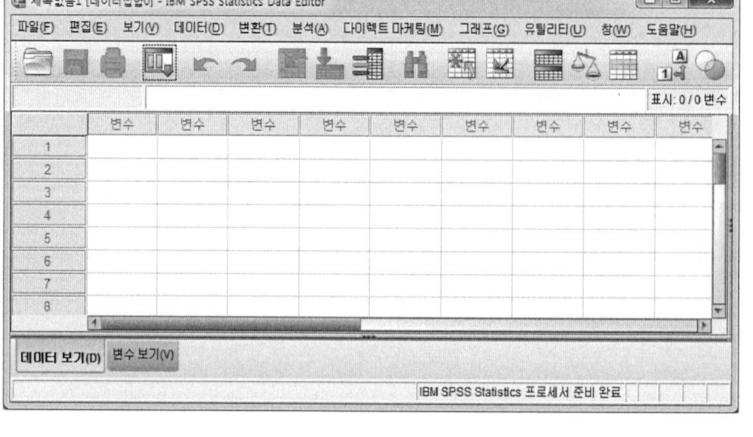

[그림 8-1] SPSS 20.0의 초기화면

☐ SPSS의 초기 쿼리

SPSS를 인스톨하고 처음 사용할 때 무엇을 사용할지를 묻는 쿼리(Query)가 나온다. 보통 SPSS가 조금 익숙해지면 거의 사용하지 않는다. 초기 쿼리에서는 다음과 같은 것을 묻는다.

① 도움말 실행(Run the tutorial): SPSS의 통계분석에 필요한 절차와 통계기법에 관한 도움말을 제공하는 기능이다.

② 데이터유형(Type in data): 데이터 세트를 입력할 수 있는 상태의 모드를 선정한다.

③ 기존 쿼리 실행(Run an existing query): 데이터베이스 마법사를 이용해 다른 프로그램에서 작성한 데이터 파일을 불러들이는 기능이다(데이터 입력모드 상태).

④ 데이터베이스 마법사를 사용하여 쿼리 생성(Create new query using database wizard): 다른 프로그램(예, 마이크로소프트 엑셀)에서 작성된 데이터를 불러들여 SPSS용 데이터로 변환할 때 사용한다.

⑤ 기존 파일 열기(Open an existing file): 이미 작성된 데이터 혹은 결과물을 불러올 때 사용한다. 다른 파일을 열고자 할 때에는 'More Files'를 선택하고 'OK' 버튼을 클릭하거나 취소버튼을 클릭한다. 만일 '취소' 버튼을 클릭하면 SPSS는 초기화면에서 빈 상태의 데이터 화면이 보인다.

☐ SPSS의 작업 창(window) 3종 세트

SPSS를 시작하기 전에 알아 두어야 할 사항이 있다. SPSS는 기본적인 3개의 작업 창을 사용한다.

① 데이터편집기(Data Editor): [그림 8-1]이 기본적인 데이터편집기의 화면이다. 데이터를 보여 주고 기존 데이터를 수정하거나 새로운 데이터를 입력할 수 있다. 데이터 에디터에서 저장한 파일의 확장자는 'filename.sav'이다.

② 명령문편집기(Syntax Editor): SPSS의 명령문을 만들고 실행할 수 있는 창. 기본적으로 SPSS의 명령어는 데이터 창의 여러 '메뉴'를 이용하지만, 명령문편집기(흔히 신택스 창이라고 함)를 이용하면 훨씬 효율적으로 SPSS를 사용할

수 있다. 명령문편집기는 두 가지 방식으로 사용한다: (a) '파일' 메뉴에서 [새파일 ⇨ 명령문]의 선택을 통해 별도의 창을 열어, 직접 SPSS 명령어를 입력하는 방법과 (b) 각 메뉴의 하위메뉴를 실행하여 열리는 '대화상자'에서 [붙여넣기(Paste)]를 선택하면 명령문편집기가 열리고 명령문을 복사하여 사용할 수 있다. 명령문편집기에서 저장한 파일의 확장자는 'filename.sps'이다.

(a) [파일 ⇨ 새파일 ⇨ 명령어]를 통해 선택한 신택스 에디터 창

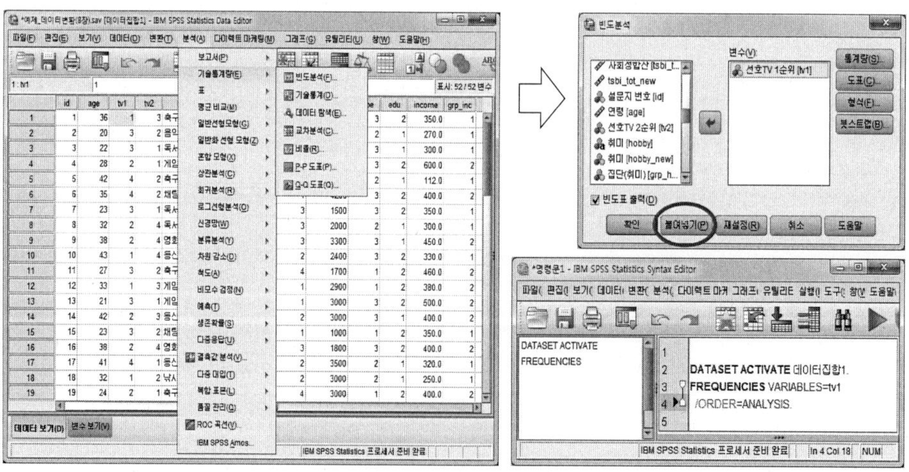

(b) 메뉴의 대화상자를 통해 [메뉴 ⇨ 대화상자열기 ⇨ 붙여넣기 클릭]

[그림 8-2] SPSS 명령문편집기의 이용

③ 뷰어 창(Viewer): 각 메뉴의 '대화상자'를 통해 명령을 실행하거나 '명령문편집기'에서 명령을 실행한 SPSS의 출력결과물을 보여 주는 창이다. 왼쪽은

'개요영역'이고 오른쪽은 각종 분석물의 출력결과가 표시된다. 뷰어에서 저장한 파일의 확장자는 'filename.spv'이다.

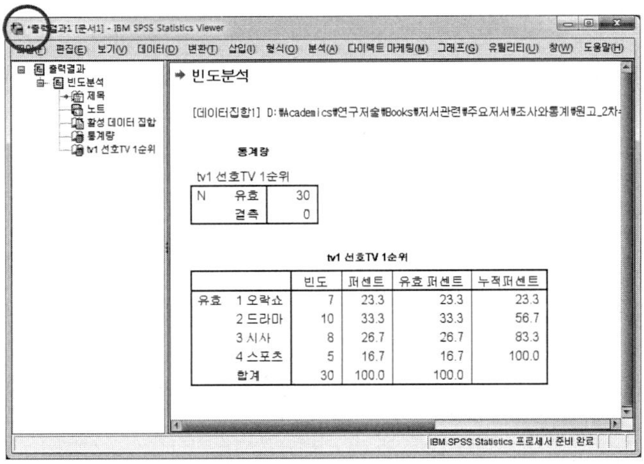

[그림 8-3] SPSS 뷰어 창

SPSS의 메뉴구성

▢ SPSS의 데이터시트

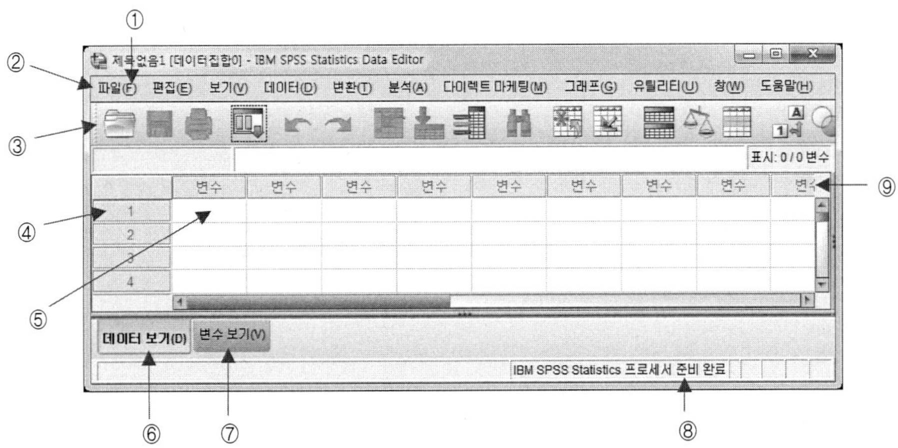

[그림 8-4] SPSS 데이터시트의 구성

① 파일이름과 데이터 세트의 이름: SPSS의 데이터파일과 데이터 세트의 이름을 보여 주는 곳이다. '제목없음1[데이터 집합]'은 현재는 불러온 파일이 없는 상태이고 첫 번째 데이터 세트이며, 숫자(1과 0)는 SPSS가 여러 데이터 파일을 부르면 1씩 증가하여 표시된다.

② 메인메뉴(main menu): SPSS를 사용하기 위해 필요한 메인메뉴이며, 각 메인메뉴의 하위메뉴를 통해 SPSS 실행한다.

③ 도구모음: 메뉴호출 없이 사용할 수 있는 '바로실행' 기능키다.

④ 데이터 사례: SPSS가 자체적으로 일련번호를 부여하며, SPSS가 부여한 '시스템 식별번호(ID)'를 말한다.

⑤ 데이터필드: 개별 데이터가 차지하는 영역으로 각 변수의 값을 입력한다(예, 성별의 1, 2나 연령의 23, 24 등).

⑥ 데이터 보기(D): 새로운 데이터를 기록하거나 기존 데이터를 볼 수 있는 탭이다. ⇨ [그림 8-5]의 (a)

⑦ 변수 보기(V): 새 변수를 정의하거나 기존 데이터의 변수를 볼 수 있는 탭이다. ⇨ [그림 8-5]의 (b)

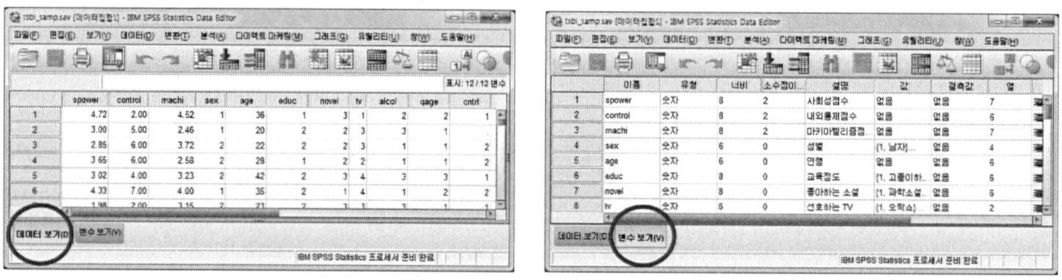

(a) 데이터 보기 탭 (b) 변수 보기 탭

[그림 8-5] SPSS의 데이터 보기 탭과 변수 보기 탭

⑧ 상태 표시줄: SPSS 프로세서의 작동상태를 표시한다.

⑨ 변수: 데이터파일이 비어 있을 때는 '변수'로 표시되고, 데이터가 '변수 보기(V)' 탭에서 정의되면, '데이터 보기(D)' 탭에서 정의한 변수이름으로 표시된다. [그림 8-5]의 (b)에서 변수가 정의되면 (a)에서 정의된 변수명으로 자동 생성된다.

▢ 메인메뉴의 구성

[그림 8-6] SPSS의 톱메뉴

① 파일(File): 데이터의 입출력과 관련된 파일관리 메뉴다.

② 편집(Edit): 복사, 지우기, 찾기 등의 편집메뉴로 '편집' 메뉴의 마지막에 SPSS의 기능을 통제하는 '옵션'을 포함한다.

③ 보기(View): 창에서 보이는 기능(상태줄, 툴바, 메뉴편집기 등)을 선택한다.

④ 데이터(Data): 데이터의 관리, 파일의 병합과 분리 등을 수행한다.

⑤ 변환(Transform): 데이터의 변환을 위한 명령어다(예, 변수 계산, 코딩변경 등)

⑥ 분석(Analyze): 데이터 분석을 위한 방법으로 SPSS를 이용한 모든 데이터 분석프로시저를 포함한다.

⑦ 다이렉트 마케팅(Direct Marketing): 다이렉트 마케팅을 위한 모듈(예, RFM 분석, 군집분석, 예상프로파일, 우편번호 응답비율, 구매성향, 패키지 검정제어 등)이 들어 있다.

⑧ 그래프(Graphs): 다양한 형태의 그래프와 차트를 그릴 수 있다.

⑨ 유틸리티(Utilities): 추가분석을 위한 활용도구(예, 변수세트의 정의, 스크립트 사용, XML파일의 병합 등)를 포함한다.

⑩ 창(Windows): 현재 사용 중인 창에 대한 정보를 표시해 준다.

⑪ 도움말(Helps): 도움말과 SPSS 커뮤니티, 코칭, SPSS 홈페이지 등을 연결할 수 있다.

⑫ Add-ons: SPSS와 관련된 다양한 서비스 및 프로그램에 대한 소개 및 통계 가이드를 제공한다(※이 메뉴는 '옵션'에서 사용언어가 한국어일 때는 보이지 않는 메뉴로 사용자 인터페이스 언어를 '영어'로 선택하면 나타남. 언어선택은 메인메뉴의 [편집 ⇨ 옵션 ⇨ 일반 탭에서 '사용자 인터페이스' 언어를 '영어'로 선택])

SPSS 메인메뉴의 세부 내용

SPSS 메인메뉴의 내용은 '데이터편집기' '명령문편집기' '뷰어'에 따라 약간씩 차이가 있지만, 여기서는 기본이 되는 데이터편집기의 메인메뉴 내용을 살펴본다.

☐ 파일(F)

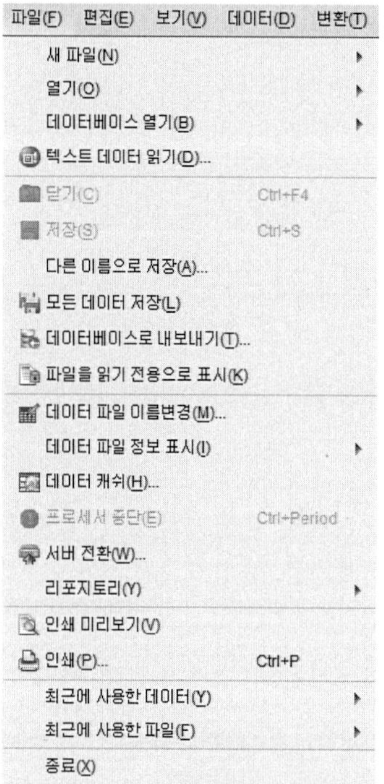

[그림 8-7] 파일메뉴의 내용

① 새 파일(New): 새로운 데이터, 신택스, 결과 파일을 만든다.

② 열기(Open): 기존의 데이터, 신택스, 결과파일을 불러온다.

③ 데이터베이스 열기(Open Database): 데이터베이스 형식(SQL)의 파일을 불러온다.

④ 텍스트 데이터 읽기(Read Text Data): 텍스트로 저장된 파일을 불러온다.

⑤ 닫기(Close): 현재 선택한 데이터 창을 닫는다.

⑥ 저장(Save): 현재 선택한 데이터 파일을 저장한다.

⑦ 다른 이름으로 저장(Save As): 현재 선택한 데이터 파일을 다른 이름으로 저장한다.

⑧ 모든 데이터 저장(Save All Data): 현재 활성화되어 있는 모든 데이터를 저장한다.

⑨ 데이터베이스로 내보내기(Export to Database): 현재 작업파일을 데이터베이스 형식(dBase, Excel, MS Access file)으로 내보내기를 할 수 있다.

⑩ 파일을 읽기 전용으로 표시(Mark File Read Only): 읽기 전용으로 데이터 파일을 만든다.

⑪ 데이터 파일 이름변경(Rename Dataset): 파일이름 옆의 '데이터집합1'의 이름을 바꿀 수 있다. 예 [데이터집합1] ⇨ [YBH]. '데이터집합(DataSet)'의 이름을 바꾸는 것은 현재 세션에서만 유용함.

⑫ 데이터 파일 정보 표시(Display Data File information): 파일에 대한 정보를 표시

한다. 현재 선택한 파일에 대한 정보와 외부파일에 대한 정보를 볼 수 있다. 파일에 대한 정보는 'SPSS View'에서도 볼 수 있다.

⑬ 데이터 캐쉬(Cache Data): 대용량의 데이터를 사용할 때 캐쉬메모리에 저장하여 일시적으로 처리속도를 높여 준다.

⑭ 프로세서 중단(Stop Processor): 실행 중인 SPSS 프로세서를 중지시키는 명령이다.

⑮ 서버 전환(Switch Server): 여러 대의 서버를 이용하는 경우 서버를 탐색하거나 추가할 수 있다(서버용 SPSS).

⑯ 리포지토리(Repository): IBM SPSS에서 제공하는 'Collaboration and Deployment' 서비스 리포지토리에 파일의 속성(버전이나 안전장치)을 저장한다.

⑰ 인쇄 미리보기와 인쇄(Print Preview, Print): SPSS의 데이터 정보, 명령문, 출력결과 등을 인쇄한다.

⑱ 최근에 사용한 데이터와 최근에 사용한 파일(Recently Used Data, Recently Used Files): 최근 불러오기 한 데이터와 파일을 보여 준다.

⑲ 종료(Exit): SPSS 세션을 끝낸다.

[그림 8-8] 편집메뉴의 내용

□ 편집(E)

① 기본 편집명령: 편집내용의 복구(Undo), 재실행(Redo), 잘라내기(Cut), 복사(Copy), 붙여넣기(Paste), 변수 붙여넣기(Paste Variables), 지우기(Clear), 찾기(Find), 다음 찾기(Find Next), 바꾸기(Replace)를 실행한다.

② 변수 삽입(Insert Variable): 데이터편집기의 '데이터 보기'나 '변수 보기'에서 변수와 변수 사이에 새로운 변수를 추가할 때 사용한다.

③ 케이스 삽입(Insert Cases): 데이터편집기의 '데이터 보기'에서 사례와 사례 사이에 새로운 사례를 추가할 때 사용한다.

④ 케이스로 이동, 변수로 이동(Go to Case, Go to Variables): 데이터편집기의 '데이터 보기'에서 특정한 사례나

변수로 이동할 때 사용한다. 이때 '케이스 번호'는 SPSS 시스템의 식별번호 (ID)다.

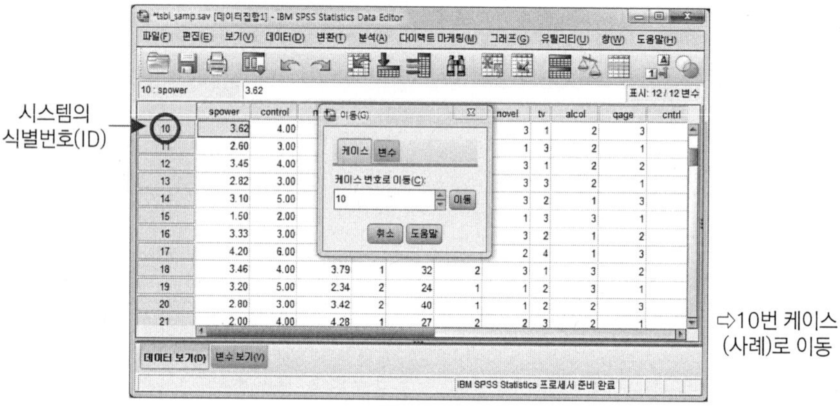

[그림 8-9] 케이스 및 변수로 이동

⑤ 옵션(Options): SPSS의 다양한 옵션을 선택하고 조정할 수 있다. 일반적 사항, 뷰어, 데이터, 출력결과 설명, 도표, 피벗표, 명령문편집기 등에 대한 조정을 한다.

▢ 보기(V)

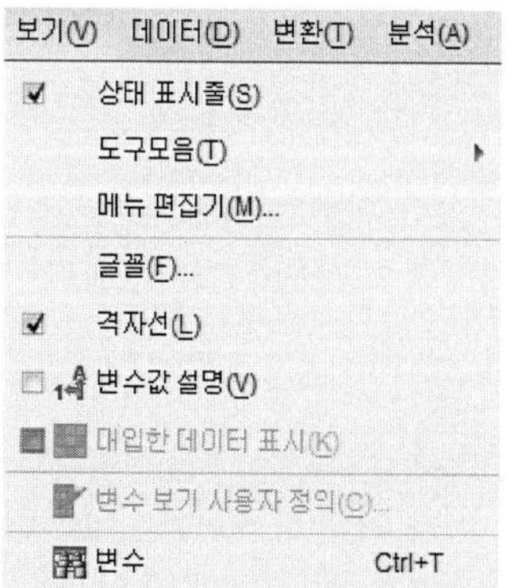

[그림 8-10] 보기메뉴의 내용

① 상태 표시줄(Status Bar): 편집기 하단에 현재상태의 정보를 제시한다. 표시줄의 보이기와 감추기를 선택할 수 있다.

② 도구모음(Toolbars): 데이터편집기의 도구모음을 감추거나 사용자가 지정하고자 할 때 사용한다.

③ 메뉴편집기(Menu Editor): 데이터편집기, 명령문편집기, 뷰어의 메뉴를 사용자가 편집하여 사용할 수 있다.

④ 글꼴(Fonts): 글꼴, 글꼴 유형, 크기 등을 지정한다.

⑤ 격자선(Grid Lines): 데이터편집기의 데이터 간 격자선을 지정한다.

⑥ 변수값 설명(Value Labels): 변수 보기에서 '값'을 지정한 경우 데이터 보기에서 변수값의 설명을 보여 준다. 한 번 누를 때마다 변수 보기의 '변수값 설명'과 실제 입력한 '데이터 값'이 교대로 보인다(toggle).

⑦ 대입한 데이터 표시(Mark Imputed Data): 분석목적(예, 회귀분석이나 요인분석)으로 데이터의 결측값(missing data)이나 특정 값을 다른 값으로 대체한 경우 대입한 값을 데이터편집기에서 보이도록 표시한다.

⑧ 변수 보기 사용자 정의(Customize Variable View): 변수 보기에서 정의된 변수의 감추기와 보이기를 선택할 수 있다.

⑨ 변수(Variables): 데이터 보기와 변수 보기를 교대할 수 있다(toggle).

□ 데이터(D)

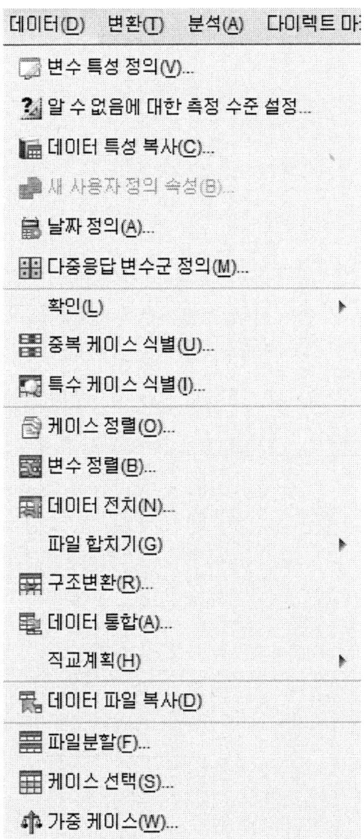

[그림 8-11] 데이터메뉴의 내용

① 변수 특성 정의(Define Variables): 변수 보기에서 정의된 변수에 대한 속성을 설정하거나 변경한다. 정의된 변수의 속성을 보면서 변수 속성을 재정의하거나 변수의 역할 설정, 결측값 지정, 다른 변수의 속성을 복사하여 사용하기 등을 수행한다.

② 알 수 없음에 대한 측정 수준 설정(Set Measurement Level for Unknown): 측정 수준을 알 수 없는 데이터 필드가 표시되고 이를 명목, 순서, 연속형의 하나로 지정할 수 있다.

③ 데이터 특성 복사(Copy Data Properties): 외부나 열려 있는 다른 파일로부터 현재 사용 중인 데이터(작업파일)의 속성을 변경할 때 사용한다. 외부파일과 작업파일의 변수가 일치하는 항목에 대해 속성을 복사하는 기능이다.

④ 새 사용자 정의 속성(New Customer Attribute): SPSS의 표준 변수 속성(예, 설명값, 결측값, 측정 수준 등) 이외에 사용자가 변수 속성을 정의하여 사용하고자 할 때 사용한다.

예 설문지에서 다중선택, 주관식 등을 식별하는 변수 속성을 정의.

⑤ 날짜 정의(Define Dates): 시계열 데이터의 주기 설정에 사용하며, 변수 보기의 '유형'에서 선택하는 '날짜'는 다르다. 날짜 정의는 사용자가 지정한 시작점으로부터 일, 주, 시 등의 수를 나타내는 단순 정수로 표시된다.

⑥ 다중응답 변수군 정의(Define Multiple Response Sets): 분석메뉴의 '표' 분석에서 다중응답에 대한 분석을 위한 정의를 수행할 수 있다. '표' 분석에서도 동일 대화상자 사용이 가능하다. 다중응답 변수는 데이터편집기에서 볼 수 있는 변수가 아니며 SPSS가 시스템 상에서 내장하는 변수임에 주의한다. [그림 8-12]와 같이, 다중응답 변수가 생성되면 '표' 분석의 '통계표 작성'에서 '$'로 표시되는 변수가 생성되며, 이것이 SPSS가 시스템에 내장하는 변수명이다. 예 설문에서 한 질문에 응답자가 두 개 이상의 대답을 선택하는 경우, 이를 하나의 변수값으로 정의하고 시스템 상에 저장함.

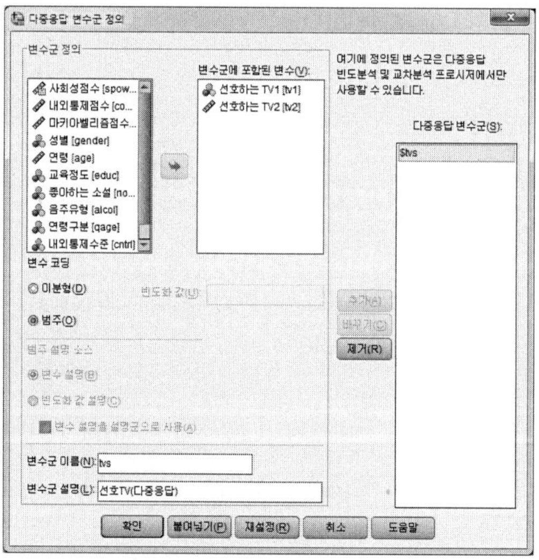

[그림 8-12] 다중응답 변수군 정의

⑦ 확인(Validation): 데이터에 대한 검증을 수행하며, 데이터를 검증하기 위한 규칙을 정의하여 의심스럽거나 불확실한 데이터를 확인하는 기능이다. '단일-변수 규칙'은 데이터가 입력 가능한 유효범위의 값을 확인하고 '교차-변수 규칙'은 변수를 교차하여 조합했을 때 산출될 수 없는 값을 찾을 수 있

다. 예 설문에서 갈래질문에 대한 응답과 같이 유관된 문항에 대한 응답에서 발생할 수 없는 값을 규칙으로 정의하고 확인.

⑧ 중복 케이스 식별(Identify Duplicate Cases): 데이터의 중복이 있는 경우를 확인하고 식별한다. 확인이 필요한 변수를 지정하면 일치하는 케이스를 식별하고 (1은 기본, 0은 중복), 데이터편집기에서 새 변수(디폴트 변수명: PrimaryLast)를 생성한다. 중복케이스는 흔히 같은 설문 응답을 여러 번 입력한 경우 발생한다. 개인과 가족 단위의 데이터가 함께 입력된 경우 같은 항목(예, 가계생활비)이 입력되지만 이를 개인과 가족 단위로 식별하는 코드가 없는 경우를 포함한다.

⑨ 특수 케이스 식별(Identify Unusual Cases): 데이터에 존재하는 예외 케이스를 식별한다. 주로 특정 집단의 특성에 따라 어떤 변수에서 관찰되기 어려운 값을 찾아낼 때 사용한다(분석 이전 탐색단계). 예 성별에 따라 성역할의 점수가 집단별로 기대하기 어려운 값을 가질 때 해당하는 케이스를 찾아 줌. 극단치(outlier)에 대한 판단을 위해 사용. 집단 규준에서 이탈된 정도를 나타내는 'Anomaly Index(예외지수)'와 'Peer Size Percent' 제공.

⑩ 케이스 정렬(Sort Cases): 데이터를 특정 변수에 따라 오름차순 혹은 내림차순으로 정렬한다.

⑪ 변수 정렬(Sort Variables): 변수를 유형, 너비, 설명, 값, 결측값, 열, 맞춤, 측도(측정수준) 등에 따라 오름차순 혹은 내림차순으로 정렬한다.

⑫ 데이터 전치(Transpose): 데이터의 열과 행을 서로 바꾸어 준다. [그림 8-13]과 같이, 데이터 케이스는 변수가 되고 변수는 케이스가 된다. 전치된 데이터는 새 데이터 파일로 생성된다.

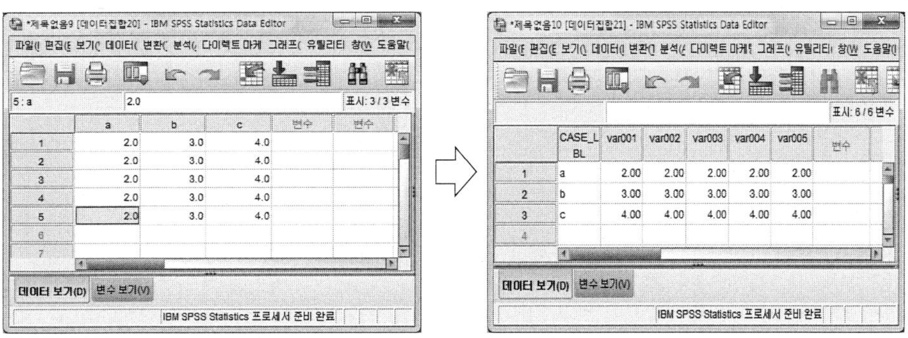

[그림 8-13] 데이터 전치

⑬ 파일 합치기(Merge Files): 외부 혹은 열려 있는 파일의 데이터를 현재 사용 중인 활성 데이터(작업파일)와 결합하며, 사례를 합치거나 변수를 합칠 때 사용한다. 이때 서로 일치하지 않는 변수를 제외하거나 추가할 수 있다.

⑭ 구조변환(Restructure): 데이터 전치의 특수한 형태로 선택한 변수를 케이스 일부로 구조를 변환하거나 선택한 케이스를 변수의 일부로 변환할 수 있다.
예 10개의 케이스가 있는 2개의 변수를 하나의 변수로 구조변환하면 20개의 케이스로 구성. 10개 케이스가 있는 4개의 변수를 2개의 변수로 변환하면 각 변수에 20개의 케이스로 나뉘어 구성됨.

⑮ 데이터 통합(Aggregate): 활성 데이터에서 하나의 구분변수를 기준으로 통합할 변수를 정하여 구분변수에 따라 통합된 변수의 통계량을 표시한다. 이때 표시되는 통계량은 평균이나 빈도 등을 지정할 수 있다. 예 남녀 각 4명씩 8명에게 수학시험과 국어시험을 보고, 이 중 수학시험을 데이터 통합하면 [그림 8-14]와 같이 '집단별 평균점수'를 출력할 수 있음. 이 경우 '새 변수만 새 데이터 파일로 쓰기'를 선택하여 새 파일을 만들 수 있음. 범주형 데이터에 대해서는 '빈도' 산출.

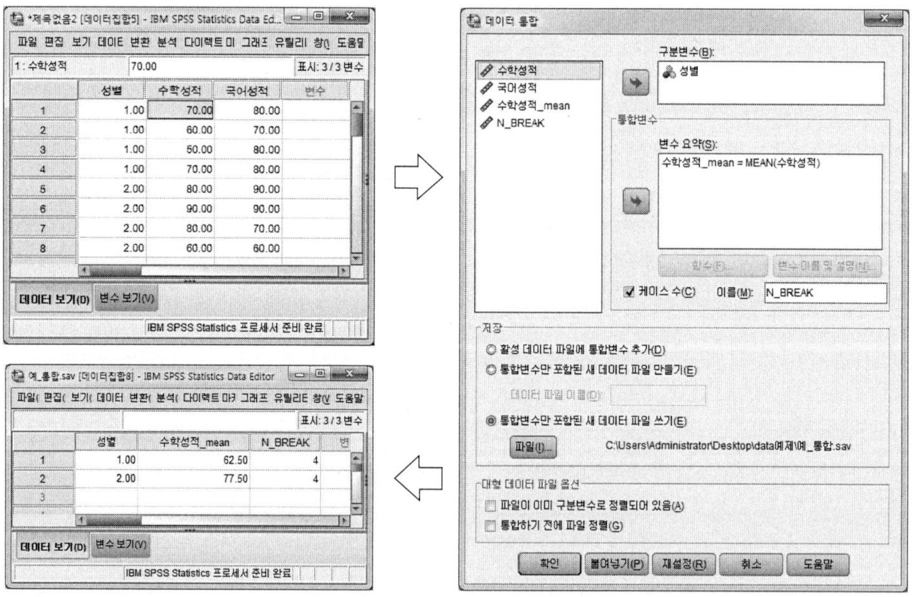

[그림 8-14] 데이터 통합

⑯ 직교계획(Orthogonal Design): 여러 변수 혹은 요인이 서로 직교하는 주효과

를 설계한다. 여러 요인을 측정하는 설문지에서 각 요인이 독립적이지 않을 때, 직교계획을 통해 직교 주효과(orthogonal main-effect)를 설계하고 이를 분석 프로시저에 사용하게 된다. 예 맥주에 대한 소비자 선호를 알아보기 위해 맥주용량, 병의 색깔, 마개모양 등의 제품 프로파일에 대한 중요도를 상대적으로 평가하게 할 때 프로파일이 많으면 조사의 적용이 곤란함. 이때 직교계획을 통해 상대적 중요도를 평가하기에 적합한 수의 제품 프로파일을 만들고 그에 따라 **컨조인트분석**을 수행.

⑰ 데이터 파일 복사(Copy Dataset): 데이터 파일을 새 창의 데이터편집기에 복사한다.

⑱ 파일분할(Split File): 데이터를 우선 지정한 집단변수에 따라 분류하며, 최대 8개의 집단변수까지 지정 가능하다. 예 [그림 8-15]에서처럼 성별, 교육수준, 지역 등으로 지정하면 먼저 입력된 변수의 순으로 코드값 크기로 배열함.

[그림 8-15] 파일분할

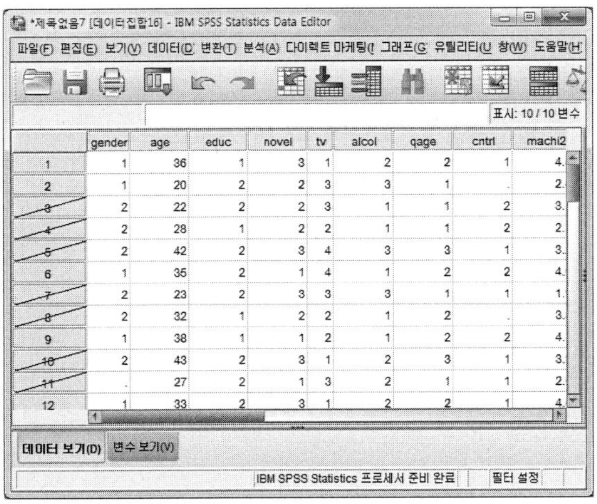

[그림 8-16] 케이스 선택

⑲ 케이스 선택(Select Cases): 데이터 케이스의 일부만을 선택한다. 이때 조건문의 이용, 무작위 추출, 시간 또는 케이스 범위 등을 기준으로 케이스를 선택하고 분석할 수 있다. 선택되지 않는 데이터는 필터링되거나 삭제할 수 있다. 예 [그림 8-16]에서 보는 바와 같이, 성별(gender)이 '1'인 조건만을 선택. 선택되지 않은 조건(gender=2)은 데이터 케이스에 '/'로 표시됨.

⑳ 가중 케이스(Weight Cases): 범주형 집단변수를 가중 케이스로 지정하면 데이터의 **케이스가 가중**된다. 데이터에서는 표시되지 않으나

분석에서 실행된다. 가중 케이스의 지정과 해제는 대화상자에서 선택한다.

예 [그림 8-17]의 예에서, 8명의 데이터의 '성별'에 가중치를 부여하고 **빈도분석**을 수행하면 여자의 빈도가 8명으로 늘어남. 만일 집단이 A, B, C 3개이고 각각 10명씩이라면, A=10, B=20, C=30으로 사례수가 증가함.

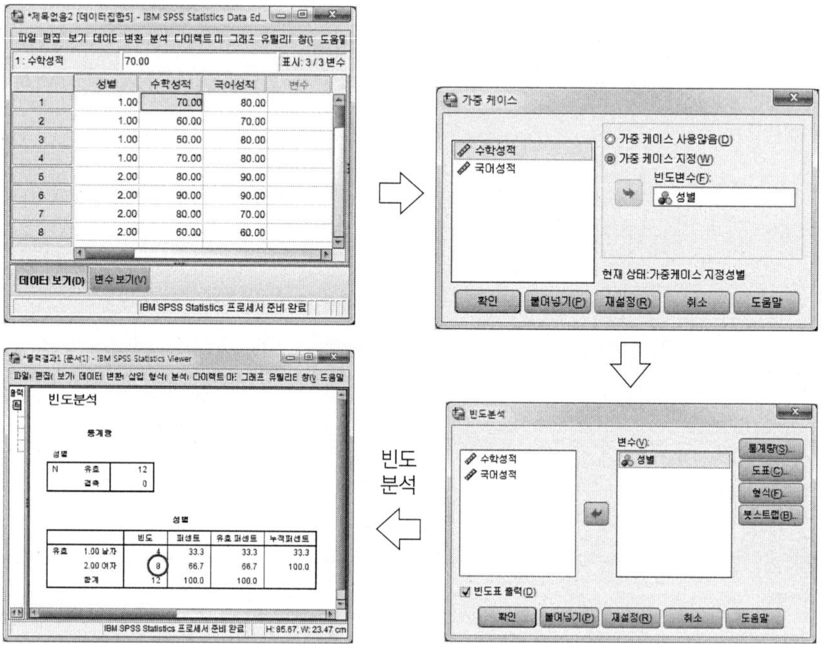

[그림 8-17] 가중 케이스

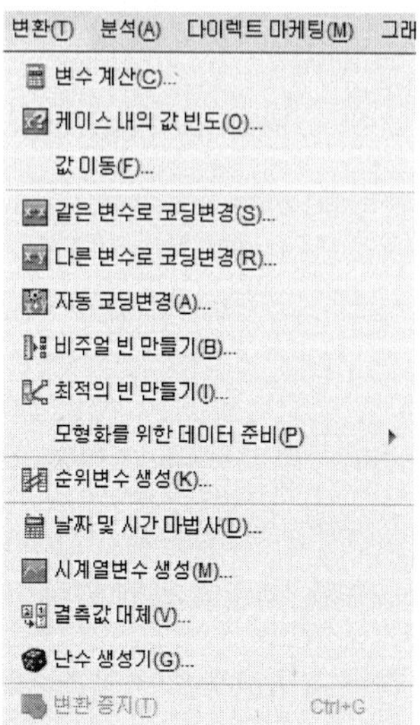

[그림 8-18] 변환메뉴의 내용

□ 변환(T)

① 변수 계산(Compute Variables): 수치변수의 계산한다(산술함수, 통계함수, 문자함수 등). 기존 변수를 새로운 변수로 대체하며, 논리조건식(if)을 이용한 연산도 가능하다.

② 케이스 내의 값 빈도(Count Values within Cases): 변수의 특정 값에 대한 빈도(count)를 산출하여 새로운 변수로 저장한다. 예 성별 남=1, 여=2인 경우 '2'의 값을 카운트(Count)하면, 새 변수가 생성되고 성별이 2에 해당하는 케이스에 '1'로 표시. 조건논리

if문을 사용하면 변수의 여러 조건을 만족하는 값을 카운트(Count)할 수 있음.

③ 값 이동(Shift Values): 데이터의 케이스에 기존 변수에 대응하는 값을 새 변수로 생성한다. 단, 케이스의 값은 이전 혹은 나중 케이스로부터 이동된 값을 갖는다. 예 '이전 케이스'에서 값을 가져오면 케이스 1은 빈칸, 케이스 2는 이전 케이스 1의 값을, 케이스 3은 이전 케이스 2의 값 등을 각각 취함. '나중 케이스'에서 값을 가져오면 케이스 1은 이전 케이스 2의 값, 케이스 2는 이전 케이스 3의 값 등을 각각 취함. 이동할 케이스의 수를 정할 수 있음. 1단위로 1칸 이전과 나중, 2단위로 2칸 이전과 나중을 지정할 수 있음. [그림 8-19]에서 a1은 초기 변수, a1_lead는 a1의 나중 케이스(케이스 번호 2번부터)에서 이동, a1_lag는 a1의 이전 케이스(케이스 번호 0번부터)에서 이동, a1_lead2는 a1의 두 칸 나중(케이스 번호 3번부터)에서 각각 이동.

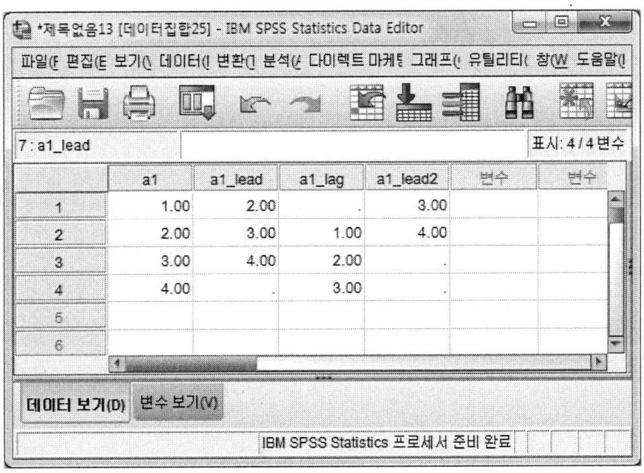

[그림 8-19] 값 이동

④ 같은 변수로 코딩변경(Recode into Same Variables): 기존 변수의 값을 다시 할당하거나 새롭게 범위를 정의하여 변수값을 변환한다. 역척도의 전환이나 연속형 데이터를 범주형 데이터로 전환하여 결측값의 처리 등에 사용하고, 조건 논리식을 함께 사용할 수 있다.

⑤ 다른 변수로 코딩변경(Recode into Different Variables): 같은 변수로의 코딩과 같으나, 데이터의 변환된 값을 '새 변수'로 생성하여 저장한다.

⑥ 자동 코딩변경(Automatic Recode): 문자나 숫자 데이터를 연속된 정수로 자동 변경하며, 특히 문자변수를 '숫자변수'로 변환하고자 할 때 유용하다. 문자

변수를 자동 코딩변경하면, 숫자변수로 전환되므로 모든 통계분석이 가능하다. 코딩변경을 할 때 항상 최소값의 정수로 시작한다. 예 변경하고자 하는 문자변수가 2, 3, 4, 5의 값이거나 3, 4, 5, 6의 값일지라도 자동 코딩변경하면 항상 1, 2, 3, 4의 값으로 변경됨.

⑦ 비주얼 빈 만들기(Visual Binning): 척도변수나 여러 값을 가진 변수를 최적의 빈(optimal bin)으로 만들어 범주형 분석(예, Crosstabs)에 적합하도록 만든다. '빈 형식(bin format)'은 데이터를 범주형에 최적화되도록 만든 것이고, 종종 개인정보보호를 위해 데이터의 **실제 값(예, 주민번호)을 대신해 분석에서 빈(bin) 형식**으로 사용한다. 많은 정보의 데이터가 축소된 형태이므로 처리속도가 증가하고 원 데이터가 빈 형식에 적합하면 빈도분석과 같은 방법에서 원 데이터보다 효과적인 정보를 제공한다.

⑧ 최적의 빈 만들기(Optimal Binning): 척도 변수에 대한 빈(bin)을 만들 때 하나의 범주형 변수의 구간을 따라 최적화한다.

⑨ 모형화를 위한 데이터 준비(Prepare Data for Modeling): 데이터를 분석하기 전 단계에서 데이터 모델링에 적합하도록 데이터를 변환 및 구조화하는 과정이다. 속도와 명확성 모두를 기준으로 하거나 속도 혹은 명확성을 기준으로 할 수 있다. 이 과정은 자동화(automated data preparation: ADP) 방식과 대화형(interactive fashion) 방식이 있다. 예 어떤 회사가 고객모형을 만들 때 고객의 허위정보가 입력되면 모형에 영향을 주므로 이를 방지하기 위해 모델링의 전 단계에서 ADP를 실시. SPSS는 변형이 필요한 변수에 대한 변환점수를 데이터필드에서 새 변수로 생성하고 모델링을 준비.

⑩ 순위변수 생성(Rank Cases): 변수의 점수에 기초하여 순위를 산출하고 데이터 필드에 새 변수로 생성한다.

⑪ 날짜 및 시간 마법사(Date and Time Wizard): 날짜와 시간을 나타내는 시간형태의 변수를 생성하고 특정 날짜와 시간에 상응하는 형식으로 표시된다. 시간의 지속을 의미하는 변수이며, 시간지정에서 시, 분, 초 사이의 구분자는 콜론으로 한다. 시간과 분은 필수지정이고 초는 선택이다. 초를 분과 구분하는 것은 마침표이고 시간의 최대값은 없지만 분의 최대값은 59이며 초는 59.999…이다.

⑫ 시계열변수 생성(Create Time Series): 데이터를 시계열 함수에 따라 새 변수로

생성한다. 시계열 분석을 위한 데이터 준비에 활용된다.

⑬ 결측값 대체(Replace Missing Values): 데이터의 결측값이 있는 경우 적절한 방법(예, 평균, 중위수, 보간법 등)에 의해 대체한다.

⑭ 난수 생성기(Random Number Generators): 난수(random number)를 생성하는 기능으로 무작위 표본추출에 사용하며 난수 설정과 동시 적용된다.

⑮ 변환 중지(Run Pending Transforms): 변환명령을 일시 중지하는 기능이다.

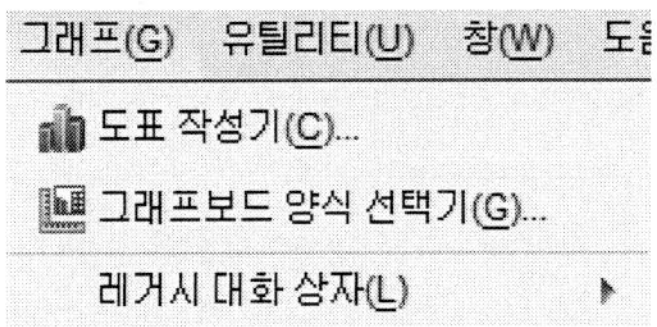

[그림 8-20] 그래프메뉴의 내용

□ 그래프(G)

① 도표 작성기(Chart Builder): SPSS가 제공하는 다양한 그래프를 작성한다. 막대, 선, 영역, 원도표, 히스토그램, 상한-하한 도표, 상자도표, 이중 축 등이다.

② 그래프보드 양식 선택기(Graphboard Template Choo- ser): 측정수준에 따라 선택할 수 있는 도표의 템플릿을 제공한다.

③ 레거시 대화상자(Legacy Dialogs): 레거시(legacy) 대화상자를 이용해 순차적으로 여러 그래프를 작성할 수 있다.

[그림 8-21] 그래프메뉴의 내용

□ 유틸리티(U)

① 변수(Variable): 데이터의 변수에 대한 요약정보를 제공한다.

② OMS 제어판(OMS Control Panel): 출력결과 관리시스템(output management system)은 출력결과에서 선택한 범주를 다른 형식의 출력 파일에 자동으로 입력하는 기능을 제공한다. 다양한 형식(예, 마이크로소프트 엑셀 및 워드, PDF, SPSS 데이터 파일, 뷰어 파일, 웹 보고서 형식, XML, HTML, 텍스트)을 출력할 수 있다.

③ OMS 식별자(OMS Identifiers): OMS 명령문을

대화상자를 통해 작성하면 선택한 명령문과 하위 유형 식별자를 명령문 창에 복사할 수 있어 보다 쉽게 OMS를 작성할 수 있다.

④ 점수화 마법사(Scoring Wizard): 점수화 마법사를 사용하여 한 데이터 집합으로 만든 모형을 다른 데이터 집합에 적용하고 해당 결과의 예측값 및 예측 확률 등의 점수를 산출한다. 예 회사의 DM 마케팅에 활용. DM 부서는 검정 메일 발송 결과를 사용하여 나머지 연락처 데이터베이스에 성향 점수를 할당하고, 다양한 인구통계적 특성을 사용하여 응답과 구매 가능성이 높은 확률의 연락처를 식별할 수 있음.

⑤ 모형 XML 합치기(Merge Model XML): 여러 형태로 수정 혹은 변형된 예측 모형을 같은 방식으로 변형하여 모형 파일에 저장하고, 다른 예측 모형에 동일한 체계를 적용할 수 있다.

⑥ 데이터 파일 설명(Data File Comments): 사용자가 데이터 파일에 필요한 설명을 작성한다.

⑦ 변수군 정의(Define Variable Sets): 여러 변수를 필요에 따라 집합적으로 선택하여 데이터편집기와 대화상자 변수 목록에 표시할 수 있으며, 사용은 '변수군 사용'에서 먼저 정의한다.

⑧ 변수군 사용(Use Variable Sets): 변수군으로 정의된 변수만 데이터편집기에 표시한다.

⑨ 모든 변수 표시(Show All Variables): 변수군으로 지정된 변수만 보이기를 해제하고 모든 변수를 표시한다.

⑩ 맞춤법(Spelling): 맞춤법 검사를 실행한다.

⑪ 스크립트 실행(Run Script): 스크립트를 이용하여 데이터 파일을 열고 저장하기, 도표를 다양한 형식으로 그래프 파일로 보내기, 뷰어에서 출력결과를 사용자 정의하기 등을 자동으로 수행한다.

⑫ 생산 기능(production facility): 생산 작업은 자동화된 방식으로 SPSS를 실행하는 기능이다. SPSS가 자동으로 실행되고 마지막 명령문을 실행한 후에 종료되므로, 실행되는 동안 다른 작업을 수행할 수 있다. 생산 작업은 예약된 시간에 자동으로 실행되도록 예약 가능하며, 주로 생산 작업은 주간 보고서와 같이 시간이 걸리는 분석 작업을 '반복적으로' 실행하는 경우에 유용하다.

⑬ 지도 변환 유틸리티(Map Conversion Utility): 지도 파일을 변환하고 편집하여 '그래프' 메뉴의 '그래프보드 양식 선택기'에서 지도를 시각화하는 데 사용한다.

⑭ 사용자 정의 대화상자(Customer Dialogs): 사용자 정의 대화상자 작성기를 사용하여 사용자 또는 다른 사용자가 만든 사용자 정의 대화상자를 관리한다.
예 사용자가 변수 집합을 선택하고 출력을 표준화하는 옵션을 지정하면 명령문만 생성할 수 있는 빈도분석 프로시저 대화상자를 자동관리함(효율적 인터페이스).

⑮ 확장 번들(Extension Bundles): 확장 번들은 사용자 정의 대화상자 및 확장 명령문 등과 같은 사용자 정의 구성요소를 패키지화하는 기능을 제공한다. 예 확장 명령문의 사용자 정의 대화상자를 만들어 이를 다른 사용자와 공유하고자 할 때, 사용자 정의 대화상자 패키지(.spd) 파일, 확장 명령문과 연결된 파일(확장 명령문의 구문을 지정하는 XML 파일과 Python 또는 R에 작성된 구현 코드 파일)이 있는 확장 번들을 만들 수 있음.

□ 도움말(H)

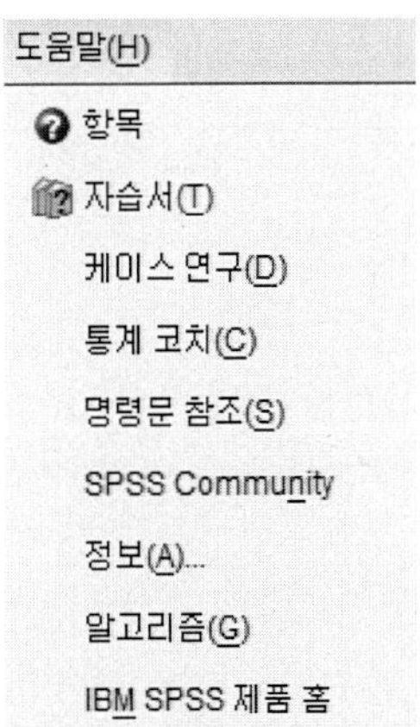

[그림 8-22] 도움말메뉴의 내용

① 항목(Topic): 도움말 항목으로 연결된다.

② 자습서(Tutorial): 스스로 학습할 수 있도록 설계된 자습서가 제공된다.

③ 케이스 연구(Case Studies): 각 통계기법에 사용된 사례를 소개한다.

④ 통계 코치(Statistics Coach): SPSS에 익숙하지 않거나 통계분석을 자주 접하지 못한 사람을 위한 기본 설명이 제공된다.

⑤ 명령문 참조(Command Syntax Reference): SPSS 명령어 레퍼런스를 제공한다.

⑥ SPSS Community: SPSS 사용자를 위한 커뮤니티로 연결된다.

⑦ 정보(About): SPSS 프로그램에 대한 버전 정보를 표시한다.

⑧ 알고리즘(Algorithms): 분석기법에 대한 통계적 알고리즘을 제공한다.

⑨ IBM SPSS 제품 홈(IBM SPSS Products Home): IBM SPSS의 홈페이지로 연결한다.

1.3 SPSS 분석기법의 요약

앞서 SPSS를 구성하는 **메인메뉴**와 그 내용을 살펴보았지만, '분석메뉴'는 그 내용이 방대하여 다루지 않았다. 여기서 SPSS에 포함된 모든 분석 프로시저에 대해 간략히 살펴보자. 다음의 분석기법에 대한 설명은 Manuals for IBM® SPSS® Statistics 20.0 (IBM SPSS, 2011)에 기초한 것이다. SPSS의 사용과 관련한 보다 광범위한 정보는 다음의 매뉴얼을 참고할 수 있다: 기술통계와 상관분석(SPSS Korea, 2006), 일반화선형모형과 생존분석(허명회, 2007c), 회귀분석(SPSS Korea, 2007b), 시계열분석(허명회, 2009), 평균 비교와 데이터축소(SPSS Korea, 2008b), 척도화 분석(허명회, 2010b), 결측값 분석과 다중대체(허명회, 2007a), 다이렉트 마케팅(SPSS Korea, 2010b), 고급선형모형(허명회, 2008a), 비모수적 방법과 붓스트랩 방법(허명회, 2010a), 표와 보고서, Maps(SPSS Korea, 2011b), 분류분석(허명회, 2007b), 복합표본(SPSS Korea, 2011a), 데이터 검증, 신경망과 PLS회귀(허명회, 2008b), 초보자 가이드(SPSS Korea, 2007a), SPSS Syntax(SPSS Korea, 2010a), 데이터 핸들링(SPSS Korea, 2008a).

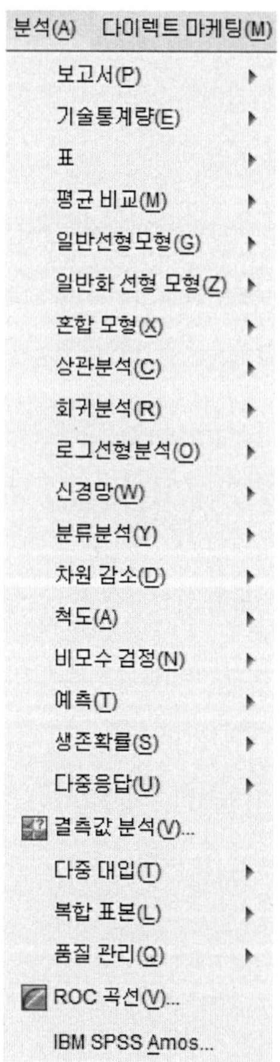

[그림 8-23] 분석(A) 메뉴의 내용

분석(A) 메뉴의 구성

□ 보고서(Report)

OLAP(Online Analytical Processing) **큐브** 프로시저는 하나 이상의 범주형 집단변수 범주 내에서 연속형 요약변수의 합계, 평균 및 기타 일변량 통계량을 계산한다. 집단변수의 각 범주에 대해 표의 별도 레이어가 작성된다. 예 다양한 영역 및 영역 내의 제품군에 대한 합계 및 평균 판매액을 구함.

□ 기술통계량(Descriptive Statistics)

빈도분석, 기술통계, 교차분할표 작성, 및 P-P Plot과 Q-Q Plot 등을 작성한다.

□ 표(Tables)

통계표 작성(Custom tables)은 교차표와 부집단의 통계량을 출력하는 고품질의 통계표를 만든다. 각종 요약통계량을 통해 분석대상 변수 간의 관계를 보다 자세하게 파악할 수 있으며, 독립성 검증을 위한 카이제곱 검증 및 열 평균의 동일성 검증, 비율의 동일성 검정 등 일부 유의성 검정 결과를 제공한다.

□ 평균 비교(Compare Means)

집단별 **평균 비교**, ***t* 검증**, **일원배치 분산분석** 등을 수행한다.

□ 일반 선형모형(General Linear Model)

선형모형을 가정한 **일변량 분석**, **다변량 분석**, **반복측정** 분석 등을 수행한다.

□ 일반화 선형모형(Generalized Linear Models)

종속변수가 지정된 연결 함수를 통해 요인 및 공변량과 선형적으로 관련되도록 일반 선형모형을 확장한 것으로 모형을 사용하면 종속변수가 '비정규 분포'를 갖는 것을 허용한다. 정상적으로 분포된 응답, 이분형 데이터의 **로지스틱 모형**, 빈도 데이터의 **로그 선형모형**, 간격 중도절단 생존 데이터에 대한 **음의 로그-로그 모형**을 제공한다.

예

- 한 선박 회사는 다른 시기에 건조된 여러 종류의 선박에 대한 손상 빈도를 파악하기 위해 포아송 회귀분석에 맞게 일반화된 선형모형을 사용할 수 있으며, 결과 모형은 어느 종류의 선박이 가장 쉽게 손상되는지 결정할 수 있다(McCullagh & Nelder, 1989).
- 의료 연구자들은 의료 조건에 대해 되풀이되는 시간을 예측하기 위해 간격 중도절단 생존 데이터에 대한 보완 로그-로그 회귀분석에 맞게 일반화된 선형모형을 사용하기도 한다(Collett, 2003).

▢ 혼합모형(Mixed Models)

선형 혼합모형 프로시저는 일반 선형모형을 확장하여 데이터가 상호 관련되고 일정하지 않은 변동을 나타낼 수 있도록 한다. 따라서 선형 혼합모형은 데이터의 평균뿐만 아니라 데이터의 분산 및 공분산 모형을 만드는 데 유연성을 제공하며, 선형 혼합모형 프로시저는 다른 모형을 선형 혼합모형으로 구성할 수 있도록 지원한다. 이러한 모형은 다중 수준 모형, 계층적 선형모형, 변량 계수 모형 등을 포함한다.

예

한 식료품 체인점에서 다양한 쿠폰이 고객의 소비에 미치는 영향을 알아보기 위해 고정 고객 중에서 무작위로 표본을 추출하여 10주 동안 각 고객의 소비 행태를 관찰한다고 하자. 매주 다른 쿠폰이 고객에게 배달될 때, 선형 혼합모형을 사용하여 10주 동안 각 개체에 대해 반복적으로 발생한 관측값에 따라 상관관계를 조정하고 여러 가지 쿠폰이 소비에 끼친 영향을 추정할 수 있다.

▢ 상관분석(Correlate)

이변량 상관계수(bivariate correlation coefficient) 프로시저는 피어슨의 상관계수, 스피어만의 로우(Rho) 및 켄달의 타우-b를 계산하고 각 유의수준과 함께 출력한다. 상관계수는 변수나 순위 순서의 관련성을 측정한다. **편상관계수**(partial correlation coefficient) 프로시저는 1개 이상의 추가 변수의 효과를 제어하는 동시에 두 변수 간 선형 관계를 설명하는 상관계수를 계산한다.

▢ 회귀분석(Regression)

선형 회귀분석으로 선형 방정식의 계수를 추정한다. 이 선형 방정식에는 종속변수 값을 적절히 예측하는 독립변수가 1개 이상 포함되어야 한다.

예

'선형 회귀분석'은 판매원의 연간 총 매출(종속변수)을 연령, 학력, 경력 등의 독립변수로부터 예측한다. **'로지스틱 회귀분석'**은 예측변수군의 값을 기준으로 결정되는 특성이나 결과가 있는지 여부를 예측하는 상황에서 유용하다. 이 회귀분석은 선형 회귀분석 모형과 유사하나 종속변수가 이분형 변수인 모형이며, 로지스틱 회귀계수는 모형의 각 독립변수에 대한 승산비를 추정하는 데 사용한다. 로지스틱 회귀분석은 판별분석보다는 좀 더 광범위한 조사에 유용하다.

☐ 로그선형분석(Loglinear)

일반 로그선형분석 프로시저에서는 교차표나 분할표에서 각 교차-분류 범주로 구분되는 관측값의 빈도를 분석한다. 표의 각 교차-분류를 사용하여 셀을 구성하고, 각 범주형 변수를 '요인'이라고 한다. 종속변수는 교차표 셀의 케이스 수(빈도)를 나타내고 설명변수는 요인 및 공변량을 나타내며, 포아송분포나 다항분포를 분석한다. **로짓 로그선형분석** 프로시저에서는 종속(또는 반응)변수와 독립(또는 설명)변수 간의 관계를 분석하는데, 독립변수는 범주형(요인)이 될 수도 있지만, 종속변수는 항상 범주형 데이터다. 셀 공변량에 해당하는 다른 독립변수는 연속형일 수 있으나 케이스별 기준에 적용되지 않으며 셀에 대한 가중 공변량 평균이 셀에 적용된다.

☐ 신경망(Neural Netwoks)

신경망(neural networks)은 몇 개의 뉴런과 이것들이 배열된 층(layer)으로 구성되며, 각 뉴런은 특정 작업을 수행하고 신경망은 이들 뉴런을 연결함으로써 자극과 반응의 관계를 학습한다. 주로 예측의 용이성, 융통성, 검증력으로 인해 데이터마이닝에 응용된다. 또한 수반되는 예측 프로세스가 복잡할 때 유용하다.

예

우편을 이용한 DM 마케팅이 표적집단에게 정확히 전달될 확률을 예측할 수 있다. 생산과 유통비용의 절감에 따른 소비자 욕구를 예측하거나 은행에서 대출지원자의 신용도를 결정하는 스코어링 시스템에 활용한다.

☐ 분류분석(Classify)

군집분석(Cluster analysis) 프로시저를 사용하면 선택한 특성에 따라 비교적 동일한 케이스(또는 변수) 집단을 식별하고, 별도 군집의 각 케이스(또는 변수)에서 시작하여 하나의 케이스가 남을 때까지 군집을 조합한다. **판별분석**은 집단소속에 대한 예측 모형을 작성할 수 있는데, 집단 간에 가장 큰 차별을 나타내는 예측변수의 선형 조합을 기본으로 하는 판별함수(집단이 셋 이상인 경우 판별함수 집합)를 구성하고, 개별 케이스 표본을 예측하는 데 사용한다.

☐ 차원 감소(Dimension Reduction)

요인분석을 사용하여 기본 변수 또는 요인을 식별하여 관측변수 집합에서 상관계수 패턴을 설명한다. 요인분석은 많은 수의 명백한 변수에서 관측된 대부분의 분산을 설명할 수 있는 소수의 요인을 식별함으로써 데이터 축소에 사용한다.

☐ 척도(Scale)

신뢰도 분석 프로시저에서는 공통적으로 사용된 척도 신뢰도의 측도 수를 계산하고 척도의 개별 항목 간 관계를 파악한다. **다차원척도법**(multidimensional scaling)은 개체 간 또는 케이스 간 거리측도 집합에서 구조를 밝힌다. 이 작업은 공간의 '점' 간 거리가 제공된 상이성에 가능한 한 가까워지도록 관측값을 개념적 공간(보통 2차원이나 3차원)의 특정 위치로 할당한다. 예 자동차에 대한 이미지 조사.

☐ 비모수 검정(Nonparametric Tests)

분포의 정상성을 가정하지 않는 데이터의 분석으로 대표적인 방법은 **카이제곱 검증**이다.

☐ 예측(Forecasting)

시계열 모형 적용 프로시저는 외부 파일로부터 기존의 시계열 모형을 불러와 활성 데이터 파일에 적용한다. 이 프로시저를 사용하여 새로운 또는 변경된 데이터를 사용할 수 있는 계열에 대해 모형을 다시 설정하지 않고 예측을 생성한다.

> **예**
>
> 5000개의 제품 각각을 책임지고 있는 소매업자의 재고 관리자가 전문가 모형기를 사용하여 향후 3개월간의 각 제품 판매액을 예측하는 모형을 작성하고자 할 때 유용하다.

□ 생존확률(Survival)

카플란-메이어(Kaplan-Meier) 모형 프로시저는 '중도절단(사건과 사건 사이의 단절)' 케이스가 존재할 경우 사건-시간 모형을 추정하는 방법이다. 카플란-메이어(Kaplan-Meier) 모형은 사건이 발생하는 각 시점에서 조건부 확률을 추정하고, 그 확률들의 곱 한계 값을 구하여 각 시점에서 생존 비율을 추정하는 방법이다.

> **예**
>
> 새로운 AIDS 치료법이 생명 연장에 있어서 치료상의 이점을 밝히기 위해 전통적인 치료법을 사용한 한 집단과 실험적 치료법을 사용한 두 집단의 AIDS 환자를 연구한다고 하자. 데이터로부터 하나의 Kaplan-Meier 모형을 만들어 두 집단 간 전체 생존 비율을 비교함으로써 실험적 치료법이 전통적 치료법에 비해 효과적인지를 판별할 수 있다. 또한 생존함수나 위험함수를 도표로 작성하여 보다 자세한 내용을 시각적으로 비교한다.

□ 다중응답(Multiple Response)

다중응답에 대한 통계표 작성에 필요한 **다중응답 변수**를 정의한다.

□ 결측값 분석(Missing Value Analysis)

결측값 분석 프로시저로 다음 세 가지 기본 기능을 수행한다. (a) 결측값이 있는 위치와 크기를 설명한다. 결측값의 위치, 결측값의 확장 범위, 여러 케이스에서 대응변수가 결측값을 가지고 있는지의 여부, 데이터 값이 극단인지의 여부, 임의로 결측된 값인지의 여부 등이다. (b) 목록별, 대응별, 회귀분석별 또는 EM(expectation-maximization) 등 여러 결측값 방법에 대해 평균, 표준편차, 공분산 및 상관을 추정한다. 대응별 방법으로 대응별 완전 결측값 빈도를 표시한다. (c) 회귀 방법이나 EM 방법을 사용하여 결측값을 추정값으로 채운다. 그러나 보다 정확한 결과를 얻기 위해 일반적으로 다중 대치 방법을 사용한다.

□ 다중 대입(Multiple Imputation)

다중 대입은 결측값에 대해 가능한 값을 생성하고 그에 따라 일부 '완벽한' 데이터군을 만드는 데 사용한다. 다중 대입 데이터 집합을 사용하는 분석 프로시저에서는 각각의 '완벽한' 데이터 집합과 원래 데이터 집합에 결측값이 없는 경우, 결과를 추정하는 '완벽한' 통합 출력결과를 생성한다. 일반적으로 이러한 통합 결과는 단일 대입 방법으로 생성되는 결과에 비해 더 정확하다.

□ 복합 표본(Complex Samples)

복합 표본 비율 프로시저에서는 변수 비율에 대한 일변량 요약 통계량을 표시한다. 선택적으로 하나 이상의 범주형 변수로 정의된 부집단별 통계량도 표시할 수 있다.

> **예**
>
> 복합 표본 비율 프로시저를 사용하여 복합 계획에 따라 수행된 국가 차원의 시장조사 결과와 적절한 데이터 분석 계획을 통해 '현재 특성 값' 대 '마지막 검사 값'의 비율에 대한 기술통계량을 구할 수 있다.

□ 품질 관리(Quality Control)

품질 관리를 위한 **컨트롤 차트**(control charts)와 **파레토 차트**(pareto charts)를 산출한다.

□ ROC 곡선(ROC Curve)

이 프로시저는 대상을 분류하는 두 개의 범주를 갖는 변수가 있는 분류 방법의 성과를 평가할 때 사용한다.

예

채무를 변제하는 고객과 채무를 불이행하는 고객을 정확하게 분류하는 것이 은행의 관심사 중 하나다. 따라서 이러한 고객을 분류하는 ROC 곡선을 사용하여 이 은행에서의 고객분류가 제대로 수행되는지를 평가할 수 있다.

☐ IBM SPSS Amos

구조방정식모델링(structural equation modeling)을 위한 프로시저이며 개별 프로그램으로 구동한다.

2 데이터 생성, 정의 및 자료변환

2.1 데이터 생성과 정의

SPSS에서 데이터를 생성하는 방법은 크게 두 가지로 구분된다. 하나는 SPSS의 '데이터편집기'에서 설문 데이터를 직접 입력하는 방법이고, 다른 방법은 외부의 파일(예, 마이크로소프트 엑셀, 텍스트 파일 등)을 불러오는 방법이다. 회사의 데이터베이스에 저장된 고객 데이터나 기존에 다른 목적으로 작성된 정보(예, 통계청 자료)인 경우를 제외하고, 연구자가 자신의 설문을 이용하여 데이터를 수집하였다면, SPSS의 '데이터편집기'를 이용하는 것이 손쉬운 방법이므로 여기서 소개한다.

설문지의 준비

먼저 데이터 입력과 생성에 필요한 설문지의 예와 설문의 구성을 살펴보자. 설문의 내용은 개인의 사회적 역량과 권력지향성, 통제력을 측정하고 몇 가지의 인구통계적 특성과 라이프스타일을 묻는 간단한 설문이다. 설문은 SPSS의 실습을 위해 간편형으로 만든 것이고 데이터 역시 시뮬레이션용으로 작성된 것이다.

☐ 예제 설문지와 코드북

설문지 샘플: SPSS 데이터 분석용 (사회성/권력지향/통제소재)

Texas Social Behavior Inventory(사회성)

응답요령: 다음의 각 진술에 대해 당신의 생각과 일치하는 정도를 ∨표 하여 주십시오.

전혀 동의 안 함	동의 안 함	보통	동의함	매우 동의함
1	2	3	4	5

*1. 나는 사람들이 나에게 말을 걸 때까지 그들에게 말을 하지 않는다…( )
2. 나는 스스로 자기확신이 강하다고 생각한다…( )
3. 나는 나의 외모에 대해 자신 있다…( )
4. 나는 훌륭한 사교가다…( )
5. 나는 여러 사람과 같이 있을 때, 올바른 것을 말하는 데 어려움이 있다…( )
*6. 나는 여러 사람과 같이 있을 때, 제안을 하기보다는 다른 사람이 원하는 것을 한다…( )
7. 나와 다른 사람의 의견이 불일치할 때, 보통 나의 의견이 받아들여진다…( )
8. 나는 스스로 상황을 주도하려는 사람이다…( )
9. 다른 사람은 나를 존경한다…( )
10. 나는 다른 사람과 함께하는 사교모임을 좋아한다…( )
11. 나는 다른 사람이 나에게서 눈을 떼지 않게 만든다…( )
*12. 나는 다른 사람이 나를 주목하도록 만들 수가 없다…( )
*13. 나는 다른 사람을 위해 많은 책임감을 가지려 하지 않는다…( )
14. 권위 있는 사람이 나를 가까이 하려 하면 편안한 느낌이 든다…( )
*15. 나는 스스로 결정력이 없다고 생각한다…( )
16. 나는 나의 사교적 재능에 대해 의심치 않는다…( )

Power Orientation Test(Machiavellianism: 권력지향)

응답요령: 다음의 각 진술에 대해 당신의 생각과 일치하는 정도를 ∨표 하여 주십시오.

전혀 동의 안 함	동의 안 함	보통	동의함	매우 동의함
1	2	3	4	5

1. 사람을 다루는 가장 좋은 방법은 상대방이 듣고 싶은 말을 해 주는 것이다…( )
*2. 다른 사람에게 어떤 일을 시킬 때, 효과적인 방법은 대의명분보다는 그 일을 해 주기 바라는 실제 이유를 말해 주는 것이다…( )
3. 모든 사람을 완전히 믿어 버리는 사람은 대부분 스스로 화를 자초하는 경우가 많다…( )
4. 이것저것을 다 고려하면 앞으로 나아갈 수 없다…( )
5. 사람은 사악한 경향이 있기 때문에 언젠가 기회가 오면 그 사악함을 드러낸다는 것을 염두에 두면 일을 할 때 안전하다…( )
*6. 사람은 어떤 일이 도덕적으로 옳다고 판단될 때에만 그 일을 하기 위해 행동해야 한다…( )
7. 대부분의 사람은 본질적으로 선하고 순박하다…( )
*8. 거짓말은 용서될 수 없다…( )
9. 대부분의 사람은 자신의 재산을 잃어버린 것보다는 아버지의 죽음을 더 쉽게 잊는다…( )
10. 일반적으로 사람들은 일하라고 강요하지 않으면, 열심히 일하지 않는 경향이 있다…( )

Who Controls Your Life?(내외통제소재)

응답요령: 다음의 각 진술에 대해 당신의 생각과 일치하는 정도를 ∨표 하여 주십시오.

전혀 동의 안 함	동의 안 함	보통	동의함	매우 동의함
1	2	3	4	5

1. Choice _______
   A. 큰 돈을 버는 것은 대부분 우연한 기회를 잡는 것이다.
   B. 승진은 끈기를 갖고 열심히 일하기 때문에 얻어진다.
2. Choice _______
   A. 나의 경우 공부를 열심히 하는 것과 성적은 보통 직접적인 관계가 있다.
   B. 많은 경우 나를 대하는 선생님의 반응은 일관성이 없었다(우연적인 것).

3. Choice _______
   A. 이혼률이 높은 것은 많은 사람들이 자신의 결혼생활을 위해 노력하지 않기 때문이다.
   B. 결혼은 마치 도박과 같은 것이다.
4. Choice _______
   A. 사람들의 다른 사람의 기본적 태도를 변화시킬 수 있다고 생각하는 것은 어리석은 것이다.
   B. 내가 옳을 때, 나는 다른 사람을 납득시킬 수 있다.
5. Choice _______
   A. 승진은 일부 운이 좋은 사람에게 있을 수 있는 일이다.
   B. 우리 사회에서 개인이 장차 권력을 얻는 것은 그 사람의 능력에 달려 있다.
6. Choice _______
   A. 사람을 다루는 방법을 아는 사람은 아주 쉽게 그들을 부릴 수 있다.
   B. 나는 다른 사람이 행동하는 방식에 거의 영향을 주지 못한다.
7. Choice _______
   A. 나는 나의 노력의 결과로 승진할 것이다: 승진에 행운이란 있을 수 없다.
   B. 나는 때때로 승진은 자신의 노력과 관계없다는 것을 느낀다.
8. Choice _______
   A. 나를 좋아하는 사람들에게 나는 그들의 세상사에 대한 생각을 바꿀 수 있다.
   B. 사람들이 우리 사회에서 일어나는 일에 쉽게 영향을 준다고 믿는 것은 바람일 뿐이다.
9. Choice _______
   A. 나에게 일어나는 많은 일은 대체로 우연한 것이 많은 것 같다.
   B. 나는 나의 운명의 지배자다.
10. Choice _______
   A. 사람들과 사귀는 것은 연습이 필요한 기술이다.
   B. 사람들을 즐겁게 하는 방법을 이해하는 것은 거의 불가능한 일이다.

- 귀하의 성별은? 1. 남자 2. 여자
- 귀하의 연령은? (만 세)
- 가장 선호하는 TV 프로그램을 순서대로 2개만 선택해 주세요.
  〈보기〉 1. 오락쇼 2. 드라마 3. 시사
  4. 스포츠 5. 기타( )
  1순위( ) 2순위( )
- 귀하의 주량은? (맥주 CC)
- 귀하의 취미는? ( )
- 귀하의 학력은? 1. 고졸 이하 2. 대졸 이상
- 귀하의 월 수입은? (_________만 원)

[그림 8-24] 예제 설문지

〈표 8-1〉 코드북(변수 정의서)

순번	변수명	컬럼수	어트리뷰트명	내용(데이터 코드)	측정 수준
1	id	2	설문지 번호	고유번호	
2	a1	1	사회성 1*	1 '전혀 동의 안 함', 2 '동의 안 함', 3 '보통', 4 '동의함', 5 '매우 동의'	척도
3	a2	1	사회성 2	상동	척도
4	a3	1	사회성 3	상동	척도
5	a4	1	사회성 4	상동	척도
6	a5	1	사회성 5	상동	척도

7	a6	1	사회성 6*	상동	척도
8	a7	1	사회성 7	상동	척도
9	a8	1	사회성 8	상동	척도
10	a9	1	사회성 9	상동	척도
11	a10	1	사회성 10	상동	척도
12	a11	1	사회성 11	상동	척도
13	a12	1	사회성 12*	상동	척도
14	a13	1	사회성 13*	상동	척도
15	a14	1	사회성 14	상동	척도
16	a15	1	사회성 15*	상동	척도
17	a16	1	사회성 16	상동	척도
18	b1	1	권력지향 1	1 '전혀 동의 안 함', 2 '동의 안 함', 3 '보통', 4 '동의함', 5 '매우 동의'	척도
19	b2	1	권력지향 2*	상동	척도
20	b3	1	권력지향 3	상동	척도
21	b4	1	권력지향 4	상동	척도
22	b5	1	권력지향 5	상동	척도
23	b6	1	권력지향 6*	상동	척도
24	b7	1	권력지향 7*	상동	척도
25	b8	1	권력지향 8*	상동	척도
26	b9	1	권력지향 9	상동	척도
27	b10	1	권력지향 10	상동	척도
28	c1	1	통제성향 1	1 'A', 2 'B'	명목
29	c2	1	통제성향 2	상동	명목
30	c3	1	통제성향 3	상동	명목
31	c4	1	통제성향 4	상동	명목
32	c5	1	통제성향 5	상동	명목
33	c6	1	통제성향 6	상동	명목
34	c7	1	통제성향 7	상동	명목
35	c8	1	통제성향 8	상동	명목
36	c9	1	통제성향 9	상동	명목
37	c10	1	통제성향 10	상동	명목
38	gender	1	성별	1 '남자', 2 '여자'	명목
39	age	2	연령	만 연령	척도

40	tv1	1	선호TV 1순위	1 '오락쇼', 2 '드라마', 3 '시사', 4 '스포츠', 5 '기타'	명목
41	tv2	1	선호TV 2순위	1 '오락쇼', 2 '드라마', 3 '시사', 4 '스포츠', 5 '기타'	명목
42	hobby	1	취미	문자열(개방형 질문)	명목
43	beer	4	주량(맥주)	일회 평균음용기준 CC	척도
44	edu	1	교육수준	1 '고졸 이하', 2 '대졸 이상'	명목
45	income	3	월수입	만 원 단위	척도
추가 항목 (변환)	spower	3.2	사회성평균	사회성 16개 문항의 평균점수	척도
	control	3.2	통제소재 평균	통제성향 10개 문항의 합산점수	척도
	mach	3.2	권력지향 평균	권력지향 10개 문항의 평균점수	척도
	grp_ alcol	1	집단 (음주유형)	1 'Light User', 2 'Medium User', 3 'Heavy User'	명목
	grp_ hobby	1	집단(취미)	1 '게임/채팅', 2 '등산/낚시', 3 '독서/영화/음악', 4 '축구'	명목
	grp_ income	1	집단(수입)	1 '낮음', 2 '높음'	명목
	grp_ age	1	집단(연령)	1 '20대', 2 '30대', 3 '40대'	명목
	grp_ cntr	1	집단 (통제소재)	1 '내적통제자', 2 '외적통제자'	명목

▢ 문항의 구성과 채점

- 사회성(Texas Social Behavior Inventory: TSBI): 이 척도는 개인의 '사회적 역능감' 혹은 '사회적 자아감'을 측정하는 것으로 총 16개 문항으로 구성되어 있다. 척도는 5점 리커트형으로 구성되어 있으며, 각 문항은 1점('전혀 동의 안 함')에서 5점('매우 동의함')으로 입력한다. 16개 문항의 평균점수를 '사회성'의 척도점수로 한다. 문항 1, 6, 12, 13, 15번은 역척도(reversal scale) 문항이므로 코딩변경하여 더하고 나머지는 원점수를 더한다. 평균점수가 높을수록 사회적 역능감을 높게 지각하고 자아존중감이 큰 것으로 해석한다.
- 권력지향(Machiavellianism Test): 이 척도는 권력지향성을 측정하는 총 10개 문항의 5점 리커트형 척도로 구성되어 있다. 각 문항은 1점('전혀 동의 안 함')에

서 5점('매우 동의함')으로 입력한다. 1, 3, 4, 5, 9, 10번 문항은 원점수를 더하고 2, 6, 7, 8번은 역척도로 전환하여 더한다. 10개 문항의 평균점수를 '권력지향'의 척도점수로 한다. 연구에 따르면, 미국인의 점수평균은 25점이다.

- 내외통제소재(Locus of Control Test): 이 척도는 삶에 대한 통제성향을 측정하며 내적 통제성향과 외적 통제성향으로 구분된다. 내적 통제성향이 강한 사람은 성공이나 실패를 운보다는 자신의 노력이 만든 결과로 생각하는 반면, 외적 통제성향이 강한 사람은 대부분의 세상사는 통제될 수 없는 것이고 운에 의해 지배된다고 믿는다. 사람들이 갖게 되는 통제에 대한 신념은 일련의 사회심리학적 성격이다. 이 척도는 'A'와 'B'의 진술문 중에 하나를 선택하도록 되어 있다. **1A, 2B, 3B, 4A, 5A, 6B, 7B, 8B, 9A, 10B에 각 1점씩을 부여**한 후 합산하여 '통제성향'의 점수를 만든다. 점수가 낮을수록 '내적 통제성향'을 나타내고, 점수가 높을수록 '외적 통제성향'을 나타낸다. 점수의 범위를 나누어 내적 통제자와 외적 통제자를 구분할 수 있다. **2점 이하**는 높은 수준의 내적통제, **3~4점**은 중간 수준의 내적통제, **5점**은 혼합성향, **6~7점**은 중간 수준의 외적통제, **8점 이상**은 높은 수준의 외적 통제다. 혹은 총점을 기준으로 '내적/외적'을 구분하는 새로운 변수를 생성한다.
- 기타 변수: 성별, 연령, 선호하는 TV 프로그램, 음주량, 취미, 교육수준, 월수입 등 인구통계적 특성과 라이프스타일을 측정하였다.

SPSS의 데이터 입력

설문지를 회수하고 '코드북(변수 정의서)'을 완성하면 데이터를 입력할 준비가 된 것이다. 먼저 SPSS를 실행하고 **데이터편집기 창**을 띄운다. '데이터편집기' 하단에 있는 '변수 보기' 탭을 이용하여, 먼저 (a) 변수를 정의하고 (b) 데이터를 입력한다.

데이터 입력: SPSS 데이터 입력기 ⇨ 변수 보기 탭 ⇨ 변수 정의 ⇨ 데이터 입력

□ 변수 보기 탭에서 변수 정의

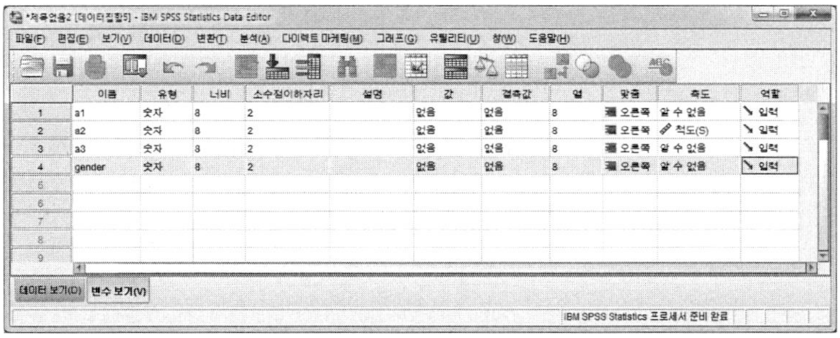

[그림 8-25] 데이터편집기의 '변수 보기'에서 변수 정의 예

[그림 8-25]와 같이 먼저 '변수 보기'에서 변수를 정의하는데, 코드북에 있는 변수명을 '이름'에 입력하면 '설명'과 '값' '측도'를 제외한 나머지 항목(유형, 너비, 소수점이하자리, 결측값, 열, 맞춤, 측도, 역할)은 SPSS가 디폴트값으로 정의한다. '설명'은 코드북에서 **어트리뷰트명**을 입력하고 '값'은 **내용**(데이터 코드)을 입력한다. '측도'는 코드북의 **측정수준**을 각각 입력한다. '연령'과 같이 비율척도로 구성된 변수는 '값'의 입력란을 비워 둔다. 즉, '값'은 데이터코드를 의미하므로 명목척도와 같이 명백하게 값의 구분이 필요한 경우에만 입력한다. 입력이 완료되면 [그림 8-26]과 같은 형태가 될 것이다.

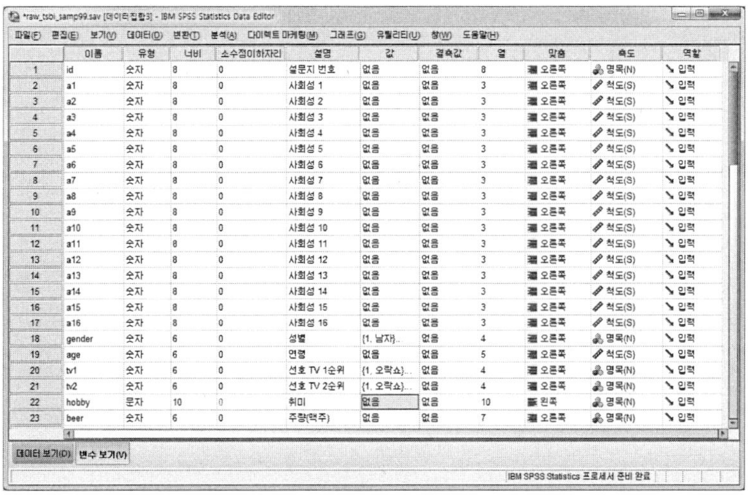

[그림 8-26] 데이터편집기에서 완료된 변수 정의

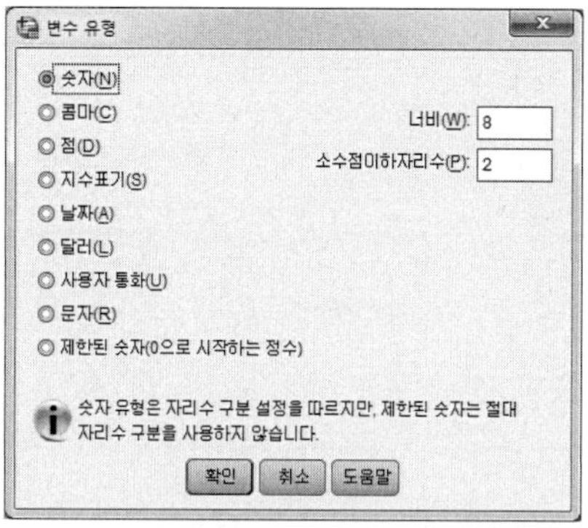

[그림 8-27] 변수 보기의 '유형' 정의

예제설문지에서 '연령' '주량' '소득' '취미'는 설문지의 값을 그대로 입력한다. 특히 '취미'는 **문자변수**다. 예제 설문지에서 '귀하의 취미는? (   )'과 같이 개방형으로 질문하여 응답값을 그대로 입력한다. 대체로 변수의 유형은 [그림 8-27]과 같이 다양하게 정의할 수 있지만, 분석을 고려할 때 특수한 경우(예, 시계열데이터에서 날짜 정의)를 제외하고 '숫자'로 정의하는 것이 좋고 필요한 경우 '문자' 정도를 사용하면 된다.

☐ 데이터 보기 탭에서 데이터 입력

변수 정의가 끝나면, '데이터 보기'의 창은 [그림 8-28]과 같이 상단에 변수명만 기록된 상태에서 실제 설문데이터의 입력을 기다린다. 데이터를 입력하기 전에 먼저 **모든 설문지에 번호(ID)를 기입**해 두는 것이 좋다. 데이터 입력의 오류가 있을 때 언제든 다시 설문의 값을 확인하기 위해서다. 설문지 번호의 순서에 따라 모든 데이터 입력이 완료되면 [그림 8-29]와 같은 형태가 된다(데이터 파일: 예제_데이터변환.sav).

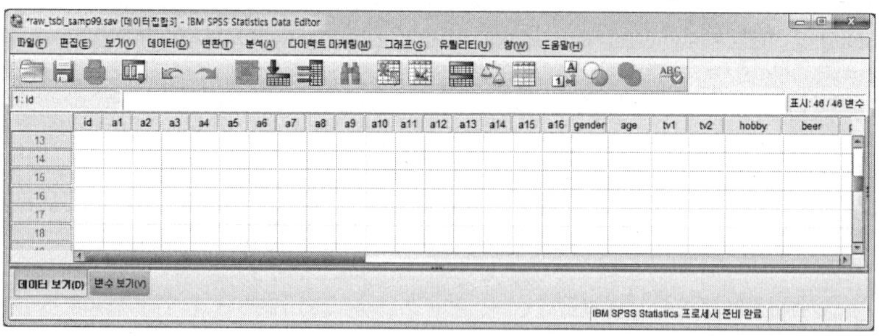

[그림 8-28] 변수 정의 이전 상태의 '데이터 보기' 탭

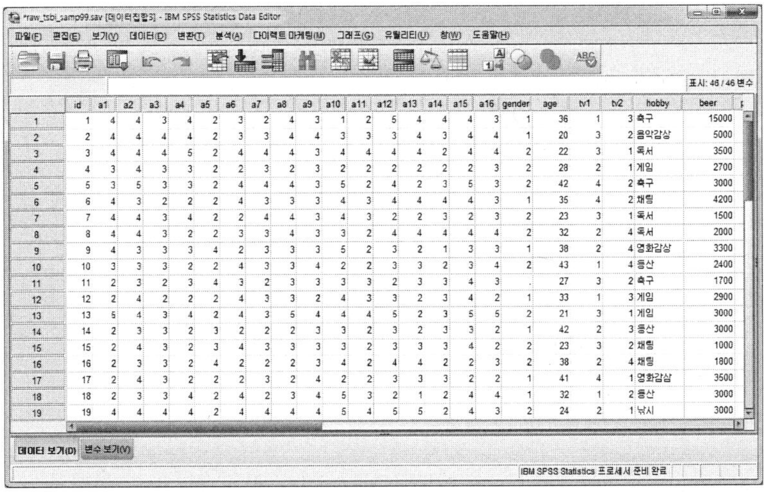

[그림 8-29] 변수 정의 후, '데이터 보기'에서 데이터를 입력한 예

▢ 데이터 파일을 합치고자 할 때

종종 설문의 데이터 입력을 여러 명이 작업하거나 데이터가 여러 시점에서 수집된 경우, 여러 개의 데이터 파일을 합쳐야 하는 경우가 발생한다. 데이터 **파일 합치기**는 작업파일에 외부파일의 '변수'를 추가하거나 '케이스'를 추가하여 하나의 파일로 합칠 때 사용한다.

> 데이터 파일 합치기: 데이터메뉴 ⇨ 파일 합치기 ⇨ 케이스 추가(혹은 변수추가) 선택

① 첫 번째 파일 – 작업파일(1번 파일)

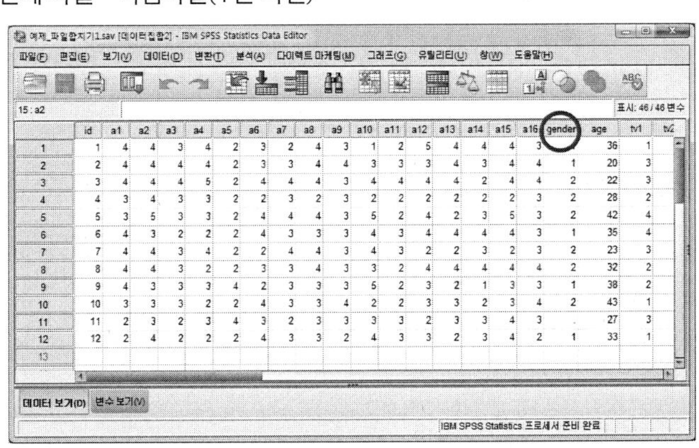

② 두 번째 파일 – 합칠 파일(2번 파일)

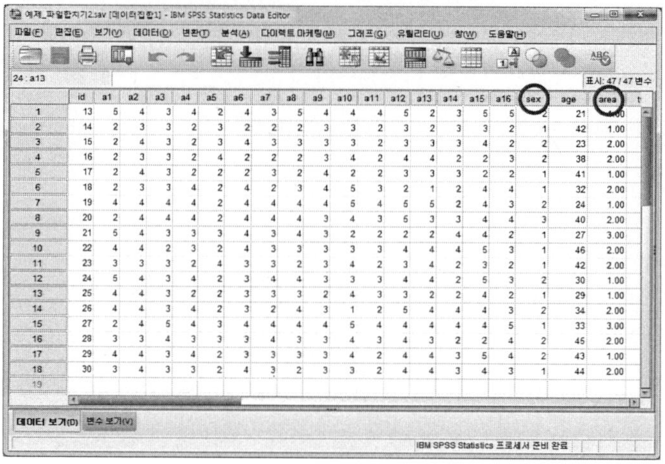

	id	a1	a2	a3	a4	a5	a6	a7	a8	a9	a10	a11	a12	a13	a14	a15	a16	sex	age	area
1	13	5	4	3	4	2	4	3	5	4	4	4	5	2	3	5	5	2	21	[illegible]
2	14	2	3	3	2	3	2	2	2	3	3	2	3	2	3	3	2	1	42	1.00
3	15	2	4	3	2	3	4	3	3	3	3	2	3	3	3	4	2	2	23	2.00
4	16	2	3	3	2	4	2	2	2	3	4	2	4	4	2	2	3	2	38	2.00
5	17	2	4	3	2	2	2	3	2	4	2	2	3	3	3	2	2	1	41	1.00
6	18	2	3	3	4	2	4	2	3	4	5	3	2	1	2	4	4	1	32	2.00
7	19	4	4	4	4	2	4	4	4	4	5	4	5	5	2	4	3	2	24	1.00
8	20	2	4	4	4	2	4	4	4	3	4	3	5	3	3	4	4	3	40	2.00
9	21	5	4	3	3	3	4	3	4	3	2	2	2	2	4	4	2	1	27	3.00
10	22	4	4	2	3	2	4	3	3	3	3	3	4	4	4	5	3	1	46	2.00
11	23	3	3	3	2	4	3	3	2	3	4	2	3	4	2	3	2	1	42	2.00
12	24	5	4	3	4	2	3	4	4	3	3	3	4	4	2	5	3	2	30	1.00
13	25	4	4	3	2	2	3	3	3	2	4	3	3	2	2	4	2	1	29	1.00
14	26	4	4	3	4	2	3	2	4	3	1	2	5	4	4	4	3	2	34	2.00
15	27	2	4	5	4	3	4	4	4	4	5	4	4	4	4	4	5	1	33	3.00
16	28	3	3	4	3	3	3	4	3	3	4	3	4	3	2	2	4	2	45	2.00
17	29	4	4	3	4	2	3	3	3	3	4	2	4	4	3	5	4	2	43	1.00
18	30	3	4	3	3	2	4	3	2	3	3	2	4	4	3	4	3	1	44	2.00
19																				

[그림 8-30] 파일 합치기의 예

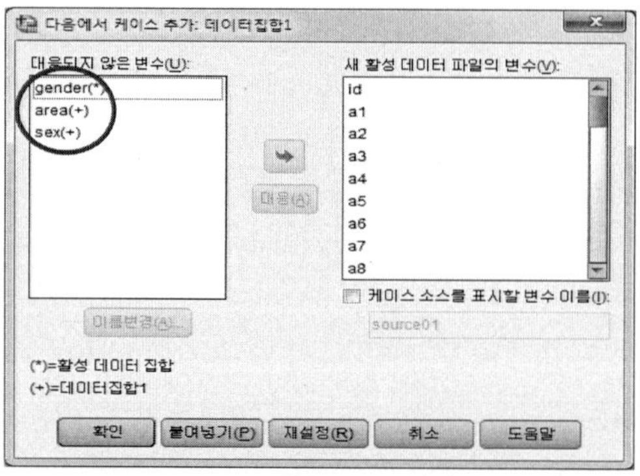

[그림 8-31] 파일 합치기 대화상자

먼저 '케이스 추가'를 이용해 위의 2개의 파일을 결합해 보자. 첫 번째 파일은 12명의 케이스가 있고 두 번째 파일은 18개의 케이스가 있다. [그림 8-31]은 두 파일을 합치기 위한 대화상자다.

[그림 8-31]을 보면, '새 활성 데이터 파일의 변수'가 있고 여기는 첫 번째 파일(1번)과 두 번째 파일(2번)의 변수가 매치된 경우다. 주목할 것은 '**대응되지 않는 변수**'에 있는 3개의 변수다. 이들 변수는 1번 파일과 2번 파일에서 서로 매치되지 않는 변수들이다. '성별' 변수가 매치되지 않는 것은 종종 서로 다른 변수 이름을 사용해 데이터를 입력하는 경우에 발생한다. 지역(area) 변수는 1번 파일의 데이터를 수집할 때 고려하지 못했던 것을 2번 파일의 데이터를 수집할 때 설문에 포함한 경우다.

이들 변수를 처리하는 방법은 두 가지가 있다. 한 가지 방법은 이들 **변수를 제외하고 파일 합치기**를 하는 것이고, 또 하나의 방법은 이들 **변수를 추가하여 합치는 방법**

이다. 일단 '대응되지 않는 변수' 목록에 있는 것을 클릭하여 오른쪽 '새 활성 데이터 파일의 변수' 창으로 보내면, [그림 8-32]와 같이 데이터가 결합된다.

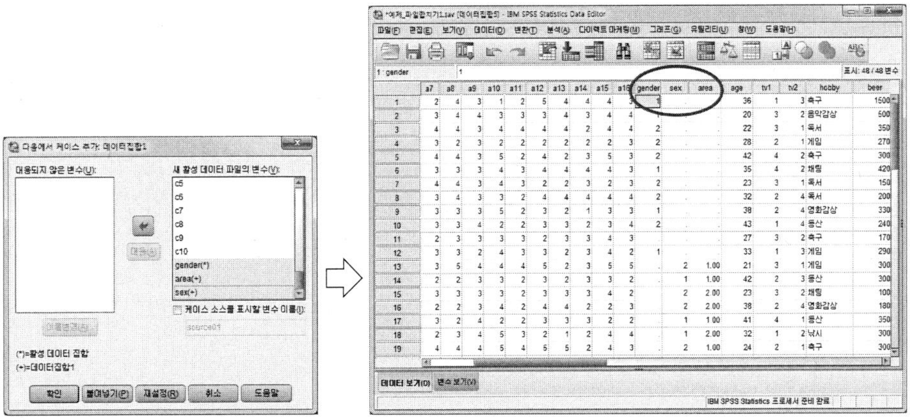

[그림 8-32] 파일 합치기에서 대응되지 않는 변수의 처리

[그림 8-32]처럼, 대응되지 않는 변수가 각각의 데이터 값만 가지고 있음을 볼 수 있다. 여기서 'gender'와 'sex'는 동일한 변수이므로, 데이터 보기에서 sex 변수 칸의 데이터를 복사하여 'gender' 변수의 빈칸에 붙여 넣고 'sex' 변수는 삭제한다.

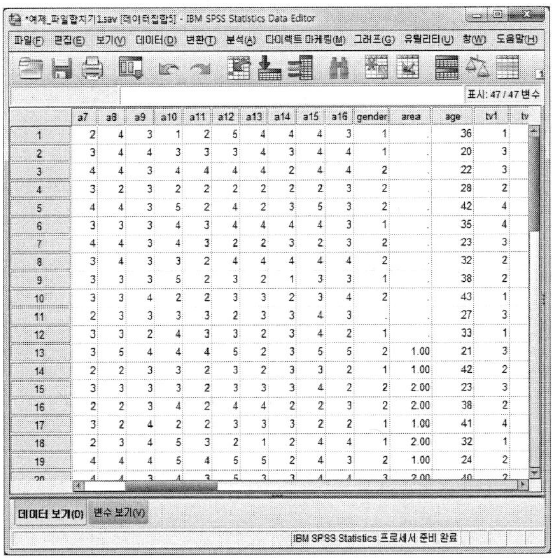

[그림 8-33] 파일 합치기가 완료된 모습

2.2 데이터 변환

데이터를 입력하고 정의가 완료되면 분석을 위한 데이터 세트를 만들기 위해 **데이터를 변환**하고 **정제**하는 과정을 거쳐야 한다. 이 두 가지의 요소는 분석에 결정적인 영향을 주므로 신중하게 수행해야 한다. 대부분의 유능한 연구자는 데이터 세트를 만드는 과정에 가장 많은 시간과 노력을 소모하며, 그러한 과정은 결과적으로 타당한 분석결과를 얻는 첫걸음이다(Jackson, 2012).

데이터 변환

데이터 변환은 변환 메뉴를 이용하는 것으로 앞서 SPSS 메뉴구성에 대해 설명하면서 개략적으로 다루었다. 여기서는 설문조사의 데이터를 분석할 때 가장 많이 사용하는 **변수 계산**(Compute Variables)과 **코딩변경**(Recode)에 대해 살펴본다.

□ 변수 계산

변수 계산: 변환메뉴 ⇨ 변수 계산

① 단순 수치변수의 계산

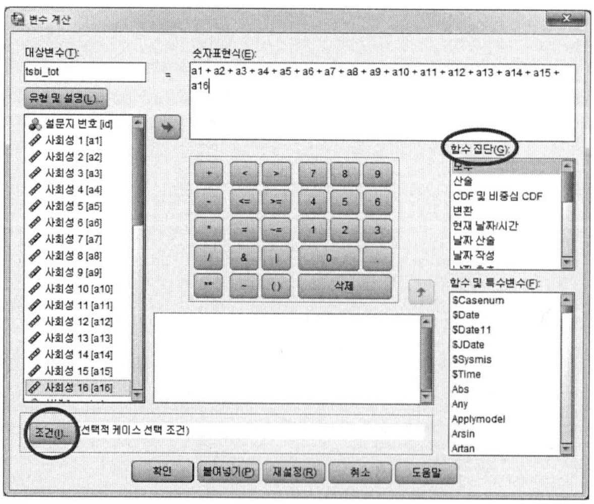

[그림 8-34] 변수 계산의 대화상자

변수 계산은 사칙연산을 포함한 다양한 함수를 사용할 수 있다. 우선 '예제 설문지'에서 어떤 변수에 대한 수치연산이 필요한지를 생각해야 한다. 기본적으로 척도로 구성된 문항(예, 사회성, 권력지향, 통제성향)은 개별문항으로 분석할 대상이 아니라 합산점수나 평균을 척도점수로 사용한다. 따라서 이들 변수에 대한 수치계산을 생각할 수 있다. 먼저 '변환메뉴 ⇨ 변수 계산'을 클릭하면 [그림 8-34]와 같은 대화상자가 열린다.

변수 계산은 연산(숫자표현)을 통해 새 변수를 만드는 과정이다. [그림 8-34]에서 예로써 '사회성 문항'에 대한 계산식을 만들었다. a1에서 a16까지의 변수의 합을 계산하여 'tsbi_tot'라는 새 변수(대상변수)로 저장하는 명령이다. 이때 대상변수는 원하는 변수명을 사용하면 된다. 이 명령을 하단의 '확인'으로 실행하면 [그림 8-35]와 같이 **데이터 보기**에서 'tsbi_tot' 변수가 만들어짐을 확인할 수 있다. 경우에 따라서 합산점수보다는 '평균점수'를 이용하는 것이 합리적이므로 대화상자에서 '평균'을 계산하도록 식을 바꿀 수 있다. 혹은 [그림 8-34]의 오른쪽에 있는 '**함수**'를 사용하면 훨씬 다양한 연산을 수행할 수 있다.

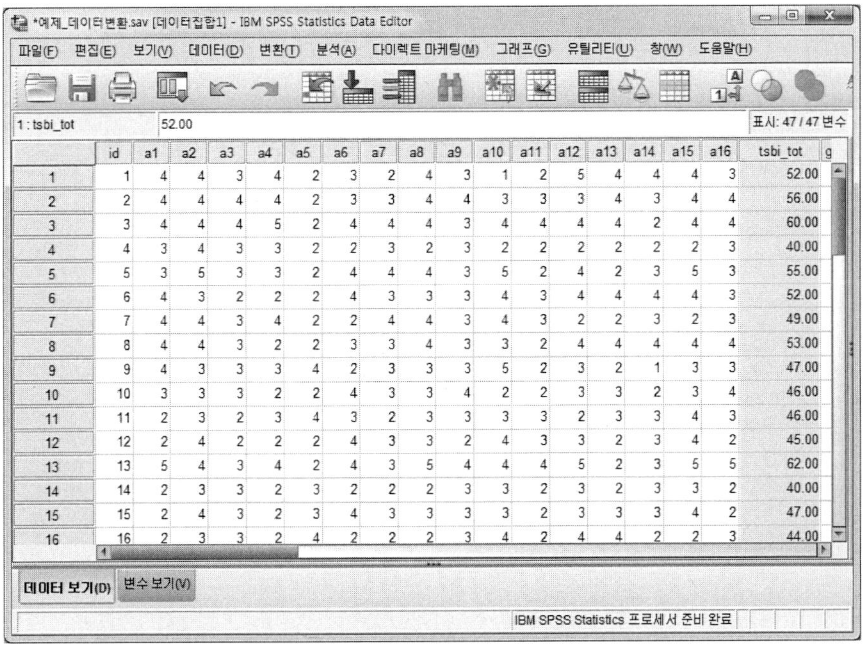

	id	a1	a2	a3	a4	a5	a6	a7	a8	a9	a10	a11	a12	a13	a14	a15	a16	tsbi_tot	g
1	1	4	4	3	4	2	3	2	4	3	1	2	5	4	4	4	3	52.00	
2	2	4	4	4	4	2	3	3	4	4	3	3	3	4	3	4	4	56.00	
3	3	4	4	4	5	2	4	4	4	3	4	4	4	4	2	4	4	60.00	
4	4	3	4	3	3	2	2	3	2	3	2	2	2	2	2	2	3	40.00	
5	5	3	5	3	3	2	4	4	4	3	5	2	4	2	3	5	3	55.00	
6	6	4	3	2	2	2	4	3	3	3	4	3	4	4	4	4	3	52.00	
7	7	4	4	3	4	2	2	4	4	3	4	3	2	2	3	2	3	49.00	
8	8	4	4	3	2	2	3	3	4	3	3	2	4	4	4	4	4	53.00	
9	9	4	3	3	3	4	2	3	3	3	5	2	3	2	1	3	3	47.00	
10	10	3	3	3	2	2	4	3	3	4	2	2	3	3	2	3	4	46.00	
11	11	2	3	2	3	4	3	2	3	3	3	3	2	3	3	4	3	46.00	
12	12	2	4	2	2	2	4	3	3	2	4	3	3	2	3	4	2	45.00	
13	13	5	4	3	4	2	4	3	5	4	4	4	5	2	3	5	5	62.00	
14	14	2	3	3	2	3	2	2	2	3	3	2	3	2	3	3	2	40.00	
15	15	2	4	3	2	3	4	3	3	3	3	2	3	3	3	4	2	47.00	
16	16	2	3	3	2	4	2	2	2	3	4	2	4	4	2	2	3	44.00	

[그림 8-35] 사회성 점수의 산출: tsbi_tot 변수 생성

② 논리조건식(if)을 함께 사용한 수치변수의 계산

만일 **예제설문지**의 성별의 '남자'만을 대상으로 '사회성'의 합산점수를 구하면 어떠한가? 이 경우 **논리문** if를 사용하여 계산하게 된다. [그림 8-34]의 하단에 있

는 '조건' 탭을 클릭하면 [그림 8-36]의 (a)와 같은 대화상자가 열리고, '다음 조건을 만족하는 케이스 포함' 항목에서 'gender=1'이라고 입력하면 남자인 경우에만 사회성 점수를 계산한다.

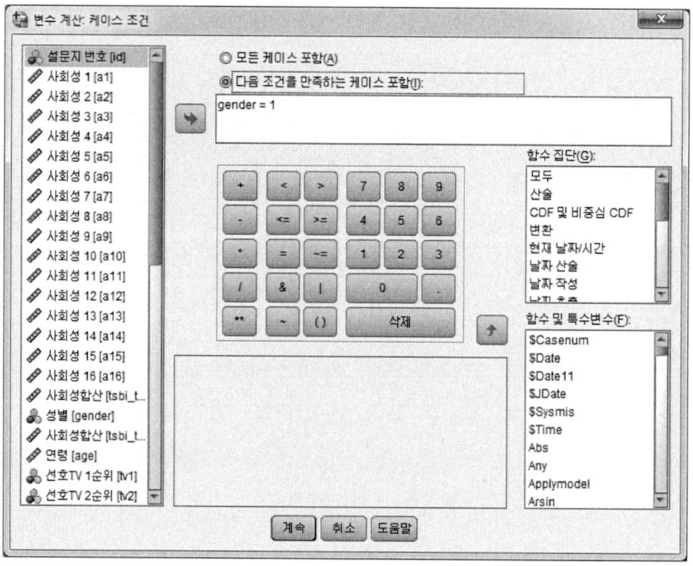

(a) 조건문(if)의 사용을 위한 대화상자

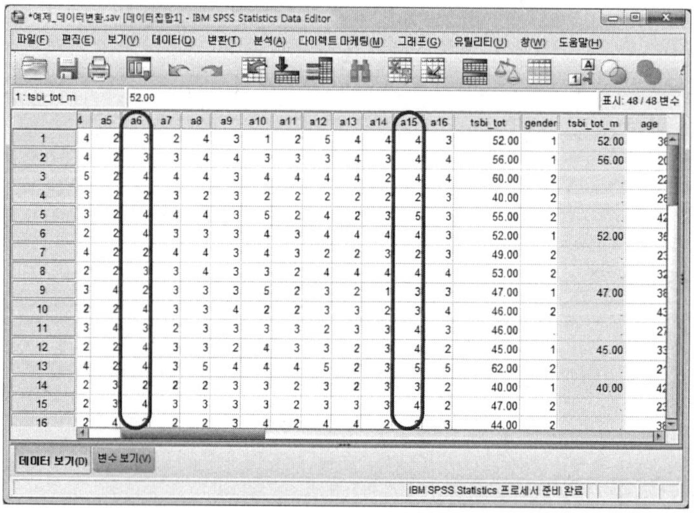

(b) 남자의 조건만을 선택하여 사회성 점수를 산출한 결과

[그림 8-36] 변수 계산에서 조건문(if)의 사용

그림 (b)는 그림 (a)의 조건문을 이용하여 16개 사회성 문항의 합을 구하고 새 변수 'tsbi_tot_m'으로 저장한 것이다. 남녀 모두를 포함한 합산점수 tsbi_tot와 달리, 'gender=1'인 경우에만 값이 산출되었음을 주목하라. 이처럼 변수 계산을 논리식(if)과 결합하면 다양한 조합이 가능하여 설문의 응답을 훨씬 정교하게 분석할 수 있다.

논리식(if)의 활용

예컨대, **예제설문지**에서 '학력'과 '수입' 변수를 조합해 설문에서 측정하지 않은 '계층'이라는 변수를 만들어 보자. 논리식을 이용해, 학력이 낮고 수입이 낮은 집단을 **저소득계층**, 학력이 높고 수입이 높은 집단을 **고소득계층**으로 구분하여 사회성점수를 산출할 수 있는가? (여기서의 계층구분은 개념적 문제가 아니라 데이터의 논리적 계산에 관한 것임.) 단, 이를 위해서는 예제설문지의 수입 변수를 집단변수로 만들어야 하는데, 이를 위한 과정은 '코딩변경' 명령으로 수행한다. 이 문제에 대한 해답은 코딩변경을 공부한 후에 구해 본다.

☐ 코딩변경

코딩변경
변환메뉴 ⇨ 같은 변수로 코딩변경
변환메뉴 ⇨ 다른 변수로 코딩변경
변환메뉴 ⇨ 자동 코딩변경

① 같은 변수로 코딩변경

같은 변수로 코딩을 변경을 하는 경우는 변경되기 '이전 코드값을 사용하지 않을 경우'다. 만일 이전 코드값이 분석에서 사용된다면 '다른 변수로 코딩변경'을 사용해야 한다. '예제설문지'에서 **같은 변수로 코딩변경**을 해도 무방한 경우를 생각해 보자. 먼저 이 설문지에는 '역척도' 문항이 포함되어 있는데, 이들 역척도 문항은 설문에서 응답편향을 방지하기 위한 것이다. 이런 점에서 앞서 계산한 사회성 합산점수(tsbi_tot)는 **역척도 문항을 고려하지 않았기 때문에 정확한 값이 아니다.** 정확한 계산은 '역척도'를 변환한 후 계산된 값이어야 한다. 역척도 전환을 위한 '같은 변수로 코딩변경'을 사용해 보자. '변환 ⇨ 같은 변수로 코딩변경'을 누르면 [그림 8-37]의 (a)와 같은 대화상자가 열린다.

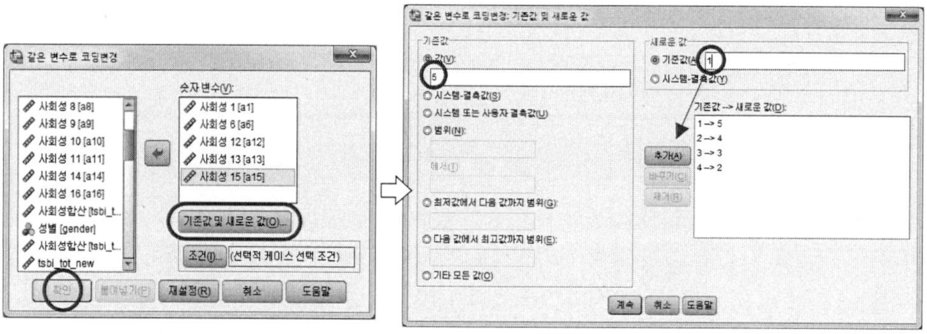

(a) (b)

[그림 8-37] 변수 계산에서 조건문(if)의 사용

사회성 문항의 1, 6, 12, 13, 15번의 5개 문항은 역척도이므로(예제 설문지에 *표시), 이를 '숫자변수' 칸에 넣고 '기존값 및 새로운 값'을 클릭한다. [그림 8-36]의 (a)에서 변수를 입력하고 **기존값 및 새로운 값**을 클릭하면, 그림 (b)의 대화상자가 열린다. 그림 (b)의 대화상자를 정의하지 않으면 '확인' 버튼이 활성화되지 않는다. 그림 (b)의 '기존값'에 차례로 원 코드값을 넣고 이를 바꿀 새 값을 '새로운 값'에 넣는다. 역척도는 '1=5' '2=4' '3=3' '4=2' '5=1'로의 전환이므로 차례로 기존값과 새 값을 넣고 추가하면 된다. 그런 후 '계속'을 클릭하면 다시 그림 (a)의 대화상자로 돌아오는데, 이때 '확인' 버튼이 활성화된다. 그리고 확인을 누르면 데이터편집기에서 자동으로 해당 변수의 코드값이 변경된다. [그림 8-38]은 코딩변경이 완료된 결과다. 코딩변경의 확인을 위해, 코딩이 변경되기 전인 [그림 8-36]의 a6과 a15 변수를 비교해 보라.

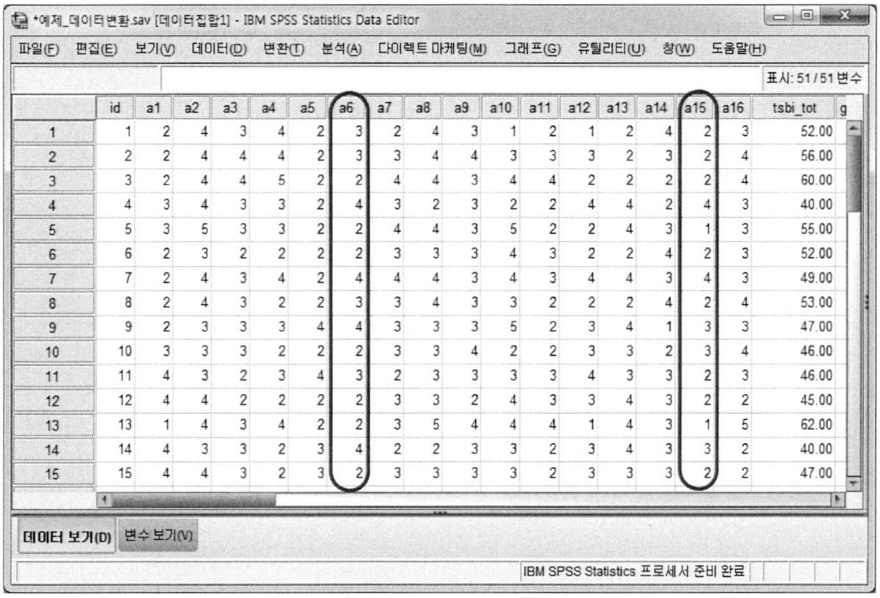

	id	a1	a2	a3	a4	a5	a6	a7	a8	a9	a10	a11	a12	a13	a14	a15	a16	tsbi_tot
1	1	2	4	3	4	2	3	2	4	3	1	2	1	2	4	2	3	52.00
2	2	2	4	4	4	2	3	3	4	4	3	3	3	2	3	2	4	56.00
3	3	2	4	4	5	2	2	4	4	3	4	4	2	2	2	2	4	60.00
4	4	3	4	3	3	2	4	3	2	3	2	2	4	4	2	4	3	40.00
5	5	3	5	3	3	2	2	4	4	3	5	2	2	4	3	1	3	55.00
6	6	2	3	2	2	2	2	3	3	3	4	3	2	2	4	2	3	52.00
7	7	2	4	3	4	2	4	4	4	3	4	3	4	4	3	4	3	49.00
8	8	2	4	3	2	2	3	3	4	3	3	2	2	2	4	2	4	53.00
9	9	2	3	3	3	4	4	3	3	3	5	2	3	4	1	3	3	47.00
10	10	3	3	3	2	2	2	3	3	4	2	2	3	3	2	3	4	46.00
11	11	4	3	2	3	4	3	2	3	3	3	3	4	3	3	2	3	46.00
12	12	4	4	2	2	2	2	3	3	2	4	3	3	4	3	2	2	45.00
13	13	1	4	3	4	2	2	3	5	4	4	4	1	4	3	1	5	62.00
14	14	4	3	3	2	3	4	2	2	3	3	2	3	4	3	3	2	40.00
15	15	4	4	3	2	3	2	3	3	3	3	2	3	3	3	2	2	47.00

[그림 8-38] 같은 변수로의 코딩변경 결과(a1, a6, a12, a13, a15)

'코딩변경' 확인하기 - 명령문편집기(Syntax)의 이용

실제 '코딩변경'은 데이터가 변경되므로 미리 해당변수의 코드값이 무엇이었는지를 확인하지 않으면 분석을 진행하면서 혼동하기 쉽다. 그래서 흔히 권장되는 방법은 다음 두 가지다.

첫째, 코딩변경을 하기 전과 후에 '빈도분석'으로 확인한다.

a6 사회성 6

		빈도	퍼센트	유효 퍼센트	누적퍼센트
유효	2	6	20.0	20.0	20.0
	3	10	33.3	33.3	53.3
	4	14	46.7	46.7	100.0
	합계	30	100.0	100.0	

(a) 코딩변경 이전의 빈도분석

a6 사회성 6

		빈도	퍼센트	유효 퍼센트	누적퍼센트
유효	2	14	46.7	46.7	46.7
	3	10	33.3	33.3	80.0
	4	6	20.0	20.0	100.0
	합계	30	100.0	100.0	

(b) 코딩변경 후 빈도분석

둘째, '명령문편집기'를 활용한다. 명령문편집기를 사용하면 분석과정에서 사용한 모든 명령어를 저장할 수 있기 때문에 작업흐름을 파악하는 데 유용하다.

```
RECODE a1 a6 a12 a13 a15 (1=5) (2=4) (3=3) (4=2) (5=1).
EXECUTE.
```

위의 명령문은 [그림 8-37] (a)에서 '붙여넣기'를 선택한 결과로, '붙여넣기'를 선택하면 명령이 바로 실행되지 않고 '명령문편집기'로 복사되고 사용자의 실행을 기다린다. 사용자는 아래 그림에서 명령문을 블록으로 만든 후 녹색단추(혹은 명령문에서 오른쪽 마우스)를 눌러 실행한다.

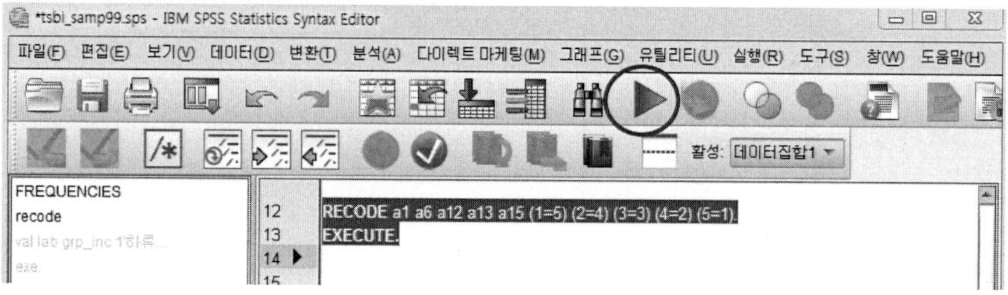

② 다른 변수로 코딩변경

다른 변수로 코딩을 변경하는 경우는 변경되기 이전 코드값을 언젠가 다른 분석에서 사용해야 하는 경우다. **예제설문지**에서 '수입' 변수를 고/저로 나누는 경우를 생각해 보자. 먼저 '수입'변수가 어떤 분포를 지녔는지 확인해야 하므로 빈도분석을 수행한다. [그림 8-39]의 (a)는 빈도분석을 수행한 결과(분석메뉴 ⇨ 기술통계량 ⇨ 빈도분석)이고, (b)는 '새로운 변수로 코딩변경'의 대화상자다.

income 수입(만원)

		빈도	퍼센트	유효 퍼센트	누적퍼센트
유효	112.0	1	3.3	3.3	3.3
	200.0	1	3.3	3.3	6.7
	250.0	2	6.7	6.7	13.3
	270.0	1	3.3	3.3	16.7
	300.0	2	6.7	6.7	23.3
	320.0	1	3.3	3.3	26.7
	330.0	1	3.3	3.3	30.0
	340.0	1	3.3	3.3	33.3
	350.0	5	16.7	16.7	50.0
	380.0	1	3.3	3.3	53.3
	400.0	7	23.3	23.3	76.7
	450.0	2	6.7	6.7	83.3
	460.0	2	6.7	6.7	90.0
	500.0	1	3.3	3.3	93.3
	550.0	1	3.3	3.3	96.7
	600.0	1	3.3	3.3	100.0
	합계	30	100.0	100.0	

(a)

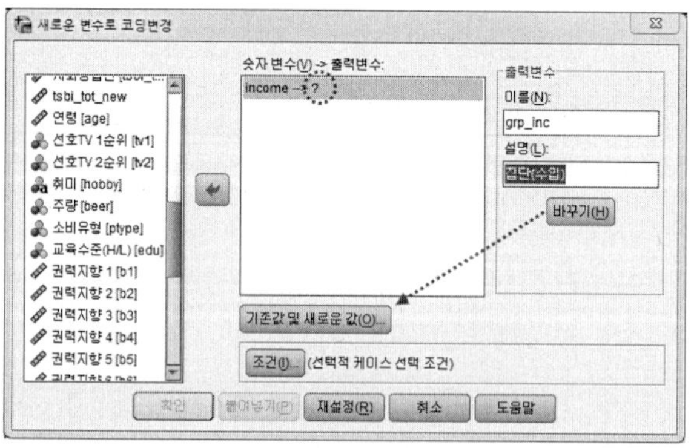

(b)

[그림 8-39] 다른 변수로의 코딩변경: income 변수의 예

빈도분석을 수행한 결과, 전체의 누적 50% 지점의 값이 350이므로 이 값을 기

준한다면, **수입이 낮은 집단**과 **수입이 높은 집단**의 구분이 가능할 수 있다(단, 사례수가 많다면 상위 30%와 하위 30%의 방법으로 집단을 구분하는 것이 좋다). 여기서 **350을 기준으로 고/저로 구분**해 보자. 먼저 '다른 변수로 코딩변경'의 대화상자에서 'income' 변수를 넣고 이름(grp_inc)과 변수설명(집단(수입))을 입력하고 **바꾸기**를 클릭한다. '바꾸기'를 클릭하지 않고 넘어가면 상단 원 안에 있는 **물음표(?)가 해소되지 않음**을 기억하라. '바꾸기'를 클릭하면 [그림 8-40]의 대화상자가 열리는데, 'income' 변수는 비율척도로 값의 범위가 넓으므로 1:1의 대응값이 아니라 범위를 지정한다.

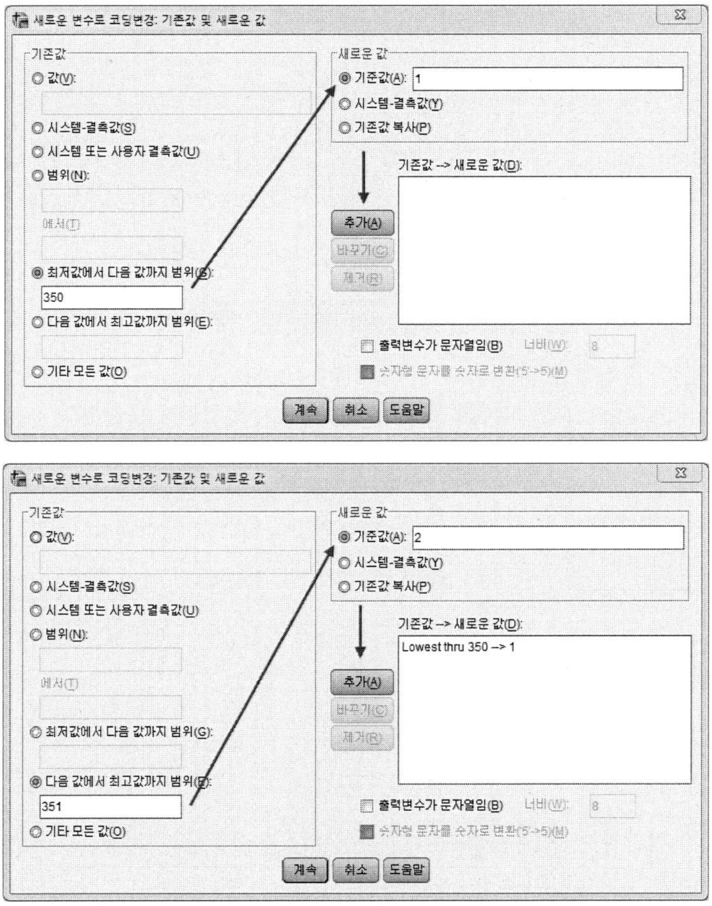

[그림 8-40] 코딩변경에서 범위값의 지정

'income' 변수를 2집단(고/저)으로 구분할 것이므로 '최저값에서 다음 값까지'에 350을 입력하면 '낮은 집단'을 의미하고, '다음 값에서 최고값까지 범위'에 351을 입력하면 '높은 집단'을 의미한다. 각각을 1과 2의 값으로 '새로운 값'을 지정하고 '추가'를 클릭하면 범위값에 대한 지정이 완료된다. '계속'을 클릭하면 다시 [그림 8-39]의 (b)로 이동한다. 그리고 '확인'을 누르면 바로 실행하여 데이터 값을 변경하고, 만일 '붙여넣기'를 클릭하면 앞서 언급했듯이 '명령문편집기'로 명령어를 붙여 넣는다. [그림 8-41]은 '붙여넣기'의 결과로 명령문편집기에 명령어가 복사된 것을 나타낸다.

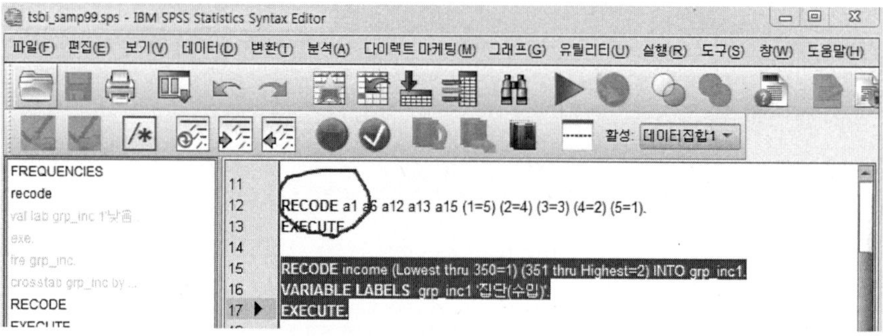

[그림 8-41] '붙여넣기'로 명령문편집기에 명령어 복사하기

[그림 8-41]의 'RECODE income (lowest thru 350=1) (351 thru highest=2) into grp_inc1' 명령라인을 시행하면 **데이터 보기**에서 기존 'income' 변수는 **그대로** 있고 새롭게 'grp_inc' 변수가 생성되는 것을 확인할 수 있다. 'grp_inc' 변수에서 '1=낮음' '2=높음'이다.

이제 집단변수가 만들어진 '수입'과 '학력'으로 앞서 질문한 '저소득계층'과 '고소득계층'을 구분하는 사회성 점수를 산출해 보자. '변환 ⇨ 조건문(if) ⇨ 변수 계산'을 사용하여 얻은 **명령문편집기**의 내용은 [그림 8-42]와 같다. 그리고 [그림 8-43]은 명령문을 실행하여 얻은 **데이터 보기**의 내용이다.

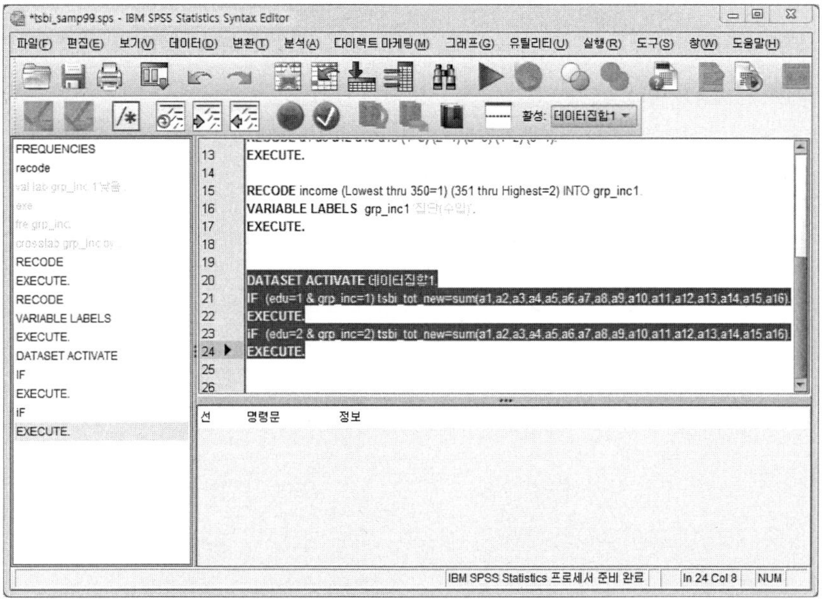

[그림 8-42] 학력과 수입 변수의 조합에 따른 사회성 점수 산출 명령문

[그림 8-43] 저소득계층과 고소득계층의 사회성 점수(tsbi_tot_new)

[그림 8-42] 명령어는 '교육수준이 낮고 수입이 낮은 집단(grp_inc=1)과 교육수준이 높고 수입이 높은 집단(grp_inc=2)에 대해서만 사회성 점수를 산출하고, 이를 tsbi_ tot_new 변수로 출력하라'는 의미다. [그림 8-44]는 교차분석의 수행결과(분석메뉴 ⇨ 기술통계량 ⇨ 교차분석)로 각 집단에 해당하는 사람이 20명임을 확인할 수 있다.

grp_inc 집단(수입) * edu 교육수준(H/L) 교차표

빈도

		edu 교육수준(H/L)		전체
		1 고졸이하	2 대졸이상	
grp_inc 집단(수입)	1 낮음	9	6	15
	2 높음	4	11	15
전체		13	17	30

[그림 8-44] 저소득계층과 고소득계층의 사회성 점수(tsbi_tot_new)

③ 자동 코딩변경의 사용(개방형 질문에 대한 코딩변경)

자동 코딩변경을 사용하는 가장 일반적 상황은 '문자변수'를 '숫자변수'로 전환하는 경우다. **예제설문지**의 '취미'는 개방형 질문으로 **문자**로 정의된 변수다. 자동 코딩변경을 사용하면 이 문자변수가 숫자변수로 변환되면서 자동으로 코드가 생성된다. 즉, **데이터 보기**에서 'hobby' 변수는 문자열 그대로가 보이지만 이를 자동 코딩변경을 이용하면 '축구' '음악감상' '독서' 등이 1, 2, 3 등의 수치 코드값을 가지게 된다. 그러나 변수의 측정수준은 그대로 **명목척도**로 유지된다. 먼저 '변환메뉴 ⇨ 자동 코딩변경'을 선택하면, [그림 8-45]와 같이 **자동 코딩변경**의 대화상자에서 취미(hobby)를 숫자변수로 변환할 수 있다.

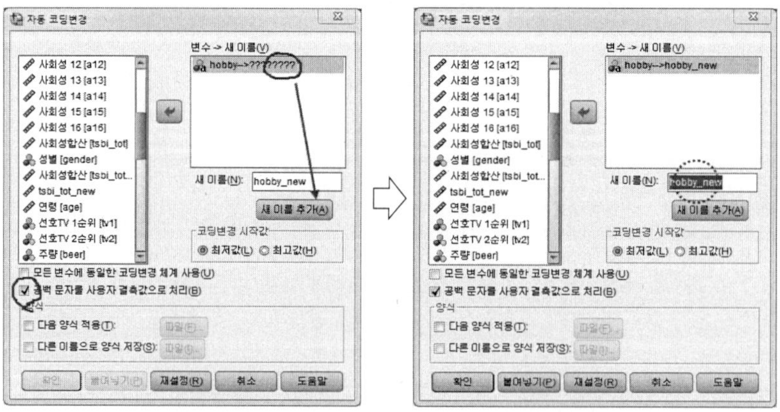

[그림 8-45] 자동 코딩변경의 대화상자

[그림 8-45]와 같이 입력하고 '확인'을 클릭하면 [그림 8-46]의 (a)와 같이 **뷰어 창**에서 문자열에 수치가 어떻게 할당되었는지를 보여 준다. '게임=1' '낚시=2' '독서=3' 등으로 숫자가 부여되었고, 그림 (b)의 **데이터 보기**에 새 변수 'hobby_ new'에 그 값이 할당되는 것을 볼 수 있다. 단, 'hobby_new' 변수에 할당된 수치는 SPSS가 자동으로 부여한 것이므로 **변수 보기**의 '값' 항목에도 자동으로 기록된다.

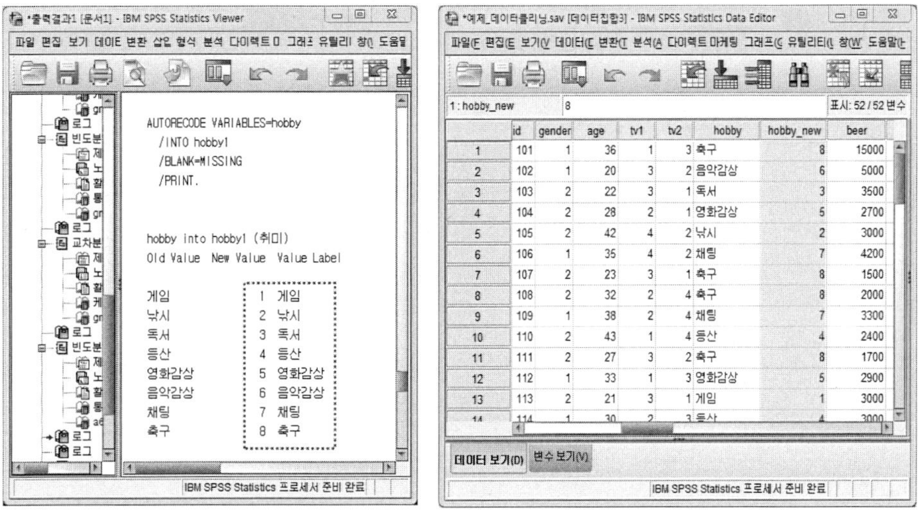

(a) 뷰어 창에 나타난 자동코딩 내용

(b) 데이터 보기에 반영된 결과

[그림 8-46] 자동 코딩변경의 결과(hobby → hobby_new)

④ 응답범주를 줄이기 위한 코딩변경(자료묶음)

[그림 8-46]에서 보듯이, '취미'의 범주는 8개로 전체 사례수 $n = 30$에 비해 너무 많다. 다른 분석에서 이를 적절하게 사용하기 위해서는 범주를 3~4개 이하로 줄이는 것이 바람직하다. 어떻게 반응범주를 줄이는 것이 좋을지를 생각해 보자. 먼저 판단을 위해 빈도분석을 수행한다. [그림 8-47]은 'hobby_new' 변수에 대한 빈도분석 결과다.

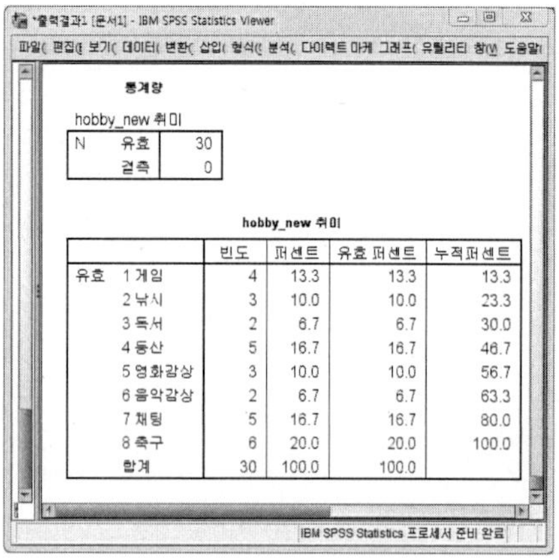

(a) 자료묶음 이전의 8개 항목

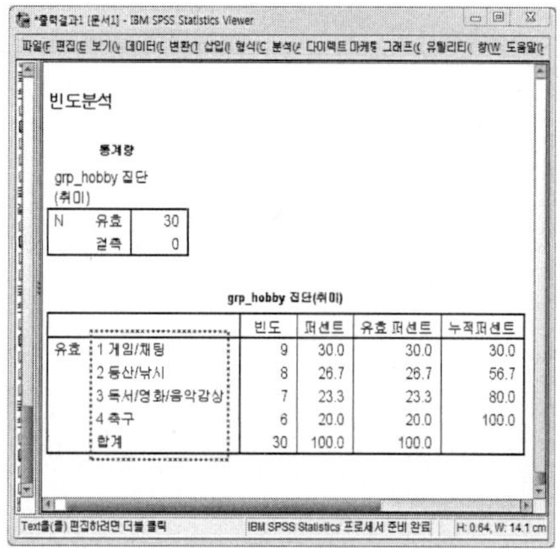

(b) 자료묶음 이후의 4개 항목

[그림 8-47] 자료묶음으로 응답범주 줄이기

빈도분석의 결과를 바탕으로 그림 (b)는 4개의 범주로 자료를 묶었다. 이렇게 자료를 묶기 위해서는 단계가 필요하다. 첫째, 그림 (a)처럼 빈도분석을 하고 자료가 묶일 수 있는 것인지를 판단해야 한다. 만일 (b)처럼 '게임'과 '채팅'이 묶일 수 없다면 오히려 잘못된 분석을 하게 될 가능성이 높다. 둘째, 자료가 합리적으로 묶일 것으로 예상되면 '변환메뉴 ⇨ 다른 변수로 코딩변경'을 선택해 코딩을 변경한다. 다음은 **명령문편집기**로 '붙여넣기'한 명령어 내용이다.

'취미' 변수에 대한 자료묶음 – 명령문편집기의 이용

```
recode hobby_new (1,7=1) (2,4=2) (3,5,6=3) (8=4) into grp_hobby.
variable label grp_hobby '집단(취미)'.
value label grp_hobby 1 '게임/채팅' 2 '등산/낚시' 3 '독서/영화/음악감상' 4 '축구'.
EXECUTE.
```

지금까지 데이터의 입력과 정의, 분석에 필요한 기본적인 계산과 변환 명령어를 살펴보았다. 실제 **예제설문지**를 활용하기 위해서는 사회성의 예처럼 '권력지향' 문항에 대한 역척도 전환과 점수화(합산 혹은 평균), '통제성향' 문항에 대한 점수화와 내적 및 외적 통제자 분류도 같은 방법으로 수행하여야 한다. 그 밖에 (a) '연령'과 같은 **척도**를 명목변수로 코딩변경하거나, (b) 응답범주를 줄이고 (c) 조건문(if)을 사용하여 새로운 변수를 만드는 등의 데이터 변환도 고려할 수 있다. 바로 이러한 절차가 본격적인 통계분석을 위한 **데이터 준비**의 과정이다. 이 과정의 마지막 단계는 데이터의 이상 유무를 확인하고 정제하는 **데이터 클리닝**이며, 데이터 클리닝이 완료되면 분석에 사용할 **데이터 세트**가 최종 완성된다. 데이터 클리닝은 빈도분석에 기초하므로 다음 장에서 다룬다.

키워드

OMS 제어판
가중 케이스
값 이동
같은 변수로 코딩변경
구조변환
기술통계량
날짜 정의
논리조건식 혹은 논리식
다른 변수로 코딩변경
다중응답변수군
데이터 생성 혹은 데이터 입력
데이터 전치
데이터 통합
데이터베이스 열기
데이터 보기
데이터편집기
도표작성기
로그선형분석
명령문편집기
변수 계산
변수 보기
뷰어 창
비주얼 빈 만들기
상관분석
생산기능
수치변수의 계산
일반선형모형
일반화선형모형
자동 코딩변경
자료변환 혹은 데이터 변환
중복 케이스 식별
지도 변환 유틸리티
직교계획
케이스 내의 값 빈도
케이스 선택
코드북 혹은 변수 정의서
데이터 정의
텍스트데이터 읽기
통계표 작성
특수 케이스 식별
파일 합치기
파일분할
평균 비교
혼합모형
확인
회귀분석

연습문제

1 설문지를 데이터로 코딩할 때 SPSS의 '데이터' 메뉴를 이용하여 어떤 작업을 수행할 수 있는가?

2 SPSS '변환' 메뉴의 '변수 계산'은 무엇이며, 어떤 목적으로 사용되는가?

3 SPSS '변환' 메뉴의 '코딩변경'은 무엇이며, 어떤 목적으로 사용되는가?

4 SPSS를 이용해 분석할 수 있는 통계 프로시저에는 어떤 것이 있는가?

5 설문지를 이용해 '코드북(변수 정의서)'을 만들 때, 포함해야 할 내용은 무엇인가?

제9장 빈도분석과 카이제곱 검증

Frequency Analysis and Chi-square Test

학습목표

1. 통계분석을 위한 데이터 클리닝의 목적과 방법을 알아본다.
2. 빈도분석의 개념과 활용을 이해한다.
3. 중심경향과 산포도의 개념을 이해한다.
4. 단일표본 카이제곱 검증의 목적과 개념을 이해하고, SPSS의 결과해석을 익힌다.
5. 교차분석의 목적과 개념을 이해하고, SPSS의 결과해석을 익힌다.

"유목에 대한 분석."

1 데이터 클리닝과 빈도분석

1.1 개요

데이터의 입력과 기초적인 데이터 변환이 완료되면, 분석에 사용할 데이터 세트를 만들기 위해 '데이터 클리닝' 과정을 거친다. **데이터 클리닝**은 입력된 데이터의 이상 유무와 데이터 변환 과정의 오류를 확인하고 최종의 데이터 세트를 만드는 과정이다. 데이터의 입력 단계에서 무응답이나 불성한 응답을 골라내는 것도 정제된 데이터를 만드는 하나의 요소이지만, 보통 분석 전 단계에서 전반적으로 데이터를 점검하는 과정으로 이해할 수 있다. 입력된 모든 데이터를 일일이 검토하는 것은 거의 불가능하기 때문에 자료를 요약해 주는 '빈도분석'과 '기술통계' 혹은 '데이터 타당성 검사'가 주로 사용된다.

1.2 데이터 클리닝의 과정

입력이 완료된 데이터의 이상 유무를 확인하는 방법은 **빈도분석**이나 **데이터 타당성 검사**를 수행할 수 있다. 일반적으로 쉽게 할 수 있는 방법은 '빈도분석'이고 정교한 검증이 필요할 때 '타당성 검사'를 이용한다. 먼저 데이터 클리닝을 위해서는 **설문지**나 **코드북**이 필요한데, 빈도분석의 결과를 설문의 응답코드와 타당성 검사는 코드북에 기초해 규칙을 정해 주고 '예외'를 찾는 과정으로 데이터를 확인한다. **예제설문지**를 이용해 데이터 클리닝을 수행해 보자(데이터파일: 예제_데이터클리닝.sav).

▢ 빈도분석을 이용하는 방법

빈도분석: 분석메뉴 ⇨ 기술통계량 ⇨ 빈도분석

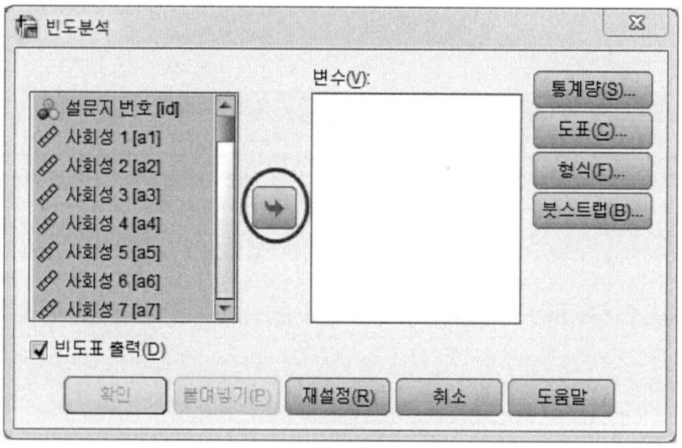

[그림 9-1] 빈도분석 대화상자

빈도분석의 대화상자에서 모든 변수를 지정하여 오른쪽 '변수' 칸에 넣고 확인을 클릭한다. [그림 9-1]은 빈도분석의 대화상자를 나타낸다.

모든 변수를 지정하여 '변수' 칸에 넣고 '확인'을 클릭하면, **뷰어 창**이 열리고 빈도분석의 결과가 출력된다. 준비된 설문지 혹은 코드북을 보면서 빈도분석의 결과를 하나씩 확인한다. [그림 9-2]는 데이터의 입력오류가 있는 '성별'의 빈도표다.

[그림 9-2]를 보면, 성별(gender) 변수가 코드북에 존재하지 않는 '3'이 입력되어 있는 것을 확인할 수 있다. '3'은 입력오류이므로 수정해야 되는데, 손쉽게 할 수 있는 방법은 먼저 (a) **데이터 보기**에서 성별 변수를 찾고 '3'으로 코딩된 설문지 번호를 확인한다. 설문지 번호가 확인되면 (b) 해당하는 설문지를 찾아 실제 응

gender 성별

		빈도	퍼센트	유효 퍼센트	누적퍼센트
유효	1 남자	14	46.7	48.3	48.3
	2 여자	14	46.7	48.3	96.6
	3	1	3.3	3.4	100.0
	합계	29	96.7	100.0	
결측	시스템 결측값	1	3.3		
합계		30	100.0		

[그림 9-2] 입력오류가 있는 변수

답을 확인하고 수정한다. [그림 9-3]은 **데이터 보기**에서 오류를 확인하는 방법을 예시한 것이다. 이 예에서 설문지 번호(id) 20번을 찾아 실제 응답값을 확인 후 수정한다.

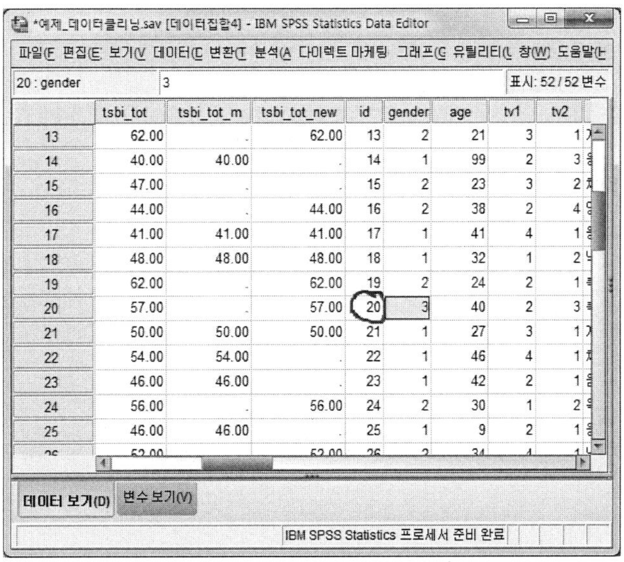

[그림 9-3] 입력오류의 확인

한편 [그림 9-2]에 있는 '시스템 결측값'도 확인해 보아야 하는데, 대체로 조사에서 성별의 경우는 결측값이 되기 어렵다. 따라서 입력오류인 것인지 조사원이 실수로 기록하지 않은 것인지를 확인해야 한다. 응답오류는 위와 같은 방법으로 수정하지만, 조사원이 기록하지 않은 것이라면 설문을 회수하는 단계에서 확인이 이루어지지 못한 것으로 중요한 데이터 하나를 잃는 결과가 될 수도 있다.

age 연령

		빈도	퍼센트	유효 퍼센트	누적퍼센트
유효	9	1	3.3	3.3	3.3
	20	1	3.3	3.3	6.7
	21	1	3.3	3.3	10.0
	22	1	3.3	3.3	13.3
	23	2	6.7	6.7	20.0
	24	1	3.3	3.3	23.3
	27	2	6.7	6.7	30.0
	28	1	3.3	3.3	33.3
	30	1	3.3	3.3	36.7
	32	2	6.7	6.7	43.3
	33	2	6.7	6.7	50.0
	34	1	3.3	3.3	53.3
	35	1	3.3	3.3	56.7
	36	1	3.3	3.3	60.0
	38	2	6.7	6.7	66.7
	40	1	3.3	3.3	70.0
	41	1	3.3	3.3	73.3
	42	2	6.7	6.7	80.0
	43	2	6.7	6.7	86.7
	44	1	3.3	3.3	90.0
	45	1	3.3	3.3	93.3
	46	1	3.3	3.3	96.7
	99	1	3.3	3.3	100.0
	합계	30	100.0	100.0	

[그림 9-4] 연령변수의 입력오류 확인

[그림 9-4]의 연령(age)변수의 경우는 좀 다른데, '9'나 '99'는 연령의 값으로 불가능한 것은 아니다. 그러나 설문조사가 이 연령을 대상으로 하지 않았다면 입력오류일 것이다. 마찬가지로 해당 값의 설문지 번호를 확인하고 데이터 입력의 이상 유무를 확인한다. 종종 설문조사를 입력할 때 '9'나 '99'의 숫자는 **결측값의 코드값**으로 사용하는 경우가 있다. 모든 데이터에 **결측값(무응답)을 일관성 있게 처리**하는 것이 필요하다. 예컨대, 어떤 경우는 빈칸으로 처리하고 어떤 경우는 '0', 어떤 경우는 '99'와 같은 값으로 처리하면 분석결과에 혼동을 초래하기 때문이다.

▢ 확인(Validation) 메뉴를 이용하는 방법

> 타당성 검사: 데이터메뉴 ⇨ 확인 ⇨ 규칙 정의 ⇨ 데이터 타당성 검사

SPSS의 **확인**(validation) 메뉴를 통해 데이터를 검증하고자 할 경우에는 미리 정의된 규칙을 호출하거나 규칙을 정의해 주어야 한다. [그림 9-5]는 타당성 검사의 규칙을 정의하는 대화상자다. 설명목적상 3개 변수(사회성, 성별, 연령)에 대한 규칙만을 정의해 보자.

[그림 9-5]에서 보듯이, '연령' 변수의 범위는 20에서 50으로 그 이외의 범위값을 **규칙위반**, 즉 오류데이터로 판정할 것이다. 왼쪽 하단의 '새 파일'을 선택하여 추가로 변수를 지정할 수 있다. 검사하고자 하는 변수에 대한 '규칙정의'가 끝나면, '데이터메뉴 ⇨ 확인 ⇨ 데이터 타당성 검사'를 클릭하고 검사할 대상을 선정하고 실행한다. [그림 9-6]의 (a)는 **데이터 타당성 검사**의 '변수지정' 탭의 대화상자이고, (b)는 '단일-변수 규칙' 탭의 대화상자다.

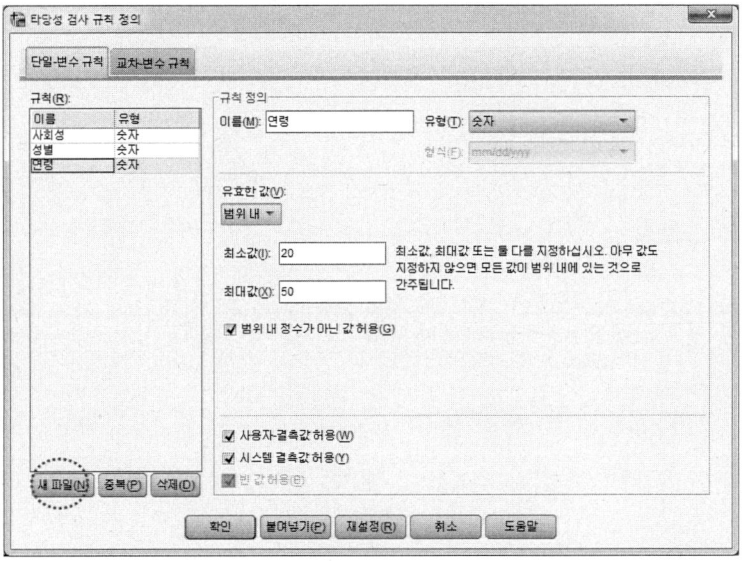

[그림 9-5] 타당성 검사 규칙 정의 대화상자

(a) 변수지정 탭

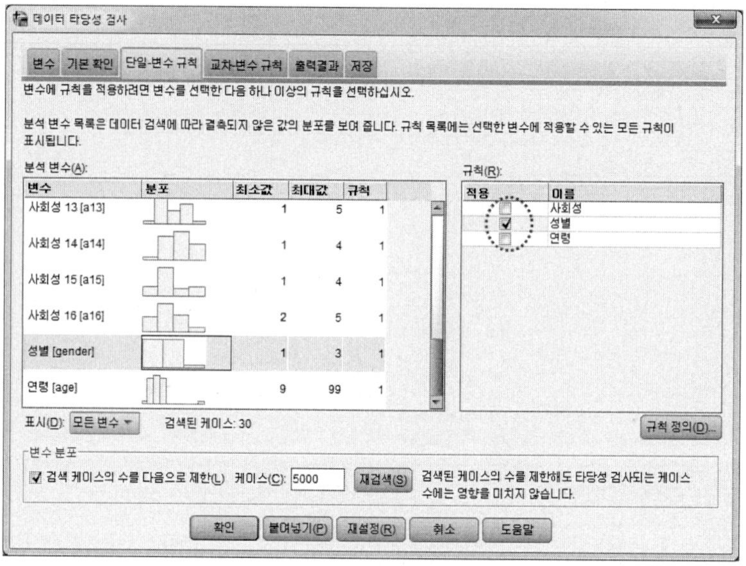

(b) 단일-변수 규칙 탭

[그림 9-6] 타당성 검사 대화상자

앞서 **규칙 정의** 대화상자에서 3개 변수만을 지정하였으므로, [그림 9-6]의 (a)와 같이 **변수지정 탭**에서 검사하고자 하는 변수를 '분석 변수'로 이동한다. 그리고 그림 (b)의 **단일-변수 규칙 탭**에서 각각 적용되는 규칙을 체크한다. 예컨대, 성별은 '규칙' 박스의 성별에만 표시한다. 같은 방법으로 사회성은 '규칙' 박스의 사회성에만 체크한다. 왼쪽 '분석 변수' 박스에 각 변수의 최소값과 최대값을 미리 볼 수 있음을 확인하라. 만일 추가적인 규칙 정의가 필요하면, 오른쪽 하단의 '규칙 정의'를 클릭하여 실행할 수 있다. 모든 지정이 끝나고 확인을 클릭하면, **뷰어 창**에 그 결과를 요약해 준다. [그림 9-7]은 뷰어 창에 출력된 타당성 검사의 결과다.

변수 요약

	규칙	위반 수
gender 성별	성별	1
	합계	1
age 연령	연령	2
	합계	2

케이스 보고서

케이스	타당성 검사 규칙 위반 단일-변수[a]
14	연령 (1)
20	성별 (1)
25	연령 (1)

a. 규칙을 위반한 변수의 수는 각 규칙을 따릅니다.

[그림 9-7] 타당성 검사 결과

[그림 9-7]에서 보듯이, 사회성 문항은 정의된 규칙을 위반한 사례가 없지만, '성별'의 1개와 '연령'의 2개는 규칙을 위반한 것으로 나타났다. 성별의 경우 20번, 연령의 경우 14번과 25번 케이스에서 오류가 있음을 알 수 있다. 주의할 점은 **케이스 번호는 '변수 보기'에서 정의한 설문지 번호(id)가 아니라 시스템 식별번호**(데이터 보기에서 가장 왼쪽의 일련번호)다. 따라서 각 '시스템 번호'에 해당하는 설문지 번호를 확인하고 설문을 찾아야 한다.

이러한 과정을 통해 모든 데이터에 대한 오류를 확인하고 필요한 수정을 완료하면 분석을 위한 **데이터 세트**가 완성된다. 물론 통계분석이란 이론적 개념과 측정, 극단치(데이터메뉴 ⇨ 특수케이스 식별) 등 다양한 영향요인이 있고 그에 따라 연구의 논리가 변화되기도 하지만, **부정확한 데이터 입력으로 발생하는 결과는 어떤 이론으로도 설명되지 않는다.** 그것이 데이터 클리닝의 중요성이다.

교차-변수 규칙의 사용-'갈래질문'의 타당성 검사

타당성 검사가 유용한 상황은 데이터가 크고 변수의 구조가 복잡한 경우다. 특히 '교차-변수 규칙'은 논리문(if)의 사용이 가능하기 때문에 두 변수 이상의 조합으로 데이터의 타당성을 검사할 수 있다. 예컨대, 5장의 [그림 5-15]와 같은 검색질문에서 문 1의 ②에 응답한 사례수는 '문 1-1'의 응답 사례수와 일치해야 하고 ①의 응답 사례수는 문 1-1의 결측값과 일치해야 한다. 타당성 검사를 이용한다면 **교차-변수 규칙**의 탭에서 논리식으로 규칙을 정하여 오류를 확인할 수 있다. 먼저 문 1-1의 결측값을 '99'로 코딩변경을 하고 논리식(문 1=1 and 문 1-1=99)을 만들면 해당 사례를 찾아 준다. 다음 그림은 이를 적용할 때의 예시다.

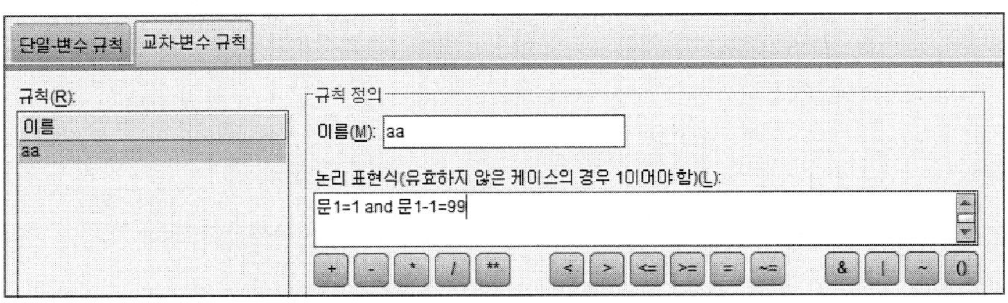

1.3 빈도분석의 개념과 SPSS 실행

흔히 데이터 분석은 많은 양의 자료를 대상으로 하기 때문에 자료를 이해하기 쉬운 형태로 요약하고 제시하는 것이 분석의 첫 단계다. 빈도분석은 가장 기초적인 통계적 방법으로 데이터를 체계적으로 배열하는 방법, 즉 조사에서 얻은 많은 수치를 요약하여 제시함으로써 데이터의 의미와 집단의 특성을 파악할 수 있게 한다. 빈도분석은 기초적인 응답의 빈도(비율)를 표로 제시하거나 그래프로 나타내기 때문에 자료를 한눈에 이해하는 데 도움이 된다.

빈도분석의 개념

▢ 단순빈도분포

단순빈도분포는 가장 기초적인 형태의 분포로 특정 사건이 발생할 빈도, 예컨대 동전을 10번을 던져 앞면이 6번, 뒷면이 4번이 나왔다면 6과 4는 각각의 '빈도(frequency)'이고 이 자료의 배열을 '빈도분포'라 한다. 이를 표로 만든 것이 **빈도분포표**다. 빈도분포에서 각 사건의 발생빈도의 합은 항상 전체 시행과 같아지므로 $\sum_{i=1}^{n} X_i = \sum_{i=1}^{n} f_i X_i = f_1 X_1 + f_2 X_2 + \cdots + f_k X_k$($f$는 빈도, n은 시행)이다. 만일 주사위의 눈이 나온 시행 X의 결과가 1은 3번, 2는 3번, 3은 4번, 4는 2번, 5는 6번, 6은 2번이 나왔다면, $\sum_{i=1}^{6} X_i = 20$이 된다. 예컨대, [그림 9-4]와 같은 결과를 흔히 빈도분포표라 하며, '빈도'에 표시된 값이 단순빈도다.

▢ 상대빈도분포

단순빈도는 각 시행의 횟수, 즉 전체 사례수 n이 다르면 비교가 불가능하므로 '비율(proportion)'이나 '백분율(percentage)'을 사용하면 더욱 풍부한 정보를 얻을 수 있다. **비율**은 전체 빈도에서 각 빈도(혹은 급간의 점수)가 차지하는 정도를 나타내며 비율 $p = f/n$으로 표시되고, **백분율**은 비율의 빈도에 100을 곱하여 $p = f/n \times 100$으로 표시한다. 이러한 비율과 백분율의 빈도를 '상대빈도'라 하고, 이들의 분포를

상대빈도분포(relative frequency distribution)라 한다.

예컨대, [그림 9-4]의 결과에서 '퍼센트'와 '유효퍼센트'에 해당하는 값이 백분율이다. SPSS의 출력물에서 **퍼센트**는 결측값이 있을 때 이를 포함한 백분율이고, **유효퍼센트**는 결측값을 제외한 백분율을 표시한다.

☐ 누적빈도분포

상대빈도가 구해지면 각 빈도나 점수의 상대적 비율과 백분율을 구할 수 있지만, 전체에서 차지하고 있는 위치를 파악하기에는 부족하다. 이렇게 전체에서 특정 빈도의 위치를 파악할 수 있는 방법이 **누적빈도분포**(cumulative frequency distribution)이다. 누적빈도분포에서 각 빈도를 누적하고 백분율로 표시한 누적백분율은 $CP = Cf/n \times 100$(cf는 누적빈도, n은 사례수)과 같이 나타낸다. 누적백분율을 이용하면 특정 빈도나 점수가 전체에서 차지하는 위치를 알 수 있다. 예컨대, [그림 9-4]에서 '누적퍼센트'가 누적백분율에 해당한다.

☐ 백분위수와 백분점수

백분위수(percentile rank; percentile)와 백분점수(percentile score)는 누적빈도분포를 이용하여 주어진 점수에서 각 개인의 위치를 나타내기 위해 사용된다. **백분위수**란 특정 점수 미만에 놓여 있는 사례의 전체 사례에 대한 백분율이고, **백분점수**는 그 백분율에 해당하는 점수다. 예컨대, 백분위수 30이라 하면 '하위 30%에 몇 명의 사람이 속해 있는지'를 말하며 그에 해당하는 점수가 백분점수다. 즉, 백분점수는 특정 백분위수에 대한 '원점수'와 같은 의미다. 보통 백분위수를 P라 하고 백분점수를 X라 하면, 어떤 점수 X에 대한 백분위수 P_X로 나타내고, 특정 백분위수에 해당하는 백분점수를 나타낼 때 Xp라 한다. 만일 백분위수 30의 점수가 49점이라면 백분점수는 $X_{.30} = 49$이고, 백분위수를 나타낼 때 $P_{49} = 30$으로 표시한다.

사분위수(interquartile range: IQR)는 전체 점수의 범위를 4개의 구간을 나누었을 때의 분위수를 말한다. 보통 n분위수를 Q_n이라 할 때 사분위수 $IQR = Q_3 - Q_1$, 즉 3분위수와 1분위수의 차이에 해당한다. Q_1은 백분위수 25, Q_2는 백분위수 50, Q_3은 백분위수 75에 해당한다.

SPSS의 실행

SPSS 빈도분석의 실행은 앞서 데이터 클리닝에서 설명한 바와 같다. 여기서는 빈도분석의 대화상자를 설명하고 출력된 결과물에 대한 설명을 보충한다. [그림 9-8]은 '분석메뉴 ⇨ 빈도분석'에서 **통계량**을 선택하면 나타나는 대화상자다.

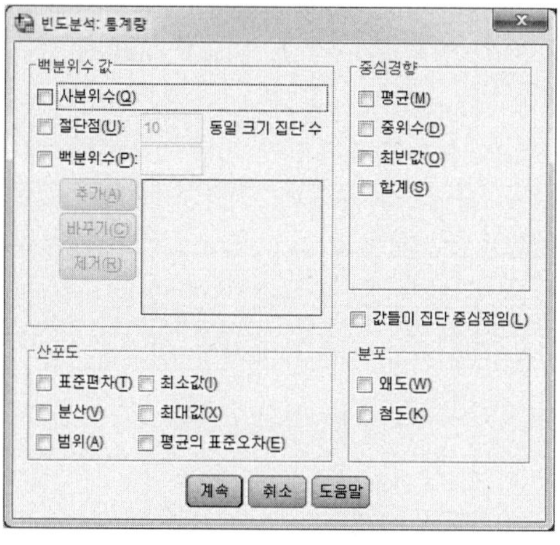

[그림 9-8] 빈도분석의 통계량 대화상자

빈도분석의 **통계량** 대화상자에서는 앞서 언급한 사분위수와 백분위수, 중심경향, 산포도, 분포의 옵션 등을 사용할 수 있다. 이들 통계량은 보통 측정수준이 '척도(등간이상)'로 측정된 경우에 유용하다. 백분위수를 제외한 통계량은 '분석메뉴 ⇨ 기술통계량 ⇨ 기술통계'에서 출력할 수 있는 통계량과 중복된다. 다만 '기술통계' 프로시저에서는 표준점수 z값을 데이터 필드(데이터 보기 창)에 저장하는 '옵션'을 선택할 수 있다.

▢ 백분위수 값

이들 값은 앞서 설명한 사분위수와 백분위수를 출력한다. '절단점'은 사례를 같은 크기의 집단으로 나누어 그에 해당하는 백분위수를 출력한다. 예컨대, 10으로 설정하면 전체를 백분위수 10으로 나누어 10단위에 해당하는 백분점수(원점수)를 출력한다.

□ 중심경향

중심경향(central tendency)은 대표적인 기술통계의 하나로 집단의 특성을 종합하고 요약하여 단일 측정값으로 기술해 주는 지표다.

① 평균: 대표적인 중심경향의 값으로 산술평균을 의미하며, 집단의 모든 점수의 합을 전체 사례수로 나누어 준 값이다. $\overline{X} = \sum_{i=1}^{n} \frac{X_i}{n}$ 로 정의된다.

② 중위수: 점수분포에서 전체 사례를 절반으로 나누는 지점, 즉 분포의 50%가 되는 지점의 점수다. 백분점수로 말하면, X_{50}에 해당하는 점수다. 일반적으로 $Median = L + \frac{n/2 - F}{f_m} i$ 으로 정의된다. 여기서 L은 중위수가 포함된 급간의 정확하한계, F는 L까지의 누적빈도, f_m은 중위수를 포함한 급간의 빈도, n은 사례수, i는 급간의 크기다.

③ 최빈값: 전체 점수의 분포에서 가장 빈도가 많은 값이다.

평균, 중위수, 최빈값의 비교

중심경향치로서 평균, 중위수, 최빈값은 데이터의 특성에 따라 선택적으로 사용한다. 다음 〈표 9-1〉의 각각의 특징을 비교한 것이다.

〈표 9-1〉 평균, 중위수, 최빈값의 비교

특성	비교
① 모집단 추정의 표집오차	최빈값 〉 중위수 〉 평균
② 통계처리의 다양성	평균 〉 중위수 = 최빈값
③ 계산의 편이성	최빈값 〉 평균 = 중위수
④ 극단점수의 영향	평균 〉 중위수 〉 최빈값

□ 산포도

산포도(variability)는 집단의 점수들이 흩어져 있거나 모여 있는 정도를 양적으로 표현한 지표다. 중심경향이 집단의 수준이나 위치를 요약해 주는 특성치라고 한다면, **산포도**는 '점수들이 흩어진 정도'를 요약해 주는 지표다.

① 표준편차: 어떤 집단의 평균으로부터 모든 점수까지의 거리를 표준화한 값, 즉 평균과 원점수 간의 거리를 표준화한 값이다. 흔히 $s = \sqrt{\frac{\Sigma(X-\overline{X})^2}{n}}$ 로 정의된다.

② 분산: 편차제곱의 합을 전체 사례수로 나누어 준 값으로 통계적 추정에 사용된다. $\sigma^2 = \Sigma(X-\overline{X})^2/n$로 정의된다.

③ 범위: 최대값에서 최소값을 뺀 값이다.

④ 최소값: 점수의 최소값이다.

⑤ 최대값: 점수의 최대값이다.

⑥ 평균의 표준오차: 표본평균의 표준편차를 표본크기로 나누어 준 값으로 평균의 표집분포의 표준편차를 말한다. $\sigma_{\overline{x}} = \sigma/\sqrt{n}$로 정의되며, $\sigma_{\overline{x}}$는 평균의 표준오차, σ은 모집단의 표준편차, n은 표본크기다.

□ 분포

분포가 정규분포를 이루고 있는지를 나타낸다.

① 왜도(skewness): 분포가 좌우로 기울어진 정도를 나타낸다. 만일 이 값이 0보다 크면 정상분포에 비해 분포가 왼쪽으로 기울어진 정적 왜도의 경우이고, 0보다 작으면 분포가 오른쪽으로 기울어진 부적 왜도를 의미한다.

② 첨도(kurtosis): 분포가 뾰족한지 아니면 평평한지를 알려 준다. 만일 이 값이 0보다 크면 정상분포에 비해 분포가 뾰족한 분포이고, 0보다 작으면 평평한 분포를 이룬다.

2 카이제곱 검증

2.1 개요

카이제곱 검증(chi-square test)은 대표적인 '비모수통계'의 하나이며, 모수통계에서 가정하는 정상성, 선형성, 동변량성 등을 충족하지 않는 분포에 사용된다. 특정 분포를 가정하지 않으므로 '분포에서 자유로운 검증'이라고도 한다. 비모수통계 기법은 표본의 크기가 작고 모집단이 정확히 알려져 있지 않은 경우 유용하지만 통계적 추론이 약하다. 카이제곱 검증은 주로 **명목척도로 구성된 변수의 관측수(관찰치)의 빈도를 검증**하는 방법이다.

2.2 카이제곱 검증의 논리

카이제곱 검증(χ^2 test)은 관측빈도와 기대빈도 간의 차이가 통계적으로 유의미한지를 검증하는 비모수통계 기법이다. χ^2의 목적은 크게 관측빈도가 교차분할표의 **셀 간에 독립적인지를 확인하려는 목적**과 **데이터의 '적합도'를 판단할 목적**으로 사용된다. '적합도'란 표본의 빈도분포가 모집단 분포에 얼마나 적합한지를 판단하는 것으로, 흔히 관측치에서 얻은 분포가 이론적으로 기대되는 모집단의 분포에서 얼마나 이탈되는지를 검증한다.

카이제곱의 분포

χ^2의 분포는 자유도에 의해 규정되는 분포로 연속확률분포이자 그 모수치는 자유도다. [그림 9-9]는 χ^2의 분포를 나타낸다. 이 분포는 항상 양수 값을 취하며 오른쪽 꼬리를 가진 비대칭분포다. [그림 9-9]에서 보듯이, 자유도의 증가에 따라 분포의 양끝이 평평해지며 정상분포에 접근하는 것을 알 수 있다. χ^2의 일원분할표에서 자유도 $df = k-1$(k는 범주의 수)이고, 교차분할표에서 $df = (r-1)(c-1)$(r과 c는 교차변수의 범주 수)이다.

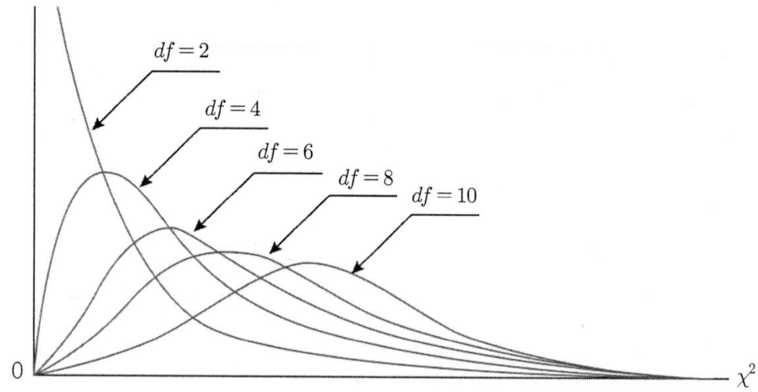

[그림 9-9] 자유도에 따른 χ^2분포

일반적으로 χ^2은 다음과 같이 정의된다.

$$\chi^2 = \sum \frac{(O_{ij} - E_{ij})^2}{E_{ij}}$$ 공식 9-1

여기에서 O_{ij}는 **관측빈도**를, E_{ij}는 O_{ij}의 **기대빈도**를 나타낸다. '관측빈도'란 실제 발생 사건의 빈도로 경험적인 개념이며, '기대 빈도'란 확률적 계산과정을 통해 특정 사건에 대해 기대할 수 있는 발생 빈도로 이론적 개념이다.

χ^2검증은 분포에 대한 가정을 포함하지 않지만 (a) 관측치가 무선적으로 선택, 즉 **무선선택**을 전제로 상호 독립적임을 가정한다. 흔히 기대빈도가 5보다 작을 때 산출되는 χ^2값이 왜곡된다. $df = 1$인 경우 각 셀의 빈도가 5 미만이면 χ^2을 적용하기 어렵다. $df > 1$인 경우 **5 미만의 기대빈도 셀이 전체의 20%보다 작아야** 결과를 타당하게 해석할 수 있다.

2.3 χ^2 검증의 SPSS 따라하기

검증방법의 따라하기

검증방법의 '**따라하기**'는 가설검증 방식으로 설명한다. 각각의 검증방법에 맞는 (a) 가설을 설정하고, (b) SPSS 분석을 수행하여, (c) 분석결과를 해석하고, (d) 결론을 내리는 절차를 이용한다. **예제설문지**의 변수를 사용하며, 데이터는 '예제_분석기법용.sav'를 활용한다.

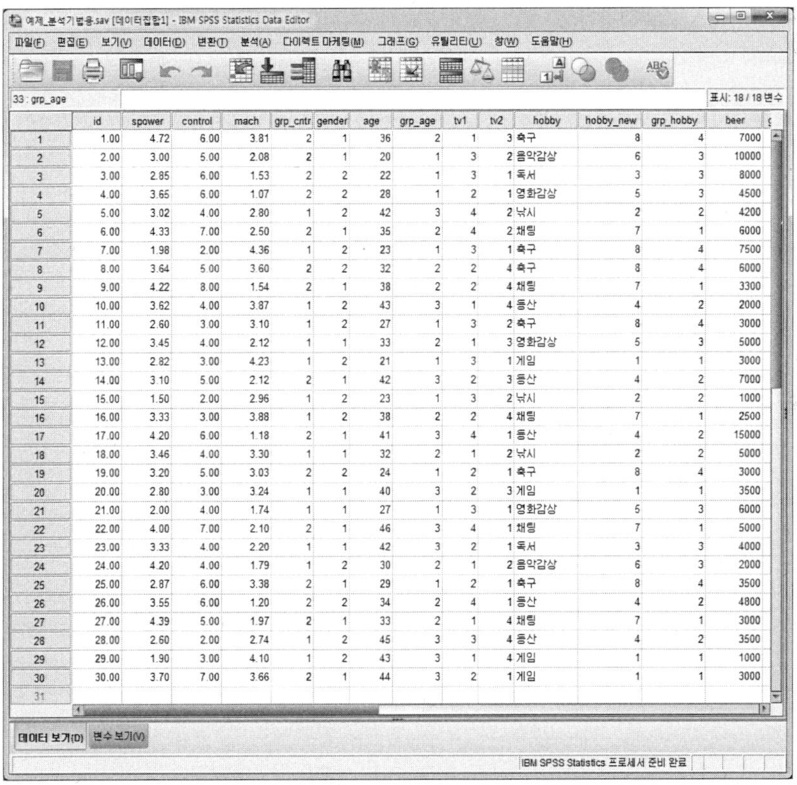

[그림 9-10] 검증에 사용된 예제 데이터(파일명: 예제_분석기법용.sav)

[그림 9-10]의 예제 데이터에는 집단구분(연령집단, 소득집단, 내외통제소재)과 척도점수(사회성, 권력지향, 통제소재)를 반영한다. 각 변수의 정보는 〈표 8-1〉 코드북의 '추가항목(변환)'을 참고하라.

단일표본 카이제곱 검증의 SPSS 실행

□ 가설의 설정

- 연구가설: 응답자가 선호하는 TV프로그램 유형에는 차이가 있을 것이다.
- H_0 : 각 셀의 관측빈도에 차이가 없다.
- H_1 : 각 셀의 관측빈도에 차이가 있다.
- 검증통계량: χ^2검증치
- 유의수준: $p < .05$(양방검증)
- 결과해석
- 결론

□ 단일표본 카이제곱 검증의 실행

단일표본 카이제곱 검증(레거시): 분석메뉴 ⇨ 비모수통계 ⇨ 레거시 대화상자 ⇨ 카이제곱 검증

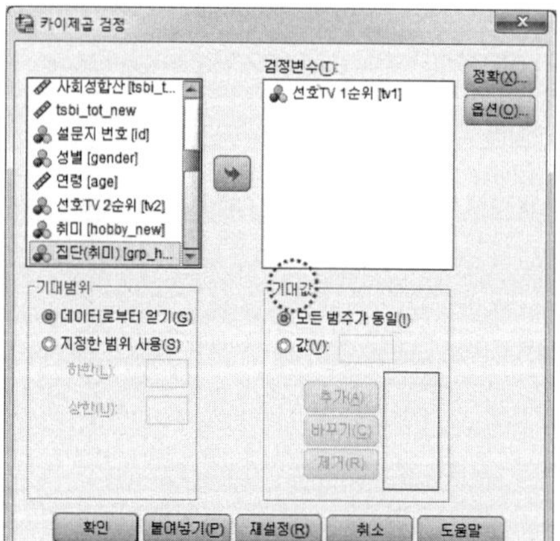

[그림 9-11] 카이제곱 검증의 대화상자

[그림 9-11]은 카이제곱 검증의 대화상자로 레거시(Legacy)를 이용하여 단계별로 필요한 명령을 선택할 수 있는 대화상자다. 여기서는 설명을 목적으로 하므로 '선호TV 1순위'를 대상으로 가설검증을 수행한다. **기대빈도**는 이론적으로 기대되는 빈도 E_{ij}이며, 모든 범주의 이론적 빈도가 동일하다고 가정한 분석이다. 만일 **기대되는 값을 변경**하려면 '값'을 선택하고, 특정 값을 입력한다. 예컨대, 100명의 표본을 남자 60%와 여자 40%의 비율로 추출하였다면 '값'을 60과 40으로 입력한다. 이 예에서는 기대빈도를 동일하게 가정한다. 선택을 마치고 '확인'을 클릭하면 **뷰어 창**에 [그림 9-12]의 결과가 출력된다.

tv1 선호TV 1순위

	관측수	기대빈도	잔차
1 오락쇼	7	7.5	-.5
2 드라마	10	7.5	2.5
3 시사	8	7.5	.5
4 스포츠	5	7.5	-2.5
합계	30		

검정 통계량

	tv1 선호TV 1순위
카이제곱	1.733[a]
자유도	3
근사 유의확률	.630

a. 0 셀 (0.0%)은(는) 5보다 작은 기대빈도를 가집니다. 최소 셀 기대빈도는 7.5입니다.

[그림 9-12] 카이제곱 검증의 결과출력물

[그림 9-12]의 결과를 보면, 선호하는 프로그램 유형의 관측수, 기대빈도, 잔차(관측수-기대빈도)가 산출되어 있고, $\chi^2 = 1.733$, $df = 3$, $p = .630$으로 $p > .05$이므로 집단 간 셀 빈도에 차이가 없는 것으로 나타났다.

□ 단일표본 카이제곱 검증의 결과표 작성과 해석

단일표본 χ^2검증은 하나의 명목변수 내 셀 빈도가 이론적으로 기대되는 빈도와 차이가 있는지를 검증하는 방법이다. 결과표는 비모수통계가 어떠한 통계적 가정도 요구하지 않으므로 단순하게 작성될 수 있다. 결과를 작성할 때 포함되어야 하는 사항은 다음과 같다(일반적 예시).

- 사례수 n
- χ^2값
- 자유도 df
- p값

가설검증 결과

〈표 9-2〉 선호하는 TV 프로그램 유형에 대한 χ^2검증 결과

변수명	χ^2값	n	df	p
선호하는 TV	1.733	30	3	$n.s.$

가설: 응답자가 선호하는 TV 프로그램 유형에는 차이가 있을 것이다.

〈표 9-2〉에서 보듯이, 선호하는 TV 프로그램 유형의 빈도는 통계적으로 유의미한 차이가 발견되지 않았다($\chi^2_{(3)} = 1.733$, $p > .05$). 각 관측빈도는 오락쇼 7명, 드라마 10명, 시사 8명, 스포츠 5명으로 이론적인 기대빈도 7.5와 통계적으로 차이를 보이지 않았다. 따라서 가설은 기각되었다.

교차분석의 SPSS 실행

☐ 가설의 설정

- 연구가설: 연령집단에 따라 선호하는 TV프로그램 유형에는 차이가 있을 것이다.
- H_0 : 각 셀의 관측빈도에 차이가 없다.
- H_1 : 각 셀의 관측빈도에 차이가 있다.
- 검증통계량: χ^2 검증치
- 유의수준(기각역): $p < .05$(양방검증)
- 결과해석
- 결론

☐ 교차분석의 실행

교차분석(crosstab analysis): 분석메뉴 ⇨ 기술통계량 ⇨ 교차분석

[그림 9-13] 교차분석의 대화상자

[그림 9-13]은 교차분석의 대화상자로 '행'에 연령변수를 '열'에 선호하는 TV

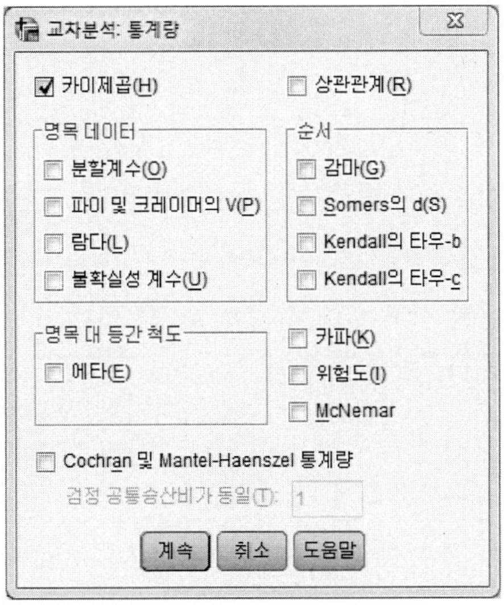

[그림 9-14] 교차분석의 통계량 대화상자

프로그램(1순위)를 넣고 분석하였다. 교차분석의 결과에서 **통계량**을 지정하지 않으면 χ^2 검증치를 출력하지 않으므로 '통계량'을 클릭하여 대화상자를 열고 '카이제곱' 통계량을 선택한다.

[그림 9-14]와 같이 통계량 대화상자에서 선택할 수 있는 통계량은 다음과 같다.

① 카이제곱(chi-square): Pearson의 χ^2 값을 표시한다.

② 상관계수(correlation): Pearson의 적률상관계수와 Spearman의 순위상관계수를 표시한다.

③ 분할계수(contingency coefficient): 분할계수 C를 출력한다.

④ 파이 및 크레이머의 V(Phi and Cramer's V): ϕ계수와 Cramer의 V계수를 산출한다.

⑤ 람다(Lambda): Goodman과 Kruskal의 λ값을 계산한다. 분할계수나 파이 및 크레이머 계수들은 χ^2에 기초하여 계산되는 반면, 람다계수는 오차의 비율적 감소에 기초한다.

⑥ 불확실성 계수(Uncertainty coefficient): 이 값의 범위는 0에서 1까지로, 1일 경우 예측이 정확함을 의미한다.

⑦ 감마(Gamma): Goodman과 Kruskal의 γ(Gamma) 계수를 계산한다.

⑧ Somers의 d: Somers의 결합도 d를 계산한다.

⑨ Kendall의 tau-b: Kendall의 τ_b를 계산하며, 행과 열의 수가 같은 경우 적용한다.

⑩ Kendall의 tau-c: Kendall의 τ_c를 계산하며, 행과 열의 수가 다른 경우 적용한다.

⑪ 에타(Eta): 행과 열에 대한 η 값을 표시한다. 0과 1 사이에 존재하는 결합 척

도로서, 0은 행 변수와 열 변수 간에 결합이 없음을 나타내고 1에 가까울수록 결합 정도가 높음을 의미한다. 에타는 범주가 제한적인 독립변수(예, 성별)에 대한 등간척도로 된 종속변수(예, 수입)의 관계를 분석할 때 적합하다. 두 가지 에타값이 계산되는데 하나는 행 변수를 간격변수로 처리하고, 다른 하나는 열 변수를 간격변수로 처리한 값을 산출한다.

⑫ 카파(Kappa): 일치도 계수 κ로 행과 열의 수가 동일할 경우 계산한다.

⑬ 위험도(Risk): 2×2 교차표일 경우, 상대적 위험도 검증을 수행한다.

⑭ McNemar: 두 변수가 서로 종속적인 경우(종속표집) 적용되는 비모수통계로 행의 수와 열의 수가 동일할 경우만 계산한다.

⑮ Cochran 및 Mantel-Haenszel 통계량: 하나 이상의 레이어(컨트롤) 변수에 의해 정의되는 공변량 패턴의 조건에 따라 요인변수와 이분형 응답변수 간의 독립성 검정에 사용한다. 다른 통계량은 레이어별로 계산되지만 Cochran 및 Mantel-Haenszel 통계량은 모든 레이어에 대해 한 번만 계산한다.

여기서는 기본적인 선택을 피어슨(Pearson)의 χ^2만 선택하였다. 통계량 선택과 더불어 부가적인 옵션(퍼센트와 잔차 산출)을 선택하고 '확인'을 클릭하면 **뷰어창**에 [그림 9-15]의 결과가 출력된다.

grp_age 집단(연령) * tv1 선호TV 1순위 교차표

빈도

		tv1 선호TV 1순위				전체
		1 오락쇼	2 드라마	3 시사	4 스포츠	
grp_age 집단(연령)	1 20대	0	3	7	0	10
	2 30대	5	3	0	2	10
	3 40대이상	2	4	1	3	10
전체		7	10	8	5	30

카이제곱 검정

	값	자유도	점근 유의확률 (양측검정)
Pearson 카이제곱	19.179[a]	6	.004
우도비	23.005	6	.001
선형 대 선형결합	.187	1	.665
유효 케이스 수	30		

a. 12 셀 (100.0%)은(는) 5보다 작은 기대 빈도를 가지는 셀입니다. 최소 기대빈도는 1.67입니다.

[그림 9-15] 교차분석의 결과출력물

[그림 9-15]에서처럼, 연령집단별로 선호하는 프로그램 유형의 관측수가 산출되어 있고 $\chi^2 = 19.179$, $df = 6$, $p = .004$으로 $p < .01$이다. 따라서 연령집단 간에 선호하는 유형에 차이가 있는 것으로 보인다. 그러나 전체 사례수가 적어 모든 셀의 기대빈도가 5 이하여서 해석이 제한된다.

'카이제곱 검증'의 Pearson 카이제곱 아래에는 **우도비**(likelihood ratio)가 산출되었는데, 이는 로그선형모델에 적용되는 χ^2검증치로 사례수가 커질 때 피어슨의 χ^2값에 접근한다. 또한 **선형 대 선형결합**(linear-by-linear association)은 변수가 양적 변수일 때 사용되는 통계량이다. 흔히 Mantel-Haenszel의 χ^2값이라 하며, 두 변수가 숫자변수일 때 이 값을 해석한다. 현재의 예에서는 피어슨의 χ^2만을 해석한다.

▢ 교차분석의 결과표 작성과 해석

교차분석은 χ^2검증의 확장이므로 단일표본 카이제곱 검증의 경우와 표를 작성하는 방법이 동일하다. 따라서 다음과 같은 사항이 포함된다.

- 사례수 n
- 자유도 df
- χ^2값
- p값

가설검증 결과

〈표 9-3〉 연령집단에 따른 선호하는 TV 프로그램 유형에 대한 χ^2검증 결과

교차집단	χ^2값	n	df	p
연령집단*선호하는 TV	19.179	30	6	.004

가설: 연령집단에 따라 선호하는 TV 프로그램 유형에는 차이가 있을 것이다.

〈표 9-3〉에서 나타난 것처럼, 연령집단에 따른 선호 TV 프로그램 유형의 관측빈도는 통계적으로 유의미한 차이를 보였다($\chi^2_{(6)} = 19.179$, $p < .01$). 즉, 연령에 따라 선호하는 TV 프로그램 유형이 다른 것으로 나타났으며, 가설은 지지되었다. 집단별로 20대는 '시사' 프로그램을 가장 선호하고, 30대는 '오락쇼', 40대 이상은 '드라마'를 선호하는 것으로 나타났다. 단, 이러한 해석은 각 셀의 기대빈도가 낮아 해석이 제한적이다.

키워드

데이터 클리닝, 빈도분석, 기술통계
타당성 검사, 규칙위반, 규칙정의
단일-변수 규칙, 교차-변수 규칙, 단순빈도분포
상대빈도분포, 누적빈도분포, 백분위수
백분점수, 사분위수, 중심경향
산포도, 평균, 중위수
최빈치, 표준편차, 분산
범위, 평균의 표준오차, 왜도
첨도, 관측빈도, 기대빈도
단일표본 카이제곱 검증, 교차분석, 피어슨의 χ^2
에타

연습문제

1 본격적인 통계분석에 앞서 수행하는 데이터 클리닝을 수행할 때 고려하고 점검해야 할 사항은 어떤 것인가? 그리고 SPSS를 활용한 데이터 클리닝은 방법은 무엇인가?

※ 다음 문제를 〈보기〉와 같은 순서로 카이제곱 검증을 하라. [2~9]

〈보기〉
가. 영가설 및 대립가설의 진술
나. 결과표 작성
다. 결과해석
라. 분석의 적절성 평가: 기본가정의 검토, 데이터의 적절성(결측값, 자료변환 등)

2 응답자가 선호하는 TV 프로그램 유형에는 차이가 있을 것이다.

3 연령집단에 따라 선호하는 TV 프로그램 유형에는 차이가 있을 것이다.

4 성별에 따라 선호하는 TV 프로그램 유형에는 차이가 있을 것이다.

5 성별에 따라 취미유형에는 차이가 있을 것이다.

6 수입에 따라 취미유형에는 차이가 있을 것이다.

7 연령에 따라 취미유형에는 차이가 있을 것이다.

8 통제소재에 따라 음주유형의 차이가 있는가?

9 성별에 따라 통제소재(내/외)의 차이가 있는가?

제10장 t검증: 논리와 SPSS 따라하기

t-test

학습목표

1. t검증의 개념과 목적을 이해한다.
2. 단일표본 t검증의 목적과 SPSS 사용방법을 익힌다.
3. 독립표본 t검증의 목적과 SPSS 사용방법을 익힌다.
4. 대응표본 t검증의 목적과 SPSS 사용방법을 익힌다.
5. t검증의 결과를 표로 제시하고 결과를 해석하는 방법을 파악한다.

"두 집단 평균차이."

1 t검증의 논리

1.1 개요

t검증은 흔히 두 표본의 평균차이를 검증하는 통계방법이다. t분포는 자유도에 의해 규정되며 자유도의 증가에 따라 z분포에 근접한다. 따라서 t분포의 자유도가 무한히 증가하면 z분포와 동일해진다.

t검증의 목적

□ 단일표본 t검증

단일표본 t검증(One-sample t test)은 **단일 표본의 평균이 특정 '상수'와 같은지의 여부를 검증**하기 위해 사용된다. 예컨대, A라는 타이어 제조업체가 생산하는 타이어의 평균수명이 공업규격과 같은지를 알아보고자 할 때, 단일표본 t검증이 적용된다. 공업규격이 60개월이라 하면 $H_0 : \mu = 60$과 같이 영가설을 설정하고, A사 **표본의 평균수명이 모집단 평균수명과 같은지를 검증**하게 된다. 같은 목적으로 z검증을 사용할 수 있지만, t검증은 표본분포에 적용되고 z검증은 모집단 분포에 적용된다는 점이 다르다.

▢ 독립표본 t검증

독립표본 t검증(Independent sample t-test)은 t검증의 일반적 형태로 **두 독립표본의 평균치를 비교할 목적**으로 사용된다. 두 표본이 '독립적'이라는 것은 표본추출이 서로 독립적임을 의미, 즉 비복원 추출된 표본을 말한다. 앞의 예에서 A와 B사의 표본 n을 각각 추출한다면 각 집단의 표본은 서로 독립적이다. 이때의 영가설은 $H_0 : \mu_1 - \mu_2 = 0$이고, μ_1은 A사의 모집단 평균이고 μ_2는 B사의 모집단 평균이 된다. A와 B사에서 각각 10개씩의 표본을 추출하여 평균수명을 조사한다면 전형적 독립표본 t검증의 과제가 된다.

▢ 대응표본 t검증

대응표본 t검증(Paired-sample t-test)은 **독립적이지 않은 표본에서 두 변수 간 차이를 검증**할 때 사용한다. 의미상 두 변수는 하나의 표본에서 발생하는 사상으로 서로 독립적이지 않고 쌍(pair)으로 이루어져 있으므로 '종속표본 t검증(dependent t-test)'이라고도 한다. 예컨대, 학습방법의 효과를 알아보기 위해 $n = 20$의 표본에게 '강의식'과 '토의식'을 모두 실시하고, 각 방법에 따른 효과를 비교하고자 한다면 전형적인 대응표본 t검증의 과제다. 영가설은 독립표본의 경우와 같이 $H_0 : \mu_1 - \mu_2 = 0$이지만 표본이 종속표본이라는 점에서 다르다. 만일 같은 문제를 독립표본 t검증으로 접근한다면, 서로 독립적으로 추출된 표본 $n_1 = 10$에게는 강의식만 시행하고 표본 $n_2 = 10$에게 토의식만을 시행하여 얻은 독립적인 표본의 평균을 비교하는 것이다.

대응표본 t검증은 하나의 표본에게 모든 독립처치를 수행하는 것이므로 '개인차(예, 지능, 학습역량)'가 종속변수에 주는 영향이 동일하지만, 두 가지의 처치를 모두 받기 때문에 '연습효과'나 '피로효과'를 통제할 수 없다. 그에 반해 독립표본 t검증은 처치를 받는 집단이 독립적이므로 '연습효과'나 '피로효과'는 없지만 '개인차'의 영향을 배제할 수 없다. 흔히 독립표본 t검증은 **집단 간 설계**(between-subject design)이고, 대응표본 t검증은 **집단 내 설계**(within-subject design)에 해당한다. 같은 방법으로 세 가지 이상의 처치가 사용된다면, 통계적으로 분산분석(ANOVA) 모형이 적용된다.

t분포와 계산

일반적으로 t분포는 표본에 적용되는 분포이므로 z분포로부터 추정된다. t분포는 자유도 df에 의해 규정되며, 대략적으로 [그림 10-1]과 같은 모양을 갖는다.

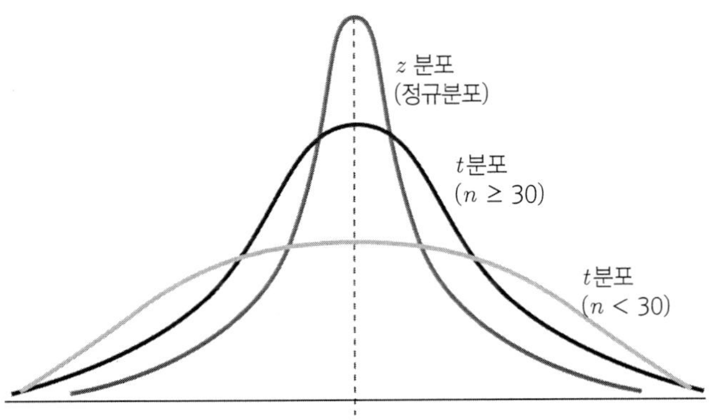

[그림 10-1] t분포의 모양

t분포의 일반적 특징은 다음과 같다.

- t분포곡선의 형태는 평균 m을 중심으로 하는 종 모양으로 좌우 대칭형이다.
- t분포곡선의 전체 면적은 1이다. 즉, 전체 확률의 총합은 1이다.
- t분포곡선은 x축에 무한히 접근하므로 확률변수 x가 취할 수 있는 값의 범위는 $-\infty < x < +\infty$다.
- t분포의 평균은 0이고 표준편차는 1이다.

- t분포는 보통 z분포에 비해 정점이 낮고 꼬리 부분이 더 높다. 즉, t분포는 z분포에 비해 분산이 크며 $df = \infty$ 일 때 z분포와 동일하다.

t분포는 수리적 계산 과정을 통해 **추정된 z분포**(표준정상분포)다. 일반적으로 z분포는 $z = \frac{X_i - \mu}{\sigma}$로 정의되고, 이로부터 추정된 단일표본 t값은 다음과 같다.

$$t = \frac{\overline{X} - \mu}{\sigma_{\overline{x}}}$$

공식 10-1

여기서 $\sigma_{\overline{x}}$는 표준오차로 $\sigma_{\overline{x}} = \sigma / \sqrt{n}$이다. 단 $n-1$의 자유도를 갖는 표본분산의 경우 $(\overline{X} - \mu)/(s/\sqrt{n-1})$로 정의된다. 또한 두 집단 독립표본 t값은 다음과 같이 계산된다.

$$t = \frac{(\overline{X}_1 - \overline{X}_2) - (\mu_1 - \mu_2)}{\sigma_{\overline{x}}}$$

공식 10-2

여기서 $\sigma_{\overline{x}} = \sqrt{(\sigma_{\overline{x}_1} + \sigma_{\overline{x}_2})^2}$이고 각각 $\sigma_{\overline{x}_1} = \sigma_1 / \sqrt{n_1}$, $\sigma_{\overline{x}_2} = \sigma_2 / \sqrt{n_2}$다. 한편 대응표본 t검증은 각각의 관측치보다는 관측치 간의 차이에 관심을 둔다고 할 때, $X_1 - X_2$를 D라 하면 다음과 같이 정의된다.

$$t = \frac{\overline{D} - \mu_D}{\sigma_{\overline{x}}}$$

공식 10-3

여기서 $\overline{D}$는 대응(pair)되는 점수의 차이이고 μ_D는 $\overline{D}$의 모집단 평균다. 그러므로 점수의 차이값을 사용한다는 것 외에 t의 기본공식과 동일하다.

□ t검증의 기본가정

t검증은 모수통계에 해당하므로 모수통계의 기본가정을 충족해야 한다.

- 두 표본 모두 모집단 분포의 정상성을 가정한다.
- 독립표본 t검증은 두 표본분포의 동변량성을 가정한다. 즉, 두 표본의 분산은 조건적 분포를 이루고 같은 분산을 가져야 한다.
- 변수들의 관계는 선형적 관계여야 한다.

2 t검증의 SPSS 따라하기

검증방법 따라하기

검증방법 **따라하기**는 가설검증 방식으로 설명한다. 즉, 각각의 검증방법에 맞는 (a) 가설을 설정하고, (b) SPSS 분석을 수행하여, (c) 분석결과를 해석하고, (d) 결론을 내리는 절차를 이용한다. **예제설문지**의 변수를 사용하며, 데이터는 '예제_분석기법용.sav'를 활용한다.

2.1 단일표본 t검증의 SPSS 실행

가설의 설정

- 연구가설: 사회성 점수의 분포는 모집단의 특성을 대표할 것이다.
- $H_0 : \mu = 3.0$
- $H_1 : \mu \neq 3.0$
- 검증통계량: 단일표본 t검증
- 유의수준: $p < .05$(양방검증)
- 결과해석
- 결론

단일표본 t검증의 실행

단일표본 t검증: 분석메뉴 ⇨ 평균비교 ⇨ 일표본 T 검증

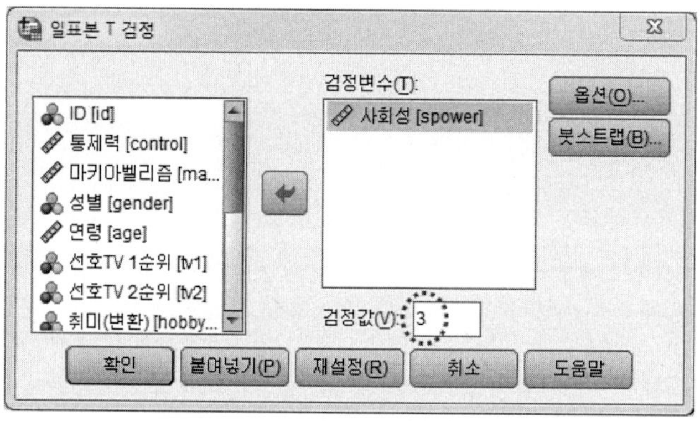

[그림 10-2] 단일표본 t검증의 대화상자

[그림 10-2]는 단일표본 t검증을 위한 대화상자다. 영가설 $\mu = 3.0$이므로 대화상자에서 '검정값'은 3으로 지정한다. 단일표본 t검증은 표본 평균이 모집단 평균과 같은지를 검증하는 것이므로 **척도의 평균값**(사회성 척도는 5점 척도)을 모집단 평균으로 추정한다. 입력을 마치고 '확인'을 클릭하면 **뷰어 창**에 [그림 10-3]의 결과가 출력된다.

일표본 통계량

	N	평균	표준편차	평균의 표준오차
spower 사회성	30	3.2677	.79875	.14583

일표본 검정

	검정값 = 3					
					차이의 95% 신뢰구간	
	t	자유도	유의확률 (양쪽)	평균차	하한	상한
spower 사회성	1.835	29	.077	.26767	-.0306	.5659

[그림 10-3] 단일표본 t검증의 결과출력물

[그림 10-3]에 나타난 바와 같이, 표본의 평균은 3.2677, 표준편차는 .79875이

고 $t = 1.835$, $df = 29$, $p = .077$로 유의수준 .05수준에서 표본 평균과 모집단 평균(검정값=3)은 통계적으로 차이를 보이지 않는다. '평균차'는 표본 평균과 검정값의 차이이고, 95% 신뢰수준에서 하한계 −.0306과 상한계 .5659의 사이에 있다.

단일표본 t검증의 결과표 작성과 해석

단일표본 t검증은 표본 평균과 모집단 평균의 차이를 검증하는 방법이다. 결과표를 작성할 때 포함되는 기본요소는 다음과 같은 통계량을 포함한다(일반적 예시).

- 변수명
- 평균과 표준편차
- 자유도 df
- t값
- p값(p값은 반드시 제시되는 값은 아님. p값을 제시하지 않을 때 t값에 *표시)
- 비교되는 검증값

가설검증 결과

〈표 10-1〉 사회성 점수에 대한 단일표본 t검증 결과

변수명	평균	표준편차	df	t값	p
사회성 점수	3.27	.80	29	1.84	$n.s.$

주. 검증값=3.

가설: 사회성 점수의 분포는 모집단의 특성을 대표할 것이다.

〈표 10-1〉에 나타난 바와 같이, 사회성 점수(spower)에 대한 단일표본 t검증 결과, $t_{29} = 1.84$로 $p > .05$이므로 사회성 점수의 평균 3.27($sd = .80$)은 기대되는 모집단 평균인 3.0과 통계적으로 유의미한 차이를 보이지 않았다. 따라서 표본에서 조사된 사회성 점수는 모집단의 분포를 대표할 수 있는 것으로 해석된다.

그러나 실제 단일표본 t검증은 표본의 대표성을 제외하고 어떠한 정보도 제공하지 않기 때문에 개념적인 설명을 위한 목적이지만 거의 사용되지 않는다. 한편 t검증과 같은 통계적 결과를 제시하는 표에서 p값을 제시하지 않을 때에는 t값에 **위첨자 별표**(*)를 표시하고 표 하단에 '$*p < .05$'와 같이 표시한다. t값에 별표를 하고 유의도 p를 함께 제시하는 것은 일반적이지 않다(APA의 논문작성 지침 기준).

2.2 독립표본 t검증의 SPSS 실행: 양방검증

가설의 설정

- 연구가설: 성별에 따라 사회성에 차이가 있을 것이다.
- $H_0 : \mu_1 - \mu_2 = 0$
- $H_1 : \mu_1 - \mu_2 \neq 0$
- 검증통계량: 표본 t검증
- 유의수준: $p < .05$(양방검증)
- 결과해석
- 결론

독립표본 t검증의 실행

독립표본 t검증: 분석메뉴 ⇨ 평균비교 ⇨ 독립표본 T 검증

[그림 10-4]는 독립표본 t검증의 대화상자다. **검정변수**에는 종속변수를 넣고 **집단변수**에는 독립변수를 넣는다. 이때 **집단정의**를 클릭하여 집단 1과 집단 2를 정의해 주어야 한다. 코드북을 참고하면 '남자=1' '여자=2'이므로 집단 1에는 1, 집단 2에는 2라고 입력한다. 그리고 '계속'을 클릭하면, [그림 10-4]의 대화상자에서 **집단변수**의 물음표는 'gender(1 2)'와 같이 바뀌고 '확인' 버튼이 활성화된다. '확인'을 클릭하면 **뷰어 창**에 분석결과가 [그림 10-5]와 같이 출력된다.

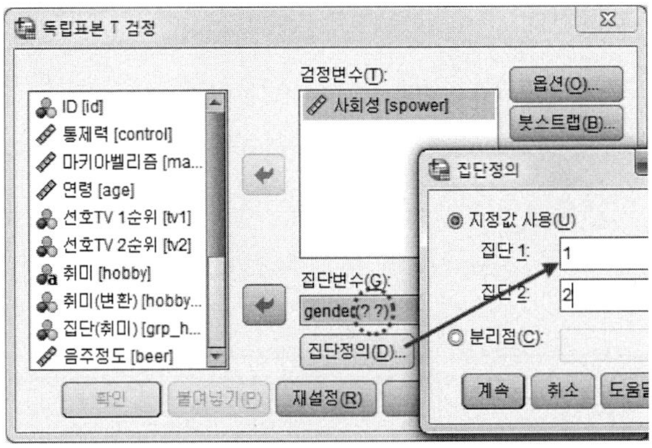

[그림 10-4] 독립표본 t검증의 대화상자

집단통계량

	gender 성별	N	평균	표준편차	평균의 표준오차
spower 사회성	1 남자	15	3.5713	.74505	.19237
	2 여자	15	2.9640	.75423	.19474

독립표본 검정

		Levene의 등분산 검정		평균의 동일성에 대한 t-검정						
						유의확률		차이의	차이의 95% 신뢰구간	
		F	유의확률	t	자유도	(양쪽)	평균차	표준오차	하한	상한
spower 사회성	등분산이 가정됨	.003	.956	2.219	28	.035	.60733	.27374	.04661	1.16806
	등분산이 가정되지 않음			2.219	27.996	.035	.60733	.27374	.04661	1.16806

[그림 10-5] 독립표본 t검증의 결과출력물

[그림 10-5]를 보면, 먼저 **집단통계량**에 성별 기술통계량이 제시된다. 남자의 사회성 평균은 3.5713, 표준편차는 .74505이고 여자의 평균은 2.9640, 표준편차 .75423이다. 남자의 사회성 점수가 다소 높은 것으로 보이는데, 이러한 차이가 통계적으로 유의미한 것인가? 아래의 **독립표본 검정**의 표에 답이 제시되어 있다. 결론을 말하면, $t = 2.219$, $df = 28$, $p = .035$로 집단 간 평균의 차이는 '통계적으로' 유의미한 것으로 나타났다. 이때의 평균차이는 .60733이고 95% 신뢰수준에서 하한계 .04661과 상한계 1.16806의 사이에 평균이 위치한다.

▢ 등분산이 가정되는 경우와 가정되지 않는 경우의 해석

독립 t검증의 결과 [그림 10-5]에는 등분산이 가정되는 경우와 그렇지 않은 경우 두 가지의 통계량이 산출되어 있다. 먼저 등분산의 가정을 검토하는 것은

Levene의 등분산 검증인데, $F = .003$이고 $p = .956$으로 유의수준 p가 .05보다 크므로 등분산을 가정할 수 있다. 이때 등분산 검증을 위한 영가설은 $H_0: \sigma_1^2 - \sigma_2^2 = 0$, 즉 첫 번째 집단의 분산과 두 번째 집단의 분산이 같은지를 검증하는 것이다. **영가설을 기각할 수 없을 때($p > .05$), 등분산을 가정**하게 된다. 따라서 [그림 10-5]의 결과는 $t = 2.219$, $df = 28$, $p = .035$의 통계량을 해석하였다.

만일 등분산을 가정할 수 없는 경우에는 $t = 2.219$, $df = 27.996$, $p = .035$의 결과를 해석한다. 이때 **자유도가 변화함에 유의**하라. 등분산을 가정할 때 독립표본 t검증의 자유도는 $df = n_1 + n_2 - 2 = 28$이지만, 등분산을 가정할 수 없을 때 집단 간 분산에 따른 영향을 교정한 자유도를 사용한다.

SPSS는 t검증을 포함한 집단 간 차이를 검증하는 모든 분석에서 등분산의 동질성(다변량분석에서는 변량-공변량 행렬의 동질성)을 확보하지 못할 때 교정된 해석방법을 제시한다. 그러나 등분산성의 가정을 만족하지 못할 때에는 결과해석이 제한적이다. 예컨대, 대체로 **집단 간 사례수의 차이가 크면** 집단 간 분산에 영향을 주므로 등분산 가정이 되지 않는 경우가 많다. 이런 경우 차이검증을 고려한다면 집단 간 사례수를 일정하게 유지하는 것이 한 방법이다. 만일 설문조사에서 남자 100개와 여자 150개의 설문이 수집되었다면, 두 표본의 사례수를 일정하게 유지하고 분석에 임하는 것이 타당한 결과해석에 도움이 된다.

독립표본 t검증의 결과표 작성과 해석

독립표본 t검증은 두 독립표본의 평균차이를 검증하는 방법이다. 결과표 작성에 필요한 사항은 단일표본 t검증과 유사하지만, 각 집단에 대한 평균과 표준편차를 포함한다(일반적 예시).

- 변수명
- 사례수 N
- 각 집단의 평균과 표준편차
- 자유도 df
- t값

- p값(p값은 반드시 제시되는 값은 아님. p값을 제시하지 않을 때 t값에 *표시)
- 등분산 검증의 결과: Levene의 등분산 검증치 F

가설검증 결과

〈표 10-2〉 성별에 따른 사회성 점수의 독립표본 t검증 결과

성별	N	평균	표준편차	df	t값	p
남자	15	3.57	.75	28	2.22	.035
여자	15	2.96	.75			

Levene's Test $F = .003,\ p = .956$

가설: 성별에 따라 사회성에 차이가 있을 것이다.

〈표 10-2〉를 보면, 성별(남/여)에 따른 사회성에 대한 독립표본 t검증의 결과, $t_{28} = 2.22$로 $p < .05$이므로 성별에 따른 사회성 점수의 차이는 통계적으로 유의미하였다. 따라서 가설은 지지되었다. 구체적으로 남자의 평균은 3.57이고 여자의 평균은 2.96으로 남자들이 여자들보다 사회성 점수가 높은 것으로 해석된다.

□ '척도변수'를 집단변수로 사용하는 경우 ⇨ 대화상자 '분리점'의 사용

종종 척도변수를 독립변수로 그대로 사용하는 경우, **집단정의** 대화상자에서 '분리점'에 기준값을 정해 주면 그 값을 기준으로 두 집단으로 나누어 준다. 예컨대, 연령을 기준으로 한다면, 대략 연령점수의 중위수가 33이라고 할 때(빈도분석이나 기술통계에서 중위수 산출), 집단정의에서 분리점에 '33'을 입력한다. 그러면 연령을 두 집단, 즉 33을 기준으로 연령이 '낮은 집단'과 '연령이 높은 집단'으로 구분된다. [그림 10-6]은 '분석 메뉴 ⇨ 평균비교 ⇨ 독립표본 T 검증'의 대화상자에서 **집단정의**를 사용하여 분리점을 '33'으

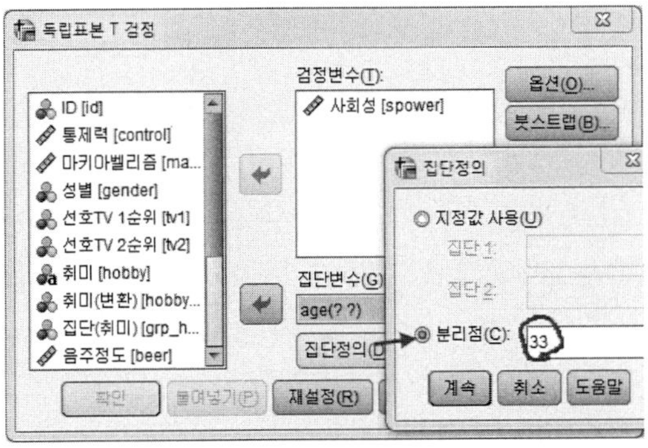

[그림 10-6] 척도변수를 집단변수로 사용하는 예

로 지정하는 절차를 보여 준다.

▢ '붓스트랩'을 이용한 분석

붓스트랩(bootstrap)은 표본 통계량의 정확성을 평가하거나 분포를 추정하기 위한 것으로, 표본을 반복적으로 복원추출하여 통계량을 계산하고 표본의 통계량 분포를 확인하는 방법이다. 복원추출을 하더라도 주어진 표본에 대한 무수한 분포를 얻고 평균의 표집분포의 표준편차, 즉 **평균의 표준오차**를 계산하므로 오차의 추정이 개선된다. 예컨대, 붓스트랩을 이용한 '상관분석'은 95%의 신뢰구간을 산출하고, '회귀분석'의 경우에는 붓스트랩에 의한 회귀계수를 저장하여 추후분석에 활용할 수도 있다. 대체로 모든 분석에서 붓스트랩은 기존의 방식에 비해 훨씬 강력한 통계량을 제공한다.

독립표본 t검증에서 붓스트랩을 이용하여 얻은 결과를 [그림 10-5]와 비교해 보자. 먼저 대화상자에서 붓스트랩 탭을 클릭하면 [그림 10-7]의 대화상자가 열린다.

[그림 10-7]에서 '표본의 수(N): 1000'은 복원추출을 통해 붓스트랩을 수행할 표본의 수=1,000으로 SPSS의 디폴트 값이다. 95% 신뢰수준에서 원점수를 산출한다는 정보도 제시되어 있다. 또한 표본추출은 난수를 이용한 단순표본추출을 수행하는데, 경우에 따라 표본을 층으로 나누어 지정할 수도 있다. [그림 10-8]은 붓스트랩을 지정한 독립표본 t검증의 실행 결과다.

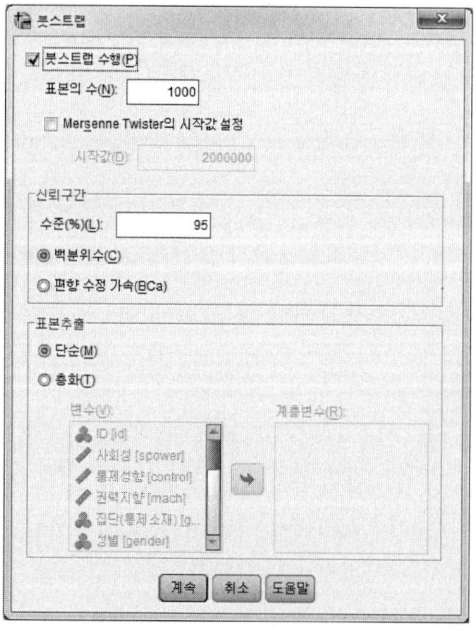

[그림 10-7] 붓스트랩 대화상자

집단통계량

				붓스트랩[a]			
						95% 신뢰구간	
	gender 성별		Statistic	편향	표준오차	하한	상한
spower 사회성	1 남자	N	15				
		평균	3.5713	.0024	.1863	3.1880	3.9253
		표준편차	.74505	-.03687	.11853	.48398	.94727
		평균의 표준오차	.19237				
	2 여자	N	15				
		평균	2.9640	.0006	.1897	2.5924	3.3365
		표준편차	.75423	-.03321	.12354	.45758	.95385
		평균의 표준오차	.19474				

a. 알려진 것이 없는 한 붓스트랩 결과는 1000 bootstrap samples에 근거합니다.

독립표본 검정의 붓스트랩

			붓스트랩[a]				
					유의확률	95% 신뢰구간	
		평균차	편향	표준오차	(양쪽)	하한	상한
spower 사회성	등분산이 가정됨	.60733	.00189	.26377	.033	.09536	1.13445
	등분산이 가정되지 않음	.60733	.00189	.26377	.032	.09536	1.13445

a. 알려진 것이 없는 한 붓스트랩 결과는 1000 bootstrap samples에 근거합니다.

[그림 10-8] 붓스트랩을 이용한 독립표본 t검증의 결과출력물

[그림 10-8]에서 주목할 사실은 [그림 10-5]의 결과와 비교할 때 평균의 차이 .60733은 변화되지 않았지만, 다른 값의 변화를 확인할 수 있다. 특히 **표준오차의 변화**를 보면, 붓스트랩을 이용한 표본에서는 .26377이고 [그림 10-5]의 결과에서는 .27374다. 1,000개의 표집분포에서 '계산된 값'과 '추정된 값'의 차이이다. 붓스트랩은 추정의 명확성을 높인다는 점에서 매우 강력한 방법이지만 복원추출법에 의해 한 표집에서 무선표집을 반복하기 때문에 **붓스트랩을 수행할 때마다 약간씩 다른 결과가 산출**된다는 점도 기억해야 한다.

2.3 독립표본 t검증의 SPSS 실행: 일방검증

가설의 설정: 일방향 가설

독립표본 t검증을 예시하기 위해 다음과 같은 가정을 해 보자. "현대인이 사회가 복잡해지고 업무로부터의 스트레스에 많이 노출되면서 점차 고립되어 가고 있다. 사회적 관계와 접촉을 피하고 혼자의 시간에 몰두하면서 고독과 우울과 같은 심리적 장애를 호소한다." 이것이 사실이면, 사람들은 나이가 들면서 다양한 이유로 사회적 관계의 감소를 경험하는 것으로 보인다. 이를 검증해 보기 위해

다음과 같은 가설을 설정하였다.

- 연구가설: 연령이 낮을수록 사회성 점수가 높을 것이다.
- $H_0: \mu_1 - \mu_2 \leq 0$
- $H_1: \mu_1 - \mu_2 > 0$
- 검증통계량: 독립표본 t검증
- 유의수준: $p < .05$(일방검증)
- 결과해석
- 결론

일방검증은 양방검증과 동일하지만, **가설의 설정**과 **유의수준**에 따른 기각역에 차이가 있다. 연령을 독립변수로 할 때 코딩변경의 절차를 거쳐 집단구분 변수를 생성하여, t검증의 대화상자에서 '집단변수'로 사용할 수 있다. 그러나 앞서 공부한 것처럼 척도변수를 사용하는 방법의 예시([그림 10-6])와 같이 '분리점'을 이용하여 결과를 출력해 보자. [그림 10-9]는 연령(age)을 집단변수로 하고 사회성을 검정변수로 하여 출력한 독립표본 t검증 결과다.

집단통계량

	age 연령	N	평균	표준편차	평균의 표준오차
spower 사회성	>= 33	17	3.5447	.73150	.17741
	< 33	13	2.9054	.75991	.21076

독립표본 검정

		Levene의 등분산 검정		평균의 동일성에 대한 t-검정						
									차이의 95% 신뢰구간	
		F	유의확률	t	자유도	유의확률 (양쪽)	평균차	차이의 표준오차	하한	상한
spower 사회성	등분산이 가정됨	.001	.981	2.333	28	.027	.63932	.27405	.07796	1.20068
	등분산이 가정되지 않음			2.321	25.448	.029	.63932	.27549	.07244	1.20620

[그림 10-9] 연령에 따른 사회성의 독립표본 t검증 결과출력물

[그림 10-9]의 결과를 보면, 33세 이상의 연령집단은 평균 3.5447의 사회성 점수를 보였고, 33세 이하의 연령집단은 평균 2.9054의 사회성 점수를 보였다. 연령집단의 평균차이는 .63932로 $t = 2.333$, $df = 28$, $p = .027$로 집단 간 평균차이는 통계적으로 유의미한 것으로 해석된다.

그러나 앞서의 가설을 일방검증하기 위해서는 (a) **유의확률수준**, (b) **예측의 방향**의 두 가지 사항을 확인해야 한다. 첫 번째, [그림 10-9]의 '유의확률(양쪽)'은 양방검증의 유의수준이기 때문에 일방검증의 유의확률은 t분포에서 $df=28$일 때 $t=2.33$의 위치로 찾아야 한다. 〈부록 3〉의 t분포에서 자유도가 28일 때 2.33의 값은 .05와 .02의 사이에 있음을 확인할 수 있다. 따라서 $p<.03$으로 표현할 수 있지만 사회과학에서 일반적 유의수준은 .05나 .01을 기준하므로 $p<.05$로 표현한다. 두 번째, 예측의 방향은 사회성에 대해 **저연령 > 고연령**이므로 '33세 미만'의 집단 평균이 '33세 이상' 집단의 평균보다 높아야 한다. 즉, **평균은 음수(−)를 취해야 하고 t분포의 왼쪽 기각역에 점수가 위치**해야 영가설을 기각할 수 있다.

비록 [그림 10-9]는 '33세 이상'과 '33세 미만'의 차이가 통계적으로 유의하다고 하지만 정확한 유의확률이 아니며 연령은 오히려 가설의 예측과 반대된다. 따라서 영가설은 부정하기 어렵다. 일방검증은 연구결과를 분명히 하고 효과를 엄밀하게 분석하는 '검증력'이 크지만, 그만큼 1종오류의 가능성도 높다.

독립표본 t검증의 결과표 작성과 해석: 일방검증

일방검증의 목적을 가진 독립표본 t검증 결과표에 수록되는 사항은 양방검증의 경우와 동일하다(일반적 예시).

- 변수명
- 사례수 N
- 각 집단의 평균과 표준편차
- 자유도 df
- t값
- p값(p값은 반드시 제시되는 값은 아님. p값을 제시하지 않을 때 t값에 *표시)
- 등분산 검증의 결과: Levene의 등분산 검증치 F

가설검증 결과

〈표 10-3〉 연령에 따른 사회성 점수의 독립표본 t검증 결과

연령구분	N	평균	표준편차	df	t값
33세 이상	17	3.54	.73	28	2.33*
33세 이하	13	2.91	.76		

$*p < .05$, *Levene's Test* $F = .001$, $p = .981$

가설: 연령이 낮을수록 사회성 점수가 높을 것이다.

〈표 10-3〉을 보면, 33세를 기준으로 연령집단을 구분하였을 때, 연령집단에 따른 사회성의 독립표본 t검증 결과, $t_{28} = 2.33$으로 $p < .05$이었다. '33세 이상' 연령집단의 사회성 평균은 3.54이고 '33세 미만' 연령집단의 사회성 평균은 2.91로 가설의 예측과 달리, **연령이 높을수록** 사회성이 높은 것으로 나타났다. 따라서 본 연구가설은 기각한다. 즉, 연령이 낮을수록 높은 사회성을 보일 것이라는 가설을 검증하는 데 실패하였다.

2.4 대응표본 t검증의 SPSS 실행

가설의 설정

- 연구가설: 토의식 학습과 강의식 학습은 학업성적에 차이가 있을 것이다.
- $H_0 : \mu_1 - \mu_2 = 0$
- $H_1 : \mu_1 - \mu_2 \neq 0$
- 검증통계량: 대응표본 t검증
- 유의수준: $p < .05$(양방검증)
- 결과해석
- 결론

대응표본 t검증을 위한 데이터 세트

대응표본 t검증은 한 표본이 2개의 대응되는 점수를 가지고 있어야 하며, 두

대응되는 점수의 **상호 상관이 전제**되어야 한다. [그림 10-10]은 대응표본 t검증을 위한 데이터 세트다(파일명: 예제_대응표본.sav).

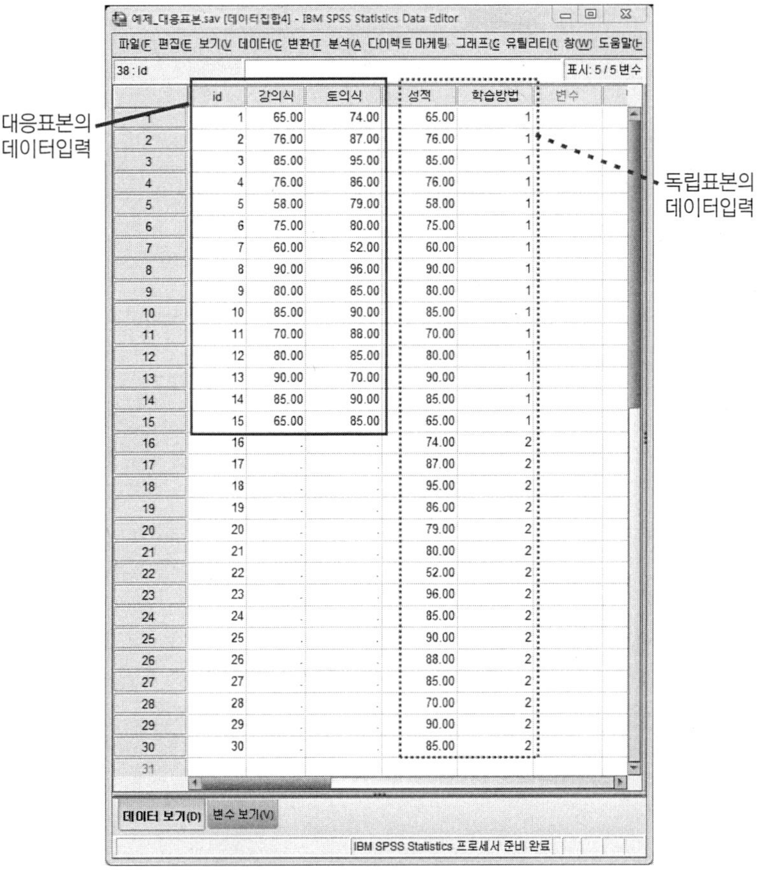

	id	강의식	토의식	성적	학습방법	변수
1	1	65.00	74.00	65.00	1	
2	2	76.00	87.00	76.00	1	
3	3	85.00	95.00	85.00	1	
4	4	76.00	86.00	76.00	1	
5	5	58.00	79.00	58.00	1	
6	6	75.00	80.00	75.00	1	
7	7	60.00	52.00	60.00	1	
8	8	90.00	96.00	90.00	1	
9	9	80.00	85.00	80.00	1	
10	10	85.00	90.00	85.00	1	
11	11	70.00	88.00	70.00	1	
12	12	80.00	85.00	80.00	1	
13	13	90.00	70.00	90.00	1	
14	14	85.00	90.00	85.00	1	
15	15	65.00	85.00	65.00	1	
16	16	.	.	74.00	2	
17	17	.	.	87.00	2	
18	18	.	.	95.00	2	
19	19	.	.	86.00	2	
20	20	.	.	79.00	2	
21	21	.	.	80.00	2	
22	22	.	.	52.00	2	
23	23	.	.	96.00	2	
24	24	.	.	85.00	2	
25	25	.	.	90.00	2	
26	26	.	.	88.00	2	
27	27	.	.	85.00	2	
28	28	.	.	70.00	2	
29	29	.	.	90.00	2	
30	30	.	.	85.00	2	
31						

[그림 10-10] 대응표본 데이터의 예

[그림 10-10]은 설명 목적으로 '대응표본'과 '독립표본'에 따른 입력방식을 함께 제시했다. **대응표본**의 경우(실선) 모든 피험자가 강의식과 토의식의 처치를 받았고, 그 성적결과가 '강의식'과 '토의식' 필드에 입력되어 있다. 또한 **독립표본**의 경우(점선)에는 '학습방법'이라는 집단구분 변수가 있고 '성적'이 하나의 필드만 있다. 그러면 대응표본 t검증에 대한 가설검증을 수행하고 같은 자료를 통해 독립표본 t검증을 실시한 결과와 비교해 보자.

□ 대응표본 t검증의 조건

- 대응되는 변수는 **동일한 척도**로 구성되어야 한다. 예컨대, 하나의 척도는 5점이고 다른 척도는 9점이라면 비교의 대상이 되지 못한다. 의미상 대응표본 t검증은 쌍(pair)으로 된 두 변수의 차이를 검증하기 위한 목적을 갖는다.
- 대응되는 변수가 같은 척도일지라도 두 변수는 논리적으로 **상호 상관**이 전제되어야 한다. 독립표본 t검증에서는 등분산성 가정이 중요하다면, 대응표본 t검증에서는 변수 간의 '관계성' 가정이 중요하다. SPSS의 대응표본 t검증 결과에서는 변수 쌍의 상관에 대한 정보를 제공한다.

대응표본 t검증의 실행

대응표본 t검증: 분석메뉴 ⇨ 평균비교 ⇨ 대응표본 T 검증

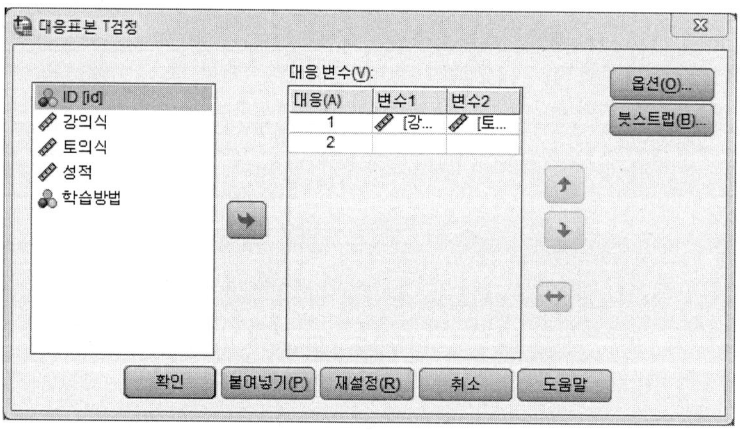

[그림 10-11] 대응표본 t검증의 대화상자

[그림 10-11]은 대응표본 t검증의 대화상자다. 대응변수를 하나씩 옮기면 '대응변수' 칸에 차례로 입력된다. 대응되는 표본의 입력이 맞으면 '확인'을 클릭한다. [그림 10-12]는 **뷰어 창**에 출력된 대응표본 t검증의 결과다.

대응표본 통계량

		평균	N	표준편차	평균의 표준오차
대응 1	강의식	76.0000	15	10.44031	2.69568
	토의식	82.8000	15	11.04665	2.85223

대응표본 상관계수

		N	상관계수	유의확률
대응 1	강의식 & 토의식	15	.538	.039

대응표본 검정

		대응차					t	자유도	유의확률 (양쪽)
					차이의 95% 신뢰구간				
		평균	표준편차	평균의 표준오차	하한	상한			
대응 1	강의식 - 토의식	-6.80000	10.34546	2.67119	-12.52913	-1.07087	-2.546	14	.023

[그림 10-12] 대응표본 t검증의 결과출력물

[그림 10-12]에서 보듯이, 강의식과 토의식의 평균이 각각 76.0, 82.8로 토의식이 약간 높게 나타났으며, 각각의 표준편차는 10.44031, 11.04665다. '통계량' 밑에 **대응표본 상관계수**가 제시되어 있는데, 상관계수 $r = .538$이고 $p = .039$로 유의수준 .05에서 유의미하다. 따라서 **강의식 점수와 토의식 점수는 유의미한 상관(관계성)이 전제**되며, '대응표본 검정'의 결과를 타당하게 해석할 수 있다.

강의식과 토의식의 평균 차이는 −6.80, 차이값의 표준편차는 10.34546이고 95% 신뢰구간에서 하한계 −12.52913과 상한계 −1.07087 사이에 평균차이의 값이 존재한다. 이때의 $t = -2.546$, $df = 14$, $p = .023$으로 $p < .05$이므로 두 변수 간의 평균차이는 통계적으로 유의미하다.

만일 대응표본 t검증의 출력물에서 **'대응표본 상관계수'가 유의미하지 않으면 t값의 해석이 타당하지 않음을 기억**하라. 독립표본 t검증에서는 등분산이 가정되지 못할 때 자유도를 교정하여 분산비(율)를 유지하는 대안적 방법이 있지만, 대응표본 t검증에서 두 변수의 관계가 없다는 것은 그 자체로 분석적 의미를 상실하기 때문에 교정 수단이 없다. 즉, 어떤 관련성도 존재하지 않는 변수들의 차이검증이 어떤 의미를 가질 수 있는가? 한마디로 관계성이 존재하지 않는 변수 간의 차이란 분석적 의미가 약하다.

대응표본 t검증의 결과표 작성과 해석

대응표본 t검증은 한 표본 내의 대응 변수 간의 평균차이를 검증하는 방법이다. 결과표 작성에 필요한 사항은 다음과 같다(일반적 예시).

- 변수명
- 사례수 N
- 각 변수(혹은 처치)의 평균과 표준편차
- 자유도 df
- t값
- p값(p값은 반드시 제시되는 값은 아님. p값을 제시하지 않을 때 t값에 *표시)
- 관계성을 나타내는 상관계수 r

가설검증 결과

〈표 10-4〉 학습방법에 따른 성적에 대한 대응표본 t검증 결과

학습방법	N	평균	표준편차	df	t값	p
강의식	15	76.0	10.44	14	−2.55	.023
토의식	15	82.8	11.05			

대응표본 $r = .538$, $p < .05$

가설: 토의식 학습과 강의식 학습은 학업성적에 차이가 있을 것이다.

〈표 10-4〉에 나타난 바와 같이, 강의식과 토의식 점수 간에는 통계적으로 유의미한 차이가 있었다($t_{14} = -2.55$, $p < .05$). 따라서 가설은 지지되었다. 구체적으로 토의식의 평균은 82.8, 강의식의 평균은 76.0으로 토의식이 강의식보다 성적을 높이는 방법인 것으로 보인다.

□ 대응표본 t검증과 독립표본 t검증의 차이

앞의 강의식과 토의식에 따른 학습방법의 효과를 독립표본 t검증으로 분석하면 어떠한가? 직접 분석결과를 통해 살펴보자. [그림 10-10]의 데이터를 이용하여 독립표본 검증을 하려면, '분석메뉴 ⇨ 평균비교 ⇨ 독립표본 t검증'의 대화상자를 열고 **검정변수**에 '성적'을 넣고 **집단변수**에 '학습방법'을 넣고 집단 1, 2를 정의해 준다. [그림 10-13]은 그 결과를 나타낸다.

집단통계량

	학습방법	N	평균	표준편차	평균의 표준오차
성적	1 강의식	15	76.0000	10.44031	2.69568
	2 토의식	15	82.8000	11.04665	2.85223

독립표본 검정

		Levene의 등분산 검정		평균의 동일성에 대한 t-검정						
		F	유의확률	t	자유도	유의확률 (양쪽)	평균차	차이의 표준오차	차이의 95% 신뢰구간 하한	차이의 95% 신뢰구간 상한
성적	등분산이 가정됨	.048	.828	-1.733	28	.094	-6.80000	3.92453	-14.83903	1.23903
	등분산이 가정되지 않음			-1.733	27.911	.094	-6.80000	3.92453	-14.84018	1.24018

[그림 10-13] 학습방법의 효과에 대한 독립표본 t검증의 결과출력물

[그림 10-13]의 결과는 $t = 1.733$, $df = 28$, $p = .094$로 통계적으로 유의미하지 않음을 나타낸다. 결과적으로 동일한 데이터를 독립표본으로 분석한 경우와 대응표본으로 분석한 결과는 '서로' 다르다는 것을 알 수 있다. 그 이유는 무엇인가? [그림 10-13]의 대응표본의 결과는 토론식이 강의식보다 우수하다는 것이 통계적으로 유의미하였지만, [그림 10-13]의 독립표본의 결과는 두 방법에 통계적 차이가 없다. 그 이유는 [그림 10-10]에 제시된 데이터를 보면 짐작할 수 있는데, 대응표본은 같은 피험자 $n = 15$명이 두 가지의 처치를 모두 받기 때문에 집단 간에서 발생하는 '오차분산'이 존재하지 않는 반면, 독립표본의 경우 각각 $n_1 = 15$와 $n_2 = 15$로 독립처치를 받기 때문에 '집단 간 오차요인이 반영'된다. 즉, [그림 10-12]의 대응표본 검증의 경우 **차이값의 표준오차**는 $s_{\bar{x}} = 2.67$이지만 [그림 10-13]의 독립표본 검증의 경우에는 $s_{\bar{x}} = 3.92$이므로 **대응표본의 '표본오차'가 그만큼 작음**을 알 수 있다. 흔히 실험설계에서 **집단 내 설계**가 집단 간 설계보다 오차분산을 감소시키는 기법이라고 부르는 이유다. 여러 장점이 있으나 '연습효과'와 같은 오염요인과 1종오류의 증가는 집단 내 설계의 단점이다.

유의수준 '$p = .051$'의 해석

어떤 분석의 결과에서 유의수준 $p = .051$이라면 어떤 통계적 의사결정을 내릴 것인가? [그림 10-14]는 예제 데이터(예제_분석기법용.sav)에서 성별(gender)을 집단변수로 하고 음주정도(beer)를 종속변수(검정변수)로 한 독립표본 t검증의 결과다. 이 결과를 어떻게 해석해야 하는가?

집단통계량

	gender 성별	N	평균	표준편차	평균의 표준오차
beer 음주정도	1 남자	15	5753.33	3194.609	824.844
	2 여자	15	3733.33	2131.621	550.382

독립표본 검정

		Levene의 등분산 검정		평균의 동일성에 대한 t-검정						
									차이의 95% 신뢰구간	
		F	유의확률	t	자유도	유의확률 (양쪽)	평균차	차이의 표준오차	하한	상한
beer 음주정도	등분산이 가정됨	.613	.440	2.037	28	.051	2020.000	991.609	-11.219	4051.219
	등분산이 가정되지 않음			2.037	24.404	.053	2020.000	991.609	-24.789	4064.789

[그림 10-14] 성별에 따른 음주정도에 대한 독립표본 t검증의 결과출력물

엄밀하게 따지면 $p = .05$에서 영가설을 부정할 수 없는 상태, 즉 '성별에 따라 음주정도에 차이가 없다'라고 할 것이다. 그러나 '$p < .10$'의 값에 대해 대체로 다음 두 가지 상황에서 **제한적으로 유의미**(marginally significant)하다는 용어를 사용한다. 첫째, **탐색적 성격**을 가진 연구로 엄격한 유의수준을 정할 수 없을 때, 둘째, 통제된 실험실 상황에서 독립변수의 조작에 따라 얻어진 실험결과일 때다. 유의수준(significance level)이란 통계적 의사결정의 준거이지만, 결국 연구에 깊은 통찰을 제공하는 것은 연구자의 몫이다. 따라서 위의 결과가 탐색적 연구이거나 실험적으로 처치된 경우라면, $p = .10$ 수준에서 '제한적으로' 유의미하다고 결론 내리는 것이 가능할 수 있다.

키워드

레빈의 등분산 검증
t값
t검증
t분포
가설검증
검정변수
단일표본 t검증
대응표본 t검증
대응표본 상관계수
독립표본 t검증
붓스트랩
양방검증
유의수준
일방검증
자유도(df)
제한적 유의성
집단 간 설계
집단 내 설계
집단변수
집단정의
집단통계량
차이값의 표준오차
표본오차

연습문제

※ 다음 문제를 〈보기〉와 같은 순서로 t검증하라. [1-12]

〈보기〉
가. 영가설 및 대립가설의 진술
나. 결과표 작성
다. 결과해석
라. 분석의 적절성 평가: 기본가정의 검토, 데이터의 적절성(결측값, 자료변환 등)

1 사회성 점수의 분포는 모집단의 특성을 대표할 것이다.

2 권력지향 점수의 분포는 모집단의 특성을 대표할 것인가?

3 성별에 따라 사회성에 차이가 있을 것이다.

4 성별에 따라 권력지향에 차이가 있을 것이다.

5 성별에 따라 통제성향 점수에 차이가 있을 것이다.

6 교육수준에 따라 권력지향에 차이가 있을 것이다.

7 교육수준에 따라 통제성향 점수에 차이가 있을 것이다.

8 성별에 따라 음주정도에 차이가 있을 것이다.

9 통제소재에 따라 음주정도에 차이가 있을 것이다.

10 통제소재에 따라 사회성에 차이가 있을 것이다.

11 통제소재에 따라 권력지향에 차이가 있을 것이다.

12 연령이 낮을수록 사회성 점수가 높을 것이다. (분리점을 이용한 분석)

※ 예제 데이터(예제_대응표본.sav)를 이용하여 검증하라. [13-15]

13 토의식 학습과 강의식 학습은 학업성적에 차이가 있을 것이다.

14 학습방법에 따른 학업성적의 차이(독립표본 검증)

15 학습방법에 따른 독립표본 검증과 대응표본 검증의 차이는 무엇인가?

※ 다음 분석의 문제점을 논의하라. [16-18]

16 사회성 점수와 통제소재 점수의 차이

17 연령과 음주정도의 차이

18 사회성 점수와 권력지향 점수의 차이

제11장 분산분석(ANOVA): 논리와 SPSS 따라하기

ANOVA: Analysis of Variance

학습목표

1. 분산분석(ANOVA)의 개념과 목적을 이해한다.
2. 변량의 분할과 상호작용효과의 개념을 이해한다.
3. 일원배치 분산분석의 목적과 SPSS 사용법을 익힌다.
4. 이원배치 분산분석의 목적과 SPSS 사용법을 익힌다.
5. 분산분석의 단순주효과의 개념과 SPSS 사용법을 익힌다.
6. 분산분석을 이용한 매개효과 검증을 이해한다.
7. 반복측정설계에 의한 분산분석의 SPSS 사용법을 익힌다.

"정교한 분석모형의 표준."

1 분산분석의 논리

1.1 개요

분산분석(Analysis of Variance: ANOVA)은 개념적으로 가장 정교한 통계분석의 하나다. 실험설계의 논리를 전제로 하기 때문에 실험연구에 적합한 분석모형을 갖추고 있다. 흔히 t검증은 두 표본에 대한 차이검증을 목적으로 한다면, 분산분석은 원리상 두 표본에 적용되지만 주로 세 집단 이상의 차이를 검증할 때 사용한다. 분산분석은 1930년대 피셔(R. Fisher)가 개발한 F값을 이용하므로 **F검증**으로 불리며 'Analysis of Variance'를 줄여 간단히 ANOVA라 한다.

분산분석의 목적

▢ 두 집단 이상의 동시 비교

분산분석은 두 집단 이상을 동시에 비교할 때 사용하며, 특히 세 집단 이상을 비교할 목적으로 사용한다. 세 집단 이상의 차이를 논리적으로 검증하기 위해 연구모형을 설계하였을 때, 분산분석 모형 대신 여러 번의 t검증을 수행한다면 기각해야 할 영가설을 채택하는 오류를 범할 수 있다. 이미 7장에서 살펴보았듯이, 엄밀한 의미에서 분산분석의 자료가 t검증될 때 비교되는 수만큼 1종오류가 증가하므로 주의해야 한다.

▢ 주효과와 상호작용효과

분산분석은 여러 변수를 동시에 분석하는 기법으로 개별 변수의 효과뿐만 아니라 둘 혹은 그 이상 변수 간의 의존적 관계성, 즉 제1변수의 변화가 제2변수의 변화에 의존하는 효과를 밝힐 수 있다. 분산분석 모형에서 개별 변수의 효과를 **주효과**(main effect)라 하고, 변수들의 의존적 관계를 **상호작용효과**(interaction effect)라 한다. 특히 분산분석은 실험처치에 의한 변수들의 상호작용을 밝히는 것이 주목적이다. 잘 알려진 실험으로 "음식을 먹지 않는 것과 잠을 재우지 않는 것 중 어느 것이 더 괴로운가?"에 답을 제공한 연구가 있다. 음식박탈(24시간/48시간)과 수면박탈(36시간/72시간)에 따른 스트레스의 연구에서 피험자들은 음식이나 수면이 모두 충족되거나 되지 않는 조건보다 어느 한쪽이 박탈되는 경우 훨씬 더 심한 스트레스를 경험하는 것이 발견되었다. 이 예는 전형적인 상호작용의 효과를 보여주는 것으로 [그림 11-1]과 같이 도식으로 나타낼 수 있다.

일반적으로 상호작용효과를 위한 설계를 **요인설계**(factorial design)라 하며, 요인설계가 가장 적합한 통계적 방법이 분산분석이다. [그림 11-1]에서 처치 A(Ⅰ+Ⅱ vs. Ⅲ+Ⅳ)와 처치 B(Ⅰ+Ⅲ vs. Ⅱ+Ⅳ) 각각의 효과를 주효과라 하고, 상호작용효과는 (Ⅰ−Ⅱ)와 (Ⅲ−Ⅳ) 혹은 (Ⅰ−Ⅲ)과 (Ⅱ−Ⅳ)의 부호를 비교하여 **어느 한 결과의 부호의 방향이 반대인 경우 상호작용이 있는 것으로 해석**한다. 부호의 방향이 같거나 차이가 0인 경우는 상호작용효과가 없는 경우다. [그림 11-1]에서는 (Ⅰ−Ⅱ)=−20이고 (Ⅲ−Ⅳ)=10으로 부호의 방향이 반대되므로 '상호작용효과'가 나타난다.

		처치 B(수면박탈)	
		B1(36시간)	B2(72시간)
처치 A(음식박탈)	A1(24시간)	20 (Ⅰ)	40 (Ⅱ)
	A2(48시간)	35 (Ⅲ)	25 (Ⅳ)

※ 종속측정값은 스트레스

[그림 11-1] 요인설계의 의한 분석 행렬의 예

상호작용을 해석하는 또 다른 방법은 평균을 그래프로 그려 관측하는 것이다. [그림 11-2]는 앞의 예를 그래프로 나타낸 것이다.

분산분석은 독립변수의 수에 따라 각기 다른 모형으로 불린다. 보통 하나의 독립변수를 사용하는 분산분석 모형을 **일원배치 분산분석**(one-way ANOVA)이라고 하고, 상호작용을 목적으로 하는 둘 이상의 독립변수를 사용하는 모형을 **이원배치 분산분석**(two-way ANOVA)이라 한다. 그 이상의 변수를 사용하면 '삼원' 혹은 '사원'배치 분산분석이라 하며, 차수가 이원 이상을 통칭하여 **다원분산분석**이라 부른다. 하지만 삼원배치 이상은 상호작용의 해석이 복잡해지기 때문에 자주 사용되지 않는다.

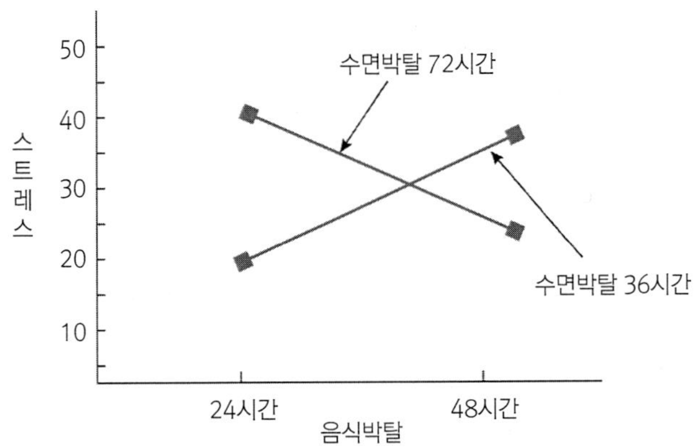

[그림 11-2] 상호작용효과의 예

그래프에 의한 해석은 직관적인데, [그림 11-2]와 같이 각 독립변수의 변화가 교차하여 각을 이루면 상호작용효과가 있는 것으로 해석한다. 상호작용효과가 클수록 두 변수의 교차각이 커지고, 교차각이 낮아져 서로 완전히 평행이 되면 상호작용효과가 0이 된다. 상호작용의 해석에서 주의할 점이 있다. [그림 11-2]와 같이 상호작용이 유의미한 경우 변수 간의 의존적 효과로 인해 주효과 해석은 타당하지 않게 된다. 따라서 상호작용이 유의미할 때, **주효과를 상호작용효과와 동시에 해석하는 것은 무의미하다.**

☐ 인과성 연구

흔히 **독립변수**라 하면 원인이 되는 변수를 말하고, **종속변수**는 결과가 되는 변수를 말한다. 독립변수와 종속변수의 용어는 실험설계에 의해 다른 변수의 영향을 통제한 상태에서 독립변수의 순수한 처치효과를 기대하므로 '인과성' 연구에 적합하다. 분산분석은 실험설계에 가장 충실한 방법이고, 그로써 독립변수와 종속변수의 인과관계를 설명할 목적을 갖는다.

1.2 분산분석의 논리

분산분석은 '분산(variance)'의 차이를 검증하는 방법으로 피셔가 제안하는 F분포에 의해 통계량을 산출한다. F분포의 일반적 특징은 다음과 같다.

- F분포는 2개의 표본에서 추정된 변량의 비(比)다.
- F분포는 연속확률분포로서 분자와 분모 각각 두 개의 자유도를 갖는다.
- F분포는 항상 양의 값을 가지며, 0의 방향으로 편포한 비대칭형 분포다.
- 분자의 df가 1일 때, $F = t^2$와 같다.

변량의 분할

분산분석은 변량의 분할에 기초한다.[3] 제3장에서 '신뢰도'를 설명할 때 전체변

3. 제1부에서 분산(variance)은 '변량'이라는 용어를 사용하였다. '변인'과 '변수'의 용어처럼, 통계적 용어로 '분산'을 쓰지만 설명 목적으로 '변량'을 혼용하여 사용한다.

량은 진변량과 오차변량로 구성되어 있다고 하였다(공식 3.1). 오차변량 V_e는 파악되지 않는 변량이지만 진변량 V_∞은 일련의 체계적 변량으로 분산분석에서 집단 간 변량, 즉 처치에 의해 파악되는 변량으로 간주한다. 따라서 다음과 같이 나타낼 수 있다.

$$V_t = V_b + V_w$$ 공식 11-1

여기서 V_t는 전체변량, V_b는 집단 간 변량(체계적 변량), V_w은 집단 내 변량으로 오차변량 V_e을 말한다.

개념적으로 변량은 원점수와 평균 간의 거리를 제곱합(Sum of Square: SS)으로 표현된다. **전체제곱합 SS_t**는 임의표본의 원점수에서 전체평균까지의 거리의 제곱합이며, **집단 간 제곱합 SS_b**는 임의표본의 집단평균에서 전체평균까지의 거리의 제곱합(처치의 효과), **집단 내 제곱합 SS_w**는 임의의 원점수에서 그 관찰치가 포함된 집단평균까지의 거리의 제곱합을 말한다. 이를 도식으로 표현하면 [그림 11-3]과 같다.

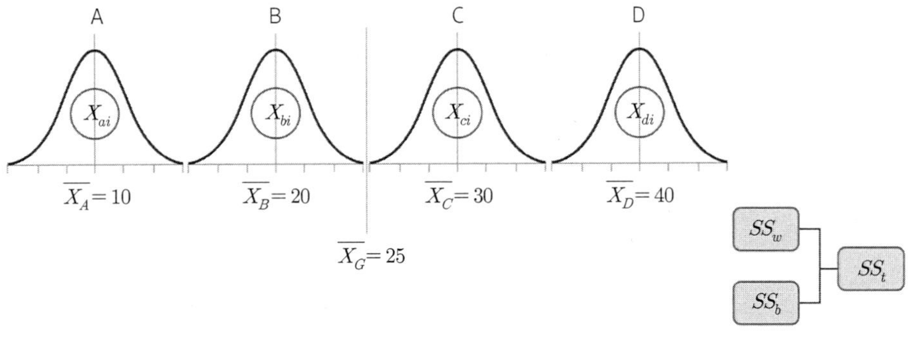

[그림 11-3] 제곱합의 분할구조

각 집단의 원점수와 전체평균과의 거리는 전체평균과 각 집단 평균의 거리와 원점수와 각 집단평균과의 거리로 나누어지며, 전체평균 $\overline{X}_G = 25$을 중심으로 집단평균들의 분포를 그리면 하나의 표집분포가 형성된다. 전체제곱합의 분할을 표현하면 다음과 같다.

$$SS_t = SS_b + SS_w$$ 공식 11-2

이에 기초하여 F값은 자유도를 고려한 **간변량**과 **내변량**의 비율로 산출한다.

$$F = \frac{SS_{treatment}/df_b}{SS_{error}/df_w} = \frac{MS_b}{MS_w}$$ 공식 11-3

여기서 $SS_{treatment}$는 처치효과의 제곱합, SS_{error}는 오차제곱합, $df_b = k - 1$ (k는 집단의 수), $df_w = n - k$(n은 사례수)이다. MS_b는 처치효과를 자유도로 나눈 **집단 간 평균제곱합**(sum of mean square)이고, MS_w은 오차변량을 자유도로 나눈 **집단 내 평균제곱합**이다.

F값의 산출을 통해 연구자는 가설검증을 수행하며, 분산분석의 영가설은 다음과 같이 설정된다.

H_0 : $\mu_1 - \mu_2 - \cdots - \mu_j = 0$
H_1 : H_0는 사실이 아니다.

만일 영가설 H_0가 기각되면 대립가설 H_1을 채택하고, 집단평균 간의 차이를 비교하는 **사후검증**(post-hoc test)을 실시하게 된다. 즉, 분산분석은 세 집단 이상의 차이를 검증하기 때문에 구체적으로 어떤 집단 간의 차이인지를 밝히는 과정이 필요한데, 이를 '사후검증'이라 한다.

☐ 사후검증과 사전비교

사후검증의 목적은 H_0가 기각되었을 때 구체적인 집단 간 차이를 밝히기 위한 것으로 **다중비교**(multiple comparison)라고도 한다. 다중비교는 분산분석 모형에 투입된 변수의 쌍(pair)을 비교하는 것으로 t검증과 유사하지만, 쌍을 비교할 때 발생하는 1종오류를 막기 위해 유의수준을 F값에 고정하는 방식 $\alpha_F = .05$으로 집단비교를 수행한다. 등분산을 가정하는 경우에 사용하는 방법(예, Tukey, Ducan, Scheffé 등)과 등분산을 가정하지 않는 경우 사용하는 방법(예, Tamhane의 T2,

Dunnett의 T3 등)이 있다.

사후검증은 영가설을 검증하는 **전반적 F검증(overall F test)의 결과가 유의미할 때에만 적용**된다. 하지만 종종 연구자가 **비교대상이 되는 쌍을 미리 정하고** 전반적 F검증을 수행할 수 있다. 이를 **사전비교**라고 하며, 비교대상의 쌍을 분석 이전 단계에서 정하기 때문에 분석 후 집단을 비교하는 사후비교와 다르다. 특히 사전비교는 명확한 이론적 근거 혹은 사전지식을 가지고 있을 때에만 사용한다.

☐ 이원배치 분산분석의 변량분할

이원배치 분산분석은 요인설계에 기반을 두고 **오차변량 V_e를 체계적 변량, 즉 처치에 의해 확인되는 집단 간 변량 V_b으로 전환**하는 의미를 갖고 있다. 예컨대, 불안에 따른 공포증 효과에 대한 연구에서 '우울'과 같은 변수가 불안과 밀접하면서도 공포증에 영향을 준다고 가정된다면, '우울'을 또 하나의 독립변수로 다룰 수 있다. 이렇게 우울이 하나의 독립변수가 되면 일원배치 분산분석 모형은 이원배치 분산분석의 모형으로 바뀌며, 오차변량이었던 '우울'이 체계적 변량으로 전환되고 그만큼 오차변량이 감소하게 된다. 〈표 11-1〉은 이러한 관계를 요약한 것이다.

〈표 11-1〉 이원배치 분산분석에서의 변량분할의 예

연구모형	독립변수	종속변수	변량분할
모형 1	불안(A)	공포증	$SS_t = SS_A$(불안)$+ SS_w$(오차)
모형 2	불안(A), 우울(B)	공포증	$SS_t = SS_A$(불안)$+ SS_B$(우울)$+ SS_{AB} + SS_w$

주. SS_{AB}는 상호작용효과임.

분산분석의 기본가정

- 모든 집단은 정상분포를 이루어야 한다. 정상성에 대한 가정은 집단의 크기가 충분히 클 때 중심극한정리에 의해 만족될 수 있다. SPSS의 '기술통계량' 프로시저에 **P-P 도표**나 **Q-Q 도표**로 확인할 수 있다.
- 표본분포의 동변량성을 가정해야 한다. 모든 집단의 분산은 동질적이어야 한다.

• 모든 집단의 측정은 독립적이어야 하고, 변수들의 관계는 선형성을 가정해야 한다.

SPSS의 P-P 도표와 Q-Q 도표

표본분포가 기대되는 모집단 분포에 접근하는 정도를 알아보는 그래프 방법으로 P-P 도표와 Q_Q 도표가 있다. SPSS의 분석 프로시저 '분석메뉴 ⇨ 기술통계량 ⇨ P-P 도표 혹은 Q-Q 도표'를 선택하여 실행한다.

일반적으로 P-P 도표는 스튜던트화(student t residual) 잔차를 정상분포와 비교하는 확률도표다. P-P 도표에서 표시된 점의 기울기가 정상선(normal line)보다 덜 가파른 경우 잔차는 정규분포보다 큰 변동을 말하며, 기울기가 더 가파르면 잔차가 정상분포보다 적은 변동을 나타낸다. 또한 S 모양의 곡선은 잔차 분포가 비대칭임을 의미한다.

Q-Q 도표는 표본 변수의 분포가 기대되는 모집단 분포와 맞는지를 알아볼 때 사용하며, 변수의 분포 분위수를 검정분포 값의 분위수에 도표화하는 방법이다. 보통 선택한 변수가 검정분포와 일치하면 점이 직선 주위에 모인다. 사용 가능한 검정분포로는 베타(Beta), 카이제곱(chi-square), 지수(exponential), 감마(gamma), 절반정규(half-normal), 라플라스(Laplace), 로그정규(lognormal), 정규(normal), 파레토(pareto), 스튜던트 t(student t), 와이블(weibull), 균일(uniform) 등이 있다. 선택한 분포에 따라 자유도와 기타 모수를 지정할 수 있다.

2 분산분석의 SPSS 따라하기

검증방법 따라하기

검증방법의 **따라하기**는 가설검증 방식으로 설명한다. 즉, 각각의 검증방법에 맞는 (a) 가설을 설정하고, (b) SPSS 분석을 수행하여, (c) 분석결과를 해석하고, (d) 결론을 내리는 절차를 이용한다. **예제설문지**의 변수를 사용하며, 데이터는 '예제_분석기법용.sav'를 활용한다.

2.1 일원배치 분산분석의 SPSS 실행

가설의 설정

- 연구가설: 연령에 따라 사회성 점수에 차이가 있을 것이다.
- $H_0: \mu_1 = \mu_2 = \mu_3$
- H_1: H_0는 사실이 아니다.
- 검증통계량: F값
- 유의수준: $p < .01$(양방검증)
- 결과해석
- 결론

일원배치 분산분석의 실행

일원배치 분산분석: 분석메뉴 ⇨ 평균비교 ⇨ 일원배치 분산분석

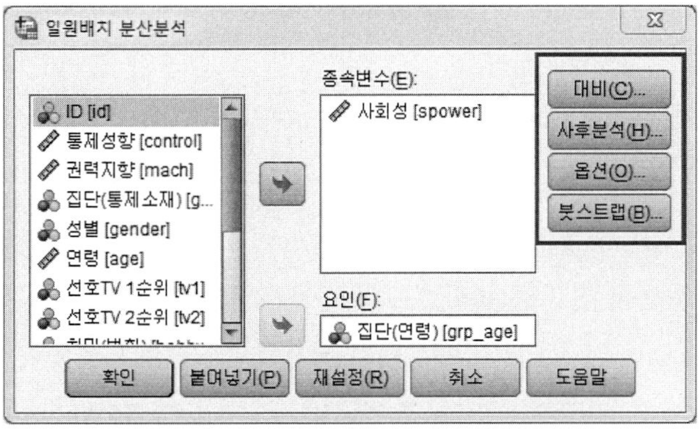

[그림 11-4] 일원배치 분산분석의 대화상자

[그림 11-4]는 일원배치 분산분석의 대화상자다. **종속변수**는 '사회성' 점수이고 요인(독립변수)은 집단변수인 '연령'이다. 연령(집단변수)은 20대, 30대, 40대 이후의 세 집단으로 구성되어 있다. t검증과 달리, **분산분석**부터는 다양한 통계량의

산출과 부가기능을 수행하게 된다. **대비**(contrast) 탭은 사전비교를 위한 것이고 **사후분석**은 사후검증(post hoc test), **옵션** 탭에는 기술통계량과 평균도표 등을 산출하는 명령이 포함되어 있다. 또한 반복 샘플링에 의한 **붓스트랩**(bootstrap) 방법도 제공한다. 먼저 기초적인 결과 해석에 필요한 '옵션' 탭을 선택하고 결과를 해석해 보자.

☐ 일원배치 분산분석의 옵션

[그림 11-5] 일원배치 분산분석의 옵션 대화상자

'옵션'에서 사용할 수 있는 통계량은 다음과 같다.

① **기술통계**(Descriptive Statistics): 평균, 표준편차, 평균의 표준오차, 95% 신뢰구간을 포함한 기초 통계량을 산출한다.

② **모수 및 변량효과**(Fixed and Random Effects): **고정효과**(모수요인) 모형에 대한 표준 편차, 표준오차, 95% 신뢰구간과 **변량효과**(변량요인) 모형에 대한 표준오차, 95% 신뢰구간 및 집단 간 성분의 분산 추정치를 표시한다. 고정효과 요인은 집단변수이고, 변량효과 요인은 무선표본을 가정한 변수다.

③ **등분산 검정**(Homogeneity of Variance Test): Levene 통계량(평균을 이용한 계산)을 계산하여 집단분산의 동질성을 검증한다.

④ **Brown-Forsythe와 Welch**: 집단평균의 동질성을 검증하는 통계량이다. Brown-Forsythe의 값은 중위수와 절삭평균(trimmed mean: 분포의 양끝 5%를 제외한 평균으로 대략 중위수와 일치)을 이용한다. 등분산을 가정하지 못하는 경우에 사용한다. '이질적 집단'의 경우 F값도 이들 값을 해석한다.

⑤ **평균 도표**(Means Plot): 집단의 수준별 평균 그래프를 나타낸다.

⑥ **결측값**(Missing Value): 결측값의 제외를 지정한다. '분석별 결측값 제외'는 분석에서 결측값이 있는 변수를 해당 분석에서 제외한다. '목록별 결측값

제외'는 결측값을 모든 분석에서 제외한다.

일원배치 분산분석의 '옵션' 탭에서 필요한 항목을 선택하고, '확인'을 클릭하면 **뷰어 창**에 [그림 11-6]과 같이 일원배치 분산분석의 결과가 출력된다.

기술통계

spower 사회성

		N	평균	표준편차	표준오차	평균에 대한 95% 신뢰구간 하한값	평균에 대한 95% 신뢰구간 상한값	최소값	최대값	성분-간 분산
1 20대		10	2.6470	.64452	.20381	2.1859	3.1081	1.50	3.65	
2 30대		10	3.9290	.49357	.15608	3.5759	4.2821	3.33	4.72	
3 40대이상		10	3.2270	.69349	.21930	2.7309	3.7231	1.90	4.20	
합계		30	3.2677	.79875	.14583	2.9694	3.5659	1.50	4.72	
모형	고정 효과			.61643	.11254	3.0367	3.4986			
	변량효과				.37064	1.6729	4.8624			.37412

분산의 동질성 검정

spower 사회성

Levene 통계량	df1	df2	유의확률
.241	2	27	.788

일원배치 분산분석

spower 사회성

	제곱합	df	평균 제곱	F	유의확률
집단-간	8.242	2	4.121	10.846	.000
집단-내	10.260	27	.380		
합계	18.502	29			

평균의 동질성 검정

spower 사회성

	통계량[a]	df1	df2	Sig.
Welch	12.409	2	17.578	.000
Brown-Forsythe	10.846	2	25.249	.000

a. 자동으로 F 분배합니다.

[그림 11-6] 일원배치 분산분석의 결과출력물

[그림 11-6]에는 먼저 연령 집단별 사회성 점수에 대한 기술통계량이 제시되어 있다. 20대의 평균은 2.6470, 30대는 3.9290, 40대는 3.2270으로 30대의 평균이 다소 높게 나타났다. Levene 검증의 결과, 유의확률이 .788로 $p > .05$이므로 등분산, 즉 **집단 간 분산이 동질적임을 확인**할 수 있다. 이때의 영가설은 $H_0 : \sigma_1^2 = \sigma_2^2$이다. 그다음 **일원배치 분산분석**의 결과에는 '집단 간 효과'와 '집단 내 효과'의 제곱합과 평균제곱합, F값과 유의확률이 산출되어 있다. $F = MS_b / MS_w$이므로 4.121/.38=10.846이다. 분석결과, $F_{2,27} = 10.846$, $p = .000$이므로 집단 간 차이는 통계적으로 유의미하다.

마지막에 제시된 '평균의 동질성 검증' 결과는 집단의 분산이 이질적일 때 F값을 대신하여 해석할 수 있는 값들로, 극단치의 값을 제외한 **절삭평균**과 **중위수**를 이용하여 계산한 결과다. 사회성에 대해 Welch **통계량**이나 Brown-Forsythe **통계량**은 모든 $p < .01$로 두 집단의 평균이 동일하지 않음을 나타낸다.

▢ 일원배치 분산분석의 '대비(contrast)' 지정

[그림 11-4]의 분산분석 대화상자 탭을 클릭하면 [그림 11-7]과 같은 '대비' 대화상자가 열린다.

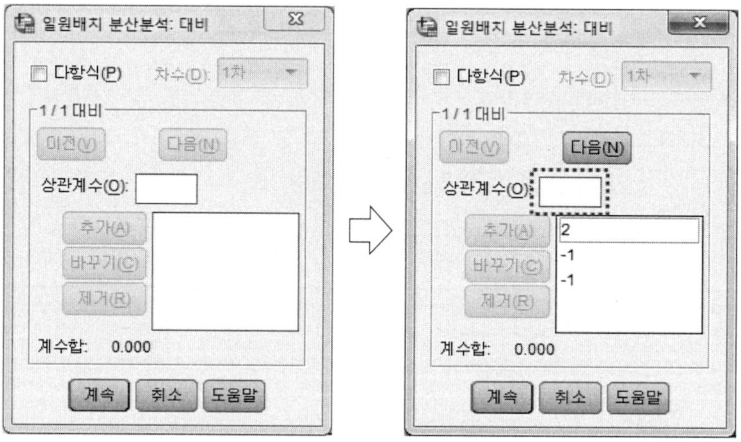

(a) (b)

[그림 11-7] 대비 대화상자

일원배치 분산분석에서 대비 명령은 **사전비교**를 위해 사용한다. [그림 11-7]의 (a)는 '대비'를 지정하기 위한 초기화면이고, (b)는 비교할 대상을 지정한 예다. 연령은 세 집단으로 구성되어 있다. 30대와 40대를 묶어서 20대와 비교하고자 한다면, 그림 (b)와 같이 '상관계수(대비계수)'에 2, −1, −1을 각각 입력한다. 이 방법의 원리는 **각 집단에 가중치를 주어** 비교대상을 구분하는 것이다. 이때, 모든 가중치의 합이 0이 되도록 정해 준다. 2 −1 −1의 합이 0인 것과 같이, 4 −2 −2를 입력하여도 같은 결과를 얻는다. 만일 1 −1 0으로 입력한다면, 20대와 30대만을 비교하고 40대는 사전비교의 대상에서 제외함을 의미한다.

다항식(polynomial)을 이용한 사전비교

[그림 11-7] (b)의 상단에 있는 '다항식'은 선형성에 기초한 사전비교방법으로 집단 간 제곱합을 다항식으로 분할하여 계산하는 방식이다. 비가중 제곱합(unweight SS)과 가중 제곱합(weight SS)이 계산되고, 그에 따른 *F*값이 산출된다. 주로 **연속변수를 범주변수로 사용하였을 때 적용**한다.

[그림 11-7]의 (b)를 실행하면, [그림 11-8]과 같은 **대비검정** 출력물을 얻게 된다.

대비 계수

대비	grp_age 집단(연령)		
	1 20대	2 30대	3 40대이상
1	2	-1	-1

대비검정

		대비	대비 값	표준오차	t	df	유의확률 (양측)
spower 사회성	등분산 가정	1	-1.8620	.47748	-3.900	27	.001
	등분산을 가정하지 않습니다.	1	-1.8620	.48848	-3.812	16.792	.001

[그림 11-8] 일원배치 분산분석의 대비검증 결과

[그림 11-8]에 나타난 것처럼, 대비계수가 '20대'와 '30대 및 40대'를 비교함을 나타내고, 그 결과 등분산을 가정할 때 $t=-3.900$, $df=27$, $p=.001$로 $p<.01$에서 유의미하다. 즉, 20대와 30, 40대는 사회성에서 유의미한 차이가 있으며 30, 40대의 사회성이 높은 것으로 보인다. [그림 11-6]의 '기술통계'에서 20대 평균은 2.6470이고, 30, 40대의 평균을 구하면 3.5780이다.

여기서는 설명 목적상 임의로 집단을 비교하였으나 **사전비교는 연구자가 분산분석을 실시하기 전 단계에서 미리 계획을 세워야 하며 충분한 논리적 근거를 가져야 한다.** 사전비교는 계획적 비교라는 점에서 **계획비교**(planned comparison)라고도 한다. 만일 집단의 사전비교에 대한 논리적 근거가 부족한 경우에는 사후검증으로 다중비교를 해석하는 것이 바람직하다. 그러나 사후검증은 **전반적 *F*검증**의 결과가 유의미할 때에만 수행한다는 점도 기억해야 한다. 전반적 *F*검증은 **옴니버스**(Omnibus) ***F*검증**이라도 하며 어떤 다중비교의 수행 없이 단독적으로 수행된 *F*검증, 즉 [그림 11-6]의 '일원배치 분산분석'의 결과를 말한다.

▢ 일원배치 분산분석의 '사후검증(Post hoc test)'의 지정

일원배치 분산분석에서 **사후비교** 탭을 클릭하면, [그림 11-9]와 같은 대화상자가 열린다.

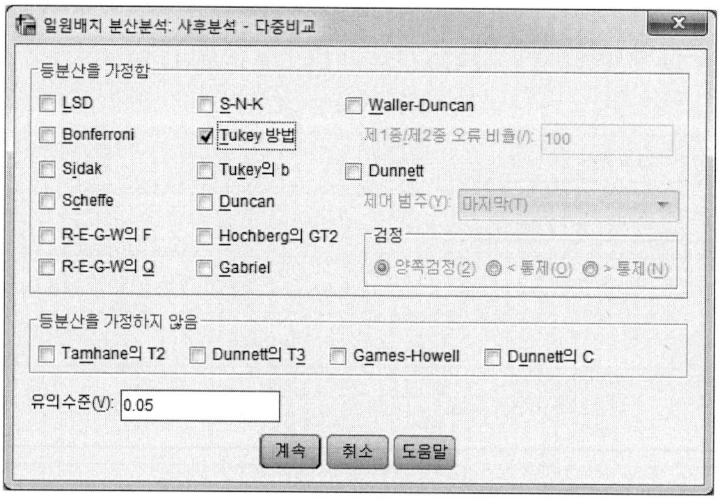

[그림 11-9] 사후검증 대화상자

일원배치 분산분석의 **사후비교** 방법은 '등분산을 가정하는 경우'와 '등분산을 가정하지 않는 경우'로 나뉜다.

① LSD(Least Significant Difference): 개별적인 모든 쌍을 비교한다. 이 방법은 다중비교에서 관측 유의수준을 교정하지 않는 것이 단점이다.

② Bonferroni: Student의 t 통계량에 기초하여 관측 유의수준을 교정하여 비교한다. 이때 각 검증에 대한 오차비율을 전체 검증 수로 나눈 것을 실험별 오차비율로 설정하여 전체 오차를 조정한다.

③ Sidak: 이 방법도 관측 유의수준을 교정하지만 Bonferroni 방법보다 더 엄격한 한계를 제공한다.

④ Scheffe: 이 방법은 검증될 집단평균의 모든 선형조합을 구하고 개별 쌍으로

는 비교하지 않는다. 따라서 매우 엄격한 방법이며, 집단평균 간의 차이가 충분히 커야 유의미한 차이를 보이게 된다. 이 방법은 1종오류의 가능성이 적고 전집의 정상성이나 등분산을 가정하지 않고도 사용이 가능하며, 집단의 사례수가 다를 경우에도 적용되므로 보편적으로 널리 사용한다.

⑤ R-E-G-W의 F와 Q(Ryan, Einot, Gabriel, & Welschs' F & Q): 이 방법은 2단계의 다중하향식 검증(multiple step-down range test)을 사용한다. 먼저 모든 평균이 같은지를 검증하고, 만일 평균이 다르면 평균의 하위집합이 동일한지를 검증한다. R-E-G-W의 F는 *F*검증에 기초하며, R-E-G-W Q는 Studentized 범위 통계량에 기초. R-E-G-W F와 Q는 Duncan의 다중범위 검증(multiple range test)과 Student-Newman-Keuls(S-N-K)보다 강력하지만, 셀의 크기가 동일하지 않을 때는 사용이 제한된다.

⑥ S-N-K(Student-Newman-Keuls test): Studentized 범위 분포를 사용하여 평균 간 모든 비교를 수행한다. 표본 크기가 같으면 단계별 프로시저를 사용하여 동일집단군 내의 대응 평균 비교도 가능하지만, 다른 방법에 비해 잘 사용되지 않는다.

⑦ Tukey 방법(Tukey's honestly significant difference test: HSD): 이 방법은 모든 집단 간 쌍 비교를 위해 Studentized 범위 통계량을 사용하고 엄격한 오차율을 적용한다. 사례수가 같고 모든 평균의 1:1 비교를 하고자 할 때 자주 사용한다. 많은 수의 평균 쌍을 검증할 때 Bonferroni 방법보다 강력하고, Bonferroni 검증은 적은 수의 쌍을 비교할 때 강력한 방법이다.

⑧ Tukey의 b: Studentized 범위 분포를 사용하여 집단 간 비교를 수행하며, 기준값은 Tukey의 HSD와 Student-Newman-Keuls의 해당 값의 평균을 이용한다. 다른 방법에 비해 잘 사용되지 않는다.

⑨ Duncan: S-N-K 및 Tukey의 b와 같이 집단평균의 서열과 범위값을 계산하여 검증하는 방법이지만 다른 방법에 비해 잘 사용되지 않는다.

⑩ Hochberg의 GT2: Tukey 검증과 유사하지만, Studentized range값이 아닌 Studentized 최대모듈(maximum modulus: 상관계수)을 사용한다. 대체로 Tukey 검증이 더 일반적이지만, 셀 크기가 동일하지 않을 경우 Hochberg의 GT2가 더 효과적인 방법으로 알려져 있다.

⑪ Gabriel: Studentized 최대상관계수를 사용하며, 각 셀의 사례수가 같지 않을 때 GT2보다 강력한 검증이 된다. Gabriel의 검정은 셀 크기가 상당히 다양하게 분포할 경우에도 사용할 수 있다.

⑫ Waller-Duncan: 이 방법은 Bayesian 접근법을 사용하며 표본크기가 동일하지 않을 때 표본크기에 대한 조화평균을 계산한다.

⑬ Dunnett: 처치의 집합을 단일한 '통제집단'과 비교할 때 자주 사용하며, 통제집단의 위치는 가장 마지막 혹은 첫 번째 집단이 될 수 있다. 한 요인수준(통제 범주 제외)에서의 평균이 통제집단의 평균과 동일한지를 검증하려면 '양방검증'을 선택하고, 요인수준의 평균이 통제집단의 평균보다 작은지를 검증하려면 '통제'를 선택한다.

⑭ 등분산이 가정되지 않을 때의 방법: Tamhane's T2는 t검증에 기초한 엄격한 방법으로 모든 쌍을 비교하며, Dunnett's T3는 Studentized maximum modulus에 기초하여 모든 쌍을 비교한다. Games-Howell pairwise comparison test는 제약을 거의 두지 않고, Dunnett's C는 Studentized range에 기초하여 모든 쌍을 비교한다.

사후검증의 해석을 위해 **Tukey 방법**(HSD)을 지정하고 출력물을 얻어 보자. [그림 11-10]은 Tukey 방법을 이용한 사후검증의 결과를 나타낸다.

다중 비교

종속 변수: spower 사회성
Tukey HSD

(I) grp_age 집단(연령)	(J) grp_age 집단(연령)	평균차(I-J)	표준오차	유의확률	95% 신뢰구간	
					하한값	상한값
1 20대	2 30대	-1.28200*	.27567	.000	-1.9655	-.5985
	3 40대이상	-.58000	.27567	.108	-1.2635	.1035
2 30대	1 20대	1.28200*	.27567	.000	.5985	1.9655
	3 40대이상	.70200*	.27567	.043	.0185	1.3855
3 40대이상	1 20대	.58000	.27567	.108	-.1035	1.2635
	2 30대	-.70200*	.27567	.043	-1.3855	-.0185

*. 평균차는 0.05 수준에서 유의합니다.

spower 사회성

Tukey HSD[a]

grp_age 집단(연령)	N	유의수준 = 0.05에 대한 부집단	
		1	2
1 20대	10	2.6470	
3 40대이상	10	3.2270	
2 30대	10		3.9290
유의확률		.108	1.000

동일 집단군에 있는 집단에 대한 평균이 표시됩니다.
a. 조화평균 표본 크기 10.000을(를) 사용합니다.

[그림 11-10] Tukey 방법을 이용한 일원배치 분산분석의 사후검증 결과

사후검증의 해석은 각 연령수준에 따라 개별집단과의 차이를 설명하면 되는데, 이때 **평균차** 항목에 별표(*)가 있는 경우(즉, $p < .05$에서 유의미)를 차이가 있는 집단으로 해석한다. [그림 11-10]을 해석해 보면, 사회성 점수에 대해 20대는 30대와 차이가 있고 40대와는 차이를 보이지 않는다. 30대의 경우는 20대와 40대 모두와 차이가 있음을 확인할 수 있고 40대는 30대와만 차이가 있다. 따라서 사회성을 기준으로 크게 집단을 나눈다면, **20대와 40대를 하나의 부집단(subgroup)으로 볼 수 있고 30대를 하나의 부집단으로** 볼 수 있다.

이 사후검증 결과를 '사전비교'와 비교해 보면 흥미롭다. 사전비교의 결과는 20대를 하나의 집단으로 하고 30, 40대 연령을 또 다른 집단으로 구분했지만, 사후검증의 결과는 20, 40대를 하나의 집단으로 보고 30대를 다른 하나의 집단으로 구분하였다. 어떤 결과가 타당하고 중요한 의미를 제공하는 것인지에 대한 판단은 통계적 결과보다는 연구의 목적과 논리에 바탕을 둔다('사전비교'는 연구자에 의해 지정되지만, '사후검증'은 전반적 F검증에 따른 통계적 결과임).

일원배치 분산분석의 결과표 작성과 해석

일원배치 분산분석은 보통 2개의 결과표로 작성된다. 하나는 '기초통계량'을 제시하는 표이고, 다른 하나는 '검증통계량'을 제시하는 표다. 전체적으로 결과표에 포함되는 내용은 다음과 같다(일반적 예시).

- 변수명
- 변량원
- 사례수 N
- 각 집단의 평균과 표준편차
- 제곱합
- 자유도 df
- 평균제곱합
- F값
- p값(p값은 반드시 제시되는 값은 아님. p값을 제시하지 않을 때 F값에 *표시)
- 등분산 검증의 결과: Levene의 등분산 검증치 F

가설검증 결과

〈표 11-2〉 연령계층에 따른 사회성 점수의 통계량

연령계층	N	평균	표준편차	다중비교
20대(A)	10	2.65	.64	A vs. B B vs. C
30대(B)	10	3.93	.49	
40대 이상(C)	10	3.23	.69	

*다중비교: $p < .05$

〈표 11-3〉 연령계층에 따른 사회성점수의 일원배치 분산분석 결과

변량원	SS	df	MS	F	p
집단 간	8.24	2	4.12	10.85	.000
집단 내	10.26	27	.380		
전 체	18.50	29			

Levene's $F = .241,\ p = .788$

가설: 연령에 따라 사회성 점수에 차이가 있을 것이다.

〈표 11-3〉에 나타난 바와 같이, 연령계층(20대/30대/40대 이상)에 따른 사회성 점수의 차이는 통계적으로 유의미한 것으로 나타났다($F_{2,27} = 10.85,\ p < .01$). 따라서 가설은 지지되었다. 구체적으로 살펴보면, 30대 연령층의 사회성 점수가 가장 높은 것으로 나타났으며(평균=3.93), 그다음 40대 이상의 연령층(평균=3.23)이고, 20대 연령층(평균=2.65)이 가장 낮았다. 30대 연령층은 20대 및 40대 이상의 연령층과 사회성에서 유의미하게 구분되는 집단으로 나타났다($p < .05$). 따라서 30대는 조사된 다른 연령층에 비해 상대적으로 높은 사회적 역량과 자아감을 지닌 것으로 보인다.

2.2 이원배치 분산분석의 SPSS 실행

가설의 설정

- 연구가설 1-1: 성별(남/여)에 따라 권력지향성에 차이가 있을 것이다.
- 연구가설 1-2: 학력(고/저)에 따라 권력지향성에 차이가 있을 것이다.
- 연구가설 1-3: 성별과 학력은 권력지향성에 대한 상호작용효과를 보일 것이다.

- $H_0 : \mu_{12} = 0$ (상호작용 영가설)
- $H_1 : \mu_{12} \neq 0$
- 검증통계량: F값
- 유의수준: $p < .05$(양방검증)
- 결과해석
- 결론

이원배치 분산분석의 실행

이원배치 분산분석: 분석메뉴 ⇨ 일반선형모형 ⇨ 일변량

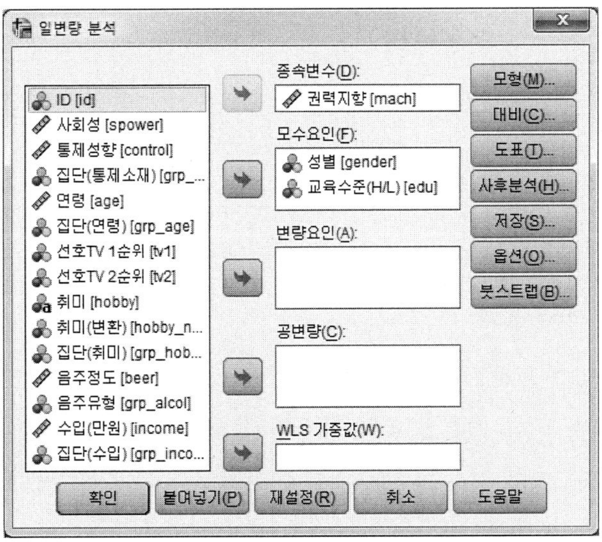

[그림 11-11] 이원배치 분산분석의 대화상자

[그림 11-11]은 이원배치 분산분석을 위한 대화상자다. 종속변수는 '권력지향성(mach)'이고 **모수요인**은 '성별(남/여)'과 '교육수준(H/L)'이다. 이원배치 분산분석은 **선형모형을 가정하는 분석**이라는 점에서 일원배치 분산분석보다 훨씬 다양한 분석을 제공한다. 독립변수의 지정은 두 가지의 방법이 있는데, '모수요인'과 '변량요인'이다.

① 모수요인(Fixed Factor): 모수요인은 **고정효과모형**에 사용되는 독립변수를 지정한다. 전형적으로 실험모형에서 조작될 수 있는 변수를 독립변수로 사용하는 경우에 '모수요인'으로 지정한다.

② 변량요인(Random Factor): 변량요인은 모수요인처럼 독립변수를 지정하지만, **무선효과모형**에 사용되는 무선변수(random variable)만을 지정한다. 예컨대, A, B, C, D, E라는 5대의 기계에 4명의 기술자가 번갈아 가며 작업을 하고 그에 따라 각 기계의 생산량을 분석한다면, 기계는 5개의 수준을 가진 '고정요인(fixed factor)'이고, 4명의 기술자는 '무선요인(random factor)'이다. 따라서 전형적인 **혼합모형**(mixed model)이 되는데, 이를 SPSS에서 분석한다면 '기계' 변수는 모수요인으로 지정하고, '기술자' 변수는 변량요인에 지정하여 분석한다.

③ 공변량(Covariates): 공분산분석을 수행할 때 공분산을 지정한다.

④ WLS 가중치: 가중최소제곱(Weighted Least-Square) 분석을 할 때 가중치가 부여되는 변수를 지정한다. 가중치가 부여된 값이 0이거나 음수 혹은 결측값인 경우 해당되는 사례가 분석에서 제외되고, 모형 내에서 이미 지정된 변수는 가중변수로 중복하여 지정할 수 없다.

☐ 모형(Model)의 지정

모형지정의 디폴트 값은 **완전요인모형**(full factorial model)으로 '주효과'와 모든 '상호작용효과'가 분석된다. 만일 연구자가 주효과에만 관심을 갖거나 상호작용효과에만 관심을 갖는 경우, **사용자 정의**를 이용하여 분석하고자 하는 항(term)을 지정할 수 있다. 예컨대, 성별의 효과는 제외하고 '교육수준'의 주효과와 '성별*교육수준'의 상호작용효과에만 관심이 있다면 [그림 11-12]와 같이 지정할 수 있다.

[그림 11-12]에는 성별을 제외한 교육수준과 교육수준*성별의 상호작용항만이 포함되어 있다. 이와 같이 항을 지정하는 것은 특수한 경우이고, 보통 완전요인모형을 통해 성별과 교육수준의 주효과, 성별*교육수준의 상호작용효과를 모두 산출하는 것이 일반적이다. 앞의 예에서 가설 1-1은 성별에 대한 주효과이고 가설 1-2는 교육수준에 대한 주효과, 가설 1-3은 상호작용효과에 관한 것이므로 **완전요인모형을 선택**한다.

[그림 11-12] 모형지정의 예

하단의 '제곱합'은 각 항의 제곱합이 분할되는 방식을 지정하는 곳으로 분할 방식에 따라 항의 산출이 달라진다. 흔히 연구의 설계나 데이터의 특성에 따라 **제곱합의 분할방식**을 선택해야 하며, 방식은 제 I 유형에서 제IV유형으로 구분된다.

① 제 I 유형: 제곱합이 '위계적'으로 분해되는 방식. 주로 다음과 같은 모형에 적용한다.

- 주효과 항이 상호작용효과 항보다 항상 먼저 투입되는 균형설계
- 저차항 → 고차항 순으로 분석되는 다항회귀모형
- 완전둥지모형(purely nested model)에서 하나의 항이 다른 항에 포함관계에 있을 때 순차적으로 분석

② 제II유형: 한 모형 내에 있는 제곱합은 다른 모든 효과에 의해 교정되며, 주로 다음과 같은 모형에 적용한다.

- 주효과만을 가지는 모형
- 균형설계 ANOVA모형
- 모든 회귀모형
- 완전둥지모형

③ 제III유형: 디폴트로 사용되는 제곱합 방식으로 제곱합은 모든 효과에 의해

교정되고 직교를 이룬다.

- 제곱합의 추정이 가능할 때
- 셀의 빈도에서 제곱합이 변하지 않음을 가정
- 제Ⅰ유형과 제Ⅱ유형의 모든 상황에서 사용되고, 결측값이 없는 불균형 모형에도 적합

④ 제Ⅳ유형: 결측값을 포함한 상황에 적합한 제곱합 방식이다.

- *F*가 다른 효과를 포함하지 않을 때, 제Ⅳ유형은 제Ⅱ유형 및 제Ⅲ유형과 동일.
- *F*가 다른 효과를 포함할 때, 다른 고차효과와 동등해지도록 *F*의 모수 중 contrast를 배분함.
- 제Ⅰ유형과 제Ⅱ유형의 모든 상황에서 사용되고 결측값이 포함된 균형 혹은 불균형 설계에 사용.

한편 SPSS에서 이원배치 분산분석의 수행은 일반선형모형을 가정하므로 산술적으로 회귀모형과 유사하다. [그림 11-12]에서 하단의 '모형에 절편 포함'은 분산분석의 모형을 선형모형으로 분석하라는 명령이고, 회귀분석과 같이 절편을 산출할 수 있다.

□ 대비(Contrast)의 지정

앞의 예는 독립변수가 각기 두 개의 수준이므로 '대비'의 지정은 의미가 없지만, 만일 3수준의 독립변수를 사용한다면, [그림 11-13]처럼 지정하여 사용할 수 있다.

[그림 11-13]과 같이 먼저 그림 (a)에서 3수준 이상을 지닌 변수(예, tv1)를 선택한다. 그리고 (b)의 '대비(N)'을 클릭하면 선택 가능한 대비방식(contrast 부명령어)이 보이는데 가장 일반적으로 많이 사용하는 '단순'방식을 택했다. 마지막 **바꾸기** **버튼**을 클릭하면 분석에 적용된다.

① 편차(Deviation): 비교준거집단으로 지정된 집단를 제외하고 각 집단의 평균을 전체평균과 비교한다.

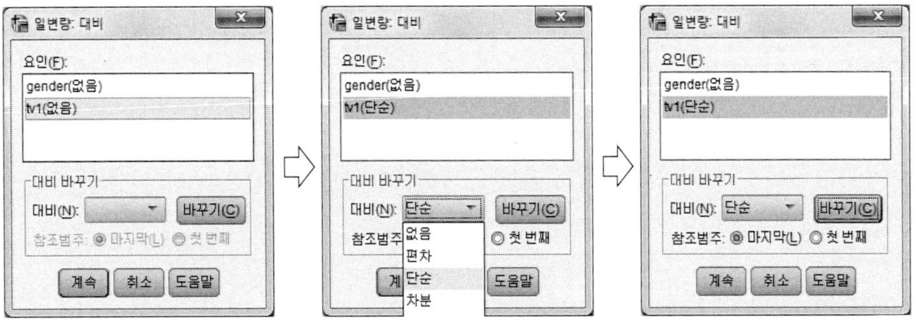

(a) (b) (c)

[그림 11-13] 이원배치 분산분석의 대비 지정의 예

② 단순(Simple): 각 집단의 평균을 지정한 집단의 평균과 비교한다.

③ 차분(Difference): 첫 번째 집단을 제외한 각 집단의 평균을 바로 앞의 집단평균과 비교한다.

④ Helmert: 마지막 요인을 제외한 각 요인 수준의 평균을 그다음의 평균과 비교한다.

⑤ 반복(Repeated): 마지막 집단을 제외한 각 집단의 평균을 순차적인 다음 집단의 평균과 비교한다.

⑥ 다항(Polynomial): 1차, 2차, 3차 등의 효과를 저차에서 고차 순으로 비교한다.

□ 도표(Plot)의 지정

이원배치 분산분석은 두 개 이상의 변수를 사용하기 때문에 '수평축'과 '선구분'으로 변수를 배치하여 도표(plot)를 산출할 수 있다. [그림 11-14]는 도표를 지정하는 절차다.

[그림 11-14]에서처럼, 먼저 그림 (a)에서 '수평축(성별)'과 '선구분' 변수(교육수준)를 지정하고 **추가** 버튼을 클릭하면 분석에 반영된다. 도표 지정의 결과는 [그림 11-15]와 같다.

[그림 11-15]의 도표를 보면, 상호작용효과를 쉽게 해석할 수 있다. 남자의 경우는 학력에 따라 권력지향에 큰 차이를 보이지 않지만, 여자의 경우에는 '고학력(대졸 이상)'에서 더 높은 권력지향성을 보인다. 이원배치 분산분석에서 도표는 **상**

호작용효과를 직관적으로 해석하는 자료로 활용되며, 실제 통계적 의사결정은 분산분석의 결과표에서 내린다.

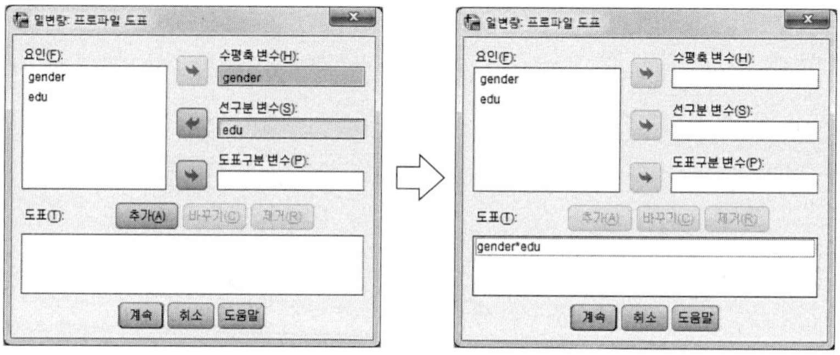

(a) (b)

[그림 11-14] 이원배치 분산분석의 도표 지정

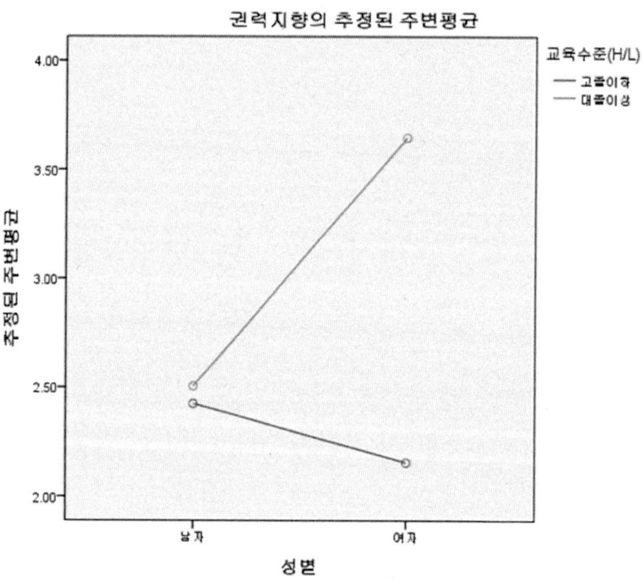

[그림 11-15] 이원배치 분산분석의 도표 결과출력물

▢ 사후분석의 지정

이원배치 분산분석의 사후분석(Post hoc test)은 일원배치의 경우와 같고, 다만 여러 독립변수를 사용하므로 사후분석이 필요한 변수를 선택하는 대화상자가 제공된다.

☐ 저장의 지정

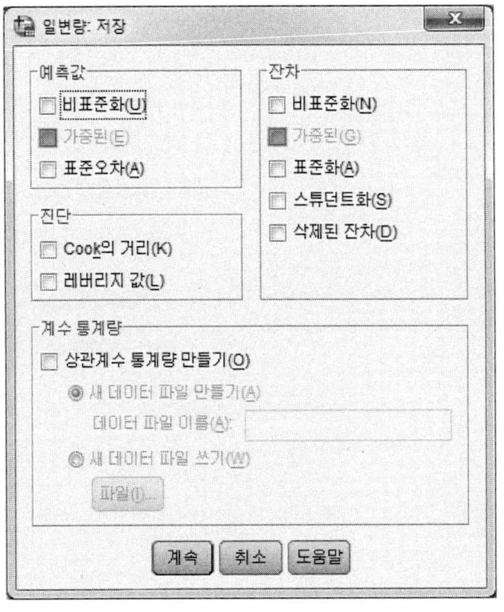

[그림 11-16] 이원배치 분산분석의 저장 대화상자

이원배치 분산분석에서 얻어진 여러 통계량을 저장할 수 있는 것이 '저장' 명령이다. **저장**(Save) 버튼을 클릭하면 [그림 11-16]의 대화상자가 열린다.

① 비표준화 계수(Unstandardized Coefficient): 비표준화 계수로 종속변수를 예측하는 모형의 값이다.

② 가중된 계수(Weighted Coefficient): 가중치가 부여된 예측값을 산출한다.

③ 표준오차(Standard Error)

④ Cook의 거리(Cook's Distance): Cook의 거리(D)를 산출. Cook의 거리는 특정 사례가 회귀계수의 계산에서 제외될 때, 모든 사례수의 잔차가 변화는 정도를 나타내는 측정값이다. 한 사례를 제외할 때 Cook의 D값이 크다는 것은 계수가 실질적으로 변화됨을 의미한다.

⑤ 레버리지값(Leverage Value): 모형 적합성에 대한 각 관찰치의 영향을 알 수 있는 값이다.

⑥ 비표준화 잔차(Unstandardized Residual): 관찰된 값과 모형에 의한 기대값의 차이다.

⑦ 표준화 잔차(Standardized Residual): 표준오차 추정치로 잔차를 나눈 값이다. 표준화 잔차는 평균이 0이고 표준편차가 1인 피어슨(Pearson) 잔차라고도 한다.

⑧ 스튜던트화 잔차(Studentized Residual): Studentized 잔차로 표준편차 추정치로 잔차를 나눈 값이다.

⑨ 삭제된 잔차(Deleted Residual): 한 사례가 회귀계수의 계산에서 제외되었을

때 해당 사례의 잔차다. 이 값은 종속변수의 값과 교정된 예측값 간의 차이를 나타낸다.

⑩ 계수 통계량: 저장 가능한 값을 저장할 파일을 지정한다.

☐ 옵션(Option)의 지정

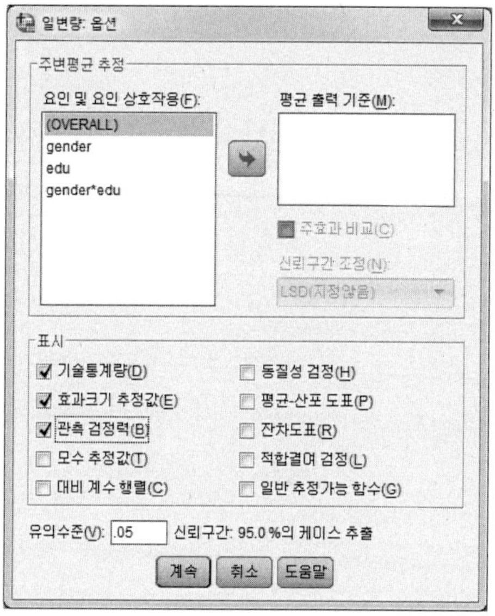

[그림 11-17] 이원배치 분산분석의 옵션 대화상자

[그림 11-17]은 이원배치 분산모형의 **옵션** 탭의 대화상자다.

[그림 11-17]의 상단에 있는 **주효과 비교**(Compare main effects)는 '평균출력 기준(Display Mean for)'에 있는 변수의 주효과가 선택되었을 때, 주효과 간의 쌍비교의 결과를 보여 준다. **신뢰구간 조정**(Confidence interval adjustment)은 신뢰구간과 유의수준에 최소유의차(LSD), Bonferroni, Sidak 조정을 선택할 수 있는데, 이 항목은 주효과 비교가 선택되어 있을 경우에만 적용된다.

① 기술통계량(Descriptive Statistics): 평균, 표준편차 등을 포함한 기초 통계량을 산출한다.

② 효과크기 추정값(Estimates of Effect Size): 독립변수와 종속변수 간의 **관계성**을 나타내는 지수인 η^2(eta square) 값을 출력한다. η^2은 독립변수의 변량에 의해 설명되는 종속 변인의 변량으로 $\eta^2 = \frac{SS_{between}}{SS}$으로 정의된다. 흔히 η^2은 **상관비**라 하며, '결정계수(determinant coefficient)'처럼 해석하고, 만일 F값이 유의미할지라도 η^2값이 유의미하지 않으면, F값을 타당하게 해석할 수 없다. 그 이유는 집단 간 차이(처치의 효과)가 있다 해도 독립변수와 종속변수가 관련된 성질의 것이 아니기 때문이다.

③ 관측 검정력(Observed Power): 검증력을 산출한다. 대립가설을 관측값 기준으로 설정한 경우, 검증력을 구하기 위해 관측 검정력을 선택한다.

④ 모수 추정값(Parameter Estimates): 모수 추정치, 표준 오차, 신뢰 구간 등을 표시한다.

⑤ 대비계수 행렬(Contrast Coefficient Matrix): L 매트릭스를 산출한다. 가설검정은 영가설 LB=0을 기준으로 하며, 여기서 L은 대비 계수 행렬이고 B는 모수 벡터다. 출력결과에 각 대비군에 대한 F통계량이 포함되어 있으며, 대비 차이에 대한 Student의 t분포에 따른 'Bonferroni 신뢰구간'이 표시된다.

⑥ 동질성 검증(Homogeneity Tests): 등분산에 대한 Levene 검증을 수행한다.

⑦ 평균-산포 도표(Spread vs. Level Plot), **잔차도표**(residual plot): 종속변수에 대한 표준화 잔차를 도표로 산출한다. 데이터에 대한 가정(등분산)을 진단할 때 사용한다.

⑧ 적합결여 검정(Lack of Fit): 모형의 적합도 검증결과를 보여 준다. 종속변수와 독립변수 간의 관계를 해당 모형으로 충분히 설명할 수 있는지를 확인하는 방법이다.

⑨ 일반 추정 가능 함수(General Estimable Function): 일반 추정 가능 함수를 기준으로 사용자 정의 가설검증을 할 수 있으며, 대비 계수 행렬의 행은 일반 추정 가능 함수의 선형결합을 나타낸다.

[그림 11-18]은 예제의 가설검증을 위해 지정한 통계량과 옵션을 **명령문편집기**에 '붙여넣기' 한 것이고, [그림 11-19]는 그 결과의 출력물이다.

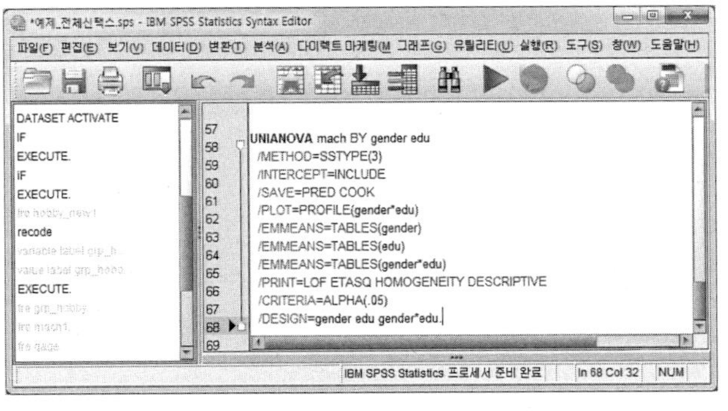

[그림 11-18] 예제 가설검증을 위한 이원배치 분산분석의 명령어

(a)

개체-간 요인

		변수값 설명	N
gender 성별	1	남자	15
	2	여자	15
edu 교육수준(H/L)	1	고졸이하	15
	2	대졸이상	15

기술통계량

종속 변수: mach 권력지향

gender 성별	edu 교육수준(H/L)	평균	표준편차	N
1 남자	1 고졸이하	2.4250	.90217	8
	2 대졸이상	2.5057	.76581	7
	합계	2.4627	.81243	15
2 여자	1 고졸이하	2.1557	1.00085	7
	2 대졸이상	3.6462	.63615	8
	합계	2.9507	1.10639	15
합계	1 고졸이하	2.2993	.92498	15
	2 대졸이상	3.1140	.89474	15
	합계	2.7067	.98548	30

오차 분산의 동일성에 대한 Levene의 검정[a]

종속 변수: mach 권력지향

F	df1	df2	유의확률
1.189	3	26	.333

여러 집단에서 종속변수의 오차 분산이 동일한 영가설을 검정합니다.

a. Design: 절편 + gender + edu + gender * edu

(b)

개체-간 효과 검정

종속 변수: mach 권력지향

소스	제 III 유형 제곱합	자유도	평균 제곱	F	유의확률	부분 에타 제곱
수정 모형	10.105[a]	3	3.368	4.849	.008	.359
절편	215.022	1	215.022	309.570	.000	.923
gender	1.417	1	1.417	2.040	.165	.073
edu	4.608	1	4.608	6.635	.016	.203
gender * edu	3.710	1	3.710	5.342	.029	.170
오차	18.059	26	.695			
합계	247.945	30				
수정 합계	28.164	29				

a. R 제곱 = .359 (수정된 R 제곱 = .285)

(c)

1. 성별

종속 변수: mach 권력지향

성별	평균	표준오차	95% 신뢰구간 하한값	95% 신뢰구간 상한값
1 남자	2.465	.216	2.022	2.909
2 여자	2.901	.216	2.458	3.344

2. 교육수준(H/L)

종속 변수: mach 권력지향

교육수준(H/L)	평균	표준오차	95% 신뢰구간 하한값	95% 신뢰구간 상한값
1 고졸이하	2.290	.216	1.847	2.734
2 대졸이상	3.076	.216	2.633	3.519

3. 성별 * 교육수준(H/L)

종속 변수: mach 권력지향

성별	교육수준(H/L)	평균	표준오차	95% 신뢰구간 하한값	95% 신뢰구간 상한값
1 남자	1 고졸이하	2.425	.295	1.819	3.031
	2 대졸이상	2.506	.315	1.858	3.153
2 여자	1 고졸이하	2.156	.315	1.508	2.803
	2 대졸이상	3.646	.295	3.041	4.252

[그림 11-19] 이원배치 분산분석의 결과출력물

[그림 11-19]의 (a)는 이원배치 분산분석에 따른 집단별 사례수와 기술통계량, 등분산 검증의 결과다. 먼저 등분산의 $F = 1.189$이고 $p = .333$으로 집단 간 분산이 동질적임을 가정할 수 있다.

[그림 11-15]의 도표는 기술통계량에서 구한 값에 기준하여 산출한다. 즉, 고졸이하 남자의 권력지향 평균은 2.4250이고 대졸 이상 남자의 평균은 2.5057로 큰 차이를 보이지 않는 반면, 고졸 이하 여자의 권력지향성은 2.1557이고 대졸 이상 여자의 평균은 3.6462로 상대적으로 매우 높다. 이러한 차이가 통계적으로 유의미한지를 확인하기 위해 [그림 11-9] (b)의 '개체-간 효과검정'의 통계량을 보면, 성별(gender)*교육수준(edu)의 $F_{1,26} = 5.342$, $p = .029$로 유의수준 .05수준에서 상호작용효과가 있음을 알 수 있다. 한편 성별(gender)의 주효과는 $F_{1,26} = 2.04$, $p = .165$로 $p > .05$이므로 성별에 따른 주효과는 유의미하지 않았다. 반면 교육수준의 주효과는 통계적으로 유의미하였다($F_{1,26} = 6.635$, $p < .05$). **개체-간 효과검정**의 통계량에 '수정모형'과 '절편'이 포함된 것은 분산분석을 일반선형모형으로 분석하였기 때문에 회귀식에서와 같은 절편(intercept)을 산출한 것이다.

그림 (c)는 **추정된 주변평균**(estimated marginal mean)을 나타내는데, 공변량에 의한 교정된 평균으로 공변량이 없을 때 그림 (a)의 기술통계량과 같지만, 공변량분석(analysis of covariance: ANCOVA)과 같이 공변인의 효과가 드러나는 경우에 '기술통계량'과 '추정된 주변평균'의 차이가 발생한다. 따라서 공변량분석의 경우에는 추정된 주변평균을 해석한다.

이원배치 분산분석의 결과표 작성과 해석

이원배치 분산분석의 결과는 일원배치 분산분석과 거의 같으나 주효과와 상호작용효과로 변량이 분할되는 것이 다르다. 이원배치 분산분석의 결과표에 포함되는 기본적인 사항은 다음과 같다(일반적 예시).

- 변수명
- 변량원: 주효과와 상호작용효과의 분리
- 사례수 N

- 각 집단의 평균과 표준편차
- 제곱합
- 자유도 df
- 평균제곱합
- F값
- p값(p값은 반드시 제시되는 값은 아님. p값을 제시하지 않을 때 F값에 *표시)
- 등분산 검증의 결과: Levene의 등분산 검증치 F

가설검증 결과

〈표 11-4〉 성별과 교육수준에 따른 권력지향점수의 통계량

		교육수준		계(SD)
		고졸 이하(SD)	대졸 이상(SD)	
성별	남자	2.43(.90)	2.51(.77)	2.46(.81)
	여자	2.16(1.00)	3.65(.64)	2.95(1.11)
전체		2.30(.92)	3.11(.89)	2.71(.99)

〈표 11-5〉 성별과 교육수준에 따른 권력지향의 이원배치분산분석 결과

변량원	제곱합	자유도	평균제곱	F값
성별(A)	1.42	1	1.42	2.04
학력(B)	4.61	1	4.61	6.64*
A * B	3.71	1	3.71	5.34*
오차	18.05	26	.695	
합계	247.945	30		

$*p < .05$, $Levene's\ F = 1.189$, $p = .333$, $R^2 = .359\ (Adjusted\ R^2 = .285)$

가설검증 결과

- 가설 1-1: 성별(남/여)에 따라 권력지향성에 차이가 있을 것이다.
- 가설 1-2: 학력(고/저)에 따라 권력지향성에 차이가 있을 것이다.
- 가설 1-3: 성별과 학력은 권력지향성에 대한 상호작용효과를 보일 것이다.

〈표 11-5〉에서 보듯이, 성별의 주효과는 유의미하지 않았으나($F_{1,26} = 2.04, n.s.$), 학력수준의 주효과는 통계적으로 유의미하였다($F_{1,26} = 6.64,\ p < .05$). 특히 연구의 관심인 권력지향성에 있어 성별과 학력에 따른 유의미한 상호작용효과가 발견되었다($F_{1,26} = 5.34, p < .05$). 따라서 상호작용을 가정한 가설 1-3은 지지되었다. 성별과 학력의 상호작용효과가 유의미하므로 학력에 따른 주효과는 해석이 제한된다. 구체적으로 연구의 관심인 성별과 학력의 상호작용을 살펴보면, 고졸 이하 남자의 권력지향 평균은 2.43이고 대졸 이상 남자의 평균은 2.51로 큰 차이를 보이지 않는 반면, 고졸 이하 여자의 권력지향성은 2.16이고 대졸 이상 여자의 평균은 3.65로 상대적으로 매우 높게 나타났다. 이를 도식으로 표현하면 [그림 11-20]과 같다.

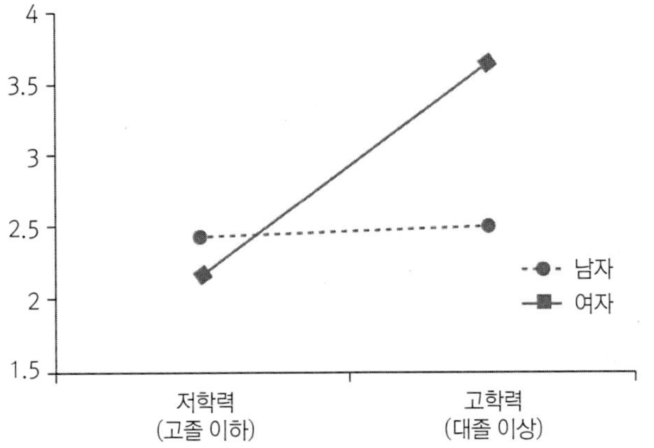

[그림 11-20] 성별과 학력에 따른 상호작용효과

이렇게 볼 때 남자는 학력수준에 따라 권력지향성에 큰 변화를 보이지 않는 반면, 여자는 학력수준이 높을수록 권력지향적 성향이 강한 것으로 해석된다. 전체적인 분산분석의 설명량은 35.9%였다.

▢ 상호작용효과에 따른 단순주효과 분석

흔히 이원배치 분산분석에서 상호작용효과가 유의미할 때, 하나의 독립변수 각 수준에서 다른 독립변수의 주효과를 해석하는데, 이를 **단순주효과**라 한다. 예컨대, 세 가지의 치료유형(행동치료, 정신분석치료, 약물치료)과 성별(남/여)이 상호작용효과가 있을 때, 성별의 각 수준(남/여)에 따라 치료유형의 효과가 어떻게 달라지는지를 파악할 수 있다. [그림 11-21]은 예제 데이터(예제_단순주효과분석.sav)에서 얻은 평균을 표시한 것이다. 여기서 종속측정값을 치료의 효과라 하면, '성별'과 '치료유형' 각각의 주효과와 두 변수의 상호작용효과가 예상된다. 상호작용효과가 있을 때 개별 독립변수의 주효과는 해석하지 않지만, '단순주효과' 분석을 통해 해석할 수 있다. 즉, **치료유형**의 효과는 '여자'의 경우 각 유형 간의 차이를 반영하고, **성별**의 효과는 '행동치료'와 '정신분석치료'의 효과 차이를 반영한 것으로 예상되는데, 이를 통계적으로 명확하게 해석할 수 있는 근거가 **단순주효과 분석**이다.

		치료유형			
		행동치료	정신분석	약물치료	계
성별	남자	47.17	36.50	32.33	38.67
	여자	32.83	15.50	36.67	28.33

[그림 11-21] 상호작용효과와 단순주효과의 예

기술통계량

종속 변수: dv 치료효과

iv 치료유형	gender 성별	평균	표준편차	N
1 행동치료	1 남자	47.1667	3.86868	6
	2 여자	32.8333	10.87045	6
	합계	40.0000	10.79562	12
2 정신치료	1 남자	36.5000	11.04083	6
	2 여자	15.5000	11.04083	6
	합계	26.0000	15.20167	12
3 약물치료	1 남자	32.3333	7.20185	6
	2 여자	36.6667	9.58471	6
	합계	34.5000	8.39372	12
합계	1 남자	38.6667	9.83989	18
	2 여자	28.3333	13.68984	18
	합계	33.5000	12.86524	36

개체-간 효과 검정

종속 변수: dv 치료효과

소스	제 III 유형 제곱합	자유도	평균 제곱	F	유의확률
수정 모형	3189.667[a]	5	637.933	7.351	.000
절편	40401.000	1	40401.000	465.569	.000
iv	1194.000	2	597.000	6.880	.003
gender	961.000	1	961.000	11.074	.002
iv * gender	1034.667	2	517.333	5.962	.007
오차	2603.333	30	86.778		
합계	46194.000	36			
수정 합계	5793.000	35			

a. R 제곱 = .551 (수정된 R 제곱 = .476)

[그림 11-22] 치료유형과 성별에 따른 이원배치 분산분석의 결과출력물

[그림 11-22]는 앞의 예를 이원배치 분산분석한 결과로 각 변수의 '주효과'와 변수 간의 '상호작용효과'가 유의미함을 보여 준다. 즉, 변수 iv와 gender의 주효과가 유의미하고(각각 $F=6.88$; $F=11.07$, 모두 $p<.01$), 상호작용효과 또한 유의미한 것으로 나타났다($F=5.96$, $p<.01$). 상호작용효과가 유의미하므로 주효과의 해석은 의미가 없지만, 단순주효과 분석을 통해 각 독립변수의 수준에서 성별의 효과를 명확하게 설명하게 된다.

SPSS는 **단순주효과 분석**을 위한 메뉴를 제공하지 않기 때문에, **신택스 창**을 열어 명령문을 작성해야 한다. [그림 11-23]은 명령문을 이용하여 분석한 출력물이다.

단순주효과 분석을 위한 SPSS 명령어

SPSS에서 단순주효과 분석을 수행하기 위해서는 신택스 창을 열어 다음과 같은 명령어를 입력하고 실행한다.

```
MANOVA dv by iv(1,3) gender(1,2)
  /PRINT signf(singledf)
  /DESIGN iv within gender(1) iv within gender(2)
```

첫 번째 라인 'MANOVA'는 다중분산분석의 명령어이며, 두 번째 라인은 유의수준을 나타내는 명령어다. 세 번째 라인의 'DESIGN'은 성별이 '1(남자)'일 때와 '2(여자)'일 때 독립변수(iv)의 효과를 분석하는 명령어로 **성별 수준에 따른 치료유형의 단순주효과를 분석**한다. 만일 '치료 수준'에 따른 성별의 단순주효과를 분석하고자 한다면 다음과 같이 'DESIGN' 명령을 바꾸어 주면 된다.

```
MANOVA dv by iv(1,3) gender(1,2)
  /PRINT signf(singledf)
  /DESIGN gender within iv(1) gender within iv(2) gender within iv(3).
```

[그림 11-23]의 (a)는 성별 수준에 따른 치료유형의 단순주효과 분석의 결과이고, (b)는 치료유형에 따른 성별의 단순주효과 분석의 결과다. 만일 (a)의 결과를 표로 나타내고자 한다면 〈표 11-6〉과 같이 작성한다.

```
* * * * * * * A n a l y s i s   o f   V a r i a n c e -- Design   1 * * * * * * *

Tests of Significance for dv using UNIQUE sums of squares
Source of Variation            SS      DF        MS         F  Sig of F

WITHIN+RESIDUAL           3564.33      31    114.98
IV WITHIN GENDER(1)        702.33       2    351.17      3.05      .062
  1ST Parameter            660.08       1    660.08      5.74      .023
  2ND Parameter             42.25       1     42.25       .37      .549
IV WITHIN GENDER(2)       1526.33       2    763.17      6.64      .004
  1ST Parameter             44.08       1     44.08       .38      .540
  2ND Parameter           1482.25       1   1482.25     12.89      .001

(Model)                   2228.67       4    557.17      4.85      .004
(Total)                   5793.00      35    165.51

R-Squared =             .385
Adjusted R-Squared =    .305
```

(a) 성별 수준에 따른 단순주효과 분석

```
* * * * * * * * A n a l y s i s   o f   V a r i a n c e -- Design   2 * * * * * * *

Tests of Significance for dv using UNIQUE sums of squares
Source of Variation            SS      DF        MS         F  Sig of F

WITHIN+RESIDUAL           3797.33      32    118.67
GENDER WITHIN IV(1)        616.33       1    616.33      5.19      .029
GENDER WITHIN IV(2)       1323.00       1   1323.00     11.15      .002
GENDER WITHIN IV(3)         56.33       1     56.33       .47      .496

(Model)                   1995.67       3    665.22      5.61      .003
(Total)                   5793.00      35    165.51

R-Squared =             .344
Adjusted R-Squared =    .283
```

(b) 치료유형 수준에 따른 단순주효과 분석

[그림 11-23] 독립변수의 수준에 따른 단순주효과 분석의 결과출력물

〈표 11-6〉 성별 수준에 따른 치료유형의 단순주효과 분석 결과

변량원	*SS*	*df*	*MS*	*F*	*p*
치료유형@성별(남자)	702.33	2	351.17	3.05	.062
치료유형@성별(여자)	1526.33	2	763.17	6.64	.004

〈표 11-6〉에서 보듯이, 성별의 효과는 남자에게서는 유의미하지 않았고($F=3.05$, $p>.05$), 여자의 경우에만 통계적으로 유의미하였다($F=6.64$, $p<.01$). 즉, **치료유**

형의 효과는 '여자'의 치료유형에서의 차이에 기인한 것으로 해석할 수 있다. 마찬가지로 [그림 11-23]에서 치료유형별 성별의 단순주효과를 해석해 보면, 치료유형의 1(행동치료: $F=5.19$, $p<.05$)과 2(정신분석치료: $F=11.15$, $p<.01$)에서 성별의 효과가 유의미하였다. 즉, **성별의 효과**는 '행동치료'와 '정신분석치료'에서의 효과 차이를 반영한다.

분산분석을 이용한 매개효과의 검증

일반적으로 이원배치 분산분석에서 상호작용효과는 **조절효과**(moderating effect)를 설명한다. 앞의 예에서 성별의 주효과는 유의미하지 않지만, '성별 → 권력지향성'의 관계는 '학력수준'에 의해 조절되는 효과가 있다고 해석된다. 따라서 성별과 권력지향성의 관계는 저학력일 때에는 그 강도가 약하지만, 고학력일 때에는 성별과 권력지향성의 관계가 강해진다고 볼 수 있다. 이처럼 집단변수의 '조절효과'는 분산분석에서 상호작용으로 해석하지만, 연속변수의 조절효과는 회귀분석을 통해 해석하는 것이 일반적이다(Baron & Kenny, 1986).

한편 분산분석을 이용한 **매개효과**(mediating effect)는 공분산분석(ANCOVA)을 이용하는데, 이때 공변인(covariate)이 '매개변수'가 된다. 공변인 w를 투입한 공분산분석과 분산분석의 결과를 비교하여 매개효과를 설명한다. 즉, 분산분석에서 유의미한 '독립변수 X → 종속변수 Y'의 관계가 **공변인 w(매개변수)의 투입에 따라 유의미하지 않게 된다면** 매개효과가 있는 것으로 해석한다. 만일 공변인 w의 투입 후에도 독립변수 X의 효과가 감소하지만, 여전히 유의미하다면 **매개효과와 직접효과가 동시**에 작용하는 것으로 해석한다(Fiske, Kenny, & Taylor, 1982). 한편 독립변수 X의 F값 변화만으로 매개효과의 설명이 부족하므로 X의 설명량, 즉 η^2으로 해석을 보완하기도 한다(Hastak & Olson, 1989).

> 매개효과의 설명은 분산분석과 공분산분석의 차이와 매개변수의 개입에 따른 독립변수의 설명량 변화를 동시에 해석하는 것이 도움이 된다.

〈표 11-7〉은 설명을 돕기 위해 한 연구의 결과를 제시한 것이다.

〈표 11-7〉 무드와 광고조건별 광고태도에 대한 각성의 매개효과

변량원	분산분석		공분산분석		η^2변화율 (%)
	F	η^2	F	η^2	
생리적 각성			1.41	.014	
무드조건(a)	3.75	.036	2.24	.022	−38.9
광고조건(b)	4.67*	.045	4.41*	.040	−11.1
a * b	4.95*	.047	2.30	.028	−40.4

* p<.05
출처: 양병화(2007).

〈표 11-7〉은 무드조건(A/B)과 광고조건(C/D)을 독립변수로 하여 분산분석과 공분산 분석을 실시하고 각각의 에타제곱 η^2을 제시한 것이다. '생리적 각성'이 공변인으로 **매개변수**다. 위의 연구출처에서는 다음과 같이 해석하였다: "무드조건(A/B)의 경우 각성을 통제하였을 때에도 주효과가 여전히 유의미하지 않았다($F = 3.75 \rightarrow 2.24$, 모두 $p > .05$). 광고조건(C/D)의 경우에는 각성을 통제하였을 때(즉, 공분산분석), 주효과가 다소 감소하였으나 유의미한 것으로 나타났다($F = 4.67 \rightarrow 4.41$, 모두 $p < .05$). 이때의 에타제곱 η^2의 변화율은 약 −11%로 각성의 잠재적 매개효과가 나타나지만, 주효과가 유의미하기 때문에 '직접효과'와 '매개효과'가 동시에 작용하는 것으로 해석된다. 한편 무드조건과 광고조건의 상호작용은 분산분석에서 유의미하지만, 공분산분석에서는 유의미하지 않았다($F = 4.95, p < .05 \rightarrow F = 2.30, p > .05$). 이때 에타제곱 η^2의 변화는 약 40% 감소하는 것으로 나타났다. 따라서 **무드와 광고조건의 상호작용효과는 각성에 의해 매개**되는 것으로 볼 수 있다."

2.3 반복측정 모형의 분산분석

개요

반복측정 모형의 분산분석(repeated measure ANOVA)은 '종속표본'이라는 점에서 앞서 설명한 일원배치 및 이원배치 분산분석과 다르다. 흔히 **집단 내 설계에 의한 반복측정** ANOVA라 하며, 한 피험자가 하나 이상의 처치를 여러 번 받는 경우가 대표적이다. 예컨대, 약물 A의 효과를 알아보기 위해 일주일 간격으로 3번을 처치하였다면 3개의 측정값을 얻게 된다. 이러한 상황에 적합한 방법이 '반복측정 모형의 분산분석'이다. 반복측정 모형의 분산분석은 개념적으로 3개의 종속측정값을 가지고 있기 때문에 **다변량 분석으로 접근하며, 그 결과의 해석은** 앞서 살펴본 독립요인 ANOVA와 유사하다. 간단한 데이터를 이용해 분석해 보자. [그림 11-24]와 같이 약물효과를 각기 다른 시점에서 측정한 3번의 값 tr1, tr2, tr3을 가지고 있다고 하자. 총 12명의 피험자가 실험에 참가하였다(파일명: 예제_반복측정.sav).

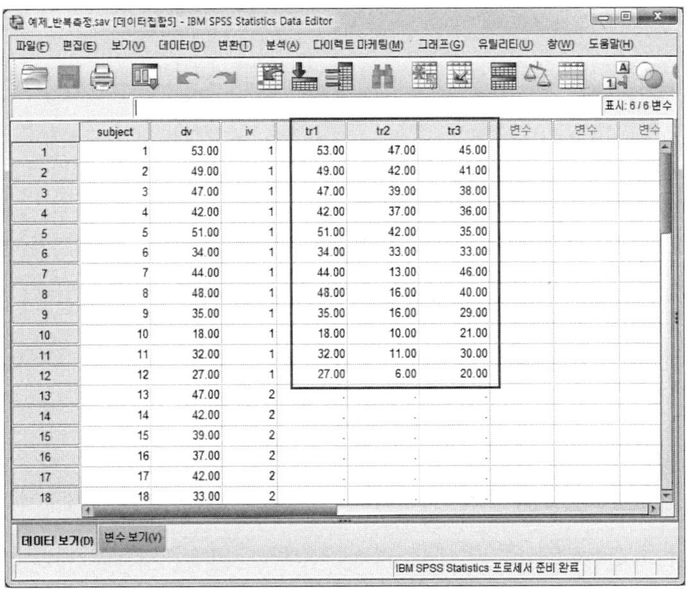

	subject	dv	iv	tr1	tr2	tr3	변수	변수	변수
1	1	53.00	1	53.00	47.00	45.00			
2	2	49.00	1	49.00	42.00	41.00			
3	3	47.00	1	47.00	39.00	38.00			
4	4	42.00	1	42.00	37.00	36.00			
5	5	51.00	1	51.00	42.00	35.00			
6	6	34.00	1	34.00	33.00	33.00			
7	7	44.00	1	44.00	13.00	46.00			
8	8	48.00	1	48.00	16.00	40.00			
9	9	35.00	1	35.00	16.00	29.00			
10	10	18.00	1	18.00	10.00	21.00			
11	11	32.00	1	32.00	11.00	30.00			
12	12	27.00	1	27.00	6.00	20.00			
13	13	47.00	2	.	.	.			
14	14	42.00	2	.	.	.			
15	15	39.00	2	.	.	.			
16	16	37.00	2	.	.	.			
17	17	42.00	2	.	.	.			
18	18	33.00	2	.	.	.			

[그림 11-24] 반복측정 분산분석을 위한 데이터 세트

반복측정 분산분석의 실행

반복측정 모형의 분산분석: 분석메뉴 ⇨ 일반선형모형 ⇨ 반복측정

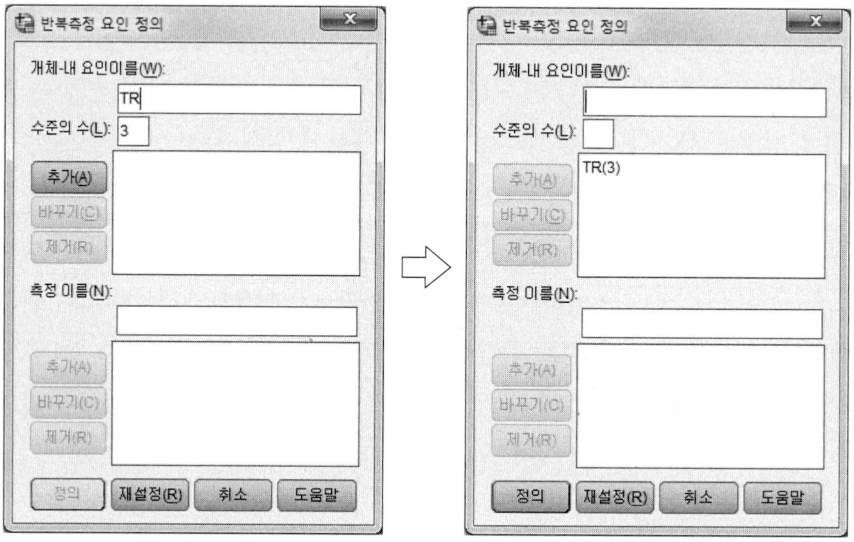

(a) (b)

[그림 11-25] 반복측정 요인 정의의 대화상자

[그림 11-25]는 반복측정 분산분석을 수행하기 위해 반복측정 요인을 정의하는 방법을 나타낸 것이다. 먼저 그림 (a)와 같이 **개체-내 요인이름**을 'TR'이라 하고, 3번의 반복 측정이 있었으므로 3을 입력하고 **추가** 버튼을 클릭한다. 그러면 그림 (b)와 같이 반복측정값을 정의하게 된다. 그런 다음 **정의** 버튼을 클릭하면, [그림 11-26]과 같은 모형과 통계량을 지정하는 대화상자가 열린다.

[그림 11-26]에서처럼, **개체-내 변수**(within-subject variable)의 칸에 **반복측정 요인을 하나씩 차례대로 넣으면** 물음표(?) 대신 변수가 기록된다. 그 밑에 있는 **개체-간 요인**(between-subject factor)은 집단 간 변수, 즉 집단 간 처치를 포함한 독립변수가 있을 때 사용된다. 이때 반복측정 요인과 집단 간 처치요인이 결합한 혼합모형이 된다. **공변량**은 공변인의 효과를 구하고자 할 때 사용한다.

이렇게 변수를 지정하고 나면 나머지 단계는 앞서 이원배치 분산분석에서와

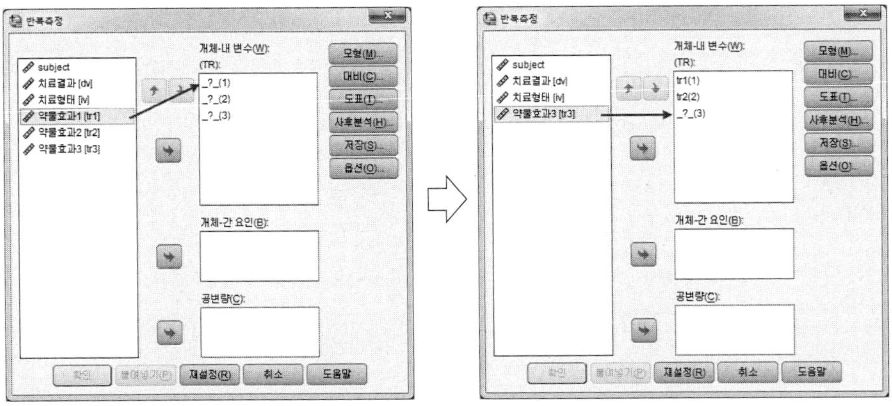

(a) (b)

[그림 11-26] 반복측정 분산분석의 모형과 통계량 지정

같이 모형, 대비, 도표, 사후분석, 저장, 옵션을 지정할 수 있다. 모든 지정이 끝나고 '확인'을 클릭하면 **뷰어 창**에 결과물이 출력된다. 여기서는 설명을 위해 중요한 두 가지 결과만을 제시한다.

개체-내 효과 검정

측도: MEASURE_1

소스		제 III 유형 제곱합	자유도	평균 제곱	F	유의확률	부분 에타 제곱
TR	구형성 가정	1194.000	2	597.000	12.305	.000	.528
	Greenhouse-Geisser	1194.000	1.262	946.103	12.305	.002	.528
	Huynh-Feldt	1194.000	1.350	884.582	12.305	.002	.528
	하한값	1194.000	1.000	1194.000	12.305	.005	.528
오차(TR)	구형성 가정	1067.333	22	48.515			
	Greenhouse-Geisser	1067.333	13.882	76.885			
	Huynh-Feldt	1067.333	14.848	71.885			
	하한값	1067.333	11.000	97.030			

개체-간 효과 검정

측도: MEASURE_1
변환된 변수: 평균

소스	제 III 유형 제곱합	자유도	평균 제곱	F	유의확률	부분 에타 제곱
절편	40401.000	1	40401.000	125.836	.000	.920
오차	3531.667	11	321.061			

[그림 11-27] 반복측정 분산분석의 결과출력물

[그림 11-27]의 **개체 내 효과검정**(test of within-subjects effects)은 '처치변수(TR)'의 효과를 나타내며, 하단의 **개체 간 효과검정**(test of between-subjects effects)은 '집

단 간 변수'에 대한 효과를 나타낸다. 이 예에서 집단 간 변수를 지정하지 않았으므로 **절편**(상수)과 **오차**만 제시된다. 3번의 반복측정값으로 구성되어 있는 TR의 효과는 측정값 조합의 **구형성**(sphericity)을 가정할 때 $F = 12.305$, $p < .01$로 유의미하였다.

이러한 결과는 '집단 내 설계'와 '집단 간 설계'의 분산분석이 어떤 관계에 있는지를 이해하는 데 도움이 된다. 먼저 같은 데이터를 일원배치 분산분석으로 분석하고 결과를 비교해 보자. 일원배치 분산분석을 위한 데이터는 '예제_반복측정.sav'의 데이터 필드에 입력되어 있으며, [그림 11-28]은 '분석메뉴 ⇨ 일반선형모형 ⇨ 일변량'을 선택한 후 변수 'iv'를 모수요인에 넣고, 변수 'dv'를 종속변수에 넣어 산출한 결과다.

개체-간 효과 검정

종속 변수: dv 치료결과

소스	제 III 유형 제곱합	자유도	평균 제곱	F	유의확률	부분 에타 제곱
수정 모형	1194.000[a]	2	597.000	4.284	.022	.206
절편	40401.000	1	40401.000	289.896	.000	.898
iv	1194.000	2	597.000	4.284	.022	.206
오차	4599.000	33	139.364			
합계	46194.000	36				
수정 합계	5793.000	35				

a. R 제곱 = .206 (수정된 R 제곱 = .158)

[그림 11-28] 반복측정 예제의 자료를 독립 ANOVA로 수행한 결과

[그림 11-27]의 '개체-내 효과검정'에서 오차제곱합(1067.333)과 '집단 간 효과'의 오차제곱합(3531.667)을 합한 값은 **독립 ANOVA(일원배치 분산분석) 모형을 가정했을 때의 오차제곱합과 항상 같다.** 즉, 집단 내 설계의 '개체-내' 및 '개체-간' 오차의 합은 집단 간 설계의 '개체-간' 오차와 동일하다. [그림 11-28]에서 보면 **오차**가 **4599.0**으로 [그림 11-27]의 두 오차의 합임을 알 수 있다. 이것은 무엇을 의미하는가? 이는 집단 간 설계에서 파악되지 않던 **두 오차변량**(1067.33과 3531.67)이 집단 내 설계를 통해 분해되어 명확해졌음을 의미한다. 엄밀히 말하면, **1067.33**은 순수한 처치의 오차변량이고, **3531.67**은 **피험자변량**이다. 독립설계에서 알 수 없

었던 '피험자변량'이 집단 내 설계를 통해 파악된 것이다. 따라서 오차변량의 관점에서 보면 집단 내 설계 혹은 반복측정설계는 집단 간 설계 혹은 독립집단설계에 비해 **오차변량을 체계화하는 기법**이라 할 수 있다.

한편 위의 결과에서 처치의 효과, 즉 집단 내 설계의 처치 제곱합과 집단 간 설계의 처치 제곱합(각각 TR과 iv의 제곱합)은 1194.0으로 동일하다. 분산분석에서 $F = MS_b / MS_w$이다. 따라서 반복측정의 경우(그림 11-27)에는 $F = 597.0/48.515 = 12.305$, $p = .000$이고, 독립집단의 경우(그림 11-28)에는 $F = 597.0/139.36 = 4.284$, $p = .022$로 **집단 내 설계를 적용하였을 때 더 유의미한 결과**임을 알 수 있다. 이는 집단 내 설계가 오차변량을 체계화하는 장점이 있지만, 기각할 수 없는 영가설을 받아들일 가능성이 집단 간 설계에 비해 그만큼 높다는 것을 또한 의미한다.

키워드

*F*분포	WLS 가중치	개체 간 효과검증
개체 내 효과검증	계획비교	고정효과모형
공변량	공분산분석	다중비교
단순주효과	매개효과	모수요인
무선효과모형	반복측정 설계	변량요인
변량의 분할	분산분석	사전비교
사후비교	상관비(η^2)	상호작용효과
옴니버스 *F*검증	이원배치 분산분석	일원배치 분산분석
제곱합	제곱합의 분할방식	조절효과
주효과	집단 간 설계	집단 간 평균제곱합
집단 내 설계	집단 내 평균제곱합	처치
평균제곱합	피험자변량	혼합모형

연습문제

※ 다음 문제를 〈보기〉와 같은 순서로 분산분석을 수행하라. [1-8]

〈보기〉
가. 영가설 및 대립가설의 진술
나. 결과표 작성
다. 결과해석
라. 분석의 적절성 평가: 기본가정의 검토, 데이터의 적절성(결측값, 자료변환 등)

1 연령에 따른 사회성 점수의 차이
a. 20대 vs. 30, 40대를 비교
b. Tukey test를 이용한 사후검증

2 연령에 따른 권력지향의 차이
a. 20, 30대 vs. 40대의 비교
b. Tukey test를 이용한 사후검증

3 음주유형에 따른 통제성향 점수의 차이
a. Light vs. Heavy user를 비교
b. Scheffe test를 이용한 사후검증

4 취미에 따른 권력지향의 차이
a. 야외활동 vs. 실내활동을 비교
b. Tukey HSD를 이용한 사후검증

5 선호하는 TV 채널에 따른 사회성, 권력지향, 통제성향의 차이
a. 시사 vs. 엔터테인먼트를 비교
b. 오락쇼, 드라마 vs. 스포츠를 비교
c. 필요한 방법으로 사후검증

6 성별과 학력에 따른 권력지향의 차이
a. 주효과 검증과
b. 상호작용효과 검증

7 성별과 통제소재에 따른 사회성의 차이
a. 주효과 검증과
b. 상호작용효과 검증

8 성별과 취미에 다른 권력지향의 차이
a. 주효과 검증과
b. 상호작용효과 검증

※ 다음 문제를 읽고 분석하라. [9-10]

사과다이어트의 효과를 알아보기 위해 6주간 실시하고 3회 몸무게를 측정하였다. 다음 데이터는 8명의 피험자가 사과다이어트를 실시하고 각각 3회씩 측정한 몸무게다.

1	70	63	58
2	62	48	53
3	85	65	61
4	80	72	64
5	68	55	52
6	69	66	57
7	75	61	59
8	72	58	53

9 사과다이어트의 효과를 분석하라.

10 사과다이어트의 효과를 독립집단설계로 분석하는 방법을 제시하고, 반복측정설계와 어떤 차이가 있는지를 밝혀라.

제12장 상관과 회귀분석: 논리와 SPSS 따라하기

Correlation and Regression Analyses

학습목표

1. 상관분석과 회귀분석의 목적을 파악한다.
2. 상관계수와 회귀계수의 관계를 이해한다.
3. 상관분석과 회귀분석의 기본가정을 파악한다.
4. 이변량 상관분석의 목적과 SPSS 사용법을 익힌다.
5. 편상관 및 양류상관의 목적과 SPSS 사용법을 익힌다.
6. 표준 회귀분석의 목적과 SPSS 사용법을 익힌다.
7. 단계적 회귀분석의 목적과 SPSS 사용법을 익힌다.
8. 위계적 회귀분석의 목적과 SPSS 사용법을 익힌다.
9. 회귀분석을 이용한 조절효과와 매개효과의 SPSS 사용법을 익힌다.

"상관과 예측의 문제."

1 상관분석의 논리

1.1 개요

상관분석(correlation analysis)은 변수 간의 관계성의 '정도'와 '방향'을 알려 주는 **상관계수**라는 통계치를 이용한 분석이다. 영국의 통계학자인 골턴(F. Galton)이 개발한 이후, 피어슨(K. Pearson)이 개념을 정립하였다. 흔히 상관계수라 하면 **피어슨의 적률상관계수**(Pearson's product moment correlation coefficient: PMR)를 말한다. 피어슨의 적률상관계수는 두 변수가 '연속형'일 때 관계성의 정도와 방향을 분석하는 대표적인 모수통계다. 이 외에도 변수가 순위척도로 측정되었을 때 사용하는 **스피어만의 순위상관계수**(Spearman's rank order correlation coefficient), 두 변수 중 하나가 성공/실패 혹은 합격/불합격과 같은 양분변수로 그 분포가 연속적일 때 사용하는 **양분상관계수**(biserial correlation coefficient), 한 변수는 연속변수이고 다른 변수는 질적인 2개의 유목(예, 성별)으로 된 비연속적 변수일 때 사용하는 **양류상관계수**(point-biserial correlation coefficient) 등 매우 다양하다. 여기서는 모수통계의 대표적인 방법인 피어슨의 적률상관을 중심으로 설명한다.

상관분석의 목적

▢ 변수의 관계성 정도

상관분석의 기본 목적은 변수 간의 관계성을 파악하는 것이다. 예컨대, '키'와 '몸무게'의 관계성이 어떠한지를 알고자 하거나 '흡연량'과 '폐활량'의 관계성을 파악하고자 할 때 상관분석을 수행한다. 일반적으로 ANOVA가 변수 간의 인과성을 검증하는 방법이라면, 상관은 변수 간의 관계성을 파악하는 대표적 방법이다. 따라서 상관분석에서는 '키'의 증가가 '몸무게' 증가의 원인이라든지 혹은 '흡연'이 '폐활량' 감소의 원인이라고 말할 수 없다. 단, **키와 몸무게는 관계가 있다** 혹은 **흡연량과 폐활량은 상관이 있다**고 말한다. 변수 간의 관계성은 관계의 **강도**를 말하며, 보통 상관계수(correlation coefficient: r)로 표시한다. **상관계수 r이 크다**는 것은 두 변수가 강한 관계성이 있음을 의미한다.

▢ 변수 관계성의 방향

상관분석은 변수 간 관계성의 정도를 나타내지만, 관계성의 **방향**도 함께 설명한다. 상관계수는 -1.0에서 $+1.0$까지의 범위를 갖는다($-1.0 \leq r \leq +1.0$). 상관계수 r이 $+1.0$이면 완전한 정적 상관, 예컨대 국어점수와 수학점수의 $r=+1.0$이면 국어점수와 수학점수는 완전히 일치하며 국어점수가 증가할 때 수학점수가 동일한 점수의 크기로 증가한다. 만일 학생 5명의 국어점수가 각각 10, 20, 30, 40, 50점이고 수학점수도 10, 20, 30, 40, 50점이라면 $r=+1.0$이 되고 완전한 '정적 상관'이라고 부른다. 만일 5명 학생의 국어점수가 각각 10, 20, 30, 40, 50점이고 수학점수는 50, 40, 30, 20, 10점이라고 할 때 $r=-1.0$이 되고 완전한 '부적 상관'이 된다. 여기서 상관계수 1.0은 두 변수의 관계성 정도(강도)를 말하며, +와 −는 관계성의 방향(정적 혹은 부적)을 말한다. [그림 12-1]은 상관의 방향을 표시하는 가상적인 예로 (a)는 정적 상관을, (b)는 부적 상관을 각각 나타낸다.

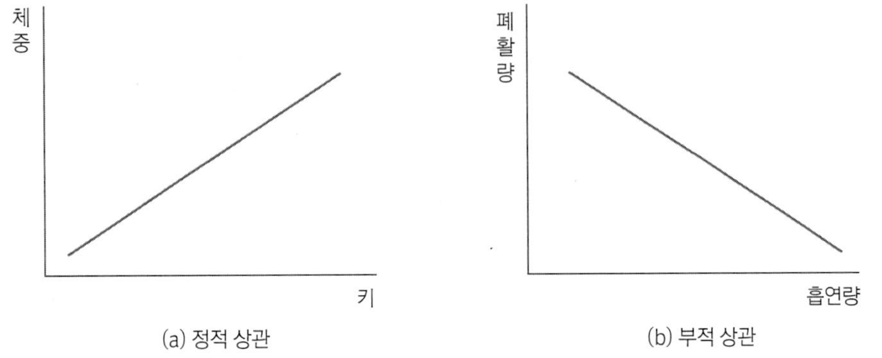

[그림 12-1] 상관의 방향

상관계수의 해석

일반적으로 피어슨의 적률상관계수 r은 변수 간 관계성의 강도와 방향을 의미하며, r의 값이 클 때 **예언의 오차**가 작다는 것을 말한다. 이는 변량적 관점에서 상관계수 r이 예언되지 않는 변량(오차변량)을 제외한 변량의 크기로 해석됨을 의미한다. 상관계수 r은 변수 X와 변수 Y의 관계성을 표시하며, 관계성 정도를 해석하기 위해 결정계수(determinant coefficient)인 r^2을 사용한다. r이 클 때 예측의 오차가 작다는 것은 변량적 관점에서 '예언되지 않는 변량(오차변량)이 작다'는 것을 말한다. 간단히 표현하여 **y의 전체변량 = x에 의해 예측되는 변량 + x에 의해 예측되지 않는 변량**이라고 하면, $r = \pm 1.0$은 전체 변량이 x에 의해 예측되고 x에 의해 예측되지 않는 변량이 0임을 말한다. 수식으로 표현하면 $s_y^2 = s_{\hat{y}}^2 + s_{y \cdot x}^2$이고 $r = \pm 1.0$일 때, $s_{y \cdot x}^2 = 0$이고 $s_y^2 = s_{\hat{y}}^2$가 된다. 따라서 결정계수 r^2은 상관계수에 의해 변수 X와 변수 Y의 변량이 어느 정도 설명되는지를 의미한다. 만일 $r = .90$이면, $r^2 = .81$이므로 변수 X와 변수 Y의 관계성은 81%가 설명되고 나머지 19%는 상관계수에 의해 설명되지 않는 오차변량이 된다.

1.2 상관분석의 논리

상관분석은 변수 X와 변수 Y의 관계를 상관계수로 표현한다. 각 변수의 평균을 $\overline{X}$, $\overline{Y}$라 하고 각 관찰치와 평균의 차이를 각각 x와 y라 할 때, x와 y는 편차점수가 된다. 각 변수에 대한 편차점수를 구하면 상관계수는 다음과 같이 표현된다.

$$r_{xy} = \frac{\sum xy}{NS_x S_y}$$ 공식 12-1

여기서 $\sum xy$는 두 변수의 공변량, N은 사례수, S_x와 S_y는 각 변수의 표준편차를 말한다. [공식 12-1]은 **피어슨의 상관계수**를 나타내는 정의공식이지만, 실제 각 변수의 평균이 정수가 아닌 경우 계산이 복잡해지기 때문에 [공식 12-2]와 같이 유도된 간편공식이 자주 사용된다.

$$r_{xy} = \frac{1}{N}\Sigma\left(\frac{xy}{S_x S_y}\right) = \frac{1}{N}\Sigma\left(z_x z_y\right) = \frac{\Sigma z_x z_y}{N}$$ 공식 12-2

여기서 z_x와 z_y는 각 변수의 z점수를 말한다. 따라서 상관계수는 z점수로 환산하면, 각 변수의 z점수 상적합의 평균이 된다. 이처럼 산출된 상관계수가 통계적으로 유의미한지를 평가하기 위해 t검증을 이용할 수 있다. 표본의 모집단의 상관계수 ρ(rho)가 0임, 즉 $H_0 : \rho = 0$을 설정하고 [공식 12-3]를 이용해 검증한다.

$$t = r\sqrt{\frac{N-2}{1-r^2}}$$ 공식 12-3

만일 모집단의 상관계수 ρ가 0이면 [공식 12-3]에 대해 자유도 $df = N-2$인 t분포에서 통계적 유의성을 판단하게 된다.

상관분석의 기본가정

- 다른 모수통계와 마찬가지로 변수들의 분포가 정상분포를 이루어야 한다. 정상성 가정은 사례수가 충분히 클 때 중심극한정리에 의해 충족할 수 있으며, SPSS에서 기술통계량 프로시저에 P-P 도표나 Q-Q 도표로 확인할 수 있다.
- 변수는 모두 독립적으로 측정되어야 하고, 모든 변수는 선형적 관계성이 있어야 한다.
- 피어슨의 적률상관을 산출하기 위해 변수들은 최소한 등간척도 이상이어야 한다.

2 회귀분석의 논리

2.1 개요

회귀분석(regression analysis)은 하나 이상의 독립변수 x_i가 하나의 종속변수 y에 미치는 영향과 그 크기를 파악하는 방법으로 **회귀계수**를 이용한다. 독립변수의 수가 하나일 때 **단순 회귀분석**(simple regression analysis)이라 하고, 여러 개의 독립변수가 있을 때 **다중 회귀분석**(multiple regression analysis)이라 한다. 회귀분석은 '최소제곱원리(principle of least square)'에 의한 방정식을 이용하며, 변수 x와 y의 예측적 관계성, 즉 x의 값을 알 때 y를 예측한다. 단순회귀의 경우, $y = bx + c$(혹은 $y = b_0 + b_1x_1$)이고 다중회귀의 경우, $y = b_0 + b_1x_1 + b_2x_2 + \cdots + b_ix_i$와 같이 표현한다. 여기서 b_0는 절편(intercept)이고, b_i는 회귀계수(비표준화계수), x_i는 독립변수다. 회귀분석은 예측적 관계성을 다루기 때문에 독립변수를 '예측변수', 종속변수를 '준거변수'라고도 한다.

회귀분석의 목적

□ 회귀모형의 적합도

회귀분석의 기본 목적은 회귀식에 투입된 독립변수 x_i를 통해 종속변수 y를 예측하는 **회귀모형의 적합도**를 평가하는 것이다. 즉, 독립변수 x_i가 종속변수 y를 예측하는 좋은 회귀모형인지를 판단한다. 보통 설명량을 나타내는 R^2이 통계적으로 유의미하면, '회귀모형이 적합'한 것으로 평가한다. 흡연량과 폐활량의 예측적 관계성을 알고자 흡연량을 독립변수라 하고 폐활량을 종속변수라 하였다 하자. 이때 폐활량$(y) = b_0 + b_1$(흡연량)의 회귀식을 검증하게 되고, 회귀식이 설명하는 R^2을 구하여 통계적 유의성을 판단한다. 이때 설명량 R^2의 통계적 유의도는 그에 따른 F값으로 평가한다. 만일 $R^2 = .30$이고 그에 따른 $F = 4.12$이고 $p < .05$라 하면, 위의 흡연량은 폐활량을 예측하는 적합한 회귀모형이라고 해석한다.

□ 독립변수의 상대적 기여도

앞서의 예는 단순회귀 모형으로 실제 폐활량은 많은 다른 요인에 기초해 예측할 수 있다. 개인의 운동량이나 생활습관도 폐활량과 관련할 수 있다. 이처럼 여러 독립변수를 이용하여 회귀분석을 수행하는 경우, 독립변수의 **상대적 기여도**를 파악할 수 있다. 다시 말해, 다중 회귀분석을 수행할 때 어떤 독립변수가 종속변수를 가장 잘 예측하는가의 문제를 해결한다. 예컨대, 대인매력(y)을 예측하기 위해 외모(x_1), 경제력(x_2), 지능(x_3), 성격(x_4)을 예측변수로 사용하였다면, 대인매력$(y) = b_0 + b_1$(외모)$+ b_2$(경제력)$+ b_3$(지능)$+ b_4$(성격)과 같은 회귀식을 검증하고, 각 독립변수의 '표준화계수' β_i를 비교함으로써 상대적 기여를 평가한다.

□ 새로운 독립변수의 효과 검증

다중 회귀분석에서 회귀모형의 적합성이 확인되고 독립변수들의 상대적 기여도가 밝혀지면, 새로운 독립변수를 추가하면서 모델의 예측력이 어떻게 개선되는지를 파악할 수 있다. 새로운 변수의 효과가 기존 예측변수에 추가될 때 R^2의 변화량, 즉 ΔR^2(R squared change)의 통계적 유의도를 검증함으로써 새로운 변수가 추가될 때 모형의 개선정도를 밝히게 된다. 동시에 새로운 변수의 표준화계수 β_i의 효과는 새로운 변수의 **중요도**를 판단하는 데 사용된다.

▢ 조절효과(상호작용)의 검증

회귀분석은 변량분석과 마찬가지로 독립변수 간의 **상호작용효과**를 검증할 수 있다. 상호작용효과는 흔히 **조절변수**의 효과로 해석한다. 제3장에서 설명한 [그림 3-9]의 (나)와 같이 '감정모호성'은 '무드상태'의 효과를 조절하는 변수다. 회귀분석에서 조절효과는 각 변수의 상호작용 항(term)을 만들어 주어야 하는데, 간단히 두 변수의 **단순 곱**을 구하거나 각 변수의 평균으로부터의 편차를 구한 다음 **편차의 곱**을 상호작용 항으로 사용한다. 예컨대, [그림 3-9]의 (나)를 상호작용 항이 투입된 회귀분석으로 표현하면 다음과 같다.

$$\text{평가}(Y') = b_0 + b_1(\text{무드상태}) + b_2(\text{감정모호성}) + b_3(\text{무드상태}) \times (\text{감정모호성})$$

상호작용효과의 통계적 유의성은 '위계적'으로 회귀식을 구성할 때 세 번째로 회귀식을 구성하는 b_3(비표준화계수)의 표준화계수 β_3을 해석하고, 이때의 ΔR^2을 해석함으로써 상호작용 항이 투입되었을 때의 모형 개선의 정도를 평가한다.

▢ 여러 회귀모형의 비교

다중 회귀분석은 여러 회귀모형을 비교하는 목적으로도 사용된다. 어떤 현상을 설명하는 모델은 하나만 존재하는 것이 아니므로 회귀분석은 다양한 모델을 비교하는 좋은 분석 틀을 제공한다. 회귀모형의 비교는 각 회귀모형에서 산출되는 R^2의 차이를 비교한다.

▢ 새로운 표본을 통한 회귀모형의 예측력 검증

회귀분석을 통해 검증된 하나의 회귀모형을 다른 표본(집단)에도 동일하게 적용할 수 있는지를 알아보기 위해 회귀분석을 적용한다. 이러한 목적은 주로 **타당화 연구**에서 많이 사용된다. 예컨대, 중·고등학생을 대상으로 하는 적성요인의 회귀모형이 일반 구직자에게도 적합한지를 알고자 할 때 회귀분석을 적용할 수 있다.

☐ 통제변수의 효과를 포함한 검증(공변량분석의 대안)

회귀분석은 **공변량 분석**의 대안적 방법으로 사용할 수 있다. 독립변수 이외의 종속변수에 영향을 주는 변수를 통제한다는 의미이므로 특정 변수를 통제한 상태에서 독립변수의 효과를 검증하는 것이다. 또한 독립변수와의 **다중공선성**(multicollinearity)이 의심되는 변수를 독립변수의 효과에서 분리해 내기 위해 사용할 수 있다. 이를 위해서는 **위계적 회귀분석**을 사용하며, 전체 R^2에서 공변인의 R^2(설명량)을 제외한 나머지 R^2을 독립변수의 효과로 평가한다.

2.2 회귀분석의 논리

회귀분석은 변수 x와 y의 관계성을 설명하는 최적의 선형관계를 알려 주는 회귀방정식을 이용한다. 따라서 특정 x값을 알면 y를 산출할 수 있다. 앞서 설명한 바와 같이, 단순회귀 방정식(공식 12-4)과 다중회귀 방정식(공식 12-5)은 다음과 같다.

$$y = b_0 + b_1 x_1 \quad \text{공식 12-4}$$

$$y = b_0 + b_1 x_1 + b_2 x_2 + \cdots + b_i x_i \quad \text{공식 12-5}$$

여기서 y는 종속변수이고 b_0는 절편 혹은 상수다. b_i는 기울기 혹은 비표준화 회귀계수, x_i는 독립변수다. 절편 b_0는 x가 0일 때 y의 추정치를 말하고, 기울기 b_i는 x의 단위 증가에 대한 y의 변화율이다. 만일 '기울기'가 0.5이면 x가 1단위 증가할 때 추정치 y는 +0.5단위 변화한다는 의미다. 기울기가 커질수록 직선의 모양은 더 가파르게 된다. [공식 12-5]의 다중회귀식에서 비표준화계수 b_i를 표준화된 값으로 변화하면 표준화계수 β_i를 얻고, 이를 비교하면 독립변수의 상대적 기여를 파악하게 된다.

흔히 회귀분석은 변수 간의 관계성을 나타내는 최적의 직선, 즉 관계성을 가장 잘 설명하는 직선을 얻기 위해 **최소제곱원리**를 통해 회귀선을 구한다. 최소제곱의 원리를 통해 얻은 회귀선은 **예측오차의 제곱합이 최소가 됨**을 말하므로 x값에 의해 기대되는 y값의 예언의 오차가 가장 작다. 따라서 최소제곱에 의한 회귀선은 변수 간의 관계성을 나타내는 여러 직선 중 가장 정확하게 관계를 기술하는 직선이며, 그 추정치는 예언오차(즉 잔차)가 가장 적은 '불편추정치'다. 회귀방정식은 변수 x와 y의 최적화된 직선을 최소제곱에 의해 얻은 식이다.

회귀방정식의 성질

회귀방정식은 최소제곱법에 의한 불편추정치(표본 통계의 기대치가 모집단의 모수와 같은 정도)에 기초한다. 이를 **가우스-마르코프 정리**(Gauss-Markov theorem)라 하며, 다음과 같은 성질을 갖는다.

① 예언오차의 합은 0이다.
② 예언오차 제곱의 합은 최소다.
③ 독립변수 x_i에 대한 예언오차의 가중치 합은 0이다.
④ y의 추정치 $\hat{y}$에 대한 예언오차의 가중치 합은 0이다.
⑤ 회귀식은 x의 평균 $\bar{x}$과 y의 평균 $\bar{y}$를 지나간다.
⑥ 단순회귀의 경우, 회귀계수 b의 표준화계수 β는 상관계수 r과 같다(즉, $\beta = r$). 따라서 상관계수를 통해 회귀식의 y를 예측할 수 있다.

회귀계수의 설명력: 결정계수 R^2

단순회귀든 다중회귀든 회귀방정식을 알게 되면, 연구자는 주어진 x값에 대한 y값을 설명하고 예측할 수 있게 된다. 하지만 회귀모형이 변수 간의 관계를 아무리 잘 설명한다 할지라도 측정은 필연적으로 오차를 포함한다. 따라서 회귀모형의 설명력은 회귀방정식에 의해 예언되는 부분과 예언되지 않는 부분의 비율로 표현된다. 회귀모형의 설명력은 R^2으로 표시하며, **결정계수**(determinant coefficient)라 부른다. 단순회귀의 경우 R^2은 피어슨의 적률상관계수 r과 동일하지만 다중회귀의 경우에는 그렇지 않다. 흔히 $R^2 = .30$이면 회귀방정식에 의해 종속변수의 30% 변량이 설명된다고 말한다.

상관과 회귀의 문제

본질적으로 상관은 변수 x와 y의 관계성($x \leftrightarrow y$)을 나타내고, 회귀는 예측의 문제($x \rightarrow y$ 혹은 $y \rightarrow x$)를 나타낸다. 상관과 회귀는 서로 다른 문제를 해결하지만 종종 같은 접근법으로 사용된다. 즉, 상관은 x에서 y를 예측하는 경우와 y에서 x를 예측하는 두 가지 경우를 포함한다. 이때 2개의 회귀선이 가정되므로 두 회귀직선($x \rightarrow y$와 $y \rightarrow x$)을 통해 상관의 정도를 파악할 수 있다. 두 직선이 교차하면 $r=0$이 되고 일치하면 $r=1$이 된다. 회귀계수 b의 정의공식은 $b = r_{xy}\dfrac{s_y}{s_x}$이고, 이를 표준화하면 $\beta = \dfrac{\sum z_x z_y}{N}$이 된다. 이는 [공식 12-2]와 같다. 회귀계수를 표준화하면 $r=\beta$가 된다. 단순회귀에서 $\hat{y} = bx + c$이고($c = -r_{xy}(\dfrac{s_y}{s_x})\overline{X} + \overline{Y}$임), 이때 회귀선은 원점을 통과하므로 $c=0$이며 $z\hat{y} = rzx$이다. 따라서 다음과 같은 특징을 갖는다.

① $z\hat{y} = rzx$에서 r에 의해 $\hat{y}$의 z점수가 예측된다. 즉, 회귀의 정도를 알 수 있다.
② r_{xy}와 r_{yx}에서 2개의 회귀선을 가정할 수 있다.
③ 결정계수 r^2은 회귀의 정도로 변량적 관점에서 해석한다. 즉, $r = \pm 1.0$은 y의 전체 변량이 x에 의해 예측되고($s_y^2 = s_{\hat{y}}^2$), $r=0$일 때 x에 의해 예측되는 변량은 0이다.

회귀분석의 기본 가정

□ 변수에 대한 가정

회귀분석에 투입되는 변수는 다음과 같은 조건을 만족해야 한다. 첫째, 독립변수와 종속변수는 모두 연속 변인이어야 한다. 종속변수가 불연속 변인일 때, **가변인**(dummy variable)을 만들어 사용하거나 **로지스틱 회귀분석**(logistic regression analysis)을 사용한다. 둘째, 독립변수와 종속변수의 관계는 선형적이어야 한다. 독립변수와 종속변수의 관계가 선형적이지 않을 때, 선형회귀 모형을 적용할 수 없다. 이는 회귀계수가 상수임을 말하며, 만일 회귀계수가 변동한다면 변수 간의 관계는 더 이상 선형적이지 않기 때문이다. 변수 간의 선형관계는 상관계수로 확인하거나 산포도(scatter plot)로 파악할 수 있다. 셋째, 종속변수는 무선요인(random factor)이고 독립변수는 고정요인(fixed factor)이어야 한다. '고정요인'이란 변수의 값이 측정 혹은 관찰에 따라 변화하는 것이 아니라 이미 경험적으로 정해져 있음을 의미한다. 이는 회귀방정식을 통해 예언되는 회귀의 제곱합(sum of square of regression: SSR)이 '상수'이기 위한 조건으로 독립변수 x가 고정요인일 때 회귀계수를 비교할 수 있다. 넷째, 독립변수 간의 상관, 즉 다중공선성(muticollinearity)을 확인해야 한다. 독립변수 간의 다중공선성이 지나치게 높을 때 독립변수의 효과를 설명하는 회귀계수의 비교가 무의미해진다. 다중공선성은 **공차**(tolerance; $1-R^2$)와 **상승변량**(variance inflation factor; $VIF_i = 1/(1-R^2)$)으로 파악하며 SPSS의 결과물에서 확인할 수 있다. 일반적으로 '공차'가 1에 접근하면 변수 간 다중공선성이 없는 것으로 해석하며, '상승변량'의 경우 1에 접근할수록 다중공선성이 없고 그 값이 10 이상이면 다중공선성이 있는 것으로 판단한다.

▢ 오차에 대한 가정

회귀분석을 위한 또 다른 가정은 오차에 관한 것이다. 첫째, 모든 독립변수에 대해 예언오차 $(y_i - \hat{y}_i)$의 변량은 동일해야 한다. 이는 모든 x값에 대해 예언오차 $(y_i - \hat{y}_i)$의 변량이 '상수'임을 의미한다. 이 가정은 분산분석에서 변량의 동질성을 가정하는 것과 같으며, y의 변량이 모든 x값에 대해 동일함을 뜻한다. 오차변량의 동변량성을 확인하는 방법은 **산포도**를 이용하여 예측된 값 $\hat{y}$와 예언오차의 점수가 표준점수 0을 중심으로 '대략적인 직사각형 분포'를 형성하면 이 가정을 충족하는 것으로 해석한다. 둘째, 예언오차 $(y_i - \hat{y}_i)$들은 서로 독립적이어야 한다. 만일 오차가 서로 독립적이지 않으면 오차 간의 **자기상관**(autocorrelation)이 존재하는 것을 의미하므로 독립변수들의 상대적 비교가 곤란해진다. 오차의 독립성은 SPSS의 'Durbin-Watson d통계치'로 파악할 수 있다. **d통계치**는 0에서 4의 범위를 가지며 완전한 정적상관일 때 0에 가까운 값을 나타내고, 완전한 부적상관일 때 4에 근접한 값을 갖는다. 만일 이 값이 2에 근접한다면 인접한 오차 간의 자기상관이 없는 것, 즉 오차의 독립성을 가정하게 된다. 셋째, 예언오차 $(y_i - \hat{y}_i)$는 모집단에서 정상분포를 가정한다. 오차의 정상분포를 확인하는 방법은 'Kolmogorov–Smirnov 검증'이 있는데, 이는 관찰된 누적 분포의 함수를 정상분포, 포아송분포, 지수분포 등 특정한 이론적 분포와 비교하는 방법이다. **Kolmogorov–Smirnov 검증**은 일종의 적합도를 분석하는 것으로 특정 분포와 관찰 분포 간의 차이가 타당한지를 분석한다. 따라서 모수통계치의 정상성을 가정할 때 이 검증을 적용한다. SPSS의 분석메뉴에서 '기술통계량 ⇨ 데이터탐색 ⇨ 도표옵션'을 선택하고, **검정과 함께 정규성도표**(Normality plots with test)의 산출에 체크하면 Kolmogorov–Smirnov 통계치를 구할 수 있다. 넷째, 회귀방정식의 성질에서 설명한 바와 같이, 예언오차 $(y_i - \hat{y}_i)$들의 기대합과 평균은 0이다.

회귀식의 오차공식과 결정계수

회귀식($\hat{y} = b_0 + b_1 x_1$)의 오차는 다음과 같이 표현된다. 즉, **전체 오차(SST) = 설명 안 되는 오차(SSE) + 설명되는 오차(SSR)**. '전체 오차'는 전체 변산의 제곱합(sum of square of total variation: SST)을 말하며, '설명 안 되는 오차'는 잔차 제곱합(sum of square of residual error: SSE), '설명되는 오차'는 회귀 제곱합(sum of square of regression: SSR)을 각각 말한다. 이를 수식으로 표현하면 $\Sigma(y_i - \bar{y}) = \Sigma(y_i - \hat{y}_i) + \Sigma(\hat{y}_i - \bar{y})$이다. 여기서 y_i는 관찰치, $\hat{y}_i$는 y_i의 추정치, $\bar{y}$는 y_i의 집단평균이다. 흔히 $SST = SSE + SSR$이 되고, 결정계수 $R^2 = \dfrac{SSR}{SST} = 1 - \dfrac{SSE}{SST}$로 정의된다. 표본의 크기가 작을 때 결정계수 R^2은 변동량이 크므로 자유도에 의해 조정되고, 이때 조정된 R^2은 $R^2_\alpha = 1 - \dfrac{SSE/n-2}{SST/n-1}$와 같이 나타낸다. 표본의 크기가 커지면 R^2과 R^2_α는 거의 같은 값을 갖는다.

□ 기타의 가정

회귀분석을 수행하기 위한 **사례수** n은 독립변수 수의 20배 이상이 바람직하다. 보통 '표본크기'가 작으면 오차변량이 커지기 때문에 우연적 효과가 결과에 영향을 미치게 된다. 따라서 표본의 크기가 충분히 커야 하는데, 최소한 **독립변수의 5배 이상이어야 하고 20배 이상**이면 통계적 예측 검증력이 낮아지지 않는다. 특히 **탐색적 분석**을 목적으로 하는 단계적 회귀분석(stepwise regression analysis)의 경우에는 사례수 n은 '독립변수 수의 40배 정도'가 되어야 결과를 일반화할 수 있다. 그러나 반대로 회귀분석에 있어 사례수가 너무 많으면 **중다상관**(multiple R)을 과대평가하는 문제가 발생하여 작은 차이에도 민감해진다. 이 경우 각 회귀식의 단계에서 설명 변화량(ΔR^2)을 확인하고 변화량의 크기가 작음에도 통계적으로 유의미하다면 해석에 주의해야 한다.

또한 회귀분석은 **극단치**(outlier)의 영향에 매우 민감하기 때문에 분석이전 단계에서 극단치 제거를 위해 노력해야 한다. 회귀분석은 소수의 극단치가 존재하더라도 회귀계수의 기울기에 영향을 주므로 타당한 결과해석을 위해 회귀계수의 기울기에 영향을 주는 사례, 즉 '레버리지 케이스(leverage point)'를 확인하고 제거해야 한다. SPSS에서 극단치를 확인하는 방법은 다음과 같다(양병화, 2006). 첫째, **레버리지 값과 마할라노비스 거리**(Mahalanobis distance) **값으로 평가한다.** 이 값은 모든 독립변수의 평균과 각 개별 사례의 거리를 값으로 산출해 주며, 그 값이 크면 극단치일 가능성이 크다. 레버리지 값은 1에서 $(n-1)n$ 값의 범위를 갖고 보통 이 값이 0.2 이하일 때 극단치가 없는 것으로 해석하고, 0.2에서 0.5 사이의 값일 때 위험한 값이 존재하는 것으로 해석한다. 만일 레버리지 값이 **0.5보다 크면** 회귀계수의 기울기에 큰 영향을 주는 것으로 판단한다. '마할라노비스 거리'는 독립변수의 수만큼의 자유도를 가진 카이제곱 분포를 따르며, 그 값이 크면 평균으로부터 사례가 멀리 떨어져 있음(즉 극단치)을 의미한다.

둘째, **쿡의 거리**(Cook's distance)**를 평가한다.** 마할라노비스 거리가 평균으로부터의 거리를 말한다면, '쿡의 거리'는 종속변수를 예측하는 데 영향을 주는 사례를 의미한다. 특히 쿡의 거리 값은 영향이 있다고 판단되는 사례를 제거하였을 때의 잔차의 변화와 그에 따른 회귀계수 추정치의 변화를 보여 주기 때문에 유용한 측정값이 된다. 가장 큰 쿡의 거리 값을 갖는 사례를 제외하면 회귀계수 추정치가 가장 크게 변한다. 쿡의 값이 '1보다 크면' 극단치의 가능성이 있는 것으로 해석한다.

보통 극단치의 해석은 어느 하나의 값으로 판단하지 않고 여러 지표들을 종합적으로 해석하는 것이 좋다. 이들 값 외에도 **표준화 잔차**(standardized residual)나 **공변량비**(covariate ratio)를 사용할 수 있다. '표준화 잔차'는 그 크기가 ±3.0의 범위를 벗어나 클 때 극단치로 판단하며, 공변량비는 변량-공변량 행렬이 특정 사례가 제거되었을 때와 포함되었을 때의 비율로 그 값이 '1에 근접하면' 회귀계수의 변화에 큰 영향이 없는 것(즉, 극단치의 영향이 없음)으로 해석한다.

3 상관분석의 SPSS 따라하기

검증방법의 따라하기

검증방법의 **따라하기**는 가설검증 방식으로 설명한다. 즉, 각각의 검증방법에 맞는 (a) 가설을 설정하고, (b) SPSS 분석을 수행하여, (c) 분석결과를 해석하고, (d) 결론을 내리는 절차를 이용한다. **예제설문지**의 변수를 사용하며, 데이터는 '예제_분석기법용.sav'를 활용한다.

3.1 이변량 상관분석의 SPSS 실행

가설의 설정

- 연구가설: 사회성 점수와 통제성향 점수는 상관이 있을 것이다.
- $H_0 : r_{12} = 0$
- $H_1 : r_{12} \neq 0$
- 검증통계량: 피어슨의 적률상관계수 r값
- 유의수준: $p < .05$(양방검증)
- 결과해석
- 결론

이변량 상관분석의 실행

이변량 상관계수분석: 분석메뉴 → 상관분석 → 이변량 상관계수

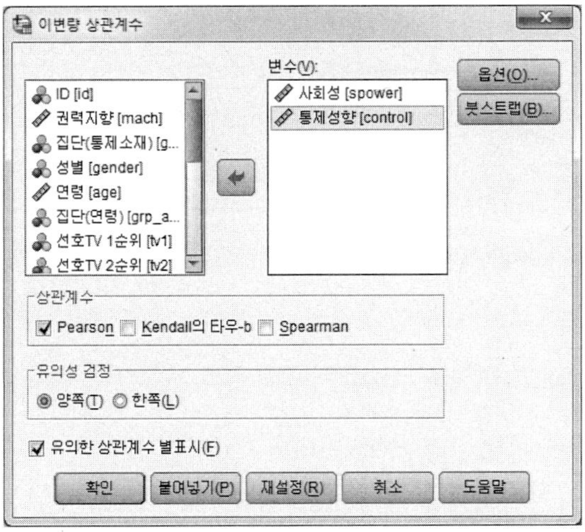

[그림 12-2] 이변량 상관계수의 대화상자

[그림 12-2]는 이변량 상관관계분석의 대화상자다. '변수' 칸으로 분석하고자 하는 '사회성'과 '통제성향' 변수를 이동한다. 상관계수는 피어슨의 적률상관에 표시되어 있고 유의성 검증은 양쪽(양방검증), 상관계수가 유의미할 때 별표로 표시하도록 설정되어 있다. SPSS의 '이변량 상관계수'는 흔히 말하는 **영순위 상관**(zero-order correlation)이며, 간단히 두 변수의 관계성 정도와 방향을 알려 준다.

이변량 상관계수에서 산출할 수 있는 계수값은 다음과 같다: (a) Pearson은 피어슨의 적률상관계수 r값을 산출하며 디폴트다. (b) **Kendall의 타우-b값**은 순위자료의 상관으로 타우(τ) 값은 순위의 일관성을 측정한다. (c) Spearman은 스피어만의 순위상관계수 로우(ρ)를 산출하는데, 역시 서열이나 순위자료의 상관을 측정한다. 한편 이변량 상관계수의 대화상자에는 다른 분석과 마찬가지로 **붓스트랩** 방법을 제공하고, 기초 통계치를 산출하는 '옵션'을 선택할 수 있다.

▢ 이변량 상관분석의 옵션

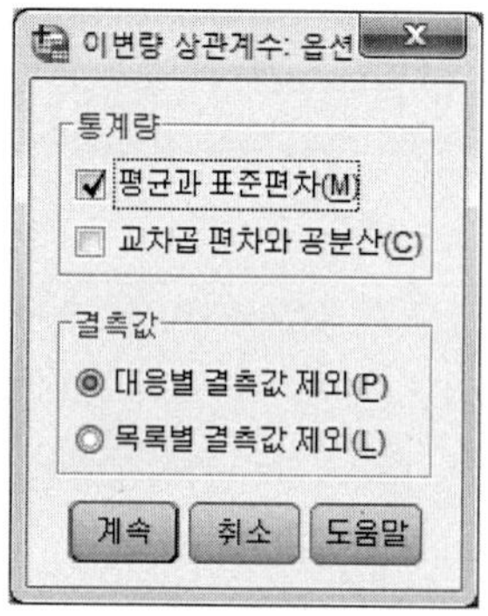

[그림 12-3] 이변량 상관분석의 옵션 대화상자

'옵션'에서는 기초 통계치로 각 변수의 평균과 표준편차를 산출하고, 교적 제곱합(sum of square and cross-products)과 공분산(covariance)을 산출할 수 있다. 또한 **결측값**의 처리에서 '대응별 결측값 제외'를 사용하면 해당분석에서 결측값이 제외되지만, '목록별 결측값 제외'를 선택하면 모든 분석에서 결측값이 제외된다.

옵션의 지정을 마치고 '확인'을 클릭하면, **뷰어 창**에 [그림 12-4]와 같이 이변량 상관분석의 결과가 출력된다.

기술통계량

	평균	표준편차	N
spower 사회성	3.2677	.79875	30
control 통제성향	4.6333	1.62912	30

상관계수

		spower 사회성	control 통제성향
spower 사회성	Pearson 상관계수	1	.697**
	유의확률 (양쪽)		.000
	N	30	30
control 통제성향	Pearson 상관계수	.697**	1
	유의확률 (양쪽)	.000	
	N	30	30

**. 상관계수는 0.01 수준(양쪽)에서 유의합니다.

[그림 12-4] 이변량 상관분석의 결과출력물

[그림 12-4]에서와 같이, '사회성' 점수와 '통제성향' 점수에 대한 평균과 표준편차가 각각 제시되어 있고, 그 아래 피어슨의 적률상관계수와 유의확률, 사례수가 표시되어 있다. 상관계수 $r = .697$이고 $p < .01$로 두 변수의 관계성이 통계적으로 유의미한 것으로 나타났다. 상관관계분석은 변수의 관계성을 파악할 목적으로 수행되므로 비교적 사용이 간단하다. '이변량 상관계수'의 대화상자에서 여러 변수를 설정할 수 있으며, 이 경우 각각의 변수를 두 개씩 쌍으로 상관계수를 산출해 준다.

상관분석의 결과표 작성과 해석

이변량 상관분석의 결과표는 분석된 변수의 상관행렬을 제시하고 평균과 표준편차를 표시하는 것이 일반적이다. 공통적으로 포함하는 내용은 다음과 같다(일반적 예시).

- 변수명
- 사례수 N
- 상관계수 r
- p값(p값은 반드시 제시되는 값은 아님. p값을 제시하지 않을 때 r값에 *표시)
- 평균과 표준편차

가설검증 결과

〈표 12-1〉 사회성 점수와 통제성향 점수의 상관분석 결과($N = 30$)

	사회성 점수	통제성향 점수
사회성 점수	–	
통제성향 점수	.697**	–
평균(SD)	3.27(.80)	4.63(1.63)

** $p < .01$

가설: 사회성 점수와 통제성향 점수는 상관이 있을 것이다.

〈표 12-1〉에서 보듯이, 사회성과 통제성향 점수는 통계적으로 유의미한 상관을 나타냈다($r = .697,\ p < .05$). 즉, 사회성과 통제성향 점수는 상관이 높으며 정적인 관계에 있다. 따라서 가설은 지지되었다. 사회성과 통제성향의 관계성 정도는 48.6%($r^2 = .486$)였다. 통제성향 점수가 높을수록 외적 통제임을 가정할 때, 내적 통제보다는 외적 통제가 사회성과 관련성이 높은 것으로 해석된다.

▢ 집단별 다중변수의 상관표 작성 예

실제 조사나 연구를 진행하다 보면 여러 변수의 상관을 동시에 분석하는 경우가 일반적이고, 종종 집단별로 상관을 제시하는 경우가 많다. 예컨대, 사회성, 통제성향, 권력지향, 연령, 음주정도 간의 상관을 구하고 이를 성별로 제시하는 표를 만든다고 하자. 먼저 분석을 위해 성별(남/여)로 두 번의 상관분석을 수행해야 하므로 다음과 같은 단계를 거친다.

① 남자의 경우(gender=1)
분석메뉴 ⇨ 케이스 선택: 성별(gender)이 1을 만족하는 조건으로 지정 → 이변량 상관계수
② 여자의 경우(gender=2)
분석메뉴 ⇨ 케이스 선택: 성별(gender)이 2를 만족하는 조건으로 지정 → 이변량 상관계수

위의 단계는 남녀에 따라 각각 두 번의 상관관계분석을 수행하는 과정이다(SPSS의 '케이스 선택' 명령은 [그림 8-16]을 참고). 이렇게 하면 [그림 12-5]와 같이 남녀 각각에 대한 SPSS의 상관분석 결과물을 얻을 수 있고, 이를 하나의 표로 제시하면 〈표 12-2〉와 같다.

상관계수

		spower 사회성	control 통제성향	mach 권력지향	age 연령	beer 음주정도
spower 사회성	Pearson 상관계수	1	.609*	.006	.382	.103
	유의확률 (양쪽)		.016	.983	.160	.715
	N	15	15	15	15	15
control 통제성향	Pearson 상관계수	.609*	1	-.067	.283	.029
	유의확률 (양쪽)	.016		.813	.307	.919
	N	15	15	15	15	15
mach 권력지향	Pearson 상관계수	.006	-.067	1	.031	-.428
	유의확률 (양쪽)	.983	.813		.913	.112
	N	15	15	15	15	15
age 연령	Pearson 상관계수	.382	.283	.031	1	-.131
	유의확률 (양쪽)	.160	.307	.913		.642
	N	15	15	15	15	15
beer 음주정도	Pearson 상관계수	.103	.029	-.428	-.131	1
	유의확률 (양쪽)	.715	.919	.112	.642	
	N	15	15	15	15	15

*. 상관계수는 0.05 수준(양쪽)에서 유의합니다.

(a) 다중변수의 이변량 상관분석(남자)

상관계수

		spower 사회성	control 통제성향	mach 권력지향	age 연령	beer 음주정도
spower 사회성	Pearson 상관계수	1	.654**	-.426	.156	.088
	유의확률 (양쪽)		.008	.113	.579	.755
	N	15	15	15	15	15
control 통제성향	Pearson 상관계수	.654**	1	-.678**	-.134	.404
	유의확률 (양쪽)	.008		.005	.633	.135
	N	15	15	15	15	15
mach 권력지향	Pearson 상관계수	-.426	-.678**	1	.123	-.231
	유의확률 (양쪽)	.113	.005		.663	.408
	N	15	15	15	15	15
age 연령	Pearson 상관계수	.156	-.134	.123	1	-.337
	유의확률 (양쪽)	.579	.633	.663		.219
	N	15	15	15	15	15
beer 음주정도	Pearson 상관계수	.088	.404	-.231	-.337	1
	유의확률 (양쪽)	.755	.135	.408	.219	
	N	15	15	15	15	15

**. 상관계수는 0.01 수준(양쪽)에서 유의합니다.

(b) 다중변수의 이변량 상관분석(여자)

[그림 12-5] 성별에 따른 이변량 상관분석의 결과출력물

〈표 12-2〉 성별에 따른 사회성, 통제성향, 권력지향, 연령, 음주정도의 상관관계 분석

	사회성	통제성향	권력지향	연령	음주정도
사회성	–	.654**	−.426	.156	.088
통제성향	.609*	–	−.678**	−.134	.404
권력지향	.006	−.067	–	.123	−.231
연령	.382	.283	.031	–	−.337
음주정도	.103	.029	−.428	−.131	–

* $p < .05$ ** $p < .01$

주. 대각선 아래는 남자집단($N = 15$), 대각선 위는 여자집단($N = 15$)의 상관계수임.

〈표 12-2〉를 보면, 성별에 따른 변수 간의 상관이 다소 차이가 있음을 확인할 수 있다. 남자의 경우에는 '사회성'과 '통제성향'만이 $p = .05$ 수준에서 유의미한 반면, 여자의 경우에는 '사회성'과 '통제성향'의 상관이 $r = .654$이고 $p < .01$로 남자의 경우보다 강한 상관을 보인다. 특히 '권력지향'과 '통제성향'은 남자의 경우 상관이 유의미하지 않지만, 여자의 경우 강한 부적 상관을 보였다($r = -.678$, $p < .01$). '통제성향'의 점수가 클수록 외적 통제성향임을 감안할 때 여자의 내적 통제성향이 권력지향과 강한 관련성이 있는 것으로 해석된다. 다른 변수들의 관계는 통계적으로 유의미하지 않았다. 여기서 남자의 권력지향과 음주정도($r = -.428$), 여자의 '통제성향'과 '음주정도($r = .404$)', 여자의 '음주정도'와 '연령($r = -.337$)' 등은 실제 상당히 높은 상관계수임을 주의해야 한다. 이는 각 집단의 사례수가 작기 때문에 상관계수의 큰 값에도 불구하고 통계적 유의성은 나타나지 않는 경우다. 만일 많은 사례수가 분석된다면, 오히려 작은 상관계수임에도 통계적으로 유의미해지는 과잉해석을 주의해야 한다.

3.2 기타 상관분석의 SPSS 실행

편상관 분석의 실행

편상관 분석(partial correlation): 분석메뉴 ⇨ 상관분석 ⇨ 편상관계수

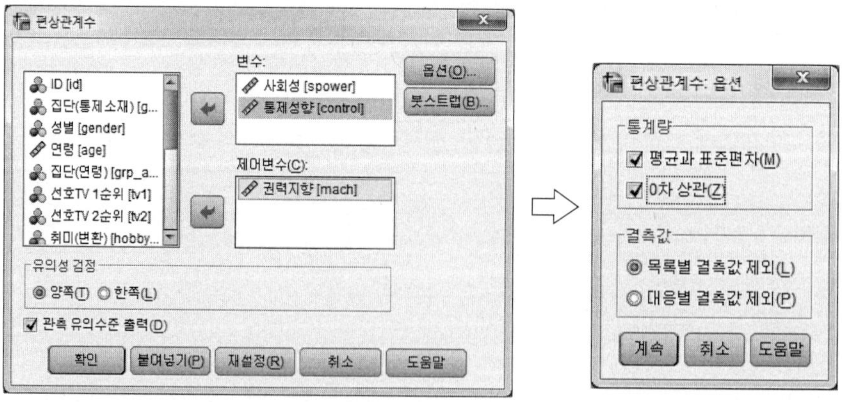

(a) (b)

[그림 12-6] 편상관 분석의 대화상자

일반적으로 상관계수 r은 변수 간의 상호 관계성을 나타내며, 흔히 **영순위 상관**(zero-order correlation)이라고 한다. 만일 특정 변수의 효과를 통제한 상태에서 변수 간의 상관을 구하고자 한다면 **편상관**(partial correlation)을 이용한다. 예컨대, 지능의 언어력과 수리력의 상관을 구하고자 할 때 추리력을 통제한다면 언어력과 수리력의 **순수한 상관**을 구할 수 있다. [그림 12-6]의 (a)는 편상관 분석의 대화상자로 '권력지향'을 **제어변수**(통제)로 지정하고 '사회성'과 '통제성향' 점수의 상관을 구하기 위한 것이다. (b)의 옵션 대화상자는 이변량 상관계수의 경우와 같이 평균과 표준편차를 산출한다. **0차 상관**(영순위 상관)은 '권력지향'을 통제하지 않은 이변량 상관계수의 산출을 의미한다(제어변수를 지정하지 않은 상태의 상관계수). 옵션의 지정을 마치고 '확인'을 클릭하면, **뷰어 창**에 [그림 12-7]과 같은 편상관 분석의 결과가 출력된다.

기술통계량

	평균	표준 편차	N
spower 사회성	3.2677	.79875	30
control 통제성향	4.6333	1.62912	30
mach 권력지향	2.7067	.98548	30

상관

통제변수			spower 사회성	control 통제성향	mach 권력지향
-지정않음-[a]	spower 사회성	상관	1.000	.697	-.313
		유의수준(양측)	.	.000	.092
		df	0	28	28
	control 통제성향	상관	.697	1.000	-.473
		유의수준(양측)	.000	.	.008
		df	28	0	28
	mach 권력지향	상관	-.313	-.473	1.000
		유의수준(양측)	.092	.008	.
		df	28	28	0
mach 권력지향	spower 사회성	상관	1.000	.655	
		유의수준(양측)	.	.000	
		df	0	27	
	control 통제성향	상관	.655	1.000	
		유의수준(양측)	.000	.	
		df	27	0	

a. 셀에 0차 (Pearson) 상관이 있습니다.

[그림 12-7] 편상관 분석의 결과출력물

[그림 12-7]의 편상관 분석의 결과는 평균과 표준편차의 기술통계량과 통제변수(권력지향)를 지정하지 않은 '영순위상관', 즉 이변량 상관계수가 산출되어 있

다. 그 아래 '권력지향' 점수를 통제한 상태에서의 '사회성'과 '통제성향' 점수의 상관이 산출되어 있다. 통제변수를 지정하지 않은 경우의 상관계수 $r = .697$은 [그림 12-4]의 결과와 같다. '권력지향'을 통제한 경우의 상관은 $r = .655$로 상대적으로 상관 정도가 낮은 것을 확인할 수 있다. **영순위 상관과 편상관의 차이는 약 .042 인데**, 이 차이는 권력지향이 두 변수의 상관에 미치는 효과로 해석할 수 있다. **편상관의 목적**은 특정 변수를 통제한 상태에서 순수한 상관을 구하는 것에 있으므로 사용목적에 따라 유용한 방법이 된다. 결과표의 제시는 이변량 상관분석과 같지만, 해석에서 통제변수를 설명하고 영순위 상관과 비교하여 설명한다. 필요한 경우, 결과표에 영순위 상관과 편상관을 함께 제시할 수 있다.

양류상관 분석의 실행

양류상관 분석(point-biserial correlation): 분석메뉴 ⇨ 척도 ⇨ 신뢰도분석

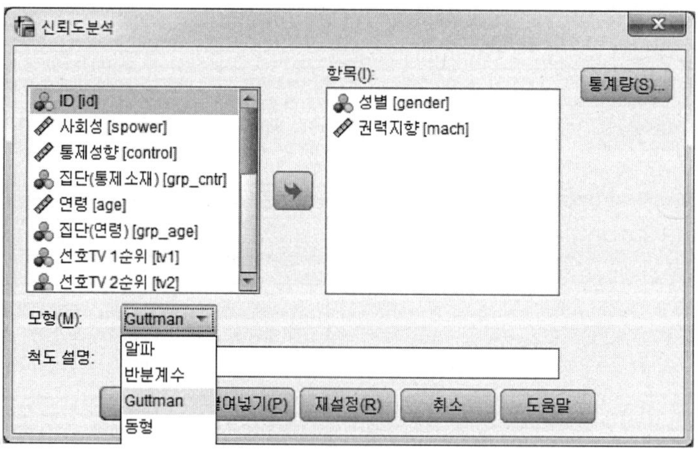

(a) 양류상관 분석을 위한 대화상자(신뢰도 분석 프로시저 이용)

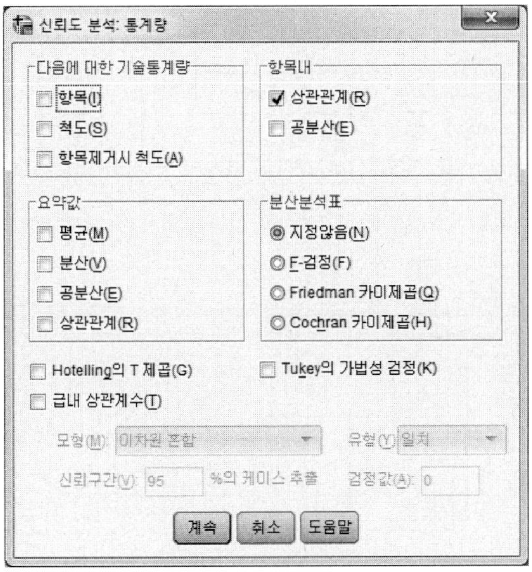

(b) 양류상관 분석을 위한 통계량 지정

[그림 12-8] 양류상관 분석을 위한 절차

양류상관계수는 자주 사용되지는 않지만, 종종 유목변수와 연속변수의 상관을 구하고자 할 때 유용하다. 인구통계적 특성을 많이 사용하는 조사에서 직관적으로 성별과 소득, 학력과 소득과 같은 변수들의 상관을 알고자 할 때 양류상관계수를 이용할 수 있다. SPSS에서는 상관분석의 메뉴에서는 제공하지 않고, '신뢰도분석' 프로시저를 이용해야 한다. [그림 12-8]의 (a)와 같이 '신뢰도분석'의 대화상자에서 유목변수인 '성별'과 연속변수인 '권력지향' 점수를 **항목**에 넣고 **모형**을 'Guttman'으로 지정한 후, 그림 (b)처럼 '통계량'의 대화상자를 열어 '항목내'에서 상관계수에 체크한다. 그러면 '성별'과 '권력지향' 간의 양류상관계수가 산출된다. 모든 지정을 마치고 '확인'을 클릭하면, **뷰어 창**에 [그림 12-9]와 같이 양류상관 분석의 결과가 출력된다.

[그림 12-9]는 신뢰도분석을 이용하여 양류상관계수를 산출한 예다. **양류상관계수**는 '범주형'과 '연속형' 데이터의 상관이므로 연속형 간의 상관인 피어슨의 적률상관계수만큼 엄격한 의미로 해석되지 않는다. 따라서 대략적인 경향을 파악하는 데 사용하는 것이 바람직하다. 결과에서 유의수준이 제시되지 않기 때문에 직관적으로 상관을 해석하고 필요한 경우 〈부록 5: r값의 z환산표〉를 참고한

케이스 처리 요약

		N	%
케이스	유효	30	100.0
	제외됨[a]	0	.0
	합계	30	100.0

a. 목록별 삭제는 프로시저의 모든 변수를 기준으로 합니다.

신뢰도 통계량

람다	1	.170
	2	.341
	3	.341
	4	.341
	5	.341
	6	.223
항목 수		2

항목간 상관행렬

	gender 성별	mach 권력지향
gender 성별	1.000	.252
mach 권력지향	.252	1.000

[그림 12-9] 양류상관 분석의 결과출력물

다. [그림 12-9]에서 성별과 권력지향의 상관은 $r = .252$로 성별은 남자=1이고 여자=2이므로 여자가 상대적으로 권력지향적 성향이 강하다고 해석한다. 이러한 해석은 설명을 위한 것이고, 실제 성별에 따른 권력지향성의 효과는 차이검증으로서 t검증을 이용하는 것이 일반적이다.

4 회귀분석의 SPSS 따라하기

검증방법의 따라하기

검증방법의 **따라하기**는 가설검증 방식으로 설명한다. 즉, 각각의 검증방법에 맞는 (a) 가설을 설정하고, (b) SPSS 분석을 수행하여, (c) 분석결과를 해석하고, (d) 결론을 내리는 절차를 이용한다. **예제설문지**의 변수를 사용하며, 데이터는 '예제_분석기법용.sav'를 활용한다.

4.1 단순 회귀분석의 SPSS 실행

가설의 설정

- 연구가설: 통제성향은 사회성에 유의미한 영향을 줄 것이다.
- $H_0 : \beta = 0$
- $H_1 : \beta \neq 0$
- 검증통계량: 표준화 회귀계수 β값
- 유의수준: $p < .05$(양방검증)
- 결과해석
- 결론

※ 회귀모형을 검증하는 경우 영가설은 $H_0 : R^2 = 0$, 검증통계량은 F값임.

단순 선형 회귀분석의 실행

단순 선형 회귀분석: 분석메뉴 ⇨ 회귀분석 ⇨ 선형

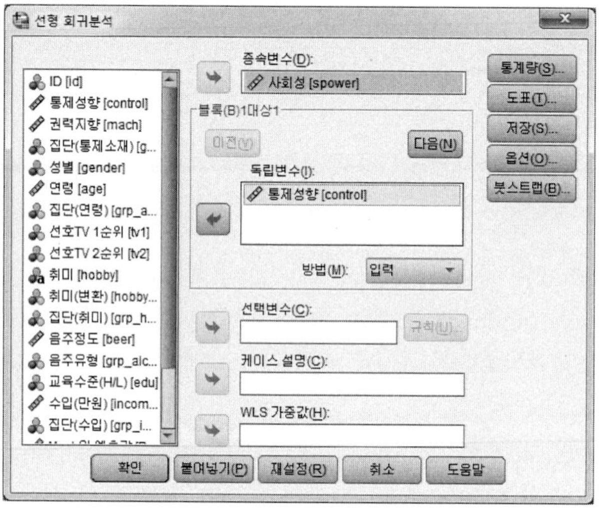

[그림 12-10] 선형 회귀분석의 대화상자

[그림 12-10]은 선형 회귀분석의 대화상자다. '종속변수'에 사회성 변수를 넣고, '독립변수'에 통제성향 변수를 넣는다. 단순 선형 회귀분석의 경우 표준화 회귀계수가 상관계수와 같음을 알 것이다. 여기서는 실제 회귀분석을 사용하는 방법을 설명한다. **블록(B)1대상1**은 하나의 종속변수에 대해 여러 회귀모형을 만들거나 단계적 혹은 위계적 회귀분석을 수행할 때 사용한다.

선택변수(C)는 한 변수의 특정 값에 대해서만 분석을 수행하는 경우에 사용한다. 예컨대, 남자(1)에 대해서는 회귀분석을 수행하고자 한다면 성별(gender) 변수를 선택변수에 넣고 '규칙'에 남자의 코딩 값 1을 입력한다. 그러면 회귀분석은 남자의 경우에만 분석을 수행한다. **케이스 설명(C)**은 산포도와 같은 도표를 그릴 때 각 점에 대응하는 사례의 라벨을 지정된 변수의 값으로 표시한다. **WLS 가중값(H)**은 특정 변수에 가중치를 부여하고자 할 때 사용한다. 가중최소제곱(weighted least-square)으로 분석할 때 가중치가 부여되는 변수를 지정한다. 부가적으로 대화상자에 **블록(B)1대상1의 방법(M)**은 회귀식을 구성할 때 '변수의 투입 혹은 제거'를 어떤 방식으로 수행하는지를 정의한다. 단순회귀의 경우는 독립변수가 1개이기 때문에 어떤 방식을 사용하든 같은 결과를 산출하지만, 다중회귀의 경우에는 수행하고자 하는 유형에 따라 다른 방법을 선택해야 한다.

□ 선형 회귀분석의 변수 투입방식

선형 회귀분석에서 독립변수를 회귀식에 투입하는 여러 방식의 특징은 [표 12-3]과 같다.

〈표 12-3〉 변수 투입방식의 특징

변수투입	특 징
입력 (Enter)	모든 변수를 한 번에 회귀식에 투입하고 모든 변수의 값을 산출한다. 강제투입 방식이므로 유의미한 변수와 그렇지 않은 변수에 대한 모든 정보가 산출된다. 회귀모형을 검증할 때 주로 사용된다. 개별변수의 기여도 합이 전체 R^2보다 항상 작다. 이는 각 변수의 공유변량은 설명량에서 제외되기 때문이다.
단계선택 (Stepwise)	'전진(Forward)' 방식과 '후진(Backward)' 방식을 경합한 형태다. 독립변수의 고유 기여도를 평가한 후(F값), 회귀식에 포함될 변수를 선정하여 가장 높은 기여도의 변수를 먼저 투입하면서 모델을 순차적으로 구성해 나간다. 변수가 추가되면서 회귀식을 구성하는 변수들의 상대적 기여도를 평가하고 유의미하지 않은 변수들을 제거하면서 회귀식을 완성한다. 이때 이미 투입된 변수의 기여도는 새롭게 추가되는 변수의 기여도에 따라 변화한다(공선성의 영향). 더 이상 추가되거나 제외될 변수가 없을 때 분석을 끝내고 최적의 회귀식을 구성한다.
제거 (Remove)	강제 제거 방식을 말하며, 회귀무형을 유의미하게 설명하지 않는 변수들이 동시에 제거된다.
전진 (Forward)	종속변수와 상관이 가장 높은 독립변수부터 투입되어 회귀식을 구성한다. 먼저 투입된 변수의 설명부분을 제외한 나머지 부분에서 그다음으로 상관이 높은 변수가 투입변수로 정해진다. 투입의 준거를 만족하면 식에 투입된다. 같은 절차를 반복하여 더 이상 유의미한 변수가 없을 때까지 반복한다. 이 방식은 'Forward addition'이라 한다.
후진 (Backward)	전진 방식과 반대되는 투입방식이다. 즉, 먼저 모든 독립변수가 투입된 회귀식을 만들어 놓고, 독립변수의 상대적 기여도를 평가(F값)하고 기준에 부합되지 않은 변수를 순차적으로 제거해 나간다. 이 방식은 'Backward elimination'이라 한다.

□ 선형 회귀분석의 통계량

'통계량' 탭을 클릭하면 [그림 12-11]과 같은 대화상자가 열린다. 각 통계량의 특징은 다음과 같다.

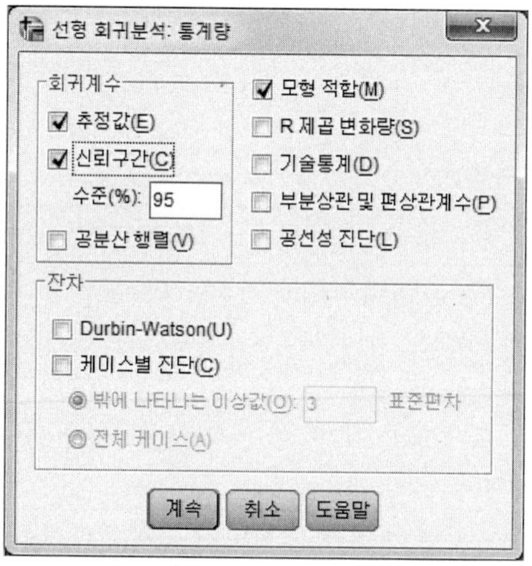

[그림 12-11] 선형 회귀분석의 통계량 대화상자

① 추정값(Estimates): 회귀계수 추정치를 산출한다. 산출되는 계수는 비표준화계수 B, 표준오차, 표준화계수, t값, 유의확률을 포함한다. '비표준화계수' B는 회귀식을 구성할 때 사용하며, '표준화계수' 베타(β)는 독립변수의 상대적 기여도를 비교할 때 사용한다. t값과 유의도는 표준화계수의 유의도를 평가하는 값이다.

② 신뢰구간(Confidence Intervals): 각 회귀계수에 대한 95% 신뢰구간을 표시한다. '수준(%)'을 99%로 지정하면, 99% 신뢰구간을 표시한다.

③ 공분산 행렬(Confidence Intervals): 각 회귀계수에 대한 공분산행렬을 상관행렬과 함께 산출한다.

④ 모형적합(Model Fit): 회귀모형에 대한 '적합도'를 표시한다. 회귀모형의 적합도는 분산분석의 F값으로 평가하고, 회귀모형에 대한 F값이 유의미하면 모형이 적합한 것으로 해석한다.

⑤ R 제곱 변화량(R Squared Change): 회귀모형에 투입된 독립변수의 단계별 설명량의 변화를 표시한다. 다중회귀의 경우 **단계적** 혹은 **위계적** 방식의 회귀분석을 수행할 때, 각 단계에 투입된 독립변수의 설명 변화량(R^2변화량: ΔR^2)

을 산출한다. 투입된 독립변수의 상대적 기여도를 설명변량으로 해석하는 값이다.

⑥ **기술통계**(Descriptives): 투입변수의 기술통계량으로 변수별 평균, 표준편차, 사례수를 표시한다.

⑦ **부분상관 및 편상관 계수**(Part and Partial Correlations): 부분상관과 편상관 계수는 독립변수의 상대적 기여도를 알려 주는 계수다. **부분상관**(semipartial correlation: Part)은 종속변수의 전체 변량 중 한 독립변수가 차지하는 설명 변량을 의미하는 반면, **편상관**(partial correlation)은 다른 독립변수가 설명하는 부분을 제외하고 한 독립변수가 차지하는 설명 변량을 말한다. **부분상관(Part)의 제곱은 R^2변화량**과 같다. 따라서 모든 독립변수가 유의미한 경우 그 합은 전체 설명변량 R^2과 같고, 각 변수의 고유 기여도를 평가할 때 유용한 계수다.

⑧ **공선성 진단**(Collinearity Diagnostics): SPSS 결과표의 '계수' 표의 끝에 공차(tolerance)와 VIF(상승변량)으로 표시되며, 별도의 표로 '공선성 진단'의 결과를 산출한다. '공선성 진단'의 결과표에는 고유값(Eigenvalue), 상태지수(Condition Index), 분산비율(Variance Proportions) 등이 표시된다. 이들 값은 변수 간의 의존성을 나타내는데 **상태지수**는 상대적 크기의 고유값을 절대값으로 변환한 것으로 보통 15에서 30의 절대값의 범위를 가진다. 그 값이 30을 초과할 때 다중공선성이 있는 것으로 판단한다. **분산비율**은 상태지수와 함께 해석하는데, 조건지수가 30을 넘고 상수를 포함한 둘 이상의 변수에서 분산비율이 .90이상이면 공선성을 의심한다. 다중 공선성의 판단은 이들 값과 공차 및 상승변량을 종합적으로 해석하는 것이 좋다(양병화, 2006).

⑨ **잔차**(Residuals): '잔차'에서 제공하는 Durbin-Waston 통계치는 앞서 설명한 오차의 독립성을 파악하기 위해 사용하며, 케이스별 진단은 극단치를 탐색하는 데 사용한다. **케이스별 진단**의 경우 표준편차 ±3.0을 초과하는 값에 대해서만 산출하거나 모든 사례에 대해 산출할 수 있다.

▢ 기타 탭

선형 회귀분석의 대화상자는 각종 통계량의 산출과 더불어 도표, 계수값의 저장, 옵션, 붓스트랩을 지정할 수 있는 탭을 제공한다.

① **도표**(Plot): 산포도(산점도: scatterplot)와 잔차 도표(residual plot)를 산출한다. [그림 12-12]의 왼쪽에 리스트된 항목을 필요에 따라 산포도로 표시한다. 'DEPENDNT'는 원점수의 종속변수이고, ZPRED는 표준화 예측값(standardized predicted values), ZRESID는 표준화 잔차(standardized residuals)다. DRESID는 삭제 잔차(deleted residuals), ADJPRED는 조정 예측값(adjusted predicted values), SRESID는 스튜던트 잔차(studentized residuals), SDRESID는 스튜던트 삭제 잔차(studentized deleted residuals)를 각각 나타낸다. 산포도는 필요에 따라 각각의 항목을 수직 및 수평축으로 하여 여러 개를 산출한다. '표준화 잔차도표(Standardized residual plots)' 칸에 있는 **히스토그램**(Histogram)은 표준화 잔차의 히스토그램과 정상분포를 표시하고, **정규확률도표**(Normal probability plot)는 정규분포 및 잔차에 대한 확률도표(P-P Plot)를 제공한다. 확률도표는 한 분포의 누적 비율에 대한 다른 분포의 누적 비율을 나타낸 것으로, 보통 한 분포가 지정된 분포에 부합하면 직선이 대략적인 45°의 경사로 나타난다. '편회귀잔차도표 모두 출력(Produce all partial plots)'을 지정하면, 종속변수에 대해 모든 독립변수의 편회귀 잔차의 산포도가 산출된다. 즉, 종속변수에 대한 개별 독립변수의 회귀분석에서 산출되는 잔차의 산포도를 표시한다.

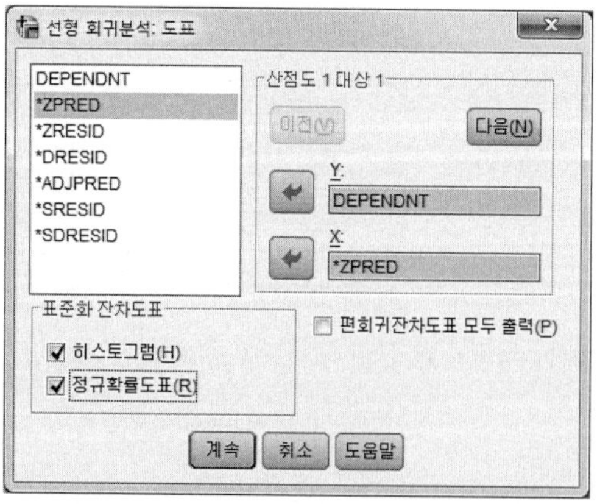

[그림 12-12] 선형 회귀분석의 도표 대화상자

② **저장**(Save): 저장 탭을 클릭하여 회귀계수, 잔차, 각종 거리값(마할라노비스

거리, 쿡의 거리, 레버리지 값), 예측된 평균과 신뢰구간, 극단치 탐색을 위한 '영향력 계수'들을 산출하여 데이터 파일에 값을 저장하거나 새로운 파일을 생성하여 저장할 수 있다.

③ 옵션(Options): 옵션 탭에서는 투입변수의 준거, 즉 회귀식에 포함하거나 회귀식에서 제거할 때 사용하는 F값에 대한 확률값 혹은 F값을 지정한다. 'F-확률 사용'의 디폴트값은 F의 확률이 $p < .05$이면 투입하고, $p > .10$이면 제거하거나 투입하지 않고 분석을 종료하도록 설정한다. 'F-값 사용'은 직접적인 F값을 준거로 삼는데, 투입(진입)을 위한 값은 $F \geq 3.84$이고 제거를 위한 값은 $F \leq 2.74$가 디폴트다. 한편 '옵션'에는 결측값을 목록별(listwise) 혹은 대응별(pairwise)로 제외할 수 있으며, '목록별 결측값 제외'를 선택하면 모든 분석에서 결측값이 제외되고 '대응별 결측값 제외'를 선택하면 해당 분석에서만 제외된다. '평균으로 바꾸기'를 선택하면 결측값을 평균으로 대체하여 분석한다.

④ 붓스트랩(broostrap): 다른 분석에서와 마찬가지로 붓스트랩핑 분석을 제공한다.

선형 회귀분석의 대화상자를 통한 지정을 마치고 '확인'을 클릭하면, **뷰어 창**에 [그림 12-13]과 같은 결과물이 출력된다(단순 회귀분석이므로 최소한의 통계치만을 지정함).

기술통계량

	평균	표준편차	N
spower 사회성	3.2677	.79875	30
control 통제성향	4.6333	1.62912	30

상관계수

		spower 사회성	control 통제성향
Pearson 상관	spower 사회성	1.000	.697
	control 통제성향	.697	1.000
유의확률 (단측)	spower 사회성	.	.000
	control 통제성향	.000	.
N	spower 사회성	30	30
	control 통제성향	30	30

진입/제거된 변수[a]

모형	진입된 변수	제거된 변수	방법
1	control 통제성향[b]	.	입력

a. 종속변수: spower 사회성

b. 요청된 모든 변수가 입력되었습니다

모형 요약[b]

모형	R	R 제곱	수정된 R 제곱	추정값의 표준오차	Durbin-Watson
1	.697[a]	.485	.467	.58327	2.032

a. 예측값: (상수), control 통제성향

b. 종속변수: spower 사회성

분산분석[a]

모형		제곱합	자유도	평균 제곱	F	유의확률
1	회귀 모형	8.976	1	8.976	26.385	.000[b]
	잔차	9.526	28	.340		
	합계	18.502	29			

a. 종속변수: spower 사회성

b. 예측값: (상수), control 통제성향

계수[a]

모형		비표준화 계수		표준화 계수	t	유의확률
		B	표준오차	베타		
1	(상수)	1.685	.326		5.171	.000
	control 통제성향	.342	.066	.697	5.137	.000

a. 종속변수: spower 사회성

[그림 12-13] 단순 선형 회귀분석의 결과출력물

[그림 12-13]을 보면, 투입 변수의 기술통계량과 상관계수가 먼저 표시되고 회귀분석의 방식(진입/제거)에 대한 정보가 제시된다. 그다음 '모형요약'이 제시되는데, R은 단순회귀에서는 **상관계수**이고 다중회귀에서는 **중다상관**(multiple R)을 의미한다. 이 예에서 R은 사회성과 통제성향의 상관계수 .697과 같다. **R제곱**은 모형의 설명량으로 '통제성향의 단순회귀 모형은 사회성에 대한 변량의 48.5%를 설명'한다. 수정된 R제곱은 자유도에 의한 교정된 R^2($Adjusted\ R^2$)으로 사례수가 적을 때 R^2의 변동이 크므로 이 값을 해석한다. 이 예에서 회귀모형의 설명변량은 46.7%가 더 정확한 해석이다. 마지막의 더빈-왓슨 통계치(Durbin-Watson's D statistics)는 2.032로 오차 간의 자기상관이 없음, 즉 **오차의 독립성**을 가정할 수 있다. 그 아래 '분산분석'의 결과는 회귀모형의 적합성에 대한 통계적 유의도 검증을 나타낸다. 분산분석의 $F = 26.385$이고 $p < .01$로 회귀모형이 통계적으로 유의미한 모형임을 알 수 있다.

마지막 '계수'의 결과표에는 비표준화계수와 표준화계수, 그에 따른 t값과 유의확률이 제시된다. **비표준화계수**는 회귀식을 구성할 때 사용하는 계수로 '사회성 $= 1.685 + .342$(통제성향)'으로 각 사례별 예측값을 구할 수 있다. 필요한 경우, 이 회귀식으로 예측된 값은 대화상자의 '저장' 탭에서 데이터 파일로 **저장하기**를 선택할 수 있다. 그다음에 제시된 **베타**(β) 값은 '표준화 회귀계수'로 단순회귀에서는 상관계수와 같은 값이고, 다중회귀에서 **베타계수**는 독립변수의 상대적 기여도를 비교하는 값이다. 베타값 .697에 대한 t값은 5.137이고 $p < .01$로 통계적으로 유의미하였다. t와 F는 $t^2 = F$의 관계이므로 단순회귀의 경우에는 t의 제곱은 '분산분석'의 결과, $F = 26.385$와 같다.

☐ 기타 결과물의 산출(도표)

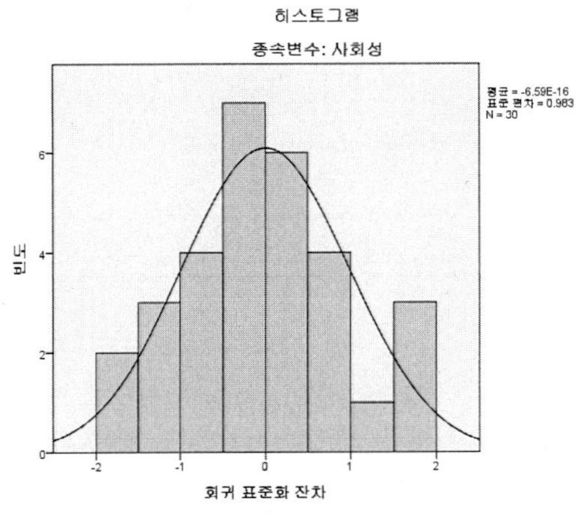

(a) 히스토그램

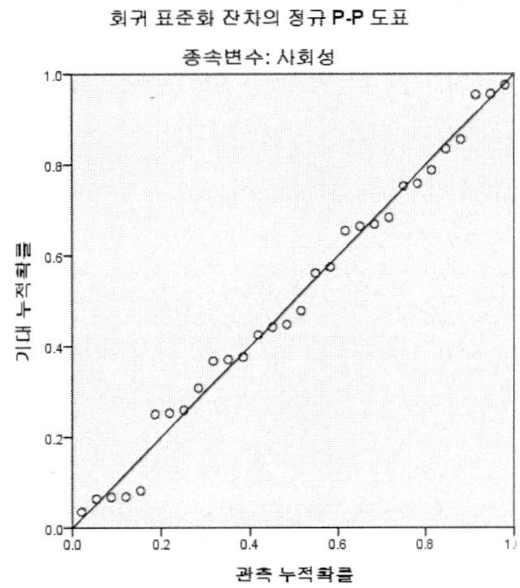

(b) 정규확률곡선(P-P Plot)

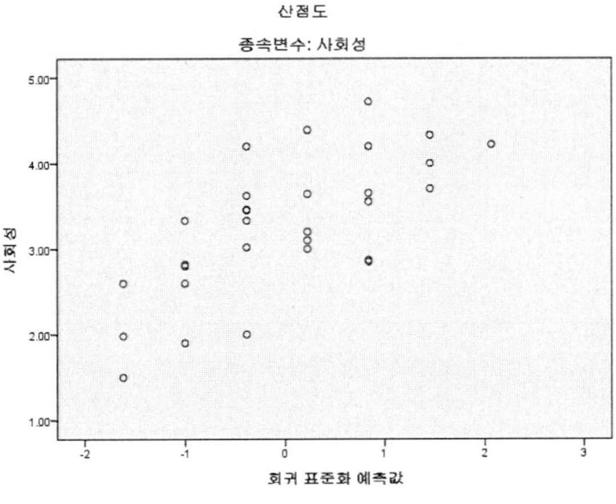

(c) 잔차의 산포도(scatterplot)

[그림 12-14] 회귀분석에서의 도표 결과출력물

회귀분석의 수행에서 도표는 오차에 대한 가정과 극단치의 탐색을 위해 필요한 과정이다. [그림 12-12]의 도표 지정에 따라 [그림 12-14]의 결과를 얻을 수 있다.

[그림 12-14]의 (a)는 종속변수에 대한 정상분포 곡선을 포함한 히스토그램이고, (b)는 회귀 표준화 잔차에 대한 정규확률곡선, (c)는 잔차의 산포도다. 그림 (b)를 보면, 관찰치(점으로 표시)와 기대치(직선)의 누적비율이 대략적으로 일치(45°각도 유지)하여 **정규분포를 가정**할 수 있다. 그림 (a)의 히스토그램도 정규분포에서 크게 벗어나지 않음을 보인다. 그림 (c)의 잔차 산포도는 회귀 표준화 잔차($S-\Sigma$)의 예측값이 종속변수에 대해 0을 중심으로 직사각형 분포를 이룰 때 잔차의 정상성을 가정한다. 또한 잔차의 산포도에서 멀리 떨어진 값이 있을 때, 극단치(outlier)로 판단한다. 이 예에서 극단치로 판단한 만한 사례는 발견되지 않고 완벽하지는 않지만 대략적인 오차의 정상성을 가정할 수 있다.

단순 회귀분석의 결과표 작성과 해석

선형 회귀분석은 다양한 목적으로 사용되기 때문에 목적에 따라 결과표의 작성도 약간씩 달라진다. 회귀계수의 비교와 독립변수의 상대적 효과 검증(다중회귀)을 목적으로 할 때 표준화 회귀계수, t값과 유의도를 중심으로 결과표를 작성한다. 만일 회귀모형 간의 비교를 목적으로 할 때는 각 모형의 R^2과 모형평가를 위한 분산분석의 결과(F값과, 유의도)를 중심으로 제시한다. 약간의 차이는 있지만, 단순회귀의 결과표는 다중 회귀분석에 모두 포함된다. 주요 내용은 다음과 같다(일반적 예시).

- 변수명
- 변수 간 상관계수
- 평균과 표준편차
- 비표준화계수 B
- 표준화계수 β(beta)
- R^2변화량(※ R^2변화량은 '단계적' 회귀분석과 '위계적' 회귀분석에서처럼 여러 단

계의 회귀식이 구성될 때 제시)

- 전체 R^2
- p값(p값은 반드시 제시되는 값은 아님. p값을 제시하지 않을 때 r값에 *표시)

가설검증 결과

〈표 12-4〉 통제성향에 따른 사회성 점수의 회귀분석 결과

	상관계수		비표준화 계수	β^a	t값
	사회성	통제성향			
사회성	–				
통제성향	.697	–	.342	.697	5.14**
		상수 =	1.685		
평균	3.27	4.63		$R^2=.485$	
표준편차	.798	1.63		교정된 $R^2=.467$	

** $p<.01$
a. β(beta)는 표준화 회귀계수임.

가설: 통제성향은 사회성에 유의미한 영향을 줄 것이다.

〈표 12-4〉에 나타난 바와 같이, 사회성 점수에 영향을 미치는 통제성향의 효과를 분석한 결과, 통제성향의 표준화계수는 .697이고 그에 따른 $t=5.14$, $p<.01$로 유의미하였다. 즉, 통제성향은 사회성에 유의미한 영향을 주는 요인이다. 따라서 가설을 지지한다. 회귀모형의 설명량은 약 48.5%(교정된 $R^2=46.7\%$)였으며, 통계적으로 유의미한 회귀모형이었다($F=26.39$, $p<.01$).

※ 다중 회귀분석의 경우, 〈표 12-4〉를 기준으로 결과표를 작성할 수 있다. 단, 경우에 따라 상관분석의 결과는 따로 제시하고 회귀분석결과에 R^2변화량과 그에 따른 F값을 표에 함께 제시하는 것이 일반적이다.

4.2 다중 회귀분석의 SPSS 실행

다중 회귀분석의 유형

다중 회귀분석은 단순 회귀분석의 확장된 개념이지만, 여러 개의 독립변수가 투입되므로 복잡해진다. 일반적으로 여러 독립변수가 투입되면 변수가 투입되는 순서에 따라 영향력이 달라지므로 연구의 목적과 방법에 따라 적절한 유형을 선택하여야 한다. 〈표 12-5〉는 다중 회귀분석의 유형을 연구목적에 따라 분류하고 특징을 설명한 것이고, [그림 12-15]는 유형별 변수투입의 방법을 벤다이어그램으로 나타낸 것이다(양병화, 2006).

〈표 12-5〉 다중 회귀분석의 유형과 특징

<table>
<tr><th colspan="2" rowspan="2"></th><th colspan="3">다중 회귀분석의 유형</th></tr>
<tr><th>표준 회귀분석</th><th>위계적 회귀분석</th><th>단계적 회귀분석</th></tr>
<tr><td rowspan="8">연구목적별</td><td>회귀모형 검증</td><td>○</td><td>×</td><td>×</td></tr>
<tr><td>개별 독립변수의 효과 검증</td><td>×</td><td>○</td><td>○</td></tr>
<tr><td>독립변수의 통제 효과</td><td>×</td><td>○</td><td>×</td></tr>
<tr><td>새로운 독립변수의 추가효과</td><td>×</td><td>○</td><td>○</td></tr>
<tr><td>독립변수 간의 상호작용 효과</td><td>×</td><td>○</td><td>○</td></tr>
<tr><td>여러 회귀모형 간의 비교</td><td>○</td><td colspan="2">응용: Setwise 방법</td></tr>
<tr><td>새로운 표집에 대한 예측</td><td>○</td><td>○</td><td>×</td></tr>
<tr><td>변수 간의 인과관계 설명</td><td>×</td><td colspan="2">경로분석이나 구조방정식 모델링 사용</td></tr>
<tr><td colspan="2">독립변수의 투입순서</td><td>모든 변수 동시 투입</td><td>지정변수 순 (확인적 방법)</td><td>상관의 크기 (탐색적 방법)</td></tr>
<tr><td colspan="2">기본 목표</td><td>회귀모형 검증</td><td>가설 검증</td><td>탐색 연구</td></tr>
</table>

주: ○은 사용함, ×는 사용 안 함.

[그림 12-15]에서 회귀모형의 전체 $R^2 = (a+b+c+d+e)/(a+b+c+d+e+f)$이다. 즉, 전체 변량 중에서 3개의 독립변수가 차지하는 비율을 표시한다. 3개의 독립변수가 모두 유의미할 때 전체 R^2은 그림 (나), (다), (라) 모두에서 같지만, 독립변수가 통계적으로 유의미하지 않은 경우가 발생하면 각기 다른 해석이 내려질 수 있다. 즉, 그림 (나)의 **표준 회귀분석**의 경우에는 모든 변수가 회귀식에 동시에 투입되기 때문에 공유부분(b와 d)이 설명변량에서 제외되고, 그림 (다)의 **위계적 회귀분석**과 (라)의 **단계적 회귀분석**에서는 공유부분이 어느 한 독립변수의 설

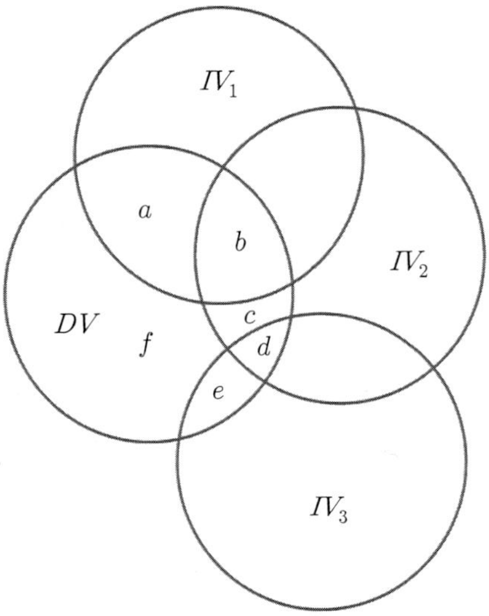

(가) 설명변량의 표시

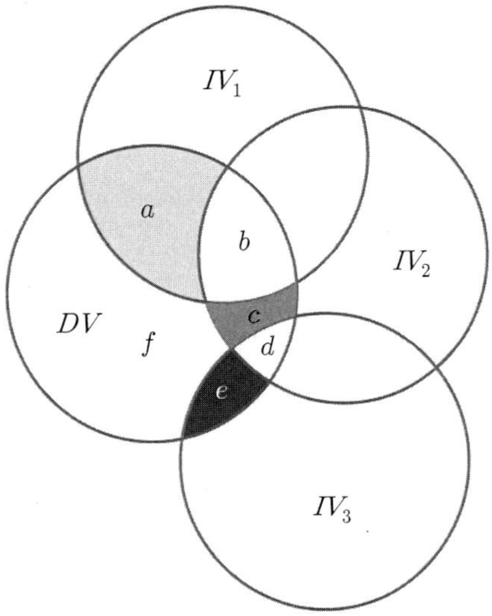

(나) 표준 다중 회귀분석

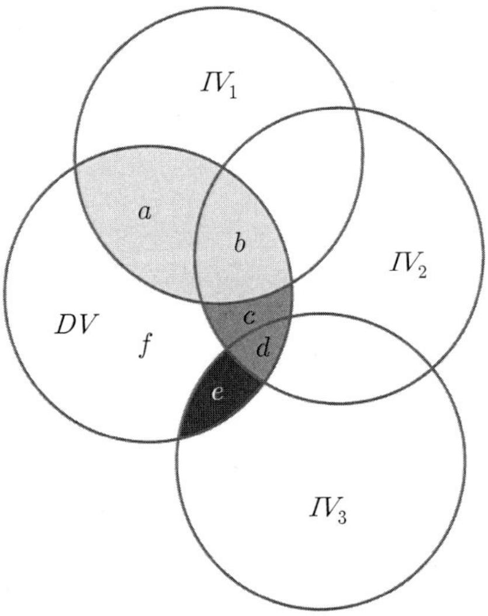

(다) 위계적 다중 회귀분석

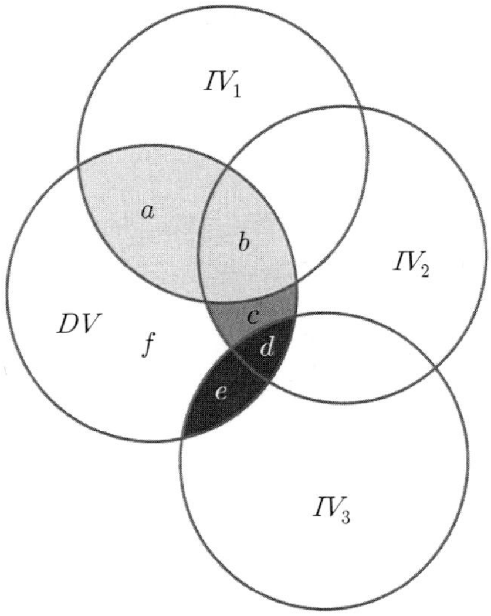

(라) 단계적 다중 회귀분석

[그림 12-15] 다중 회귀분석의 유형별 변수투입

명변량으로 귀속된다. 이처럼 그림 (나)의 **표준 회귀분석**은 독립변수가 공유하는 변량이 설명에서 제외되므로 개별 독립변수의 상대적 효과를 변량적 관점에서 설명할 수 없게 된다. 따라서 표준 회귀분석의 주요 목적은 전반적인 '회귀모형의 적합도'를 검증하는 것에 둔다.

표준 회귀분석과 달리, 그림 (다)와 그림 (라)의 '위계적 회귀분석'과 '단계적 회귀분석'은 독립변수의 상대적 효과를 비교하는 목적으로 사용되지만 변수의 투입, 즉 회귀식의 구성에서 중요한 차이점이 있다. **위계적 방법**은 연구자가 지정한 순서대로 회귀식을 구성하는 반면, **단계적 방법**은 종속변수와의 상관이 큰 변수가 먼저 투입되면서 '순차적으로' 회귀식을 구성해 간다. 특히 **위계적 방법**은 통계적 유의성에 관계없이 모든 독립변수가 회귀식을 구성하고, **단계적 방법**은 종속변수를 유의미하게 설명하지 않는 변수는 '단계별로' 분석에서 제외된다. 따라서 위계적 회귀분석은 **가설 검증**에 적합한 방법인 반면, 단계적 회귀분석은 **탐색적 연구**에 적합한 방법이다.

그림 (다)와 (라)를 비교해 보면, (다)의 **위계적 회귀분석**은 연구자가 이론적 근거에 의해 독립변수 1, 2, 3의 순서대로 회귀식을 구성한 것이다. 이때 a(고유기여)와 b(공유기여)는 '첫 번째 독립변수'의 설명변량으로 귀속되고, c와 d는 '두 번째 독립변수', 마지막 e는 '세 번째 독립변수'의 설명변량으로 귀속되었음을 나타낸다. 한편 (라)의 **단계적 회귀분석**의 경우에는 종속변수와 가장 상관이 높은 '첫 번째 독립변수'가 공유부분인 b를 설명변량으로 취하고, 다시 종속변수와 두 번째 및 세 번째 독립변수의 상관을 비교하여 상관계수가 큰 '세 번째 독립변수'가 공유부분인 d를 설명변량으로 취하고 있음을 나타낸다. 종속변수와 가장 상관이 낮은 '두 번째 종속변수'가 마지막 c만을 설명변량으로 취한다. 그림을 통한 설명처럼, 다중 회귀분석은 독립변수 간의 공유부분, 즉 **공선성이 높을수록** 변수의 투입과 상대적 기여도에 대한 해석이 달라질 수 있음을 주의해야 한다.

편상관(partial correlation: pr)과 부분상관(semipartial correlation: sr)의 제곱

이미 살펴보았듯이, **편상관**은 다른 독립변수의 설명부분을 제외한 한 독립변수의 설명량을 의미하고, **부분상관**은 전체 독립변수의 변량 중에서 한 독립변수가 차지하는 설명변량을 말한다. 이를 [그림 12-15]의 예에서 '편상관'과 '부분상관'을 설명변량으로 표시하면 다음과 같다.

- 표준 회귀분석의 편상관: IV_1의 $pr^2 = a/(a+f)$
- 위계적 회귀분석의 편상관: IV_1의 $pr^2 = a+b/(a+b+f)$

- 표준 회귀분석의 부분상관: IV_1의 $sr^2 = a/(a+b+c+d+e+f)$
- 위계적 회귀분석의 부분상관: IV_1의 $sr^2 = a+b/(a+b+c+d+e+f)$

다중 선형 회귀분석의 실행

다중 선형 회귀분석: 분석메뉴 ⇨ 회귀분석 ⇨ 선형의 대화상자에서 '블록지정'과 '방법'을 다르게 지정

- 표준 회귀분석: '블록'은 1대상1로 지정하고, '방법'은 입력을 지정
- 단계적 회귀분석: '블록'은 1대상1로 지정하고, '방법'은 단계선택을 지정
- 위계적 회귀분석: '블록'은 1대상1에서 n대상n까지 지정하고, '방법'은 입력을 지정

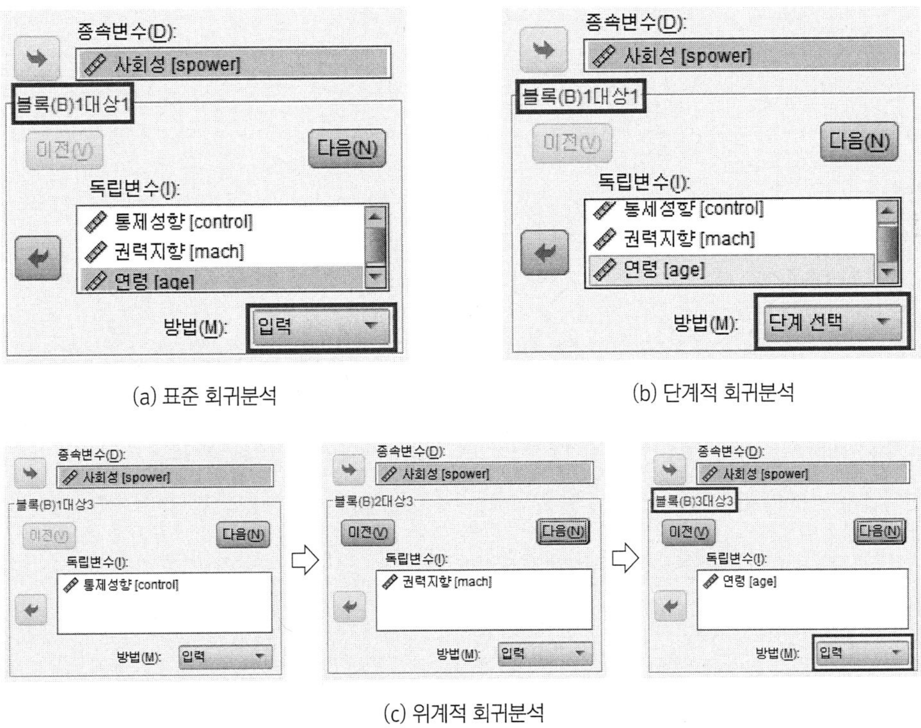

[그림 12-16] 선형 회귀분석의 대화상자

[그림 12-16]의 (a)는 표준 회귀분석, (b)는 단계적 회귀분석, (c)는 위계적 회

귀분석을 위한 SPSS의 절차다. (a)의 표준 회귀분석과 (b)의 단계적 회귀분석은 '블록1대상1'에 모든 변수를 넣지만, '방법'에서 **입력**(Enter)과 **단계선택**(Stepwise)을 지정하는 것이 다르다. (c)의 위계적 회귀분석은 블록의 '1대상1'에서 '3대상3'까지를 각각 넣고 '방법'은 **입력**을 지정한다.

▢ 표준 회귀분석의 결과와 해석

표준 회귀분석은 모든 독립변수가 동시에 투입되어 회귀식을 구성하기 때문에 [그림 12-15]의 (나)와 같이 **공유부분**이 설명변량에서 제외된다. [그림 12-17]은 표준 회귀분석에서 산출된 주요 결과물이다.

기술통계량

	평균	표준편차	N
spower 사회성	3.2677	.79875	30
control 통제성향	4.6333	1.62912	30
mach 권력지향	2.7067	.98548	30
age 연령	33.77	8.042	30

진입/제거된 변수[a]

모형	진입된 변수	제거된 변수	방법
1	age 연령, mach 권력지향, control 통제성향[b]	.	입력

a. 종속변수: spower 사회성
b. 요청된 모든 변수가 입력되었습니다.

모형 요약[b]

					통계량 변화량					
모형	R	R 제곱	수정된 R 제곱	추정값의 표준오차	R 제곱 변화량	F 변화량	df1	df2	유의확률 F 변화량	Durbin-Watson
1	.728[a]	.531	.477	.57789	.531	9.801	3	26	.000	1.877

a. 예측값: (상수), age 연령, mach 권력지향, control 통제성향
b. 종속변수: spower 사회성

분산분석[a]

모형		제곱합	자유도	평균 제곱	F	유의확률
1	회귀 모형	9.819	3	3.273	9.801	.000[b]
	잔차	8.683	26	.334		
	합계	18.502	29			

a. 종속변수: spower 사회성
b. 예측값: (상수), age 연령, mach 권력지향, control 통제성향

계수[a]

		비표준화 계수		표준화 계수			B에 대한 95.0% 신뢰구간		상관계수			공선성 통계량	
모형		B	표준오차	베타	t	유의확률	하한값	상한값	0차	편상관	부분상관	공차	VIF
1	(상수)	1.063	.690		1.541	.135	-.355	2.480					
	control 통제성향	.322	.076	.656	4.212	.000	.165	.479	.697	.637	.566	.744	1.344
	mach 권력지향	-.005	.124	-.006	-.042	.967	-.261	.250	-.313	-.008	-.006	.767	1.304
	age 연령	.022	.014	.217	1.583	.126	-.006	.050	.330	.296	.213	.958	1.044

a. 종속변수: spower 사회성

[그림 12-17] 표준 회귀분석의 결과출력물

[그림 12-17]에는 먼저 기술 통계치가 표시되고, '진입/제거된 변수'에서 모든 독립변수가 투입되었고 하나의 회귀모형이 구성되었다는 정보가 표시된다. 그다음 '모형요약'에서 설명량 R^2과 통계량 변화량(Change Statistics), Durbin-Watson 통계치가 제시되어 있다. **통계량 변화량**은 회귀모형이 여러 단계로 구성될 때 각 회귀모형의 R^2변화량이 어느 정도이고 통계적으로 유의미한지를 알려 준다. 단, 표준 회귀분석의 경우에는 하나의 회귀모형만이 구성되므로 변화량은 전체 R제곱(R^2)과 같고, F변화량은 '분산분석'의 표에서 제시된 F값과 동일하다. '통계량 변화량'의 해석이 유용한 상황은 다음 두 가지의 경우다. 첫째, **단계적 회귀분석에서 유의미한 독립변수가 2개 이상**인 경우와 둘째, **위계적 회귀분석을 수행**한 경우다. 그 아래 '계수' 표에는 각 독립변수에 대한 비표준화계수, 표준화계수, t값과 유의도, 비표준화계수에 대한 95% 신뢰구간, 상관계수, 공선성 지수들이 표시되어 있다.

그러면 표준 회귀분석의 결과를 해석해 보자. 먼저 독립변수들의 공차범위를 보면, '연령'은 .958로 1.0에 접근하지만 '통제성향'과 '권력지향'은 각각 .744와 .767로 상대적으로 **공선성의 가능성**이 있는 것으로 보인다. 이들의 상승변량(VIF) 또한 1.344와 1.304로 연령의 1.044에 비해 다소 높아 통제성향과 권력지향의 **다중공선성이 의심**된다. 한편 오차의 독립성을 나타내는 Durbin-Watson 통계치는 1.877로 2에 근접하고 있어 오차의 독립성 가정은 대체로 만족한다. 앞서 설명했듯이, **부분상관**의 제곱은 전체 R^2과 같지만 표준 회귀분석의 경우는 공유부분이 제외되므로 그 값이 R^2과 같지 않음을 기억하라. 따라서 표준 회귀분석의 경우는 모형의 평가를 주로 해석하고 부가적으로 각 계수의 상대적 크기를 해석한다. [그림 12-17]에서 회귀식은 다음과 같다.

$$\text{사회성}(\hat{y}) = 1.06 + .32(\text{통제성향}) - .01(\text{권력지향}) + .02(\text{연령})$$

이 회귀식은 통계적으로 유의미한 모형이고($F = 9.80,\ p < .01$), 종속변수인 '사회성'에 대해 약 53.1%(교정된 $R^2 = 47.7\%$)의 설명력을 보인다. 부가적으로 각 독립변수의 상대적 효과를 살펴보면, '통제성향'만이 통계적으로 유의미하고($\beta = .656,\ t = 4.21,\ p < .01$), 나머지 독립변수들은 유의미하지 않았다(모두 $p > .05$). 독립변수의 효과는 표준화계수 베타(β)로 비교한다. '통제성향'은 .656, '권력지향'은 −.006, '연령'은 .217로 상대적 기여도는 통제성향, 연령, 권력지향의 순이다. 그러나 '연령'과 '권력지향'은 통계적으로 유의미하지 않으므로 해석에 큰 의미가 없다.

▢ 단계적 회귀분석의 결과와 해석

단계적 회귀분석은 '순차적으로' 회귀식을 구성하지만, 통계적 유의성을 판단하여 유의미한 독립변수만으로 최종 회귀식을 만든다. [그림 12-18]은 단계적 회귀분석의 주요 결과물이다.

진입/제거된 변수[a]

모형	진입된 변수	제거된 변수	방법
1	control 통제성향	.	단계선택 (기준: 입력할 F의 확률 <= .050, 제거할 F의 확률 >= .100).

a. 종속변수: spower 사회성

모형 요약[b]

모형	R	R 제곱	수정된 R 제곱	추정값의 표준오차	통계량 변화량					Durbin-Watson
					R 제곱 변화량	F 변화량	df1	df2	유의확률 F 변화량	
1	.697[a]	.485	.467	.58327	.485	26.385	1	28	.000	2.032

a. 예측값: (상수), control 통제성향

b. 종속변수: spower 사회성

분산분석[a]

모형		제곱합	자유도	평균 제곱	F	유의확률
1	회귀 모형	8.976	1	8.976	26.385	.000[b]
	잔차	9.526	28	.340		
	합계	18.502	29			

a. 종속변수: spower 사회성

b. 예측값: (상수), control 통제성향

계수[a]

모형		비표준화 계수		표준화 계수	t	유의확률	상관계수			공선성 통계량	
		B	표준오차	베타			0차	편상관	부분상관	공차	VIF
1	(상수)	1.685	.326		5.171	.000					
	control 통제성향	.342	.066	.697	5.137	.000	.697	.697	.697	1.000	1.000

a. 종속변수: spower 사회성

제외된 변수[a]

모형		베타 입력	t	유의확률	편상관계수	공선성 통계량		
						공차	VIF	최소공차한계
1	mach 권력지향	.021[b]	.132	.896	.025	.776	1.288	.776
	age 연령	.217[b]	1.618	.117	.297	.970	1.031	.970

a. 종속변수: spower 사회성

b. 모형내의 예측값: (상수), control 통제성향

[그림 12-18] 단계적 회귀분석의 결과출력물

[그림 12-18]은 단계적 회귀분석의 결과로, '진입/제거된 변수'의 '방법'이 표준 회귀분석과 다름을 알 수 있다. 독립변수를 투입(진입)하면서 유의하지 않은 것을 제거해 가는 방식이기 때문에, '모형요약'에 하나의 모형만이 제시되어 있다는 것은 **둘 이상의 회귀모형을 단계적으로 구성할 유의미한 독립변수가 없다는 것**을 말한다. 여기서 '모형요약'은 실제 '계수'의 표에서 통계적으로 유의미한 '통제성향'만으로 구성된 회귀모형이다. 따라서 [그림 12-17]의 표준 회귀분석에서 모든 변수가 포함된 경우의 회귀모형과 값이 다르다. 또한 '계수' 표의 **공차**가 1인 것은 회귀식에 하나의 독립변수만이 있기 때문에 공선성이 없음을 말하며, '제외된 변수' 표에는 통계적으로 유의미하지 않아 최종의 회귀식에서 **제외된 변수 목록과 값**들이 제시되어 있다.

결과를 해석해 보면 다음과 같다. 사회성을 예측하기 위해 투입된 통제성향, 권력지향, 연령의 세 변수 중 '통제성향'만이 통계적으로 유의미하였으며($\beta = .697$, $t = 5.137$, $p < .01$), '권력지향'과 '연령'은 회귀모형을 구성하는 데 유의미하지 않았다(모두 $p > .05$). '통제성향'만으로 구성된 회귀모형의 설명변량 $R^2 = .485$, 그에 따른 $F = 26.385$, $p < .01$로 유의미하였다. 따라서 회귀식 '사회성$(\hat{y}) = 1.69 + .34$(통제성향)'은 통계적으로 양호한 회귀모형이고 '사회성' 변량의 약 48.5를 설명한다. 이 예는 단계적 회귀분석을 수행하였지만, 최종적으로 '통제성향'만으로 회귀식을 구성하였으므로 〈표 12-4〉의 단순회귀의 결과와 같다.

▢ 위계적 회귀분석의 결과와 해석

위계적 회귀분석은 단계적 회귀분석과 유사하게 '순차적'으로 회귀식을 구성하지만, 통계적 유의성과 관계없이 **모든 투입 변수로 회귀식을 구성**한다. 연구자는 변수가 투입되는 순서를 **이론적 관점**에서 논리적으로 결정해야 하며, 만일 논리적 근거가 미약하다면 '단계적 회귀분석' 혹은 '표준 회귀분석'을 수행하는 것이 바람직하다. 따라서 **위계적 회귀분석은 전형적인 가설 검증의 목적**으로 수행된다. [그림 12-19]는 앞서의 변수를 이용해 위계적 회귀분석을 수행하여 얻는 주요 결과물이다.

진입/제거된 변수[a]

모형	진입된 변수	제거된 변수	방법
1	control 통제성향[b]	.	입력
2	mach 권력지향[b]	.	입력
3	age 연령[b]	.	입력

a. 종속변수: spower 사회성
b. 요청된 모든 변수가 입력되었습니다.

모형 요약[d]

모형	R	R 제곱	수정된 R 제곱	추정값의 표준오차	통계량 변화량					Durbin-Watson
					R 제곱 변화량	F 변화량	df1	df2	유의확률 F 변화량	
1	.697[a]	.485	.467	.58327	.485	26.385	1	28	.000	
2	.697[b]	.485	.447	.59378	.000	.017	1	27	.896	
3	.728[c]	.531	.477	.57789	.045	2.505	1	26	.126	1.877

a. 예측값: (상수), control 통제성향
b. 예측값: (상수), control 통제성향, mach 권력지향
c. 예측값: (상수), control 통제성향, mach 권력지향, age 연령
d. 종속변수: spower 사회성

분산분석[a]

모형		제곱합	자유도	평균 제곱	F	유의확률
1	회귀 모형	8.976	1	8.976	26.385	.000[b]
	잔차	9.526	28	.340		
	합계	18.502	29			
2	회귀 모형	8.982	2	4.491	12.738	.000[c]
	잔차	9.520	27	.353		
	합계	18.502	29			
3	회귀 모형	9.819	3	3.273	9.801	.000[d]
	잔차	8.683	26	.334		
	합계	18.502	29			

a. 종속변수: spower 사회성
b. 예측값: (상수), control 통제성향
c. 예측값: (상수), control 통제성향, mach 권력지향
d. 예측값: (상수), control 통제성향, mach 권력지향, age 연령

계수[a]

모형		비표준화 계수		표준화 계수	t	유의확률	상관계수			공선성 통계량	
		B	표준오차	베타			0차	편상관	부분상관	공차	VIF
1	(상수)	1.685	.326		5.171	.000					
	control 통제성향	.342	.066	.697	5.137	.000	.697	.697	.697	1.000	1.000
2	(상수)	1.618	.610		2.652	.013					
	control 통제성향	.346	.077	.706	4.508	.000	.697	.655	.622	.776	1.288
	mach 권력지향	.017	.127	.021	.132	.896	-.313	.025	.018	.776	1.288
3	(상수)	1.063	.690		1.541	.135					
	control 통제성향	.322	.076	.656	4.212	.000	.697	.637	.566	.744	1.344
	mach 권력지향	-.005	.124	-.006	-.042	.967	-.313	-.008	-.006	.767	1.304
	age 연령	.022	.014	.217	1.583	.126	.330	.296	.213	.958	1.044

a. 종속변수: spower 사회성

제외된 변수[a]

모형		베타 입력	t	유의확률	편상관계수	공선성 통계량		
						공차	VIF	최소공차한계
1	mach 권력지향	.021[b]	.132	.896	.025	.776	1.288	.776
	age 연령	.217[b]	1.618	.117	.297	.970	1.031	.970
2	age 연령	.217[c]	1.583	.126	.296	.958	1.044	.744

a. 종속변수: spower 사회성
b. 모형내의 예측값: (상수), control 통제성향
c. 모형내의 예측값: (상수), control 통제성향, mach 권력지향

[그림 12-19] 위계적 회귀분석의 결과출력물

[그림 12-19]는 위계적 회귀분석의 결과로 '진입/제거된 변수'의 '방법'에 단계별로 각각의 회귀모형을 구성하였음을 나타낸다. **모형** 1에서 '통제성향'이 먼저 투입되었으며, **모형** 2에서 '권력지향', **모형** 3에서 '연령'이 차례로 투입되어 회귀식을 구성하였다. **모형요약**의 3단계 $R^2 = .531$은 각 단계의 R^2변화량 각각 .485, .000, .045를 합한 것이다(소수점 넷째자리 반올림). 각 단계의 R^2변화량은 '계수'표의 **부분상관의 제곱**과 같음을 알 것이다. 예컨대, 통제성향의 R^2변화량 .485는 부분상관 $(.697)^2$과 같다. **모형요약**을 보면, 첫 번째로 '통제성향'이 투입된 회귀모형만이 통계적으로 유의미하고, 나머지 **모형** 2와 **모형** 3은 R^2변화량이 유의미하지 않음을 주목하라. 이는 '통제성향' 모형에 '권력지향'이 추가될 때(즉 모형 2), **회귀모형을 개선하지 못한다는 것을 의미**한다. 마찬가지로 이에 '연령'이 추가(모형 3)되어도 모형 개선이 이루어지 않음을 보여 준다. 따라서 R^2**변화량**과 그에 따른 F**변화량**은 해당 변수가 모형에 추가될 때의 '모형 개선도'를 의미한다.

그러나 그 아래 '분산분석'의 표를 보면, 모형 1, 모형 2, 모형 3 모두 통계적으로 유의미하다. 이는 각각의 회귀모형이 유의미함을 나타내는 것으로 '통제성향'의 효과가 커서 추가변수(권력지향, 연령)가 모형의 개선효과는 없을지라도 전체 모형을 통계적으로 유의미하게 만들고 있음을 말한다. 각각의 회귀식과 통계적 유의성을 정리하면 다음과 같다.

- **모형** 1: 사회성 $(\hat{y}) = 1.69 + .34$(통제성향) $\rightarrow F = 26.39,\ p < .01$
- **모형** 2: 사회성 $(\hat{y}) = 1.62 + .35$(통제성향) $+ .02$(권력지향) $\rightarrow$
  $F = 12.74,\ p < .01$
- **모형** 3: 사회성 $(\hat{y}) = 1.06 + .32$(통제성향) $- .01$(권력지향) $+ .02$(연령) $\rightarrow$
  $F = 9.801,\ p < .01$

위계적 회귀분석의 결과는 다음과 같이 해석한다. 사회성에 대한 통제성향, 권력지향, 연령의 위계적 회귀분석을 수행한 결과, '통제성향'만이 통계적으로 유의미하였으며($\beta = .697,\ t = 5.14,\ p < .01$), 이때의 $R^2 = 48.5\%$, 그에 따른 $F = 26.34$이고 $p < .01$로 양호한 모형이었다. 그러나 권력지향은 통계적으로 유의미하지 않았으며($\beta = .021,\ t = .13,\ n.s$), 권력지향이 추가될 때 회귀모형은 거의 개선되지

않았다($R^2 = .000$, $F = .02, n.s$). 마찬가지로 연령은 통계적으로 유의미하지 않았고($\beta = .22$, $t = 1.58, n.s$), 연령이 모형에 추가될 때 약 4.5%의 모형개선 효과가 있었으나 통계적으로 유의미하지는 않았다($R^2 = .045$, $F = 2.51, n.s$). 따라서 사회성을 예측하는 데 있어 통제성향만이 유의미한 변수이고 권력지향과 연령의 효과는 상대적으로 미약한 것으로 해석된다.

▢ 위계적 회귀분석에서 변수투입의 순서

모형 요약[d]

모형	R	R 제곱	수정된 R 제곱	추정값의 표준오차	통계량 변화량					Durbin-Watson
					R 제곱 변화량	F 변화량	df1	df2	유의확률 F 변화량	
1	.313[a]	.098	.066	.77194	.098	3.049	1	28	.092	
2	.459[b]	.210	.152	.73557	.112	3.837	1	27	.061	
3	.728[c]	.531	.477	.57789	.320	17.744	1	26	.000	1.877

a. 예측값: (상수), mach 권력지향
b. 예측값: (상수), mach 권력지향, age 연령
c. 예측값: (상수), mach 권력지향, age 연령, control 통제성향
d. 종속변수: spower 사회성

분산분석[a]

모형		제곱합	자유도	평균 제곱	F	유의확률
1	회귀 모형	1.817	1	1.817	3.049	.092[b]
	잔차	16.685	28	.596		
	합계	18.502	29			
2	회귀 모형	3.893	2	1.947	3.598	.041[c]
	잔차	14.609	27	.541		
	합계	18.502	29			
3	회귀 모형	9.819	3	3.273	9.801	.000[d]
	잔차	8.683	26	.334		
	합계	18.502	29			

a. 종속변수: spower 사회성
b. 예측값: (상수), mach 권력지향
c. 예측값: (상수), mach 권력지향, age 연령
d. 예측값: (상수), mach 권력지향, age 연령, control 통제성향

계수[a]

모형		비표준화 계수		표준화 계수	t	유의확률	상관계수			공선성 통계량	
		B	표준오차	베타			0차	편상관	부분상관	공차	VIF
1	(상수)	3.955	.418		9.458	.000					
	mach 권력지향	-.254	.145	-.313	-1.746	.092	-.313	-.313	-.313	1.000	1.000
2	(상수)	2.843	.694		4.098	.000					
	mach 권력지향	-.258	.139	-.319	-1.862	.073	-.313	-.337	-.318	1.000	1.000
	age 연령	.033	.017	.335	1.959	.061	.330	.353	.335	1.000	1.000
3	(상수)	1.063	.690		1.541	.135					
	mach 권력지향	-.005	.124	-.006	-.042	.967	-.313	-.008	-.006	.767	1.304
	age 연령	.022	.014	.217	1.583	.126	.330	.296	.213	.958	1.044
	control 통제성향	.322	.076	.656	4.212	.000	.697	.637	.566	.744	1.344

a. 종속변수: spower 사회성

[그림 12-20] 투입순서의 변경(권력지향 → 연령 → 통제성향)에 따른 위계적 회귀분석의 결과출력물

만일 앞의 예에서, 변수의 **투입순서**를 '권력지향, 연령, 통제성향'의 순으로 한다면 어떠한 결과가 예측되는가? [그림 12-15]의 벤다이어그램에서 보듯이, 투입순서가 바뀌면 결과는 전혀 다른 양상을 보일 수 있다. [그림 12-20]은 투입순서를 **권력지향 → 연령 → 통제성향**으로 하여 분석한 결과다.

[그림 12-20]에서 보듯이, 투입 순서의 변경에 따라 '권력지향'이 투입된 모형 1은 유의미하지 않았지만(R^2변화량= .098, $F=3.05$, $p>.05$), 모형 2의 '연령'은 유의수준 .10수준에 '제한적으로' 모형을 개선하는 효과를 보였다(R^2변화량= .112, $F=3.84$, $p=.061$). 모형 3에서 '통제성향'이 추가되었을 때 개선효과는 통계적으로 유의미하였다(R^2변화량= .320, $F=17.74$, $p<.01$). 각 단계의 회귀모형도 모형 1을 제외하고 모두 유의미하였다(각각 모형 2는 $F=3.60$, $p<.05$; 모형 3은 $F=9.80$, $p<.01$).

이러한 결과의 차이는 '통제성향'과 '권력지향'의 **공선성에 기인**할 수 있다. [그림 12-15]의 (다)에서 만일 IV_1보다 IV_2가 먼저 회귀식에 투입된다면 IV_2의 설명변량은 $c+d$이었던 것이 $b+c+d$로 증가하는 것과 같은 원리다. 위의 예에서 '권력지향'이 두 번째로 투입되었을 때 R^2변화량은 .000이었으나 첫 번째로 투입될 때 그 값은 .098로 상승하였다. 이처럼 위계적 회귀분석은 변수 간의 공선성에 의해 변수의 투입에 의해 많은 영향을 받기 때문에 **어떤 변수를 먼저 투입할 것인지를 결정하는 것이 중요**하다. 아마도 연구자 개인의 주관이 아닌 이론 및 논리적 근거에 의해 투입 순서가 결정된다면 가장 합리적 결과를 얻을 수 있을 것이다. 그런 이유로 위계적 회귀분석의 목적을 가설검증에 둔다.

회귀분석을 이용한 조절효과와 매개효과의 검증

☐ 위계적 회귀분석을 이용한 조절효과 검증

먼저 조절효과를 분석하기 위해서는 상호작용항을 만들어야 한다. SPSS **신택스 창**에서 간단히 다음과 같은 새로운 변수를 만든다.

통제성향과 권력지향의 상호작용 항을 위한 명령어

```
compute cnt_mac=control*mach.
variable label cnt_mac '통제성향*권력지향'.
exe.
```

그다음 회귀분석에서 **종속변수**에 '사회성' 변수를 넣고 **블록1대상1**에 '통제성향'과 '권력지향' 변수를 넣은 다음, **블록2대상2**에 상호작용 변수로 만든 '통제성향*권력지향(cnt_mac)'을 지정해 넣는다. 통계량과 도표, 옵션 등을 지정하고 '확인'을 클릭하면, [그림 12-21]과 같은 결과를 얻을 수 있다.

모형 요약[c]

모형	R	R 제곱	수정된 R 제곱	추정값의 표준오차	통계량 변화량					Durbin-Watson
					R 제곱 변화량	F 변화량	df1	df2	유의확률 F 변화량	
1	.697[a]	.485	.447	.59378	.485	12.738	2	27	.000	
2	.706[b]	.498	.440	.59765	.013	.652	1	26	.427	1.997

a. 예측값: (상수), mach 권력지향, control 통제성향

b. 예측값: (상수), mach 권력지향, control 통제성향, cnt_mac 통제성향*권력지향

c. 종속변수: spower 사회성

분산분석[a]

모형		제곱합	자유도	평균 제곱	F	유의확률
1	회귀 모형	8.982	2	4.491	12.738	.000[b]
	잔차	9.520	27	.353		
	합계	18.502	29			
2	회귀 모형	9.215	3	3.072	8.600	.000[c]
	잔차	9.287	26	.357		
	합계	18.502	29			

a. 종속변수: spower 사회성

b. 예측값: (상수), mach 권력지향, control 통제성향

c. 예측값: (상수), mach 권력지향, control 통제성향, cnt_mac 통제성향*권력지향

계수[a]

모형		비표준화 계수		표준화 계수	t	유의확률	상관계수			공선성 통계량	
		B	표준오차	베타			0차	편상관	부분상관	공차	VIF
1	(상수)	1.618	.610		2.652	.013					
	control 통제성향	.346	.077	.706	4.508	.000	.697	.655	.622	.776	1.288
	mach 권력지향	.017	.127	.021	.132	.896	-.313	.025	.018	.776	1.288
2	(상수)	2.505	1.259		1.990	.057					
	control 통제성향	.172	.229	.351	.750	.460	.697	.145	.104	.088	11.338
	mach 권력지향	-.280	.389	-.345	-.719	.478	-.313	-.140	-.100	.084	11.918
	cnt_mac 통제성향*권력지향	.061	.076	.387	.807	.427	.376	.156	.112	.084	11.905

a. 종속변수: spower 사회성

[그림 12-21] 위계적 회귀분석을 이용한 조절효과의 검증 결과출력물

[그림 12-21]은 각 독립변수를 **모형** 1에 투입하고, 상호작용항을 **모형** 2단계에 투입하여 얻는 결과다. 일반적으로 상호작용항은 각 독립변수의 '단순 곱'으로 구하므로 공선성 지수의 해석은 큰 의미를 지니지 않는다. 이 예에서 '통제성향'의 주효과가 유의미한 반면($\beta = .706,\ t = 4.51,\ p < .01$), '권력지향'의 주효과는 유의미하지 않았다($\beta = .021,\ t = .13,\ n.s$). 유사하게 통제성향과 권력지향의 '상호작용효과' 또한 통계적으로 유의미하지 않았다($\beta = .387,\ t = .81,\ n.s$). 만일 상호작용 효과가 유의미하다면, 변량분석에서처럼 각 독립변수의 평균을 이용하여 상호작용 효과에 대한 그래프를 그리고 해석하면 된다.

▢ 회귀분석을 이용한 매개효과 검증

일반적으로 매개효과는 3장에서 설명한 [그림 3-9]의 (가)와 같은 경우다. 회귀분석을 이용한 **매개효과의 검증**은 베이런과 케니(Baron & Kenny, 1986)에 의해 제안된 것으로 회귀계수의 비교를 통해 수행된다. 예컨대, 아벨(Abel, 1996)은 지각된 스트레스와 성공에 대한 기대 간에 자존감의 매개효과를 분석하고자 하였다. 다음과 같은 회귀모형을 설정하고 변수 간의 관계를 가정한다.

- 모형 1: 자존감$(\hat{y}) = b_0 + b_1$(스트레스) → 독립변수와 매개변수의 관계
- 모형 2: 성공기대$(\hat{y}) = b_0 + b_1$(스트레스) → 독립변수와 종속변수의 관계
- 모형 3: 성공기대$(\hat{y}) = b_0 + b_1$(스트레스)$+ b_2$(자존감) → 독립변수, 매개변수, 종속변수 간의 관계

매개효과의 분석은 **모형** 2(단순회귀)와 **모형** 3(다중회귀)의 표준화계수 베타(β)를 비교하고, **단순회귀에 비해 다중회귀에서의 베타계수 크기가 감소하면** 매개변수의 효과가 있는 것으로 해석한다. 다시 말하면, 다중회귀에서 독립변수(스트레스)의 효과가 감소한다는 것은 곧 '매개변수(자존감)의 작용'을 의미한다. [그림 12-22]는 아벨(1996)의 연구결과를 도식적으로 나타낸 것이다.

[그림 12-22]에서 보듯이, '스트레스 → 성공기대'의 단순회귀(모형 2) 계수는 $-.41$이고 '자존감'이 추가된 다중 회귀(모형 3) 계수는 $-.23$로 **약 .18이 감소**하였

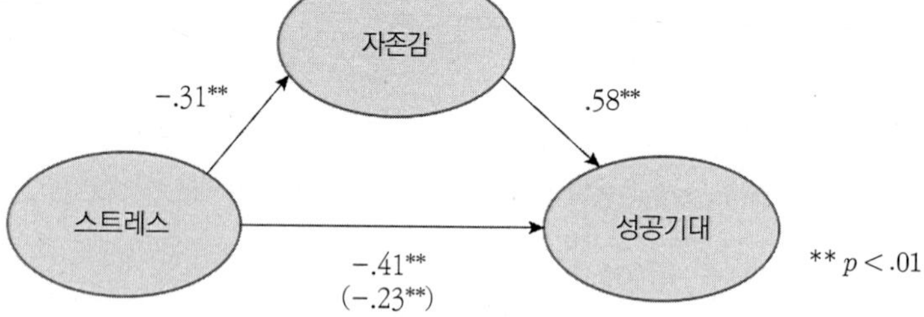

[그림 12−22] 회귀분석의 이용한 매개효과의 검증 예

출처: Abel(1996).

다. 따라서 자존감은 성공기대에 대한 스트레스의 효과를 매개한다고 해석한다.

회귀분석을 이용한 매개효과는 베타(β) 계수로 해석하므로 표준 회귀분석을 사용하여도 무방하다. 단, 매개효과의 분석을 보다 많은 독립변수와 종속변수의 관계에서 검증하고자 할 때에는 구조방정식모델링과 같은 다변량 통계기법이 유용하다.

키워드

- R제곱 변화량(R^2change)
- 가변인
- 결정계수: R제곱(R^2)
- 공변량비
- 공차
- 기울기
- 다중공선성
- 단계적 회귀분석
- 레버리지
- 로우계수(ρ)
- 로지스틱 회귀분석
- 마할라노비스 거리
- 매개효과
- 부분상관
- 분산비율
- 붓스트랩 방법
- 비표준화계수(B)
- 산포도
- 상관계수
- 상승변량
- 상태지수
- 순위상관계수
- 양류상관계수
- 양분상관계수
- 영순위 상관 혹은 0차 상관
- 예측변수
- 위계적 회귀분석
- 자기상관
- 적률상관계수
- 절편(상수)
- 정규확률도표
- 조절효과
- 준거변수
- 최소제곱의 원리
- 쿡의 거리
- 편상관
- 표준 회귀분석
- 표준화계수 베타(β)
- 표준화 잔차
- 회귀계수
- 회귀식

연습문제

※ 다음 문제를 〈보기〉와 같은 순서로 상관 혹은 회귀분석을 수행하라. [1-7]

〈보기〉
가. 영가설 및 대립가설의 진술
나. 결과표 작성
다. 결과해석
라. 분석의 적절성 평가: 기본가정의 검토, 데이터의 적절성(결측값, 자료변환 등)

1 사회성 점수와 통제성향 점수 간에는 상관이 있을 것이다.

2 사회성 점수와 권력지향 점수 간에는 상관이 있을 것이다.

3 사회성, 권력지향, 통제성향 점수 간에는 상관이 있을 것이다.

4 사회성을 통제할 때 음주정도와 권력지향의 상관은 어떠한가?

5 통제성향과 권력지향은 사회성을 잘 예측하는가?

6 통제성향, 권력지향, 연령, 음주정도, 수입은 사회성을 예측하는 유의미한 회귀모형인가? 그리고 인구통계적 특성을 통제할 때 사회성을 설명하는 통제성향과 권력지향의 설명량은 어떠한가?

7 통제성향은 사회성과 권력지향의 관계를 조절하는가?

조사방법 예상문제

- 예상문제
- 예상문제 정답 및 해설

예상문제

1 다음 중 과학의 목적과 가장 거리가 먼 것은?

㉮ 현상에 대한 이해와 통제 ㉯ 인간의 지적 욕구의 충족
㉰ 객관성이 전제된 설득 ㉱ 현상에 대한 체계적 설명

2 다음 중 과학에 대한 정의로 올바르지 않은 것은?

㉮ 과학은 경험적 사건을 망라하는 일반법칙을 세우는 것이며 상식에 근거한 개념화된 실체다.
㉯ 과학은 실험과 관찰의 결과로써 변인들의 관계성을 정하고 체계화하는 개념이다.
㉰ 과학은 수용 가능한 지식을 정의하는 규칙에 기초하여 지식을 발견하는 체계적인 접근이다.
㉱ 과학은 과학적 방법에 의해 얻어진 우주에 대한 지식을 체계적으로 조직한 실체다.

3 다음 중 과학의 목표인 이론(theory)의 특징으로 적합하지 않은 것은?

㉮ 이론은 일련의 구성개념으로 이루어진 명제다.
㉯ 이론은 인식을 위한 방법이다.
㉰ 이론은 현상에 대한 정의다.
㉱ 이론은 현상에 대한 설명적 체계다.

4 반복적인 검증절차를 거친 일련의 이론이 현실세계의 문제해결을 위해 적용될 수 있는 범위 혹은 한계를 의미하는 과학의 하위 목표는 무엇인가?

㉮ 설명 ㉯ 예측
㉰ 일반화 ㉱ 통제

◎ **다음에 제시된 과학철학에 대한 설명을 읽고 보기 중에서 골라 기입하시오. [5~9]**

㉮ 연역주의	㉯ 귀납주의	㉰ 경험주의
㉱ 인지적 과학사회학	㉲ 논리적 경험주의	㉳ 반증주의
㉴ 과학적 혁명	㉵ 인식론적 혼돈	㉶ 논리적 실증주의

5 특정 현상에 대한 관찰을 통해 정보를 수집하고 수집된 정보에 근거하여 일반화된 결론을 도출해 가는 추론방식이다. ( )

6 일반법칙이나 이론, 연구자에 의해 설정된 가설에 대한 경험적 검증을 통해 결론의 진위 여부를 판가름하는 방식이다. ( )

7 이론, 개념, 모델, 과정, 기술을 포괄하는 끊임없이 변화하고 발전하는 논리적 체계를 세우고 이러한 논리적인 체계는 새로운 논리적인 체계에 의해 혁신되고 대체된다. ( )

8 문제해결을 위해 제시된 이론에 대한 엄격한 경험적 검증을 통해 가설을 논박하고, 이론의 예측이 반박되는 경우 이론은 기각되고 반증에 사용된 이론이 채택되고 남는다. ( )

9 과학은 사회구성원의 의견이 일치해 가는 과정이므로 이론은 전통적인 기준뿐만 아니라 사회과학적 기준에 의해서 평가되어야 한다. ( )

10 다음에서 설명하는 과학적 접근방법은 무엇인가?

A: 모든 사람은 죽는다.
B: 소크라테스는 사람이다.
C: 그러므로 소크라테스는 죽는다.

㉮ 연역법 ㉯ 귀납법
㉰ 논리적 실증주의 ㉱ 반증주의

11 다음 중 연역법과 귀납법에 대한 설명으로 바르지 않은 것은?

㉮ 연역법과 귀납법은 상호보완적인 관계에 있다.
㉯ 연역법은 경험적 자료나 관찰자에서 출발하지만, 귀납법은 이론에서 출발한다.
㉰ 연역법은 사건과 사건 간의 필연적 관련성을 형식적 추리를 통해 밝힌다.
㉱ 귀납법과 연역법은 과학철학의 논쟁에 중요한 근거를 제공한다.

12 다음 중 과학적 혁명에 대한 설명으로 바르지 않은 것은?

㉮ 패러다임이라는 용어가 사용된다.
㉯ 과학적 결과의 토너먼트 과정으로 설명된다.
㉰ 과학의 진보는 점진적인 특성을 갖는다고 전제한다.
㉱ 이론이란 특정 시기의 정상과학을 말한다.

13 다음 중 과학철학의 일반적 준거로서 적합하지 않은 것은?

㉮ 상이한 과학적 방법의 사용을 통한 신뢰성 확보
㉯ 현상을 설명하는 가장 우수한 결론의 획득
㉰ 알고 있는 사실의 현실적용 가능성
㉱ 합리적 추론을 통한 과학적 사실의 수용

14 다음 중 과학과 상식에 대한 설명으로 바르지 않은 것은?

㉮ 과학과 상식은 현상을 설명하는 공통점을 가지고 있다.
㉯ 과학은 합의(consensus)에 기초하지만, 상식은 신념(belief)에 기초한다.

㉰ 과학은 경험적 검증단계를 거치지만, 상식은 새로운 관념과 기존의 관념의 비교단계를 거친다.

㉱ 과학은 결정론적이지만, 상식은 예정론적인 관점을 취한다.

15 과학철학의 기본전제가 되는 두 가지 요소는 무엇인가?

( )

16 다음은 과학적 연구의 기본 과정의 한 부분을 예시한 그림이다. 빈 상자에 들어갈 항목으로 적당한 것은?

주제선정 ⇨ 문헌검토 ⇨ ? ⇨ 가설설정

㉮ 자료분석 ㉯ 조작적 정의

㉰ 자료수집 ㉱ 개념화

17 다음 중 연구문제를 선정하는 방법으로 적절하지 <u>않은</u> 것은?

㉮ 연구문제는 우연한 관찰에 의해서 선정될 수 있다.

㉯ 연구문제의 선정에 연구자의 통찰이 중요한 역할을 한다.

㉰ 출판물을 검토하여 연구문제를 선정할 수 있다.

㉱ 과학의 본질적 가치보다 사회적 가치가 우선되어야 한다.

18 다음에 진술된 연구문제 중 변인의 관계성을 올바르게 진술한 것은?

㉮ 사랑을 하면 아름다워지고 행복해진다.

㉯ 왜 바닷물은 밀물에 비해 짠 것인가?

㉰ 청소년의 비행은 가정의 지지적인 분위기와 관계가 있는가?

㉱ 경제위기의 책임은 정부의 경제정책에 있다.

19 다음 중 해결이 가능한 연구문제의 기준에 해당하지 <u>않는</u> 것은?

㉮ 측정할 수 있어야 한다.

㉯ 가설을 제시할 수 있어야 한다.
㉰ 진위를 판별할 수 있어야 한다.
㉱ 일상적 용어로 누구나 쉽게 이해할 수 있어야 한다.

20 다음 중 조작적 정의에 대해 가장 올바르게 설명한 것은?

㉮ 구성개념을 측정 가능한 상태가 되도록 정의하는 것이다.
㉯ 연구문제를 진술하기 위해 구성개념을 정의하는 것이다.
㉰ 현상을 설명하는 구성개념을 정의하는 것이다.
㉱ 분석할 통계적 방법을 정의하는 것이다.

21 다음 중 현상에 대한 조작적 정의로 부적절한 것은?

㉮ 지능은 지적 능력으로 IQ로 정의한다.
㉯ 공격성이란 의도에 관계없이 타인에게 신체적 · 심리적 손상을 입히는 것으로 정의한다.
㉰ 1m는 빛이 2억 9979만 2458분의 1초 동안 이동한 거리로 정의한다.
㉱ 소득은 자산 가치가 있는 수입으로 정의한다.

22 다음 설명 중 올바르지 않은 것은?

㉮ 구성개념(construct)은 현상을 설명하는 이론적 구조다.
㉯ 조작적 정의를 하여도 측정할 수 없는 구성개념이 있다.
㉰ 변인이란 구성개념이 재정의된 상태다.
㉱ 가설이란 변인들의 관계성을 진술한 것이다.

23 다음의 보기에서 설명하는 개념은 무엇인가?

> 이것에는 연구에서 무엇을 할 것인지가 명확하게 나타난다. 연구문제는 그 자체로 검증할 수 있는 것이 아니므로 경험적 검증을 위해 변인 간의 잠정적인 관계를 진술하여야 하는데, 바로 이것을 통해 이루어진다.

㉮ 문헌의 검토　　㉯ 조작적 정의
㉰ 자료의 수집　　㉱ 가설의 설정

24 다음 중 가설에 대한 특성을 설명한 것으로 바른 것은?

㉮ 가설은 확률적 속성을 갖는다.
㉯ 가설은 추상적 개념을 포함한다.
㉰ 가설은 항상 참인 명제여야 한다.
㉱ 가설은 가치지향적이어야 한다.

25 다음 중 가설의 진술로서 모호한 경우에 해당하는 것은?

㉮ 가설 : "우리나라 성인 남녀의 정치적 선호도는 다를 것이다."
㉯ 가설 : "토의식 교수법은 강의식 교수법보다 성적 향상에 효과적일 것이다."
㉰ 가설 : "소득수준의 향상은 삶의 질을 향상할 것이다."
㉱ 가설 : "도시인의 사회경제적 수준과 수입은 관계가 있을 것이다."

26 다음 중 가설의 진술에 대한 설명으로 바르지 <u>않은</u> 것은?

㉮ 가설은 변인의 관계성을 명확하게 진술하여야 한다.
㉯ 가설은 변인의 일방향적인 관계를 검증하여야 한다.
㉰ 가설은 확률적으로 진술되거나 수량적으로 진술될 수 있다.
㉱ 가설은 변인의 인과적 설명을 위해 진술되어야 한다.

27 다음 중 가설의 기능에 해당하지 <u>않는</u> 것은?

㉮ 설명　　㉯ 방법
㉰ 문제해결　　㉱ 탐색

28 다음의 괄호 안에 들어갈 적당한 용어를 알맞게 짝지은 것은?

> 연구문제에 대한 잠정적인 해답으로서 변인의 관계성에 대한 일반적인 진술을 (　　　) (이)라 하며, 흔히 실험가설이라고도 한다. 이 가설이 통계적으로 검증되기 위해서는 확률적 의미로 사용되는 (　　　) (으)로 재진술되어야 한다.

㉮ 기술적 가설－관계 가설　　㉯ 연구가설－영가설
㉰ 보편적 가설－사실적 가설　　㉱ 영가설－대립가설

29 다음 중 자료수집을 할 때 고려해야 할 사항을 잘못 기술한 것은?

㉮ 자료수집의 기간은 가능한 한 짧게 해야 한다.
㉯ 연구와 관련한 특정 사건의 발생시기는 피해야 한다.
㉰ 날씨나 온도 등 환경요인을 고려해야 한다.
㉱ 연구의 목적과 그 대상에 따라 자료수집 대상을 결정해야 한다.

◎ **다음의 설명에 해당하는 연구를 보기에서 골라 써넣으시오. [30~33]**

㉮ 탐색연구(exploration)	㉯ 기술연구(description)
㉰ 예측연구(prediction)	㉱ 설명연구(explanation)

30 변인 간의 관계성 정도를 알아보기 위한 연구다. 주로 상관관계분석이 이용된다.
( )

31 현상에 대한 특성을 파악하고 표본의 대표성을 평가하는 연구다. 주로 빈도분석이나 그래프적 분석이 이용된다. ( )

32 변인 간의 인과관계를 설명하는 연구다. 변량분석과 같은 통계방법이 대표적이다.
( )

33 특정 현상의 존재여부를 파악하거나 연구대상의 적합성을 판단하기 위한 연구다.
( )

34 다음 중 연구결과의 일반화에 대한 설명으로 잘못 기술된 것은?

㉮ 연구의 결과를 특수한 현실에 적용할 수 있다.
㉯ 연구의 결과를 통해 현상을 예측할 수 있다.
㉰ 연구에서 얻은 결과를 통해 현실 문제를 해결할 수 있다.
㉱ 기존 이론을 확장하고 새로운 이론을 형성할 수 있다.

35 연구의 결과가 수행되면 대체로 보고서를 작성한다. 다음 중 연구보고서를 작성하는 이유라고 할 수 없는 것은?

㉮ 과학적 활동의 증거를 남기는 데 필요하다.
㉯ 다른 연구자로 하여금 동일한 연구를 반복할 수 있도록 한다.
㉰ 관련 분야 종사자가 현실의 일반화 가능성에 대해 판단할 수 있도록 돕는다.
㉱ 해당 분야의 전문가로 인정받을 수 있다.

36 다음 중 과학적 연구의 과정을 순서적으로 바르게 배열한 것은?

㉮ 주제의 선정 → 문헌검토 → 가설의 설정 → 조작적 정의 → 측정 → 자료분석 → 해석 → 보고서
㉯ 문헌검토 → 주제의 선정 → 자료분석 → 가설의 설정 → 조작적 정의 → 측정 → 해석 → 보고서
㉰ 주제의 선정 → 문헌검토 → 조작적 정의 → 가설의 설정 → 측정 → 자료분석 → 해석 → 보고서
㉱ 문헌검토 → 주제의 선정 → 조작적 정의 → 측정 → 가설의 설정 → 자료분석 → 해석 → 보고서

37 다음의 설명 중 옳지 않은 것은?

㉮ 연구의 일반화는 새로운 이론 형성에 도움을 줄 수 있다.
㉯ 자료수집 시기는 사회조사 결과에 큰 영향을 미친다.
㉰ 연구가설에 따라서 통계방법이 달라질 수 있다.
㉱ 자료수집 대상은 그 연구의 이론적 배경을 바탕으로 한다.

38 다음 중 측정의 의미를 기술한 것으로 적절하지 않은 것은?

㉮ 측정이란 일정한 규칙에 따라 대상과 사상에 숫자를 할당하는 과정이다.
㉯ 측정이란 어떤 대상의 유형과 강도가 결정되는 과정이다.
㉰ 측정이란 사물의 속성을 지배하는 법칙에 따라 숫자를 배분하는 것이다.
㉱ 측정이란 이론적 개념에 대한 질적인 규정절차다.

39 다음 중 측정의 특성이 아닌 것은?

㉮ 경험과 이론의 독립성 ㉯ 측정의 오차
㉰ 척도 의존성 ㉱ 차원성

40 다음 중 측정의 수준에 따른 분류가 아닌 것은?

㉮ 명목척도 ㉯ 서열척도
㉰ 임의척도 ㉱ 등간척도

41 통계분석을 위한 측정수준의 분류에서 일반적으로 모수통계적 방법이 적용되는 것끼리 알맞게 분류한 것은?

㉮ 서열척도, 비율척도 ㉯ 등간척도, 비율척도
㉰ 명목척도, 서열척도 ㉱ 비율척도, 명목척도

◎ 다음의 측정수준의 예와 측정수준을 알맞게 짝지으시오. [42~45]

42 명목척도 ㉮ 연령

43 서열척도 ㉯ 우편번호

44 등간척도 ㉰ 물가지수

45 비율척도 ㉱ 학업석차

46 다음 중 신뢰도에 대한 설명으로 잘못된 것은?

㉮ 측정도구에 존재하는 측정오차의 상대적 부재로 정의된다.
㉯ 신뢰도는 측정도구의 일관성, 신빙성, 안정성 등을 말한다.
㉰ 신뢰도 계수의 추정은 내적일치도 방식에 근거한다.
㉱ 신뢰도는 전체 변량 중에 진변량(ture variance)이 차지하는 비율로 계산된다.

47 동일한 두 개의 다른 버전의 검사를 개발하고 이들 검사점수의 상관계수를 구함으로써 신뢰도를 추정하는 방법을 무엇이라고 하는가?

㉮ 검사-재검사 신뢰도 ㉯ 동형검사 신뢰도
㉰ 반분신뢰도 ㉱ 내적일치도

48 전체 검사의 문항을 절반으로 나누어 두 개의 점수를 만든 후 이 점수들의 상관계수를 구하는 방식으로 신뢰도를 추정하는 방식은 무엇인가?

㉮ 검사-재검사 신뢰도 ㉯ 동형검사 신뢰도
㉰ 반분신뢰도 ㉱ 내적일치도

49 검사-재검사 신뢰도의 문제점이 아닌 것은?

㉮ 검사가 실시되는 시간간격에 따라 검사결과가 영향을 받을 수 있다.
㉯ 검사에 대한 실시경험이 개인의 진점수에 영향을 줄 수 있다.
㉰ 실시기간이 너무 짧을 때 신뢰도 계수를 과소추정하게 된다.
㉱ 동일한 검사를 두 번씩 실시하는 것은 비경제적이다.

50 다음 중 신뢰도 추정방식에 대한 설명으로 적합하지 않은 것은?

㉮ 평가자간 신뢰도는 여러 명의 평가자가 독립된 평가를 수행한 경우에 유용하게 사용되며, 주로 질문지법보다는 관찰결과에 대한 측정의 신뢰도를 추정할 때 적합하다.
㉯ 동형검사에서는 두 개의 검사가 동일한 것을 측정하고 있을 때 점수 간의 차이는 오차에 기인한다고 가정하고, 두 검사의 상관계수를 안정성 계수라고 한다.
㉰ 반분신뢰도에서는 문항의 일정한 양을 나눌 때 동형검사가 된다고 가정한다.
㉱ 가장 대중적인 방법인 크론바흐 α계수는 문항의 수가 증가하거나 측정차원의 수가 적을수록 높아지는 경향이 있다.

51 다음 중 타당도에 대한 설명으로 적합하지 않은 것은?

㉮ 타당도란 측정하고자 하는 것을 얼마나 정확하게 측정하고 있는가의 문제다.
㉯ 타당도는 변인의 본질과 그 의미를 파악하는 것이다.

㉰ 타당도는 어떤 대상의 일관되거나 일치되는 속성을 측정하고 있는가의 문제다.

㉱ 타당도는 한 검사가 특정개념을 측정할 때 설명될 수 있는 것이므로 일반화에 제약이 따른다.

◎ **다음에 제시된 타당도의 각 유형에 대한 설명을 읽고 보기에서 정답을 골라 기입하시오. [52~56]**

㉮ 내용타당도	㉯ 안면타당도	㉰ 준거관련타당도	㉱ 공인타당도
㉲ 예언타당도	㉳ 수렴타당도	㉴ 변별타당도	㉵ 구성타당도

52 측정문항이 측정하고자 하는 내용영역을 얼마나 잘 대표하는지를 평가하는 방법이다. (　　　)

53 새로운 적성검사를 개발하고 이 검사를 일반종합적성검사(GATB)와의 상관계수를 구한다. (　　　)

54 측정도구가 측정하고자 하는 본질을 얼마나 정확히 반영하고 있는가를 의미하는 것으로 주로 요인분석과 같은 방법으로 파악할 수 있다. (　　　)

55 측정도구가 어떤 경험적 기준을 얼마나 잘 예언하는가 혹은 그 기준과 어떤 관련성이 있는가에 비추어 검사의 타당도를 확인하는 방법이다. (　　　)

56 한 측정값이 전혀 다른 개념을 측정하는 측정값의 상관이 낮을 때 이 타당도가 높다고 한다. (　　　)

◎ 다음 보기에서 골라 각 문항에 알맞은 번호를 넣으시오. [57~59]

㉮ 검사-재검사 신뢰도	㉯ 동형검사 신뢰도
㉰ 반분 신뢰도	㉱ 평가자간 신뢰도

57 여러 사람이 주관적 판단이나 평정을 수행하는 경우에 주로 사용한다. (　　　)

58 이 방법은 동일집단에게 반복적으로 검사를 수행할 수 없거나 통계분석을 할 만큼의 집단 사례수를 확보하지 못한 상황일 때, 측정문항이 하나 이상으로 구성되어 있을 경우에 유용하게 사용된다. (　　　)

59 이 방법은 검사의 제작에 상당한 비용과 시간이 투자되지만, 검사-재검사 신뢰도를 사용하기 용이하지 않은 상황에서 효과적으로 사용할 수 있는 대안적인 방법이다. (　　　)

60 다음은 무엇에 관한 설명인가?

- 기존의 타당한 측정값과 새로운 측정값을 비교과정을 통해 타당도를 검증하는 방법이다.
- 기존 검사와의 상관이 타당도 계수가 된다.

㉮ 예측타당도　　　㉯ 공인타당도
㉰ 변별타당도　　　㉱ 수렴타당도

61 다음은 수렴타당도에 대한 설명이다. 다음 중 옳지 않은 것은?

㉮ 어떤 경험적 기준과 어떤 관련성이 있는가를 기준으로 검사의 타당도를 확인하는 방법이다.
㉯ 한 측정값이 동일 개념을 측정하는 기존 측정값과의 상관 정도로 타당도를 파악한다.
㉰ 하나 이상의 기존 측정값과 비교한다.
㉱ 기존의 여러 측정값 중 하나는 새로운 측정값과 동일한 방법으로 측정하고, 다른 측정값은 다른 방법으로 측정하는 것이 바람직하다.

62 다음 중 등간척도에 대한 설명으로 올바르지 않은 것은?

㉮ 명목척도와 서열척도의 특성을 모두 포함한다.
㉯ 사칙연산의 가감승제가 가능하다.
㉰ 절대영점을 가지고 있지 않다.
㉱ 대칭성과 이행성의 특성을 가지고 있다.

63 다음 중 메트릭 자료에 해당하는 것이 아닌 것은?

㉮ 휘발유 1리터당 주행거리
㉯ 월 평균소득
㉰ 주가지수
㉱ 호텔의 등급평가

64 다음 중 측정의 수준에 대한 설명으로 잘못된 것은?

㉮ 측정수준은 측정된 자료를 분류하는 의미를 갖는다.
㉯ 측정수준에 따라 적용되는 통계적 방법이 달라진다.
㉰ 측정수준은 측정되는 변인의 속성에 의존하는 것이다.
㉱ IQ점수는 척도의 임의성을 갖기 때문에 서열척도로 간주하기도 한다.

65 다음 중 어떤 검사의 신뢰도 계수가 .90($r_t = 1 - \frac{V_e}{V_t} = .90$)이라는 의미에 대한 해석으로 적절하지 못한 것은?

㉮ 81%가 검사의 진변량으로 설명된다.
㉯ 10%가 오차변량이다.
㉰ 상당히 신뢰성 있는 검사다.
㉱ .90에는 검사의 여러 측정값의 공통변량과 특수변량이 포함된다.

66 다음 중 서베이 연구의 일반적인 특성에 대한 설명으로 잘못된 것은?

㉮ 서베이는 면접이나 질문지를 사용하여 자료를 수집한다.
㉯ 센서스(census)는 대표적인 서베이 방법의 하나다.
㉰ 모집단에서 추출한 표본을 대상으로 조사하는 방법이다.
㉱ 인과관계보다는 주로 예측과 기술을 목적으로 한다.

67 서베이를 통해 얻게 되는 정보를 일반적인 내용 차원에서 분류하면, 크게 세 가지로 나눌 수 있다. 다음 중 이에 해당하지 않는 것은?

㉮ 사실 ㉯ 의견
㉰ 상태 ㉱ 행동

68 다음의 보기에 있는 질문형식은 서베이에서 얻게 되는 어떠한 정보(혹은 내용)를 알아보기 위한 것인가?

ⓐ "당신은 권위적인 편입니까? 아니면 민주적인 편입니까?"
ⓑ "현재 사용하고 있는 제품 A에 대해 만족하십니까?"
ⓒ "현재 우리나라의 경제사정은 어떻다고 생각하십니까?"

㉮ 사실 ㉯ 의견
㉰ 상태 ㉱ 행동

69 다음 중 서베이의 구성요소에 해당하지 않는 것은?

㉮ 질문지 설계 ㉯ 표본추출
㉰ 인과관계 설정 ㉱ 자료의 수집

70 다음 중 서베이를 위한 표본추출 단계에서 해야 할 일이 아닌 것은?

㉮ 표본의 정의 ㉯ 표본틀의 개발
㉰ 표본크기의 결정 ㉱ 표본의 선정

71 다음 보기의 서베이의 단계를 올바르게 나열한 것은?

㉠ 표본의 추출 ㉡ 질문지의 개발 ㉢ 자료의 조직화
㉣ 자료수집 ㉤ 예비검사 ㉥ 서베이 유형 결정

㉮ ㉠-㉡-㉤-㉥-㉢-㉣ ㉯ ㉠-㉤-㉥-㉡-㉣-㉢
㉰ ㉥-㉤-㉠-㉡-㉢-㉣ ㉱ ㉥-㉡-㉤-㉠-㉣-㉢

72 다음 중 서베이 연구의 장점에 해당하지 않는 것은?

㉮ 모집단 연구에 적합하다. ㉯ 융통성이 크다.
㉰ 새로운 변인을 탐색한다. ㉱ 일반화 가능성이 높다.

73 다음 중 서베이의 유형에 해당하지 않는 것은?

㉮ 전화조사 ㉯ FGI
㉰ 우편조사 ㉱ 현장조사

74 다음 중 면접조사에 대한 설명으로 잘못된 것은?

㉮ 면접이란 자기보고(self-report)를 이용한 서베이 방법이다.
㉯ 일대일 면접과 전화면접으로 구분할 수 있다.
㉰ 면접조사는 보통 1시간 정도가 적당하다.
㉱ 심층면접을 이용하여 질적 자료를 얻을 수 있다.

75 다음에서 설명하고 있는 것은 어떤 면접방법을 말하는가?

- 일정한 형식의 구조화된 진행절차에 따라 피면접자의 의견을 이끌어 내는 방식이다.
- 잘 드러나지 않는 태도나 동기를 알아보는 데 유용하다.
- 대략 10명 내외의 집단을 대상으로 실시한다.
- 신제품 개발이나 제품 콘셉트 설정 시 많이 사용한다.

㉮ 투사기법 면접 ㉯ 심층 면접
㉰ 표적집단 조사 ㉱ 구조화 면접

76 다음 중 면접조사의 장점에 해당하지 않는 것은?

㉮ 다른 조사에 비해 응답률이 높다.
㉯ 다른 조사에 비해 사회적 바람직성(social desirability)이 낮다.
㉰ 다른 조사에 비해 긴 형태의 질문지를 사용할 수 있다.
㉱ 응답의 신뢰성이 높다.

77 다음 중 서베이 유형에 대한 설명으로 잘못된 것은?

㉮ 전화조사의 경우 특정표본을 추출하는데 한계가 있고 전화를 받는 대상이 원하는 표적층이 아닐 수 있다.

㉯ 우편조사의 경우 사용된 질문 문항이 누구에게나 쉽게 이해될 수 있을 정도로 용이하고 단순한 질문을 사용해야 한다.

㉰ 집단설문조사의 경우 집단적으로 실시하므로 한꺼번에 많은 응답자의 반응을 얻을 수 있으므로 시간을 크게 단축할 수 있다.

㉱ 면접조사의 경우 다수의 면접원이 조사에 참여하므로 조사결과의 객관성을 유지할 수 있다.

78 다음에서 설명하는 서베이에 해당하는 것을 고르시오.

- 비용이 저렴하다.
- 사회적 바람직성이 낮다.
- 익명성을 보장할 수 있다.
- 응답률이 낮다.
- 면접자의 편향이 낮다.

㉮ 면접조사
㉯ 전화조사
㉰ 우편조사
㉱ 집단설문조사

79 다음은 TDM(total design method)의 질문지 설계에 관한 설명이다. 잘못된 것은?

㉮ 질문지는 충분한 흥미를 줄 수 있어야 한다.

㉯ 질문지는 책자 형식으로 만들어야 한다.

㉰ 개방형 질문은 사용하지 않는다.

㉱ 중요하고 민감한 주제는 먼저 질문한다.

80 다음의 설명은 어떤 조사의 단점을 기술한 것이다. 어떤 조사에 해당하는가?

- 질문의 길이가 제한을 받는다.
- 표본의 대표성을 유지하기 어렵다.
- 조사의 시간에 따른 응답의 변화가 심하다.
- 복잡한 질문을 하기 어렵다.

㉮ 면접조사
㉯ 전화조사
㉰ 우편조사
㉱ 집단설문조사

81 다음 중 우편조사의 응답률을 높이는 방법으로 적합하지 않은 것은?

㉮ 유인책을 사용한다.
㉯ 회신용 봉투를 동봉한다.
㉰ 독촉서신을 자주 보낸다.
㉱ 표본대상자의 범위를 동질적으로 제한한다.

82 다음 서베이 유형 중 응답률과 응답의 신뢰성이 높고 가장 긴 형태의 질문지를 사용할 수 있는 서베이 유형은 무엇인가?

㉮ 면접조사 ㉯ 우편조사
㉰ 자기실시조사 ㉱ 집단설문조사

83 서베이 유형 중 광범위한 표본을 추출할 수 있고 짧은 시간에 효과적으로 가장 많은 자료를 수집할 수 있으며 민감한 문제에 솔직한 응답을 얻을 수 있어 마케팅 조사에서 가장 흔히 사용되는 방법은?

㉮ 면접조사 ㉯ 우편조사
㉰ 전화조사 ㉱ 집단설문조사

84 다음과 같은 상황에서 실시하기 적합한 조사유형은 무엇인가?

A사에서 대학생의 소비성향에 대한 조사를 하고자 한다. 소비성향은 빠르게 변화할 수 있으므로 1개월 동안에 5,000명의 대학생에게 조사를 실시하고자 한다. 또한 적은 비용으로 질문 문항에 대한 잘못된 이해에 따른 응답오류를 줄이면서 조사할 수 있는 방법을 생각하고 있다.

㉮ 일대일 면접 ㉯ 전화조사
㉰ 우편조사 ㉱ 집단설문조사

85 다음 중 조사면접원에 대한 훈련 시 고려해야 할 사항으로 적절하지 않은 것은?

㉮ 대인접촉의 상호작용에 대한 교육을 실시한다.
㉯ 개방형 질문의 경우 중요한 응답을 선택적으로 기록하도록 훈련한다.
㉰ 질문의 목적에 부합하지 않는 부적절한 응답에 대해 탐침질문(probe

question)을 사용하는 방법을 교육한다.

㉱ 응답에 영향을 주는 면접원의 암묵적인 행동의 유형에 대해 설명한다.

86 다음 중 탐침(probe) 질문의 사용에 대한 설명으로 잘못된 것은?

㉮ 탐침질문이란 응답자의 불완전한 응답에 대해 추가적인 질문을 하는 것을 말한다.

㉯ 응답자가 질문에 대해 정확한 이해를 했음에도 불명확한 응답을 하는 경우에 사용한다.

㉰ 응답자가 질문의 내용을 파악하지 못할 때 보충설명을 하기 위해 사용한다.

㉱ 응답자의 솔직한 대답을 위해 감정적인 자극을 줄 필요가 있을 때 사용한다.

87 다음 중 면접원을 모집하고 선발하는 기준으로 부적절한 것은?

㉮ 조사의 주제에 대해 많은 지식을 갖추고 있어야 한다.

㉯ 응답자와의 인구통계적 특성 간에 상호작용이 예상되는 면접원은 제외한다.

㉰ 숙련되고 경험이 있는 면접원을 우선하여 고려한다.

㉱ 조사내용에 따라 선발되는 면접원의 특성을 고려한다.

88 다음 중 조사면접원 훈련에 포함되는 내용이 아닌 것은?

㉮ 응답자를 접촉하고 연구를 소개하기 위한 절차

㉯ 면접에 사용되는 단어의 표현, 지시 등의 일반적 규약

㉰ 부적절한 응답에 대한 기록과 대응을 위한 절차

㉱ 편향되지 않는 대면접촉방법과 조사의 이론적 배경

89 다음은 면접원 훈련과정에 관한 내용이다. 다음 중 잘못된 것은 무엇인가?

㉮ 훈련시간이 충분하지 않을 경우에는 면접자 안내서와 같은 책자를 활용하는 것이 효율적이다.

㉯ 표준화된 면접의 절차를 시연하는 것이 면접의 시행방법을 경험적으로 체득하는 효율적인 방법이다.

㉰ 구조화된 연습은 역할 수행을 통하여 이루어진다.

㉱ 비디오테이프를 통하여 훈련의 절차를 모니터링한다.

90 다음은 조사면접에서 관리감독이 필요한 사항을 나열한 것이다. 관리사항에 포함되지 않는 것은 무엇인가?

㉮ 비용　　㉯ 반응률
㉰ 면접원의 자질　　㉱ 조사기록의 검토

91 다음 조사방법 중 면접원에 대한 훈련이 필요하지 않은 것은?

㉮ 심층면접　　㉯ 전화조사
㉰ 우편조사　　㉱ 집단설문조사

◎ **다음 질문을 읽고 물음에 답하시오. [92～93]**

환경부에서는 샛강 살리기의 일환으로 전국의 샛강 주변의 부락을 중심으로 샛강 실태에 대한 대대적인 조사를 계획하였다. 전국적인 분포가 매우 광범위하고 농촌지역의 일부 조사대상은 교육수준이 매우 낮은 것으로 파악되고 있다. 조사기간은 약 3개월 정도로 충분하다. 조사대상은 약 3000명 정도를 계획하고 있다.

92 위에서 설명하는 조사에 가장 적합한 방법은 무엇인가? (　　　　)

93 만일 현실적인 문제를 고려할 때 여러 가지 조사가 불가능하다면, 어떻게 조사를 재설계해야 하는가? (　　　　)

94 다음 설명에 가장 적합한 조사방법은 무엇인가? (　　　　)

A식품회사에서 새천년을 맞아 신세대의 취향에 맞는 냉동식품을 개발 중에 있다. 마케터의 관심은 표적인 신세대의 특성과 냉동식품에 대한 이미지, 음식에 대한 동기 등에 관해 알고자 한다.

95 질문지 작성의 단계를 순서에 맞게 가장 잘 배열한 것은?

㉠ 질문지 초안 작성	㉡ 질문지 편집
㉢ 실시절차의 기술	㉣ 질문지 재검토 및 수정
㉤ 질문지 유형의 결정	㉥ 질문지 예비검사
㉦ 수집자료의 결정	

㉮ ㉤-㉦-㉠-㉥-㉣-㉢-㉡
㉯ ㉦-㉤-㉠-㉣-㉥-㉡-㉢
㉰ ㉤-㉠-㉦-㉡-㉥-㉣-㉢
㉱ ㉦-㉠-㉢-㉤-㉥-㉡-㉣

96 다음 중 사전조사(pretest)에 대한 설명으로 잘못된 것은?

㉮ 사전조사는 전반적인 질문의 구성이나 질문형식에 대한 검토를 위해 필요하다.
㉯ 사전조사는 최종의 질문을 실시할 때와 동일한 절차를 사용한다.
㉰ 사전조사를 통해 면접원을 훈련한다.
㉱ 사전조사는 30~50명 정도의 인원으로도 충분하다.

97 다음 중 질문지 작성의 원칙으로 적절하지 않은 것은?

㉮ 전문용어, 속어, 축약어의 사용을 피하라.
㉯ 정서적 언어와 권위로 인해 나타나는 편향을 방지하라.
㉰ 두 가지 의미를 함께 묻는 문항을 사용하라.
㉱ 응답자의 능력에 맞는 질문을 작성하라.

98 다음의 질문형식은 어떠한 질문지 작성원칙을 위배하고 있는가?

질문: "우체국은 오랜 시간 동안 업무를 합니다. 당신은 우체국이 2시간 늦게 열기를 원합니까? 아니면 2시간 일찍 열기를 원합니까?"

㉮ 유도질문의 사용
㉯ 이중 의미의 질문
㉰ 전제의 오류
㉱ 불균형 응답범주의 사용

99 다음 중 위협적인 질문을 사용하였을 때 나타날 수 있는 현상과 거리가 먼 것은?

㉮ 사회적 바람직성　　㉯ 자기보고
㉰ 과잉보고　　㉱ 축소보고

100 다음 중 신뢰성 있는 응답을 얻기 위해 고려해야 할 사항으로 적절하지 못한 것은?

㉮ 어떤 응답이라도 허용된다는 것을 보장한다.
㉯ 개인의 신상정보에 대한 비밀이 보장된다는 것을 강조한다.
㉰ 사회적 바람직성을 묻는 문항을 사용한다.
㉱ 민감한 주제에 대해 질문할 경우 혼란을 막기 위해 정해진 순서로 질문한다.

101 다음 중 질문지 시행절차를 통해 신뢰성 있는 응답을 얻는 방법이라고 보기 어려운 것은?

㉮ 발신인 주소가 없는 회신봉투 사용하기
㉯ 무선화 응답 기법(RRT) 사용하기
㉰ 독촉서신 보내기
㉱ 자기보고식 질문지법 사용하기

102 다음 중 수면자 질문(sleeper question)에 대한 설명으로 가장 적합한 것은?

㉮ 응답에 대한 진실성여부를 파악하기 위해 위장질문을 사용하는 것이다.
㉯ 질문의 난이도를 조정하기 위해 사용하는 것이다.
㉰ 특별한 응답자의 반응을 요구하지 않는 질문이다.
㉱ 자유로운 반응을 할 수 있도록 질문형식을 구조화하지 않는 것이다.

103 다음 중 아래에 제시된 질문유형에 해당하는 것은?

> 다음에 제시된 항목 중에서 앞으로 가장 배우고 싶은 순서대로 순위를 매겨 주십시오.
> [　] 무술　　[　] 악기연주
> [　] 인터넷　　[　] 무용

㉮ 순위형 질문　　㉯ 여과형 질문
㉰ 범주형 질문　　㉱ 척도형 질문

104 다음은 어떠한 질문유형에 해당하는가?

> 1. 귀하께서는 컴퓨터 오락을 하십니까?
> ㉮ 예 ㉯ 아니요
> ('예' 라고 대답하신 분은 2번 질문에 응답해 주시고, '아니요'로 대답하신 분은 아래 1-1 문항에 응답해 주세요.)
> 1-1. 귀하께서 주로 하시는 컴퓨터 오락은 무엇입니까? (한 가지만 적어 주십시오.)
> ( )
> 2. 귀하의 취미는 무엇입니까? ( )

㉮ 수면자 질문(sleeper question) ㉯ 여과형 질문(filter question)
㉰ 탐침 질문(probing question) ㉱ 유관 질문(contingency question)

105 다음 중 개방형 질문의 장점이라 할 수 없는 것은?

㉮ 다양한 정보를 제한 없이 수집할 수 있다.
㉯ 기대하지 않은 정보를 얻을 수 있다.
㉰ 쉽고 빠르게 반응을 수집할 수 있다.
㉱ 질적으로 좋은 응답을 수집할 수 있다.

106 다음 중 개방형 질문유형에 속하지 않는 것은?

㉮ 자유응답 ㉯ 척도형
㉰ 문장완성형 ㉱ 탐침

107 다음 질문은 어떠한 유형의 질문인가?

> Q : ○○을 사용해 보고 만족하셨습니까, 아니면 불만족하셨습니까?
> A : 대체로 만족한 편이었습니다.
> Q : 만족한 이유가 있다면 어떤 점이었습니까?
> A : 다른 제품에 비해 편리한 것 같아요.
> Q : 또 다른 점은 없습니까? 혹은 불만족한 점은 없었습니까?

㉮ 투사형 질문 ㉯ 탐침 질문
㉰ 여과형 질문 ㉱ 수면자 질문

108 다음은 무엇에 관한 설명인가?

- 일련의 단어를 제시한 후 각 단어에 대해 마음에 떠오르는 단어를 말하게 한다.
- 제품의 이미지를 파악하거나 브랜드를 상기하도록 한다.
- 판촉 슬로건의 제작에 많이 사용된다.

㉮ 연합기법(association technique)
㉯ 구성기법(construction technique)
㉰ 주제통각검사(Thematic Apperception Test)
㉱ 잉크반점검사(ink-blot test)

109 다음 중 폐쇄형 질문유형에 속하지 않는 것은?

㉮ 양분형
㉯ 척도형
㉰ 여과형
㉱ 단어연상

110 다음 중 '동의-비동의' 차원에서 응답자의 반응을 측정하는 것으로 전형적인 리커트(Likert)형의 질문이나, '좋다-싫다'의 정도를 양극형(bipolar type)으로 질문하는 방식을 무엇이라 하는가?

㉮ 다지선다형
㉯ 양분형
㉰ 척도형
㉱ 개방형

111 다음은 무엇에 관한 설명인가?

- 질문지 재검토 및 수정단계에서 적용되는 기법이다.
- 논쟁이 되는 주제를 질문지에 포함할 때 편향을 제거하는 방법으로 자주 사용된다.
- 논쟁에서 대립하고 있는 양측 대표자로 하여금 질문을 검토하게 한다.

㉮ 여과 질문
㉯ 이중의미 질문
㉰ 분할 질문
㉱ 자기보고식 질문

112 다음 중 질문지의 길이에 대한 설명으로 적절하게 기술된 것은?

㉮ 우편조사는 다양하게 질문지의 길이를 조절할 수 있다.
㉯ 일대일 면접은 3시간 정도가 적절하다.
㉰ 전화조사의 경우 30분 정도의 질문지 길이가 가장 적당하다.
㉱ 우편조사의 질문지는 비용을 고려하여 약 20쪽 이상의 분량이 적절하다.

113 다음 중 질문지의 순서효과를 확인하고 통제하는 방법으로 적절하지 않은 것은?

㉮ 깔대기형(funnel sequence) 질문의 사용
㉯ 대안적 순서의 질문 사용
㉰ 예비조사의 활용
㉱ 맥락효과의 이용

114 다음 중 응답거부에 영향을 미치는 요인을 잘못 기술한 것은?

㉮ 대도시에 거주하는 사람일수록 서베이 참여도가 높다.
㉯ 자신의 사생활 침해를 두려워하는 사람일수록 응답거부가 많다.
㉰ 과거에 서베이에 대해 불쾌한 경험이 있는 사람일수록 응답거부가 많다.
㉱ 서베이에 대한 설명이 불충분한 경우에 응답거부가 많다.

115 질문지의 지면을 배정할 때의 고려사항으로 부적절한 것은?

㉮ 질문지의 부피는 가능한 한 작아야 응답자가 부담감을 덜 느낀다.
㉯ 면접원과 응답자를 위한 지시문을 구분하여 제시하는 것이 좋다.
㉰ 우편조사를 할 때는 특히 겉표지를 잘 만드는 것이 중요하다.
㉱ 응답항목 사이에 충분한 여백을 두어 응답의 혼동을 방지하는 것이 좋다.

116 다음 중 표본조사의 장점이라고 할 수 없는 것은?

㉮ 표본조사는 전수조사에 비해 비용과 인력의 사용 측면에서 경제적이다.
㉯ 표본조사는 전수조사에 비해 신속하게 자료를 얻을 수 있다.
㉰ 표본조사는 모집단을 규정할 수 없을 때 효과적이다.
㉱ 표본조사는 전수조사에 비해 비표집오차가 크다.

117 표집과정에서 추출되는 대상을 말하는 것으로 표본으로 선택이 고려되는 요소 혹은 요소들의 집합을 의미하는 것은 무엇인가?

㉮ 관찰단위 ㉯ 표집단위
㉰ 분석원소 ㉱ 표집틀

118 다음 중 표집틀을 평가할 때 고려해야 할 사항으로 적절하지 않은 것은?

㉮ 조사하고자 하는 대상이 얼마나 많이 포함되는지를 평가한다.
㉯ 동일한 표본을 만들기 위해 표집틀을 제한한다.
㉰ 가능한 한 조사자가 원하는 대상만을 표집틀에 포함한다.
㉱ 모집단에서 개별요소가 추출될 수 있는 확률이 동일한지를 고려한다.

119 기업문화가 조직구성원의 의사결정에 미치는 영향을 알아보기 위해 기업에 대한 자료를 수집하고 있다. 이때 조직구성원에 대한 자료를 수집하고자 감독자를 대상으로 조사를 한다면, 이 조사의 분석단위와 관찰단위를 적절하게 짝지은 것은?

㉮ 기업문화－조직구성원 ㉯ 조직구성원－의사결정
㉰ 조직구성원－감독자 ㉱ 기업문화－감독자

120 500명의 모집단을 대상으로 100명의 표본을 추출하기 위해 5명당 한 사람씩을 추출하였다면 이때의 표집 간격은?

㉮ 5 ㉯ 10
㉰ 50 ㉱ 1

121 다음에서 말하는 이것은 무엇인가?

• 사회조사에서 이것은 사람이다.
• 이것은 정보를 얻고 분석의 기초를 제공해 주는 대상 혹은 단위를 말한다.

㉮ 모집단 ㉯ 원소
㉰ 표집단위 ㉱ 관찰단위

122 표본의 사례수가 증가하면 표본은 정상분포를 따르게 되는데 그 이유는 무엇 때문인가?

㉮ 최소제곱의 원리　　㉯ 중심극한정리
㉰ 무선화 원리　　㉱ 회귀 경향성

123 다음 중 표집오차의 개념을 설명한 것으로 적절하지 <u>않은</u> 것은?

㉮ 표본의 크기가 클수록 표집오차는 작아진다.
㉯ 표집오차는 표본을 통한 조사의 신뢰성에 영향을 준다.
㉰ 모든 표집은 각 표집방법에 따라 표집오차를 추정해 낼 수 있다.
㉱ 표집오차란 통계치와 모수치의 차이를 나타내는 통계치다.

124 표본에서 얻은 측정값과 모집단에서 얻은 측정값의 차이를 나타내는 것으로서 표본의 크기가 클수록 표본의 변량이 작을수록 이 값도 작아진다. 이 통계치는 무엇인가?

㉮ 표집오차　　㉯ 표본평균의 표준편차
㉰ 표준편차　　㉱ 비표집오차

125 다음 중 비표집오차에 대한 설명으로 <u>부적절한</u> 것은?

㉮ 비표집오차는 조사방법의 차이에 따라 발생할 수 있다.
㉯ 사회조사의 측정도구인 질문지의 언어가 갖는 특성이 비표집오차를 일으킬 수 있다.
㉰ 사회조사에서 면접자와 응답자 간의 상호작용 속에서 이루어지는 면접조사는 개인의 특성이 작용하여 비표집오차에 영향을 준다.
㉱ 비표집오차와 표집오차는 같은 방식으로 추정이 가능하다.

126 다음 중 표본의 크기를 결정할 때 고려해야 할 사항으로 적합하지 <u>않은</u> 것은?

㉮ 조사의 목적　　㉯ 모집단 요소의 동질성
㉰ 모집단의 크기　　㉱ 비표집오차

127 "중, 고등학교 학생을 대상으로 취미실태를 95%의 신뢰구간에 ±4.0의 오차를 감안하여 조사하고자 한다." 이와 같은 상황에서 사회조사를 실시하려고 할 때 적절한 표본의 크기는?

㉮ 1040명　　㉯ 600명
㉰ 1024명　　㉱ 616명

128 다음 표집설계의 일반적인 절차를 순서적으로 올바르게 배열한 것은?

㉠ 표본크기의 결정	㉡ 표집틀의 결정
㉢ 표본추출	㉣ 모집단 설정
㉤ 표집방법 결정	

㉮ ㉣-㉠-㉡-㉤-㉢　　㉯ ㉣-㉡-㉤-㉠-㉢
㉰ ㉡-㉣-㉠-㉤-㉢　　㉱ ㉠-㉣-㉡-㉤-㉢

129 다음 중 확률표집의 장점이라고 할 수 없는 것은?

㉮ 확률표집은 무선화를 가정한다.
㉯ 실제 표본은 모집단의 비율과 일치하지 않지만 체계적인 설명이 가능하다.
㉰ 비확률표집에 비해 시간과 비용이 절약된다.
㉱ 비확률표집에 비해 모집단을 더 잘 대표한다.

130 모집단의 구성계층에 관한 정보를 수집하는 데 유용하고 전체의 모집단을 중복되지 않도록 하위 집단을 나눈 후, 동질적으로 구성된 하위 집단 내에서 적절한 수의 표본을 추출하는 방법을 무엇이라 하는가?

㉮ 계통 표집　　㉯ 층화 표집
㉰ 집락표집　　㉱ 규모비례 확률표집

131 다음에서 설명하는 표집방법에 해당하는 것은?

- 모집단의 각 요소는 표본으로 추출된 기회가 동등하다.
- 확률이론에 가장 충실한 방법이다.
- 추첨법을 통해 표본을 추출할 수 있다.
- 모집단의 명부를 작성해야 한다.
- 통계적 효율성이 낮다.

㉮ 단순무선 표집
㉯ 계통 표집
㉰ 층화 표집
㉱ 집락표집

132 다음의 표에서처럼 모집단 구성비율에 따라 일정한 수의 표본을 각 집단에서 추출한다면 어떠한 표본추출 방법을 적용할 수 있는가?

구분	10대	20대	30대	40대	50대	합계
모집단	500명	4,000명	3,000명	1,500명	1,000명	10,000명
구성비율	5%	40%	30%	15%	10%	100%

㉮ 규모비례확률표집
㉯ 동등층화표집
㉰ 비례층화표집
㉱ 불비례층화표집

133 다음 중 집락표집에 대한 설명으로 잘못된 것은?

㉮ 집락표집은 여러 단계로 표본추출이 이루어지고 다른 방법과 병행하여 사용된다.
㉯ 각 집락의 사례수가 다를 때 규모비례확률모형을 응용할 수 있다.
㉰ 집락표집은 모집단의 크기가 크거나 층의 표본단위가 많아 목록을 작성하기 어려운 상황에 적용한다.
㉱ 집락표집에서 각 집락 내의 특성은 동질적인 요소로 구성된다.

134 다음 중 집락표집이 유용한 상황에 해당하지 않는 것은?

㉮ 표본단위가 많아 목록을 작성하기 어려울 때
㉯ 모집단의 크기가 작을 때
㉰ 모집단의 특성상 집락 내에는 이질적이고 집락 간에는 동질적인 경우
㉱ 모집단 구성원이 광범위하게 분포되어 있는 경우

135 다음은 무엇에 관한 설명인가?

- 추출된 표본을 중심으로 연관된 주변의 모든 조사단위에 대해 조사하는 방법이다.
- 희귀한 전염병에 감염된 사람의 총 수나 비율 등을 조사하는 방법에 유용하다.
- 표집단위와 조사단위가 꼭 일치하지 않고, 또한 중복 표집이 가능한 표집방법이다.
- 확률표집의 일종이다.

㉮ 부가 표집
㉯ 2단계 표집
㉰ 눈덩이 표집
㉱ 네트워크 표집

136 다음 중 비확률표집의 장점으로 볼 수 없는 것은?

㉮ 표본의 크기가 작은 경우에 실용적이다.
㉯ 조사대상이 제한되어 있는 경우에 유용하다.
㉰ 표집단위의 선정이 객관적 정보에 기초한다.
㉱ 조사 초기에 개략적인 정보를 얻기 위해 사용된다.

137 다음 중 할당표집에 대한 설명으로 적합하지 않은 것은?

㉮ 할당표집을 하기 위해서는 모집단이 갖는 특성의 비율을 알아야 한다.
㉯ 할당의 기준이 되는 변인을 선정하고 그에 따라 집락표집을 한다.
㉰ 다른 방법에 비해 경제적이다.
㉱ 모집단의 구성비를 모를 때 사용하기 어렵다.

138 다음에 제시된 표본추출방법 중 확률표집에 해당하는 것을 모두 고르시오.

㉠ 편의표집
㉡ 유의표집
㉢ 집락표집
㉣ 할당표집
㉤ 단순무선표집
㉥ 2단계 표집
㉦ 부가표집
㉧ 층화표집
㉨ 눈덩이 표집
㉩ 계통 표집
㉪ 규모비례확률모형
㉫ 통제패널표집

예상문제 정답 및 해설

1 [정답] ㉯

과학의 기본 목적은 현상에 대한 이해와 예측 및 통제에 있으며, 과학은 그와 같은 노력에 합리성과 체계성을 부여한다. 또한 과학은 객관성을 전제로 사람들의 동의를 구하고 설득하기 위한 목적을 가진다. 따라서 과학이 인간의 지적 욕구로부터 발전하여 왔지만, 과학의 목적은 단순한 지적 욕구의 충족 이상의 의미를 지닌다.

2 [정답] ㉮

㉯㉰㉱는 과학의 통합적 정의에 해당하는 것으로 가장 일반적으로 사용되는 정의이기도 하다. ㉮에서 과학은 경험적 사건을 망라하는 일반법칙을 세우는 것이지만, 상식이 아니라 객관적 논리에 근거한다.

3 [정답] ㉯

이론은 인식을 위한 방법이 아니라 인식을 위한 명제다. 인식의 방법은 곧 과학적 방법이며, 과학적 방법을 통해 이론은 검증되고 설명된다.

4 [정답] ㉰

설명과 예측은 일반적인 경험규칙을 말하며, 통제는 연구의 실천적 형태로 문제해결을 위한 시도다.

5 [정답] ㉯

6 [정답] ㉮

7 [정답] ㉴

8 [정답] ㉳

9 [정답] ㉱

10 [정답] ㉮

A는 일반법칙이고, B는 선행조건, C는 설명될 현상이다. 연역법에서는 일반법칙(A)과 선행조건(B)이라는 두 개의 전제를 통해 C라는 결론을 도출하고 이를 사실로 인정한다.

11 [정답] ㉯

연역법은 이론에서 출발하여 경험적 자료를 통해 검증하는 과정을 거치지만, 귀납법은 경험적 자료나 관찰에서 시작하여 잠정적 결론과 일반법칙을 벌견해 나가는 과정이다.

12 [정답] ㉰

토머스 쿤(T. Kuhn)의 과학적 혁명은 과학적 진보를 혁명적 관점에서 파악하고, 패러다임이라는 용어를 사용하였다. 이론은 끊임없이 혁명을 통해 변화되고 새로운 패러다임에 의해 대체된다. 따라서 과학적 혁명에서 과학적 진보란 점진적인 특성을 갖는 것이 아니라 급진적이고 혁명적으로 대체되며 불연속적인 특성을 갖는다.

13 [정답] ㉮

동일한 과학적 접근법을 사용함으로써 다양한 사실에 대한 결과를 비교하고 일치된 결과에 대한 신뢰성을 확보할 수 있다.

14 [정답] ㉱

과학은 예정론의 입장을 취하며, 상식은 결정론의 입장을 취한다.

15 [정답] 객관성과 논리

16 [정답] ㉯

과학적 연구의 일반적인 과정은 '주제선정 → 문헌검토 → 조작적 정의 → (변인생성) → 가설설정 → 자료수집 → 자료분석 → 결과의 설명(개념화) → 보고서 작성'의 흐름으로 구성된다.

17 [정답] ㉱

연구문제의 선정에서 사회적 가치가 매우 중요한 문제이지만 과학의 본질적 가치, 즉 이론의 개발과 과학발전이라는 가치를 상실한다면 좋은 연구문제라 할 수 없다.

18 [정답] ㉰

연구문제를 진술할 때는 변인 A와 B 혹은 그 이상의 관계성을 표현하는 형태여야 하고, 의문형으로 진술하는 것이 좋다. 또한 검증될 수 없는 것을 연구문제로 선정하거나 진술하여서는 안 된다.

19 [정답] ㉱

대부분 일상적으로 사용하는 용어는 검증할 수 없는 경우가 많다. 예컨대, '사랑하면 아름다워진다' 혹은 '눈이 오는 날은 좋은 일이 있다' 와 같은 연구문제는 구체적으로 측정하고 경험적으로 검증할 수 없는 문제다.

20 [정답] ㉮

조작적 정의(operational definition)는 현상을 설명하는 구성개념을 측정 가능한 상태가 되도록 재정의하는 것을 말한다. 조작적 정의를 통해 일련의 추상적인 구성개념이 측정되고 관찰 가능한 상태가 되며, 그에 따라 변인이 생성된다.

21 [정답] ㉣
㉣의 소득에 대한 정의는 구성개념에 근접한 개념적 정의에 해당한다. 소득이 측정 가능한 상태가 되기 위해서는 구체적이고 객관적이어야 한다. 따라서 '소득은 한 개인이 월별 노동의 대가로 지불을 받는 금전적 수입'과 같은 정의가 요구된다.

22 [정답] ㉯
조작적 정의란 측정 가능하도록 정의하는 것이므로 일단 구성개념을 조작적으로 정의하였다면 측정할 수 있어야 한다. 측정할 수 없는 구성개념도 존재하지만(예, 무의식), 그와 같은 개념은 과학적 연구의 대상이 아니다.

23 [정답] ㉣
가설은 변인 간의 잠정적 관계성에 대한 검증 가능한 진술이다. 따라서 가설이 설정되면 구체적인 변인의 관계성을 검증하게 된다.

24 [정답] ㉮
가설의 일반적인 특성은 ㉠ 문제해결의 기능이 있어야 하고, ㉡ 경험적 검증이 가능해야 하며, ㉢ 확률적 속성을 지닌다. 또한 ㉣ 구체성을 지녀야 한다.

25 [정답] ㉰
㉰의 경우, 삶의 질은 복합적 하위 개념(예, 삶의 만족, 문화생활의 질 등)을 가지고 있어 더 구체적으로 정의되어야 한다. 즉, 하위 개념 중 일부를 사용하는 것이 바람직할 수 있는데, 예컨대 삶의 만족만을 그 대상으로 하는 것이다. 또한 소득수준 역시 개인에 따라 다른 기준을 적용할 수 있으므로 명확한 기준이 필요하다.

26 [정답] ㉯
가설의 진술은 일방향적인 관계성뿐만 아니라 양방향적인 관계성을 검증하기 위해 진술된다.

27 [정답] ㉣
가설의 일반적 기능은 설명적 기능, 방법적 기능, 문제해결 기능, 새로운 연구의 촉진 기능을 포함한다.

28 [정답] ㉯
실험가설은 연구가설을 말하며, 통계적 검증을 위한 가설은 영가설에 해당한다.

29 [정답] ㉮
자료수집 기간이 너무 짧거나 길어도 문제가 된다. 자료수집 기간이 너무 짧으면 충실한 자료를 모으기가 어렵고, 너무 길면 외생변인이 개입할 가능성이 높다.

30 [정답] ㉰

31 [정답] ㉯

32 [정답] ㉣

33 [정답] ㉮

34 [정답] ㉮
일반화의 개념은 크게 ㉠ 적용 가능성, ㉡ 예측 가능성, ㉢ 현실개선의 가능성, ㉣ 새로운 이론의 가능성으로 요약된다.

35 [정답] ㉱

36 [정답] ㉰

37 [정답] ㉱
자료수집의 대상은 연구의 목적과 연구대상에 의존하여 결정된다.

38 [정답] ㉱
측정은 이론적 개념에 대한 양적인 규정절차다.

39 [정답] ㉮
측정의 특성은 다음과 같다: ㉠ 경험과 이론의 세계를 연결한다. ㉡ 개념의 특정 차원을 규정한다. ㉢ 이론적 법칙을 도출한다. ㉣ 측정에는 오차를 포함한다. ㉤ 측정된 결과는 척도에 의존한다.

40 [정답] ㉰
측정 수준 혹은 측정척도는 명목척도, 서열척도, 등간척도, 비율척도로 구분된다. 임의측정은 본질측정 및 유추측정과 더불어 측정값의 의미에 따른 분류다.

41 [정답] ㉯
모수통계 방법은 메트릭 자료로 분류되는 등간척도와 비율척도가 해당한다. 명목척도와 서열척도는 비메트릭 자료로 비모수통계 방법이 적용된다.

42 [정답] ㉯

43 [정답] ㉱

44 [정답] ㉰

45 [정답] ㉮

46 [정답] ㉰
신뢰도의 추정은 기본적으로 동형검사모형에 근거한다.

47 [정답] ㉯

48 [정답] ㉰

49 [정답] ㉰
검사-재검사 신뢰도에서는 실시기간이 짧을 때 신뢰도 계수를 과잉추정하게 된다. 또한 실시기간이 너무 길면 성숙효과에 의해 오염될 가능성이 높다.

50 [정답] ㉯
동형검사의 신뢰도 계수는 동등계수라 하며, 안정성 계수는 검사-재검사 신뢰도의 상관계수를 말한다.

51 [정답] ㉰
㉰는 신뢰도에 대한 설명이다.

52 [정답] ㉮

53 [정답] ㉱

54 [정답] ㉴

55 [정답] ㉰

56 [정답] ㉳

57 [정답] ㉱

58 [정답] ㉰

59 [정답] ㉯

60 [정답] ㉯

61 [정답] ㉮
㉮는 준거관련 타당도에 대한 설명이다.

62 [정답] ㉯
등간척도는 사칙연산 중 가감이 가능하고 승제는 비율척도에서 가능하다.

63 [정답] ㉱
메트릭 자료는 등간척도와 비율척도를 포함한다. 따라서 ㉮, ㉯, ㉰는 메트릭 자료에 해당하고, ㉱는 서열척도로 비메트릭 자료에 포함된다.

64 [정답] ㉰
측정수준은 측정되는 변인의 속성에 의존하는 것이 아니라 측정하는 방식에 의존한다. IQ점수는 일반적으로 등간척도로 사용된다. 그러나 등간척도의 임의성으로 인해 일부에서는 서열척도로 규정하기도 한다.

65 [정답] ㉮
검사의 진변량으로 설명되는 비율은 90%다.

66 [정답] ㉯
서베이는 표본을 대상으로 하는 조사이므로 모집단을 조사하는 센서스와는 다르다.

67 [정답] ㉰
서베이 내용의 일반적 분류는 사실, 의견 또는 태도, 행동이다.

68 [정답] ㉯

69 [정답] ㉰
일반적으로 서베이의 구성요소는 표본추출, 질문설계, 조사실시(자료수집), 통계기법을 들 수 있다.

70 [정답] ㉮
표본추출단계에 포함되는 활동내용은 모집단의 정의, 표본유형의 결정, 표본틀의 개발, 표본크기의 결정, 표본의 선정이다.

71 [정답] ㉱
서베이의 단계는 '서베이 유형결정 → 질문지 개발 → 예비검사 → 표본추출 → 자료수집→ 자료의 조직화'로 구성된다.

72 [정답] ㉰
서베이의 장점은 다음과 같다: ㉠ 대규모 모집단을 연구하는 데 적합하다. ㉡ 한 주제에 다양한 질문을 사용하므로 융통성이 있다. ㉢ 확률표집방법을 사용하므로 일반화 가능성이 높다. ㉣ 서베이는 설문지뿐만 아니라 이차자료를 사용하여 더욱 심층적인 분석을 할 수 있다.

73 [정답] ㉱
현장조사는 관찰법의 일종으로 분류된다.

74 [정답] ㉮
면접조사는 면접자가 조사대상에게 질문을 하고 기록을 하는 형태로 스스로 질문을 읽고 응답하는 자기보고 혹은 자기관리식 질문지법과 다르다.

75 [정답] ㉰

76 [정답] ㉯
면접조사는 대면 상황에서 진행되므로 응답자는 자신의 모습을 긍정적으로 보이려고 노력한다. 따라서 다른 조사에 비해 사회적 바람직성이 가장 많이 나타나는 조사다.

77 [정답] ㉱
면접조사는 일대일로 진행되므로 면접자의 편향이 응답에 영향을 줄 수 있다.

78 [정답] ㉰

79 [정답] ㉱
TDM은 우편조사에서 응답을 높이는 방법으로 사회적 교환원리에 따라 질문지를 구성하는 질문지 설계법이다. TDM에서도 중요하고 민감한 주제는 각 주제의 마지막에 배열한다.

80 [정답] ㉯

전화조사는 누가 응답하였는지 확인할 수 없으므로 표본의 대표성을 유지하기 어렵다.

81 [정답] ㉱

일반적으로 우편조사의 응답률을 높이기 위한 방법은 다음과 같다: ㉠ 조사기관과 지원단체의 성격을 분명하게 밝힌다. ㉡ 적절한 보상을 제공하는 유인책을 사용한다. ㉢ 표본대상자의 범위를 광범위하게 한다. ㉣ 후속조치로 독촉서신을 보낸다. ㉤ 반송봉투를 사용한다. ㉥ TDM을 활용한다.

82 [정답] ㉮

83 [정답] ㉰

84 [정답] ㉱

집단설문조사는 집단적으로 질문지를 실시하면서 조사자가 응답오류에 대해 조치를 취할 수 있어 효율적이다. 주로 특정 대상(학교, 기업체, 교도소, 교회 등 단체)을 상대로 집단조사를 실시할 때 사용한다. 조사가 집단적으로 실시되므로 시간적인 효율성이 높고 조사자와 의사소통이 가능하다. 응답자의 동질성을 확보할 수 있다.

85 [정답] ㉯

개방형 질문에 대해 신속하고 정확하게 표준화된 기록을 할 수 있도록 훈련한다. 만일 면접자 자신의 표현으로 정리하거나 요약·생략한 응답기록은 제3자에 의해 해석이 달라지므로 주의해야 한다.

86 [정답] ㉰

탐침질문은 응답자가 의도적으로 혹은 어떠한 이유로 응답을 회피하거나 불명확하게 답하는 경우에 사용되는 질문을 말한다.

87 [정답] ㉮

조사주제에 대한 응답자의 많은 지식은 오히려 편향이 없는 자료를 수집하는 데 부정적인 영향을 주는 경우가 많다. 이들은 대부분 암시적이고 묵시적인 단서를 사용하여 원하는 답을 할 가능성이 높기 때문이다.

88 [정답] ㉱

조사면접원의 훈련에 포함되는 내용은 다음과 같다: ㉠ 응답자와 접촉하고 연구를 소개하기 위한 절차, ㉡ 면접자가 일관성 있고 표준화된 방식으로 질문할 수 있도록 단어의 표현, 지시 등에 관한 일반적인 규약, ㉢ 직접적인 방식으로 부적절한 답변을 탐침하기 위한 절차, ㉣ 개방형 질문과 폐쇄형 질문에 대한 답변을 기록하기 위한 절차, ㉤ 편파되지 않은 방식으로 면접의 대인관계 측면을 다루기 위한 규칙과 지침

89 [정답] ㉮

훈련시간이 충분하지 않을 때 책자의 활용은 면접자로 하여금 정확한 절차를 숙달하는

데 장애를 준다.

90 [정답] ㉰
조사면접의 실시에서 감독에 의해 관리되어야 할 사항은 ㉠ 비용, ㉡ 반응률, ㉢ 면접기록의 검토, ㉣ 질문-응답의 검토다.

91 [정답] ㉰

92 [정답] 집단설문조사

93 [정답] 조사기간이 충분하므로 조사대상을 줄여 일대일 면접조사를 실시할 수 있다.

94 [정답] FGI(Focus Group Interview)

95 [정답] ㉯
질문지 작성 시 가장 먼저 고려해야 할 것은 수집자료를 결정하는 일이다. 그다음 질문지 유형을 결정하고 질문지 초안을 작성, 검토 및 수정한 후에 예비검사를 실시하여 질문지를 편집한다. 가장 마지막으로 할 것은 실시절차를 기술하는 것이다.

96 [정답] ㉯
사전조사는 실제 본 조사와 동일한 절차를 거치지 않는 것이 일반적이다.

97 [정답] ㉰

98 [정답] ㉰
이 문제의 질문은 우체국이 오랜 시간 동안 업무를 한다는 것을 전제하고 있다. 전제의 오류에 해당한다.

99 [정답] ㉯

100 [정답] ㉱
민감한 주제는 질문지의 서두보다는 뒷부분에 제시하는 것이 바람직하고, 일관된 질문 순서보다는 질문의 순서에 변화를 주는 것이 좋다.

101 [정답] ㉰
독촉서신 보내기는 우편조사에서 회수율을 높이기 위한 방법이다.

102 [정답] ㉮
㉰는 통과질문에 해당하는 설명이고, ㉱는 개방형 질문을 말한다.

103 [정답] ㉮

104 [정답] ㉱
유관질문(contingency question)에서 첫 번째 질문은 검색질문(screening question)이라 하는데, 해당 사항이 있을 때는 유관질문이 되고 해당 사항이 없을 때에는 통과질문(skip question)이 된다. 또한 유관질문은 갈래질문(branch question)이라고도 한다.

105 [정답] ㉰
㉰는 폐쇄형 질문의 장점에 해당한다.

106 [정답] ㉯
개방형 질문은 자유응답 질문, 탐침질문, 투사기법을 이용한 질문 등을 포함한다.

107 [정답] ㉯
탐침질문은 응답자에게 하나 혹은 몇 개의 질문을 한 후에 응답에 대한 추가 정보를 얻기 위해 비공식적인 질문을 하는 경우에 사용한다.

108 [정답] ㉮
연합기법으로 가장 자주 사용하는 것은 단어연합이다. 응답자에게 일련의 단어를 제시하고 그 단어에 대해 마음속에 떠오르는 연상 단어를 말하게 하는 방법이다. 금기시하는 주제에 대한 분석이나 어떤 대상에 대한 이미지를 분석할 때 자주 사용한다.

109 [정답] ㉱
폐쇄형 질문에는 양분형, 순위형, 체크리스트, 다지선다형, 척도형, 여과형 질문 등이 있다.

110 [정답] ㉰

111 [정답] ㉰

112 [정답] ㉮
일대일 면접의 경우 특별한 약속이 없을 때에는 1시간 정도 진행하며, 전화조사는 약 10분에서 15분 정도의 분량이 되도록 질문을 구성한다. 우편조사는 10쪽 분량을 가장 일반적으로 사용한다.

113 [정답] ㉱
맥락효과는 서로 관련성이 높은 질문을 함으로써 응답자가 자신의 태도나 의견에 관계없이 전후 질문의 맥락과 유사한 반응을 보이는 것을 말한다. 따라서 맥락효과는 질문지의 순서효과처럼 작용하기도 하며 복합적으로 나타나기도 한다.

114 [정답] ㉮
일반적으로 대도시의 거주자일수록 서베이에 대한 응답률이 낮다.

115 [정답] ㉮

116 [정답] ㉱
전수조사는 이론적으로 표본조사에 비해 더 정확한 자료를 수집하지만, 더 큰 비표집오차를 갖는다.

117 [정답] ㉯

118 [정답] ㉯

표집틀이란 연구대상이 되는 모집단의 전체 목록을 말한다. 이를 평가할 때 고려해야 할 세 가지의 요소가 있다: ㉮는 포괄성, ㉰는 효율성, ㉱는 추출확률의 동등성을 말한다.

119 [정답] ㉰

120 [정답] ㉮

표집간격은 모집단에서 표본을 추출할 때, 추출되는 요소와 요소 간의 간격을 말한다. 따라서 500명에서 100명을 추출하기 위해 5명에 1명씩을 추출하므로 표집간격은 5가 된다.

121 [정답] ㉯

122 [정답] ㉯

중심극한정리는 표본크기에 따라 표본분포가 어떠한 모양을 이루는가에 대한 수학적 공리다. 표본의 크기가 커질수록 표본의 표준오차가 작아지고, 표본분포는 모집단 정규분포에 접근한다.

123 [정답] ㉰

확률표집에서는 표집오차를 추정할 수 있지만, 비확률표집에서는 이러한 표집오차를 구할 수 없다.

124 [정답] ㉮

125 [정답] ㉱

비표집오차는 조사에 사용되는 용어, 면접자 및 응답자의 특성, 무응답, 사용된 조사방법 등 매우 다양한 근원을 가지고 있는 오차로 정확하게 추정하는 것이 불가능하다.

126 [정답] ㉱

127 [정답] ㉯

찬성 혹은 반대의 비율을 모르기 때문에 각각을 50%로 잡고 계산한다.

즉, $\frac{(0.5\times0.5)\times(1.96)^2}{(0.04)^2}=600.25=600$명.

128 [정답] ㉯

129 [정답] ㉰

확률표집은 비확률표집에 비해 시간과 비용이 많이 드는 것이 단점이다.

130 [정답] ㉯

131 [정답] ㉮

132 [정답] ㉰
문제의 표에서처럼 각 하위 집단의 모집단 구성비율을 고려하여 각 집단에서 특정 수의 표본을 추출할 때 비례층화표집이라고 한다.

133 [정답] ㉱
집락표집에서는 모든 집락을 선택하는 것이 아니라 그중 일부를 표본으로 택하기 때문에 각 집락 내를 이질적인 요소로 구성한다.

134 [정답] ㉯
집락표집은 모집단의 크기가 클 때 유용하다.

135 [정답] ㉱
네트워크 표집은 눈덩이 표집과 유사하나 확률표집에 속한다.

136 [정답] ㉰
비확률표집은 표집단위를 선정할 때 조사자의 편견을 통제할 수 없어 객관성을 상실할 수 있다.

137 [정답] ㉯
할당표집에서는 할당의 기준이 되는 변인(예, 성별, 연령)을 선정하고, 그에 따른 비율을 산출하고 비율에 맞추어 표본을 추출한다.

138 [정답] ㉢, ㉤, ㉥, ㉦, ㉧, ㉩, ㉪

부록

부록 1: 정상분포곡선

부록 2: 카이제곱분포표

부록 3: t분포표

부록 4: F분포표

부록 5: r의 z환산표

부록 1: 정상분포곡선

(1) 표준점수 (x/σ)	(2) x 에서 z 까지의 면적	(3) 큰 부분의 면적	(4) 작은 부분의 면적(x/σ) Z	(1) 표준점수 (x/σ)	(2) x 에서 z 까지의 면적	(3) 큰 부분의 면적	(4) 작은 부분의 면적(x/σ) Z
0.00	.0000	.5000	.5000	0.55	.2088	.7088	.2912
0.01	.0040	.5040	.4960	0.56	.2123	.7123	.2877
0.02	.0080	.5080	.4920	0.57	.2157	.7157	.2843
0.03	.0120	.5120	.4880	0.58	.2190	.7190	.2810
0.04	.0160	.5160	.4840	0.59	.2224	.7224	.2776
0.05	.0199	.5199	.4801	0.60	.2257	.7257	.2743
0.06	.0239	.5239	.4761	0.61	.2291	.7291	.2709
0.07	.0279	.5279	.4721	0.62	.2324	.7324	.2676
0.08	.0319	.5319	.4681	0.63	.2357	.7357	.2643
0.09	.0359	.5359	.4641	0.64	.2389	.7389	.2611
0.10	.0398	.5398	.4602	0.65	.2422	.7422	.2578
0.11	.0438	.5438	.4562	0.66	.2454	.7454	.2546
0.12	.0478	.5478	.4522	0.67	.2486	.7486	.2514
0.13	.0517	.5517	.4483	0.68	.2517	.7517	.2483
0.14	.0557	.5557	.4443	0.69	.2549	.7549	.2451
0.15	.0596	.5596	.4404	0.70	.2580	.7580	.2420
0.16	.0636	.5636	.4364	0.71	.2611	.7611	.2389
0.17	.0675	.5675	.4325	0.72	.2642	.7642	.2358
0.18	.0714	.5714	.4286	0.73	.2673	.7473	.2327
0.19	.0753	.5753	.4247	0.74	.2704	.7704	.2296
0.20	.0793	.5793	.4207	0.75	.2734	.7734	.2266
0.21	.0832	.5832	.4168	0.76	.2764	.7764	.2236
0.22	.0871	.5871	.4129	0.77	.2794	.7794	.2206
0.23	.0910	.5910	.4090	0.78	.2823	.7823	.2177
0.24	.0948	.5948	.4052	0.79	.2852	.7852	.2148
0.25	.0987	.5987	.4013	0.80	.2881	.7881	.2119
0.26	.1026	.6026	.3974	0.81	.2910	.7910	.2090
0.27	.1064	.6064	.3936	0.82	.2939	.7939	.2061
0.28	.1103	.6103	.3897	0.83	.2967	.7967	.2033
0.29	.1141	.6141	.3859	0.84	.2995	.7995	.2005
0.30	.1179	.6179	.3821	0.85	.3023	.8023	.1977
0.31	.1217	.6217	.3783	0.86	.3051	.8051	.1949
0.32	.1255	.6255	.3745	0.87	.3078	.8078	.1922
0.33	.1293	.6293	.3707	0.88	.3106	.8106	.1894
0.34	.1331	.6331	.3669	0.89	.3133	.8133	.1867
0.35	.1368	.6368	.3632	0.90	.3159	.8159	.1841
0.36	.1406	.6406	.3594	0.91	.3186	.8186	.1814
0.37	.1443	.6443	.3557	0.92	.3212	.8212	.1788
0.38	.1480	.6480	.3520	0.93	.3238	.8238	.1762
0.39	.1517	.6517	.3483	0.94	.3264	.8264	.1736
0.40	.1554	.6554	.3446	0.95	.3289	.8289	.1711
0.41	.1591	.6591	.3409	0.96	.3315	.8315	.1685
0.42	.1628	.6628	.3372	0.97	.3340	.8340	.1660
0.43	.1664	.6664	.3336	0.98	.3365	.8365	.1635
0.44	.1700	.6700	.3300	0.99	.3389	.8389	.1611
0.45	.1736	.6736	.3264	1.00	.3413	.8413	.1587
0.46	.1772	.6772	.3228	1.01	.3438	.8438	.1562
0.47	.1808	.6808	.3192	1.02	.3461	.8461	.1539
0.48	.1844	.6844	.3156	1.03	.3485	.8485	.1515
0.49	.1879	.6879	.3121	1.04	.3508	.8508	.1492
0.50	.1915	.6915	.3085	1.05	.3531	.8531	.1469
0.51	.1950	.6950	.3050	1.06	.3554	.8554	.1446
0.52	.1985	.6985	.3015	1.07	.3577	.8577	.1423
0.53	.2019	.7019	.2981	1.08	.3599	.8599	.1401
0.54	.2054	.7054	.2946	1.09	.3621	.8621	.1379

정상분포곡선 (계속)

(1) 표준점수 (x/σ)	(2) x 에서 z까지의 면적	(3) 큰 부분의 면적	(4) 작은 부분의 면적(x/σ) Z	(1) 표준점수 (x/σ)	(2) x 에서 z까지의 면적	(3) 큰 부분의 면적	(4) 작은 부분의 면적(x/σ) Z
1.10	.3643	.8643	.1357	1.65	.4505	.9505	.0495
1.11	.3665	.8665	.1335	1.66	.4515	.9515	.0485
1.12	.3686	.8686	.1314	1.67	.4525	.9525	.0475
1.13	.3708	.8708	.1292	1.68	.4535	.9535	.0465
1.14	.3729	.8729	.1271	1.69	.4545	.9545	.0455
1.15	.3749	.8749	.1251	1.70	.4554	.9554	.0446
1.16	.3770	.8770	.1230	1.71	.4564	.9564	.0436
1.17	.3790	.8790	.1210	1.72	.4573	.9573	.0427
1.18	.3810	.8810	.1190	1.73	.4582	.9582	.0418
1.19	.3830	.8830	.1170	1.74	.4591	.9591	.0409
1.20	.3849	.8849	.1151	1.75	.4599	.9599	.0401
1.21	.3849	.8869	.1131	1.76	.4608	.9608	.0392
1.22	.3888	.8888	.1112	1.77	.4616	.9616	.0384
1.23	.3907	.8907	.1093	1.78	.4625	.9625	.0375
1.24	.3925	.8925	.1075	1.79	.4633	.9633	.0367
1.25	.3944	.8944	.1056	1.80	.4641	.9641	.0359
1.26	.3962	.8962	.1038	1.81	.4649	.9649	.0351
1.27	.3980	.8980	.1020	1.82	.4656	.9656	.0344
1.28	.3997	.8997	.1003	1.83	.4664	.9664	.0336
1.29	.4015	.9015	.0985	1.84	.4671	.9671	.0329
1.30	.4032	.9032	.0968	1.85	.4678	.9678	.0322
1.31	.4049	.9049	.0951	1.86	.4686	.9686	.0314
1.32	.4066	.9066	.0934	1.87	.4693	.9693	.0307
1.33	.4082	.9082	.0918	1.88	.4699	.9699	.0301
1.34	.4099	.9099	.0901	1.89	.4706	.9706	.0294
1.35	.4115	.9115	.0885	1.90	.4713	.9713	.0287
1.36	.4131	.9131	.0869	1.91	.4719	.9719	.0281
1.37	.4147	.9147	.0853	1.92	.4726	.9726	.0274
1.38	.4162	.9162	.0838	1.93	.4732	.9732	.0268
1.39	.4177	.9177	.0823	1.94	.4738	.9738	.0262
1.40	.4192	.9192	.0808	1.95	.4744	.9744	.0256
1.41	.4207	.9207	.0793	1.96	.4750	.9750	.0250
1.42	.4222	.9222	.0778	1.97	.4756	.9756	.0244
1.43	.4236	.9236	.0764	1.98	.4761	.9761	.0239
1.44	.4251	.9251	.0749	1.99	.4767	.9767	.0233
1.45	.4265	.9265	.0735	2.00	.4772	.9772	.0228
1.46	.4279	.9279	.0721	2.01	.4778	.9778	.0222
1.47	.4292	.9292	.0708	2.02	.4783	.9783	.0217
1.48	.4306	.9306	.0694	2.03	.4788	.9788	.0212
1.49	.4319	.9319	.0681	2.04	.4793	.9793	.0207
1.50	.4332	.9332	.0668	2.05	.4798	.9798	.0202
1.51	.4345	.9345	.0655	2.06	.4803	.9803	.0197
1.52	.4357	.9357	.0643	2.07	.4808	.9808	.0192
1.53	.4370	.9370	.0630	2.08	.4812	.9812	.0188
1.54	.4382	.9382	.0618	2.09	.4817	.9817	.0183
1.55	.4394	.9394	.0606	2.10	.4821	.9821	.0179
1.56	.4406	.9406	.0594	2.11	.4826	.9826	.0174
1.57	.4418	.9418	.0582	2.12	.4830	.9830	.0170
1.58	.4429	.9429	.0571	2.13	.4834	.9834	.0166
1.59	.4441	.9441	.0559	2.14	.4838	.9838	.0162
1.60	.4452	.9452	.0548	2.15	.4842	.9842	.0158
1.61	.4463	.9463	.0537	2.16	.4846	.9846	.0154
1.62	.4474	.9474	.0526	2.17	.4850	.9850	.0150
1.63	.4484	.9484	.0516	2.18	.4854	.9854	.0146
1.64	.4495	.9495	.0505	2.19	.4857	.9857	.0143

정상분포곡선 (계속)

(1) 표준점수 (x/σ)	(2) x 에서 z 까지의 면적	(3) 큰 부분의 면적	(4) 작은 부분의 면적(x/σ) Z	(1) 표준점수 (x/σ)	(2) x 에서 z 까지의 면적	(3) 큰 부분의 면적	(4) 작은 부분의 면적(x/σ) Z
2.20	.4861	.9861	.0139	2.75	.4970	.9970	.0030
2.21	.4864	.9864	.0136	2.76	.4971	.9971	.0029
2.22	.4868	.9868	.0132	2.77	.4972	.9972	.0028
2.23	.4871	.9871	.0129	2.78	.4973	.9973	.0027
2.24	.4875	.9875	.0125	2.79	.4974	.9974	.0026
2.25	.4878	.9878	.0122	2.80	.4974	.9974	.0026
2.26	.4881	.9881	.0119	2.81	.4975	.9975	.0025
2.27	.4884	.9884	.0116	2.82	.4976	.9976	.0024
2.28	.4887	.9887	.0113	2.83	.4977	.9977	.0023
2.29	.4890	.9890	.0110	2.84	.4977	.9977	.0023
2.30	.4893	.9893	.0107	2.85	.4978	.9978	.0022
2.31	.4896	.9896	.0104	2.86	.4979	.9979	.0021
2.32	.4898	.9898	.0102	2.87	.4979	.9979	.0021
2.33	.4901	.9901	.0099	2.88	.4980	.9980	.0020
2.34	.4904	.9904	.0096	2.89	.4981	.9981	.0019
2.35	.4906	.9906	.0094	2.90	.4981	.9981	.0019
2.36	.4909	.9909	.0091	2.91	.4982	.9982	.0018
2.37	.4911	.9911	.0089	2.92	.4982	.9982	.0018
2.38	.4913	.9913	.0087	2.93	.4983	.9983	.0017
2.39	.4916	.9916	.0084	2.94	.4984	.9984	.0016
2.40	.4918	.9918	.0082	2.95	.4984	.9984	.0016
2.41	.4920	.9920	.0080	2.96	.4985	.9985	.0015
2.42	.4922	.9922	.0078	2.97	.4985	.9985	.0015
2.43	.4925	.9925	.0075	2.98	.4986	.9986	.0014
2.44	.4927	.9927	.0073	2.99	.4986	.9986	.0014
2.45	.4929	.9929	.0071	3.00	.4987	.9987	.0013
2.46	.4931	.9931	.0069	3.01	.4987	.9987	.0013
2.47	.4932	.9932	.0068	3.02	.4987	.9987	.0013
2.48	.4934	.9934	.0066	3.03	.4988	.9988	.0012
2.49	.4936	.9936	.0064	3.04	.4988	.9988	.0012
2.50	.4938	.9938	.0062	3.05	.4989	.9989	.0011
2.51	.4940	.9940	.0060	3.06	.4989	.9989	.0011
2.52	.4941	.9941	.0059	3.07	.4989	.9989	.0011
2.53	.4943	.9943	.0057	3.08	.4990	.9990	.0010
2.54	.4945	.9945	.0055	3.09	.4990	.9990	.0010
2.55	.4946	.9946	.0054	3.10	.4990	.9990	.0010
2.56	.4948	.9948	.0052	3.11	.4991	.9991	.0009
2.57	.4949	.9949	.0051	3.12	.4991	.9991	.0009
2.58	.4951	.9951	.0049	3.13	.4991	.9991	.0009
2.59	.4952	.9952	.0048	3.14	.4992	.9992	.0008
2.60	.4953	.9953	.0047	3.15	.4992	.9992	.0008
2.61	.4955	.9955	.0045	3.16	.4992	.9992	.0008
2.62	.4956	.9956	.0044	3.17	.4992	.9992	.0008
2.63	.4957	.9957	.0043	3.18	.4993	.9993	.0007
2.64	.4959	.9959	.0041	3.19	.4993	.9993	.0007
2.65	.4960	.9960	.0040	3.20	.4993	.9993	.0007
2.66	.4961	.9961	.0039	3.21	.4993	.9993	.0007
2.67	.4962	.9962	.0038	3.22	.4994	.9994	.0006
2.68	.4963	.9963	.0037	3.23	.4994	.9994	.0006
2.69	.4964	.9964	.0036	3.24	.4994	.9994	.0006
2.70	.4965	.9965	.0035	3.30	.4995	.9995	.0005
2.71	.4966	.9966	.0034	3.40	.4997	.9997	.0003
2.72	.4967	.9967	.0033	3.50	.4998	.9998	.0002
2.73	.4968	.9968	.0032	3.60	.4998	.9998	.0002
2.74	.4969	.9969	.0031	3.70	.4999	.9999	.0001

부록 2: 카이제곱분포표

df	.99	.98	.95	.90	.80	.70	.50	.30	.20	.10	.05	.02	.01	.001
1	.00016	.00063	.0039	.016	.064	.15	.46	1.07	1.64	2.71	3.84	5.41	6.64	10.83
2	.02	.04	.10	.21	.45	.71	1.39	2.41	3.22	4.60	5.99	7.82	9.21	13.82
3	.12	.18	.35	.58	1.00	1.42	2.37	3.66	4.64	6.25	7.82	9.84	11.34	16.27
4	.30	.43	.71	1.06	1.65	2.20	3.36	4.88	5.99	7.78	9.49	11.67	13.28	18.46
5	.55	.75	1.14	1.61	2.34	3.00	4.35	6.06	7.29	9.24	11.07	13.39	15.09	20.52
6	.87	1.13	1.64	2.20	3.07	3.83	5.35	7.23	8.56	10.64	12.59	15.03	16.81	22.46
7	1.24	1.56	2.17	2.83	3.82	4.67	6.35	8.38	9.80	12.02	14.07	16.62	18.48	24.32
8	1.65	2.03	2.73	3.49	4.59	5.53	7.34	9.52	11.03	13.36	15.51	18.17	20.09	26.12
9	2.09	2.53	3.32	4.17	5.38	6.39	8.34	10.66	12.24	14.68	16.92	19.68	21.67	27.88
10	2.56	3.06	3.94	4.86	6.18	7.27	9.34	11.78	13.44	15.99	18.31	21.16	23.21	29.59
11	3.05	3.61	4.58	5.58	6.99	8.15	10.34	12.90	14.63	17.28	19.68	22.62	24.72	31.26
12	3.57	4.18	5.23	6.30	7.81	9.03	11.34	14.01	15.81	18.55	21.03	24.05	26.22	32.91
13	4.11	4.76	5.89	7.04	8.63	9.93	12.34	15.12	16.98	19.81	22.36	25.47	27.69	34.53
14	4.66	5.37	6.57	7.79	9.47	10.82	13.34	16.22	18.15	21.06	23.68	26.87	29.14	36.12
15	5.23	5.98	7.26	8.55	10.31	11.72	14.34	17.32	19.31	22.31	25.00	28.26	30.58	37.70
16	5.81	6.61	7.96	9.31	11.15	12.62	15.34	18.42	20.46	23.54	26.30	29.83	32.00	39.29
17	6.41	7.26	8.67	10.08	12.00	13.53	16.34	19.51	21.62	24.77	27.59	31.00	33.41	40.75
18	7.02	7.91	9.39	10.86	12.86	14.44	17.34	20.60	22.76	25.99	28.87	32.35	34.80	42.31
19	7.63	8.57	10.12	11.65	13.72	15.35	18.34	21.69	23.90	27.20	30.14	33.69	36.19	43.82
20	8.26	9.24	10.85	12.44	14.58	16.27	19.34	22.78	25.04	28.41	31.41	35.02	37.57	45.32
21	8.90	9.92	11.59	13.24	15.44	17.18	20.34	23.86	26.17	29.62	32.67	36.34	38.93	46.80
22	9.54	10.60	12.34	14.04	16.31	18.10	21.34	24.94	27.30	30.81	33.92	37.66	40.29	48.27
23	10.20	11.29	13.09	14.85	17.19	19.02	22.34	26.02	28.43	32.01	35.17	38.97	41.64	49.73
24	10.86	11.99	13.85	15.66	18.06	19.94	23.34	27.10	29.55	33.20	36.42	40.27	42.98	51.18
25	11.52	12.70	14.61	16.47	18.94	20.87	24.34	28.17	30.68	34.38	37.65	41.57	44.31	52.62
26	12.20	13.41	15.38	17.29	19.82	21.79	25.34	29.25	31.80	35.56	38.88	42.86	45.64	54.05
27	12.88	14.12	16.15	18.11	20.70	22.72	26.34	30.32	32.91	36.74	40.11	44.14	46.96	55.48
28	13.56	14.85	16.93	18.94	21.59	23.65	27.34	31.39	34.03	37.92	41.34	45.42	48.28	56.89
29	14.26	15.57	17.71	19.77	22.48	24.58	28.34	32.46	35.14	39.09	42.56	46.69	49.59	58.30
30	14.95	16.31	18.49	20.60	23.36	25.51	29.34	33.53	36.25	40.26	43.77	47.96	50.89	59.70

부록 3: t분포표

	일방검증					
	0.25	0.10	0.05	0.025	0.01	0.005
	양방검증					
dt	0.50	0.20	0.10	0.05	0.02	0.01
1	1.000	3.078	6.314	12.706	31.821	63.657
2	0.816	1.886	2.920	4.303	6.965	9.925
3	0.765	1.638	2.353	3.182	4.541	5.841
4	0.741	1.533	2.132	2.776	3.747	4.604
5	0.727	1.476	2.015	2.571	3.365	4.032
6	0.718	1.440	1.943	2.447	3.143	3.707
7	0.711	1.415	1.895	2.365	2.998	3.499
8	0.706	1.397	1.860	2.306	2.896	3.355
9	0.703	1.383	1.833	2.262	2.821	3.250
10	0.700	1.372	1.812	2.228	2.764	3.169
11	0.697	1.363	1.796	2.201	2.718	3.106
12	0.695	1.356	1.782	2.179	2.681	3.055
13	0.694	1.350	1.771	2.160	2.650	3.012
14	0.692	1.345	1.761	2.145	2.624	2.977
15	0.691	1.341	1.753	2.131	2.602	2.947
16	0.690	1.337	1.746	2.120	2.583	2.921
17	0.689	1.333	1.740	2.110	2.567	2.898
18	0.688	1.330	1.734	2.101	2.552	2.878
19	0.688	1.328	1.729	2.093	2.539	2.861
20	0.687	1.325	1.725	2.086	2.528	2.845
21	0.686	1.323	1.721	2.080	2.518	2.831
22	0.686	1.321	1.717	2.074	2.503	2.819
23	0.685	1.319	1.714	2.069	2.500	2.807
24	0.685	1.318	1.711	2.064	2.492	2.797
25	0.684	1.316	1.708	2.060	2.485	2.787
26	0.684	1.315	1.706	2.056	2.479	2.779
27	0.684	1.314	1.703	2.052	2.473	2.771
28	0.683	1.313	1.701	2.048	2.467	2.763
29	0.683	1.311	1.699	2.045	2.462	2.756
30	0.683	1.310	1.697	2.042	2.457	2.750
40	0.681	1.303	1.684	2.021	2.423	2.704
60	0.679	1.296	1.671	2.000	2.390	2.660
120	0.677	1.289	1.658	1.980	2.358	2.617
∞	0.674	1.282	1.645	1.960	2.326	2.576

부록 4: F 분포표

가는 숫자 5%　고딕 숫자 1%

분자의 자유도(df_1) \ 분모의 자유도(df_2)	1	2	3	4	5	6	7	8	9	10	11	12	13	14
1	161	18.51	10.13	7.71	6.61	5.99	5.59	5.32	5.12	4.96	4.84	4.75	4.67	4.60
	4052	**98.49**	**34.12**	**21.20**	**16.26**	**13.74**	**12.25**	**11.26**	**10.56**	**10.04**	**9.65**	**9.33**	**9.07**	**8.86**
2	200	19.00	9.55	6.94	5.79	5.14	4.47	4.46	4.26	4.10	3.98	3.88	3.80	3.74
	4999	**99.00**	**30.82**	**18.00**	**13.27**	**10.92**	**9.55**	**8.65**	**8.02**	**7.56**	**7.20**	**6.93**	**6.70**	**6.51**
3	216	19.16	9.28	6.59	5.41	4.76	4.35	4.07	3.86	3.71	3.59	3.49	3.41	3.34
	5403	**99.17**	**29.46**	**16.69**	**12.06**	**9.78**	**8.45**	**7.59**	**6.99**	**6.55**	**6.22**	**5.95**	**5.74**	**5.56**
4	225	19.25	9.12	6.39	5.19	4.53	4.12	3.84	3.63	3.48	3.36	3.26	3.18	3.11
	5625	**99.25**	**28.71**	**15.98**	**11.39**	**9.15**	**7.85**	**7.01**	**6.42**	**5.99**	**5.67**	**5.41**	**5.20**	**5.03**
5	230	19.30	9.01	6.26	5.05	4.39	3.97	3.69	3.48	3.33	3.20	3.11	3.02	2.96
	5764	**99.30**	**28.24**	**15.52**	**10.97**	**8.75**	**7.46**	**6.63**	**6.06**	**5.64**	**5.32**	**5.06**	**4.86**	**4.69**
6	234	19.33	8.94	6.16	4.95	4.28	3.87	3.58	3.37	3.22	3.09	3.00	2.92	2.85
	5859	**99.33**	**27.91**	**15.21**	**10.67**	**8.47**	**7.19**	**6.37**	**5.80**	**5.39**	**5.07**	**4.82**	**4.62**	**4.46**
7	237	19.36	8.88	6.09	4.88	4.21	3.79	3.50	3.29	3.14	3.01	2.92	2.84	2.77
	5928	**99.34**	**27.67**	**14.98**	**10.45**	**8.26**	**7.00**	**6.19**	**5.62**	**5.21**	**4.88**	**4.65**	**4.44**	**4.28**
8	239	19.37	8.84	6.04	4.82	4.15	3.73	3.44	3.23	3.07	2.95	2.85	2.77	2.70
	5981	**99.36**	**27.49**	**14.80**	**10.27**	**8.10**	**6.84**	**6.03**	**5.47**	**5.06**	**4.74**	**4.50**	**4.30**	**4.14**
9	241	19.38	8.81	6.00	4.78	4.10	3.68	3.39	3.18	3.02	2.90	2.80	2.72	2.65
	6022	**99.38**	**27.34**	**14.66**	**10.15**	**7.98**	**6.71**	**5.91**	**5.35**	**4.95**	**4.63**	**4.39**	**4.19**	**4.03**
10	242	19.39	8.78	5.96	4.74	4.06	3.63	3.34	3.13	2.97	2.86	2.76	2.67	2.60
	6056	**99.40**	**27.23**	**14.54**	**10.05**	**7.87**	**6.62**	**5.82**	**5.26**	**4.85**	**4.54**	**4.30**	**4.10**	**3.94**
11	243	19.40	8.76	5.93	4.70	4.03	3.60	3.31	3.10	2.94	2.82	2.72	2.63	2.56
	6082	**99.41**	**27.13**	**14.45**	**9.96**	**7.79**	**6.54**	**5.74**	**5.18**	**4.78**	**4.46**	**4.22**	**4.02**	**3.86**
12	244	19.41	8.74	5.91	4.68	4.00	3.57	3.28	3.07	2.91	2.79	2.69	2.60	2.53
	6106	**99.42**	**27.05**	**14.37**	**9.89**	**7.72**	**6.47**	**5.67**	**5.11**	**4.71**	**4.40**	**4.16**	**3.96**	**3.80**
14	245	19.42	8.71	5.87	4.64	3.96	3.52	3.23	3.02	2.86	2.74	2.64	2.55	2.48
	6142	**99.43**	**26.92**	**14.24**	**9.77**	**7.60**	**6.35**	**5.56**	**5.00**	**4.60**	**4.29**	**4.05**	**3.85**	**3.70**
16	246	19.43	8.69	5.84	4.60	3.92	3.49	3.20	2.98	2.82	2.70	2.60	2.51	2.44
	6169	**99.44**	**26.83**	**14.15**	**9.68**	**7.52**	**6.27**	**5.48**	**4.92**	**4.52**	**4.21**	**3.98**	**3.78**	**3.62**
20	248	19.44	8.66	5.80	4.56	3.87	3.44	3.15	2.93	2.77	2.65	2.54	2.46	2.39
	6208	**99.45**	**26.69**	**14.02**	**9.55**	**7.39**	**6.15**	**5.36**	**4.80**	**4.41**	**4.10**	**3.86**	**3.67**	**3.51**

F 분포표 (계속)

가는 숫자 5% 고딕 숫자 1%

분자의 자유도(df_1) \ 분모의 자유도(df_2)	15	16	17	18	19	20	21	22	23	24	25	26	27	28
1	4.54	4.49	4.45	4.41	4.38	4.35	4.32	4.30	4.28	4.26	4.24	4.22	4.21	4.20
	8.68	8.35	8.40	8.28	8.18	8.10	8.02	7.94	7.88	7.82	7.77	7.72	7.68	7.64
2	3.68	3.63	3.59	3.55	3.52	3.49	3.47	3.44	3.42	3.40	3.38	3.37	3.35	3.34
	6.36	6.23	6.11	6.01	5.93	5.85	5.78	5.72	5.66	5.61	5.57	5.53	5.49	5.45
3	3.29	3.24	3.20	3.16	3.13	3.10	3.07	3.05	3.03	3.01	2.99	2.98	2.96	2.95
	5.42	5.29	5.18	5.09	5.01	4.94	4.87	4.82	4.76	4.72	4.68	4.64	4.60	4.57
4	3.06	3.01	2.96	2.93	2.90	2.87	2.84	2.82	2.80	2.78	2.76	2.74	2.73	2.71
	4.89	4.77	4.67	4.58	4.50	4.43	4.37	4.31	4.26	4.22	4.18	4.14	4.11	4.07
5	2.90	2.85	2.81	2.77	2.74	2.71	2.68	2.66	2.64	2.62	2.60	2.59	2.57	2.56
	4.56	4.44	4.34	4.25	4.17	4.10	4.04	3.99	3.94	3.90	3.86	3.82	3.79	3.76
6	2.79	2.74	2.70	2.66	2.63	2.60	2.57	2.55	2.53	2.51	2.49	2.47	2.46	2.44
	4.32	4.20	4.10	4.01	3.94	3.87	3.81	3.76	3.71	3.67	3.63	3.59	3.56	3.53
7	2.70	2.66	2.62	2.58	2.55	2.52	2.49	2.47	2.45	2.43	2.41	2.39	2.37	2.36
	4.14	4.03	3.93	3.85	3.77	3.71	3.65	3.59	3.54	3.50	3.46	3.42	3.39	3.36
8	2.64	2.59	2.55	2.51	2.48	2.45	2.42	2.40	2.38	2.36	2.34	2.32	2.30	2.29
	4.00	3.89	3.79	3.71	3.63	3.56	3.51	3.45	3.41	3.36	3.32	3.29	3.26	3.23
9	2.59	2.54	2.50	2.46	2.43	2.40	2.37	2.35	2.32	2.30	2.28	2.27	2.25	2.24
	3.89	3.78	3.68	3.60	3.52	3.45	3.40	3.35	3.30	3.25	3.21	3.17	3.14	3.11
10	2.55	2.49	2.45	2.41	2.38	2.35	2.32	2.30	2.28	2.26	2.24	2.22	2.20	2.19
	3.80	3.69	3.59	3.51	3.43	3.37	3.31	3.26	3.21	3.17	3.13	3.09	3.06	3.03
11	2.51	2.45	2.41	2.37	2.34	2.31	2.28	2.26	2.24	2.22	2.20	2.18	2.16	2.15
	3.73	3.61	3.52	3.44	3.36	3.30	3.24	3.18	3.14	3.09	3.05	3.02	2.98	2.95
12	2.48	2.42	2.38	2.34	2.31	2.28	2.25	2.23	2.20	2.18	2.16	2.15	2.13	2.12
	3.67	3.55	3.45	3.37	3.30	3.23	3.17	3.12	3.07	3.03	2.99	2.96	2.93	2.90
14	2.43	2.37	2.33	2.29	2.26	2.23	2.20	2.18	2.14	2.13	2.11	2.10	2.08	2.06
	3.56	3.45	3.35	3.27	3.19	3.13	3.07	3.02	2.97	2.93	2.89	2.86	2.83	2.80
16	2.39	2.33	2.29	2.25	2.21	2.18	2.15	2.13	2.10	2.09	2.06	2.05	2.03	2.02
	3.48	3.37	3.27	3.19	3.12	3.05	2.99	2.94	2.89	2.85	2.81	2.77	2.74	2.71
20	2.33	2.28	2.23	2.19	2.15	2.12	2.09	2.07	2.04	2.02	2.00	1.99	1.97	1.96
	3.36	3.25	3.16	3.07	3.00	2.94	2.88	2.83	2.78	2.74	2.70	2.66	2.63	2.60

F 분포표 (계속)

가는 숫자 5%　　고딕 숫자 1%

분자의 자유도(df_1)

분모의 자유도(df_2)	29	30	32	34	36	38	40	42	44	46	48	50	55	60
1	4.18	4.17	4.15	4.13	4.11	4.10	4.08	4.07	4.06	4.05	4.04	4.03	4.02	4.00
	7.60	**7.56**	**7.50**	**7.44**	**7.39**	**7.35**	**7.31**	**7.27**	**7.24**	**7.21**	**7.19**	**7.17**	**7.12**	**7.08**
2	3.33	3.32	3.30	3.28	3.26	3.25	3.23	3.22	3.21	3.20	3.19	3.18	3.17	3.15
	5.42	**5.39**	**5.34**	**5.29**	**5.25**	**5.21**	**5.18**	**5.15**	**5.12**	**5.10**	**5.08**	**5.06**	**5.01**	**4.98**
3	2.93	2.92	2.90	2.88	2.86	2.85	2.84	2.83	2.82	2.81	2.80	2.79	2.78	2.76
	4.54	**4.51**	**4.46**	**4.42**	**4.38**	**4.34**	**4.31**	**4.29**	**4.26**	**4.24**	**4.22**	**4.20**	**4.16**	**4.13**
4	2.70	2.69	2.67	2.65	2.63	2.62	2.61	2.59	2.58	2.57	2.56	2.56	2.54	2.52
	4.04	**4.02**	**3.97**	**3.93**	**3.89**	**3.86**	**3.83**	**3.80**	**3.78**	**3.76**	**3.74**	**3.72**	**3.68**	**3.65**
5	2.54	2.53	2.51	2.49	2.48	2.46	2.45	2.44	2.43	2.42	2.41	2.40	2.38	2.37
	3.73	**3.70**	**3.66**	**3.61**	**3.58**	**3.54**	**3.51**	**3.49**	**3.46**	**3.44**	**3.42**	**3.41**	**3.37**	**3.34**
6	2.43	2.42	2.40	2.38	2.36	2.35	2.34	2.32	2.31	2.30	2.30	2.29	2.27	2.25
	3.50	**3.47**	**3.42**	**3.38**	**3.35**	**3.32**	**3.29**	**3.26**	**3.24**	**3.22**	**3.20**	**3.18**	**3.15**	**3.12**
7	2.35	2.34	2.32	2.30	2.28	2.26	2.25	2.24	2.23	2.22	2.21	2.20	2.18	2.17
	3.33	**3.30**	**3.25**	**3.21**	**3.18**	**3.15**	**3.12**	**3.10**	**3.07**	**3.05**	**3.04**	**3.02**	**2.98**	**2.95**
8	2.28	2.27	2.25	2.23	2.21	2.19	2.18	2.17	2.16	2.14	2.14	2.13	2.11	2.10
	3.20	**3.17**	**3.12**	**3.08**	**3.04**	**3.02**	**2.99**	**2.96**	**2.94**	**2.92**	**2.90**	**2.88**	**2.85**	**2.82**
9	2.22	2.21	2.19	2.17	2.15	2.14	2.12	2.11	2.10	2.09	2.08	2.07	2.05	2.04
	3.08	**3.06**	**3.01**	**2.97**	**2.94**	**2.91**	**2.88**	**2.86**	**2.84**	**2.82**	**2.80**	**2.78**	**2.75**	**2.72**
10	2.18	2.16	2.14	2.12	2.10	2.09	2.07	2.06	2.05	2.04	2.03	2.02	2.00	1.99
	3.00	**2.98**	**2.94**	**2.89**	**2.86**	**2.82**	**2.80**	**2.77**	**2.75**	**2.73**	**2.71**	**2.70**	**2.66**	**2.63**
11	2.14	2.12	2.10	2.08	2.06	2.05	2.04	2.02	20.1	2.00	1.99	1.98	1.97	1.95
	2.92	**2.90**	**2.86**	**2.82**	**2.78**	**2.75**	**2.73**	**2.70**	**2.68**	**2.66**	**2.64**	**2.62**	**2.59**	**2.56**
12	2.10	2.09	2.07	2.05	2.03	2.02	2.00	1.99	1.98	1.97	1.96	1.95	1.93	1.92
	2.87	**2.84**	**2.80**	**2.76**	**2.72**	**2.69**	**2.66**	**2.64**	**2.62**	**2.60**	**2.58**	**2.56**	**2.53**	**2.50**
14	2.05	2.04	2.02	2.00	1.98	1.96	1.95	1.94	1.92	1.91	1.90	1.90	1.88	1.86
	2.77	**2.74**	**2.70**	**2.66**	**2.62**	**2.59**	**2.56**	**2.54**	**2.52**	**2.50**	**2.48**	**2.46**	**2.43**	**2.40**
16	2.00	1.99	1.97	1.95	1.93	1.92	1.90	1.89	1.88	1.87	1.86	1.85	1.83	1.81
	2.68	**2.66**	**2.62**	**2.58**	**2.54**	**2.51**	**2.49**	**2.46**	**2.44**	**2.42**	**2.40**	**2.39**	**2.35**	**2.32**
20	1.94	1.93	1.91	1.89	1.87	1.85	1.84	1.82	1.81	1.80	1.79	1.78	1.76	1.75
	2.57	**2.55**	**2.51**	**2.47**	**2.43**	**2.40**	**2.37**	**2.35**	**2.32**	**2.30**	**2.28**	**2.26**	**2.23**	**2.20**

F 분포표 (계속)

가는 숫자 5%　고딕 숫자 1%

분모의 자유도(df_2) / 분자의 자유도(df_1)	65	70	80	100	125	150	200	400	1000	∞
1	3.99	3.98	3.96	3.94	3.92	3.91	3.89	3.86	3.85	3.84
	7.04	7.01	6.96	6.90	6.84	6.81	6.75	6.70	6.66	6.64
2	3.14	3.13	3.11	3.09	3.07	3.06	3.04	3.02	3.00	2.99
	4.95	4.92	4.88	4.82	4.78	4.75	4.71	4.66	4.62	4.60
3	2.75	2.74	2.72	2.70	2.68	2.67	2.65	2.62	2.61	2.60
	4.10	4.08	4.04	3.98	3.94	3.91	3.88	3.83	3.80	3.78
4	2.51	2.50	2.48	2.46	2.44	2.43	2.41	2.39	2.38	2.37
	3.62	3.60	3.56	3.51	3.47	3.44	3.41	3.36	3.34	3.32
5	2.36	2.35	2.33	2.30	2.29	2.27	2.26	2.23	2.22	2.21
	3.31	3.29	3.25	3.20	3.17	3.14	3.11	3.06	3.04	3.02
6	2.24	2.23	2.21	2.19	2.17	2.16	2.14	2.12	2.10	2.09
	3.09	3.07	3.04	2.99	2.96	2.92	2.90	2.85	2.82	2.80
7	2.15	2.14	2.12	2.10	2.08	2.07	2.05	2.03	2.02	2.01
	2.93	2.91	2.87	2.82	2.79	2.76	2.73	2.69	2.66	2.64
8	2.08	2.07	2.05	2.03	2.01	2.00	1.98	1.96	1.95	1.94
	2.79	2.77	2.74	2.69	2.65	2.62	2.60	2.55	2.53	2.51
9	2.02	2.01	1.99	1.97	1.95	1.94	1.92	1.90	1.89	1.88
	2.70	2.67	2.64	2.59	2.56	2.53	2.50	2.46	2.43	2.41
10	1.98	1.97	1.95	1.92	1.90	1.89	1.87	1.85	1.84	1.83
	2.61	2.59	2.55	2.51	2.47	2.44	2.41	2.37	2.34	2.32
11	1.94	1.93	1.91	1.88	1.86	1.85	1.83	1.81	1.80	1.79
	2.54	2.51	2.48	2.43	2.40	2.37	2.34	2.29	2.26	2.24
12	1.90	1.89	1.88	1.85	1.83	1.82	1.80	1.78	1.76	1.75
	2.47	2.45	2.41	2.36	2.33	2.30	2.28	2.23	2.20	2.18
14	1.85	1.84	1.82	1.79	1.77	1.76	1.74	1.72	1.70	1.69
	2.37	2.35	2.32	2.26	2.23	2.20	2.17	2.12	2.09	2.07
16	1.80	1.79	1.77	1.75	1.72	1.71	1.69	1.67	1.65	1.64
	2.30	2.28	2.24	2.19	2.15	2.12	2.09	2.04	2.01	1.99
20	1.73	1.72	1.70	1.68	1.65	1.64	1.62	1.60	1.58	1.57
	2.18	2.15	2.11	2.06	2.03	2.00	1.97	1.92	1.89	1.87

부록 5: r의 z환산표

r	z	r	z	r	z
.01	.010	.34	.354	.67	.811
.02	.020	.35	.365	.68	.829
.03	.030	.36	.377	.69	.848
.04	.040	.37	.388	.70	.867
.05	.050	.38	.400	.71	.887
.06	.060	.39	.412	.72	.908
.07	.070	.40	.424	.73	.929
.08	.080	.41	.436	.74	.950
.09	.090	.42	.448	.75	.973
.10	.100	.43	.460	.76	.996
.11	.110	.44	.472	.77	1.020
.12	.121	.45	.485	.78	1.045
.13	.131	.46	.497	.79	1.071
.14	.141	.47	.510	.80	1.099
.15	.151	.48	.523	.81	1.127
.16	.161	.49	.536	.82	1.157
.17	.172	.50	.549	.83	1.188
.18	.182	.51	.563	.84	1.221
.19	.192	.52	.576	.85	1.256
.20	.203	.53	.590	.86	1.293
.21	.213	.54	.604	.87	1.333
.22	.224	.55	.618	.88	1.376
.23	.234	.56	.633	.89	1.422
.24	.245	.57	.648	.90	1.472
.25	.255	.58	.662	.91	1.528
.26	.266	.59	.678	.92	1.589
.27	.277	.60	.693	.93	1.658
.28	.288	.61	.709	.94	1.738
.29	.299	.62	.725	.95	1.832
.30	.310	.63	.741	.96	1.946
.31	.321	.64	.758	.97	2.092
.32	.332	.65	.775	.98	2.298
.33	.343	.66	.793	.99	2.647

참고문헌

김영석. (1999). 사회조사방법론: SPSS WIN 통계분석. 서울: 나남출판.

양병화. (2006). 다변량데이터분석법의 이해. 서울: 커뮤니케이션북스.

양병화. (2007). 프로그램 무드가 광고태도와 기억에 미치는 영향: 감정모호성의 중재효과와 각성의 매개효과를 중심으로. 광고학연구, 18, 207-232.

양병화, 김영찬. (2008). 모바일 광고효과에 대한 상호인과성 모형 연구: 광고커뮤니케이션과 모바일 테크놀로지의 융합. 광고학연구, 19, 157-171.

오인환. (1992). 사회조사방법론. 서울: 나남출판.

이해용. (1998). 표본조사방법의 이해. 서울: 자유아카데미.

임인재. (1981). 통계분석. 서울: 박영사

채서일. (2001). 사회과학조사방법론. 서울: 학현사.

한국통계학회. (1986). 통계조사방법. 서울: 자유아카데미.

한국통계학회. (1987). 통계용어사전. 서울: 자유아카데미.

허명회. (2007a). 결측값 분석과 다중대체. 서울: 데이터솔루션.

허명회. (2007b). 분류분석. 서울: 데이터솔루션.

허명회. (2007c). 일반화선형모형과 생존분석. 서울: 데이터솔루션.

허명회. (2008a). 고급선형모형. 서울: 데이터솔루션.

허명회. (2008b). 데이터 검증, 신경망과 PLS회귀. 서울: 데이터솔루션.

허명회. (2009). 시계열분석. 서울: 데이터솔루션.

허명회. (2010a). 비모수적 방법과 붓스트랩 방법. 서울: 데이터솔루션.

허명회. (2010b). 척도화 분석. 서울: 데이터솔루션.

SPSS Korea. (2006). 기술통계와 상관분석. 서울: 데이터솔루션.

SPSS Korea. (2007a). 초보자 가이드. 서울: 데이터솔루션.

SPSS Korea. (2007b). 회귀분석. 서울: 데이터솔루션.

SPSS Korea. (2008a). 데이터 핸들링. 서울: 데이터솔루션.

SPSS Korea. (2008b). 평균비교와 데이터축소. 서울: 데이터솔루션.

SPSS Korea. (2010a). SPSS Syntax. 서울: 데이터솔루션.

SPSS Korea. (2010b). 다이렉트 마케팅. 서울: 데이터솔루션.

SPSS Korea. (2011a). 복합표본. 서울: 데이터솔루션.

SPSS Korea. (2011b). 표와 보고서, Maps. 서울: 데이터솔루션.

Abel, M. H. (1996). Self-esteem: Moderator or mediator between perceived stress and expectancy success? *Psychological Reports, 79,* 635-641.

Aczel, A. D. (1989). *Complete business statistics.* Homewood, IL: Irwin.

Allen M. J., & Yen, W. M. (1979). *Introduction to measurement theory.* Belmont, CA: Wadsworth.

Armstrong, J. S., & Overton, T. S. (1977). Estimating non-response bias in mail survey. *Journal of Marketing Research, 15* (Special Issue), 396-402.

Anastasi, A. (1982). *Psychological testing.* New York: Macmillan.

Babbie, E. (1983). *The practice of social research.* Belmont, CA: Wadsworth

Bailey, K. (1982). *Methods of social research.* New York: The Free Press.

Baron, R. M., & Kenny, D. A. (1986). The moderator-mediator variable distinction in social psychological research: Conceptual, strategic, and statistical considerations. *Journal of Personality and Social Psychology, 51*(5), 1173-1182.

Becker, C. J., & Seligman, C. (1978). Reducing air conditioning waste by signalling it is cool outside. *Personality and Social Psychology Bulletin, 4,* 412-415.

Bem, D. J. (1972). Self-perception theory. In L. Berkowitz (Ed.), *Advances in experimental social psychology* (Vol. 6, pp. 1-62). New York: Academic Press.

Bem, S. L. (1974). The measurement of psychological androgyny. *Journal of Consulting and Clinical Psychology, 42,* 155-162.

Billet, J., & Loosveldt, G. (1988). Improvement of the quality of responses to faculty survey questions by interviewer training. *Public Opinion Quarterly, 52,* 190–211.

Blalock, H. M. (1979). *Social statistics.* New York: McGraw-Hill.

Bradburn, N. M. (1983). Response effects. In P. Rossi, J. Wright, & A. Anderson (Eds.), *Handbook of survey research* (pp. 289–328). New York: Academic Press.

Bradburn, N. M., & Sudman, S. (1980). *Improving Interview method and questionnaire design.* San Francisco: Jossey-Bass.

Braithwaite, R. (1955). *Scientific explanation.* London: Cambridge University Press.

Bringham, W. V. D., & Moore, B. V. (1924). *How to interview.* New York: Harper & Row.

Campbell, N. R., & Jeffreys, H. (1938). Symposium: Measurement and its importance for philosophy. *Aristotelian Society Supplement, 17,* 121–151.

Christensen, L. B. (2007). *Experimental design* (10th ed.). New York: Pearson Education.

Collett, D. (2003). *Modelling survival data in medical research.* Boca Raton, FL: Chapman & Hall/CRC.

Conant, J. (1951). *Science and common sense.* New Haven, CT: Yale University Press.

Conant, J. B. (1951). *On understanding science: An historical approach.* New York: New American Library.

Crocker, L., & Algina, J. (1986). *Introduction to classical and modern test theory.* New York: Holt, Rinehart and Winston.

Dane, F. C. (1990). *Research Methods.* Pacific Grove, CA: Brooks/Cole.

Dane, F. C. (2011). *Evaluating Research: Methodology for people who need to read research.* Thousand Oaks, CA: Sage.

Deaux, K., & Major, B. (1987). Putting gender into context: An interactive model of gender-related behavior. *Psychological Review, 94,* 369–389.

Dillman, D. A., Carpenter, E. H., Christenson, J. A., & Brooks, R. M. (1974). Increasing mail questionnaire response: A four state comparison. *American Sociological Review, 39,* 744–756.

Durkheim, E. (1951). *Suicide: A study in sociology* (Translation by J. A. Spaulding & G. Simpson). Glencoe, IL: Free Press.

Ferguson, G. A., & Takane, Y. (1989). *Statistical analysis in psychology and education.* New York: McGraw-Hill Book.

Fiske, S. T., Kenny, D. A., & Taylor, S. E. (1982). Structural models for the mediation of salience effects on attribution. *Journal of Experimental Social Psychology, 18,* 105–127.

Fowler, F. J. Jr. (1992). How unclear terms can affect survey data. *Public Opinion Quarterly, 52,* 467–491.

Fowler, F. J. Jr. (2009). *Survey research methods* (Applied Social Research Methods Series No. 1). Thousand Oaks, CA: Sage.

Fowler, F. J. Jr., & Mangione, T. W. (1990). *Standardized survey interviewing: Minimizing interviewer-related error.* Thousand Oaks, CA: Sage.

Freedman, D., Pisani, R., & Purves, R. (1978). *Statistics.* New York: Norton.

Goode, W., & Hatt, P. (1957). *Methods in social research.* New York: McGraw-Hill.

Gronlund, N. E., & Linn, R. L. (1990). *Measurement and evaluation in teaching* (6th ed.). New York: Macmillan.

Hansen, M. H., Hurwitz, W. N., & Madow, W. G. (1953). *Sample survey methods and theory.* New York: John Wiley & Sons.

Harris, M. (1980). *Cultural materialism.* New York: Vintage.

Hastak, M., & Olson, J. C. (1989). Assessing the role of brand-related cognitive responses as mediators of communication effects on cognitive structure. *Journal of Consumer Research, 15*(4), 444–456.

Hill, C. T., Rubin, A., & Peplau, L. A. (1976). Breakups before marriage: The end of 103 affairs. *Journal of Social Issues, 32,* 147–168.

Hyman, H. H. (1975). *Interviewing in social research.* Chicago: University of Chicago Press.

IBM SPSS. (2011). *Manuals for IBM SPSS Statistics 20.0.* http://win-3rle5k0hqg6:52625/help/index.jsp?topic=/com.ibm.spss.statistics.help/overvw_auto_0.htm.

IBM SPSS. (2011). *Manuals for IBM® SPSS® Statistics 20.0.* Chicago: IBM Software Group.

Jackson, S. L. (2012). *Research methods and statistics: A critical thinking approach.* Canada: Wadsworth.

Keppel, G., & Wickens, T. D. (2004). *Design and analysis: A researcher's handbook.*

Englewood Cliffs, NJ: Prentice Hall.

Kerlinger, F. N. (1979). *Behavior research: A conceptual approach.* New York: Holt, Rinehart & Winston.

Kerlinger, F. N. (1985). *Foundations of behavioral science research.* New York: Holt, Rinehart & Winston.

Kerlinger, F. N. (1988). 사회 · 행동과학 연구방법의 기초(고홍화, 김현수, 백영승 공역). 서울: 성원사. (원저는 1985년 출간)

Kevin, R. A., & Peterson, R. A. (1983). Scheduling telephone interviews. *Journal of advertising research, 23,* 41-47.

Krysan, M., Schumna, H., Scott, L. J., & Beatty, P. (1984). Response rates and response content in mail versus face-to-face surveys. *Public Opinion Quarterly, 57,* 381-399.

Kuder, G. F., & Richardson, M. W. (1937). The theory of estimation of test reliability. *Psychometrica, 2,* 151-160.

Kuhn, S. T. (1962). *The structure of scientific revolution.* Chicago: University of Chicago Press.

Labaw, P. J. (1980). *Advanced questionnaire design.* Cambridge, MA: Abt Books.

Lakatos, I., & Musgrave, A. (Eds.). (1999). *Criticism and the growth of knowledge.* London: Cambridge University Press.

Levy, P. S., & Lemeshow, S. (1991). *Sampling of populations: Methods and applications.* New York: John Wiley & Sons.

Levy, S. J. (1985). Dreams, fair tales, animals and cars. *Psychology and Marketing, 2,* 67-81.

Lewin, K. (1946). Action Research and minority problems. *Journal of Social Issues, 2,* 34-64.

Lin, N. (1976). *Foundations of social research.* New York: McGraw-Hill

Lord, F., & Novick, M. (1968). *Theories of mental test scores.* Reading, MA: Addison-Wesley.

Lutz, G. M. (1983). *Understanding social statistics.* New York: Macmillan.

McCullagh, P., & Nelder, J. A. (1989). *Generalized linear models.* London: Chapman & Hall.

Merton, R. K., & Lazarsfeld, P. F. (1950). *Continuities in social research: Studies on the scope and method of "The American soldier".* New York: Free Press.

Nachmias, C., & Nachmias, D. (1981). *Research methods in the social sciences* (2nd ed.). New York: St. Martin's Press.

Neuman, L. W. (1994). *Social research methods: Qualitative and quantitative approaches.* Boston: Allyn and Bacon.

Oppenheim, A. (1966). *Questionnaire design and attitude measurement.* New York: Basic Books.

Payne, S. L. (1951). *The art of asking questions.* Princeton, NJ: Princeton Univertisty Prress.

Peterson, A. R. (1984). Asking the age question: A research note. *Public Opinion Quarterly, 48,* 379–383.

Pottick, K., & Lerman, P. (1991). Maximizing survey response rates for hard to each inner city populations. *Social Science Quarterly, 72,* 172–180.

Rulon, P. J. (1932). A simplified procedure for determining the reliability of a test by split-haves. *Harvard Educational Review, 9,* 99–103.

Russell, B. (1937). *The principles of mathematics.* New York: Norton.

Scheaffer, R., Mendenhall, W. I., & Ott, L. (1990). *Elementary survey sampling.* North Scituato, MA: Duxbury Press.

Schuman, H., & Presser, S. (1981). *Questions and answer in attitude survey: Experiments on question form, wording, and context.* New York: Springer-Verlag.

Singleton, R., Straits, B., Straits, M., & McAllister, R. (1988). *Approaches to social research.* New York: Oxford University Press.

Smith, P. C., Kendall, L. M., & Hulin, C. L. (1969). *The measurement of satisfaction in work and retirement.* Chicago: Rand McNally.

Smith, W. T. (1987). That which we call welfare by any other name would smell sweeter: An analysis of the impact of question wording on response patterns. *Public Opinion Quarterly, 51,* 75–83.

Sternberg, R. J. (1986). A triangular theory of love. *Psychological Review, 93,* 119–135.

Sudman, S., & Bradburn, N, M. (1982). *Asking question: A practical guide to questionnaire design.* San Francisco: Jossey-Bass.

Thompson, S. K. (1992). *Sampling.* New York: John Wiley & Sons.

Torgerson, W. (1958). *Theory and methods of scaling.* New York: Wiley.

Tull, D., & Albaum, G. (1973). *Survey research: A decisional approach.* New York: Intext Educational Publishiers.

Yammarino, F., Skiner, S., & Childers, T. (1991). Understanding mail survey response behavior: A meta-analysis. *Public Opinion Quarterly, 55,* 613-640.

컬럼비아대학교 홈페이지 http://ci.columbia.edu/ci/premba_test/c0331/index.html.

찾아보기

저자 소개

양병화

중앙대학교 심리학 박사
전 미국 미시건대학교 NQRC 연구원
현 강원대학교 심리학과 교수

〈주요 연구와 저 · 역서〉

The integrated mobile advertising model: The effects of technology-and emotion-based evaluations (2013, *Journal of Business Research, 66*, 1345-1352)

소비자의 성격특질에 따른 모바일광고의 수용성 연구: 지각된 효용성의 조절효과 (2012, 한국심리학회지: 소비자 · 광고, 13(4), 645-669)

금융텔러의 직무수행과 만족에 대한 긍정적 자아개념과 인지능력의 효과: 동기잠재력의 조절효과를 중심으로 (2011, 한국심리학회지: 산업 및 조직, 24(2), 355-383)

Individual differences and sales performance: A distal-proximal mediation model of self-efficacy, conscientiousness, and extraversion (2011, *Journal of Personal Selling & Sales Management, 31*(4), 371-381)

광고산업의 동향에 따른 거시경제적 전망과 심리학의 과제: 1997-2008년 산업통계를 바탕으로 (2010, 한국심리학회지: 소비자 · 광고, 11(3), 505-529)

프로그램 무드가 광고태도와 기억에 미치는 영향: 감정모호성의 중재효과와 각성의 매개효과를 중심으로 (2007, 광고학연구, 18(2), 207-231)

고객가치 관리와 고객마케팅 전략 (공역, 2006, 지식공작소)

다변량 데이터 분석법의 이해 (2006, 커뮤니케이션북스)

심리학 및 사회과학을 위한
조사와 통계분석
-실전응용을 위한 SPSS 100% 활용-

2013년 8월 30일 1판 1쇄 발행
2025년 3월 25일 1판 5쇄 발행

지은이 • 양병화
펴낸이 • 김진환
펴낸곳 • (주) 학지사
04031 서울특별시 마포구 양화로 15길 20 마인드월드빌딩
대 표 전 화 • 02)330-5114 팩스 • 02)324-2345
등 록 번 호 • 제313-2006-000265호

홈 페 이 지 • http://www.hakjisa.co.kr
인스타그램 • https://www.instagram.com/hakjisabook/

ISBN 978-89-997-0117-7 93370

정가 22,000원